Rubens Saraceni

O CAVALEIRO DA ESTRELA GUIA

A Saga Completa

© 2024, Madras Editora Ltda.

Editor:
Wagner Veneziani Costa *(in memoriam)*

Produção e Capa:
Equipe Técnica Madras

Revisão:
Vera Lucia Quintanilha
Wilson Ryoji
Miriam Rachel Ansarah Russo Terayama
Neuza Alves
Augusto Nascimento

Dados Internacionais de Catalogação na Publicação (CIP)
(Câmara Brasileira do Livro, SP, Brasil)

Saraceni, Rubens
Cavaleiro Estrela Guia: a saga completa/Rubens Saraceni.
– São Paulo: Madras, 2024.
ISBN 978-85-370-0326-8
1. Romance brasileiro 2. Umbanda (Culto)
I. Título.
08-01506 CDD-299.672

                     Índices para catálogo sistemático:
1.   Romances mediúnicos: Umbanda 299.672

Proibida a reprodução total ou parcial desta obra, de qualquer forma ou por qualquer meio eletrônico, mecânico, inclusive por meio de processos xerográficos, incluindo ainda o uso da internet, sem a permissão expressa da Madras Editora, na pessoa de seu editor (Lei nº 9.610, de 19.2.98).

Todos os direitos desta edição reservados pela

MADRAS EDITORA LTDA.
Rua Paulo Gonçalves, 88 — Santana
CEP: 02403-020 — São Paulo/SP
Tel.: (11) 2281-5555 — (11) 98128-7754
www.madras.com.br

Índice

Prefácio 7
Uma Palavra do Autor..9
O Estranho Pescador 13
O Presente Recebido 20
Encontrou um Amigo (Os Sacerdotes) 25
Com os Índios (O Dilema)...37
O Pó Amarelo (O Segredo)..46
Começa Vida Nova (Crueldade e Castigo) 55
A Ordem dos Sete Anciãos (Um Encontro Providencial)....................66
A Luta contra o Maligno..80
Uma Cura e Planos...92
Boas Compras (Um Velho Amor) 103
Sarah entre os Índios (A Magia do Ar) 112
Nova Luta..126
O Perigo e a Vitória (Como Cultivar a Terra)....................................141
O Regresso de Sarah (A Partida dos Raios-de-Lua)..........................153
O Tempo de Lágrimas (A Nova Sereia) 164
Um novo Homem 175
A Traição (Mais Negócios) 185
O Conselheiro 195
Um Erro Paga outro Erro (Busca dos Filhos de Sarah) 202
A Despedida dos Pajés (Mais Magia Negra) 211
O Segredo do Tempo (O Filho Iniciado)...217
Busca do Templo dos Magos (O Inesperado) 225
Agora Era um Mago (A Vinçança do Irmão).....................................236
Longa Peregrinação (Chega um Amigo)..245
O Regresso (Missão Cumprida)..255
Um Novo Presente 268

O Cavaleiro Reinicia sua Jornada 275
Surge um Novo Amor 282
A Fuga 296
O Exílio no Templo Dourado 302
O Resgate 315
O Mergulho no Passado Milenar 323
O Regresso 339
Separados pela Sereia Encantada 344
Em Busca da Hamonia 356
Raios de Lua e Luiz 364
Pedro e os Velhos Amigos 375
A Pastora 385
Jasmim 392
A Oitava Mulher 397
Um Aliado Repulsivo 408
A Caminho da Luz 421
O Reencontro com a Sereia Encantada 427
O Mestre da Estrela 442
Retomando a Caminhada 449
A Voz do Silêncio 458
O Sagrado Coração do Amor Divino 471
No Reino do Sete Cobras 481
Uma Grande Lição 492
Um Problema Delicado 505
Flor da Primavera 514
Desvendando alguns Mistérios do Amor 522
As Sementes Germinadas 538
Reencontros e Despedidas 552
Mais Despedidas e Nova Missão 566
O Mergulho no Meio 574
A Rainha do Ponto de Forças do Mar 592
A Queda na Assembleia Sinistra 697
O Vazio Absoluto 605

Prefácio

Mais um livro de Pai Benedito de Aruanda, por meio de seu instrumento, nesse plano de existência, Rubens Saraceni. *O Cavaleiro da Estrela Guia* é um livro que apresenta as insólitas aventuras de um homem que errou, mas que se propõe a reparar o seu erro e a ajudar os injustiçados, dentro de um contexto histórico e social, no qual o Brasil emergia como nação a projetar-se luminosamente para o futuro.

Toda a dialética da evolução moral e espiritual transparece nesta obra que nos mostra, claramente, que este mundo é um meio e não um fim, é uma passagem, um aprendizado, uma penosa sucessão de experiências e de provas para que o espírito se aperfeiçoe e possa realizar sua essência, despertando e cultivando a centelha divina com que foi dotado.

Nesta época de transição, de barbárie materialista e consumista, na qual os meios se tornaram os fins, em que os valores foram invertidos e a escravidão antiga foi substituída por outra, indireta, mascarada em falsa liberdade, a literatura espiritualista e esotérica está ganhando terreno, anunciando uma nova era, um retorno às origens, à Tradição Primordial.

Os intelectuais promovidos pela máquina da comunicação, invariavelmente ateus, por exigência do "liberalismo" ostensivamente agnóstico, deleitam-se com os modismos que dão sonolência aos estudantes, obrigados a considerar "profundos" e "geniais" os confusos lugares-comuns revestidos de nomenclaturas pomposas. Aqueles que sabem que este mundo está no fim, e que é irreversível a volta dos valores morais e espirituais, mas que estão usufruindo o efêmero triunfo dessa mistificação, não podem confessar suas preocupações e frustrações: orgulhosamente proclamam sua vitória, o fim da História, o império definitivo do atual estado de coisas. Eles agem com o mesmo tipo de propaganda do III Reich nos estertores da agonia.

Um intelectual que acredite naquilo que não pode ser registrado em laboratório tem de manter essa crença em recôndito segredo; se o revelar, sofrerá o desprezo da cultura oficial, o que, aliás, é um elogio.

Contudo, é cada vez maior o número daqueles que rompem essa barreira de silêncio e admitem os fenômenos psíquicos e a ecumenicidade da cultura, rejeitando as ideologias estreitas e dogmáticas, a serviço de poderes inconfessáveis, como o lucro, interessados em demolir valores e construir o reino das trevas sobre a Terra. Esta é realmente a Kali-Yuga, a Era da Destruição e da Escuridão, que antecede a restauração da Idade de Ouro.

Grandes ensinamentos filosóficos nos são mostrados neste livro, em sua metaforização dos valores e na profunda seiva cultural, de origem afro-ameríndia, na qual a Providência tem feito enriquecer o Brasil, para a grande missão a que foi destinado. O enredo é perfeito e prende sempre a atenção do leitor, coisa que os autores consagrados de hoje quase sempre não conseguem; não há a preocupação com detalhes, mas com o fluir da narrativa; e há um terceiro aspecto, que é fundamental: o leitor é conduzido à emoção, como em todas as grandes obras clássicas. Nenhum livro que não leve o leitor a comover-se, a marejar os olhos de lágrimas, pode ser considerado uma obra literária digna desse nome.

Assim é na estética de todos os tempos. O gênero humorístico é um gênero inferior e projeta o complexo de inferioridade de um autor. Na falsa estética de hoje, a sensibilidade foi abolida, a obra tem de ser fria, cerebral, confusa, impopular, elitista, só para os "eleitos", para aqueles que deveriam estar em sanatórios e não pontificando em meios de comunicação.

No entanto, esses corifeus dos falsos valores de hoje merecem nossa compaixão e devemos compreender que têm um certo direito a essa embriaguez momentânea, antes que o eterno olvido ou a execração os lance definitivamente no lixo da história.

Que Rubens Saraceni continue nos dando a oportunidade de ler seus livros, que tão bons momentos trazem aos leitores, mostrando-nos o que é a verdadeira vida nesta dimensão: uma luta constante para uma vida melhor, em dimensão mais alta.

Jonas Negalha

Uma Palavra do Autor

Quando iniciei o livro *O Cavaleiro da Estrela Guia** não imaginava que escreveria uma obra que é uma verdadeira saga mística. Aqui é abordada a vida de um homem perseguido por um sentimento de culpa jamais suplantado por todas as suas belas ações e maravilhosas realizações, e que avançará com tal intensidade na espiritualidade, que quem ler esta obra terá acesso a um vasto conhecimento sobre o que realmente existe do "outro lado da vida".

A iniciação de Simas da Almoeda é mostrada de forma velada. O que é demonstrado no decorrer do livro é a "aparência" e não a "forma", ou seja, cada iniciação é descrita de modo que ninguém tente realizá-la, porquanto as chaves de sua abertura não são mostradas.

O ato de escrever uma saga dessa envergadura é um dom inspirado por um irmão vivendo atualmente no mundo espiritual, que se identifica apenas como Pai Benedito de Aruanda. Ele não quis detalhar datas ou locais, para não revelar o nome verdadeiro do nosso personagem, que é mencionado superficialmente nos livros da história do Brasil-Colônia e que tem o nome falso de Simas de Almoeda, o *Cavaleiro da Estrela Guia* dos negros africanos trazidos para esta terra bendita, que é o Brasil: em meio a tanta fartura, os negros viveram um pouco da miséria humana que nos aflige.

O irmão na Luz não toca também a fundo nos horrores da Inquisição espanhola, assim como nos choques religiosos, pois senão teria de revelar em uma estória a história não contada pela Igreja Católica Apostólica Romana da Espanha.

Nessa história não contada está oculto um dos períodos da humanidade em que os instrumentos das trevas, que são pessoas movidas por ambições de-

---

N. do E.: A edição original desta obra era composta por três volumes, mas a Madras Editora estará editando este título de duas formas: uma dividida em dois volumes, e esta versão que traz a saga completa do Cavaleiro da Estrela Guia reunida em um único volume.

sumanas, tentaram calar a manifestação de faculdades, ou dons naturais, que são atributos divinos confiados a algumas pessoas, e ainda assim limitados por um virtuosismo, estoicismo e laconismo impostos pelos guardiões dos mistérios sagrados, os quais permitem que todos eles tomem conhecimento, mas não saibam exatamente como são despertados no ser humano.

Neste livro, Pai Benedito de Aruanda toca levemente nos tais padres negros, ou escravos das trevas travestidos de servos de Deus.

Em grande parte, a "Santa" Inquisição, que torturou, prendeu, degolou, enforcou, queimou e deportou homens e mulheres portadores desses dons naturais (tachados de bruxos e de bruxas), serviu a esses "padres negros" para que impedissem que as pessoas usassem esses dons para, por meio deles, sentir a energia divina manifestada naqueles possuidores de faculdades mediúnicas extraordinárias, e que, com elas, curavam doentes.

Mas como a Europa era um túmulo de religiões e não uma fonte delas, Pai Benedito não nos revela muito, pois como sempre costuma dizer: "quem abre um túmulo pode encontrar mais fantasmas do que cadáveres!". Então deixemos essa história não contada apenas como suporte para a história ou a saga do *Cavaleiro da Estrela Guia*.

Pai Benedito não costuma ser detalhista: não descreve os hábitos humanos, tais como vestes, datas, locais, etc., como se isso fosse o cerne de uma estória. Ele prefere mostrar as virtudes divinas que norteiam os seres humanos em particular, e a humanidade em geral. Descreve, sob pseudônimos, pessoas que auxiliaram de forma marcante no surgimento de religiões que se tornaram "marcos e marcas" de certos povos. Foi assim com *Hash-Meir*, *O Oráculo de Delfos*, *O Livro da Vida de Levi Ben Yohai*, *A Longa Capa Negra*, *A Lenda do Sabre Dourado*, etc.

Nesta obra, Pai Benedito descreve a vida de um homem que possui vários dons mediúnicos e, por isso, e por ser um "Midas" que onde tocava tudo transformava em ouro, usou sua fortuna para amparar a religião ancestral dos escravos africanos, que no futuro se sincretizaria com o catolicismo e daria origem à Umbanda.

Foi Simas de Almoeda, sem que ele mesmo disso soubesse, que sustentou com sua fortuna várias linhas de rituais africanos que lentamente foram se multiplicando e deram sustentação às manifestações espirituais em um tempo no qual Allan Kardec ainda não havia nascido para iluminar um pouco o obscurantismo europeu, que sufocava no nascedouro o dom da incorporação mediúnica.

Enquanto na Europa tais manifestações eram reprimidas a ferro e fogo, em uma capitania hereditária do Brasil-Colônia, um ex-juiz da Inquisição dava guarida, sustentação e total apoio aos negros que para cá eram trazidos como escravos para que dessem vazão aos seus dons naturais.

Hoje os padres negros já vestem outras "batinas". Os perseguidores de pessoas possuidoras de dons naturais estão localizados em um ramo dissidente da Igreja Católica, que é o "protestantismo". Os ecos dos juízes da Inquisição que defendiam seus interesses e ambições pessoais, por intermédio das trombetas da Santa Igreja, ainda são ouvidos nas vozes dos "pastores" que sufocam os dons naturais comuns a todos os seres humanos, invocando-os como manifestações do demônio.

Hoje, em um tempo no qual o homem alcança fronteiras antes nunca imaginadas pelo conhecimento humano, ainda somos obrigados a ouvir as vozes inquisidoras sufocando tais dons, pois eles são, tal como naquela época, uma ameaça às suas "religiões" mercantilistas.

Esses dons, ou faculdades, não podem ser mercantilizados, sob o risco de o seu doador, que é Deus, retirá-los de imediato do escolhido, impedindo-o de manifestá-lo entre os homens. Eles não precisam de nada além de uma doutrinação, para que se tornem uma ação maravilhosa aos olhos dos que ousam vê-los.

Por isso, ora são sufocados por padres, ora por pastores, e ora por governantes, uma vez que tais dons mostram o lado divino dos seres humanos, aquilo que liberta a alma das amarras mercantis daqueles que falam de Deus, mas cobram dízimos dos seus ouvintes.

Talvez seja porque falam de Deus, e não em nome de Deus, que cobram tão caro dos seus ouvintes.

O valor que se cobra não é apenas em espécie, não fica só nos valores materiais. Eles exigem uma submissão total às suas interpretações do que seja a vontade de Deus. Sim, hoje, ontem e amanhã sempre haverá os que lutarão com meios materiais para impor suas "ideias" sobre o que seja a vontade de Deus, mas também haverá aqueles que darão sustentação às manifestações dos dons naturais dos seres humanos.

Assim, Simas de Almoeda, ou o Cavaleiro da Estrela Guia, como era chamado pelos negros africanos, deu a sua contribuição às religiões africanas trazidas ao Brasil-Colônia pelos escravos negros. Se foi um homem corruptor quando queria alcançar um objetivo, também foi generoso com aqueles que nada tinham além do exclusivo direito de viver enquanto pudessem trabalhar.

O Cavaleiro da Estrela Guia foi, na verdade, um instrumento dos Orixás africanos usado em um determinado momento para dar sustentação aos semeadores da fé no Seu poder como instrumentos do Divino Criador, Olorum.

Todos pensam que o dom mediúnico da psicografia é propriedade particular dos espíritas kardecistas. Mas não é, pois, assim como eu, um médium umbandista, muitos outros seres humanos de outras religiões escrevem inspirados por nossos "Irmãos de Luz".

Esse dom era possuído pelos santos apóstolos, assim como pelos filósofos gregos ou mesmo os autores agnósticos. Ele é pessoal e não pode ser doado, pois é uma manifestação de algo divino e que não pode ser explicado. Mas como um dom é o que é, todo aquele que sentir vontade de escrever, que escreva, pois talvez esteja dando a oportunidade de vê-lo manifestar-se em si mesmo.

Se tudo isso escrevo aqui, é porque *O Cavaleiro da Estrela Guia* foi o primeiro livro que escrevi sob inspiração de Pai Benedito de Aruanda, a quem devo muito, pois por meio de sua inspiração aprendi coisas que jamais imaginei sequer existirem.

Muitas estão diluídas nas páginas das obras já escritas, mas nem todas editadas; talvez muito mais ainda possa eu um dia trazer à luz, pois os conhecimentos sobre as verdades divinas transcendem a tudo o que possa estar escrito nos muitos livros já publicados sobre misticismo, espiritismo ou espiritualismo.

Se as obras já editados revelam personagens com um voluntarismo incomum, é porque são seres humanos movidos pela força da Luz, da Lei e da Vida. Hash-Meir foi um ser inspirado pela Lei; Delfos foi inspirado pelo conhecimento, e o Barão foi inspirado pelo lado humano de cada espírito.

Mas Simas de Almoeda foi inspirado pela Vida. Sua ação na carne foi um combate ferrenho travado consigo mesmo entre a vida e a morte. Enquanto suas ações amparavam a vida, suas vontades pessoais e íntimas o conduziam de encontro à morte.

Simas de Almoeda foi o protótipo do homem de hoje, mas foi porque, tal qual o homem de hoje, não compreendia o porquê de, em meio à fartura, haver miséria; em meio ao conhecimento, haver ignorância e, em meio a tantas virtudes, o homem continuar sendo tão viciado.

Pai Benedito de Aruanda tem um pouco do Cavaleiro da Estrela Guia, eu também tenho um pouco de sua natureza, mas, com certeza, você, que lerá este livro, também tem dentro de si um pouco desse lutador.

Então, que a Estrela Guia ilumine sua vida também, pois ela já ilumina a de milhões de seres humanos que nela acreditam.

Logo, é melhor deixar correr a história de Simas de Almoeda, ou o Cavaleiro da Estrela Guia.

Rubens Saraceni

O Estranho Pescador

Por volta de 1630, em uma aldeia à beira-mar, vivia um pescador solitário que quase não conversava. Passava a maior parte do seu tempo a contemplar o mar e suas ondas em eterno vaivém.

Olhava e meditava, pensando num tempo que passara. Ora sorria, ora chorava em silêncio. Lágrimas silenciosas se misturando com a água do mar, ambas salgadas. E eram doloridas suas lágrimas; lembravam um tempo que jamais voltaria para ele.

Nos seus dias de tristeza, lembrava-se do pai ardendo na fogueira da Inquisição, na mãe desesperada aos prantos, sem nada poder fazer para salvá-lo. O único que poderia ter feito algo era o Pescador, que agora chorava em silêncio, envergonhado de si mesmo por sua omissão e covardia. Não soube agir como um filho.

Melhor explicar um pouco o passado do Pescador.

Seu pai era um cidadão espanhol de origem persa, sua mãe espanhola, filha única de um rico mercador daquela terra. Seu nome, que todos na aldeia ignoravam, era Simas de Almoeda, mas todos o chamavam de "Pescador", e nada mais.

Simas estudara com os padres jesuítas e se formara juiz ligado à Igreja, juiz da Inquisição espanhola. Ostentava uma batina negra como breu, com uma cruz de ouro a enfeitar-lhe o peito. Esse era seu brasão, sua razão de ser.

Já vira muitas pessoas morrerem por esse símbolo e outros ainda morreriam; mas ele não: vivia por esse símbolo, servia a ele como um servo fiel, sem nada opor-lhe. Agora, recordava-se de sua tragédia como juiz.

Seu pai, como mercador que era, vivia em constantes viagens pelo Oriente Médio, Pérsia, seu país de origem, e até Cáucaso. Tinha contato com outros povos, outras culturas e religiões. Tinha a mente aberta ao conhecimento não cristão, o que era considerado heresia pela lei vigente na Espanha. Duas vidas opostas, o mesmo sangue, mas duas maneiras diferentes de ser.

O pai, em suas viagens, sempre trazia consigo algum amigo do Oriente para conhecer as terras da Espanha. Em sua última viagem, trouxe um grupo de senhores idosos, sisudos e de olhar penetrante, porém calados, que o observavam com interesse, sem nada dizer. Isso o irritava muito. Respondiam a seus cumprimentos apenas com uma saudação estranha: "Que o Criador de tudo e de todos o abençoe, filho".

Certa noite, ao ouvir cantos em uma ala afastada da casa, foi observar o que estava acontecendo. O que viu o deixou perturbado.

Lá estavam aqueles senhores com seus turbantes coloridos, cada um com uma pedra preciosa de cor diferente das demais. Eram pedras verdes, vermelhas, cristalinas, amarelas, roxas, azuis, cor-de-rosa. Nos anéis que traziam na mão esquerda, as pedras eram negras. Estavam todos em profunda concentração e entre eles seu pai, tão próximo e tão estranho naquele momento, alheio a tudo o que estava à sua volta.

Ficou observando por um longo tempo o estranho ritual, até que, simultaneamente, todos fizeram estranhas saudações e se levantaram. Virando-se para ele, ficaram a observá-lo por um instante para, em seguida, voltarem a si como se nada estivesse acontecendo. Ficaram calados, porém preocupados, principalmente seu pai, que conduziu seus hóspedes para outro quarto da casa e lá confabulou por algum tempo com eles. Chamou, em seguida, dois serviçais e, com uma ordem, mandou que os acompanhassem.

Levou consigo três baús que mantinha ocultos de todos; dentro deles havia alguns manuscritos e uma grande fortuna em ouro e joias. Ao chegar ao porto, ordenou imediatamente ao capitão que fizesse todos os preparativos para partir para a Pérsia ao amanhecer.

O capitão tentou argumentar que seria impossível uma partida tão rápida, ao que ele retrucou com um gesto brusco:

– Toma, aqui tem o que necessita para partir, e deu-lhe uma pesada bolsa com moedas de ouro.

Ao ver as moedas, o capitão sorriu e disse:

– Não se preocupe, meu senhor, partiremos ao amanhecer. O que não pudermos adquirir de provisões esta noite, nos abasteceremos em algum porto adiante.

– Capitão, não quero que diga a ninguém para onde vai. Quero segredo desta viagem para que nenhum concorrente me passe para trás no negócio que vamos fazer. Cumpra bem as ordens que meus hóspedes lhe derem e poderá, como recompensa pela sua lealdade para comigo e com eles, ganhar este navio de presente.

– Pois não, meu senhor. Não se arrependerá de confiar em mim, tenha certeza!

– Vamos, capitão, acomode meus amigos no navio com suas bagagens e sirva-lhes boa comida. Não economize migalhas, pois poderá perder o cesto de pães.

– Não se preocupe, meu senhor, não o decepcionarei.

– Pois então mexa-se, capitão. Talvez dentro em breve seja um homem rico. E até a volta, meu amigo!

E o capitão ficou a dar ordens aos seus homens, despachando uns e outros com gritos e empurrões. A possibilidade de ficar rico deixara-o eufórico. Seguiria à risca as ordens dos amigos do seu senhor.

Após se despedir de seus amigos, o nobre voltou para casa, preocupado com seu filho. Qual atitude tomar, que palavras dizer, como explicar-lhe sem violentar sua formação?

Ao chegar a casa, procurou pelo filho e não o encontrou. Perguntou à sua esposa onde ele estava:

– Ele saiu há pouco.

– E você não sabe para onde ele foi?

– Não, não disse nada. Saiu muito apressado.

– Bem, vou esperar por ele. Se quiser, vá dormir, eu estou sem sono.

– Boa-noite, meu senhor.

– Boa-noite, minha senhora. Boa-noite, minha querida senhora!

As horas iam passando e nada de seu filho voltar. Isso o preocupava. O que teria acontecido? O que estaria ele fazendo, ou pior, falando, agora?

Pensamentos funestos passavam por sua mente, como presságios a avisá-lo sobre o pior.

Talvez fosse melhor partir junto com seus amigos para o Oriente. Então, mais tarde, enviaria alguém para saber como teria agido seu filho.

Não, isso não! Se seu filho o traísse, sua vida nada valeria. Como viver sem alguém a quem tanto amava?

Ao amanhecer, os serviçais voltaram e disseram que o navio havia partido. Essa notícia o aliviou um pouco. Menos mal! Assim era melhor, pois fora ele quem insistira com os amigos para acompanhá-lo. Seria melhor não criar embaraços perigosos.

Em seguida, saiu atrás do filho. Mal acabara de sair de sua casa, quando foi abordado por um capitão com uma escolta. Levaram-no, sem explicação alguma, à prisão da Inquisição.

Ficou três dias sem ver ninguém, além do carcereiro, que vez ou outra aparecia com uma refeição de sabor horrível.

Meditava, na solidão do cárcere, o que teria feito o filho, já que, como tal, aparentemente não agira. Do contrário não estaria ali, prisioneiro da Inquisição tão temida por todos.

No quarto dia foi levado diante dos juízes e não viu seu filho. Isso o deixou mais preocupado ainda. O que teria acontecido a ele? Onde estaria naquele momento?

Interrogaram-no com perguntas e mais perguntas, com acusações que nada tinham a ver com sua vida, seu modo de ser, de agir ou de pensar.

Nada respondia, apenas ouvia; não queria se defender. Seu filho o traíra. Por que viver? Para que argumentar?

Eles não o entenderiam mesmo! Tinha diversos inimigos por causa de sua fortuna e alguns estavam sentados na banca dos juízes, apesar de suas altas contribuições à Santa Igreja.

Quando a sentença foi pronunciada, o juiz-chefe perguntou-lhe se tinha algo a dizer ou a pedir.

– Sim, tenho algo a pedir: quero ver meu filho!

– Negado o pedido. Seu filho não quer vê-lo.

– Mas eu preciso vê-lo. Tenho um grande tesouro oculto, e necessito dizer-lhe onde encontrá-lo.

– Então diga a nós e o avisaremos onde encontrá-lo.

– Não, meus senhores! Eu o enviei com meus amigos e só direi como achá-lo a meu filho.

– Levem-no de volta à masmorra, carcereiros – falou o juiz-chefe.

Mais tarde, o juiz-maior foi falar com o nobre persa e tentou com palavras arrancar-lhe onde estava o tesouro, como fazer para chegar até ele.

Nada levava o condenado a dizer uma só palavra. Nem a tortura física que lhe aplicaram o fez dizer onde encontrar o tesouro. Por fim, vendo que não adiantava persistir, pois isso poderia matá-lo, o juiz desistiu. Mandou buscar o filho do nobre, que seria executado ao amanhecer.

Quando o filho chegou e viu seu pai naquele estado, começou a chorar. Não era isso o que queria para seu pai. Não fora isso que seu amigo, o bispo, dissera que iria fazer, não isso!

Ao chegar perto do pai, quase não o reconheceu, tal o seu estado: todo ferido, em pele e ossos, olhos profundos a fitá-lo num olhar mortiço.

– Pai, eu só queria livrá-lo dos perigos a que seus amigos, servos do demônio, o estavam levando. Só isso, pai, nada mais que isso.

– Como assim, filho? Em perigo eu estou agora, não com meus amigos. O que fez? Por que não falou comigo antes? Por que, filho meu?

— Pai, só fui me aconselhar com o bispo, saber como ajudá-lo a se livrar dos bruxos persas. O bispo disse-me que sua conversão no passado talvez tenha sido somente para enganar a Igreja e para poder casar com mamãe. Eu argumentei que não, que o senhor era um bom cristão, temente a Deus, que talvez alguém pudesse ajudá-lo a se livrar do poder daqueles bruxos. Só isso e nada mais! O senhor sempre me falou de Deus com amor e reverência, e de Jesus com amor. Foi quando ele me disse que iria ajudá-lo, que não me preocupasse com mais nada.

— Bem, filho, parece-me que você me entregou ao demônio. Duvido que Deus fizesse o que fizeram a mim a qualquer filho Seu.

— Uma outra coisa, filho meu. O bispo falou a verdade quando disse que me converti somente para poder casar com sua mãe. Essa era a única forma de consegui-lo. E não me arrependo do que fiz, pois foi por amor a ela que assim agi. Talvez esta seja a maneira d'Ele me castigar. Sempre respeitei Jesus Cristo como o filho de Deus, e também me considero filho de Deus. A Cristo eu amo como a um irmão mais velho que, com suas palavras santas, nos tem guiado, filho meu!

— Como assim, pai?

— Ora, filho, quem foi anunciar a vinda de Jesus Cristo? Não foram os Magos?

— Sim, foram os Magos, mas o que isso tem a ver com tudo o que está acontecendo agora, meu pai?

— Tem tudo a ver, meu filho. Os meus amigos não são bruxos, mas sim magos. Da mesma escola daqueles que anunciaram a vinda do Cristo para regenerar a humanidade. Eles são os guardiões dos mistérios sagrados e não bruxos que vivem prejudicando seus semelhantes. Eles só dão boas palavras. Palavras de consolo, de conforto e de esclarecimento. Dominam o lado negro e não se servem dele para o mal. São guardiões das Leis Eternas, em que muitos vão buscar o verdadeiro saber. O saber divino, do Sagrado, da Elevação, nada mais que isso, filho meu.

— Mas, meu pai, por que não me disse nada, então? Por que não esclareceu a respeito deles para que nada disso tivesse acontecido?

— Eu sempre lhe ensinei o saber sólido, não ilusões passageiras. Ensinei-o como amar a Deus, como aprendi, isso lhe ensinei! Quando você quis ir para o colégio sacro, não o impedi, pois tem o seu destino e não seria justo eu impor o que achava melhor para você. Como tornar alguém que gostava de ler e de estudar um comerciante? Melhor deixar a água correr pelo seu caminho natural do que represá-la, não?

— Pai, me perdoe, pois, apesar do meu saber, sou um tolo. Errei e viverei com isso eternamente.

– Filho meu, não se magoe nem se torture, pois tudo está acabado. Sob a minha cama encontrará um buraco coberto por uma laje, levante-a e achará um baú com um pouco de moedas e instruções a seguir. Enquanto o aguardava, dei instruções aos servos para que o sirvam como me serviram. Cuide de sua mãe. Eu o perdoo, mas busque em você o perdão para consigo mesmo, filho meu, pois esse eu não posso lhe dar, somente você mesmo poderá encontrá-lo.

No dia seguinte, eis que logo cedo foi executada a sentença.

O filho chorou por dias seguidos, junto à mãe que já adoecera. Parecia que as trevas tinham tomado conta daquela casa, outrora tão radiante, tão alegre e que agora só tinha lágrimas e dor. Que destino funesto era esse que tinha sido reservado a eles! Que castigo medonho!

Logo sua mãe veio a falecer e a solidão tomou conta daquela casa. Os criados foram dispensados e o vazio tomou conta de tudo.

O padre-juiz foi ver o bispo. Devolveu-lhe a cruz de ouro, o anel de juiz, a batina de padre. Nada mais existia que o segurasse naquele lugar. Para que ficar ali?

Simas voltou para sua casa, afastou a cama e retirou a laje para ver o que havia escondido. Ao abrir o pequeno baú, encontrou uma sacola com muitas moedas de ouro e um pequeno pergaminho, no qual havia somente um símbolo: três cruzes sobre um monte. Nada mais que isso. Fechou o baú e partiu para longe daquele lugar, jurando nunca mais voltar ali.

Ao atravessar o portão de sua casa, dois emissários do bispo vieram ao seu encontro e o convidaram a acompanhá-los. Ao chegar diante do bispo, foi inquirido sobre o tesouro que o pai lhe deixara. Qual o valor deste tesouro? Simas mostrou a sacola com as moedas. Isso decepcionou o bispo, que imaginava uma grande fortuna. Aquilo não era uma grande fortuna.

Quis saber o que significava o pergaminho, porém, Simas não soube explicar.

O bispo quis saber para onde ia. Ele disse não saber, afirmou que ia viajar para algum lugar bem distante, para poder chorar, sem que ninguém pudesse ouvi-lo. Partiu e nunca mais voltou àquele lugar. Ninguém mais ouviu falar de Simas: Simas de Almoeda desaparecera.

Outrora juiz da Inquisição, já não julgava. Estava sendo julgado por um juiz invisível. Um juiz que deixa que cada um pronuncie sua própria sentença e que a execute de acordo com a própria vontade. O juiz era o seu destino; a sentença, o resto da sua existência. Podia escondê-la dos outros, mas não de si mesmo. Que juiz implacável esse que se chama consciência! Um juiz que não deixa que se esqueça a sentença um instante sequer. Eis quem era o Pescador sem nome, solitário, triste, vazio mesmo, sem nada a perguntar nem a dizer, só a solidão a acompanhá-lo.

Olhava o mar sem nada dizer, aguardando um sinal do alto, do Criador de tudo e de todos, como se referiam a Deus aqueles magos. O tempo passava e o sinal não vinha. Restava apenas orar para si e para seus semelhantes, na esperança de que as preces um dia fossem ouvidas por Deus.

Até que um dia teve a impressão de ver sair do mar uma mulher, uma linda mulher com uma coroa pontilhada por sete lindas estrelas. Vinha em sua direção com um sorriso meigo nos lábios, observando-o entre zombeteira e carinhosa.

Sentou-se ao seu lado, mantendo certa distância. Começou a conversar com o Pescador, como se o conhecesse há muito tempo. Raios de luz saíam de todo o seu corpo, suas unhas se prolongavam dos dedos em raios azulados.

O Pescador, depois de muito tempo conversando com ela, percebeu que as sereias não eram lenda, mas, realidade. Ele poderia tocá-la se quisesse, apesar de não ousar, já que sua aparência era majestosa. Não eram más, muito pelo contrário. Seu encanto vinha de sua pureza, de sua beleza e nobreza.

Assim, o Pescador, sempre que precisava de algo do mar que não podia pescar, pedia à sereia. Esta mergulhava e ia buscar, ainda que fosse no lugar mais profundo dos oceanos, pois estimava aquele Pescador tão humilde que sempre ficava a conversar com ela.

Ele procurava não depredar seu reino; não trazia sujeira às suas águas; não tirava ou pedia nada mais do que necessitava para sua existência. E todas as vezes que entrava no mar, para não sujar as águas da sereia, banhava-se antes em uma cachoeira que existia muito próxima.

Por tudo isso, ela o tinha em grande estima. Sim, ela o amava e o respeitava, o amor dos seres elevados, que sabem cultivar a amizade pura, sem nada que a macule ou destrua.

O Presente Recebido

Um dia, a sereia deu-lhe como presente uma estrela-do-mar, linda e brilhante. Ele a guardou no baú, junto com o pergaminho que seu pai lhe dera.

Era uma estrela que ora brilhava como um diamante, ora como a mais linda das esmeraldas. Outras vezes brilhava como uma ametista ou uma safira. Dependendo de onde se encontrasse o Pescador, o brilho da estrela mudava de cor.

Se ele ia a uma mata, ela ficava verde; se fosse às montanhas, ela parecia um rubi em chamas, de tão brilhante que ficava. Quando passava na cachoeira para banhar-se, antes de ir ao mar, onde sempre via a sereia, a estrela ficava dourada, e assim por diante, em todos os lugares por onde passava.

O Pescador tinha por hábito orar ao Criador quando ia dormir. Orava tanto por si como pelos seus semelhantes. Neste momento, a estrela se transformava. Adquiria uma luz viva, um brilho cristalino que ia crescendo à medida que ele orava, e se irradiava a distâncias enormes. Parecia um pequeno Sol!

Se ele orava por alguém, partia um raio de luz em direção a essa pessoa. O Pescador passou a orar por todos aqueles que se aproximavam e estavam doentes ou desesperançosos da vida.

Alguns melhoravam um pouco, outros ficavam bons. Porém, outros não e isso o intrigava cada vez mais. Até que um dia, ao ir ao mar, decidiu perguntar à sereia sobre o fenômeno.

Quando a encontrou, parecia que ela já o estava esperando, pois seu olhar era calmo e sua voz mais suave que das outras vezes.

Quando ele quis perguntar, ela fez um sinal com a mão, convidando-o a sentar-se ao seu lado, e começou a falar:

– Pescador, desde a primeira vez que veio à beira-mar, eu o observo. Muitas vezes você não me viu. Quando me mostrei, já conhecia o seu modo de ser, de agir e de pensar. Conhecia, também, seus desejos, suas vontades, seu pranto e seu desespero. Enfim, conhecia tudo sobre você! Eu me mostrei a você porque sabia que não taparia os ouvidos ao meu canto nem fecharia os olhos à minha beleza, nem ambicionaria minhas riquezas. E olha que o mar abriga muitos tesouros!

Pescador, você sabe que o mar abriga muitos mistérios, encantos, magias, segredos e poderes, tudo isso dado pelo Criador quando fez este mundo que habitamos? A uns eu dou um presente quando me agradam; a outros dou outros presentes quando me desagradam. Mas a nenhum que venha até o mar, deixo de presentear. Aos que me agradam pelo que trazem de bom em si, eu dou, a um uma concha, a outro um pouco de paz; a outros dou pérolas, ou alimentos. Aos que me desagradam, dou um pouco de sal para que passem nos ferimentos de seus corpos ou de suas almas, e assim jamais me esquecem.

Alguns dizem que sou ruim, mas, na verdade eles é que são imperfeitos e não veem os meus encantos. Não acham nada de belo no mar. Então não conseguem colher ostras com pérolas. Colhem apenas suas conchas que, se não tomarem cuidado, os ferirão; ou águas-vivas que os queimarão; ou serpentes marinhas que os engolirão. Outros dizem que sou boa. Pedem para que, com meus encantos, os ajude a solucionar os seus problemas, e eu não nego. Assim, um dia eles me amarão, não por encantamento, mas, por amor puro. O tempo fará sua transformação interior. Há outros ainda que vêm até o mar sem nada pedir ou temer. Sentem-se bem em estar à beira-mar ou mergulhados em suas águas, admirando sua grandeza e profundidade, descobrindo seus mistérios e encantos, seus segredos e magias. Com isso, adquirem a maior riqueza que o mar pode oferecer a quem se faz por merecer, que é a purificação de suas almas.

Sabe, Pescador, que enquanto olhava para o mar, com o olhar perdido nas ondas, o mar já estava a purificá-lo e absorvê-lo sem o tocar. Já o encantava sem encantá-lo. As sereias já cantavam o seu canto encantado sem que você as ouvisse. O mar já se revelava a você sem que visse! Tudo isso eu digo agora a você, Pescador, para que entenda por que lhe dei uma estrela-do-mar de presente. Quero que saiba que muitos colhem, com suas próprias mãos, muitas estrelas-do-mar, porém, elas não brilham. Apenas aquelas que dou de presente possuem a luz encantadora que brilha eternamente. As estrelas que eu presenteio, eu as ganhei do Criador para dá-las a quem se fizer por merecer. Eu tenho muitas delas, mas poucos para quem dá-las. Como merecê-las? Sendo puro nos ideais, nobre nas ações e simples na vida. Eis como merecê-las, Pescador! E você tem tudo isso consigo. Por isso, dei-lhe uma Estrela Encantada, Pescador. Agora você vem com perguntas que as respostas estão nelas próprias. Por que uns ficam bons e outros não? Porque alguns são como aqueles que pescam muitos peixes e os perdem antes de poder comê-los; outros são como pescadores que jogam a linha com o anzol e nunca pegam nada; outros pescam muito e dividem seus peixes com quem não tem o que comer. A estes últimos a estrela ilumina com o seu brilho. Aos primeiros, ela nunca ilumina; aos outros, de vez em quando ela os ilumina, mas eles não veem o seu brilho e ela se apaga novamente.

O Pescador perguntou à sereia:

– O que me impulsiona a orar e a me preocupar mais e mais com meus irmãos?

– É o poder contido na estrela que lhe dei, Pescador. Sua vida se transforma à medida que aumenta o brilho de sua Estrela Encantada. Por tudo, é duplamente favorecido. Quanto mais faz, mais brilho ela irradia, sem cessar.

O Pescador se despediu da sereia com lágrimas nos olhos. Pelo que entendera de tudo que ouvira, a estrela, na verdade, pertencia ao Criador e a sereia o presenteara com uma dádiva sua, porque se agradara com o seu modo de ser e de agir para com tudo e com todos.

Eis que sua vida se modificava depois desse encontro. Agora ele sabia que era portador de um tesouro da Rainha dos Mares, a Guardiã dos Mistérios do Mar.

À medida que o tempo passava, o Pescador mais e mais era solicitado a orar pelos enfermos, pelos fracos de espírito, pelos doentes da alma.

Ele se fazia presente em muitos lares de amigos e até de desconhecidos, pois sua fama havia se espalhado rapidamente. Muitos perguntavam como ele conseguia, com suas preces, curar os enfermos e levantar os fracos que haviam caído no caminho. Ele, em sua modéstia, respondia sempre com um sorriso e uma frase curta: "É a minha boa estrela!"

O tempo passou rápido para o Pescador. Não sobrava mais tempo para olhar para si mesmo, somente para seus semelhantes. Muitas vezes ele gostaria de voltar a falar com a sereia, contar-lhe como a estrela que ela lhe dera era milagrosa, que, sempre que ele orava, ela respondia com o seu brilho encantado, que mais parecia uma voz falando em seu coração, incentivando-o a continuar no caminho que estava.

Com o passar do tempo, o Pescador foi convidado a ir a lugares distantes para orar por pessoas desconhecidas, em alguns casos até importantes. Viajou por muitas cidades desconhecidas para ele. Com isso, passou a ser invejado, odiado mesmo, para dizer a verdade.

Alguns, que se diziam sacerdotes do Criador, não podiam aceitar que aquele pescador tão humilde tivesse sucesso onde eles falhavam. Ele apenas olhava para uma simples estrela-do-mar e orava em silêncio e os enfermos se curavam, enquanto eles, com seus rituais seculares, nada conseguiam.

Alguns até o convidaram para visitar seus templos, para assim descobrir seu segredo, sua magia, seu poder, e, dessa forma, serem como ele. Especulavam sobre o seu passado. Ele lhes dizia que havia sido um pescador, mas, que agora já não podia mais pescar, pois tinha se afastado muito do mar, onde sempre vivera. Por isso estava um pouco triste! O mar lhe fazia falta, sentia saudade das suas ondas, em seu eterno balançar.

Especulavam sobre o seu poder curador. De onde vinha tal fonte de poder? Ele novamente respondia com um sorriso de alegria interior e uma frase curta: "É a minha estrela-do-mar!"

Tentaram descobrir como uma simples estrela-do-mar podia fazer aquelas curas maravilhosas. Ele lhes explicou que bastava orar por quem necessitasse e a estrela respondia com sua luz curadora, que ali estava o seu poder verdadeiro.

Eles não se satisfaziam com suas respostas. Secretamente já haviam mandado buscar, no mar distante, muitas estrelas-do-mar, de todos os tamanhos, e nada acontecia, quando eles oravam aos enfermos com as estrelas ao lado, como fazia o Pescador.

Tentaram-no com riquezas imensas, com prazeres inimagináveis, com postos elevados e com muitas promessas. Ele nada aceitou, pois nada disso tocava seu coração. Queriam saber tudo sobre ele, mas, ele lhes dizia que seu único poder era a estrela-do-mar, e nada mais.

À medida que o tempo passava, ele angariava mais inimigos ocultos que sorriam na sua frente, mas, às escondidas, tramavam como tirar-lhe o poder curador. Tramavam uma ação oculta, com magia negra, para tirar-lhe o poder, mas, assim mesmo as suas estrelas continuavam sem poder algum.

O Pescador começou a sentir o efeito dessas tramas.

Estava sendo envolvido por forças negativas muito poderosas. Seu ânimo se abateu, seu sorriso se apagou, não sabia o que estava acontecendo. Parecia que ouvia a sereia chorar ao longe. O choro vinha num canto de lamento por ver o que estava acontecendo com seu querido Pescador, que tanto se afastara do seu reino.

O Pescador já não sentia mais sua estrela responder às preces. Seu poder esvaía-se em prantos. Já não conseguia mais as curas milagrosas; não tinha mais ânimo para dar aos que fraquejavam no caminho. Algo estava acontecendo, e ele não entendia! Não sabia como voltar a ser o Pescador alegre de antes.

E o canto a cada dia se tornava mais choroso, mais desesperador.

Foi quando os grandes sacerdotes estabelecidos começaram a dizer que ele era um grande falsário ilusionista; que iludia a todos com suas palavras simples, mas, sem poder algum. O que ele deveria fazer era jogar a sua falsa estrela da sorte e do poder, pois para nada lhe valia aquela estrela, senão para lhe trazer dor e sofrimento.

"Isso não!", respondeu-lhes o Pescador! No íntimo ele sabia que, se assim fizesse, aí, sim, começaria o seu martírio.

Os sacerdotes desejavam sua estrela, mas, não podiam tomá-la, porque sabiam que era encantada, e um encanto não pode ser tomado: precisa ser recebido de um doador de livre e espontânea vontade, e isso ele não queria fazer. Então começaram a injuriá-lo ante seus amigos e, pouco a pouco, o Pescador foi ficando solitário.

As pessoas foram se afastando, algumas até fazendo chacota da sua estrela-do-mar.

Nada o abalava em seu amor à estrela, ainda que ela não brilhasse e não lhe respondesse como antes. Ele a amava, pois ela o fazia lembrar-se da sereia do mar, tão distante agora.

Os grandes sacerdotes tramaram mais uma vez. Com a traição negativa da magia maligna invocaram os grandes senhores das trevas para que quebrassem, de uma vez por todas, as forças do Pescador, até que ele lhes desse seu talismã, sua preciosa estrela-do-mar.

E assim o Pescador começou a definhar. Seu corpo ficou cheio de chagas, seus ossos doíam como se estivessem quebrados.

Todos se afastaram dele, por sua aparência mortiça, por suas chagas, por tudo o que estava acontecendo com ele. Alguns ainda se lembravam do tempo em que ele os ajudara, e lhe davam um prato de comida ou um copo de água, outras vezes um pedaço de pão, mas, ninguém mais o convidava a cear em sua mesa ou a dormir sob seu teto.

E como só vivera, só estava em seu infortúnio.

Vendo que ninguém mais o procurava e poucos o cumprimentavam, resolveu partir daquele lugar, levando consigo sua amada estrela-do-mar.

Caminhou sob o Sol e sob a Lua por muito tempo, passou fome e frio, sede e solidão. Todos que o viam dele se afastavam, como se fosse um leproso ou coisa pior.

O tempo não contava mais para o Pescador. Para ele, o tempo não existia. Sua dor era imensa; sua solidão, infinita. Não tinha destino algum! Nada mais tinha além da sua estrela-do-mar tão amada.

Um dia, conseguiu embarcar em um navio cargueiro e partiu para terras distantes, que não conhecia. Ao chegar, partiu do porto sem nenhum rumo, pois rumo a sua vida não tinha.

Encontrou um Amigo

(Os Sacerdotes)

Caminhou sem rumo até que um dia, num bosque, viu um casebre humilde, mas, bem-cuidado. A princípio, pensou em se afastar, mas, a dor e a fome eram maiores que o medo de ser expulso, ou até mesmo espancado, como aconteceu muitas vezes quando tentou aproximar-se de alguém.

E assim se aproximou vagarosamente do casebre. Ao chegar diante da porta, não teve coragem de chamar por ninguém. Pensou: "Se já havia sido expulso de tantos lugares, por que insistir mais uma vez? Comerei folhas ou alguma raiz que encontrar no bosque e irei embora".

Mas, ao se virar para partir, a porta se abriu e do casebre saiu um negro velho e corpulento, de olhar grave e penetrante, que ficou a olhá-lo por longo tempo, sem nada dizer.

Ao falar com o Pescador, a primeira coisa que disse foi:

— Entra, meu filho. Estou preparando meu almoço e você pode comer comigo, se quiser. Ou talvez minha humilde casa não o agrade, e por isso ia embora...

Ao ouvir essas palavras, o Pescador se ajoelhou reverente e beijou suas mãos, mas, foi interrompido bruscamente por uma voz grave que mandou que se levantasse. Disse que estava oferecendo um prato de comida e não escravidão.

O Pescador se levantou e desculpou-se, já que sua intenção fora de agradecimento por tê-lo acolhido em sua casa e oferecido um prato de comida para saciar sua fome.

— Entra então, Pescador, pois a comida já está na mesa!

O Pescador entrou e sentou-se à mesa com o negro de olhar inquiridor, sem tocar em nada. Estava sujo e todo maltrapilho, com chagas por todo o corpo.

– Por que não se serve, Pescador, ou quer que eu o sirva também? – perguntou-lhe o negro.

– Não quero empestear sua comida, nem sujar sua mesa, meu senhor.

– Se fosse sujar algo ou empestear alguém, eu não o teria mandado entrar, meu amigo. Vamos, sirva-se logo, pois sua fome é maior que a minha.

E o Pescador se serviu com muito gosto. Sentiu-se diante de um nobre verdadeiro.

Após a refeição, o Pescador pediu licença ao negro e foi para o quintal. Lá desenrolou sua estrela-do-mar e agradeceu ao Criador por ter ganho tão boa refeição. Espantado, viu que novamente a estrela brilhava, um brilho tão forte que o envolvia por inteiro.

Ao terminar suas preces, percebeu que o negro o observava. Envolveu novamente, com rapidez, sua estrela-do-mar em um pedaço de couro.

O negro falou:

– Não se preocupe, Pescador, pois não quero sua estrela-do-mar. Não que ela não seja bonita ou valiosa, mas é que tenho a minha cruz, a qual guardo com muito zelo e amor. Com ela faço o que você fazia com sua estrela-do-mar.

Só então o Pescador notou que o negro sabia que ele fora um pescador, e que assim o chamava.

Não sabia o que dizer, mas, sentiu-se pequeno e infantil diante do homem à sua frente. Parecia que ele já o conhecia de longa data, que sabia tudo sobre ele.

Então perguntou:

– Como se chama, bom homem?

– João de Mina – respondeu-lhe o negro.

– E você como se chama, meu filho?

– Simas de Almoeda, meu amigo João de Mina. Como já me conhecia, se eu não o conhecia? Acolheu-me quando todos me expulsavam, alimentou-me quando todos me negavam até mesmo um pedaço de pão?

– Ora, é simples, meu filho, aquilo que você faz na fé simples e pura, sem nenhum conhecimento além da sua estrela-do-mar, faço com fé e conhecimento. Você confia no seu modo de ajudar ao semelhante e não procurou saber mais nada sobre o seu poder. Confio na minha cruz e quis saber o porquê dela me dar o poder de curar.

– Como assim, bom amigo?

– Simples. Você ganhou a sua estrela pela sua pureza de espírito, ganhei a minha cruz pela minha consagração ao Senhor dos Mortos.

– Senhor dos Mortos?

– Sim, o Senhor dos Cemitérios, aquele que recebe os corpos e as almas dos que partem desta vida, filho meu.

– Fale-me mais, meu amigo, fale-me sobre o Senhor dos Mortos.
– Bem, filho meu, vá descansar agora, mais tarde conversaremos.
– Como? Diz que posso ficar por hoje, meu amigo?
– Sim, por que não? A não ser que isso não o agrade, filho meu!
– Agrada-me sim, e muito, meu amigo!
– Pois, então, vá descansar! Lá dentro tem uma cama. Deite-se e durma.

O Pescador não dormia em uma cama há tanto tempo que, ao se deitar, foi como um sonho. Só podia estar sonhando mesmo: ganhara um almoço, a sua estrela voltara a brilhar e agora uma cama macia para dormir. Sim, só podia estar sonhando! Nem suas chagas doíam mais, nem sentia os seus ossos a incomodá-lo. Só um sonho mesmo, e era melhor não interrompê-lo agora. E, pensando nisso, adormeceu.

Quando acordou já era manhã avançada. Levantou-se apressado, sem saber por quanto tempo dormira. Só sabia que há muito tempo não dormia tão bem, sem pesadelos a incomodar-lhe, sem aparições monstruosas a persegui-lo.

Sua estrela-do-mar havia sido limpa de todo o pó e estava sobre um pano branco, brilhando como no passado, no momento de suas preces.

Sua roupa estava limpa e costurada; seu corpo estava todo limpo; suas chagas estavam tratadas com unguentos e ervas.

Qual a graça Divina que estava acontecendo para que, de um dia para o outro, sua vida mudasse tanto? Seria um milagre do Criador, respondendo às suas preces? Não importava, o importante é que se sentia bem.

Olhou para o negro que estava a observá-lo enquanto preparava algo para ele comer e não soube o que dizer. O velho João disse-lhe:

– Não precisa dizer nada ou agradecer, que a nossa obrigação, quando alguém precisa de ajuda, é ajudar e não se afastar. Eis a Lei de Deus, Pescador.

– Sim, essa Lei eu conheço, mas, tão poucos a praticam que, quando encontramos alguém, não sabemos reconhecê-lo de fato. Eu lhe sou eternamente agradecido, meu amigo João de Mina.

– Não tem nada que me agradecer. Quando fazemos o nosso dever para com nossos semelhantes não devemos esperar por recompensas, senão que valor haveria nessa ação diante de Deus, se tivesse de haver recompensa por servir às Suas Leis?

– Sim, mas você não se preocupou com minhas chagas. Não pensou que talvez pudesse ser contagiado por elas. E agora quase não sinto as dores, meus ossos já não doem. Como pode ser isso?

– Simples, meu filho! Enquanto descansava, preparei ervas para limpar suas chagas e um chá que você bebeu sem acordar. Orei ao Senhor dos Mortos, pois só ele poderia ajudá-lo neste caso.

– Como assim, meu amigo? Cada vez entendo menos o que me sucede.

— Coma um pouco. Enquanto come, eu explico para que entenda melhor. Você está ferido. Ferida está a sua alma! Não caiu por causa da sua estrela, e por causa dela ajudo-o agora e ajudarei sempre que precisar. Suas chagas foram provocadas pelas forças que imperam na parte escura do Reino Maior. Você estava enfeitiçado por magia da pior espécie, magia que nós conhecemos muito pouco, pois não é praticada nesta terra onde vivo, nem no lugar de onde vim. Mas é sempre uma magia, e com magia pode ser cortada. Onde as preces falham, as magias funcionam, meu filho. Lembre-se sempre disso e muito aprenderá em sua caminhada nesta terra.

— E o que o senhor fez por mim, meu amigo?

— Despachos a quem de direito, oferenda a quem auxiliasse e orações para combater as invocações das forças do mal.

— Como são esses despachos, oferendas e orações, meu amigo?

— Isso só é revelado a quem é iniciado no nosso culto, meu filho. Não está escrito. Não sabemos escrever. De onde venho, tudo é transmitido de chefe para seguidor da tradição.

— Não há uma escola que ensine como combater o mal, meu amigo?

— Não, não há uma escola. Há uma tradição que se perde no tempo. Não marcamos o tempo, que em verdade não existe. Todas as noites são iguais e todos os dias são iguais. O que muda somos nós. Uns para melhor, outros para pior, mas o tempo não muda. Ele é eterno, é o Criador do mundo. Ao tempo você não pode parar, nem tocar, nem modificar, pode?

— Não, não podemos. É verdade, só podemos nos transformar, não ao tempo.

— E nem a Deus você pode tocar. Pode senti-Lo em você, transformar-se diante de Sua grandeza, amá-Lo pelo dom da vida que nos dá, mas nunca vê-Lo ou tocá-Lo, não é mesmo?

— Sim, é verdade. Mas às vezes Ele parece tão distante de nós! Sentimo-nos tão desamparados diante d'Ele, que só nos resta o consolo de um talismã, como a minha estrela, a quem me apeguei como a um pedaço de Deus, meu amigo.

— Ora, não foi Deus que foi para longe, filho, foi você que se afastou d'Ele, que rompeu com Sua lei e Seus mandamentos. Você, que é cristão! Por isso, na nossa tradição, cultuamos os orixás como ligação com Deus. E nos momentos que nos parece distante o Pai Maior, cantamos aos nossos orixás para que intercedam para aplacar a fúria de Deus para com nossas falhas.

— Orixás? O que são, meu amigo?

— Diria que são como anjos. Talvez sejam, quem sabe? Eles agem através da Natureza, dos ventos, do fogo, das águas, da terra e, por fim, da magia também.

– Como disse? Pelo que aprendi dos anjos, não é nada disso que eles fazem.

– Será que não, Pescador? Pode mudar o nome e o lugar, mas as forças de Deus são sempre as mesmas, onde quer que estejam.

– Bem, se Deus é um só, e nisso eu acredito sem discutir, então deve estar certo. Sabe que parece um filósofo falando, meu amigo?

– E o que é um filósofo? Algum iniciado em algum culto, Pescador? É a primeira vez que ouço esse nome.

– Não, não é um culto ou religião, mas uma ciência, a ciência da razão, que discute muito para chegar a alguma conclusão. Às vezes, discutem por séculos sem chegar a uma conclusão, pois vivem a discutir tudo.

– Bem, então, não é melhor que minha religião. Ela diz: "Isso é assim, foi assim e sempre será assim!" O que precisa mudar é você e não ela. Só isso! Simples e sem discussão. A lei dos orixás não permite que se discuta sobre a sua essência, o seu ser. Ao dizer qual é o orixá que o rege, ou você o aceita e passa a recorrer a ele no seu dia a dia, ou não o aceita, e ele lhe vira as costas.

– Mas como? Ou aceita ou fim?

– Sim, ou acredita e tem fé, ou não adianta nada ficar especulando de onde vem, nem para onde vai. Pode conhecer, com muita dedicação e respeito, o segredo do seu poder, sua vontade e seus desígnios, mas nunca sua razão de ser. Eles são como são, não se modificam, mas podem nos modificar. Depende de nós, se para melhor ou para pior, mas só depende de nós e de ninguém mais.

– Bem, nós temos de estudar muito os livros sagrados, as leis canônicas, para sermos um sacerdote, e o senhor não precisa de nada disso para ter o seu orixá?

– Não é bem assim, Pescador. Quando alguém nasce, é observado e o elemento que reinar sobre a sua cabeça, a este ele será consagrado. O orixá cuidará dele enquanto na Terra ele viver, basta respeitar o que manda o seu orixá, pois os orixás têm as suas leis. Aquele que assume a função de sacerdote é preparado desde o nascimento. Quando atinge a idade certa, começa sua iniciação nos segredos dos orixás, nas suas magias e seus encantos. Recebe, com o passar do tempo, a força do seu orixá e só quando completar sua formação poderá ser um sacerdote, a quem nós chamamos de Babalorixá, porque aí ele poderá iniciar a outros com seus orixás.

– Bem, no fundo é a mesma coisa, sempre precisa ser ensinado, como na minha religião!

— Não é assim tão fácil. Quem se consagra não pode quebrar a consagração, senão quebra a sua própria força e sua vida deixa de ter motivo de ser, pois sua cabeça pertence ao orixá. Ele a vira ao se sentir ofendido com seu filho, se este quebrar a consagração.

— Tenho muito a aprender com o senhor, pena que eu tenha que partir.

— Partir, por quê? Se quiser ficar, basta que, quando melhorar de suas chagas e esquecer um pouco o seu passado, ajude a colher o que comer na minha roça. Nós somos simples na vida que levamos, mas somos generosos no coração. Se um dia quiser partir, a porta de saída é a mesma por onde entrou.

— Aceito, porque vejo que sabe que nada tenho além da minha estrela e do pergaminho que guardo há muito tempo como lembrança de um passado que não volta mais.

— Nós não ligamos muito para o passado, pois se ele foi bom e o dia de hoje não o é, sofremos pelo que perdemos. Assim, o hoje nunca poderá ser bom. Se o passado foi ruim, procuramos esquecê-lo, para que não faça parte do presente quando já é passado, e o hoje também não será bom. Não é verdade? Guarde um lugar na sua mente para o passado, mas nunca toda a sua mente para o passado, senão nunca viverá o hoje, que será sempre o ontem, meu filho.

— Sábias palavras, meu amigo. Sim, você é um sábio, um verdadeiro filósofo!

— Bem, seja como quiser, mas sua comida já esfriou e você não tocou nela. Será que é assim tão ruim?

— Não, não! A comida é boa, mas suas palavras são muito melhores, elas alimentam a minha alma, que está mais faminta que meu estômago. Sim, como elas me fortalecem!

— Então coma, que vou sair um pouco, filho. Mais tarde eu volto.

E o Pescador ficou pensando, enquanto comia. Que homem estranho, que saber simples, mas objetivo e racional, claro até demais! Um surdo não deixaria de ouvi-lo. Quem seria este homem? Um santo perdido no meio do bosque? Um mago igual aos amigos de seu falecido pai? Quem seria ele? Muitos pensamentos vieram à sua mente. Ele até se esqueceu do tempo.

Já era tarde, quando o velho negro voltou. Vinha acompanhado de uma moça, negra como ele, de seus 25 a 30 anos, no máximo. Vinham conversando animados, quando o viram sentado ao pé de uma árvore.

O Pescador se levantou e os cumprimentou com alegria. Já se sentia muito melhor agora.

— Boa-tarde, Pescador, como está?

— Bem, meu amigo, muito bem mesmo, obrigado.

– Pescador, esta é minha filha Ruth. Ruth, este é nosso convidado, de quem você tratou ontem. Parece o mesmo?

– Só pelas chagas, mas ele hoje parece outro, não parece o mesmo que estava deitado em minha cama ontem.

– Como? Aquela cama é sua? E foi você quem me limpou e me tratou com as ervas?

Ao dizer isso, o Pescador ficou rubro de vergonha. Nunca havia tocado ou fora tocado por uma mulher.

– Oh! Não precisa ficar com vergonha, porque eu fiz somente o que era necessário, nada mais. Eu não ouvi nada além dos seus gemidos de dor, quando o sumo das ervas queimava suas feridas.

– Muito obrigado, fico-lhe eternamente agradecido pelo que me fez. Muitos nem perto de mim chegavam com medo de pegar minha lepra.

O velho atalhou ríspido.

– Quem disse que tem lepra? Eu já lhe falei do que sofria! Não diga mais nada, vamos entrar.

Ao cair da noite, começaram a chegar outros negros, que se sentavam na frente da casa aguardando que o velho João de Mina os ajudasse. E foram chegando mais e mais. Até que ele saiu e saudou a todos, desejando que Deus os abençoasse.

Sentou-se em um banco próximo do fogão e, um a um, foi recebendo a todos. Fazia suas orações e passava ervas verdes em seus corpos. Em alguns aspergia água. Dava conselhos diferentes a cada um, ouvia as suas queixas e seus pedidos calado e sempre tinha uma palavra a dar. E todos saíam contentes da sua casa, já tarde da noite.

Ao terminar de atender a todos, o velho negro se ajoelhou reverente e cantou por um bom tempo em uma língua estranha ao Pescador que conhecia muitas línguas, mas nenhuma parecida com aquela. Ora era um canto alegre, ora um canto choroso.

Ao terminar, bateu três vezes a cabeça no chão, como a saudar alguém invisível aos olhos do Pescador, mas bem visível ao velho negro.

Levantou-se, apanhou um vaso com água e um prato de comida e se foi bosque adentro, demorando-se para voltar. Quando voltou, parecia cansado, mas seu rosto tinha uma felicidade que parecia brilhar como brilhava novamente a estrela do Pescador.

Este nada perguntou, esperando alguma palavra, mas o velho negro nada disse além de "Boa-noite", pois era tarde. E foi dormir.

Ruth mandou que tirasse a roupa, pois ia passar-lhe um pouco mais de unguento de ervas para que suas feridas logo se curassem. Isso feito, mandou que se deitasse na cama, que ela ia dormir sobre uma esteira, no chão.

O Pescador não quis, mas ela praticamente o obrigou a deitar-se. Ele ainda tentou argumentar que não era justo que ela dormisse no chão, enquanto ele, um estranho, ficava com sua cama. Mas de nada adiantou. E assim foram todos dormir.

Os dias se passavam, e o Pescador começou a ajudar ao pai e à filha em sua roça, que era pequena, mas bem variada. Ali tinha um pouco de tudo que uma pessoa precisava para viver, além das ervas sagradas.

Começou a aprender com eles o poder curador de cada planta; para que servia cada uma delas; como prepará-las; as dosagens corretas. Ao fim de algum tempo, já estava preparando os elixires junto com Ruth para que o velho João de Mina os desse aos seus fiéis necessitados, escravos dos engenhos, que vinham até ele para que curasse suas doenças, com o consentimento dos senhores de engenho que assim tinham sua mão de obra saudável e produtiva.

Melhor explicar: para a produção de açúcar, os portugueses traziam milhares e milhares de negros da costa africana para trabalhar em suas lavouras. Quando os negros ficavam doentes, eram trazidos até o casebre do velho João de Mina para ser tratados, pois custavam caro e os senhores dos engenhos não queriam perder dinheiro. A fama do curador ia longe, acontecendo algumas vezes de os próprios senhores virem buscar o seu atendimento. Isso o deixava em uma situação cômoda para praticar o seu culto sem ser molestado.

A amizade se consolidou entre os três. O Pescador começou a aprender um pouco da magia africana, dos encantamentos, das rezas, enfim, de tudo um pouco, até ajudando ao velho João de Mina no atendimento aos negros escravos.

Ficou admirado com o poder que o curador possuía. Como suas preces eram atendidas pelo Criador! Era o homem certo no lugar certo. Sem ele, aquelas pessoas, que nada tinham além de um pedaço de pano para se cobrirem e a alimentação horrível dos engenhos, não teriam nenhuma esperança na existência de um Deus a ampará-los no sofrimento, na falta de liberdade e na busca de um futuro melhor.

Uma noite, ao ver a multidão que aguardava para ouvir os seus conselhos, aos quais eles acatavam com muita fé, o curador convidou o Pescador a usar sua fé em sua estrela, e auxiliá-lo com todas aquelas pessoas. A princípio, o Pescador não sabia o que fazer, mas se um dia a estrela fizera milagres com suas preces a Deus, quem sabe era a hora de voltar a servi-Lo, em agradecimento pela graça recebida.

E assim viu que o brilho de sua estrela era enorme e se expandia sobre os enfermos como um bálsamo sagrado enviado dos céus aos que ali estavam. Seus olhos se encheram de lágrimas, o pranto brotou espontâneo, a mágoa que estava contida em seu peito foi lavada pelas lágrimas que escorriam dos seus olhos como duas fontes de água sagrada a lavar-lhe a alma de todo o sofrimento que tinha passado. Novamente Deus respondia às suas preces, como a dizer que, apesar de tudo, ainda confiava nele, dando-lhe nova oportunidade de servi-Lo.

Olhou à sua volta e sentiu que estava sendo observado com curiosidade. Para aqueles negros, um branco chorar era a última coisa que pensariam ver um dia. Alguns chegaram a dizer que era uma manifestação do orixá sobre o filho. Por fim, sentiu-se como se a sua sereia cantasse alegre novamente.

Depois daquela noite, voltou a sorrir com alegria para a vida.

Certa noite, a reunião no casebre estava diferente. Chegaram diversos negros, cada um de um lado do campo. Parecia que vinham de lugares distantes, pois demonstravam cansaço, além de estarem todos empoeirados.

Chegaram e fizeram estranhas saudações ao velho João de Mina, como se fossem sinais de identificação. Mais tarde, o Pescador ficou sabendo que aquela era a forma de saudar os sacerdotes africanos.

Comeram um pouco, após se lavarem, e ficaram a conversar em sua língua por longo tempo. O Pescador pediu licença e se afastou para o terreiro da casa, lá ficando a pensar sobre quem seriam aqueles senhores de rostos sofridos, corpos arqueados pelo tempo, mas com uma força interior incomum.

Pouco depois foi convidado a entrar por Ruth.

– Sente-se conosco, filho. Disse-lhe o velho João de Mina.

– Conheça meus irmãos, que também estão curiosos para conhecê-lo, Pescador. Foi apresentado, um a um, a seus amigos: André, João, Anselmo, M'Gomo, Moisés, José e Aristides.

– Antes eram 13, mas seis ficaram na África, e deles não temos notícias desde que de lá fomos tirados.

– Como assim? – perguntou o Pescador.

– Bem, é uma longa história, uma longa e triste história. Éramos 13 pais que abriam o culto ao nosso povo, que se espalhava por uma grande região. Uma vez a cada 49 luas nos reuníamos, como hoje estamos reunidos, para trocar ideias, ensinamentos e informações sobre nossas aldeias.

– Nós oito já estávamos reunidos quando surgiu um grande exército de uma tribo desconhecida, acompanhado de muitos brancos. Capturaram quase toda a minha aldeia. Passamos por muitos sofrimentos e humilhações, até que fomos embarcados em navios e viemos aportar nesta terra por nós desconhecida, cheia de homens cruéis que nos mantinham em correntes como feras selvagens. Logo apareceram alguns negros iguais a nós, que nos diziam que éramos escravos, que íamos trabalhar para aqueles brancos a troco de nossas vidas ou, então, iríamos sofrer muito. Foram muitos os que tentaram fugir e o castigo foi cruel, alguns vieram a morrer. Nós não sabíamos o porquê daquele sofrimento, mas prometemos nos encontrar, assim que fosse possível.

– Fomos, quase todos, para um único engenho e, às escondidas, conseguíamos nos reunir. Procuramos conservar nossas vidas e aconselhamos nossos irmãos para que tomassem muito cuidado, pois ali éramos como os burros de carga: ou trabalhávamos ou não comíamos, e ainda íamos para o tronco, apanhar com o chicote do feitor.

– Nossas mulheres eram violadas por aqueles homens cruéis, nossas filhas usadas como bem entendessem. Chorávamos de desgosto e de tristeza. Parecia que o nosso Deus nos abandonara. Reduziam-nos a farrapos.

– Alguns, de tanto desgosto, procuravam a morte como maneira de não sofrer mais. Sabe o que é isso, Pescador? Não, você não sabe o que é ser escravo depois de ser livre.

– Bem, o mal existe em todos os lugares, não? – argumentou o Pescador.

– Sim, o mal existe, mas essa é a pior forma de crueldade. Em nossa aldeia, um homem caçava ou plantava raízes para comer e não obrigava ninguém a fazer isso por ele, apenas para acumular riquezas. Isso é o pior que pode haver, pois, se você não pode fazer uma coisa, não deve obrigar outro a fazê-la por você. Essa é a lei, a nossa lei.

– Bem, aprendemos como agradar aos amos brancos. Bastava trabalhar.

– Por que os brancos, que dizem ter um Deus tão bondoso, agem assim? – perguntou o velho Aristides.

– Não sei, meu amigo, talvez sua ambição seja maior que sua fé em Deus – disse o Pescador.

– Pois eu digo que eles não têm nenhum Deus – disse o que se chamava João –, chegamos aqui amarrados e nos põem para trabalhar a troco de nossas vidas. Que homens são esses? Diga-nos.

– Não sei dizer ao certo, pois onde nasci era quase igual. Os senhores tudo podiam, os camponeses nada podiam. Faziam dos pobres quase escravos, só que de um modo diferente.

– Ora, eles não têm Deus algum! Seu Deus chama-se ouro, riqueza, poder, nada mais. Como podem dizer que rezam a Deus? Isso é ofensa!

– Vamos devagar, meus irmãos, pois o Pescador é diferente deles. É branco, mas é diferente. Não vamos ofendê-lo. Ele não é o culpado pelo nosso sofrimento – disse-lhes o velho João de Mina.

Após essas palavras, os outros velhos se acalmaram e ficaram em silêncio.

– Sim, ele traz a estrela de Iabá Inaê, então é diferente! E por isso não vamos magoá-lo com nossas mágoas.

– Perdoe-nos, amigo, temos visto nosso povo ser destruído, por tanto sofrimento, e isso nos machuca o coração. De que adianta curarmos suas feridas e doenças, se nosso poder não pode lhes dar a liberdade? – falou o velho Moisés.

– Sim, nós os acalmamos, damos bons conselhos e os ajudamos, mas é muito pouco para quem perdeu a liberdade. Só lhes resta orar e esperar, nada mais. Entende-nos, não, filho?

– Sim, eu entendo, mas não sei como ajudar.

– Ninguém pode nos ajudar, a não ser Deus. Ninguém mais!

– Bem, mas conte como conseguiu o símbolo de Iabá Inaê.

– Foi num tempo em que eu também chorava e orava a Deus pelo Seu perdão. Aí, uma sereia do mar apareceu e, depois de algum tempo, me deu esta estrela. Disse-me que só dava aquela estrela a quem a merecesse. Entendi isso como um sinal de Deus para mim. Quando descobri sua utilidade, usei seu poder em benefício de muitos, até que o perdi e teria morrido, não fosse pela bondade do senhor João de Mina, que me acolheu, curou minhas chagas e devolveu o poder de minha estrela, que voltou a brilhar.

– Acho que foi tocado pelo Orixá das Águas, filho – disse-lhe pai José.

– Todo aquele que se sente perdido e clama, terá um orixá para responder-lhe. É só aguardar!

Passaram quase toda a noite conversando sobre muitos assuntos.

– Bem, meus amigos, não sei como ajudá-los, mas também oro a Deus por vocês. Boa-noite!

– Boa-noite! – responderam os velhos ali reunidos.

Ao orar para dormir, o Pescador viu sua estrela brilhar intensamente. Viu naquilo um sinal divino. Sim, faria alguma coisa por eles!

Após algumas semanas, o Pescador se informou de como chegar a algum vilarejo dos brancos e partiu para lá.

Ao chegar, viu que ali não havia miséria, que todos trabalhavam muito, mas que estavam bem-vestidos, quase como na Europa. Apenas não havia o mesmo luxo. Encontrou portugueses, espanhóis, alguns italianos e, principalmente, havia muitos negros, um pouco de índios e de mestiços.

Travou conhecimento com alguns que queriam saber quem era ele. Explicou que chegara há alguns meses, e que viajara muito por aquelas terras sem parar em lugar algum, até que encontrou aquele vilarejo. Pediram-lhe notícias da Europa, mas ele explicou que há muito, quase oito anos, a abandonara. Fora para a Grécia e outros países e, finalmente, viera parar nessas terras.

Foi até a igreja e se ajoelhou para orar, quando viu um padre que o observava.

Levantou-se e foi cumprimentá-lo. Ficaram a conversar por longo tempo. O padre o convidou a pernoitar em sua casa, ao lado da igreja. Passaram longo tempo a conversar sobre a missão da Igreja.

O padre lhe falou que ser cristão nessas paragens era muito difícil, que ali era tudo selvagem. Era difícil falar de Deus àquelas pessoas, pois os negros tinham os seus deuses, os índios também. E os brancos pouco ligavam para Deus. Estavam ali sonhando com riquezas que nunca vinham.

Ficou por alguns dias com o padre, até que este o convidou a visitar uma aldeia indígena.

Partiram cedo, no lombo dos cavalos. Já era tarde do dia quando lá chegaram. Foram bem recebidos pelos índios, que acorriam de todos os lugares para vê-los.

Foi-lhes servido um pouco de comida nativa. Comeram. O Pescador perguntou ao padre se todos os índios andavam daquele jeito, nus ou seminus, inclusive as mulheres.

O padre respondeu que sim. Para eles isso era o normal, pois andavam pela floresta caçando e pescando e a roupa só os atrapalhava; que, às vezes, ele lhes trazia roupas, mas não as usavam após sua partida. Só tornavam a vesti-las quando voltava para visitá-los.

– Nada mais me surpreende nesta terra, Padre. Tudo aqui é diferente!

– Sim, tudo é diferente, o novo é sempre diferente. Mas também é fascinante, meu amigo. Você tem a oportunidade de pregar o Cristianismo em sua forma pura, sem dogmas e rituais, como na Europa. Aqui você tem um pouco de liberdade para pôr em prática sua própria concepção do Cristianismo. Mas saiba que não somos bem vistos pela igreja de Roma. Eles querem que catequizemos, mas também contribuamos com algum tipo de riqueza. Diga-me, como pedir algo a quem nada acumula? Como tirar algo desta terra que tem muitas riquezas, mas onde tudo está por fazer? De lá, nada nos mandam, só nos pedem. Mas tem o lado bom: aqui servimos ao Cristo com amor e liberdade, sem ninguém a nos sufocar com regras com que, às vezes, não concordamos.

Com os Índios

(O Dilema)

Já era tarde da noite quando chegou um grupo de índios de outra tribo bem distante, mais para o interior. Vieram pedir ajuda, pois sua aldeia estava triste. Seu chefe estava muito ferido e o velho pajé estava muito doente. Não tinham como salvar o chefe e vinham buscar ajuda com seus amigos.

O cacique juntou um grupo de guerreiros juntamente com o pajé de sua aldeia e convidou o padre e seu amigo para acompanhá-los até lá. O padre disse que não poderia, pois tinha de voltar ao arraial ao amanhecer, mas seu amigo poderia ir, se ele assim o desejasse.

O Pescador ficou preocupado, porque nada conhecia sobre aquelas pessoas, seus costumes, nada, e disse isso ao padre. Mas este o tranquilizou, assegurando-lhe que eles eram bons e que, se gostassem dele, esta era uma maneira de ter muitos amigos por aquelas paragens. Aquelas tribos faziam parte de uma grande nação indígena que abrangia toda a Capitania e isso seria bom para ele, caso pretendesse ficar por ali.

O Pescador pensou um pouco e depois aceitou. Pegou seus pertences, que consistiam em uma bolsa de couro com umas peças de roupa que ganhara do velho João de Mina, sua estrela e nada mais. Despediu-se do padre com um abraço afetuoso, sem saber que ali novamente o destino estava a conduzi-lo. Como mudaria sua vida!

Caminharam por toda a noite e, ao amanhecer, já dava para avistar a aldeia no fundo de um vale. O lugar era muito bonito. Os índios ainda não tinham tido contato com os brancos. Só ouviam falar deles, sem nunca tê-los recebido.

Ao chegarem à aldeia, foram rapidamente conduzidos para a oca do chefe da tribo.

Era um homem forte, mas estava muito ferido. Fora atacado por uma onça e seu corpo tinha muitos cortes e mordidas muito profundas.

O pajé visitante começou a fazer suas rezas, a encantá-las com seus cantos e a cuidar do corpo do cacique. Enquanto isso, o Pescador foi ver o pajé que estava doente. Ao olhar para ele, sentiu um arrepio que lhe percorreu o corpo. Já vira alguém assim, abatido, quase desfalecido, apenas a mente o mantia vivo. Esse alguém era ele próprio, o Pescador.

Pediu a um dos índios que os acompanhara e que falava um pouco da sua língua que o ajudasse a se comunicar com o chefe feiticeiro. Este o olhou com um brilho estranho nos olhos, como a dizer que tomasse cuidado, pois ele, um feiticeiro, estava enfeitiçado.

O Pescador ouviu o que o pajé dizia ao índio, sem nada entender. Quando este lhe disse do que se tratava, teve confirmado o que pressentiu quando viu o velho índio. Sim, já se sentira assim. Sabia como era horrível, porém, agora sabia como auxiliar alguém nessa situação, porque aprendera muito durante o tempo em que estivera com o velho curador negro. E agora, ainda que distante, sentia sua presença invisível a dizer-lhe: "Saiba como usar sua estrela, sua força, sua magia. Assim sempre sairá vencedor contra as magias negras".

Orou ao Céu e à Sereia Encantada, clamou pelo auxílio invisível do Senhor dos Mortos, a quem aprendera a amar, pelo seu poder e por estar sempre disposto a ajudar a quem quer que fosse. Até a ele, com respeito, se fosse merecedor.

Orou a Deus e pediu sua bênção no que ia fazer. Afastou-se um pouco da aldeia, foi até a beira do córrego e cantou o canto dos negros. Viu sua estrela ficar com uma cor dourada tão forte que quase não conseguia olhá-la: sua luz quase o cegava. Apanhou um pouco de água em um pote de barro e voltou à oca do pajé. Ao chegar, depositou por um instante a estrela sobre a água e orou ao Criador. A água ficou cintilante, como se raios dourados agora brotassem dela. Em seguida, deu um pouco de água ao pajé, que bebeu com sofreguidão, sentindo o poder do homem que estava à sua frente. Tinha certeza de que ele fora enviado por Tupã para salvá-lo.

Em seguida, o Pescador molhou a cabeça do pajé com um pouco da água, e o resto espargiu por todo o seu corpo. O velho pajé estremecia, tinha convulsões violentas, contorcendo-se todo. O Pescador tinha a sensação de que os demônios horríveis estavam sendo destruídos com a água benta, que o corpo daquele homem estava sendo purificado como um dia o seu o fora, ainda que ele não tivesse visto como. Quando o velho se acalmou, caiu num desmaio, mas seu corpo respirava compassado. O Pescador pegou sua estrela e a colocou primeiro sobre a cabeça do pajé, orando em silêncio por um longo tempo. Depois, colocou-a sobre seu peito e começou a cantar o canto dos negros.

Lentamente o velho abriu os olhos e parecia ser outro homem. Ficou a olhar para a estrela à sua frente, sobre o seu peito, com respeito. Ele também via o brilho dourado, que o envolvia como uma veste sagrada.

Quando o Pescador parou o seu canto, olhou para o velho e deu um sorriso alegre. Seu rosto estava banhado de suor, mas dos olhos corriam lágrimas em abundância, pois passara por uma forte experiência e saíra vencedor. Isso o deixou muito feliz.

Pegou sua estrela, e o velho começou a se levantar, um pouco cansado, mas estava bom novamente. O Pescador deu-lhe um abraço demorado. Quando olhou para seu rosto, viu que também estava chorando.

Falou umas palavras que não foram entendidas pelo Pescador. O guerreiro que a tudo assistira traduziu: ele pedia que Tupã o guardasse sempre, que ele é seu devedor para sempre, que não sabe como lhe agradecer. O Pescador disse que não tinha nada a agradecer, que tudo era vontade de Deus e, portanto, só devia agradecer a Deus. O guerreiro falou ao pajé as palavras do Pescador e este novamente o abraçou.

O Pescador pediu para deitar e descansar um pouco.

Viajara o dia anterior e a noite toda, e o esforço o tinha deixado cansado, gostaria de dormir um pouco. O pajé ofereceu-lhe uma rede e ele se deitou como se fosse a melhor cama do mundo, tal o seu cansaço. O guerreiro se afastou com o pajé para lhe dar algum alimento.

Já era tarde quando o Pescador foi acordado pelo guerreiro amigo. Pedia a ele que fosse à oca do chefe. Estavam chamando-o de lá.

Ao chegar, ficou pensando no que iriam falar-lhe. Mas qual não foi sua surpresa ao ver o estado do chefe: seus ferimentos estavam inflamados, ardia em febre e delirava.

Pediram sua ajuda para salvá-lo. Ficou a indagar o que já tinham feito.

Disseram que, quando o encontraram na floresta, já fazia tempo que tinha sido ferido, por isso suas ervas e raízes não faziam efeito. Somente ele poderia salvá-lo. Tinha salvo o pajé, então poderia salvá-lo também.

O Pescador ficou um instante a pensar no que fazer, tirou sua estrela e orou a Deus para que o guiasse, pois não sabia o que fazer. Viu o brilho crescer e isso, para ele, era um sinal do Criador.

Saiu com o guerreiro pela mata a procurar umas ervas que conhecera com os negros, para curar ferimentos infeccionados. Não sabia se existiam por ali, mas foi procurá-las.

Tinha a sensação de estar sendo guiado. Parou e se abaixou reverente ao Orixá das Matas e das Ervas, como aprendera com o velho João de Mina: "Quando estiver em dificuldade, ore aos orixás e eles o guiarão". E assim aconteceu. Logo achou as ervas de que precisava. Arrancou umas raízes que serviam para baixar a febre, e voltaram rapidamente à aldeia.

Preparou as ervas e as raízes, auxiliado pelos outros pajés. A seguir, tirou o lenço do pescoço e com água morna limpou as feridas, aplicando sobre elas as ervas maceradas e cozidas em grande quantidade. Rasgou sua camisa em tiras, amarrando-as sobre as feridas.

Depois, deu-lhe um pouco de raiz cozida para comer. Foi difícil fazê-lo engolir, pois o gosto era horrível.

Feito isso, voltou à sua estrela e orou ao Criador por aquele homem. Pediu que, se fosse possível, permitisse que ele vivesse, pois parecia ser muito necessário à sua tribo. Sua estrela brilhou intensamente.

Passou a noite ao lado do cacique. A febre foi cedendo aos poucos. Ao amanhecer, o cacique despertou do seu sono agitado, tentou se levantar e não conseguiu. Estava fraco ao extremo, apesar de ser forte, muito forte.

O Pescador disse que era necessário que ele se alimentasse e repousasse. O chefe aquiesceu com a cabeça e tornou a deitar-se.

Mais algumas vezes o Pescador tratou-o com as ervas dos negros. Após quatro dias, a infecção cedeu e o chefe começou a recuperar-se rapidamente.

Durante esses dias, começou a aprender um pouco do idioma daquele povo. Não foi difícil para ele, que falava diversas línguas, aprender rapidamente. Em pouco tempo já conseguia se comunicar sem o intérprete.

Falou seu nome ao pajé. Disse-lhe que era chamado de Pescador, "o que tira os peixes da água". Era o que significava seu nome.

O pajé lhe disse que se chamava Anhanguara, que significava "o que dominava os gênios do fogo". O Pescador quis saber o que eram esses gênios e o pajé lhe explicou a sua magia. Pediu em troca que o Pescador lhe falasse da sua magia, da estrela que ele viu brilhar sobre o seu peito, livrando-o do encantamento que sofrera, e que ainda estava a brilhar ao seu lado, como a dar-lhe uma luz viva, forte!

O Pescador contou-lhe como conseguira sua estrela. Falou-lhe do seu poder. Falou-lhe também do pajé negro que o ajudara e o salvara um dia, e depois ainda ensinou um pouco de sua magia e muito sobre as ervas e raízes e sobre seus cantos, que eram rezas aos Orixás; que o chefe tinha sido salvo com a bênção de Deus e com a ajuda das ervas e raízes; que o pajé negro havia ensinado um dia e que devíamos pedir ajuda a Deus, mas que também devíamos fazer nossa parte, não ficarmos esperando só d'Ele o milagre. Que às vezes nós somos parte dos milagres e das curas, pois Deus espera isso de nós.

Os dias se passavam e os índios já o tratavam como um membro da tribo. Era respeitado por todos, sentia-se entre amigos verdadeiros. O velho pajé lhe ensinara suas rezas, suas magias, suas ervas-remédio e ele ensinava ao pajé o pouco que conhecia.

Já passaram duas semanas, desde que ali chegara, e agora o cacique andava normalmente, apesar de ainda ter algumas feridas lhe incomodando. O pajé da aldeia já o tratava junto com o Pescador e sabia como fazê-lo. E isso o deixava muito feliz.

Os guerreiros e o pajé visitante partiram. O chefe não deixou o Pescador partir. Disse-lhe que era um amigo, por isso gostaria que ele ficasse mais um pouco. Eles se sentiriam muito felizes. Quando estivesse bom, iam fazer uma festa para ele.

O Pescador aceitou, pois estava gostando daquela gente. Eles se pareciam com os negros, não tinham ambição ou cobiça. Como o padre dissera, nada tinham, mas possuíam um tesouro enorme, que era a sua alegria e simplicidade. Ficaria ali para sempre, se algo não o incomodasse tanto: o seu passado.

Estava aprendendo bem a língua e os costumes daquele povo. Sua lealdade e o espírito comunitário o encantaram.

Quando o cacique fez a festa, convidou diversos caciques amigos. Disse ao Pescador que ia dar-lhe um presente que jamais se esqueceria. Era sua maior riqueza e lhe daria naquele dia. Por coincidência, o padre veio junto com os índios da tribo a que estava tentando catequizar. Abraçaram-se com entusiasmo. O amigo viera para ver como estava aquele que os índios diziam ser um "Pajé Branco" muito poderoso. Isso o intrigara. Queria ouvir de viva voz o que tinha se passado na sua ausência. Mas foram interrompidos pelos chamados do cacique, que os convidava para sentar-se ao seu lado.

Todos já tinham chegado e a animação era geral. Quando um cacique vai dar o presente, todos ficam curiosos para saber o que é. O Pescador disse ao padre que mais tarde contaria tudo. Sentou-se entre o cacique e o velho pajé Anhanguara, seu bom e inseparável amigo.

Houve cantos, danças e muitas brincadeiras, até que, em dado momento, o cacique se levantou e ordenou silêncio, pois não queria deixar o homem que o salvara esperando por mais tempo. Devia a ele sua vida e nada como dar-lhe algo vivo como gratidão.

O Pescador pensou que iria ganhar um animal exótico ou alguma ave bonita. Quem sabe!

Todos ficaram em silêncio, aguardando para ver qual era o presente.

O cacique mandou que fossem buscar o presente do Pescador. Duas índias entraram na oca do cacique e saíram com uma jovem ainda muito nova, dos seus 15 anos no máximo, e deixaram-na perto dele. O Pescador já vira muitas vezes aquela jovem. Achava-a muito alegre, bonita mesmo, mas nunca se fixara muito nela. Ainda guardava as marcas do passado na mente.

O cacique virou e disse-lhe:

– Pajé Branco, um dia meu espírito ia partir, pois meu corpo estava fraco. Você o trouxe de volta à vida e, por isso, fiquei muito feliz, mas não sabia como agradecer. Pensei em muitas coisas e nenhuma delas me satisfez. Fiquei a pensar no que oferecer a alguém que nada pedia em troca de sua ajuda. Vi que é um homem solitário, que precisa de uma companhia para lhe tirar da solidão, dar-lhe companhia, alegria e ajudá-lo sempre em suas caminhadas. Então pensei: "Por que não dar a vida a quem me devolveu a vida?" Eis a minha filha, minha alegria e riqueza, meu orgulho como pai. Eis seu presente, Pajé Branco! Ela está muito contente. Espero que possa fazê-lo muito feliz na sua vida.

O Pescador empalideceu, sentiu sua cabeça a rodar, os sentidos escapavam-lhe. Sentiu que ia desmaiar.

O velho pajé Anhanguara o abraçou, dando-lhe os parabéns. Ficara contente pelo presente que ele recebera. Ia ser muito feliz com ela, pois a conhecia bem, era como sua filha também. Todos gostavam muito de Raios-de-Lua. Este era seu nome indígena.

O Pescador nada dizia, enquanto todos na aldeia faziam grande festa à sua volta, dando muitos gritos, pulando e dançando.

O cacique, que estava olhando para ele, vendo que nada dizia, que mudara de cor, o sangue fugira de seu rosto e tremia todo, perguntou-lhe se gostara do seu presente de gratidão. Ao não obter resposta, ficou bravo. Será que não havia gostado do presente que ele dera? O padre, vendo o estado do Pescador, falou ao cacique que talvez ele estivesse ficado muito feliz com o presente e que não conseguisse falar. Puxou o Pescador pelo braço até se afastarem a um canto isolado.

– O que há com você, Pescador? Perdeu a língua? Por que não responde?

Lentamente ele foi recuperando o raciocínio. Ao se sentir melhor, disse ao padre:

– Preciso fazer uma confissão, Padre.

– Espere um momento, ou não sairemos com vida daqui!

O padre conhecia o costume dos indígenas. Sabia que não se recusa um presente deles, principalmente de um cacique. Ainda mais quando o presente é sua própria filha, seu orgulho, sua riqueza. Voltou-se ao chefe e pediu-lhe um tempo, pois seu amigo ficara muito contente com o presente, mas não sabia o que dizer. Ia conversar com ele e logo voltaria. Logo estava junto do Pescador.

— Pois faça a sua confissão, Pescador. Estou pronto para ouvi-la.

E o Pescador se sentou e começou a contar toda a sua história rapidamente, desde o começo, sem omitir que fora também um juiz religioso, que um dia fizera os votos de castidade perante a Igreja Católica. Apesar de não ostentar a batina nem a cruz no peito, guardava o voto dado em juramento. Nunca tivera contato carnal com nenhuma mulher. Como quebrar um juramento feito de livre consciência, principalmente agora que já beirava os 40 anos de idade? Como olhar para aquela menina como sua mulher? Como errar novamente diante de Deus?

O Padre pensou um pouco, sem saber o que responder. Depois bem mais calmo, disse:

— Filho, digo-lhe como sacerdote que sou, que sua vida não é comum como a dos outros. Conheceu a Igreja Católica muito bem. Serviu-a como achou que devia e em um certo momento a abandonou, pois já não o satisfazia. Estava desiludido, arrasado e tinha um peso a atormentar sua consciência. Foi traído pelas suas ideias a respeito do que era certo ou errado. E quantos já não sofreram o mesmo tormento em suas vidas? Quando o Cristo apareceu na Terra com a Sua mensagem, o mundo já existia há milênios, e ainda por milênios existirá. Em dado instante, Deus achou por bem enviar alguém com uma mensagem nova, porque Sua lei estava pervertida, Sua palavra sagrada estava se desintegrando. Era mal-compreendida nos seus desígnios maiores. O Cristo trouxe uma renovação nos corações que não aceitavam aquela existência sem tolerância com o semelhante, sem amor a não ser consigo mesmo. Ele trouxe uma palavra de esperança aos que nada tinham além do direito de respirar, aos que viviam na escravidão da carne ou do poder, tanto do estado quanto das religiões estabelecidas. Ele era a água que aplacava a sede dos que tinham sede, o alimento dos famintos, o bálsamo que curava os enfermos da alma. Era a esperança em Deus Pai renovada. Sua mensagem era boa, verdadeira e divina, e assim muitos o seguiram através dos séculos, e o seguirão por toda a eternidade, pois de fato era o Filho de Deus, como também nós somos filhos de Deus.

O tempo empoeirou Sua mensagem. Os homens se fizeram poderosos com o Seu nome. Catedrais foram erguidas em Seu nome. Servi-Lo, para uns, é o sacerdócio verdadeiro, puro. Levar Sua mensagem é a razão de ser de muitos seres humanos identificados com Seus ensinamentos. São puros no que fazem, por isso são abençoados por Deus Pai. Outros, não. Usam o poder do Seu nome para construir seu próprio poder material para, com isso, ser respeitados como grandes homens, quando nada são além de aproveitadores. A mensagem do Cristo é perfeita, porque é divina, enviado que foi dos céus a quem queira segui-Lo.

Às vezes, os portadores da mensagem é que não estão à sua altura. Essa é a verdade única, o resto é criação dos homens que se arvoram em seus protetores. Criaram hierarquia para dela poder melhor se servirem. Impuseram suas ideias acima do próprio Mensageiro Divino. Alteraram sua essência no decorrer dos séculos. O Cristo não pedia a ninguém a castidade para que propagassem sua mensagem, apenas que honrassem a mensagem da qual eram portadores. Não exigia abstinência de ninguém, apenas que honrassem a companheira com que se unissem. Só isso e nada mais! Os homens é que criaram os votos de castidade, as leis canônicas, o poder papal. Quantos não sofrem por causa disso? Muitos querem ser mensageiros do Cristo, mas têm que pagar um preço alto pelo seu amor à Mensagem. Quantos já não padeceram o mesmo drama de consciência que você sofre agora? Quantas dúvidas há, ainda, sem respostas? Somente nós podemos respondê-las, com confiança. Nossas vidas e destinos pertencem ao Pai Maior, ao Doador da Vida, Senhor da Eternidade, que não vem até nós para respondê-las. Nós somos, às vezes, guiados por caminhos difíceis de ser trilhados. Conhecemos o caminho já percorrido, mas não o que teremos de percorrer. Não podemos retroceder. Parar, também. Seria como água represada que não se renova. Uma hora ou outra arrebenta o dique, e então vem o estrago.

Deixe sua vida correr como as águas de um rio. Elas não sabem o caminho, que se fez por si mesmo. Não tente desviar o curso. A beleza de um rio está em suas curvas sinuosas, seus momentos de calma, suas quedas que criam lindas cachoeiras e agradam a tantos quantos nelas se banham ou que simplesmente contemplam a água que desce rápido para, adiante, correr mansa novamente. Percorrem caminhos sinuosos, longos, mas sempre estão a dar vida em sua passagem. Não são inúteis como a água parada que se torna fétida, pantanosa, um lodo mesmo. Não! Elas se renovam sempre e, assim, servem a muitos no leito natural. Um dia chegam aos oceanos e se juntam a muitas outras águas e no sal se purificam, para, mais tarde, voltar a ser novamente rios caudalosos.

Pense, Pescador! Você tem domínio sobre seu destino? Conduz ou é conduzido? Caminha ou é encaminhado? É o cavaleiro ou o burro que carrega um fardo muito pesado? O que é você, Pescador?

Pense e dê a resposta ao chefe que a aguarda. Se quer se livrar do fardo pesado, esta é a hora, pois sua recusa será uma ofensa àquele que o honrou com sua filha, pensando em torná-lo feliz, como felizes são eles. Aceitá-la será a tentativa de mudar sua vida, dar-lhe novo rumo, ter alguém com quem dividir suas alegrias e tristezas, suas derrotas e vitórias. Alguém para dividir-se sem precisar se lamentar, apenas para crescer, pois somente cresce quem se divide. Esta é a Lei de Deus: "Crescei e multiplicai-vos".

Nada mais disse o padre.

O Pescador estava surpreso com suas palavras. Elas tinham a profundidade que só os sábios sabem dar à palavra. Eram ensinamentos para alguém como ele. O padre se inflamara ao falar. Aquelas palavras saíam do mais profundo de sua alma. Sua vida estava precisando disso. Alguém que o motivasse a lutar por algo além do seu passado.

Levantou-se e foi até o chefe índio. Tomou as mãos de sua filha com delicadeza, um pouco trêmulo, e disse:

– Eu aceito o presente. Um presente que talvez seja divino para mim!

Voltou-se para o cacique e disse-lhe:

– Obrigado, meu amigo. Muito obrigado. Saberei honrá-lo como me honrou com seu presente vivo. A vida só traz a vida! – e o abraçou emocionado.

Após essas palavras, houve muita alegria na aldeia. O cacique ficou feliz por sua filha, que olhava o Pescador com um pouco de medo e muito respeito.

Não sabendo como agir, o Pescador pediu conselho ao amigo padre. Este lhe disse que poderia casá-lo, se assim o desejasse. O Pescador assentiu com a cabeça e comunicou ao cacique que, independente de seus rituais, gostaria de ter as bênçãos do padre. O cacique consentiu, dizendo que assim ele ficaria duplamente unido à sua filha, pela lei indígena e pela lei dos brancos.

O Pó Amarelo

(O Segredo)

Após as festas da união, o Pescador sentou-se a um canto para meditar: "E agora? Como agir? Bem, o tempo trará as soluções, deixe a água correr para ver que rumo ela tomará".

Os dias foram se passando, a amizade com o velho pajé transformou-se em uma ligação muito forte. O velho pajé começou a iniciar o Pescador nas magias indígenas, como se fosse seu discípulo. A cada dia aprendia um pouco daquele homem que, apesar de nada ter por escrito, tinha em sua mente um saber enorme a respeito da Natureza, da espiritualidade, dos mistérios das matas, dos rios, da terra e, principalmente, dos mistérios do fogo, sua especialidade. Tocava o fogo sem nada sentir, como se fogo fosse também. E o iniciou nos mistérios do fogo.

Em troca, o Pescador ensinou-o sobre o Cristianismo. Falou-lhe dos negros que conhecera e a quem devia sua vida; passou-lhe o conhecimento que adquirira com eles sobre as ervas, os orixás, sua religião.

Queria aprender a sobreviver naquelas selvas, pois não se sentia bem comendo na casa do pajé ou do cacique, como um parasita. Pediu para ir caçar com os índios.

Partiram ao amanhecer e só voltariam quando conseguissem boa caça. Caminharam por lugares distantes, alguns desconhecidos do caçador aprendiz. Os índios eram bons caçadores, não erravam o alvo ao atirar suas flechas e ficavam a rir do novato, que nada acertava. Caçaram diversos animais pequenos, nada que os satisfizesse.

Ao cair da noite, pararam para descansar à beira de um riacho, acenderam uma fogueira e assaram algumas aves. Os índios ficaram a contar casos das florestas até altas horas da noite. Eram muito supersticiosos, mas estavam tranquilos, porque o Pajé Branco estava com eles. Admiravam seu poder e se sentiam seguros com ele.

Ao amanhecer, partiram. Caminhavam pelo leito do riacho quando viram um bonito veado. Atiraram suas flechas. O animal correu um pouco e caiu à entrada de uma caverna. Todos foram para lá.

Estavam alegres, agora tinham uma boa caça. Mas o que chamou a atenção do Pescador não foi o tamanho do veado, mas um pó amarelo que brilhava como raios de Sol.

Entrou um pouco na caverna e o que viu o deixou espantado. Aquilo era ouro! Sim, ouro puro! Em outros lugares, as pessoas brigavam por ele, mas ali existia em tão grande quantidade, que o deixara com o coração descompassado.

Saiu e pediu que lhe dessem uma pele das maiores. Com ela, fez uma bolsa. Quanto aos índios, nada entendiam do que ele fazia. Explicou-lhes que aquele pó amarelo tinha um grande valor entre os brancos e que ia levar um pouco dele.

Parou diante de um guerreiro e indagou-lhe:

– Você sabe voltar aqui?

– Sim, Pajé Branco, por que?

– Talvez eu precise de um pouco mais desse pó amarelo.

– Quando quiser, eu o trarei aqui.

Os índios foram caçar rio abaixo, o caçador novo os aguardaria ali até que voltassem.

Fez uma tocha e penetrou mais aquela caverna. O que viu em seu interior deixou-o feliz. Encontrara uma mina de ouro à flor da Terra.

Aquilo era o maior veio de ouro que podia haver na terra. Era um tesouro imenso. Podia pegar com a mão, sem precisar lavar o ouro.

Apanhou o suficiente para encher a bolsa improvisada. Calculou uns 20 quilos, mais ou menos. Aquilo seria suficiente para os seus planos. Agora precisava agir com cautela, quando voltasse.

Já era tarde, quando os índios retornaram.

– Como vai, Pajé Branco? Apanhou muito pó amarelo?

– Sim, apanhei o suficiente, outro dia voltaremos aqui para pegar mais.

Os índios haviam caçado mais um veado e um javali. Limparam ali mesmo, ataram em varas e partiram. Voltariam rapidamente para a aldeia, havia carne para todos.

Ao chegarem, todos vieram recebê-los. Faziam muita festa, a caçada tinha sido boa. Atribuíram a sorte ao Pajé Branco.

– Só que ele caçou pó amarelo em vez de animais – disse o chefe do grupo.

Quiseram ver e o Pescador mostrou.

– Isso se chama ouro! Os brancos de além-mar dão muito valor a ele.

– E para que serve isso? – quis saber o chefe da tribo.

– Eles fazem enfeites para suas esposas, moedas, enfim muitas coisas são feitas com esse pó amarelo.

– Ora, nós sempre olhamos para ele como coisa brilhante, nada mais.

– Chefe, amanhã vou partir bem cedo para encontrar o padre o mais breve possível. Ele me ajudará. Com esse pó amarelo conseguirei o que as preces não têm conseguido.

– E o que é, Pajé Branco?

– Pagar uma dívida, chefe. Pagar uma dívida a quem me ajudou um dia, quando eu também estava morrendo. Isso devo a um pajé negro muito bom. Faz tempo que não o vejo, mas nunca o esqueço. Ele está sempre em minhas preces a Deus.

– Então você vai embora, Pajé Branco?

– Não, chefe, só por uns dias. Poderia emprestar três dos seus guerreiros para irem comigo? Assim chegarei mais rápido, já que eles conhecem bem o caminho.

– Sim, mando-os com você. Mas não nos deixe, todos aqui gostam de você. Vai levar Raios-de-Lua?

– Sim. Não gostaria de me separar dela por muitos dias. Sabe, chefe, no começo eu a olhava como uma simples menina; com o passar do tempo, vi o seu lado de mulher, sua coragem, sua vontade de viver como mulher e isso a fez mudar de aparência diante dos meus olhos. Hoje ela é a minha mulher. Eu a amo e não a deixarei para trás nunca. Aonde eu for, ela vai, será sempre assim.

– Escute, Pajé Branco. Ela está grávida e uma longa caminhada não seria bom para ela. Deixe-a aqui, senão vai prejudicar a ela e à criança que vem.

– Está bem, chefe. Cuide dela para mim, como sua filha e como minha mulher.

– Fique tranquilo. Quando voltar, ela estará aqui.

Depois de comerem, o Pescador e Raios-de-Lua foram ver o velho pajé Anhanguara.

– Parece que está triste, pajé Anhanguara.

– Sim, estou triste, porque vai partir.

– Vou, mas volto! Este é o paraíso que eu procurava, mas tenho um passado, e nele há coisas que preciso resolver, pajé.

— Como assim, filho?

— Sabe, pajé, que a oito dias de viagem a pé daqui há um lugar onde vivem homens negros? Homens que não têm liberdade como nós, que trabalham do amanhecer ao pôr do sol, em troca de nada, ou seja, apenas para continuarem vivendo.

— E o que você tem com isso?

— Nada e tudo ao mesmo tempo. Nada porque não fui eu que os escravizei, e tudo porque Deus me deu uma forma para mudar suas vidas.

— O que pretende, filho?

— Com o pó amarelo compro a liberdade deles, pajé Anhanguara.

— E acha que é certo comprar homem negro?

— Não, não acho certo, mas os vi chegar à casa do pajé negro, chorando, alguns com o corpo marcado e, por vezes, em chagas, pelo castigo que os patrões brancos lhes aplicam quando não trabalham, ou quando estão doentes, cansados ou velhos. Isso dói no meu coração, pajé Anhanguara!

— Sim, filho, você tem coração bom. Faça o que manda sua cabeça, mas cuidado, pois pressinto coisas ruins no contato com os brancos.

— Não preocupe. Conheço as suas fraquezas, sei como comprá-los também. Sim, isso não esqueci. Desde o dia em que vi o olhar do bispo ao ver o tesouro que o meu pai me deixou.

— Então, que os espíritos das matas o acompanhem, filho!

— Obrigado, meu irmão mais velho, muito obrigado!

E se retirou para sua oca. Viu lágrimas nos olhos de Raios-de-Lua, abraçou-a e tranquilizou-a.

— Por que chora, Raios-de-Lua?

— Tenho medo de que não volte mais.

— Voltarei. Até lá, você guarda a minha estrela, com o mesmo cuidado com que a tenho guardado esses anos todos, desde que a ganhei. Ela é parte de mim. Enquanto você estiver só, eu estarei junto de você, na estrela.

— Tomarei conta dela como tomo conta de você, mas não é a mesma coisa.

— Sim, eu sei. Também vou sentir sua falta nas noites em que estiver na minha rede. Isso fará com que eu volte mais rápido. Eu a amo muito, Raios-de-Lua, não se esqueça disso na minha ausência!

— Como posso esquecer aquilo que também sinto? — e o abraçou forte, como se fosse perdê-lo.

Ao amanhecer, o pescador dividiu em quatro bolsas de couro o ouro que trazia. Cada um levaria um pouco, assim andariam mais rápido. Viajaram por três dias, até atingirem o arraial onde morava o padre. Antes de entrar no arraial, o Pescador escondeu o ouro em algum lugar e avisou aos guerreiros que não falassem sobre o pó amarelo a ninguém. Entraram no arraial e logo chegaram na pequena igreja, onde o padre os recebeu com alegria.

– O que o traz aqui, Pescador?

– Bom, primeiro gostaria de comer um pouco, meu amigo. Eu e meus amigos índios estamos cansados e famintos.

– Vão lá no fundo lavar-se, enquanto preparo uma boa refeição para vocês.

Ao voltarem para a cozinha, o padre estava atarefado cozinhando uma comida cheirosa, que há muito tempo o Pescador não comia.

– O que tem para me dizer, Pescador? – perguntou-lhe o padre.

– Padre José, o senhor é um homem dedicado ao seu trabalho, não?

– Sim, vivo por isso. Gosto do que faço.

– Há quanto tempo o senhor vive aqui?

– Há mais ou menos quinze anos, Pescador. Por que?

– Padre, explique-me. Como alguém pode ter um engenho nesta Capitania?

– Ora, quem manda aqui é o governador-geral, por que?

– Ele é quem dá permissão para fazer engenhos, negociar terras e tudo mais?

– Sim, é ele. Quase todos os engenhos são dele. É um homem muito ambicioso, por isso tem tantos escravos negros por aqui. Quase tudo é dele.

– Padre José, eu conseguiria comprar dele dois engenhos que existem ao sul daqui?

– Sim. Se tivesse dinheiro o bastante, ele os venderia. Mas como pretende comprar? Acaso você tem algum tesouro oculto e que ninguém saiba?

– Padre, jura guardar um segredo?

– Segredo? E por que jurar, meu filho?

– Sim, é um segredo e é preciso jurar. Somente assim saberei que será guardado porque não pode ser revelado.

– Eu já o conheço bem, Simas. Sim, juro! Agora, diga-me do que se trata.

– Padre José, o senhor vive em um lugar distante de sua terra natal e só pensa na sua catequização. Eu o ajudarei muito, se o senhor me ajudar agora. Descobri uma mina de ouro. Quero usar esse ouro para pagar um pouco do que devo a Deus, e nada mais. Se eu conseguir o que quero, o ajudarei também.

– Está querendo me comprar, amigo Simas?

– Não, não, padre José. Estou dizendo apenas que, se eu conseguir o que pretendo, o senhor poderá trazer um pouco de progresso para este lugar, um colégio, mais padres para ajudá-lo. Enfim, trazer um pouco de paz para essas bandas.

– Está bem, Pescador. Agora coma e descanse. Amanhã partiremos para a capital e vamos tentar falar com o governador-geral.

Após a refeição conversaram muito, fizeram planos. Ficou acertado que o Pescador seria apresentado como José Macedo, um português nascido na fronteira com a Espanha (para justificar um pouco do seu sotaque) e que há alguns anos se enveredara pelas florestas à procura de ouro e, finalmente, encontrara. O local é distante demais e quase inatingível, senão a pé, pela floresta, muitos dias após os últimos arraiais. Precisavam ocupar o lugar. Após dois dias a cavalo em trote rápido, chegaram ao vilarejo que era a capital da Capitania.

O padre, que já conhecia o governador-geral pessoalmente, procurou-o em sua residência e marcou uma audiência para seu amigo José Macedo. Ficou acertado que no outro dia pela manhã ele o receberia.

Foram a uma estalagem guardar os cavalos. Os índios, que nunca tinham andado a cavalo, estavam esgotados, com as costas doloridas e as pernas duras. Pediram para ficar ali mesmo. Os dois amigos saíram e foram procurar uma pensão para se lavar e comer; trariam alguma coisa aos índios mais tarde.

No outro dia, cedo, foram à casa do governador-geral. O padre apresentou o seu amigo José Macedo, disse de onde ele viera, como estava vivendo nos sertões e tudo o mais. Depois pediu licença dizendo que, enquanto eles conversavam, iria visitar uns amigos na cidadezinha.

O Pescador percebeu que era para não atrapalhar seus planos.

– Bem, senhor José Macedo, o que o traz até aqui para falar comigo?

– Senhor governador, por muitos anos tenho andado por essas florestas à procura de fortuna. Foi difícil, mas consegui um pouco. Gostaria de saber como é possível investir um pouco da minha fortuna em sua Capitania.

– E em que consiste a sua fortuna, senhor José Macedo?

– Em um pouco de ouro, meu senhor.

– E onde o senhor pretende investir?

– Senhor governador. Estive perguntando quem é o dono dos dois engenhos ao sul dos Três montes. Disseram-me que são seus, como tudo o mais também.

– Ora, mas para montar um engenho é preciso muito gasto, senhor Macedo. Não custa pouco, teria o senhor ouro suficiente para comprá-los?

– Senhor governador, pelo pouco que pude observar, seus feitores não estão conseguindo muito sucesso por lá. São negros que fogem, índios que não gostam de trabalhar, estradas ruins para escoar o açúcar produzido. Enfim, um mau empreendimento, não?

– Sim, os feitores não são bons, mas as terras por lá são as melhores da Capitania. Isso vale alguma coisa, não?

– Sim, vale alguma coisa. Qual é o preço que o senhor pediria pelos dois engenhos, com todos os animais e os negros também?

– Os dois, o senhor quer?

– Sim, os dois. Tenho minhas ambições, quero me tornar um homem respeitável, após tantos anos vivendo como um silvícola, perdido na selva.

– Bem, eu não saberia o que pedir.

– Ora, senhor governador-geral, o senhor é um homem muito esperto e inteligente, além de fino cavalheiro. Duvido que não saiba o preço dos dois engenhos – Simas tentava tocar na vaidade do governador-geral.

– E como o senhor me pagaria, senhor Macedo?

– Com ouro, meu senhor, com ouro puríssimo em pó. Agradaria ao senhor assim?

Simas pôde ver o brilho nos olhos do governador, que chegou a tossir, como se fosse engasgar.

– Então, senhor governador? Agrada-lhe?

– Sim, sim, agrada-me muito! Mas seria interessante, pois o senhor mesmo disse que quer se instalar por essas bandas, que nosso negócio ficasse em segredo, não?

– Concordo, por que mandar ao rei o que pode ficar oculto? Afinal, enquanto o rei se diverte na Europa, o senhor fica neste lugar horrível, não?

– Sim, é verdade. Eu tenho de pensar no futuro de minha filha, não, senhor Macedo?

Em seguida, o governador chamou um criado e mandou servir uma bebida a ele e ao novo amigo, senhor José Macedo.

– Sabe, senhor governador, acredito que faremos bons negócios juntos.

– Sim, creio que sim, senhor Macedo – levantou sua taça e brindou à sorte do seu novo amigo, ao que o Pescador também levantou sua taça e brindou a uma vida longa e à amizade dos dois.

Após beberem, o governador disse-lhe que queria 7 quilos de ouro puro pelos dois engenhos e mais 4 quilos pelos animais e escravos e que tudo seria escriturado como doação ao senhor José Macedo, pelos seus feitos em favor do desenvolvimento da Capitania sem nada lhe custar, além de 20%, que era a parte do Rei no açúcar retirado das suas terras, terras estas que seriam doadas a ele pelo governador-geral no seu direito de executar as leis reais naquela Capitania. Dessa forma, nunca poderiam ser tomadas do senhor José Macedo. Beberam mais uma taça em meio à conversa, como se fossem velhos amigos.

O governador viu que aquele homem era esperto e isso era bom, pois haveria de fazer bons e rendosos negócios com ele. Talvez, enfim, começasse a ganhar algo naquela terra, além de picadas de mosquitos e de dores de cabeça com a corte em Portugal.

O Pescador viu a ambição do governador e isso era bom. Com um homem ambicioso é fácil negociar. Pediu licença para retirar-se, voltaria mais tarde com o ouro. Foi até a estalagem onde encontrou o padre conversando com os índios.

– Meu amigo padre José, está feito! O homem é bom de negócio. Seus olhos brilharam tanto ou mais que o ouro, quando lhe disse com o que poderia pagar-lhe.

– Simas, cuidado. Esse homem não tem escrúpulos, é muito ambicioso. Muito cuidado!

– Ora, vamos, padre. Peguemos as duas maiores bolsas e vamos até lá. Almoçaremos com o governador hoje.

Partiram e, ao chegarem na residência, foram recebidos calorosamente pelo governador, que os tratou como nobres, o que eles não eram até o dia anterior.

Quando o governador viu o ouro, ficou pálido. Aquilo era tudo o que queria quando viera para essa terra. Fortuna para um dia voltar a Portugal e viver como um príncipe. Ouro, muito ouro!

Ao pesarem, deu 13 quilos. O Pescador disse que ia precisar de muitas coisas para os engenhos, que estavam um pouco abandonados, e que 2 quilos ele queria em bois, cavalos, roupas, alimentos, sementes, ferramentas e muitas coisas mais, inclusive carroções para transportar tudo. O governador disse:

– Pegue tudo do que precisar, meu senhor. O depósito do porto está aberto ao senhor para o que precisar. Ele está abarrotado de mercadorias que nos vêm de Portugal.

– Senhor governador, tenho a certeza de que faremos muitos negócios!

– Sim, senhor Macedo, faremos, com certeza. Mas diga-me onde é sua mina de ouro?

– Não tenho uma mina de ouro. A 20 dias, sendo oito a cavalo e 12 a pé pelas matas, existem algumas tribos que o apanharam para mim. São meus amigos há anos.

– Então o senhor não garimpa?

– Não preciso, ensinei-os. Eles o fazem por mim. Prometi comprar suas peles em troca dos produtos dos brancos, mas antes eu precisava de ouro para comprar seus presentes. Isso foi o bastante para me ajudarem no garimpo.

– De certa forma os tem em seu poder, não, senhor Macedo?

– Sim, meu governador, sim. E por isso vamos fazer ainda bons negócios. Só espero tomar posse dos engenhos para que me tragam ouro e peles, as quais, junto com o açúcar, espero que o senhor me ajude a mandar para a metrópole.

– Como não? Ajudarei, sim. Seu açúcar será sempre o primeiro a ser embarcado.

– Então está certo. O senhor já tem o documento?

O governador tocou um sino e o escrivão real entrou com um pergaminho no qual cedia os direitos ao senhor José Macedo, pela livre vontade do governador-geral, para que ele fizesse progredir aquela região.

O Pescador pediu-lhe também um documento no qual dizia que todos os negros que haviam fugido e que ele conseguisse recapturar no meio da floresta seriam seus.

O documento foi feito. O governador mandou chamar o chefe da Intendência e lhe deu ordens para que tudo de que o senhor Macedo precisasse poderia pegar, que nada lhe fosse negado e que providenciasse uma guarda para acompanhá-lo até os engenhos, pois ele era um velho amigo de Portugal.

Despediram-se com um abraço. O governador desejou-lhe sorte em suas novas propriedades, dizendo que, quando voltasse à Capital, seria seu hóspede com muita honra. E o Pescador prometeu trazer um lindo presente à sua esposa e à sua filha.

Começa Vida Nova

(Crueldade e Castigo)

Ao chegar à Intendência, disse ao padre que pegasse do que precisava para sua paróquia. O padre não se fez de rogado e encheu dois carroções com o de que precisava.

O Pescador pegou de tudo, principalmente roupas, alimentos, ferramentas, muitas sementes, pólvora, alguns mosquetões, papel e panelas, muitas coisas, enfim! Havia ali muitas mercadorias que a metrópole mandava para a Capitania para que esta fosse desenvolvida, e que o governador guardava quase tudo para si. Levou também alguns caldeirões para fundição e bateias para garimpar ouro. Ao sair, chamou o intendente e, escondido, deu-lhe meio quilo de ouro dizendo que, quando voltasse, daria outro tanto se, dentro de dois meses, lhe mandasse mais umas quatro carroças com roupas, alimentos e algumas botas. O intendente, que não era tolo, disse que ficasse tranquilo, receberia tudo certinho, no prazo combinado.

Partiram 21 carroções para os engenhos, com a escolta a protegê-los.

Ao chegarem no engenho principal, o Pescador mandou que descarregassem tudo e que as vacas que tinha trazido fossem colocadas no cercado, junto com os outros animais. Sim, havia comprado 18 vacas também, pois isso lhe interessava. Dos carreteiros comprou seis carroções com as parelhas completas de bois. Pagou-os bem por eles.

Saiu a cavalo e disse aos feitores, que agora eram seus empregados, que fossem até o outro engenho e trouxessem escravos e empregados. Queria todos lá, todos, sem exceção! Partiu a galope e foi atrás do velho João de Mina, levando mais dois cavalos.

Duas horas depois chegou perto do casebre do negro. Este estava sentado em um banco recostado à parede, calmo, como se estivesse a esperá-lo.

O Pescador desceu do cavalo e correu em sua direção, sorrindo e chorando ao mesmo tempo.

– Que Deus o abençoe, meu filho. Pensei que me enganara a seu respeito, mas vejo que minha confiança não foi em vão. Muito me alegra vê-lo novamente. Esperava por você ontem. O que houve?

– Choveu muito e isso atrasou um pouco os carroções. Mas, como me esperava ontem, se eu nem sabia quando chegaria no engenho?

– Eu sabia, só isso, está bem?

– Sim, meu amigo, para mim tudo o que disser está bom. Tenho tanto a lhe dizer, que não sei como começar.

– Pois, então, sente-se e comece. Ruth, traga algo para o Pescador! – gritou o velho.

Ao sair do casebre, Ruth era só alegria. Abraçou o Pescador e o beijou no rosto com lágrimas nos olhos. Não conseguia falar nada.

– Oh, minha amiga, como fico feliz em vê-la bem! – e apertou-a contra o peito, ao que ela deu um forte gemido.

– O que foi, machuquei você, Ruth?

– Não, Pescador. Quem me machucou foi o feitor com o seu chicote – e mostrou-lhe as costas, levantando a blusa.

Ao ver o estado de sua amiga tão querida, o Pescador deixou rolar lágrimas em abundância, sufocando os soluços de compaixão. Fosse quem fosse, pagaria caro, se pagaria!

Enxugou-lhe as lágrimas com o lenço que tinha no pescoço e beijou-lhe as duas faces, dizendo:

– Acabou-se o cativeiro, minha amiga. Eu comprei os dois engenhos do governador. Tudo é meu, acabou-se o sofrimento do seu povo. De hoje em diante o chicote será destruído por aqui.

Virando-se, viu o velho benzedor chorando alto. Tinha o rosto banhado em lágrimas e olhava para a cruz de madeira como se agradecesse a ela.

– Calma, meus amigos, eu vim trazer alegria, não tristeza. Vamos parar com as lágrimas, eu quero ver sorrisos.

Após algum tempo, os soluços foram-se acalmando. Ainda com lágrimas nos olhos, o velho João de Mina lhe disse:

– Meu filho, nem sempre as lágrimas servem para mostrar a dor, às vezes elas demonstram a alegria.

Após contar-lhes tudo, o Pescador pediu:

— Meu amigo, lembro-me dos seus amigos que um dia vieram aqui para uma reunião comigo. Sei que são venerados pelo poder que têm e eu os quero no engenho hoje à noite.

— Por que, meu filho?

— Porque preciso deles para que os negros que por aqui trabalham tenham liberdade. Ruth, você sabe onde eles moram, não?

— Sim, eu sei, Pescador. Alguns moram bem distante.

— Pois, então, vamos logo para o engenho. Depois você vai buscá-los a cavalo, está bem?

— Sim, Pescador, para mim está bem.

Foram para o engenho rapidamente. Era quase meio-dia quando lá chegaram. Já havia muitos negros e negras reunidos, todos esperando para ver o novo amo, com curiosidade.

O Pescador chamou alguns feitores e pediu a Ruth que apontasse aquele que havia batido nela. Ruth não o viu. O Pescador perguntou por ele aos outros feitores. Ninguém soube dizer onde estava.

O velho negro que se chamava João, que o Pescador já conhecia, chamou-o a um canto e disse-lhe que o feitor já se encontrava no inferno, ajustando as suas contas, pois ele fizera um feitiço para matá-lo e tinha certeza de que ele já estava morto.

— Conte-me tudo depois, agora preciso dar umas ordens. Mas o que houve com sua perna, meu amigo?

— Depois eu conto. É uma longa história e você está muito ocupado. Faça o que precisa fazer.

Chamou os feitores e disse-lhes que Ruth diria onde encontrar alguns amigos seus. Que fossem até eles e dissessem que o velho João de Mina queria vê-los esta noite no engenho de cima. Mandou que as cozinheiras fossem à despensa e pegassem o suficiente para alimentar bem a todos no almoço. E à tarde, quando chegassem os outros, fizesse bastante comida. Queria que todos fossem bem alimentados.

Até à tarde ficou a distribuir ordens: arrumem estas roupas aqui; aqueles bois lá; vacas no outro pasto; cavalos acolá; guardem bem estas ferramentas! Ao entardecer começaram a chegar os negros do outro engenho, vinham assustados, com medo. Ao verem que o velho João de Mina sorria sentado ao lado do novo amo, ficaram mais calmos.

Logo que chegavam, era-lhes servida comida à vontade, em tal quantidade que desde a África não se via tanto.

Eram 8 horas da noite quando chegaram os últimos velhos, com Ruth e os feitores.

A vida deles iria mudar, era o que diziam.

O Pescador chamou os feitores e lhes deu algum dinheiro. Tinha muito, pois vendera o resto do ouro a um comerciante judeu que havia na capital. Não recebera tudo, porque o comerciante não tinha tanto dinheiro, mas prometeu pagar-lhe em mercadorias, uma parte, e outra parte em moedas, assim que vendesse o ouro.

Mandou que fossem com a escolta e os carroções, que já estavam de partida. Ordenou-lhes que levassem os carroções e na volta trouxessem as mercadorias que o comerciante lhe devia e mais alguns animais que havia comprado no Engenho da Lagoa. Podiam ficar alguns dias na capital, mas, que voltassem! Logo depois, haveria muito o que fazer.

Quando todos já haviam partido, ficando só os negros, convidou os velhos amigos de João de Mina para conversar. Explicou-lhes que comprara os engenhos para acabar com o sofrimento deles. Agora não andariam mais seminus, nem mal-alimentados, nem apanhariam mais para trabalhar.

Precisava que eles trabalhassem, mas, contentes. Não poderia mandá-los de volta à sua terra natal, mas poderia tornar aquelas terras, que agora eram suas, um lugar onde vivessem felizes.

– O que os senhores acham, meus amigos?

Pensaram um pouco, sem saberem o que responder. Era algo que almejavam há tempos, e agora não sabiam como agir. Por fim, falou o velho João de Mina:

– Filho, não pense que, se voltássemos para a África, seríamos felizes novamente. Lá já não temos os nossos lares. Sabe que, quando capturam os negros para a escravidão, queimam suas aldeias? Prendem-nos e nos vendem para o mercador branco. Então, que adiantaria voltar? Já não chega de sofrimentos? Melhor viver em paz aqui mesmo, se isso nos for possível.

– Espero que sim, meus amigos, por isso estou aqui.

– Então o que quer de nós, Pescador?

– Gostaria que falassem com todos, pois os senhores são respeitados. Expliquem-lhes que serão tratados dignamente, terão boa alimentação, poderão descansar no domingo, pararão para comer e descansarão mais cedo. Com o tempo, farei casas para todos. Quem quiser pode ficar; quem não quiser, pode partir.

– Então, vamos lá falar com eles.

Os velhos negros falaram o que o Pescador queria fazer. Se eles cooperassem, seria bom para todos. Dormiriam sem correntes a prendê-los, não haveria mais chicote nem tronco para o suplício. Teriam o que não lhes fora dado até agora: uma família. O que ele pede é que cada um faça a sua parte, sem precisar ser obrigado a isso. Quem ficar nestas terras, estará protegido. Quem não quiser ficar, pode ir para as florestas e começar sozinho.

O velho João virou-se para o Pescador e disse:
– Se o senhor quiser falar, a maioria o compreende.
– Bom, meus amigos, isso não será um paraíso de descanso. Todos terão de trabalhar, porém, cada um no seu lugar. Fiquem sentados como estão aqueles que querem ficar; os outros podem sair.

Houve muita conversa entre eles. Não sabiam também o que escolher. Tinham sido muito maltratados, e por tanto tempo, que não acreditavam no que ouviam. Mas ninguém se levantou. Se os velhos estavam com ele, também ficariam. Estava resolvido! Vendo que ninguém se levantava, o Pescador disse:
– Esta noite é de festa. Vamos festejar! O que sugere, meu amigo João de Mina?
– Uma festa do jeito africano, é como eles entenderiam a liberdade, meu amigo.
– Então que assim seja – retrucou o Pescador.

Os escravos foram se descontraindo e pouco depois já havia muito batuque e danças.

O Pescador voltou para o lugar onde estavam sentados os guerreiros índios e ficou a conversar com eles.
– O que acham do que estão vendo, amigos?
– Nunca tinha visto homem dessa cor, Pajé Branco. Mas eles dançam como nós, cantam e riem como nós, disso eu gosto. Não são como o branco, que não canta nem dança como nós.
– Sim, é isso mesmo, eu não tinha notado. Vocês têm cor e origem diferentes, mas, a religião é a mesma. Os cantos são em outra língua e as danças um pouco diferentes, mas o sentido é o mesmo.
– Eu gosto disso, Pajé Branco. Vou chegar mais perto para ver melhor.
– Amanhã, dois de vocês partem para a aldeia a cavalo; o outro e eu ficaremos mais uns dias, logo estaremos lá também.

No dia seguinte, o Pescador chamou Ruth. Juntos saíram a olhar toda a propriedade.

O Pescador ia anotando em um papel determinados lugares e falava o que queria que fosse feito ali. Passou o dia todo fazendo anotações e distribuindo as tarefas.
– Ruth, comprei muitas sementes que vieram de Portugal. Quero que sejam plantadas para que o alimento nunca falte e ainda possa trocar um pouco com os outros engenhos mais ao longe. Eles pagarão bem pelo que produzirmos aqui. Isso será nossa força. Quando voltarem os feitores, conversarei com eles. Tudo mudará por aqui, Ruth! Esta terra é muito boa, teremos muita fartura. Sinto isso como um presságio, uma bênção de Deus!

— Sim, Pescador, é uma bênção de Deus. Pena que chegou um pouco tarde para meu pai.

— Por que diz isso?

— Viu as marcas em minhas costas? Foi um maldito feitor que fez isso e causou a desgraça toda.

— Vamos, não chore, conte-me o que houve.

— Lembra-se como meu pai era contente quando o viu da outra vez? Reparou como é triste agora? O antigo feitor geral, o que mandava nos outros, gostava muito de meu pai. Deixava que cuidasse dos nossos irmãos doentes, fazia os partos das mulheres, benzia a todos. Ele protegia meu pai. Um dia nasceu um irmão meu, muito fraco, quase morreu após o nascimento, mas, com a ajuda de Deus ele viveu. Era muito triste porque suas pernas não eram como as dos outros meninos, pois ele era paralítico. O feitor gostava dele e o tratava bem. Era um homem bom. Quando meu pai ficou velho demais para trabalhar com os bois, isso foi há uns oito anos, veio para a cabana onde você o encontrou. Meu irmão ficou comigo na casa-grande, a do feitor-chefe. Lá ele vivia se arrastando sobre muletas ou sentado na varanda, olhando o movimento do engenho e, sempre que alguém passava, brincava com ele. Isso era a sua alegria. Ver os outros andarem, correrem. Se divertia com isso.

— Vamos, não pare agora, Ruth, conte-me o resto.

— Bem, logo depois que você partiu, o feitor-chefe veio a falecer e outro foi mandado para cá, um homem muito ruim. Não gostava de nós, odiava os negros, dizia que não éramos gente e sim animais. O tronco voltou a ser usado quase todos os dias. Qualquer coisa servia de motivo para alguém ser chicoteado, ficar sem comer ou andar com as correntes a ferir-lhe os tornozelos.

— O meu irmão foi posto para fora de casa. Ele dizia que não iria tratar de um negrinho imprestável, que o melhor seria que morresse, porque assim seria uma boca a menos para comer. Pai João, aquele que você conhece, acolheu-o em sua choupana, próxima ao engenho de baixo e dividia com ele sua comida. Uns quinze dias atrás, o novo feitor ia passando e viu o meu irmão na choupana e perguntou o que fazia ali aquele negrinho que ele havia mandado embora. Desceu do seu cavalo e o agarrou com violência das mãos de Pai João, que tentou tirar-lhe o menino e foi agredido até ficar desfalecido. Quando voltou a si, estava amarrado no tronco de suplício, junto com o meu irmão, que estava pendurado, pois não podia ficar em pé. O feitor bateu-lhe tanto que o velho Pai João foi tirado desmaiado e o meu irmão, ao ser desamarrado, já estava sem vida; tinha morrido no tronco do suplício. Pai João foi levado até meu pai, que o ajudou, enquanto meu irmão ficou estirado lá mesmo, perto do tronco. Quando cheguei com os outros da roça, pois eu também já não ficava mais na casa do senhorio, vi meu irmão morto. Chorei muito, levei o seu corpo até a casa de meu pai, e lá, entre lágrimas, nós o enterramos. Ruth chorava muito e o Pescador a consolou com palavras meigas. Por fim, ela continuou:

– O feitor foi atrás de mim. Achou-me na casa de meu pai e quis me levar à força. O meu pai tentou argumentar, foi derrubado. Pai João foi acudir meu pai e foi ferido na perna com um golpe de espada. Ficou caído no chão a sangrar. Eu fui levada para o engenho e lá ele mesmo me chicoteou. Fiquei caída no chão, sem conseguir me mexer, todo meu corpo doía. Por fim, ele se recolheu e os outros escravos me pegaram e cuidaram de mim.

– Onde se esconde ele agora, Ruth?

– Não sei, mas ele não levantará a mão para mais ninguém. Ao bater em meu pai, seu braço partiu-se como se fosse de pedra. Por isso ele me bateu tanto, para se vingar dessa coisa invisível que quebrou seu braço esquerdo. No dia seguinte ele se levantou gritando. O braço estava preto de sangue pisado. Dizia que tinha sido enfeitiçado, o que não duvido. Pai João é vingativo e deve tê-lo trabalhado durante a noite com Lebará.

– O que é Lebará, Ruth?

– É aquele que executa os trabalhos para os orixás e também para o filho do Santo. Ele deve ter levado o feitor para o inferno, onde acertará as contas do que deve a Deus. Saiu de casa gritando e, sem rumo, foi embora. Ninguém mais o viu. Os outros feitores ficaram com medo. Você não viu como ficaram contentes quando os mandou ir para a capital?

– Vamos, Ruth, já é tarde, quero falar com seu pai.

Ao chegarem no engenho, o Pescador procurou o velho João de Mina para falar-lhe.

– Meu amigo, desculpe eu não estar aqui para ajudá-lo. Poderia ter sido diferente!

– Pescador, quando você chegou, vi a esperança chegando também. Não sabia como seria, mas eu via uma resposta do Senhor Abaluaiê, o Senhor dos Mortos, às minhas preces por liberdade para meus irmãos. Você trazia as marcas dele na pele, que são as chagas. Pensei comigo mesmo: "Eis o nosso Salvador!". Depois que partiu, fiquei esperando sua volta. Orava aos orixás todos os dias para que facilitassem sua vitória, pois seria a nossa vitória. Por isso, ensinei-lhe muitas coisas a respeito da magia africana, para que vencesse. Sempre recebia mensagens dos orixás, dizendo que você estava vencendo, pedindo que eu tivesse paciência. A liberdade viria para todos – parou de falar um pouco, respirou fundo, depois continuou. Nos últimos tempos, já estava aflito, pois demorava a resposta às nossas preces e o novo feitor era muito cruel. Odiava a todos! Talvez até a si mesmo. Foi quando a tragédia se abateu sobre mim. Acho que Ruth já contou tudo a você, não?

– Sim, ela já me contou; sinto não ter chegado antes.

— Não é sua culpa, meu filho. É o destino de cada um que deve ser cumprido até a última lágrima. Não importa o preço, tem de ser cumprido.

— Lembra-se que um dia me falou para não olhar para trás, meu amigo? Que à frente poderia encontrar alegria e paz? Pois peço agora: não olhe para trás! Ajude-me a trazer um pouco de alegria e paz a estes que aqui estão. Eles precisam mais de você do que de mim. Tenho a terra, mas você é seu líder. Juntos, nós lhes daremos ao menos a paz. Parece que tudo tem um preço a ser pago com lágrimas, mágoas e muita dor. Isso eu bem sei, meu amigo. Vamos até o túmulo de seu filho, gostaria de orar por sua alma.

Partiram para lá e, no caminho, o Pescador foi falando sobre tudo o que aconteceu desde que partiu. Que tinha muitos amigos entre os índios. Contou-lhe, também, como encontrou o ouro. Era uma fonte enorme de riqueza e de poder, tanto que havia usado uma parte ínfima para conseguir o que mais queria, que era ajudá-los. Pena que chegara tarde. A tristeza havia voltado.

Ao chegarem ao velho casebre, o velho conduziu-o até uma árvore que havia no bosque. Lá estava o túmulo de seu filho.

— Eis aí, Pescador, onde nenhum poder valeu, nenhuma magia funcionou e nem minha prece foi ouvida por Deus. Eis onde um homem falha com tudo o que ele sabe, ou pode. Eis onde o homem é reduzido à sua verdadeira dimensão, onde ele clama e não é ouvido, onde chora e ninguém ouve seu lamento. Eis onde ele tem seus sonhos, suas ilusões, seu orgulho e soberba dobrados pelo Criador. Na própria criação de Deus, os homens são reduzidos ao seu verdadeiro tamanho, nem maior nem menor.

— Por que diz isso tudo, meu amigo, se ele sofreu tanto em tão pouco tempo?

— Porque eu era um homem a quem todos buscavam como socorro para seus problemas, e a todos ajudava com meu poder curador. Mas por meu filho nada pude fazer, nem para curá-lo, nem para cuidar dele. Na hora em que mais precisou de mim, eu estava longe. Como posso ir adiante, se tudo está contra mim? Como pode pedir que eu continue, se minha alma já cansada pede descanso? Se, depois de tudo o que fiz nesta terra, não servi para nada na hora em que meu filho mais precisou de mim? Como reagir num momento como este? Onde buscar forças, se a fonte da vida se esgotou? Nisso ouviram gemidos horríveis vindos do bosque. Foram até o lugar de onde partiam os gemidos. O que viram deixou-os assustados:

— Meu Deus! — gritou o Pescador.

— Zâmbi, meu Criador! — gritou o velho João de Mina.

Caído ali estava o feitor-chefe, com diversas cobras enroladas em seu corpo, todas a picá-lo. Apenas seu rosto não era tocado. Do pescoço para baixo estava todo picado.

– O que é isso, meu Pai? Por que elas só picam do pescoço para baixo? E por que ele não morre? Qualquer um teria morrido com apenas uma picada de qualquer dessas cobras, são todas venenosas.

– Isso é magia negra, meu filho. Isso é obra de João. Na sua dor e humilhação, ele caiu. Também se vingou, não ouviu minhas palavras. Fez o que o ódio, que tomou conta de sua alma, pedia.

As cobras não se afastavam do homem por nada. Estavam como que atadas a ele, que era presa delas, mas não conseguia morrer.

– Este homem, ao ter sua alma arrancada do corpo, se transformará em cobra também. E como tal rastejará por toda a eternidade, até que Zâmbi lhe dê uma oportunidade de se redimir dos seus pecados.

– Façamos, então, com que essas cobras se afastem dele, para que ao menos possa morrer em paz – retrucou o Pescador.

– O que podemos fazer? A reação foi causada pelas suas ações. Se fossem boas, não estaria assim.

O homem gemia, mas não morria. Sentia cada picada como se fossem as chicotadas que dera nos escravos. Cada mordida parecia a cobrança de uma vida que tirara, de uma dor que fizera alguém sofrer.

O Pescador ajoelhou-se e começou a orar:

– Deus Pai, que Se compadece de todos, olhai por Vosso filho que caiu um dia no pecado, e nele permaneceu. Olhai por ele, que clama pela morte, meu Pai!

O velho olhou para o Pescador e viu que dele saíam raios de luz em direção ao moribundo. Eram raios cristalinos, aos milhares. O Pescador foi se aproximando do homem caído no chão.

– Filho, cuidado com as cobras, elas estão enraivecidas e enfeitiçadas, podem picá-lo também.

– Não, meu amigo. Venha comigo, pois a Força Divina me guia, e contra Ela nada tem poder.

Foi se aproximando lentamente e orando. A luz que saía de seus olhos era dourada. Primeiro olhou para o homem caído, que lhe pediu:

– Ajude-me, pelo amor de Deus. Eu me arrependo dos meus erros, que Deus me perdoe!

– Deus ouve teus pedidos, homem, e responde a eles agora.

O velho ficou um pouco atrás, temeroso. O Pescador olhou para uma enorme cascavel e ordenou-lhe:

– Vem aos meus pés, te enroles e fica quieta!

A cobra saiu de cima do homem e, chocalhando os guizos, veio até perto dele. Bem devagar, enrolou-se toda, como se fosse dar um bote. O Pescador olhou para o alto e clamou:

— Meu Deus, o primeiro demônio me atendeu. Que os outros venham também calmamente, se enrolem e fiquem quietos.

Uma a uma as cobras foram chegando perto do Pescador e se enrolando. O Pescador olhou-as e falou-lhes:

— Vós já cumprirdes o que alguém vos pediu. O ódio que envenena, com veneno foi combatido. A Lei se cumpriu! Agora partais em paz, pois assim eu vos ordeno, em nome de Deus!

Levou a mão direita sobre a primeira cobra, a cascavel, que baixou a cabeça e parou de chocalhar o guizo. Ele fez o sinal da cruz sobre sua cabeça, que lentamente foi saindo, até sumir no mato. Repetiu o mesmo ritual com as outras seis cobras, que também foram embora lentamente.

O homem caído à sua frente pediu-lhe perdão por tudo o que fizera. O Pescador chamou o velho para junto de si:

João de Mina, este homem foi conduzido até aqui para pedir o seu perdão. As cobras trouxeram-no porque o pedido do outro João foi este: que ele viesse aqui rastejando pedir perdão. Somente quando você o perdoar, ele morrerá.

— Depois do que vi, não tenho dúvidas sobre o poder de Deus.

— Homem, peça perdão a quem deve perdoar-te.

— Perdoe-me, velho João de Mina, e que seu filho me perdoe também, esteja onde estiver.

— Eu te perdoo, em nome de Deus. Do meu coração não terás o ódio nem a mágoa a perseguir-te pelo meu filho, peço a Deus que te perdoe também.

— Tu, homem santo, me perdoa, em nome de Deus e pelo amor que tens a Ele?

— Homem, tu que viveste do ódio e pelo ódio, terás toda a eternidade para saldar teus pecados para com teus semelhantes, cometidos diante dos olhos de Deus. Eu te perdoo em nome de Deus, e que agora partas para o mundo em que reina absoluto o Eterno. Vai em paz e em paz aceita a Lei de Deus. Ela agirá por Si mesma sobre ti. Que tua alma parta para o lugar aonde a Lei Divina o conduzir.

— Homem santo, vá um dia me buscar. Eu te seguirei e farei o que me ordenares para redimir meus erros.

— Que assim seja!

O Pescador pôs a mão direita sobre a cabeça do homem, que estremeceu todo, deu um grito horrível e desfaleceu. Estava morto. Os dois tiveram a impressão de que uma cobra enorme saía do corpo, uma cobra etérea. Outra cobra imensa, que até aquele instante permanecia invisível a eles, aguardava-a.

O Pescador orou a Deus por aquela alma, pediu que o Todo-Poderoso se compadecesse dele. Que um dia aquele homem pudesse voltar a ser um homem diante dos olhos de Deus.

O corpo do feitor começou a sangrar por todas as picadas que recebera e, em pouco tempo, não tinha mais nenhum sangue. O sangue sumia na terra.

O Pescador virou-se para o velho e disse:

– Vamos enterrar este homem aos pés do seu filho. O réu e a vítima se encontram novamente. Ele será as pernas que seu filho não pôde usar. Diante da alma de seu filho, ele sempre rastejará.

– Por que diz isso?

– Porque sei que é assim, pois assim diz a Lei do Criador: "Pagarás até a tua última dívida". Assim está escrito no Livro da Lei.

Cavaram uma vala e enterraram o corpo aos pés do menino, mas, em sentido transversal. O Pescador fez uma prece pelo menino e outra pelo feitor.

As últimas horas tinham sido dramáticas para os dois homens. O Pescador ajudou o velho a subir na sela do cavalo. Partiram para o engenho.

A Ordem dos Sete Anciãos

(Um Encontro Providencial)

No caminho, o velho perguntou ao Pescador onde estava a sua estrela, pois não a vira desde que ele chegara. O que havia acontecido com ela?

– Oh! não aconteceu nada com a estrela. Deixei-a com minha mulher. Senti vontade de deixá-la ao seu lado e assim fiz. Isso me dá a certeza de que ela estará bem.

– Gostaria de conhecer sua mulher, Pescador.

– Quando for possível, a conhecerá. Verá que é uma mulher maravilhosa.

– Parece-me que você gosta muito dela.

– Sim, gosto muito e nestes dias, em que estou distante, sinto sua falta. Seu sorriso franco e sua alegria me encantam, sua doçura serve para apagar o amargor do meu passado.

– Não pense no seu passado e eu não pensarei no meu, está bem, Pescador?

– Sim, que assim seja. Vamos pensar no futuro dos que esperam algo de nós. Certo, meu amigo?

Ao chegarem no engenho, já era tarde da noite. Ruth aguardava-os sentada na varanda da casa principal.

– O que houve? Aonde foram? Por que demoraram tanto?

– Só demos umas voltas, minha filha. Tem algo para comermos?

– Vou esquentar. Pensei não voltariam mais!
Ao sentarem para comer, Ruth inquiriu:
– Por que estão calados? O que realmente houve?
– Conte a ela, amigo João de Mina. Ela gostará de saber e isso tirará as mágoas do seu coração.
– Está bem, Pescador, vou contar-lhe – e começou a narrar tudo o que acontecera.
Ao terminar, disse que guardava tristeza no coração, mas não mágoas. Ruth concordou, também estava triste, mas o ódio se fora. Perguntou, então, ao Pescador:
– Não sentiu medo das cobras, Pescador?
– Não, não senti. Eu não via cobras, mas apenas demônios na forma de cobras, executando uma ordem dada a eles. Os índios têm lendas que dizem que há um grande espírito mau que rasteja e que, onde existe o mal, sempre está por perto para levar o espírito de alguém. Aqueles a quem ele leva vão rastejar também. Eu não acho que seja uma lenda, depois do que vi hoje.
– Pescador, já ordenei tudo aos empregados. É assim que você os chama, não?
– Sim, é assim que quero que sejam chamados e, se possível, pelos seus nomes. Quando vão começar?
– Amanhã mesmo. Hoje distribuí as ferramentas e expliquei tudo o que o novo amo quer que façam.
– Ruth, logo cedo quero que me traga aqueles que lideram os outros, quero conversar com eles.
O velho João de Mina deu uma gargalhada.
– Por que ri assim, meu amigo?
– Porque sei o que você quer. Os líderes são meus filhos de santo – e continuou a sorrir.
– Como sabe o que quero? Diga-me.
– Quando chegou aqui, mandou os brancos para a cidade. Você sabia que os negros não iam embora, não é verdade?
– Sim, é verdade. Sabia que eles iam ficar quando lhes dei a oportunidade de ir para a floresta. O que isso tem a ver?
– Ora, os líderes sabem onde se refugiam os negros que fogem dos engenhos, tanto destes como dos outros mais além, próximo do mar. Vai chamá-los para cá, não?
– Sim, é verdade. Quem foge não é o mais corajoso, o mais valente, o que quer a liberdade? Então que venham para cá e vivam em paz, tragam sua gente, suas forças e liderança. Logo os transformarei em homens livres,

sem correntes nos pés, sem chicote e com a oportunidade de ter famílias que não mais serão separadas.

– Acha que o governador vai aprovar um homem como você por aqui?

– Meu amigo, estamos mais afastados do que todos os outros engenhos, mais para o interior, esquecidos. Meu ouro fará com que ele só se lembre de mim para enriquecer ainda mais. O que eu fizer, ele não tomará conhecimento.

– Cuidado, Pescador – falou Ruth –, o antigo feitor dizia que a esposa dele é uma serpente das mais venenosas. E muito ambiciosa também!

– Eu conheço essas pessoas, Ruth. Dos 23 anos de idade até os 32, eu fui juiz... da Inquisição, o que é pior! Lá, você vê todo tipo de pessoas: boas, más, ruins, ambiciosos que chegavam a extremos que, às vezes, me enojavam. Tínhamos de ser cautelosos para não sermos envolvidos. Vi muitos serem corrompidos com moedas de ouro, joias e terras. Outros com títulos que não encobriam sua podridão. Outros davam suas próprias filhas em troca de suas vidas, erradas desde o princípio. Sim, isso eu conheço bem. E, por não ser esse tipo de pessoa, traí meu pai sem querer. Hoje carrego essa mágoa, por ter confiado em um religioso de alto grau que julgava meu amigo e conselheiro fiel.

O Pescador parecia não estar vendo nada. Enquanto falava, com o olhar distante, as palavras vinham como o desabafo de um homem que falhara por confiar. Sentia-se um tolo. Continuou.

– Líamos processos e mais processos, livros e muitas coisas mais. Tínhamos de agradar aos poderosos e tentar não penalizar demais os inocentes. Mas nem todos procediam assim, este foi o meu erro. Muitos morreram e outros tantos ainda morrerão, até que a Igreja deixe de julgar e volte a ser apenas o sacerdócio a serviço da cristandade.

– Ruth, vá e chame os meus 13 filhos aqui – falou o velho Mina.

Pouco depois chegavam os 13. Ficaram olhando o velho Mina, esperando suas palavras.

– Filhos, peguem os cavalos e partam rápido. Vão até os que estão foragidos e lhes digam que voltem, que os sete anciãos assim ordenam. Que estejam logo cedo aqui, pois queremos falar com eles. Digam-lhes o que está acontecendo aqui. Digam também que o amo branco é filho de Inaê Iabá, que conhece a Lei do Santo, que quer nos ajudar. Venham sem medo!

Os negros se ajoelharam diante do velho Mina e, após pedirem sua bênção, partiram rápido.

– Pescador, você vai ter o que quer. Vamos ver se pagará o preço do seu sonho.

– Meu amigo, eu pagarei, tenha a certeza disso. E muito bem pago – e deu uma sonora gargalhada.

Era cedo quando todos estavam no grande terreiro. Daí a pouco começaram a chegar os negros fugitivos, mas a maioria dos que vinham não pertencia àqueles dois engenhos. Havia fugitivos de todos os engenhos distantes. Quando os 13 já estavam ali com os fugitivos, estes contavam quase 800 pessoas, entre homens, mulheres e crianças. Muitos estavam velhos, doentes e cansados.

O Pescador assustou-os. Não esperava que houvesse tantos assim. Ficou preocupado: "O que fazer com tanta gente?" Os engenhos já tinham quase 300 empregados, agora seriam mais de 1.000. Tinha de pensar rápido e agir com cautela. Chamou os 13 filhos e junto com os velhos começou a falar-lhes:

– Meus amigos, a tarefa é maior do que eu imaginava. Temos de alojar toda esta gente, ou eles não confiarão em nós. Peçam-lhes que os mais novos e fortes peguem machados e cortem as árvores mais ou menos finas para construirmos casas o mais rapidamente possível. Aos de meia-idade, Ruth mostrará as terras que escolhi, em que plantarão as sementes de alimentos que trouxermos da capital: está no tempo de plantação de milho e de arroz. Preparem a terra o quanto antes, não podemos perder nem um dia sequer. O feijão logo poderá ser plantado. Os mais velhos cuidarão das vacas e criarão galinhas. O leite irá para as crianças e os idosos, os demais vão comer mandioca e uma ou outra coisa. Juntem um grupo e mande-o às florestas para caçar um tipo de porco que já vi por lá, procurem capturar mais as fêmeas, vamos iniciar sua criação para ter carne para todos, em breve. Dos filhotes que nascerem arranquem suas presas, pois são perigosos. Cacem também animais, para que se tenha um pouco de carne, pelo menos uma vez por semana. No começo, será como os índios em suas aldeias, tudo é de todos. Alguns meninos saiam para pescar e que tragam os peixes aqui para a sede, para que sejam divididos entre todos. Aqueles que estavam trabalhando nos canaviais, que continuem trabalhando neles com afinco, pois temos de vencer. Ruth, diga aos que fugiram dos outros engenhos que não precisem temer, porque tenho um documento do governador-geral que me dá direito sobre todos os fugitivos que eu capturar e eles que digam que os capturei. Se precisar, depois indenizarei os seus amigos amos. Que não temem nada, eu os protegerei!

Saíram do casarão e o Pescador gritou:

– Quem de vocês conhece armas de fogo?

Diversos negros disseram que conheciam, alguns até mostraram as suas.

– Isso é bom. Eu trouxe diversas armas e muita pólvora, venham comigo até o depósito. Ruth e o amigo João de Mina, distribuam este povo todo e ordene-o da melhor maneira possível.

O Pescador foi com os negros até o galpão, que servia de depósito, e lhes deu armas novas, pólvora, espadas e punhais.

– Meus amigos, vocês são os guardas agora. Fiquem, quatro de vocês, na entrada da fazenda. Os outros peguem cavalos e fiquem andando nas divisas, dando guarda àqueles que estão aqui. Vamos, homens, mexam-se! Não fiquem aí como bobos. Vamos! Vamos!

Os negros partiram rapidamente. Aquele homem era decidido e isso conquistou o respeito deles. O Pescador ficou mais tranquilo. Agora estavam protegidos. Aqueles homens não temiam a morte e protegeriam a todos.

Ao voltar à sede, havia grande movimentação entre os negros. Estavam felizes. Não sabiam muito bem o que estava acontecendo, mas estavam felizes. O dia correu tranquilo. As mulheres prepararam uma área enorme, próxima ao rio, para ser uma grande horta. Os homens abriram uma grande área para o plantio. Mais uns três ou quatro dias e a terra estaria pronta para ser cultivada. Eram uns 50 alqueires, mais ou menos, calculou o Pescador e, se Deus ajudasse, logo o alimento não seria problema. A primeira colheita daria para alimentar aquela gente por uns dois anos, ou mais. Orou a Deus por isso. Pediu Sua bênção para sua terra e sua gente, pessoas que só por vontade divina seriam colocadas em suas mãos tão rapidamente.

À tarde, o Pescador viu se aproximarem diversos carroções, numa fila enorme que chegava lentamente. Foi ao seu encontro e viu que apenas um era conduzido por um homem branco, os outros eram conduzidos por negros. Ao chegar mais perto, viu o homem de barba longa que conduzia o grupo. Perguntou-lhe quem era.

– Sou filho de Natanael.

Esse era o comerciante que traria as mercadorias.

– Mas... e os meus empregados? Cadê eles? Mandei que me trouxessem as mercadorias, só vejo negros, onde estão eles?

– Não vieram. Disseram que o feitor tinha sido enfeitiçado e aqui eles não voltariam mais. Meu pai mandou que eu trouxesse suas mercadorias.

Foram para a sede e lá o Pescador chamou alguns negros e mandou-os descarregar tudo e guardar no galpão. Que tomassem cuidado com as mercadorias.

– Quem é você, meu amigo?

– Eu me chamo Abraão, filho de Natanael. E você deve ser o senhor José Macedo, não?

– Sim, sou José Macedo, dono destas terras. Mas, diga-me, senhor Abraão, por que tantos carroções com tantas mercadorias? Não pedi tudo isso a seu pai.

– Bem, senhor Macedo, ele não conseguiu vender todo seu ouro, então, uma parte ele mandou em mercadorias variadas e outros quatro carroções em alimentos.

– E o pedido que fiz, ele me conseguiu?

– Sim, custou muito, mas está aí. Aqui nestas bolsas estão as moedas portuguesas, dinheiro bom.

– Diga-me, senhor Abraão, estes carroções são seus?

– São de meu pai, meu senhor.

– Vou precisar deles, poderia vendê-los para mim?

– Não sei se meu pai concordaria com a venda.

– Ora, diga o preço! Eu os compro à vista. Dê-me o recibo, que lhe pago agora mesmo.

– Vamos combinar o preço, meu senhor. Parece que tem grandes ideias, não?

– Sim, senhor, grandes ideias! Mas gostaria que o senhor e seu pai soubessem guardar segredo. Quem sabe no futuro possamos fazer bons negócios?

Sim, bons negócios era o que estava faltando por aquelas bandas. E ele, o senhor José Macedo, era um bom cliente, pois confiara seu ouro a seu pai, sem conhecê-lo. Pagara tudo adiantado, em um momento em que seu pai tinha muitas mercadorias e poucos clientes. Por ser judeu, era evitado por muitos.

– Vamos entrar, meu amigo, temos muito para conversar. Gostaria de pernoitar aqui hoje?

– Com prazer, meu senhor. Não gosto de viajar à noite. Confesso que vim com medo. Por aqui sempre há saques dos negros fugitivos.

– Não se preocupe. Destas bandas, de agora em diante, tomarei conta. Não haverá mais saques, isso eu lhe garanto.

O senhor Abraão fez o recibo dos carroções ao Pescador, depois comeram algo e ficaram a trocar ideias.

– Diga-me, senhor Macedo, como vai tocar os engenhos sem os feitores brancos?

– Ora, colocarei feitores negros e tudo se resolverá.

– Como conseguirá isso?

– Quem faz o açúcar não são os negros? Então, eles continuarão a fazê-lo.

– Mas, sem ninguém a obrigá-los, como farão?

– Eles farão por mim, porque eu os compreendo e eles me respeitam por isso.

– Não tem medo de ser morto por eles, que odeiam brancos?

– Não, não tenho medo. Já morei com eles, sei o que querem, o que pensam e sentem. Querem apenas ser tratados como seres humanos normais. Só isso, meu amigo.

O judeu ficou pensativo.

– No que pensa, meu amigo?

– Em nada, meu senhor, só estou pensando em suas palavras, ser tratado como ser humano, só isso.

– Sei o que pensa, isso sei bem.

– Como poderia saber o que penso, meu senhor?

– Não me chame de "meu senhor", que eu não gosto desta palavra. Diga apenas "Macedo", e só.

– O senhor é quem manda. Como poderia saber o que eu pensava?

– Você não me conhece ou faz que não me conhece? Apesar de sua barba longa, eu o reconheci no primeiro instante, embora tenham se passado dez anos desde que o vi pela última vez.

Abraão teve um sobressalto.

– Como me conhece, se eu nunca o vi antes?

– Ora, lembra-se de quando foi julgado por assassinato na Espanha, anos atrás?

– Como o senhor sabe disso, se aqui nestas terras ninguém nos conhece?

– Eu o julguei, meu amigo.

– Agora me lembro, juiz Simas de Almoeda!

– Isso mesmo, Simas de Almoeda. O mesmo Simas que o libertou da forca um dia, quando pensava que já estava condenado à morte.

O senhor Abraão ficou sério, a cabeça era um redemoinho. Seus pensamentos voltavam ao passado. Ficou calado, com medo daquele homem. O Pescador percebeu isso e o tranquilizou.

– Não se preocupe, meu amigo. Já sabia quem era seu pai quando o vi. Está mais velho e sofrido, mas não mudou muito. Fiquei contente por vê-lo bem e melhor por vê-lo igualmente bem. Desde que terminou o julgamento, não os vi mais.

– Posso lhe fazer uma pergunta, meu senhor, digo, senhor Simas?

– Senhor Macedo, por favor.

– Sim, senhor Macedo. Por que, apesar de eu ter matado um rapaz e ferido outro, o senhor me deu a liberdade e não a forca, sendo um juiz severo como era?

– Pela justiça! Não a justiça comum, mas a minha justiça, senhor Abraão. Sua irmã foi desrespeitada por aqueles homens. O senhor apenas a defendeu.

Foi isso o que eu disse na minha sentença, somente a verdade e nada mais. Era minha prerrogativa como juiz, usei-a com todas as minha forças.

– Mas aqueles homens disseram que minha irmã era uma mulher à toa, uma vadia, e o senhor não acreditou neles. Preferiu acreditar nela e em mim, que éramos subumanos. Não éramos tratados como gente, a exemplo dos negros aqui.

– Meu amigo, lembra-se da fonte que havia na praça, em frente à casa de meu pai?

– Sim, como não? Lá jorrava água o ano todo. Foi seu pai quem a fez, não?

– Sim. Ela nascia da nossa casa. Como era muita água escorrendo, ele fez uma bela fonte. A água era muita e vinha gente de longe buscá-la ali.

– Eu me lembro bem disso. Minha irmã ia buscar água lá todos os dias pela manhã.

– Como vai Sarah?

– O senhor se lembra do seu nome?

– Sim. A primeira vez que a vi pegando água na fonte, devia ter uns 14 ou 15 anos, mais ou menos, e eu uns 20, mais ou menos. Posso confessar-lhe uma coisa, meu amigo?

– Pode sim, quero ouvi-lo.

– Ficava observando-a todos os dias da janela de meu quarto. Eu a achava muito bonita, um encanto de moça. Não saberia explicar muito bem o que sentia, mas gostava do seu jeito, sempre quieta, muito recatada, quando as outras moças na sua idade já eram um tanto assanhadas, eu diria. Mas nunca falei com ela. E tinha um voto a cumprir e isso era um freio na boca do cavalo fogoso. Então, me recolhia nas preces e pedia perdão a Deus pela minha fraqueza. Hoje acredito que Ele não deveria se incomodar muito comigo. Acho que Ele tinha coisa mais importante para cuidar do que vigiar uma simples paixão de um tolo como eu. Por isso não acreditei neles e livrei-o da forca. Sabia que ela era uma moça decente, e também conhecia a fama daqueles moços, que se valiam do título de nobres para abusar dos outros.

– Isso me deixa mais tranquilo, senhor Macedo. Só não me livra do julgamento divino.

– Bem, deixe isso para Deus, meu amigo. Quem julga é Ele, não se julgue. Se você não tivesse aparecido, eles teriam matado sua irmã e ficariam impunes. Ninguém acreditaria que um nobre pudesse fazer aquilo. Por que foram embora?

– Meu pai ficou com medo. Começamos a ser ameaçados pela família deles. Foi quando meu pai vendeu tudo e partimos para Lisboa, onde não estava bom para os judeus. Partimos para cá, para tentar a vida, mas tem sido difícil vencer aqui também.

– Eu os ajudarei, tenha certeza disso! Guarde segredo de nossas origens e nos ajudaremos uns aos outros. Tenho muitos planos em mente.

– Diga-me por que, sendo sacerdote e juiz conceituado, largou tudo.

– Porque um dia cometi um erro e pedi ajuda ao meu bispo. Este erro condenou meu pai à morte, como bruxo. Então, me desiludi com tudo e renunciei ao cargo de juiz e ao sacerdócio, e parti para longe daquela cidade. Nunca mais voltei lá. Mudei de nome, assim esqueço um pouco minha tragédia pessoal. Por isso hoje sou José Macedo, um homem sem passado, que tem apenas presente e, espero, um futuro longo. Só eu falei até agora. Você não disse nada, por enquanto.

– Sarah está bem. Ela é muito triste pelo que aconteceu: não conseguiu esquecer. A vergonha, a desonra e a desgraça, que aquilo trouxe sobre nossa casa, deixaram-na como ausente do mundo. Este é o motivo de nossa tristeza. Ela vive isolada, sem se juntar às outras pessoas de nossas relações. Sente-se infeliz e culpada pelo que nos aconteceu.

– O tempo a curará, senhor Abraão.

– Duvido, já faz muito tempo que aconteceu e até hoje nada mudou. Já não lhe falamos mais, porque cada vez que tocamos no assunto para animá-la, ela se tranca e não quer ver ninguém.

– Bem... E seu pai, seus irmãos, como vão?

– Meus irmãos estão espalhados. Isac está em Gênova, é um próspero comerciante, faz comércio com o Oriente, e meu irmão mais novo é rabino. Ele sempre foi muito religioso, não puxou ao pai, que gosta de comerciar.

– Entendo, e sua mãe?

– Mamãe morreu já faz dois anos.

– Meu amigo Abraão, viu o que encomendei ao seu pai, não?

– Sim, fui eu quem separou tudo.

– Olhe, tenho planos, muitos planos. Não sei até onde irei, mas se puder contar com sua ajuda, todos lucraremos muito.

– Como assim?

– Bem, pretendo montar aqui um curtume para tratar as peles dos animais que os índios matam para comer e também uma fundição, para o ouro. Pretendo trabalhar o ouro e também pedras preciosas.

– Como vai conseguir isso sozinho, meu senhor?

– Com a ajuda dos negros e dos índios. Eles me ajudarão. Os negros com o trabalho e os índios com o ouro e as pedras preciosas.

– Vão fazer de garça? Sem cobrar nada?

– Não, eu não pretendo ter escravos, apenas empregados, como tínhamos na Espanha. Aos índios, darei mercadorias em troca das peles, ouro e pedras. Aos negros, darei uma vida digna.
– O senhor tem grandes planos.
– Sim, são enormes. Espero sua ajuda para realizá-los. Você também lucrará muito com isso.
– Como posso ajudá-lo em sua empreitada?
– Primeiro, com lealdade, pois não quero ser traído novamente; segundo, com a ajuda de seu irmão, comerciante em Gênova.
– Conte com a minha lealdade. Nossa comunidade também o ajudará, desde que isso não lhe cause mais problemas.
– Não causará, disso tenho certeza. Só terão a lucrar.
– Então, está combinado. O que quer de mim?
– Esta bolsa de dinheiro dá para levá-lo até Gênova?
– Sim, e é até demais. Trarei o que sobrar, fique certo disso.

O Pescador entrou no seu quarto, apanhou uma pequena bolsa de couro e a abriu na frente do amigo que arregalou os olhos de espanto com tamanha riqueza em diamantes, rubis, safiras e outras pedras. Aquilo valia uma fortuna, uma imensa fortuna.
– Sabe o quanto vale isso, meu amigo?
– Não sei ao certo, mas sei que em Gênova, que é um mercado próprio para essas pedras, valerá muito. Muitos nobres pagariam uma fábula por uma dessas pedras.
– Então, está resolvido! Você irá a Gênova e levará essas pedras para que seu irmão as venda para mim.
– Por que confia em mim? Eu poderia fugir e seria um homem rico na Europa. O senhor jamais me encontraria.
– Sei disso, mas quero confiar em você, pois sei que não me trairá.
– Agradeço sua confiança. E o que quer que eu faça com o dinheiro?
– Compre-me um, dois, três, enfim quantos navios mercantes for possível, e que sejam armados com canhões. Não quero que um pirata qualquer os capture em alto-mar. Vou fazer uma relação do que deve comprar para mim em Gênova ou em outros lugares. Onde tiver, você compra. Quando voltar, já terei o armazém construído no porto. Depois seremos mercadores, meu amigo. Contrate bons capitães, que sejam muito competentes e tenham uma boa origem, está certo?
– Sim, está combinado.

Chamou o índio, que era como um guarda-costas seu e o apresentou a Abraão.

— Abraão, este índio o procurará antes que você parta e lhe entregará mais ouro em pó. Quero que traga os navios abarrotados de mercadorias, mas não diga para onde vão os navios, assim ninguém tentará saqueá-los em alto-mar. Isso aprendi com meu pai: ele nunca dizia para onde iam seus navios. Na hora da partida ele dava a rota e o local de desembarque. Nunca foi assaltado.

— Vou guardar isso na memória. Pedirei a meu irmão que arrume uma boa tripulação e bons capitães.

— Certo. Quando o índio procurá-lo, olhe para as penas em sua cabeça, são três penas amarelas. Ele não fala sua língua, portanto terá apenas de acompanhá-lo até o local fora da cidade, onde receberá o ouro e talvez mais algumas esmeraldas. Cinco por cento do dinheiro que arrecadar será seu, cinco do seu irmão. Com o restante, comprará o que eu preciso. Está bom?

— Bom, o senhor diz? Para mim é um presente do céu que me foi dado na hora em que eu mais precisava.

— Então, meu amigo, aguardarei ansioso pela sua volta. Agora vamos descansar, partirá cedo para providenciar a viagem.

— Vou me deitar, senhor Macedo, mas duvido que consiga dormir.

— Conte moedas em pensamento, logo se cansará e adormecerá — falou o Pescador, dando uma sonora gargalhada.

Ao amanhecer, o judeu partiu a galope com os negros que o ajudaram com os carroções. O Pescador estava contente, tudo estava correndo bem até agora. Seus planos dariam certo, tinha confiança nisso.

Os negros começaram a sair para o trabalho, sem que ninguém mandasse. Todos sabiam o que fazer. As novas parelhas de bois foram reunidas às outras, para o transporte da madeira.

Ruth aproximou-se e começou a conversar com o Pescador. Disse-lhe que tinha tudo sob controle, que não se preocupasse com nada, pois os negros não sabiam ler ou escrever, mas lidar com a terra, isso eles sabiam. Já tinham ouvido falar de sua façanha com o antigo feitor. Havia se espalhado na noite o que ele fizera. Eles achavam que era um Pai Branco.

— O que é um Pai Branco, Ruth?

— Os velhos curadores são chamados de pai. São considerados sábios nas magias e encantos, são chefes do culto, e acham que você, apesar de ser branco, é um pai.

— Então, diga a eles que sou o Pai Pescador — falou sorrindo, ao que Ruth também sorriu. Ela gostava do seu jeito, sentia-o como um irmão mais velho.

— Ruth, tome conta de tudo, sim? Vou me despedir de seu pai e dos outros velhos e depois tenho de partir. Preciso voltar à aldeia, ver como está minha mulher.

– É, meu pai falou que você se casou, fico contente com isso. Árvores boas sempre dão bons frutos.

– Bem, até a vista, Ruth. Fique morando nesta casa e cuide para que os alimentos sejam bem conservados e bem usados e para que não venham a faltar, está bem?

– Fique tranquilo. Sabia que o antigo feitor me ensinou a ler e a escrever?

– Não, não sabia. Aí tem papel e tinta. Se quiser anotar alguma coisa, use-os, está bem?

Deu um abraço afetuoso em Ruth. Era uma boa mulher, tinha a vida no sangue, era uma guerreira. Depois foi despedir-se do velho:

– Velho amigo, vou partir, não posso me demorar mais. Estou há muito tempo longe de minha mulher e sinto saudades, além de estar preocupado.

– Vá com Deus, meu filho, que Ele guarde sua caminhada de volta à sua tribo.

O Pescador e o guerreiro partiram a galope. Tinham pressa de chegar. Estavam há muito tempo fora e isso os apressava ainda mais. No caminho, o guerreiro perguntou-lhe:

– Pajé Branco, por que faz tudo isso?

– O porquê não sei dizer, sei apenas que sinto que tenho de fazê-lo. Algo me impele a isso.

– São os espíritos ancestrais, Pajé Branco.

– Como assim, Sol-da-Manhã? – este era o nome do guerreiro.

– São eles, eu os vi ontem à noite, quando conversava com o homem branco.

– Você viu o quê?

– Muitos homens, atrás e a seu lado. Brilhavam como o Sol. Sempre vejo espíritos na floresta, perto do Pajé Anhanguara e os vejo perto de você.

– Ora, bobagem, Sol-da-Manhã, que é isso? Está cansado com os dias corridos que tivemos?

– Bom, se quer acreditar, acredite. Se não quer, não vou mais falar nisso, mas que é verdade, é!

Ao anoitecer, pararam para descansar e deixar os cavalos descansarem também. Forçaram muito os animais durante o dia.

No dia seguinte, ao meio-dia, chegaram à aldeia. O chefe veio ao seu encontro sorridente. Estava contente com a volta do Pajé Branco, que retribuiu o abraço do amigo. Também gostava muito do chefe. Logo apareceu Raios-de-Lua, e ele correu para abraçá-la. Sim, amava-a muito, sentia-se bem junto a ela. Tinha muito a lhe contar, ela era só curiosidade. Ao entardecer, fizeram grande festa pela volta do Pajé Branco e de Sol-da-Manhã. Todos queriam ouvir suas histórias, tudo o que acontecera. Ficaram em silêncio para ouvi-lo.

O Pescador começou a contar. Falou por muito tempo. Às vezes, Sol-da-Manhã também falava. Disse que agora o Pajé Branco tinha tribo de negros, dando uma gargalhada. Por fim, o Pescador falou que, com o pó amarelo, protegeria para sempre as terras que eles, índios, habitavam há séculos.

– Por que vai protegê-las, Pajé Branco, se são nossas?

– Chefe, olha os brancos perto do mar. São conquistadores! Eles estão aqui para tomar estas terras dos índios. Com o tempo, outros brancos virão. Eles são maus, prendem os negros, que trazem de muito longe para trabalhar as terras para eles; derrubam florestas e depois queimam tudo para plantar cana e outras coisas. O tempo chegará, e eles virão para cá. Vi muitos índios na cidade dos brancos. Hoje seu povo não corre perigo, mas futuramente serão desalojados de suas terras.

– E como você vai nos ajudar?

– Comprando toda esta região. Pela lei dos brancos, eu posso ser dono delas e então vocês viverão aqui para sempre, sem ser incomodados.

– Faça como achar melhor, nós acreditamos em suas palavras.

Dois dias depois, o Pescador mandou Sol-da-Manhã, junto com mais três guerreiros, levar o ouro para o senhor Abraão. O guerreiro partiu rapidamente, prometendo voltar logo.

O Pescador saiu com sua mulher e foi até onde o rio tinha uma correnteza forte. Ia procurar mais pedras preciosas, sabia onde encontrá-las. Elas valiam muito e precisaria de muitos diamantes, se quisesse comprar o governador. E compraria aquele homem. Depois que lhe desse os presentes que prometera, ele não lhe negaria mais nada. Caminharam por umas três horas. Raios-de-Lua estava com a gravidez adiantada, iam devagar. Ela estava muito contente por estarem juntos novamente, amava muito o Pescador, não queria mais ficar longe dele. O Pescador também não queria isso, mas teria de fazê-lo.

Ao chegar ao lugar onde já apanhara algumas pedras, sentaram-se e descansaram. Enquanto ele apanhava alguns peixes para comerem, teve tempo para observar o lugar com calma. Era um lugar muito bonito, encantador mesmo. Se pudesse, ficaria ali para sempre.

Depois de algum tempo, o Pescador começou a procurar as pedras. Achou algumas, mas não muito grandes. Ficou decepcionado, parece que aquelas pedras eram as únicas que havia por ali. Raios-de-Lua notou sua decepção e disse:

– Vamos descer o rio. Sei onde tem muitas pedras verdes, brilhantes. Quem sabe, é isso que você procura.

Caminharam mais ou menos por uma hora, quando surgiu uma grande cachoeira. Desceram até embaixo. O que o Pescador viu deixou-o admirado: ali estava o que procurava e precisava. Havia uma variedade de pedras preciosas imensa, predominando esmeraldas, muitas esmeraldas.

– Aqui é onde elas param, quando caem lá de cima, trazidas pelas cheias dos rios. Se cavar essas areias, vai achar muitas que estão encobertas há muito tempo.

O Pescador começou a recolher as pedras preciosas. Havia muitas. Encheu sua sacola até a boca. Depois começou a pegar todas as pedras que via, colocando-as na margem. Ficou quase uma hora apanhando pedras por cima da areia. Quando ficou difícil encontrá-las na superfície, cavou com as mãos em um lugar mais raso e topou com um enorme brilhante: aquilo valia uma fortuna! Seu valor daria para comprar um castelo na Espanha.

Pediu a ajuda de Raios-de-Lua e cavou um grande buraco em um lugar escondido. Apanhou as pedras e colocou-as dentro dele. Tapou-o com terra e procurou algumas flores, tirou umas mudas e plantou-as em cima e à sua volta, fazendo um círculo. Estava marcado o lugar onde estava enterrado um tesouro imenso. Não podia calcular o seu valor. Ficaria ali até o dia em que, ao passar por alguma necessidade, precisasse dele.

Voltaria outro dia e garimparia aquelas areias. Ali havia muito o que apanhar. A sorte estava com ele.

Apanhou sua sacola, que estava muito pesada, tomou o braço da mulher e partiram. Chegaram à noite na aldeia. Raios-de-Lua preparou um pouco de raízes e comeram. O Pescador estava feliz e sua mulher estava alegre por vê-lo assim. Esta noite seria muito boa, sorriu marota ao aproximar-se dele.

A Luta contra o Maligno

Dias depois, quando Sol-da-Manhã já havia voltado, foram buscar mais ouro. O Pescador precisaria de mais pó amarelo. Pretendia trazer grande quantidade, por isso levou o cavalo e as ferramentas. Sol-da-Manhã disse-lhe que via o espírito da grande cobra, e que agora ela os acompanhava a certa distância.

– Como você a vê, se não a vejo?

– Já disse um dia. Às vezes vejo espíritos das florestas e fico preocupado. Sempre querem dizer, ou fazer alguma coisa. Tome cuidado, Pajé Branco, ela é perigosa.

O Pescador ficou preocupado, pois vinha sonhando todas as noites com cobras, desde que ajudara o feitor a morrer. Nos sonhos sempre estava sendo perseguido por elas.

– Sol-da-Manhã, quando voltarmos vou falar com o Pajé Anhanguara. Ele saberá me explicar o que está acontecendo.

Demoraram dois dias para tirar todo o ouro de que o Pescador precisava. O cavalo voltou com uma carga pesada. Isso seria o suficiente. Por algum tempo não precisaria voltar ali.

Quando chegaram na aldeia, o Pescador guardou tudo em sua oca. Tinha do que precisava: ouro e pedras preciosas. Possivelmente era o homem mais rico da Capitania. Agora, teria de transformar essa riqueza em poder e estaria concluído o seu plano.

Após descansar da viagem, foi falar com o velho pajé.

– Pajé Anhanguara, preciso falar-lhe.

– Diga, filho, eu o ouço.

– Pajé, quando fui ao engenho fiz algo que não sei explicar ao certo, mas de lá para cá sonho todas as noites com cobras, muitas delas a me perseguirem. Sol-da-Manhã me falou que viu o espírito da grande cobra rondando minha oca, e que também estava nos seguindo quando fui buscar ouro.

– Conte-me o que houve no engenho, filho. Talvez eu possa ajudá-lo quando souber o que aconteceu.

E o Pescador começou a contar tudo. Quando terminou, o velho pajé apanhou um chocalho com o crânio de algum tipo de animal e começou a cantar diante da fogueira. Ficou cantando por longo tempo. Quando parou, estava ofegante e preocupado.

– Filho, o que você fez foi guiado por Tupã, mas o espírito que rasteja não gostou de perder para você.

– Como assim, se eu fazia como se movido por uma força muito grande, pajé, uma força que me guiava?

– Sim, era a força de Tupã, e o grande espírito do mal não pôde reagir. Mas agora quer ver se você pode realmente com ele. Em seus sonhos, é ele quem o persegue, quando seu espírito vai para os campos eternos. Terá de lutar com ele, filho, senão ele tira sua força e o mata.

– Como? Não fiz mal algum a ele, por que quer meu mal?

– Ele não quer o seu mal, ele quer é seu espírito. Você terá de lutar.

– Como lutar com algo que não vejo?

– Na hora, você o verá! Não tenha dúvidas. Mas, se perder, você morre, e ele leva seu espírito.

– Entendo. E se eu ganhar, o que acontece?

– Você o domina. Daí em diante, todo animal que rasteja respeita você. Onde tiver alguém sofrendo por causa da mordida de um deles, você canta, põe a mão e cura.

– Como sabe disso, pajé?

– Porque já lutei com ele. Por que acha que sou pajé? Só não pude com os espíritos do ar, que me venceram.

– Quando foi isso? E como foi?

– Quando você chegou, eu estava doente. Meu espírito já estava sendo levado embora quando você o tirou deles e me trouxe de volta. Pajé de outra aldeia queria matar Anhanguara, por isso fez encanto com ventos contra mim. Você não sabe, mas tem domínio sobre os espíritos dos ventos, como eu tenho sobre os do fogo.

– Tenho este poder, pajé?

– Sim, só não sabe. Quando souber usá-lo, ninguém o pegará. Você poderá cegar seus inimigos com os ventos.

– Pode ensinar-me como usá-lo?

– Sim, mas só se você vencer o espírito da Grande Cobra.

– Por que? Eu não quero lutar com a Grande Cobra.

– Se você vence, você é o forte. Senão, não adianta nada. Você tem de lutar e de vencer, senão ele o prejudica. Se ele não pode atingi-lo por causa de Tupã, então ele sabe que Raios-de-Lua é sua companheira e um dia ele a atinge. Atingindo-a, ele atinge você e o vence depois.

– Como vencê-lo, pajé? Ensine-me! Não quero que alguém sofra o que tenho de sofrer.

– Já começou a lutar, filho. Este é seu grito de luta. Sua bondade pode vencê-lo. Mas é preciso mais que ser bom para vencer, terá de ser corajoso. E isso não posso lhe dar, você tem de ser.

– Vou tentar, Pajé Anhanguara, vou tentar.

– Não vai tentar. Vai vencer! Precisa vencer! Já vi outros tentarem e suas mortes foram horríveis.

– Quando eu o encontrarei?

– Na próxima Lua redonda, nós vamos encontrá-lo.

O Pescador ficou pensativo, isso não fazia parte dos seus planos. Por que era conduzido a isso contra a sua vontade? Quem o empurrava a esses perigos, a essas magias que punham sua vida em perigo, e até a de Raios-de-Lua? Tudo isso o preocupava.

Despediu-se do pajé e foi falar com sua mulher que, depois de ouvi-lo, começou a chorar. Poderia perder seu companheiro, pois já ouvira falar desse espírito do mal.

Demoraram a dormir naquela noite. E, novamente, o Pescador sonhou com cobras. Cada noite era pior.

No outro dia, falou com o cacique Pena Dourada sobre o que teria de fazer.

– Pajé Branco vai vencer, eu sinto isso. Você traz Estrela da Vida, você vence.

Nas noites seguintes, o Pescador procurou lembrar-se dos ensinamentos dos curadores negros e do que já aprendera com os índios. Orou à noite como sempre fazia e viu sua estrela iluminar a oca, viu nisso um sinal divino. Iria ao encontro da Grande Cobra com fé em Deus e na sua estrela, que estava a dizer-lhe: "Eu estou com você!". Sentiu saudades da sereia. Quando voltaria a vê-la? Já fora à beira-mar algumas vezes e ela não mais aparecera. Parecia que ela lhe dera a estrela com algumas limitações. O resto, teria de aprender e fazer sozinho.

– Pois então que assim seja. Se vencer, domino a grande cobra do mal; se perder, somente eu sofro as consequências, ninguém mais – falou o Pescador para si mesmo.

No outro dia, avisou que naquela noite iria ao encontro do espírito que rasteja.

À noite, o pajé já o aguardava, enquanto ele se despedia de sua mulher. Chamou o guerreiro Sol-da-Manhã e lhe pediu:

– Meu amigo, se eu não voltar, gostaria que cuidasse de Raios-de-Lua para mim. Vá até o engenho e conte ao Pajé Negro o que acontecer. Aqui tem um papel assinado por mim que liberta a todos e deixa aquelas terras para eles.

– Pode deixar, Pajé Branco. Se não retornar, eu faço o que me pede, mas sei que vai voltar.

– Por que fala assim?

– Porque vejo aqueles espíritos atrás de você, todos brilham muito. Isso é sinal de vitória.

– Até a volta, meu amigo.

– Até a volta, Pajé Branco. E que Tupã o proteja!

O Pescador apanhou sua estrela das mãos de Raios-de-Lua e partiu com o Pajé Anhanguara. Caminhavam por longo tempo, quando surgiu uma grande clareira. O pajé tirou toda a sua roupa e mandou o Pescador fazer o mesmo. Depois mandou que pegasse muitos galhos para fazer uma fogueira. O Pescador apanhou muitos galhos secos. O pajé colocou-os em um grande círculo. Pediu mais, muito mais. Iam precisar de muita madeira, pois a fogueira tinha de ser grande. Separou algumas folhas bem secas e fez uma pequena fogueira no meio do grande círculo.

Quando viu que já tinha madeira suficiente, chamou o Pescador para o centro do círculo. Colocaram suas roupas em um canto, dentro do círculo. O pajé sentou-se a um lado da pequena fogueira, depois mandou o Pescador colocar fogo no círculo de galhos e também sentar-se ao lado da pequena fogueira.

– Vou ensinar o mistério da magia do fogo, para sua proteção. Se vencer o espírito que rasteja, vai também caminhar no fogo sem se queimar, e terá domínio sobre os espíritos do fogo.

E começou a revelar os mistérios do fogo, suas forças, seus poderes, seu encantamento, sua magia. Tudo ensinou ao Pescador. Quando terminou, mandou o Pescador fazer seu primeiro teste com o fogo.

O Pescador se concentrou o máximo que sua mente podia e o fogo o atendeu. Viu levantarem-se formas parecidas com humanos, mas sem detalhes, que vieram em sua direção à espera de ordens; viu as chamas, sem nenhum vento, se voltarem para ele e, a uma ordem sua, se afastarem. Também viu as formas subirem e depois ficarem em brasas, sem nenhuma chama, para, em seguida, se erguerem em enormes labaredas. Bastava pensar e era atendido. O pajé sorriu imperceptível ao Pescador. O Pajé Branco era poderoso, venceria o espírito do mal. Bastava ser inteligente.

– Filho, vou convocar o espírito que rasteja. Agora é com você, eu só olho. Não posso intervir. Use seus poderes e sua inteligência.

E começou a entoar um canto estranho, entremeado de silvos, como o das cobras.

De todos os lados da clareira começaram a aparecer cobras, de todos os tamanhos e espécies. Era assustador. O Pescador pegou sua estrela entre as mãos e começou a fazer uma prece a Deus. Ao terminar, à sua volta havia centenas de cobras, todas raivosas. Pareciam com as cobras que estavam em volta do feitor. Agora elas queriam a ele. Seu corpo se arrepiou todo. Lembrou-se do que dissera Sol-da-Manhã e pediu intuição aos espíritos de Luz que o acompanhavam, que o instruíssem a agir corretamente. Sentiu como se tivesse alguém colocando a mão sobre o seu ombro direito. Olhou e não viu nada, mas as ideias vinham.

– Fogo! Que se levante! – ordenou.

E do braseiro, em círculo, levantaram-se grandes labaredas que avançavam na direção das cobras, fazendo-as retroceder.

Sim, isso as manteria afastadas, sem perigo de que alguma pulasse dentro do grande círculo. As cobras têm medo de fogo. Podem nadar, mas não rastejar sobre brasas. As labaredas consumiriam aquelas que tentassem entrar.

Pensou forte, e as labaredas cresceram mais ainda. Mentalmente ordenou que os espíritos do fogo se levantassem às centenas e o protegessem de qualquer espírito que tentasse entrar pelo ar ou subir pela terra. Viu que uma infinidade desses elementos descia pela terra, formando um escudo por baixo do círculo e pelo alto centenas voavam por suas cabeças.

Lembrou-se de que o pajé lhe dissera que tinha poder sobre os espíritos do ar. Assim como fizera com o fogo, invocou os espíritos do ar, para que viessem em seu auxílio e viu formas que passavam sibilando sobre si, formando um redemoinho ao redor do grande círculo de fogo, aumentando ainda mais as chamas e jogando labaredas sobre as cobras, que se afastaram mais um pouco.

O combate estava equilibrado: ele não podia sair, mas elas não podiam entrar. Nisso ouviu um barulho que arrepiou seus cabelos. Era algo assustador, mesmo para quem se dissesse corajoso ao extremo. Sabia que estava cercado por algo monstruoso, muito maior que o círculo de fogo. Prestou atenção e sentiu a mão sobre seu ombro aumentar a pressão. Levantou a estrela à altura do coração e aguardou.

Algo começou a tomar forma. Era uma enorme serpente que tinha dezenas de metros. Mais tarde viria a saber que eram 77 metros de comprimento, por sete de diâmetro. Ficou gelado dos pés à cabeça. Estava no meio de um enorme rolo. A Grande Cobra enrodilhava-se por fora do círculo de fogo.

Ouviu seu sibilar ensurdecedor, que o deixava sem poder pensar. Levantou mais a estrela, até a altura da cabeça, como a cobri-lo. Clamou a Deus e à sereia. Da estrela brotou uma luz intensa que o envolveu por inteiro. Levantou-se e procurou ver a cabeça da serpente. Já que chegara até ali, ou vencia ou morreria lutando.

Aquilo era algo sobrenatural. Era um ente infernal, um demônio, tal qual aqueles que vira nos livros que os juízes da Inquisição apreendiam de quem praticava a magia negra na Europa. Era isso! Estava lutando contra um demônio infernal. Orou a Deus com toda a sua fé. Sentia um hálito fétido, pestilento, como querendo envenená-lo, mas a luz da estrela o envolvia como um filtro de luz.

Levantou sua mão direita e fez o sinal da cruz no ar. Viu saírem de sua mão estrias de luz, marcando o espaço. Encorajou-se mais e ordenou ao demônio que mostrasse sua face. Imediatamente, o rolo se afastou e a serpente ficou em posição de ataque, à sua frente. Era como um coelho diante de um elefante.

O que viu assustou-o. A serpente tinha sete cabeças, seus olhos eram como fogo incandescente, brilhavam na noite. Sentiu que poderia ser encantado e atraído por aqueles olhos, como fazem as cobras comuns com pequenos pássaros, que ficam paralisados de medo. Tirou o medo da mente e colocou a estrela à sua frente. Se a serpente tinha poderes malignos, ele tinha poderes divinos. A luz seria sua arma. Iria usá-la da melhor maneira possível. A serpente não o assustava mais. Queria vencer pela força divina. Perguntou:

– O que queres, ser maligno que vens das profundezas do inferno para me incomodar?

– Quero tua alma, falso Pescador.

Ouviu nitidamente a voz que saía no sibilar das sete cabeças medonhas e aterradoras, com suas enormes presas, de onde pingavam gotas venenosas que, ao cair no chão, produziam uma fumaça fétida.

– Por que queres minha alma, Senhor das Trevas?

– Porque ela me pertence.

– Minha alma pertence ao meu Criador, meu Deus e Senhor. Só Ele pode tirá-la de mim, e quando assim achar por bem.

– Como podes dizer isso, tu que carregas a maldição da traição ao teu pai?

O Pescador tremeu. Sentiu sua mente fraquejar. O ente atingira-o em cheio. Devia isso. Perante Deus e seu pai, era um pecador. Sentiu a mão sobre o seu ombro pressionar forte. A luz da estrela estava diminuindo. Recobrou os sentidos e fez o fogo aumentar de altura. Elevou o pensamento a Deus e clamou:

– Deus meu! Tu me deste o dom da vida. Minha vida te pertence e, um dia, a ti prestarei conta dos meus atos. Se traí meu pai, foi por ignorância. Também fui traído por quem eu confiava que, em vez de me ajudar no que pedira, deu vazão ao ódio que nutria por meu pai. A Ti prestarei conta por meus atos, não a este ser infernal.

– Por que clamas a Ele agora, falso Pescador? Achas que Ele vai salvar-te de mim?

– Sim, Ele, o meu Deus, Criador de tudo e de todos, vai me salvar de ti, ser maligno. Não só me salvará, como vai subjugar-te a mim, por hoje e por todo o sempre.

– Pois tente, falso Pescador. Se não conseguires, devorarei tua alma e porei um ovo do qual nascerás um espírito rastejante para todo o sempre.

– Pois é o que farei, ser maligno, é o que farei – e o Pescador ajoelhou-se.

– Já estás clamando perdão a Ele por tua alma, Pescador, como fez o homem que tu libertaste do sofrimento e tormento das minhas escravas venenosas? Pois saibas que aquela alma agora é uma serpente que rasteja invisível no meu reino. Tu o libertaste da dor da carne, mas não do meu poder sobre ele.

– Isso eu sei. Mas ele havia se envenenado antes de tu o envenenares. Ele já era teu escravo em vida, um instrumento do mal sobre a Terra, não era um filho obediente à Lei de Deus.

– Tu também deves a Ele.

– Não, não devo a Ele, o meu Deus. Devo a mim mesmo, pois o meu erro foi inconsciente e o resgatarei auxiliando aos que sofrem o suplício dos que te servem.

– Eis quem diz! O que julgava os semelhantes em nome Dele, sem ver se estava certo ou errado em seus julgamentos. Quantos inocentes não sofreram pelas suas sentenças, falso Pescador?

– Eu me baseava na palavra de testemunhas. Se mentiam, não competia a mim saber, mas apenas ouvi-las e dar o meu parecer. Esta é a lei dos homens.

– Como podes dizer isso, se um caso é o bastante para te desmoronar?

– Pois então, diga um.

– Digo sim. Lembras-te da pobre velhinha que mandaste para a fogueira?

– Qual delas, ser maligno? Foram várias que condenei.

– A que não tinha o polegar direito, lembras-te?
– Sim, lembro-me bem. Ela vivia a tirar dinheiro dos que nada tinham, com suas falsas orações, com sua falsa proteção e com seu falso poder. Era escrava do maligno. Quem sabe não era tua escrava, ser maligno?
– Sim, era minha escrava. Por isso muitos morriam envenenados. Ela usava o meu veneno, o mesmo que injetarei em ti quando tirar a tua alma do corpo.
– Então, Deus tem mais um motivo para me guardar da tua ira, ser infernal, pois, ao queimá-la, muitos inocentes deixaram de ser atingidos por suas bruxarias.
– Como sabes que eles não deveriam sofrer, como o feitor sofreu há dias?
– Sei apenas que somente a Deus pertence o julgamento sobre o que devemos sofrer. Um semelhante não pode usar da magia negra para transformar-se em juiz do que é certo e do que é errado, do que alguém deve sofrer ou não. O destino de cada um a Deus pertence. Quem usa dos poderes da magia negra para prejudicar o seu semelhante merece, não o fogo que logo se consome, mas, sim, o fogo eterno, ente do mal!
– Vejo que com palavras não te convenço de que és meu. Então, vou passar à ação e cobrar tua petulância com o meu poder maligno. Olhe para mim, falso Pescador!

O Pescador imediatamente lembrou-se da lenda da Medusa e levou a estrela diante dos olhos para se proteger.

– Não, ente do mal. Quem vai subjugar-te serei eu, com o poder que Deus me deu. Tu reinas absoluto nas trevas, mas estás submetido à lei maior d'Aquele que é o Criador de tudo e de todos, o Deus Todo-Poderoso. Pois agora clamo a Ele, que é a minha Estrela Guia, que me ilumine diante de ti. Se tu tens o encantamento nos olhos malignos, que meus olhos brilhem com a Luz Divina para encantar-te.

Em seguida, o Pescador olhou para o céu e viu que um raio de luz descia sobre sua cabeça. Era uma luz cristalina. Olhou para sua estrela e ela brilhava com a mesma luz. Sentiu que Deus agia sobre ele como nunca. Sentiu que, de sua estrela, saíam luzes que iam até os olhos da serpente do mal. De lá, partiam raios escuros, rubros como sangue, em sua direção.

Levou a estrela à altura da testa, um pouco acima dos olhos, e forçou o choque da luz contra a treva. A serpente sacudiu-se toda, queria fugir, mas não conseguia, queria atacar e não podia. As outras cabeças caíram sem vida, apenas a do meio lutava. O Pescador então ordenou:

– Abaixe tua cabeça até o solo, eu te ordeno, ente do mal que rasteja sobre a Terra envenenando os seres humanos para que cometam o pecado diante dos olhos de Deus.

O ser tentou afastar-se. O Pescador enviou ondas mentais, dizendo-lhe: "Tu tentas fugir, mas não podes. Tu tentas me atacar, mas não consegues. Eu te domino pelo poder da Estrela Guia, que ilumina os meus caminhos. Tu me servirás pela Lei de Deus de hoje em diante e por toda a eternidade, ser que rasteja. E, diante de mim, pelo poder do Criador, tu sempre rastejarás. Que por onde eu passar, os que rastejam se afastem. A mim não picarão e onde tiverem feito o mal, eu, com o bem, os combaterei. Que os espíritos que por ti foram levados por terem quebrado as Leis Divinas, submetam-se a mim, e tu nada oporás. Que aqueles que eu quiser ao meu serviço, a uma ordem minha, tu entregarás. Tua força é a força da Lei, minha força é a força da Lei. Servimos à mesma Lei que diz: 'Quem deve, paga e quem merece, recebe'. Tu nas trevas e eu na luz, tu no mal e eu no bem, tu na dor e eu no amor. O Criador é o mesmo, mas as criações são diferentes. Eu levo o nome de Deus aos meus semelhantes e tu tentas apagar o Seu nome das mentes. Mais força tem quem pode levantar do que quem pode derrubar. Por isso tudo, ainda que sejas maior, eu sou mais forte. E, por isso, eu te ordeno que voltes a teu reino sem entrar nunca mais no meu caminho, sem mais atentares contra mim. Com minha mente eu te enviarei ordens do que quero e tu as acatarás, hoje e por toda a eternidade, na carne ou em espírito. Partas em nome de Deus e pelo poder da Estrela Guia, que ilumina o meu caminho na Senda da Luz".

Neste momento, houve como que um estouro e o ente maligno desapareceu.

O Pescador ordenou ao fogo que abaixasse até as brasas. As cobras, às centenas, estavam à volta do Pescador. Sem tirar a estrela da testa, foi orando e caminhando em direção às serpentes que estavam próximas. Dele saíam raios de luz em abundância. Ao se aproximar das brasas, as serpentes se afastaram. O Pescador abaixou a mão esquerda e, virando a palma para elas, ordenou:

– Pelo símbolo que agora está impresso em minha mão, invisível aos olhos encarnados, mas não a vocês, eu vou sair do círculo e vocês se afastarão do meu caminho.

As cobras se enrolavam todas e se afastavam. Ele passou por cima das brasas e disse:

– Sete voltas eu darei. Ao final, nenhuma de vocês eu verei mais – e foi caminhando pelo meio das cobras, que foram se afastando rapidamente, abrindo caminho.

O Pescador não olhava onde pisava, apenas orava a Deus, segurando a estrela à altura de sua testa, como um farol a iluminar seu caminho. Não se preocupava com as cobras, não as temia. Tinha o domínio sobre elas. Sabia disso, confiava na força da Estrela Guia. Ao terminar as sete voltas, entrou novamente no círculo de brasas. Olhou em volta e já não havia mais nenhuma cobra. A lua cheia brilhava como prata, a clareira estava limpa e iluminada por sua luz. Olhou para o velho pajé e viu lágrimas escorrerem dos seus olhos. Sabia que tinha mais provas a passar. Foi ao lado do pajé e pediu a sua bênção. Este o abençoou:

– Que Tupã te guarde para sempre, tu pertences a Ele.

O Pescador com os pés nus, como nu estava, pisou com confiança sobre o braseiro, em que pequenas labaredas ainda se levantavam. Caminhou sete voltas sobre o círculo, sempre orando. Na sétima, saiu do braseiro e voltou para junto do pajé, abraçando-o apertado. Vencera!

– Filho, sinto orgulho de ti! Venceste o mal e o medo, venceste o fogo e dominas o ar. Hoje é uma noite feliz para este velho pajé. Tu és um pajé também. Atingiste o poder que só os que têm a Fé Maior conseguem. Eu te abençoo como um pajé.

– Obrigado, meu amigo Pajé Anhanguara. Que nossos espíritos sejam para sempre unidos na mesma fé.

– Serão, sim, meu filho. Será assim para sempre. Vamos voltar para a aldeia. Estão nos esperando.

Vestiram suas roupas e partiram. No caminho, o velho pajé perguntou-lhe:

– Por que ele o chamava de falso Pescador?

– Bem, primeiro porque eu era um pescador quando ganhei a estrela de uma sereia; segundo, eu já havia sido um padre cristão. O Cristo era simbolicamente um pescador. Na realidade, Ele não pescava peixes; apesar de seus primeiros discípulos serem pescadores de verdade, o Cristo era o pescador de Deus. No vasto oceano da vida, Ele caminhava sobre suas ondas, simbolicamente também, para pescar os peixes para o Deus Todo-Poderoso. Ele servia a mesa do Pai com os peixes que pescava.

– Não entendi direito.

– Ora, meu amigo, os peixes eram os homens do seu tempo. Os maiores engolindo os menores num mar agitado por ambição, paixão, ódio, desejo e egoísmo. Aos peixes que não mais queriam morrer na boca dos maiores como alimento, Deus Pai enviou o Seu Pescador. O Cristo é chamado de Pescador Divino, que pesca os peixes que estão sendo devorados neste mar que descrevi. E como eu era, além de juiz, também sacerdote, ele tentou me fazer acreditar que eu era um falso seguidor do Cristo, um falso pescador.

– Entendo, um dia você me fala desse Cristo. Quero conhecê-Lo, pois às vezes também me sinto um peixe sendo pescado.

– É, nós nunca sabemos se estamos pescando para servir a Santa Ceia ou se estamos sendo pescados para sermos servidos na Santa Ceia. Bem, pelo menos estamos tentando descobrir se somos peixes ou pescadores, enquanto a maioria nada quer saber. Falarei sobre Ele, sim, meu amigo!

– Gosto de saber, filho. Os tolos se contentam com pouco. Eu não: quanto mais sei, mais procuro aprender.

– Em outra civilização, o senhor seria um sábio, pajé. Aqui, tendo só a natureza à sua volta, é um "grande sábio" que conhece tudo da forma mais pura. Sem ter nenhum livro à mão, parece saber tudo.

E se calaram, pois estavam se aproximando da aldeia. Começou uma imensa gritaria, quando viram os dois chegando.

O Pajé Branco vencera onde muitos pajés índios falharam. Ele era um forte e merecia todo o respeito dos índios da aldeia.

Sol-da-Manhã aproximou-se correndo e disse:

– Não falei que ia voltar? Fico feliz por sua vitória, Pajé Branco. Eu sabia que ia vencer o espírito que rasteja. Estarei sempre com você. Quando precisar de mim, é só chamar, irmão meu.

– Obrigado, Sol-da-Manhã!

Ao entrarem na aldeia, foi grande a festa dos índios para os dois pajés. Raios-de-Lua aproximou-se do Pescador e abraçou-o. Não tinha dormido a noite toda e estava com os olhos vermelhos, em lágrimas.

– Por que chora, minha querida?

– Porque temi por você. Não sei dizer como me sinto, só sei que minha felicidade é grande, sai pelos meus olhos nas lágrimas que caem.

O Pescador também chorou. Do que mais precisava no mundo, se tinha tudo o que queria? Amigos leais, uma mulher que o amava, a natureza por morada. Sim, era feliz também. Descobrira como é bom dividir a vida com alguém que se ama.

O cacique aproximou-se e colocou em sua cabeça um cocar todo colorido, que caía pelas suas costas.

– Você merece, Pajé Branco. Você é forte. Tupã o protege. Estou orgulhoso de você, traz muita alegria a meu povo.

– Cacique, é o contrário. Vocês é que me tornam feliz, pois só tenho recebido o que de melhor alguém pode querer. Se não fosse pelos meus amigos negros, não sairia mais deste lugar!

Sol-da-Manhã estendeu-lhe o papel com a libertação dos negros e a doação das terras.
– Não, amigo, guarde este documento. Se eu morrer, entregue-o a Ruth ou a outro dos negros velhos. Está bem?
– Sim, vou guardá-lo bem.
– Peço licença, vou descansar um pouco, estou exausto.

Uma Cura e Planos

Alguns dias depois, o Pescador partiu para ver como estavam as coisas nos engenhos e também visitar o governador-geral. Tinha mais negócios a fazer com aquele homem. Para tanto levou uma parte do ouro e pedras preciosas.

Quando partiu, Sol-da-Manhã e os outros dois guerreiros o acompanharam. Gostavam de viajar com o Pescador. Este se sentia seguro com a presença deles. Durante o caminho, começou a ensinar-lhes sua língua.

Ao chegar no engenho, logo viu Ruth, que corria ao seu encontro. Ficara feliz com a sua volta, tinha muito a lhe contar. Sentaram-se na varanda. Enquanto uma empregada servia algo para comerem, Ruth começou a falar. O Pescador ficou feliz com o que ouvia. Os negros estavam se saindo melhor do que imaginara. Ia tudo muito bem.

Mais tarde, o Pescador foi até o galpão e, com a ajuda de alguns negros, montou uma caldeira ateando fogo sob ela. Dentro, ele colocou ouro em pó e esperou até que ficasse líquido. Depois, colocou o ouro derretido em fôrmas para fazer barras. Ao final da fundição, calculou por alto uns 120 quilos de ouro em barras. Ouro puríssimo!

No dia seguinte, saiu com Ruth para ver as plantações e os trabalhos de construção das casas de madeira para os ex-escravos.

– Pescador, precisamos de mais alimentos, o que temos não vai durar até a colheita. Todos estão trabalhando muito e eu os tenho alimentado bem.

– Ruth, como vão aqueles que mandei ir à caça?

– Não muito bem. Eles não sabem caçar como na África, Pescador. Seus sentidos já não são os mesmos.

– Sol-da-Manhã! – chamou o Pescador – Ensine-os a caçar nessas florestas.

– Sim, Pajé Branco, vou ensiná-los como conseguir muita caça. Por aqui existem muitos animais, basta saber caçá-los.

– Ensine-os como pegar porcos do mato. Quando estava na casa do velho pajé negro, vi um bando deles por aquelas paragens.

O guerreiro índio saiu com os outros dois amigos e foram para junto dos negros que saíam para a caça.

No cercado feito para criar os porcos selvagens, havia apenas alguns presos, todos machos. O Pescador viu e não ficou satisfeito.

– Ruth, precisamos de muitos desses.

– Vamos conseguir, não se preocupe.

– Sim, eu sei, mas temos pressa. O tempo está contra nós, temos de vencê-lo.

Após olhar todas as terras, o Pescador perguntou a Ruth:

– Como será a colheita de açúcar, Ruth? Será boa?

– Você tem sorte, Pescador. Com o antigo feitor, as pessoas não trabalhavam bem e o mato tomava conta de tudo. Agora não! Está tudo bem cuidado. Teremos uma grande colheita e os carroções ajudarão muito. Os montes de cana não serão mais carregados nas costas dos negros. Os bois carregarão tudo rapidamente, acabaremos toda a colheita antes que qualquer outro engenho.

– Ótimo, então embarcaremos o nosso açúcar primeiro que todos, e talvez em nossos próprios navios.

– Por que? Você comprou navios?

– Mandei comprar. Não sei quando virão, mas pressinto que teremos alguns à nossa disposição. Eles trarão alimento da Europa, também.

– Vou controlar o que temos até a chegada deles. Meu pai disse que consultou os orixás e viu você vencer, apesar de sofrer muitas dores em sua alma.

– Como assim?

– Os orixás falaram: "Pescador vence, mas sofre; ganha, mas perde; traz alegria, mas chora muito". É o seu destino, Pescador.

– Onde está seu pai? Estava tão ocupado que o esqueci. Como vai ele?

– Ele está bem. Não quis ficar aqui e voltou para sua cabana no bosque. Lá ele é mais feliz, pois pode ficar sozinho. Vem aqui apenas nos dias do batuque de santo.

– Então já temos um lugar para o culto?

– Sim, foi a primeira coisa que fizeram na sua ausência! – disse Ruth sorrindo – Você não acha ruim, acha?

– Não, Ruth! Não acho ruim, todos têm direito de cultuar a Deus à sua maneira. Vou assistir ao próximo culto, se estiver aqui.

– Eu avisarei quando será. O meu pai ficará muito feliz com isso.

Continuaram a falar sobre como solucionar o problema com a chegada de mais uma centena de negros.

– Ruth, eu trouxe muito ouro, você viu, não? Quero que o guarde para mim. Escolha um lugar que ninguém saiba e guarde-o bem, as pedras preciosas também.

– Deixe comigo, eu sei como guardá-lo, Pescador. Você saberá onde ficará guardado. É sua arma contra o governador, não?

– Sim, é minha única arma. Agora vou ver seu pai. Até mais tarde, Ruth.

– Até a vista, Pescador.

O Pescador saiu para encontrar o velho João de Mina. Estava preocupado com o aviso: "Vence, mas sofre...". O que eles queriam dizer com isso? Só perguntando...

Ao chegar ao casebre, avistou o velho amigo chegando com um monte de ervas.

– Salve, meu amigo! Como vai?

– Bem, Pescador. E você, como têm sido seus dias?

– Bons, meu amigo, muito bons. Estou confiante no meu próximo negócio com o governador-geral.

– Eu sei. Ele está em suas mãos. Já vi isso. A ambição dele é maior que sua visão. Você o dominará com o que a Natureza está lhe oferecendo de graça.

– Explique-me, amigo. Quero saber de seus lábios o que sabe a respeito do meu futuro. Conte-me tudo, não deixe nada oculto.

– Então vamos nos sentar, a conversa será longa.

Sentaram-se e o velho João de Mina começou a falar.

– Você, filho, um dia apareceu em minha humilde casa, doente, cheio de chagas, mas foi conduzido até aqui pelo Invisível para cumprir a Sua vontade. Nós clamávamos pelo auxílio divino, dos orixás e dos lebarás. Estávamos sofrendo muito. Os escravos ficavam doentes porque não comiam bem. Alguns até passavam fome. Sabíamos que era nosso destino sofrer, mas, tínhamos o direito de, em nossa dor, clamar aos céus por ajuda. Em um sonho, eu já havia visto como você estava, doente, mas, confiante em Deus. Pagava seus erros sem blasfemar contra Sua Lei. Quando chegou aqui, eu já o esperava. Sentia, dia a dia, sua aproximação. Era o nosso salvador! Ajudei-o como faria com qualquer outro que batesse à minha porta, mas eu já o esperava. Quando disse que queria conhecer o arraial, eu sabia que ia buscar o auxílio que ansiávamos. Orei ao Pai e pedi que Ele o guiasse. Clamei aos orixás para que eles mostrassem o que a Natureza guarda em suas entranhas e que tanto desperta a ambição dos brancos: o ouro, as pedras preciosas, as riquezas minerais. Lembra-se de onde achou o ouro?

— Sim, lembro-me bem, em uma gruta e estava exposto aos raios do Sol, brilhando como tal.

— Então, havia um rio próximo? E mais abaixo, não havia uma cachoeira pequena? E não estava no meio de uma floresta, numa elevação?

— Sim, é verdade. Como sabe?

— Eu vi o lugar em sonho, no dia em que você o encontrou. Então a gruta é o túmulo, o lugar onde guardam os corpos, não é assim?

— É. O Cristo foi enterrado em uma gruta.

— E as florestas não são do orixá Caçador Oxossi? E as cachoeiras não são de Oxum? E os montes não são de Xangô? Quem abre os caminhos não é Ogum? Ele o guiou para onde a Natureza tinha algo a lhe dar, para que usasse bem. Temia que fraquejasse, mas você foi forte, muito forte mesmo. Resistiu à ambição. Sua alma é limpa. Voltou até nós, já com a nossa liberdade em suas mãos.

— Sim, esta foi a ideia que me ocorreu assim que vi o ouro. Ali estava a oportunidade de devolver um pouco, ainda que muito pouco, do que eu havia recebido, meu amigo. Não podia falhar. Eu também orei a Deus para que me ajudasse a encontrar uma forma de ajudá-los. Quando vi o ouro ali exposto, era como se Ele tivesse aberto o Seu corpo e dado a oportunidade que eu pedira.

— E quando você voltou, Pescador, montado neste cavalo todo branco, sorridente, agradeci a Deus por nos ter enviado o Seu cavaleiro, o Cavaleiro da Estrela Guia, o cavaleiro que liberta as almas em nome do Criador. Eu chorava pelo meu filho, mas sorria interiormente por meus irmãos negros. Isso era o que importava. O Cavaleiro da Estrela Guia voltara para nos ajudar.

O Pescador estava com o rosto coberto de lágrimas. Fora guiado, disso não tinha dúvidas. Não ansiava por riquezas, somente paz. Mas a paz só é conseguida quando se dá paz aos outros que também a procuram, pois, ao pacificar os que sofrem, pacificamos a nós mesmos. Não tinha palavras a dizer. O velho Mina sabia o que ele queria dizer sem abrir a boca. Por fim, falou:

— Você é um homem santo, meu amigo. Seu sofrimento somente o purifica, porque sofre e da dor tira forças para continuar. Eu o amo muito, meu amigo João.

— Eu também o amo, meu filho. Oro pela sua vitória. Sei que vencerá. A terra responde ao seu pedido. As colheitas serão melhores que todas as anteriores. A terra manda sua força em seu auxílio: o Sol ilumina e aquece as plantações; o tempo manda a água na hora certa. Você tem o Criador ao seu lado. E quem O tem consigo, vence sempre.

– Diga-me, meu amigo, Ruth disse algo que me intrigou: "Vence, mas sofre".

– Vencerá, isso eu sei, mas vejo-o muito triste e derramando muitas lágrimas. Apenas não sei o tempo certo, por isso tome cuidado. Talvez o Criador o prove novamente com a dor, para ver se cai ou segue em frente. Não importa o que aconteça, não pare no meio do caminho, pois sua jornada é longa. Isso eu sei.

O Pescador ficou em silêncio. Não sabia o que era chorar há um bom tempo. Sua vida, agora, era só alegria, sentia finalmente o prazer de viver.

– Meu amigo, amanhã tenho de partir para a capital e ainda tenho o que fazer esta noite. Vamos para o engenho, amanhã você volta para cá.

O velho aceitou o convite. Pôs-se na garupa e partiu em direção ao engenho.

Ao chegarem, viram um grupo de negros ao redor de uma menina que estava deitada e que sofria muito. Algumas mulheres choravam. Aproximaram-se rapidamente, para ver o que tinha acontecido.

Ao ver a menina, o Pescador sentiu um forte arrepio percorrer-lhe o corpo de alto a baixo: "a serpente", pensou.

Informaram que a menina havia sido picada há instantes por uma cobra com uma cruz na cabeça. Ele então se lembrou das palavras do pajé Anhanguara: "Se vencer, curará os que forem picados pelos que rastejam!".

Pediu que se afastassem, colocou sua mão direita sobre a cabeça da menina e a esquerda sobre a picada de cobra, e orou ao Criador com toda a sua fé. A menina estava quase morta.

À medida que orava, brotava sangue da picada da cobra. Eram dois filetes de sangue negro como breu que escorriam. O veneno estava saindo. O poder era real. Aos poucos a menina começou a recobrar os sentidos e parou de gemer, abriu os olhos e o primeiro rosto que viu foi o do Pescador, que estava com os olhos marejados de lágrimas. A menina estava curada! Levantou-se, tirou seu lenço do pescoço e limpou o sangue da sua perna. Só restavam dois pequenos orifícios, sinal das presas da cobra. Sorriu para a menina e perguntou seu nome.

– Meu nome é Ana, meu amo.

– Diga: "Meu nome é Ana, meu amigo".

– Meu nome é Ana, meu amigo.

– Assim é melhor, Ana. Vá tomar um chá bem quente para tirar o frio que está sentindo, depois estará tudo bem.

A menina foi fazer o que o Pescador mandou. Ficou a observá-la, enquanto ela caminhava. Estava curada. Depois, afastou-se um pouco do grupo de pessoas e sentou-se como o velho pajé costumava fazer, e fez uma oração. Logo, uma perigosa cobra veio até ele e ficou a um metro, mais ou menos, à sua frente, como que hipnotizada. O Pescador falou com a cobra,

que partiu rapidamente. Ao se levantar e voltar para perto do velho Mina, este lhe perguntou:
— O que fez, filho meu?
— Ordenei à cobra que fosse embora e levasse todas as outras consigo. Aqui nesta terra ninguém mais morrerá por picadas de cobras, nunca mais.
— Como pôde fazer isso?
— Oh! É uma longa história, meu amigo, um dia eu lhe conto.
— Vou querer saber. Vou, sim!
Os negros ficaram calados o tempo todo. Agora olhavam o amo com mais respeito. Era um feiticeiro poderoso.
— Vamos, minha gente, voltem aos seus afazeres, não há mais perigo. Vamos entrar na casa, meu amigo, tenho algo a fazer ainda hoje para conseguir o que quero.
— E o que está querendo agora, filho?
— Comprar as terras da aldeia dos meus amigos índios. E o que vou fazer vai me facilitar. Ruth, ajude-me a apanhar um pouco de lenha, vou precisar de muito fogo.
Mais tarde, o Pescador pediu que Ruth trouxesse uma das barras de ouro e as pedras. Escolheu vários diamantes e duas esmeraldas. Lapidou as pedras com as ferramentas que comprara do judeu Abraão. Ficaram lindas. Depois, com barro, fez umas fôrmas para modelar o ouro, que já estava fervendo no fogo.
Trabalhou até tarde para polir as peças que fizera e prender-lhes as pedras. Aos seus olhos aquelas eram as mais lindas joias.
— Ruth, viu como se faz? Aprendeu?
— Sim, Pescador, vi. Não sei se aprendi. Como pode fazer isso tão bem?
— Aprendi com meu pai quando era criança e ainda me lembro como se faz. Às vezes, ele queria presentear alguém e sempre o fazia com joias. Dizia que assim aquela pessoa jamais o esqueceria. Sempre que visse ou usasse a joia, se lembraria dele. Faça algumas para aprender. Se errar, o ouro pode ser derretido novamente; as pedras, não. Portanto, preste mais atenção na pedra a ser lapidada. Não corte demais senão a estraga. Não deixe ninguém ver você fazendo isso.
— Vou me lembrar disso. Mas, para que fez essas peças?
— Para presentear a esposa e a filha do governador.
— Vai conquistar a filha dele, Pescador?
O Pescador deu uma gargalhada.
— Não, Ruth, eu não a conheço e nem à sua mãe. Quero conquistar é ao governador. E nada melhor que agradar a mulher e a filha para conseguir isso.
— Mas como?

– Ora, Ruth, elas vão ficar ao meu lado quando eu pleitear aquelas terras e com pouco dinheiro compro tudo ao Norte e ao Oeste daqui, que é onde está a aldeia onde vivo tão feliz.

O velho João de Mina falou:

– Pescador, se não soubesse qual é o seu objetivo e como é seu coração, diria que é um grande aproveitador.

– Sim, é isso mesmo, meu amigo. Dou-lhes o que desejam e eles me darão o que quero. Simples comércio de sentimentos. Eu me preocupo com os índios, eles com as riquezas. E agora vamos dormir, pois estou cansado.

No outro dia, o Pescador pegou uma das bolsas com o dinheiro da venda do ouro anterior, mais algumas gemas e duas barras de ouro, e junto com os índios partiu. Iria negociar agora. Ao chegar à capital foi direto até a casa do velho judeu. Chegando, foi recebido com todas as honras.

– Senhor Macedo, que prazer em revê-lo. Como tem passado?

– Bem, meu amigo. Venho lhe fazer uma visita de negócios.

– Ficaria contente se ficasse em minha casa. Seria uma honra para mim e para minha família.

O Pescador lembrou-se de Sarah. Como estaria ela agora?

– Aceito o seu convite, meu amigo, contanto que possa alojar meus amigos índios.

– Ah! Tem lugar para todos. Vamos entrar, por favor.

O Pescador entrou na casa do velho comerciante e, depois de algum tempo conversando, indagou-lhe se sabia algo de seu filho.

– Não, ainda não tive notícias. Mas pode ficar despreocupado que ele fará o que o senhor mandou, da melhor maneira possível. Ele é muito esperto para se deixar enganar, mas também honesto o bastante para não enganá-lo. Ele estará aqui no tempo prometido.

– Sei disso, meu amigo, se não não lhe confiaria minha fortuna.

– Senhor Macedo, queria agradecer pelo que fez na Espanha por nós. Sou-lhe eternamente grato, nunca me esquecerei disso.

– Não falemos do passado, está bem, meu amigo? Vamos falar a respeito do futuro. Preciso de um sócio para gerir os meus negócios e o senhor é a pessoa certa.

– Por que diz isso? Não lhe parece que a sorte não tem sido boa companheira de minha casa?

– A sorte muda, meu amigo. A sua pode ser mudada com a minha ajuda e a minha melhorará com sua experiência. O que me diz?

– Estou a ouvi-lo. O que me propõe?

– Eu financio tudo. O senhor já tem a casa comercial. Comprarei um ou farei outro depósito para guardar as mercadorias que virão da Europa para serem vendidas aqui e estocar aquelas que mandaremos para lá. Ganharemos muito dinheiro com isso.

– Já tem quem faça isso, senhor Macedo. É um nobre português instalado aqui há anos. Ele não gostará de concorrência, pois tem o monopólio. Chama-se Henrique.

– Eu pensarei em alguma maneira de tirar-lhe o monopólio, meu amigo. Ele é muito rico?

– Não, está falido. Alguns membros de nossa comunidade têm emprestado dinheiro a ele. Veio falido. Pelo que soube, um nobre ajudou-a a tentar a sorte aqui por meio dos favores de sua jovem esposa. Dizem que é muito bonita, mas, muito vaidosa e consumiu a fortuna que o pai deixou para ele. Só não falhou aqui também porque tem o monopólio do comércio com a metrópole. Em compensação, é um cego no comércio. Foi criado na nobreza, não entende nada de negócios.

– Vou falar com ele, quem sabe eu lhe devolva a boa vida e assuma o monopólio em seu lugar.

Nisso, Sarah entrou na sala. O Pescador ficou a observá-la: tinha a mesma beleza, mais madura, mas, conservava o seu encanto, algo que sempre o perturbara. Estava com a feição triste, os olhos perderam a vivacidade de outrora. As marcas deviam ser muito profundas. Cumprimentou-a com um aceno de cabeça, não queria falar-lhe nada.

– Como vai, senhor Macedo?

– Já me conhece, dona Sarah?

– Sim, eu o vi quando falou com meu pai pela primeira vez. O senhor tem nos ajudado muito.

– Não, não os tenho ajudado. São vocês que têm me ajudado. Sem seu pai e seu irmão provavelmente eu não conseguiria fazer o que quero. Uma mão lava a outra, não é assim que dizem?

– Oh! Todos nos evitam nesta cidade. Parece que somos leprosos. Só vêm até nós em último caso, quando não têm mais aonde ir.

– Não é bem assim, filha, o senhor Macedo tinha aonde ir, mas preferiu vir até nós.

– Sim, é por isso que eu disse que está nos ajudando muito, papai.

O Pescador achou melhor mudar o rumo da conversa. Não queria causar embaraço algum.

– Dona Sarah, a senhora poderia, por favor, dar algo de comer aos meus amigos índios? Estão famintos e não querem se afastar daqui.

– Vou providenciar. O senhor aceitaria também?

– Sim, com muito prazer, pois também estou faminto.

Enquanto Sarah foi preparar a comida, os dois acertaram como seriam os negócios dali por diante. O velho mercador ficaria com uma comissão de 5% sobre o valor das mercadorias, tanto quanto seu filho ganhara nos negócios que estava fazendo em Gênova.

– Será bom. Falta apenas o senhor adquirir o monopólio.

– Isso eu consigo amanhã, não tenha dúvidas.

– Não tenho. O senhor é muito convincente. Sabe o que quer e tem o que por aqui é escasso.

– O que é escasso por aqui?

– Ouro! Todos o procuram e não acham e parece que o senhor tem o segredo de onde encontrá-lo.

– Não sou eu, meu amigo, são os índios que me dão o ouro.

– Simplesmente lhe dão?

– Sim, sou casado com a filha do cacique. Ele é muito bom para mim e quando os índios encontram ouro em suas caçadas, mata adentro, trazem-no para mim.

– E o que o senhor dá em troca?

– Nada. Fazem isso, porque um dia salvei seu chefe de morte certa com o auxílio de umas ervas que os negros me ensinaram a usar. Não falou do poder de sua estrela, que estava com sua mulher, a protegê-la.

– O senhor é um homem de sorte, senhor Macedo, o Criador abençoou-o por suas boas ações quando juiz inquisidor.

Sarah entrava na sala neste momento e ouviu a última conversa.

– O senhor é um juiz inquisidor? – perguntou pálida como cera. Ela os temia.

– Não, dona Sarah. Já fui, mas abandonei há muito tempo o cargo. Sinto remorsos ao lembrar do passado. Tento esquecê-lo, mas ele me persegue de forma implacável. Tudo o que quero é esquecer!

– É. É difícil esquecer o passado, principalmente se nos traz lembranças amargas. Sei muito bem o que é isso.

– Sim, é difícil, mas devemos lutar contra ele. Se não, sempre o traremos para o presente, e passado é passado. Devemos deixá-lo lá atrás, dona Sarah. Caso contrário, ele nos tortura por toda a vida. É melhor deixá-lo para trás e olharmos para a frente, pois a vida continua e não podemos parar no tempo, para não sermos eternos amargurados.

– Não sei o que aconteceu com o senhor, mas jamais poderei esquecer o que ocorreu comigo. Fui muito magoada. Alimentava sonhos que foram arrancados com minha honra. Trouxe a desgraça sobre a casa de meu pai e a tristeza ao coração de minha mãe, que morreu de desgosto. Como lutar contra isso, senhor Macedo, se nada mais me sobrou?

– Com fé em Deus! Confiante em que Ele nos vigia com Seus olhos invisíveis e nos julga pelas nossas ações e reações. Somos provados a cada momento e temos de mostrar que nada nos abate, pois confiamos n'Ele como nosso Senhor Eterno, dono dos nossos destinos.

– É só por esta fé que tenho n'Ele que ainda não morri. Sem Ele, não teria aguentado tanto sofrimento. E o que aconteceu com o senhor para ter lembranças tão amargas do passado, senhor Macedo?

– Você chora pela honra ofendida, os sentimentos magoados, mas sua desgraça não é nada se comparada à minha. Por pior que tenha sido para você, todos ainda estão vivos. Preferia não falar no passado e esquecê-lo para sempre.

Enxugando as lágrimas que corriam por suas faces, Sarah insistiu que ele contasse:

– Quem sabe, trocando tristezas, possamos ter um pouco de alegria? Conte-me, senhor Macedo, senão vou pensar que sou a única que sofre.

– Está bem, mas, chame-me apenas de Macedo, certo?

– Certo, mas, fale logo.

– Lembra-se do mercador persa que tinha a casa de frente à fonte em que você ia pegar água todos os dias pela manhã?

– Simas? Então você é Simas? – falou Sarah, espantada.

– Sim, sou o juiz Simas. Sinto vergonha de mim mesmo. Eu, sem querer, levei meu pai à morte na fogueira, o pior dos suplícios da Santa Inquisição. Vocês já não estavam mais morando lá.

E contou-lhe como tudo se passou. A dor, o remorso que o perseguia e que, apesar de aparentar alegria, era vazio por dentro. Ao terminar o relato, continha a todo custo os soluços. As lágrimas teimavam em brotar, apesar de seu esforço em contrário.

– Por que não enxuga suas lágrimas, senhor Macedo? Por que não se perdoa um pouco?

– Só depois que você enxugar as suas, que estão a escorrer em sua face, puser um sorriso neste rosto triste e perdoar a si também.

– Senhor Macedo – falou o pai de Sarah –, o senhor não conhecia o procedimento do bispo?

– Como assim?

– Não sabia que ele nos extorquia dinheiro para podermos cultuar Deus em nossas sinagogas?

– Não, isso desconheço.

– Pois era isso que acontecia, e ainda ocorre. Tínhamos de colaborar com algum dinheiro para não sermos perseguidos. Pelo menos aqui não pagamos nada, somos apenas segregados.

– E como eu poderia saber disso? Era como se ele fosse meu protetor.
– Pois ele tirava proveito de sua confiança para obter vantagens junto a seu pai. Sempre pedia grandes somas para a Igreja e seu pai contribuía. O dinheiro ia para uma bolsa particular.
– Eu nunca soube disso.
– Por isso você era o juiz mais jovem que havia lá.
– Talvez meu pai tenha até comprado o meu cargo. Sim. É isso mesmo. Como eu nunca desconfiei? Eu ia me dedicar apenas ao sacerdócio, quando fui convidado pelo bispo, com palavras elogiosas à minha inteligência e cultura, à minha integridade e nobreza, a fazer parte do corpo de juízes da Igreja. Tudo parece um pesadelo.
– Foi um pesadelo, um amargo pesadelo. Não sei o que seu pai pretendia ao guiá-lo para este caminho, já que podia ter dado outro rumo à sua vida. Condições ele tinha, era muito rico. É daí que vem sua fortuna? – perguntou o velho judeu.
– Não, muito ao contrário. Quando ele estava no cárcere, disse-me que havia um tesouro oculto sob sua cama. Quando fui pegá-lo, havia apenas um pequeno baú com umas moedas de ouro e um pergaminho. Apenas isso. Ele me disse que era um grande tesouro.
– O que estava escrito no pergaminho?
– Nada, só havia três cruzes desenhadas.
– O senhor o tem consigo? Gostaria de vê-lo.
– Não, agora não, mas o tenho bem conservado. Quando voltar aqui, trarei para que o senhor o veja. Quem sabe possa decifrar o enigma para mim.

Continuaram a conversar e a acertar detalhes dos negócios que o Pescador pretendia fazer. Este, vez por outra, olhava para Sarah, que parecia mais alegre. A nuvem negra sobre sua vida estava se desfazendo lentamente.

Simas! Como não o reconheceu logo? Talvez, pela longa barba que ostentava agora; talvez as marcas do tempo no rosto o tivessem modificado. Mas a atração, o magnetismo permanecia. Sim, nem tudo era somente dor, havia motivo para sonhar um pouco. Mais tarde, foram dormir.

Boas Compras

(Um Velho Amor)

No dia seguinte, o Pescador dirigiu-se à residência do governador-geral. Era hora de dar o lance certeiro, e nada como tornar o dia de um homem feliz logo cedo.

Quando chegou, pediu para ser anunciado ao governador. Pouco depois, o empregado voltava, pedindo que entrasse. O governador convidou-o ao desjejum da manhã. Os três índios ficaram na rua, junto aos cavalos.

— Senhor José Macedo, quanta honra tê-lo em minha casa!

— A honra é minha, Excelência. Fico muito feliz em vê-lo bem.

— Vamos, meu amigo, venha comer conosco. A mesa está posta. Minha senhora e minha filha já chegaram para nos fazer companhia.

— Obrigado, Excelência. Estava para visitá-lo há tempos, mas não foi possível. Tenho tido muito trabalho com os engenhos, pois os feitores me abandonaram no dia em que cheguei. Tudo ficou difícil sem a presença deles. Tive de preparar os escravos para assumir as suas funções.

— E como estão se saindo, senhor Macedo?

— Eu agi com muito tato. Mandei derrubar o tronco do suplício, o pelourinho e os fiz prometer lealdade.

— Como conseguiu a lealdade deles?

— Simples. Fiz com que se sentissem responsáveis por todos os outros negros. Disse-lhes que deles dependia o bem de todos. Se agissem bem, todos estariam bem. Apesar de serem escravos, eles sabem quando estão ganhando algo. Por isso, hoje tudo funciona melhor do que quando havia os feitores.

– Soube que muitos negros apareceram em seu engenho.

– Sim, é verdade. Mandei alguns negros com os índios às florestas para procurá-los. Viviam como feras e aqueles que aceitaram minha oferta voltaram. Os feitores negros falaram bem do novo amo. E que agora não haveria chicote. Voltaram muitos que não pertenciam aos meus engenhos. Creio que existem muitos outros pelas matas. Devagar, ficarei sabendo, pelos índios, onde se encontram e os trarei de volta. Não se preocupe, os outros engenhos serão pagos pelos escravos que eram seus. É evidente que não pelo preço de mercado, mas, uma pequena indenização eu lhes darei.

Nisso entraram a esposa e a filha do governador. O Pescador levantou-se para cumprimentá-las. A filha era muito bonita, sorriu para o Pescador. "Um sorriso encantador", pensou ele. Sentaram-se e o governador apresentou ao Pescador sua senhora, dona Amélia, e sua filha, senhorita Ângela.

– José Macedo, à vossa disposição, minhas senhoras. Muito me honra conhecê-las.

– O senhor é muito gentil em nos visitar, Senhor Macedo – falou a filha Ângela. Sorrindo, perguntou:

– Parece um nobre, apesar de ter ouvido falar do senhor como um homem que vive entre os índios.

– Oh! Senhorita Ângela, só tenho um pouco de cultura porque tive oportunidade de viajar muito. E o tempo, ao bom observador, ensina. Basta querer aprender.

– Nisso o senhor tem razão – falou dona Amélia. Nem sempre o nobre tem boas maneiras.

– Por falar em boas maneiras, já ia me esquecendo das minhas, deem-me licença por um instante.

O Pescador saiu acompanhado do empregado e foi ter com os índios. Pegou uma bolsa e tornou a entrar.

– Senhora e senhorita, eu lhes trouxe um presente. Eu mesmo as fiz. Espero que seja do seu agrado.

O Pescador abriu a bolsa tirando dois conjuntos de joias que estendeu, um a dona Amélia e outro à filha, que ficaram extasiadas diante da beleza das joias e de seu valor, principalmente.

– Papai, olhe que maravilha! Nunca tinha visto nada igual.

– Isso deve ter-lhe custado uma fortuna, senhor Macedo – falou dona Amélia.

– Só um pouco de trabalho, dona Amélia, nada mais.

– O senhor mesmo as fez?

– Sim, eu mesmo as fiz. Há muitos anos aprendi com um velho ourives a trabalhar com ouro e pedras preciosas. Estou um pouco sem prática, mas ainda não me esqueci.

– Como consegue pedras tão preciosas, Senhor Macedo? – perguntou o governador.

– Senhor governador, se soubermos falar com a pessoa certa, conseguimos o que queremos, não é verdade? – olhou significativamente para as joias e para o governador.

– Senhor Macedo, não sei como agradecê-lo por tão lindo presente – falou Ângela.

– Senhorita Ângela, só em ver seu contentamento com o meu humilde presente já me sinto gratificado. Quando dou um presente, e este agrada, fico muito feliz. Às vezes, damos presentes que não agradam ao presenteado. E se não damos alegria, também não a recebemos.

– Boas palavras, senhor Macedo – disse o governador. Como poderia recompensá-lo por trazer alegria à minha casa logo pela manhã?

– Bom, senhor governador. Um dia eu lhe disse que faria muitos negócios, mas tenho tido alguma dificuldade em adquirir certas mercadorias devido a, digamos, um pouco de falta de vontade de fazer bons negócios da parte do senhor Henrique. Gostaria de ver o comércio florescer por aqui, fornecer a outras capitanias, se fosse possível. Mas, com o monopólio nas mãos dele, estou amarrado em meus projetos.

– O que tem em mente, senhor Macedo?

– Gostaria de ver crescer esta capitania por meio da melhor exploração do seu potencial econômico, mas com o monopólio nas mãos do senhor Henrique isso não é possível. Não adianta ter capital e boas ideias. É preciso ter o acesso e, nisso, somente o senhor pode me ajudar. Não pense que as joias têm a ver com isso, por favor, pois já as tinha prontas há tempos e essa ideia só me surgiu ontem à noite. Gostaria de ter o apoio do senhor.

– Mas não posso tirar do senhor Henrique o monopólio que lhe foi concedido na Metrópole, do mesmo modo que meu governo.

– Não quero que o tire dele. Quero comprá-lo. Talvez com seu auxílio eu possa fazê-lo. Então, isso aqui mudará muito. Pretendo aumentar o comércio com a metrópole e com outras cidades da Europa. Ganho eu, ganha a Coroa com o aumento do comércio e da arrecadação de impostos, ganha a capitania, com o aumento das atividades econômicas e, por fim, ganha o senhor também.

– E o que eu ganho, senhor Macedo?

– O senhor tem negócios na metrópole?

– Sim, lá tenho meus irmãos que cuidam deles por mim.

– Então eles distribuirão os produtos que enviaremos para lá e mandarão para cá o que precisamos. O senhor será um sócio indireto. Seus interesses não aparecerão legalmente, mas serão da sua casa em Portugal.

– Interessante sua ideia. Continue, por favor.

– Senhor governador, esta é uma terra que tem muito a oferecer, basta ter vontade de procurar as coisas certas nos lugares corretos. Açúcar, fumo, couro, madeira, enfim, uma infinidade de produtos que têm bom valor na Europa. Por outro lado, podemos trazer, em boa quantidade, o que precisamos para desenvolver as capitanias.

– E o senhor teria condição de bancar a empreitada, senhor Macedo?

– Se eu puder contar com seu apoio, bancarei tudo com meu capital. Conseguirei as pessoas certas e de minha confiança para administrar, só não posso perder tempo com pequenos problemas. Os grandes eu resolverei.

– Certo. O comércio em Portugal fica com meus irmãos. Nos outros países eu terei uma comissão fixa de dois por cento. Está bem?

– Acho razoável, com isso já são 7%.

– Por que 7%?

– Dois são do senhor, cinco serão do velho comerciante judeu Moisés, para ativar uma vasta rede na Europa. Ele tem as pessoas certas para vendermos nossas mercadorias. São todas de longa tradição. E não pense que sejam só judeus, há católicos também. São, em sua maioria, comerciantes católicos italianos e espanhóis.

—— Mas a Espanha já tem o seu próprio comércio, senhor Macedo.

– Mas o senhor Moisés tem os contatos e isso nos abrirá muitas portas em toda a Europa. Pense: serão apenas 2%, porém, multiplicados por muitos milhares não serão apenas dois, mas, também serão milhares! Não concorda?

– Sim, concordo. O senhor é um homem que sabe o que quer e como consegui-lo.

– Espero consegui-lo, senhor governador. Não gosto de deixar as ideias novas ficarem velhas. Depois de estarem superadas, elas não poderão ser utilizadas.

– Papai, por que o senhor não vende o outro engenho ao senhor Macedo? Assim ele ficaria mais próximo das suas plantações. Poderia vir nos visitar com mais frequência.

– Boa ideia, minha filha – falou a senhora Amélia.

– Isso deixamos para depois, não é, senhor Macedo?

–Sim, senhor governador, cada coisa a seu tempo. Primeiro o monopólio desta capitania. É mais importante.

Depois de despedir-se do governador, de sua esposa e de sua filha, o Pescador partiu ao encontro do senhor Henrique. Ia comprá-lo também. Ouro não lhe faltava.

Após conversar longamente com o mercador, acertou o preço a ser pago e assumiu suas dívidas, que não eram poucas. O homem estava falido há muito tempo. O senhor Macedo fizera-lhe um grande favor ao comprar o monopólio do comércio da capitania. Estava salvo de um escândalo na Corte. Após os documentos serem lavrados diante da pessoa do governador, o Pescador pagou-lhe com a bolsa de moedas que trouxera. Após a partida da casa do senhor Henrique, o governador comentou:

– Senhor Macedo, és um comerciante nato. Onde esteve esse tempo todo?

– Aprendendo, senhor governador, só aprendendo – e se despediu, prometendo que logo o velho Moisés traria notícias.

Após a partida do Pescador, o governador comentou com sua senhora:

– Ou este homem é um gênio ou é um louco. Suas ideias são grandes, só faltam funcionar na prática.

– Acha que ele falhará, meu senhor?

– Não, ele vencerá, pois lida com os negros sem o chicote; faz com que os índios o protejam e ajudem; tem a confiança dos judeus e sabe como conquistar o governador com palavras que são agradáveis de ouvir. Só pode vencer. Um louco já teria mostrado que é um louco.

– Não acha que, se ele fosse agraciado com algum título de nobreza, seria mais fácil vencer alguns obstáculos e mais bem-visto em nossa residência? A mim parece que ele virá aqui muitas vezes.

–Vou ver o que posso fazer.

A filha, que tudo ouvia em silêncio, por fim falou:

– Lindas joias! Ele tem bom gosto ao presentear uma mulher. Não acha, mamãe?

– Sim, filha. Na corte todos nos olhariam com inveja se vissem essas joias. Valem uma fortuna!

O Pescador passou na casa do senhor Moisés e contou-lhe dos sucessos obtidos. Este ficou admirado com a facilidade com que conseguira o que queria.

– Senhor Moisés, a partir de amanhã o senhor assume o comando do monopólio do comércio com a metrópole. Preciso que o senhor venda para mim um pouco de ouro, porque precisamos investir. Aqui estão os recibos das dívidas do senhor Henrique. Ele estava falido há muito tempo! Ficou agradecido por ter aparecido alguém para salvá-lo do escândalo. Procure pagar com ouro. Mandarei ao senhor ouro suficiente para saldar as dívidas e encher os depósitos com mercadorias. Comece a empregar as pessoas certas para o comércio e entre em contato com seus amigos na Europa. Vamos movimentar uma grande frota mercante!

– Não se preocupe, tenho as pessoas certas. Logo, este porto estará fervilhando de gente a trabalhar. Em breve, seremos os mercadores mais ricos e poderosos de todas as capitanias.

– Disso não tenho dúvidas.

O Pescador fez o documento dando procuração ao senhor Moisés para ser seu agente comercial com plenos poderes de direção.

– Quando Abraão voltar, vai ficar surpreso com o andamento dos negócios por aqui, senhor Macedo.

– Creio que sim, pois, acredite, meu amigo, até eu estou espantado com o andamento das coisas. Espero não falhar.

Mais tarde, chegou um mensageiro do governador com um rolo de pergaminho. O Pescador sorriu satisfeito. Aquilo sim lhe interessava, o resto era só uma forma de obtê-lo.

– Posso saber por que está tão contente, senhor Macedo? – perguntou Sarah.

– Sim. Senhor Moisés, daria licença para eu caminhar um pouco com sua filha?

– Fico contente que ela finalmente se interesse por alguém. Podem passear, vou ver uns amigos. Voltarei tarde, Sarah, deixe algo para eu comer quando retornar.

– Sim, papai, estarei esperando-o – e saiu com o Pescador. Foram até próximo do mar.

– Isso, Sarah, é a concessão das terras onde moram os índios, amigos meus. É onde eu gosto de viver. Não quero que alguém, um dia, se aposse das terras e venha a expulsar os meus amigos de lá. Agora aquelas terras me pertencem e para sempre eles terão onde morar, sem ser molestados. Isso eu devia a eles. Muitas tribos já foram dizimadas por causa das terras em que se localizavam.

– Fico feliz em ver que se preocupa com eles. Deve ser por isso que eles o querem tão bem.

– Não é só por isso, mas também é por isso.

– Como assim? Por que está tão enigmático?

– Vou começar falando do passado primeiramente. Lembra-se de quando você ia à fonte pegar água?

– Sim, como me lembro! Havia sempre alguém olhando para mim do alto de uma janela, ou pensa que não o via lá debaixo? Olhava com o canto do olho, mas, olhava.

– Pois é, devo ter pecado muito diante de Deus já que todos os dias ficava a observá-la a distância. Eu sabia que era pecado, mas não conseguia resistir. Era a mais bela moça. Eu a admirava a distância. Não podia aproximar-me por causa da batina. O coração batia mais rápido quando você chegava na fonte, sempre no mesmo horário, todos os dias. Acho que eu a amava. Só podia ser amor. Então, rezava, pedindo perdão pelas minhas fraquezas. Espero que Deus tenha me perdoado, senão o inferno me espera.

– Eu também ia sempre no mesmo horário só para vê-lo. Sabia que era impossível, mas, sonhava em poder chegar perto algum dia.

– É, acho que fomos dois tolos ao alimentar nossos sonhos de amor. Quantas vezes não pensei em abandonar o hábito, apenas para poder aproximar-me, quantas dúvidas no coração, quanto sentimento de culpa em minha mente! Devia ter seguido o coração e não a mente. Tudo teria sido diferente, Sarah.

– Sim, tudo teria sido mais fácil. Ou talvez fosse apenas ilusão, não acha, Simas?

– Não me chame mais de Simas, sou José Macedo. Não podem saber meu nome.

– Desculpe-me, mas em todos esses anos de mágoas somente este nome me trouxe boas lembranças. Simas, o que ficava a me espiar da janela do seu quarto sem ter coragem de aproximar-se. Por que nunca tentou ao menos?

– Não sei. Pergunto a mim mesmo até hoje e não tenho a resposta. Talvez fosse medo, vergonha ou timidez. Quem sabe?

– Guardo boas recordações daquele tempo em minha mente. Sempre me perguntava: Onde estará Simas? Como estará? Já terá se casado? Com quem terá casado? Será feliz? Ainda que não tenha sido comigo, espero que seja feliz. Não sabia que você era padre. Nunca o vi fora de sua casa, só na janela. Imaginava que tivesse se casado há muito tempo.

– Não queria que você soubesse que eu era um religioso, senão poderia afastar-se da fonte. Poderia não vê-la mais. Talvez tenha sido o medo de não vê-la mais que me conteve.

– É, talvez tenha sido melhor assim. Duas pessoas se amam, mas, não se magoam. Isso faz do amor algo bonito.

– Devo confessar uma coisa.

– O quê?

Sarah, apesar da conversa, estava calma. Era uma mulher já madura, não alimentava mais sonhos.

– Eu me casei.

– O que foi que você disse? – e seus olhos se encheram de lágrimas.

– Desculpe ter tirado sua alegria. Não queria magoá-la.

– Não magoou, apenas estou chorando. Ou não posso chorar mais? – e tentou sorrir.

– Sabe, vaguei pelo mundo em busca de mim mesmo. Foram anos de dor e de solidão. Até que, um dia, o destino me trouxe a estas terras. Vaguei por muitos meses, sem rumo. Fui ajudado por negros, porque os brancos se afastavam de mim. Achavam que eu era um leproso. Um negro me curou. Um dia, parti em busca de algo. Não sabia o quê, mas, tinha de encontrar.

Encontrei um padre que me levou para conhecer os índios. Dali, fui com seu pajé ajudar o chefe de outra tribo que estava doente. Quando os pajés falharam, passei a ajudá-lo e, após ele ficar bom, disse que me daria um presente. Pensei que fosse uma coisa qualquer, mas, o presente era sua filha. Quis recusar, mas o padre me ensinou uma lição de vida. Aceitei o presente, sem saber o que fazer com ele, pois nunca tinha tocado em uma mulher. Com o tempo, mudei, passei a gostar dela. Seu jeito fazia com que me lembrasse de você, alegre, meiga e também tímida. Passei a amá-la. Hoje, ela é minha mulher e eu a respeito muito. Logo teremos um filho. Acho que a vida mudou muito. Por seu intermédio consegui o ouro para comprar os engenhos e ajudar os negros que me auxiliaram. Ultimamente, Deus tem sido generoso comigo.

– Apesar de tê-lo perdido, fico feliz em vê-lo feliz. Ela deve ser uma boa mulher.

– Sim, ela é. Gostaria de ir comigo e conhecê-la?

– Eu, ir com você conhecê-la? Como poderia?

– Indo junto conosco, quando nós voltarmos. Você nunca foi a uma tribo indígena? Quem sabe, ao ver outras pessoas, outro modo de vida, você saia do seu mundo de passado e olhe para o futuro. Creio que Raios-de-Lua ficaria contente em conhecê-la. Já falei a ela sobre você.

– Falou sobre mim?

– Sim, falei muito sobre você.

– E ela, o que achou de mim?

– Disse que, se eu gostava de você, então era uma boa mulher.

– Assim mesmo? Não está mentindo para mim?

– Posso ter muitos defeitos, mas não sou mentiroso.

– Vou com você. Ainda que meu pai não queira, eu vou! Gostaria de conhecer quem lhe dá tanta alegria de viver.

– Falarei com seu pai, quando ele regressar. Vamos voltar para sua casa?

– Vamos. Não sei por que, mas sinto-me muito feliz. Talvez por saber que, apesar de tudo o que aconteceu, você ainda conseguiu encontrar a felicidade.

Mais tarde, após o velho Moisés voltar e comer, Sarah lhe falou de sua intenção. Iria com o senhor Macedo para conhecer como era uma aldeia indígena. Ficaria lá, enquanto o senhor Macedo lá permanecesse. Quando ele voltasse, viria com ele.

– Senhor Macedo, é um homem estranho. Quando eu tinha muitas mercadorias e poucos fregueses, o senhor apareceu e comprou quase tudo o que eu tinha. Confiou-me seu ouro para vendê-lo pelo senhor. Quando meu filho levou ao senhor as mercadorias, mais o produto da venda do ouro, que era uma fortuna, o senhor lhe confiou uma fortuna cem vezes maior. Vem até minha casa, propõe sociedade em um negócio grandioso e me deixa encarregado de comercializar seu ouro e pedras preciosas. Faz, de mim, seu procurador na nova companhia de comércio. Torna-me, da noite para o dia, um dos homens mais poderosos desta colônia e o mais rico da minha comunidade. Traz minha filha, que era motivo de tristeza para minha casa, de volta à vida. Isso vejo nos olhos dela, o que me torna um homem muito feliz, pois a alegria de meus filhos é minha alegria. Quem é, senhor Macedo? Por que traz a fortuna e a felicidade por onde passa?

– Senhor Moisés, os índios me chamam de Pajé Branco e os negros de Cavaleiro da Estrela Guia. Não sei o que sou, sei apenas o que quero. Isso eu sei!

– E quer a minha filha?

– Não, o senhor sabe que sou casado e ela também. Contei-lhe a respeito. Gostaria que ela conhecesse minha esposa, sua tribo e seu modo de vida. Isso lhe mostrará que a vida é boa e que Deus fica feliz com nossa alegria de viver. Descobri isso quando já não tinha alegria em meu coração.

– Bem. O senhor confiou cegamente em mim, acho que devo retribuir o que já nos trouxe de bom. Leve-a consigo e me traga de volta uma filha que não viva chorando por causa do passado. Serei o homem mais feliz que há sobre a Terra.

– Tentarei atender ao seu desejo, meu amigo.

Sarah entre os Índios (A Magia do Ar)

No dia seguinte, o Pescador carregou diversos animais de carga com muitas mercadorias e partiu com os guerreiros índios, levando Sarah. Ao entardecer, chegou ao arraial onde vivia o padre, seu amigo. O encontro dos dois foi um momento de alegria. Eram como dois irmãos.

– Vejo que tem trabalhado muito, padre.

– Você é o culpado por isso, Pescador. Se não tivesse me dado tanto dinheiro, provavelmente a esta hora eu estaria a ver o pôr do sol, tranquilamente.

– Ora, o senhor não é homem de ficar parado, meu amigo. Sua alma é maior que seu corpo e nunca conseguirá ficar parado.

– Como você, não, Pescador? Mas quem é a senhorita que os acompanha?

– Oh! desculpe-me. Sarah, este é o padre de quem falei no caminho.

– Muito prazer em conhecê-la, senhorita. Bem-vinda à minha paróquia. Vamos entrar, temos muito a conversar. Vocês também, meus amigos – falou o padre aos índios.

– Padre, uma dessas cargas é para o senhor.

– O que me traz desta vez, Pescador?

– Abra e veja.

O padre abriu o pacote e sorriu contente.

– Então, não comerei mandioca por uns tempos? Finalmente alguém se lembrou de que também gosto de comer outras coisas – e deu uma gargalhada. Vamos entrar, vocês devem estar famintos, depois conversaremos.

Conversaram sobre seus empreendimentos. O padre contou que já tinha uma escola funcionando, que agora tinha condições de ensinar alguma coisa às crianças do arraial. Tinha uns índios que o ajudavam em sua pequena roça e não passaria mais necessidade de alimentos. O Pescador falou sobre os últimos negócios que fizera. O padre ficou feliz ao ouvi-lo.

– Eu sabia que conseguiria. Pressenti em você um destino grandioso. Vou lhe dar algo que guardo há anos. Já há muito não preciso dela, hoje minha arma é outra. Entrou em um cômodo e, quando saiu, trazia uma bela espada, muito bonita mesmo.

– Eis, meu amigo, você precisa mais dela do que eu. Agora é um homem muito rico e algum salteador poderá querer atacá-lo. Com isso poderá se defender.

– Não, Padre. Nem sei manejar uma faca, quanto mais uma espada. Sou capaz de me ferir com ela.

– Eu ensinarei como usá-la. É só uma questão de treinamento.

– Mas o senhor me conhece bem. Por que me dá algo que pode tirar a vida alheia?

– Tenho ouvido falar da sua boa sorte, e fico feliz. Outros podem não pensar como eu. E como você anda desarmado, um imbecil qualquer pode, num ato insano, tirar sua vida por causa da cobiça. E você tem muito a fazer para morrer antes que termine. Vamos, aceite este presente hoje, como um dia aceitou minhas palavras quando lutava consigo mesmo a respeito de Raios-de-Lua. Creio que hoje você me agradece em silêncio, não?

– Sim, nunca me esqueço do senhor em minhas orações. Foi uma luz no meu caminho. Mas, uma espada?

– Acredite em mim de novo, será para o seu próprio bem. Como não tenho muito a fazer aqui, uns dias de descanso me farão bem. Irei com você até sua aldeia e o ensinarei a usá-la. Já fui um mestre no seu manejo, lembra-se?

– Sim, lembro-me. Vou ouvi-lo, espero não me arrepender.

– Ótimo, vou avisar o velho Jorge para cuidar da paróquia na minha ausência.

– Como vai ele, padre?

– Vai muito bem. Está feliz por morar aqui.

– Deixe que eu vou falar com ele. Gosto muito dele, sabe, padre? Quero que seu fim de vida seja tranquilo.

O Pescador ficou um bom tempo conversando com o velho Jorge, que era um dos amigos de João de Mina. O Pescador protegera-o, mandando-o aos cuidados do padre. Assim, ele ajudava aos negros escravos sem despertar a atenção de ninguém. O velho Jorge agradeceu por todos os velhos do grupo que agora estavam sob sua proteção.

– Pescador, quando for a hora das lágrimas, nós estaremos com você. Pediremos aos nossos santos para que o Cavaleiro não caia.

– Por que me diz isso, meu amigo? O velho João de Mina já me avisou de algo parecido, agora você me diz isso. Por que não me dizem tudo o que sabem?

– Porque nem tudo deve ser dito. O que não pode ser evitado, não pode ser dito. Só podemos prepará-lo para que se lembre, quando chegar a hora, de que nada podia ser feito para desviá-lo do caminho que deve seguir. Tentamos tornar esse momento menos doloroso para o Cavaleiro da Estrela Guia, que veio tirar um pouco da nossa dor, mas não podemos fazer nada. Isso pertence a Deus.

O Pescador se despediu do velho Jorge. Viu os olhos dele brilhando, estavam lacrimejantes. Era o segundo aviso em pouco tempo. Retirou-se com o rosto sombrio. Talvez o destino fosse lhe pregar uma peça. O que seria?

Ao entrar na sala onde estavam os outros, sentou-se a um canto e ficou calado. Sarah perguntou-lhe:

– O que houve com você? Saiu daqui sorridente e voltou sombrio.

– Não é nada, não – Mais nada falou.

O padre olhou o amigo calado e perguntou:

– Más notícias?

– Mais ou menos. O tempo dirá.

No dia seguinte, partiram ao amanhecer. Sol-da-Manhã, o índio que sempre o acompanhava, aproximou-se e começou a conversar com o Pescador.

– Pajé Branco, eu já o conheço há algum tempo. Sei quando está triste, bravo ou preocupado. O que o preocupa tanto?

– O futuro me preocupa, Sol-da-Manhã. Porque não consigo saber o futuro, ele me preocupa.

– Não se preocupe com o futuro, Pajé Branco. Se fosse possível saber o futuro, para que o presente? A vida não teria prazer. Um guerreiro, se soubesse que vai morrer na batalha, não iria guerrear com seus inimigos; o caçador, se soubesse que nada vai conseguir, não iria à caça; e assim por diante. Ninguém faria nada, todos saberiam o que ia acontecer e a vida perderia o encanto.

– Tem razão, meu amigo! Para que se preocupar com o futuro? Vamos viver o presente. Isso é o que importa realmente.

A sombra saiu do rosto do Pescador, que voltou ao seu humor normal.

À noite, depois de uma longa marcha forçada, chegaram à aldeia. A chegada despertou a todos. O Pescador começou a distribuir as mercadorias que trouxera para seus amigos. Quando terminou, todos tinham recebido algo. O Pescador era bom, diziam eles. E ele amava muito aquele povo. Não trazia mais coisas para não destruir sua naturalidade. Pegou um pacote que guardava e foi, com o padre e Sarah, para a sua oca.

– Por que a princesa não saiu hoje? – perguntou o Pescador a Raios-de-Lua.

– Você estava muito ocupado com os presentes. Eu não estou em condição de ficar andando muito.

O Pescador abraçou carinhosamente sua mulher. Depois apresentou Sarah a ela.

– Você é Sarah? O Pajé Branco me falou de você muitas vezes.

– Como? Ele falou de mim?

– Sim, ele gosta de você. Tem você no coração. Seu coração é muito grande, tem lugar para muitos.

– E você, sendo sua mulher, não sente ciúmes?

– O que é ciúme? Não conheço esta palavra. O que significa, Pajé Branco?

O Pescador explicou o que era ter ciúmes. Ela respondeu a Sarah.

– Não sinto ciúmes. Se ele tem um lugar no coração para você, tem também para mim, como tem para meu pai. Todos aqui também têm um lugar no coração do Pajé Branco. Quantos mais morarem em nossos corações, maiores seremos nós. Você também mora no meu coração, Sarah. Aqui também tem um lugar para você. Se o pajé Branco gosta de você, eu também gosto.

Sarah não soube o que dizer. Tinha sido colocada em uma situação sem argumentos. Ali não existia o ciúme, a posse ou a falsidade. Tudo ocorria às claras. Nisso, chegou o velho Pajé Anhanguara.

– Filho, como vai? Já que não foi me ver, eu venho vê-lo.

– Eu ia lá visitá-lo, meu amigo. Estava esperando ter um tempo. Trouxe algo especial para o senhor, muito especial!

– O que é tão especial assim, Pajé Branco?

– Isso aqui, meu amigo, é para descansar o seu corpo nas horas de sono – e desenrolou um colchão que guardara assim que chegou.

O pajé sorriu, aquilo era macio. Ia gostar de dormir em cima dele. Seus ossos lhe doíam ao dormir na rede ou na esteira.

– Vejo que trouxe o padre junto, Pajé Branco – falou o velho índio.

– Oh! Ele quis visitá-los. Fico contente por ele ter vindo, pois poderá lhe falar melhor a respeito do Cristo que deseja conhecer.

– Padre, então vamos à minha oca. Lá tem lugar para o senhor descansar e podemos conversar melhor e mais à vontade, sem mulher por perto.

– Eu aceito o convite, meu amigo. Até a vista, Pescador! Raios-de-Lua, dona Sarah, vejo-os amanhã.

– Até amanhã, meu amigo!

O Pescador tirou os embrulhos que trouxe e começou a mostrar a Raios-de-Lua. Eram panos muito bonitos para o filho que vinha. Ela sorriu contente. Ele teria tudo o que poderia dar um pai como o Pescador. Seria um filho feliz, com a estrela a protegê-lo.

Comeram um pouco e foram dormir. Sarah dormiu em uma rede. Acordou no dia seguinte com o corpo dolorido.

O Pescador acordou feliz. Foi até o rio que havia próximo e tomou um banho. Logo chegou Raios-de-Lua com Sarah. A índia entrou na água e convidou Sarah a fazer o mesmo. Sarah não estava acostumada a ver as pessoas nuas e isso a estava encabulando. Todos por lá andavam com minúsculas coberturas no corpo. Apenas ela e o Pescador usavam roupas. Não tinha coragem de olhar para eles. Ficava com o olhar distante, tentando achar uma forma de conversar sem ter de encarar as pessoas.

– Venha, a água está boa, Sarah – insistiu Raios-de-Lua.

O Pescador lhe disse:

– Sarah, olhe à sua volta. O que vê? Todos vivem assim aqui, por isso quis trazê-la. Ninguém se incomoda com o que tanto se envergonha. Nós, quando estamos todos cobertos com tecidos, é que os incomodamos, pois eles nos acham estranhos. Perguntam se escondemos algum defeito em nossos corpos. O nu não os incomoda, nem atiça os seus desejos, que provêm de outra realidade que a não a nossa. Os sentimentos são diferentes, provêm de qualidade de caráter espiritual e não carnal. Tudo aqui é diferente. Esqueça os seus valores seculares de repressão ao corpo e liberte sua alma para o estado puro da natureza. Então, não sentirá vergonha de si ante os outros, como eles não sentem vergonha diante de você. O que você considera uma vergonha, eles aceitam como natural. O que desperta a vergonha aqui é a falta de honra, de caráter, a traição e a covardia. Quando um homem deseja uma mulher ou vice-versa, não age como aqueles que se dizem civilizados e olham para a beleza do corpo. Aqui os valores são outros. Eu trouxe você para que olhe a vida de forma diferente, não porque queria vê-la nua ou a desejasse. Trouxe para que lave aquilo que acha que manchou sua vida. Nem todos agem como agiram com você. Não são os outros que nos guiam, pelo que possa nos acontecer. Nós temos de nos guiar nesta vida. Se quiser, venha aqui conosco e lave sua honra ofendida na pureza desta gente, ou então viva com o corpo e a alma eternamente sujos pela imundície que lhe fizeram. Mas lembre-se de uma coisa: este é o melhor lugar para se purificar.

Sarah sentou-se no barranco do rio e ficou pensativa. Outros índios começaram a pular na água. Saíam nadando e brincando naquela água cristalina.

Depois de algum tempo, Sarah subiu rio acima, tirou seu vestido e pulou na água com suas roupas íntimas. Veio pelo barranco, arrastando-se por baixo da água até o Pescador. Ao se aproximar de onde estavam os indígenas, alguns que iam até o lugar mais fundo a chamaram, mas ela não entendia sua língua, ficou apenas olhando. Mais tarde, quando todos já haviam saído, ela tomou coragem e saiu do rio. Raios-de-Lua aguardava-a com suas roupas nas mãos.

Mais tarde, Raios-de-Lua convidou Sarah para um passeio pela aldeia. Ela aceitou, e começaram a conversar.

– Diga-me, Raios-de-Lua, como você fala tão bem a minha língua?

– O Pajé Branco me ensinou. Ele ficava mostrando coisas e falando em sua língua, eu aprendia. Eu falava em minha língua, ele aprendia. Foi fácil assim. Eu não falo muito bem, mas o suficiente para compreender.

– Ele a ensinou antes de se casarem?

– Não. Antes de casar, ele quase não falava a nossa língua. Pajé Anhanguara estava ensinando um pouco a ele. Ficavam juntos o tempo todo. Comiam e andavam juntos, dormiam na mesma oca. São muito parecidos. Eu só falei com ele depois de casada, por ordem do meu pai.

– E como era ele antes de se casarem? Olhava muito para você?

– Não, ele não olhava para nada. Só sorria um pouco quando falava com o pajé da tribo, o resto do tempo ficava sentado à beira do rio vendo a água correr por horas e horas. Era um homem vazio.

– E não se interessava pelas outras mulheres da aldeia?

– Não. Ficava só e dormia só. Mesmo que alguma o procurasse para aquecê-lo, ele recusava. Então meu pai achou melhor me casar com o Pajé Branco, para curá-lo da tristeza. Ele não queria, mas o padre o convenceu. Nos primeiros dias ficava me olhando por muito tempo, sem coragem de me tocar. Tinha medo de alguma coisa. Falei com pajé Anhanguara e ele me mandou fazer que dormia. Quando Pajé Branco ia dormir na esteira eu ia aquecê-lo, quando ele acordava, eu fingia dormir. Ele se levantava e ia ao rio aonde fomos hoje. Às vezes, eu ficava lá também, sentada ao seu lado, sem falar nada. Até que uma noite ele despertou e não saiu, ficou esperando eu acordar. Daí em diante, ele mudou.

– E você gosta dele?

– Sim, gosto muito dele! Sinto falta quando ele sai, fico com saudade. Ele sabe tratar Raios-de-Lua com amor. Ele também gosta de mim, diz que eu lhe devolvi a vida que não mais havia nele.

– E você não se incomoda que ele saia tanto de perto de você?

– Sinto falta, mas ele tem de fazer isso. Outro não pode fazer por ele. Pajé da tribo diz que os gênios das matas protegem-no por onde ele anda.

– Não tem medo que ele arrume outra mulher, deixe você e não volte mais aqui?

– Não, ele não me deixa. Sei que ele gosta de mim. No começo me chamava de criança; hoje não, diz que sou sua mulher.

– Quantos anos você tem, Raios-de-Lua?

– Dezesseis anos, Sarah. E você?

– Perto de 30 anos, o dobro de sua idade.

– E não tem companheiro para aquecer à noite?

– Não, eu não sei o que é ter um companheiro.

– Então, é por isso que você é assim triste, como era o Pajé Branco.

– É, deve ser por isso, quem sabe?

– Gostaria que Pajé Branco aquecesse você à noite? Estou quase no tempo de ter filho, já não posso aquecer Pajé Branco, então vocês se aquecem.

– Oh! Isso não. Fui criada diferente de você. Na cidade dos brancos tudo e diferente. Quando você vai ter filho?

– Filho não, Pajé Anhanguara diz que vão ser três filhos. Eu sou muito feliz de ter três filhos de uma vez.

– Três filhos? Como ele sabe? Está certo que seu ventre está grande, mas, três de uma vez?

– Pajé sabe de tudo. Ele é muito velho e nada fica oculto para ele.

– E quando será o nascimento das crianças?

– Pajé diz que na próxima Lua grande. Vai dar muita força para as crianças.

– Interessante. Mas, diga-me, por que você oferece seu marido para mim? Só porque está grávida?

– Quando tudo passar, ele volta. Até lá, fica aquecido.

– Vou pensar no caso, está bem? Se resolver algo, eu aviso.

– Não precisa me dizer. É só se aquecer com ele, se ele quiser. Vamos voltar, que minha barriga está doendo. Andei muito hoje.

Ao chegar na oca, o Pescador estava sentado, fazendo umas anotações.

– Aonde foram, que demoraram tanto a voltar?

– Estava conhecendo a aldeia. Raios-de-Lua me mostrou tudo e também falou dos costumes de seu povo. Fiquei encantada com o modo de viverem. Dividem tudo o que têm.

– Eu não disse? Se você é inimiga, é tratada como tal e lhe tiram tudo, até mesmo a vida. Mas, se é amiga, então dividem tudo com você, sem restrições. São muito diferentes de nós.

– É, percebi isso.

Olhando para Raios-de-Lua, o Pescador perguntou:

– Por que todas estas pedras e este ouro aqui, Raios-de-Lua?

— Porque não quero que fique muito longe de mim. Logo vão vir filhos, quero você junto de mim. Tenho medo. Você por perto, não tenho medo.

— Não vou estar longe, fique tranquila. O que tenho de fazer, em sete dias estará feito. Depois, não precisarei sair por um bom tempo.

— Fico tranquila, sei que vai estar comigo.

Nisso, lá fora, ouviu-se um grito de alerta e todos começaram a movimentar-se. O Pescador saiu rápido e se assustou com o que viu. Do outro lado do rio estavam muitos guerreiros de outra tribo. Há muito tempo eram inimigos dos seus amigos da aldeia.

O Pescador foi para junto do cacique, que estava armado para a guerra. Não deixaria aqueles guerreiros atravessarem o rio. Foi quando, do meio dos guerreiros inimigos, saiu o seu chefe com um menino nos braços. Gritou que queria falar com o Pajé Branco. O cacique e o Pescador aproximaram-se para saber o que queria o chefe inimigo.

— Eu venho pedir ajuda para meu filho. Ele está quase morto, o pajé de nossa tribo não conseguiu curá-lo. Preciso de ajuda de Pajé Branco. Ele pode salvar a vida de meu filho.

— Depois de guerrear contra nós por tantas luas, vem aqui pedir ajuda, Pedra Negra? — perguntou o cacique da aldeia.

— Cura meu filho, Pajé Branco. Eu não vim para guerra. Se meu filho ficar bom, não haverá mais guerra entre nós.

— O que acha, Pajé Branco? Se curar há paz, se falhar ele morre e vamos guerrear hoje mesmo.

— Espere, chefe, vou falar com ele.

—E o Pescador nadou até a outra margem do rio, para ver a criança. Ao vê-la, ficou assustado com seu estado. Estava seco de tão magro e desmaiado. Quase não respirava, fazia muito esforço para puxar o ar dos pulmões.

— Chefe Pedra Negra, o senhor demorou para trazer seu filho, não sei se minha magia ainda pode trazer seu espírito de volta. Vou fazer o possível, mas, se não conseguir, não quero guerra aqui. Promete partir em paz, se eu falhar?

— Você não falha, Pajé Branco, eu sei, mas prometo sair em paz.

— Então, traga-o até minha oca, rapidamente.

Ao depositarem o corpo do menino na esteira, parecia morto. Pajé Anhanguara disse:

— É magia ruim com o ar. Veja como não pode respirar. Estão tirando o ar do peito dele.

— Vou tentar salvá-lo, Pajé. Se conseguir, vai ser um milagre.

Pediu que todos saíssem. Ficaram apenas ele, o padre e o pajé. O Pescador pegou sua estrela, colocou-a ao lado da criança e iniciou suas preces. O padre também orava em voz baixa.

O tempo ia passando sem resultado. Foi quando clamou aos céus para que enviassem ajuda à criança, para que o ar o ajudasse e levantou a estrela até sua cabeça. O brilho da estrela começou a se expandir até envolver totalmente a oca. O padre ficou espantado, o pajé sorriu contente.

Lentamente, o Pescador foi abaixando a estrela sobre a criança, correndo o seu corpo da cabeça aos pés. Depois voltou lentamente e a depositou sobre o peito da criança. Orou com muita fé. O menino começou a respirar melhor, com mais facilidade, e pouco a pouco foi ficando corado. O Pescador pediu que o velho pajé fizesse um chá com folhas verdes. Quando o velho pajé voltou, o menino estava com os olhos abertos, mas mal se movia, tal sua fraqueza.

Devagar, o Pescador foi dando o chá e ele foi se reanimando. Algum tempo depois sentaram-no na esteira. Estava muito fraco, mas estava curado. Cada um, a seu modo, agradeceu a Deus pela cura do menino. Foi quando este falou:

– Cadê meu pai?

O pajé velho saiu e chamou o cacique Pedra Negra.

– Filho, você está bem?

– Estou muito cansado, pai. Não aguento ficar em pé.

– Então não está curado ainda, Pajé Branco?

– Já está curado, sim, só que está muito fraco. Há quantos dias ele não come?

– Há sete dias não come e não bebe água. Estava secando.

– É por isso que ele não se aguenta em pé, chefe. Assim que se alimentar um pouco, vai sentir-se melhor. Logo andará. Preciso que o senhor o deixe comigo para que eu possa cuidar bem dele.

– Está certo, Pajé Branco, confio em você. Eu o deixo aqui e volto daqui a sete dias para buscá-lo.

– Está bem, chefe. Vá em paz. Não há mais motivo para tristezas.

– Eu vou, mas deixo alguns guerreiros aqui para me levarem notícias do meu filho. Minha filha fica junto até ficar bom.

– Está bem, não me incomodo de dividir minha casa com seu filho e sua filha, mas os guerreiros ficam lá fora.

– Sim, eles guardam sua oca. Não quero que alguém venha se vingar e matar filho meu.

– Ninguém toca nele enquanto estiver comigo, chefe. Pode ficar sossegado.

– Até daqui a sete dias, Pajé Branco.

E o cacique Pedra Negra partiu com seus guerreiros. O Pescador ficou olhando aqueles homens indo embora, preocupado. Não podia deixar o menino morrer. Haveria guerra. Seria este o aviso dos velhos negros? Seriam estes os dias de lágrimas? Ficou preocupado. Foi falar com o velho pajé. Ao chegar, o pajé foi logo falando a ele:

– Cuidado, Pajé Branco, a reação vai ser forte. Os espíritos do vento virão até você, vão tentar tirar sua alma.

– Mas o senhor não falou, um dia, que eu tinha poder sobre eles?

– Sim, mas somente sobre os luminosos, não os escuros. Terá de vencê-los, como derrotou o espírito que rasteja.

– Então, é uma luta eterna. Não tem fim.

– Sim, não tem fim. Por que acha que sou pajé desde criança? Ou pensa que eu não gostaria de sair como outros homens da tribo e caçar, pescar, guerrear, sem preocupações? Mas não, tenho de ser pajé e aprender de tudo. Lutar para trazer saúde e felicidade à tribo. Se eu falho, a tribo sofre. Então, luto a minha luta. É uma guerra diferente das outras. Não uso lança, flecha ou zarabatana, nem tacape. Uso meu espírito para lutar. Ele sai do corpo no sono e luta. Às vezes, o espírito volta cansado e ferido para o corpo. Então sinto dor, fico cansado, mas sempre luto. Contra o espírito do ar, não tenho poder. Você me salvou uma vez, lembra-se? Agora vai ter de lutar por si, eu não posso ajudá-lo. Cantarei a Tupã por você. Esta noite eles vêm lutar. Esteja preparado.

O Pescador ficou pensativo. O tempo de lágrimas chegara. Se o menino morresse, haveria guerra. Não podia perder, mas como lutar contra o que é invisível? Deus daria a ajuda necessária? Confiava n'Ele. Saiu à procura de Sol-da-Manhã. Ao encontrá-lo, chamou-o para conversarem.

– Cadê os documentos que dei para você guardar?

– Estão em minha oca, Pajé Branco.

– Vá buscá-los e me encontre lá em minha oca.

O guerreiro saiu apressado. Logo estava junto ao Pescador.

– Aqui estão, Pajé Branco.

– Você já consegue ler, Sol-da-Manhã?

– Sim, com dificuldade, mas entendo o que está escrito.

– Então, leia o documento que fala sobre as terras de sua tribo e o outro em que eu passo tudo ao seu nome.

– Sol-da-Manhã leu tudo atentamente. Algumas palavras que não entendia, o Pescador explicava devagar.

Ao terminar, o índio perguntou:

– Por que tudo isso, Pajé Branco?

– Porque agora ninguém tira vocês daqui. Aí tem a assinatura do governador-geral. Podem vir muitos brancos, mas eles não poderão entrar nestas terras. No registro da capitania, elas são minhas e no outro papel eu as passo a você. Assim, você é dono das terras, segundo a lei dos portugueses. Ninguém poderá tirá-las de você.

– Você é inteligente, Pajé Branco: toma de nós o que é nosso, compra do governador-geral e nos dá outra vez o que já era nosso por muito tempo. Só que agora o branco não entra. Nós somos os donos, segundo a lei dos brancos.

– Agora quero que leve o que vou escrever para Ruth, junto com este ouro e estas pedras. Estará tudo escrito, ela entenderá. Entregue a ela o papel que eu deixei com você tempos atrás. Vou tomar as medidas para protegê-los para sempre.

Depois de tudo escrito, o Pescador entregou a Sol-da-Manhã. Este chamou os outros dois guerreiros e mandou que pusessem nos cavalos as bolsas com o ouro e as pedras e que pegassem um pouco de alimento, pois não iam parar no caminho.

– Por que a pressa, meu amigo? – perguntou o Pescador.

– Porque sei que vai lutar novamente. Se não, não me mandaria fazer tudo isso. Tem medo de morrer, não?

– Sim, eu tenho. Agora o Pajé Anhanguara não pode me ajudar. Estarei sozinho desta vez.

– Você pensa que estará sozinho, mas vejo que não. Os espíritos estão chegando novamente. A luta vai ser grande, Pajé Branco.

– Está bom, mas agora vá fazer o que tem de ser feito. Que Deus o proteja!

– Até a volta, Pajé Branco. Que Tupã o proteja em sua luta!

O guerreiro partiu. O Pescador ficou em silêncio. Muitas ideias vinham à sua mente.

Raios-de-Lua, que a tudo ouvira a um canto, em silêncio, aproximou-se e sentou ao lado do Pescador, perguntando:

– Você tem medo de perder a luta, Pajé Branco?

– Sim, tenho. É uma luta eterna, não tem fim. Até quando terei de lutar? Oh! Deus! Até quando?

– Você é o guerreiro que eu tenho. Não quero perdê-lo. Lute por mim também. Não quero ficar só agora. Nossos filhos vão precisar de você vivo.

– Nossos filhos? Como assim?

– O Pajé Anhanguara não lhe falou que vão nascer três filhos?

– Não, não me falou nada. Por que será que não me contou?

Nisso Sarah entrou na conversa:

– Talvez, por ser seu amigo, ele não quisesse estragar a surpresa que teria.

– É, talvez seja isso. Depois falo com ele.

– Não, Pajé Branco, não fale. Ele me pediu que não falasse com você, que ele mesmo diria. Melhor esperar ele falar primeiro – De seus olhos corriam dois fios de lágrimas – Procurou disfarçar e mudou de assunto – Você tem a proteção da estrela, ela o ajudará na hora certa.

– Tudo aqui é tão estranho. Não entendo do que vocês estão falando. Explique-me o que vai acontecer, Simas.

– Você não entenderia, Sarah. É melhor não falar – Levantou-se e foi caminhar um pouco.

– Conte-me o que é a estrela e o que vai acontecer, Raios-de-Lua.

Raios-de-Lua começou a contar por que o chamavam de Pajé Branco, onde tinha conseguido sua estrela, por que era tão respeitado e querido, tanto pelos índios como pelos negros escravos. Ao terminar, estava com os olhos vermelhos. Começou a chorar.

– Por que chora, depois de tudo o que me contou?

– Porque eu vou perdê-lo. Ele não será mais o meu Pajé Branco. Os campos eternos vão nos separar.

– Você acha que ele vai morrer?

– Ele? Não! Quem vai sou eu.

– Como sabe, quem disse?

– O pajé da tribo. Eu tenho vontade de contar-lhe, mas sei que ele ficaria muito triste. Então eu choro em silêncio, para que ele não desconfie de nada.

– Mas diga-me, por que vai morrer? Como pode ter certeza?

– O pajé só me contou, porque sou como uma filha para ele, senão não contaria.

– Mas por que ele contou? E o que vai acontecer de mal para que você morra?

– Falou para eu me preparar melhor para a hora de partir. Será depois de os filhos virem à luz. Não viverei para criá-los. Isso me deixa triste. Não crio os meus filhos e perco o meu Pajé Branco. Como encobrir tanta tristeza em meu coração sem chorar? Como é difícil mentir para quem a gente ama!

– Vai até o pajé e diz para ele não contar ao Pajé Branco. Diga-lhe que quase falei sem querer, mas, que isso não vai mais acontecer.

Sarah saiu e foi ter com o velho Pajé Anhanguara. No caminho foi pensando: "Que mulher forte!" Lutava contra o destino com uma determinação inflexível. Ainda era uma menina, mas tinha uma fibra que faltava a muitas mulheres maduras, inclusive ela, que vivera tantos anos trancada junto com suas mágoas, como dentro de um baú do qual não pudesse sair. Simas, o Pescador, o Pajé Branco ou o Cavaleiro da Estrela Guia, ou quem quer que fosse, estava com a razão. Ali estava o exemplo vivo a lhe mostrar que Deus nos dá a vida para ser vivida, não lamentada. Eis um exemplo que não precisava de palavras para ser explicado: uma mulher traria à vida três filhos; morreria em silêncio, mas não queria magoar a quem amava. Sim, ela merecia ter Simas como companheiro, pena que por pouco tempo. Jamais a esqueceria. Viveria em seu coração por toda a eternidade.

Ao chegar à oca do pajé, contou-lhe o que acontecera. O pajé ficou preocupado. O padre perguntou a Sarah se ela agora entendia o que estava acontecendo.

— Sim, e estou preocupada, padre. Se ela não morrer agora, depois vai sofrer muito. É uma situação difícil.

— Filha, você entende dos negócios do Pajé Branco? — perguntou o velho pajé.

— Sim, mas muito pouco. Quem está cuidando de tudo por lá são meu pai e meu irmão. Sei apenas que é um negócio muito grande.

— Então, está decidido! Você será a tutora dos filhos do Pescador. Cuidará da herança até eles terem idade suficiente, isso caso ele venha a sucumbir diante dos desafios que tem pela frente. E se eu bem conheço o Pescador, isso é o mais difícil de acontecer. Duvido é que ainda sinta ânimo após a morte de Raios-de-Lua.

— Mas diga-me! Como tem certeza da morte dela?

— Vou lhe dizer, já que não acredita em nossas palavras. Há algum tempo sonhei com o Pescador chorando sobre o túmulo de Raios-de-Lua. Acordei assustado. No outro dia comentei com o velho Jorge, que cuida da igreja na minha ausência, e ele me disse que na mesma noite, à mesma hora, sonhara a mesma coisa. Alguns dias depois, o velho Jorge foi visitar o velho João de Mina e contou-lhe sobre nossos sonhos. O velho Mina lhe disse que tinha recebido o mesmo aviso em sonho e os outros velhos que fazem o seu círculo religioso também o tinham recebido. Então, quando aqui cheguei, o Pajé Anhanguara me chamou para sua oca e o que me disse era o que eu já ouvira dos negros. Ele vai sofrer muito, pois quem o trouxe realmente à vida foi Raios-de-Lua. O mesmo aviso, na mesma noite, a tantos, não é coincidência, é um aviso verdadeiro! O Pescador ajuda a todos nós com sua boa estrela, e não estou falando da sua estrela-do-mar, apesar de ser dali que provém sua fé e sua força espiritual.

— Vou tentar ajudá-los, pois ele também ajudou meu pai e meu irmão quando estavam à beira da falência. Surgiu como um anjo salvador, atendendo às suas preces e às minhas também. Ele está me devolvendo à vida, estou mudando também. Sinto que agora posso lutar contra os desafios que a vida nos impõe.

— Sim, é isso mesmo. Ele traz de volta à vida aqueles que já se sentem mortos, aqueles que morrem no seu íntimo, não na carne. Amanhã vou partir cedo para, de minha igreja, orar por ele e comunicar a Ruth tudo o que está para acontecer. Ela também ajudará.

A noite chegou e o Pescador voltou para junto de sua mulher. Lá estavam o pajé velho, o menino índio e sua irmã, Raios-de-Lua e Sarah. Ao entrar, todos se calaram.

– O que é isso? Parece o enterro de alguém e vocês estão tratando de como enterrá-lo.

– Não é isso, filho. Estávamos falando sobre o que seu espírito vai encontrar nos escuros campos eternos.

– Eu já me decidi, pajé. Vou vencer mais esta luta. Usarei as minhas armas, que são a minha boa estrela e a minha fé em Deus. Com isso, sempre venci.

O pajé sorriu. O Pescador era um guerreiro de Tupã, não tinha dúvida. Comeram um pouco e ficou acertado que alguém ficaria acordado, enquanto os outros dormiam. Isso era o melhor a ser feito. O tempo passava e ninguém conseguia dormir. Já era tarde quando caíram no sono. Só o velho pajé estava acordado.

Nova Luta

Algumas horas depois, por volta da meia-noite, o Pescador começou a gemer e a ter tremores. O pajé levantou-se, pegou uma manta de couro e cobriu-o até o pescoço. O Pescador tremia, mas, ao mesmo tempo, transpirava. Seu suor era frio. O pajé ficou a observar por longo tempo. Vendo que os tremores aumentavam, acordou Raios-de-Lua, que despertou assustada.
– O que foi, pajé velho?
– A luta começou. O Pajé Branco está nos campos escuros. Sinto isso, quase posso apalpá-lo. Está distante e está próximo. Sei como é, quase levaram o meu espírito para os campos escuros.
– O que fazer, Pajé Velho?
Nisso, as outras pessoas acordaram. O padre pegou seu rosário e fez uma prece para seu amigo: onde quer que estivesse seu espírito, que recebesse o auxílio de Jesus Cristo.
O pajé falou:
– Precisamos aquecê-lo. Ele está muito frio, se o corpo gelar muito, o coração para de bater. Aí, o espírito não tem lugar para voltar.
– Vou aquecê-lo, pajé velho. Eu me deito ao seu lado e passo a ele o meu calor.
– Não, você não pode, Raios-de-Lua. Você traz vida no seu ventre. Tem que ser um de nós.
– Eu me deito ao seu lado –, falou o padre.
– Ao se deitar, o suor que escorria do corpo do Pescador molhou sua roupa e ele também ficou gelado.
– Não está adiantando, pajé. Também estou frio.
– É por causa de sua roupa, ela molha e não deixa o calor passar.
A índia que ficara com o irmão ofereceu-se para aquecê-lo. O pajé concordou, com um aceno de cabeça. Ela se deitou por trás do Pescador e o

envolveu com os braços. Raios-de-Lua enxugava o seu rosto. Olhava preocupada para seu marido. Onde andaria seu espírito agora? Que luta estaria travando? Contra quem seria esta luta? Sarah perguntou:

– Pajé, não podemos acordá-lo? Assim ele sai desse estado.

– Não pode ser acordado. Quando ela o envolveu, moveu seu corpo e não o acordou. Não pode ser acordado. Só quando o espírito voltar, ele acorda. Aí será sozinho.

– Por que não fazemos uma fogueira perto para aquecê-lo melhor?

– Você não compreende, filha. Não vê que o espírito está longe e que, se faz fogo para aquecê-lo, o corpo fica doente porque está gelado? – falou o pajé, bravo.

– Desculpe, eu só quis ajudar.

– Está bom. Agora deite. Fico vigiando. O corpo dele já está se aquecendo um pouco, o suor já não escorre tanto.

Todos se deitaram. Um pouco mais tarde, estavam todos dormindo. O velho pajé ficou acordado. Vigiava tudo o que acontecia com o Pescador. Quando viu que ele havia parado de gemer e que seu corpo secara, também se deitou e dormiu. Tinham sido cinco horas de luta. Por volta das 8 horas começaram a acordar. Todos se levantaram, com exceção da jovem índia que dormia a seu lado. Ela ainda dormia abraçada ao Pescador. O pajé falou:

– Vamos sair para não acordar o Pajé Branco. Deixe-o descansar bastante, a luta foi grande.

Saíram e foram preparar algo para comer. O padre, depois de comer, despediu-se e partiu para sua paróquia. Ia preocupado. Quando o Pescador acordou, a índia já havia acordado, mas permanecia ao seu lado.

– O que você faz aqui comigo? – perguntou bravo.

– Dormi junto de seu corpo, Pajé Branco. Ele estava frio, precisava de alguém para aquecer.

– Desculpe-me ter ficado bravo. Agradeço por ter me aquecido, minha amiga.

Raios-de-Lua, que ouvira a conversa e vira o sorriso de satisfação da índia por ter ajudado o seu marido, ficou preocupada. Mais tarde chamou Sarah e começou a falar-lhe:

– Mulher de outra aldeia vai tomar lugar no coração do Pajé Branco.

– O que você quer dizer com isso?

– Vi como ela ficou feliz quando ele agradeceu por ter sido aquecido quando seu espírito estava nos campos escuros. Ela gosta de Pajé Branco. Se ele vencer a luta, ela tira você do pensamento dele.

– Como você sabe disso?

— Conheço quando alguém gosta de alguém e ela é muito bonita. Se Pajé Branco vence luta, ela fica como eu diante dele. Ajudou a aquecê-lo quando precisava, então, quando eu partir, ela toma meu lugar e você perde lugar.

— Mas não quero o seu lugar, Raios-de-Lua. Só quero que ele fique bom o mais rápido possível.

— Eu sei que ele vai vencer. Ele sempre me falava que sua estrela brilhava. Nunca tinha visto o brilho, mas esta noite a vi brilhar. Sua luz era grande, cobria todos nós. Pajé velho também viu luz, não fui só eu. Esta noite você aquece Pajé Branco em meu lugar.

Sarah ficou rubra. Como ficar seminua e abraçar, à noite, a quem ela mais temia tocar? Não sabia como fazer isso, ficar nua diante de todos. E não sabia o que sentiria depois disso.

— Vou pensar, Raios-de-Lua. À noite, digo se aceito.

— Se não aceitar, você o perde para sempre. Acredite em mim, sei o que estou falando.

Enquanto isso, o Pescador falava com o velho pajé:

— Eu não sei dizer aonde fui, só sei que era puxado por uma força muito grande. Lutava para me soltar, não sei por quanto tempo, mas pareceu uma eternidade. Por fim, reuni todas as minhas forças e me libertei. Foi horrível! Depois não conseguia despertar.

— Você foi levado para o lugar escuro do tempo, filho. Precisa dominá-los. Você tem força na parte luminosa, tem de usar esse poder no meio das trevas. Não impeça que o levem, apenas procure ver quem o está levando. Quando puder ver, então você o dominará com sua força.

— Como, Pajé Anhanguara?

— Quando você estava diante do espírito que rastejava, não sentiu que alguém o ajudava?

— Sim, tinha uma mão sobre meu ombro. Ela me dava força para encarar o grande espírito que rasteja.

— Então, aí está seu poder. Eles, na verdade, não podem com você. Eles são a parte escura do seu poder. Não tendo medo, você os domina. Então, servem-no como escravos e o temem.

— Como o senhor sabe disso?

— Sei muitas coisas. Quase tudo eu sei, mas meu poder está no fogo e na terra, o seu está na água e no ar. Se eu tivesse poder no ar, não tinha sofrido feitiço do ar, teria-o derrotado. Mas como não tinha, se não fosse você eu teria morrido. Meu espírito seria levado para os campos escuros.

— Hoje à noite vou ver o caminho e tentar ver quem me leva. Amanhã eu lhe conto, se voltar.

– Sem medo, você sempre volta. O que precisa é vencer o medo.
– Vou tentar, meu amigo. Agora vou até o rio pensar um pouco.

O Pescador foi ao rio, sentou-se na margem e ficou a pensar. Tinha de haver um meio de dominar o que o puxava, mas qual?

Enquanto a água corria pelos seus pés, uma sombra se projetou na água. Não dava para distinguir a forma nem a feição do rosto. Ficou a observá-la por um longo tempo. O contorno não lhe era estranho, mas não se lembrava de onde vira algo parecido. Parecia que a sombra queria lhe dizer algo, já que se movia à sua frente, para lá e para cá, em um vaivém contínuo e interessante. Por fim, ela desapareceu. O que seria aquela sombra? O que quis transmitir? Não tinha resposta. Tirou a roupa e mergulhou na água, que estava deliciosa. A água dava-lhe energia, sentia-se bem. Logo, apareceu Raios-de-Lua. Estava à sua procura.

– Venha cá, Raios-de-Lua. Fique aqui comigo um pouco. A água está muito gostosa.

– Vou entrar, mas fico aqui no barranco. Não quero me afogar, indo no fundo com o peso de minha barriga.

O Pescador sorriu e pegou sua mão, ajudando-a a entrar no rio. Ficaram a conversar por muito tempo. Estavam sentados, quando apareceu Sarah com o menino e sua irmã, a índia que aquecera o Pajé Branco.

– Como vai, criança? – perguntou o Pescador.

– Sinto-me bem melhor, Pajé Branco. Salvou a minha vida, devo isso a você. Quando eu for cacique de minha tribo, será recompensado.

– Não é preciso, meu amigo. Só de estar bem, já me sinto recompensado. Gostariam de nadar um pouco comigo?

– Vamos! Faz tempo que não entro na água.

Entraram na água e o Pescador ajudou o menino, que ainda estava fraco. Logo ele já dominava os movimentos e ficou nadando sozinho. Sua irmã entrou também. Os três ficaram a se divertir na água. Raios-de-Lua convidou Sarah a entrar, mas ela recusou.

– Você perde o Pajé Branco com seu pudor.

Sarah ficou olhando-o, enquanto ele se divertia a valer na água. Por que ela não ia também? Tirou sua roupa, meio escondida, e pulou rio. Todos se viraram para ver. Ela ficou um pouco envergonhada, sem saber o que fazer. Foi quando o Pescador a chamou para vir até onde eles estavam.

– Não sei nadar como vocês. Vou me afogar, se tentar.

Todos vieram para perto dela.

– Vamos ensinar-lhe a nadar como os índios nadam, Sarah. Dê-me suas mãos – falou o Pescador.

Ela estendeu as mãos e o Pescador puxou-a lentamente sobre a água, pedindo que batesse os pés compassadamente. Quando já conseguia pairar sobre a água, disse a ela que tentasse nadar sozinha, batendo as mãos como fazia com os pés. Depois de várias tentativas, ela conseguiu, meio desajeitada, nadar sozinha.

– Você tem de se sentir leve sobre a água, assim a domina, Sarah. Tem de flutuar, mesmo parada. Apenas com pequenos movimentos das mãos e das pernas, você flutua. Tente, e você domina a água.

Depois de muitas tentativas, conseguia flutuar parada no lugar.

– Agora vá devagar para onde quiser.

– Vou tentar atravessar o rio, falou Sarah.

– Espere, nós vamos com você. Venha, criança, lá do outro lado tem frutas, vamos apanhá-las.

Raios-de-Lua foi até a margem e ficou a observar os três nadando. Lágrimas corriam de seus olhos. O seu mundo ia terminar logo. Quando voltaram, ela não estava mais ali.

– Aonde será que foi Raios-de-Lua? – perguntou o Pescador.

– Estava aqui ainda há pouco. Vamos, crianças, é hora de sair da água.

Ajudou o menino a subir no barranco, depois sua irmã e, por fim, tomou a mão de Sarah para ajudá-la.

Até ali ela se mantivera na água, agora teria de sair. Precisava vencer a vergonha que sentia, mas não tinha coragem. Olhou à sua volta e a índia e seu irmão já estavam indo embora. Tomou coragem e subiu o barranco. Ficou frente a frente com o Pescador, que olhou para seu corpo, mas não disse nada, apenas um pequeno sorriso aflorou em seus lábios. Ele apanhou as roupas dela e as entregou. Em seguida, apanhou sua calça e chamou-a para irem à oca. Depois de secos, vestiriam as roupas.

– Assim nus? – perguntou.

– Eu visto as calças aqui, porque gosto de usá-las, mas, não sinto vergonha como você. Os índios andam seminus desde que nascem. Usam alguma proteção, não por pudor, mas para evitar algum acidente – disse sorrindo – Vamos!

– Vamos – respondeu Sarah, pondo a roupa na frente para cobrir uma parte do corpo. Foram para a aldeia.

– Por que eles me olham, se as outras mulheres estão nuas e não chamam a atenção? Até elas me olham. Estou envergonhada.

– Não se preocupe. Eles estão olhando sua cor. Sua pele é muito branca e isso os deixa curiosos. Nada mais que isso. Olham apenas a sua cor, não seu corpo. E olhe que ele é muito bonito.

Sarah, que já estava com vergonha, ficou mais vermelha ainda. Seu rosto parecia que estava em brasa.

– Por que está rindo?– perguntou ela.

– Porque você parece uma criança boba, e não uma mulher madura. Só por isso!

Ao entrarem na oca, Raios-de-Lua sorriu, com o rosto triste, mas sorriu.

– Agora você é como nós. Venceu seu medo de ser como nós. Fico contente por você.

O menino aproximou-se e tocou em sua pele.

– Como você é branca! Sua pele parece pena de garça.

Rapidamente ela se vestiu. Não gostou de ver que todos a olhavam com tanta curiosidade. O olhar que mais a incomodava era do Pescador. Não era um olhar lascivo, mas incomodava-a.

– Vou falar com o Pajé Anhanguara sobre o que vi sobre a água antes de vocês chegarem. Talvez ele me possa explicar – falou o Pescador.

– Volte logo, pois vou fazer carne de veado que meu pai nos mandou.

– Está bem, não demoro muito.

Quando a noite chegou, todos estavam reunidos novamente. Sarah disse que poderiam dormir. Ela ficaria acordada.

Quando todos dormiam, ela foi para perto do Pescador, que ainda não dormira. Estava tenso demais. O pajé não soube explicar a sombra na água, e isso o deixou tenso o resto do dia. Poderia ser algum tipo de aviso de perigo.

– Por que não relaxa e dorme, Simas?

– Estou com receio. Tenho medo de não voltar.

– Durma, fico ao seu lado para aquecê-lo, se seu corpo ficar frio novamente. Eu o protejo. Fique sossegado e vá à sua luta. Vença-a por todos nós. Todos queremos vê-lo bem. Vá e vença o desafio.

– Você fala como o velho pajé, Sarah!

– Acho que estou aprendendo com ele e com todos aqui também.

– Vou dormir. Até amanhã! – e pegou na mão de Sarah.

Algum tempo depois, estava em profundo sono. Seu corpo começou a tremer. Eram calafrios horríveis. Ele tremia mais que na noite anterior. Com a conversa, a moça índia acordou e veio para junto deles.

– Vou aquecer o Pajé Branco. Pajé. Ele está frio demais.

– Sim, é preciso fazer isso. Ele pode ter a respiração paralisada.

– Sarah vai aquecer hoje, pajé – falou Raios-de-Lua.

– Pode deixar que eu aqueço. Fiz isso ontem e já sei como fazer.

O pajé olhou para Raios-de-Lua, e depois para a índia jovem.

– Vamos decidir logo! Ele está piorando, enquanto vocês ficam discutindo quem vai.

— Eu vou – falou Sarah resoluta – Você já se esforçou ontem, deixe que hoje fico com ele. Dê-me um pano para enxugar o suor do seu corpo – e, tirando seu vestido, entrou embaixo da manta de couro.

Enxugou o suor que escorria por todos os poros do corpo do Pescador. Não sabia por que o segurava em seus braços com tanto aperto. O corpo tremia todo, os dentes batiam. Puxou o seu cabelo para a frente e passou por cima do seu pescoço. Isso ia aquecê-lo mais rapidamente, pensou.

— Vão dormir – falou o pajé velho.

As outras duas mulheres deitaram-se. A moça índia dormiu logo. Raios-de-Lua perdera o sono. Estava temerosa porque hoje ele estava pior. Chamou o pajé.

— Pajé velho, pode ficar perto de mim? Estou com medo.

— Não tenha medo. A estrela está com a luz muito forte. É sinal que a luta é grande. Se a luz se apagar, o Pajé Branco perdeu. Se não, está lutando. A estrela é sua alma, sua força e sua fé.

— Sim, eu vejo sua luz. Por que só agora vejo sua luz, pajé?

— Não sei, filha. Tupã quer dizer-lhe algo que não sei explicar. Quem sabe não esteja dizendo para que fique tranquila, que Ele está tomando conta de tudo. Vamos, durma!

— Sarah já dormiu, pajé?

— Não, Raios-de-Lua, ainda não dormi. Quando ele não tiver mais tremores, dormirei. Pode dormir em paz, eu tomo conta dele para você.

— Você é boa, Sarah. O Pajé Branco gosta de você também. Sinto que gosta. Não deixe o seu espírito escapar. Preciso que ele viva para olhar nossos filhos.

— Não se preocupe, eu o seguro. Ele não vai partir e deixar tantos desamparados. Deus não há de permitir. Simas ainda tem muito a fazer na terra.

— Quem sabe até você viva para partilhar de sua ventura, Raios-de-Lua.

— Ela já dormiu, Sarah. Está falando para mim – falou o pajé velho.

— O senhor não vai dormir?

— Depois que ele se acalmar, eu durmo. Está bem?

— Está bem. Assim eu fico mais calma. Temo que algo de ruim aconteça.

— Não vai acontecer nada de ruim. Do centro da estrela está saindo uma luz que vai até a cabeça dele. Sua sereia manda ajuda, eu sinto isso. Parece até que o espírito da água está aqui agora. Gostaria de ver como ela é. Deve ser muito bonita! O Pajé Branco disse que é uma beleza, que não pode ser descrita. Quem sabe, quando eu partir para os campos eternos possa vê-la.

— Por que esse desejo, pajé?

– Porque o Pajé Branco fala com tanto amor e tanta alegria, que tenho vontade de conhecer.

Ficaram a conversar por mais algum tempo, depois ficaram em silêncio. Sarah ainda abraçava fortemente o Pescador. Como explicar o que sentia? Os pensamentos voltaram ao passado. Um dia sentira o contato de corpos de homens. Foi violento, dolorido e repugnante. Isso a matara por dentro, tirara a sua alegria de viver. Quantas vezes não pensara em se matar! Somente não o fizera por respeito às Leis de Deus: não ia quebrá-las nem desrespeitar aos sagrados mandamentos. Agora era ela que estava nua, com uma tanga índia a cobri-la, abraçada ao homem que tanto amava. E não era para amá-lo, mas, para tentar salvar sua vida. Tinha de aquecê-lo não com o calor do amor, mas, com o calor da fé que havia dentro de si. Não tinha mais o medo de ser tocada nem de tocar em um homem. Bem, pelo menos não naquele que estava em seus braços, quase agonizando de tanto que tremia. Outros, não teria coragem, sentiria nojo. Como já sentia há muito tempo. Seus pensamentos foram interrompidos pelos comentários do pajé.

– Abelha costuma ferroar quem toca nela, mas se souber tirar o mel de sua colmeia, ela não se incomoda. Então a abelha não é perigosa, só a maneira de tirar o mel é que tem de ser correta. Assim, terá o mel doce que alimenta o corpo e adoça os sentidos. É assim que tem de ser, minha filha.

Sarah assustou-se com o comentário do pajé. Tudo o que pensara, ele resumira em uma lição de vida, em poucas palavras. Ouvira os seus pensamentos. Perguntou-lhe, trêmula, com a voz quase sumida:

– O senhor ouve o pensamento da gente, pajé?

– Só quando está tudo em silêncio. Se quero ouvir, então sei o que estão pensando. Por isso, sou pajé. Um pajé tem de saber até os pensamentos dos outros, se não não é um bom pajé. Pajé para tribo é como o médico e o padre dos brancos, unidos na mesma pessoa. Tem de cuidar do corpo e do espírito. É um sacerdote também, filha. Não é como os brancos dizem, filha. Não somos o que dizem de nós, apenas este é o nosso modo de vida. Foi assim que Tupã quis, é assim que somos.

– O senhor é um sábio. Traz todo o saber dos livros condensado em suas palavras simples, mas objetivas e certeiras. Só os sábios falam como o senhor.

– Pajé Branco também já me falou isso. Um dia vou conhecer quem é sábio e ver como é ser sábio.

– O senhor é um sábio, não precisa procurar. Agradeço que tenha ouvido meus pensamentos. Suas palavras ajudam muito – e começou a soluçar.

O velho ajeitou Raios-de-Lua e foi para perto dela. Passou a mão em sua cabeça como um pai acariciando sua filha a quem ama muito, e disse a Sarah:

– Filha, não tenha medo de viver! Não é pecado viver! Pecado, diante de Tupã, é viver errado. Isso não é bom, mas, viver certo agrada os olhos de Tupã. Então, Ele abençoa a boa terra com colheita farta. A terra que Ele abençoa dá o melhor alimento. Os frutos das árvores são mais doces. Ali é onde os pássaros cantam mais bonito e com mais alegria. Na terra fértil, todos querem plantar, pois sabem que terão boa colheita. Não perderão seus esforços, como quem cultiva a terra estéril, onde vem a formiga do orgulho e come suas plantas, as moscas e outros insetos da vaidade e destroem os frutos. A terra estéril é onde as cobras, com os piores venenos, fazem morada. E quem mora em terra estéril, com o tempo, torna-se estéril também.

– O que o senhor quer dizer com isso? – disse Sarah, soluçando.

– Que você deve tornar-se terra fértil, para ser abençoada por Tupã, que lhe dará bom agricultor para ará-la e nela plantar sementes, que no tempo certo darão bons frutos. É isso que eu quis dizer. Tupã abençoa e protege a terra que deseja ser cultivada. E o corpo da mulher é onde o Criador realiza Sua maior obra. As plantas dão sementes que se reproduzem, às vezes mais fortes, às vezes mais fracas. Os animais procriam, por um instinto de preservação. Fazem tudo no seu tempo, por uma lei de Tupã e já são mais aperfeiçoados que as plantas. Porém, no corpo do homem e da mulher, Ele não economizou sua generosidade criadora. Fez tudo perfeito. Não falta nada. É ali que Ele mais se faz presente. Seja fértil, e terá Tupã a conduzi-la aos eternos campos do Espírito.

Sarah havia parado de soluçar. Estava ouvindo as palavras com atenção.

– Fale mais para mim, pajé. Quero ouvi-lo mais um pouco.

– Já está começando a clarear o dia e o Pajé Branco parou de tremer e de suar. Ele voltou ao corpo. Durma agora, você está cansada, ficou a noite toda acordada. Eu também estou cansado. Agora vou dormir.

Logo estavam dormindo. O pajé aconchegou-se perto de Raios-de-Lua e abraçou-a. Queria a ela como a uma filha. Como iria sentir sua partida!

O Sol já estava alto, quando Raios-de-Lua acordou. Tirou o braço do pajé de cima de seu ombro e se levantou. Foi até perto do marido e viu que respirava profundo, mas, compassado. Acariciou o seu rosto suavemente. Sarah acordou, repentinamente, e ficou meio sem jeito.

– Ele está bem, Raios-de-Lua. Vou me levantar, você fica aqui com ele, isso vai lhe fazer bem.

– Não, fique você mesma. Está com os olhos fundos, não dormiu. Precisa dormir mais.

– Vou cozinhar alguma coisa para todos. Venha, deite-se aqui. Ele está bem, só cansado. Ficará contente ao vê-la quando acordar. Ao falar, já estava em pé e se vestindo.

– Sarah, não é bom aquecer a quem se ama? – perguntou Raios-de-Lua.

– Sim. É bom, sim. Fico triste, porque você sofre por perdê-lo. Deus queira que todos estejam errados.

E saiu da oca de Raios-de-Lua.

Mais tarde, quando o Pescador acordou, sentiu mãos muito conhecidas a acariciá-lo. Virou-se e sorriu cansado, triste mesmo.

– Por que está triste, Pajé Branco?

– Porque quando me livrei do pesadelo e me vi solto, meu espírito voava, até que pairou sobre você, que dormia.

– Isso é bom. Não é motivo para estar triste.

– Só que você não acordava. Era como se estivesse morta, entende? Então chorei muito.

– Não fale assim. Eu fico com medo.

O Pescador levantou-se e ajudou-a a ficar de pé. A cabeça girava como se estivesse em um redemoinho. Devagar, a sensação foi passando, e começou a sentir-se melhor.

À tarde, voltou à beira do rio e estava meditando o pesadelo, quando o pajé se aproximou.

– Em que está pensando, filho?

– Na noite que passou, pajé. Fui a um lugar muito longe. Eu descia e não tinha fim essa descida.

– É onde eles prendem os espíritos. Eu fui levado até lá e estava preso quando você me trouxe de volta. Está chegando mais próximo do lugar da batalha. É lá que você vai vencer.

– Mas como? Eu me sinto preso. Algo me mantém como que pesado. Cada vez eu desço mais. Não consigo parar de cair. Então, eu luto para subir, pajé.

– Você conseguiu ver alguma coisa ou alguém?

– Sim. Eu me lembrei de suas palavras e, por alguns momentos, não lutei. Tentei ver o lugar onde estava. Era escuro e frio, as formas eram horríveis, pareciam monstros voadores tentando me atingir.

– Isso é bom. Você já conhece o lugar e viu com quem luta. Só falta juntar forças nesse lugar para vencer.

– Vou tentar. Pajé, a sombra na água novamente, vai e vem, como se estivesse dançando à minha frente!

– Eu a vejo, mas ela não diz nada.

Nisso chegaram Raios-de-Lua e Sarah.

– Viemos para entrar na água. Não vem, Pajé Branco? – perguntou Raios-de-Lua.

– Daqui a pouco. Ainda tenho o que falar com o pajé.

– Esta noite foi Sarah quem aqueceu seu corpo, não foi a índia da outra tribo. Eu não deixei que ela o aquecesse.
– Você fez isso, Sarah? Obrigado por me ajudar. Fico contente – e deu um sorriso.

Sarah despiu-se ali mesmo e, lentamente, entrou na água junto com Raios-de-Lua. Começou a nadar.

– Sarah! – gritou o Pescador – Tente flutuar primeiro, depois você consegue ir aonde quiser com os movimentos do braço a impulsioná-la para a frente.

Enquanto a observava nadando na margem, começou a ter uma ideia. Foi até a margem e chamou Sarah.

– Flutue e depois vá até o lugar mais fundo.
– Eu tenho medo! Não sei nadar muito bem. Ainda estou aprendendo, Simas.
– Faça isso por mim, por favor! Eu nado bem; se você correr perigo, eu a salvo.

Sarah deitou-se na água, foi flutuando e começou a bater os braços.

– Não bata muito rápido. Bata compassado, mas lento, assim não cansa e não afunda – e ficou olhando.

Quando ela chegou na parte mais funda, ele gritou:

– Agora tente flutuar movimentando apenas as pernas, mas com cuidado – e ela foi usando o braço para manter o equilíbrio do corpo.

– Agora, com os braços, mantenha o equilíbrio e tente ficar em pé na água.

– Não vou conseguir! – gritou Sarah.

– Vai, sim! Faça devagar, usando os braços como asas sobre a água e conseguirá. Não se apresse, faça com calma.

Ela fez como ele mandou. Logo estava em pé, na água. Não afundava. Bastava mover os braços como asas e as pernas como nadadeiras que se mantinha no lugar.

– Sarah, como está se sentindo?
– Leve, muito leve. Não afundo, tenho o ponto de equilíbrio agora.
– Venha para cá, mas tente vir em pé, dentro da água.

Ela veio lentamente, em pé, até que não deu mais e teve de estender o corpo, para chegar na margem.

O Pescador estendeu a mão e puxou-a para fora do rio. Também puxou Raios-de-Lua. Estava sorridente.

– Diga-me: qual foi a sensação desde que saiu da margem flutuando e foi até o lugar mais fundo do rio?

– Bom, no começo foi difícil flutuar. É muito raso e o corpo afunda. Mas, à medida que avançava, o corpo ficava mais leve, os movimentos mais fáceis.

– E quando eu mandei que ficasse em pé na água? Como foi?

– A princípio faltava equilíbrio, mas, depois que consegui o equilíbrio, fiquei leve, e os braços me mantiveram flutuando. Usei apenas as pernas para que a correnteza que vem por baixo não me tirasse do lugar. As pernas me conservaram reta, e os braços me fizeram flutuar.

– Graças a Deus! A sereia me mostrou como vencer os espíritos do ar.

– Como, filho? – perguntou o pajé.

– A sombra na água era a sereia me mostrando que eu preciso flutuar no ar. A sombra flutuava na água como se dançasse, não se lembra?

– Sim, lembro. Estou começando a compreender seu raciocínio. Sarah fez a experiência para você, não?

– Sim, ela fez. Não sabia nadar, mas fez o que eu pedi. No raso somos pesados, mas à medida que vamos para o fundo, ficamos leves. Se tivermos calma e soubermos nos movimentar, então, flutuamos sem sair do lugar. Compreendeu?

– Está claro. Ao sair do corpo estamos pesados, mas, ao nos distanciarmos dele, vamos ficando leves. É só ter calma e procurar o lugar mais fundo, o centro de tudo, e nos equilibrarmos, que teremos o domínio das nossas forças sobre a água ou o ar.

– Sim. Isso mesmo, meu amigo. Já sei como derrotá-los. Esta noite os farei meus escravos.

Estava feliz. Raios-de-Lua sorriu feliz: novamente o Pajé Branco vencia! Sarah nem ligava mais para sua nudez, pois tinha ajudado Simas a vencer. Foram todos para a aldeia.

A noite já se aproxima. Sarah notou que, desta vez, quase ninguém olhava para ela, apesar de não cobrir o corpo. Trazia a sua roupa na mão. A curiosidade estava acabando, já era mais uma na aldeia, não despertava maior interesse.

Ao chegarem na aldeia, o guerreiro Sol-da-Manhã também estava chegando. Foi até o Pescador e começaram a conversar.

– Vejo que você foi e voltou voando, Sol-da-Manhã.

– Quase, Pajé Branco. Tinha de ficar perto de você na hora da sua luta final.

– Como sabe que hoje é a luta final? E não tem medo?

– Eu sei porque vi seu espírito ontem à noite em luta. Quero estar junto esta noite. Vou tentar acompanhar seu espírito quando ele for levado. Luto com meu irmão. Nesta noite, se meu irmão morre, eu morro também.

– Obrigado, meu irmão. Mas como vai Ruth, o velho João de Mina e tudo mais?

– Eles estão bem. Ela controla tudo, os negros a chamam de princesa.

– Ela é mesmo uma princesa. Sabe comandar os negros.

– Aqui está o papel com tudo escrito. Ela escreve bem, Pajé Branco. O pai dela manda dizer a você que seja forte, pois a luta apenas começou.

– Quem sabe logo termine, meu amigo.

Conversaram ainda por um longo tempo sobre os engenhos. Depois de saber de tudo, o Pescador comentou:

– Sol-da-Manhã, Deus é bom!

– Por que fala assim? Não sabia que Ele é bom?

– Não foi isso que eu quis dizer. É que aqui tenho a você, que é leal e prestativo; na cidade tenho o irmão e o pai de Sarah, que são leais, e no engenho tenho Ruth que, além de leal, é muito esperta, sabe como conseguir as coisas. Deus dá a ajuda certa, na hora certa.

– É porque você não pensa só em si, mas no bem-estar dos outros. Por isso, Ele o ajuda. Sei que é por isso, acredite em mim.

– Acredito, meu amigo. Sozinho eu não faria nada. Mas chega de conversa. Vamos nos juntar aos outros que nos esperam.

Enquanto conversavam, o Pescador notou que o guerreiro olhava muito para a moça índia. Ele gostara dela. Era um homem solitário, precisava de uma companhia e ninguém melhor do que aquela moça. Ela era filha do cacique Pedra Negra e irmã do menino, que agora estava bom. Seria uma boa aliança. Perguntou ao amigo:

– Sol-da-Manhã, como você acordou ontem à noite?

– Gelado, Pajé Branco, e meu corpo estava molhado de suor.

– Então, está decidido!

– O que está decidido, Pajé Branco? – perguntou Raios-de-Lua.

– Lua Branca – este era o nome da moça – aquecerá Sol-da-Manhã esta noite. Ele quer ir comigo aos escuros campos eternos.

O velho Pajé falou sério:

– Mas você pode não voltar, Sol-da-Manhã.

– Se pajé Branco fica preso lá, eu fico ao seu lado. Não vou querer viver depois de ver meu irmão branco morrer assim.

O Pescador olhou significativamente para sua mulher e comentou:

– O que acha de ela aquecer Sol-da-Manhã, Raios-de-Lua?

Esta entendeu seu olhar e o que queria dizer. Sol-da-Manhã era um guerreiro forte e bonito.

– Você aquece o corpo dele, Lua Branca?

A moça sorriu e respondeu:

– Se ele quiser, posso aquecê-lo todas as noites de sua vida, não só esta. Mas, não sei se ele quer minha companhia.

– Eu aceito, por esta noite. Se gostar de sua companhia, respondo amanhã – falou o guerreiro.

O velho pajé só olhava, e sorria levemente. Entendeu o plano do Pescador. Lua Branca era muito bonita e agradava ao guerreiro. Seria um bom motivo para não haver mais guerras entre as tribos irmãs. O Pescador pensava sempre no futuro, nunca só no presente. Era muito esperto o Pajé Branco. Os espíritos do lado escuro que se cuidassem, pois ele os derrotaria. Ficaram a conversar até tarde da noite, quando o pajé falou:

– É hora de dormir. Sinto a presença de espírito ruim do ar por perto.

Todos se calaram e cada um foi para o seu lugar de dormir. O silêncio era opressivo, já que, nesta noite, a luta teria um desfecho.

Quando o Pescador adormeceu, todos estavam dormindo. Somente o velho pajé se mantinha vigilante. Pouco tempo depois, o Pescador começou a gemer alto. Os espíritos do ar tinham ouvido suas palavras de vitória e vinham decididos a ganhar a luta também. Seus gemidos eram altos. Todos acordaram, mas o guerreiro permaneceu dormindo. Não gemia, mas seu corpo estava começando a ficar molhado e frio. Raios-de-Lua perguntou ao pajé:

– Por que não tremem hoje, pajé?

– Porque não têm medo, filha. Vão para a luta sem medo. Espírito que não tem medo, o corpo não treme.

– Mas, por que ficam frios e molhados? – tornou a perguntar.

– Frio, porque o espírito voa para baixo, no escuro, e molhado porque fica mandando força para o espírito lutar, compreende?

– Sim, eu compreendo agora, pajé.

Lua Branca deitou-se atrás de Sol-da-Manhã e protegeu-o com o calor do seu corpo. Sarah olhou para o pajé e depois para Raios-de-Lua. Vendo seus olhares, entendeu o que queriam dizer. Poderia acordar no outro dia com um cadáver nos braços. Esta ideia a assustou. Então o pajé falou:

– Se você tem medo, eu o aqueço com meu corpo, mas já não tenho tanto calor a oferecer e preciso ficar acordado até eles voltarem.

– Eu vou, pajé, não se preocupe, eu o aqueço. Despiu o vestido, ficando apenas com a tanga de couro e se deitou ao lado do Pescador. Iria manter o corpo dele aquecido, enquanto ele lutava nas trevas.

– Agradeço-lhe, Sarah. Você é muito boa. Que Tupã a guarde sempre!

– Não fale nada, Raios-de-Lua. Não é preciso agradecer. Estou retribuindo o que ele fez por mim. Pena que não possa fazer por ele tanto quanto fez por mim e minha família.

– Você tem toda a vida para retribuir. Aqueça-o bem hoje e terá todo o tempo de que precisa para retribuir.

O pajé falou a Raios-de-Lua:

– Fique aqui perto de mim e do menino, filha. Agora vou ver como estão os espíritos deles. Façam silêncio.

O Perigo e a Vitória

(Como Cultivar a Terra)

O tempo foi passando. Os gemidos cessaram de forma instantânea. O pajé assustou-se e foi até perto do Pescador para ver o que tinha acontecido. Viu que ainda estava respirando, mas não transpirava mais. Isso era sinal de perigo. Foi até Sol-da-Manhã que estava respirando, mas não transpirava também. Pediu a proteção de Tupã para a luta de seus filhos. Temia perder os filhos, que nunca tivera, de uma só vez. Voltou ao seu lugar, puxou uma manta sobre os ombros e ficou em silêncio. Nada podia fazer.

O menino estava abraçado a Raios-de-Lua, os dois já dormiam há algum tempo.

Mais tarde, o pajé tornou a olhar. Os dois estavam secos e respiravam, mas continuavam gelados. Nada tinha mudado.

– Procurem dormir, vocês duas. Não adianta vocês ficarem acordadas. Fiquem tranquilas, a luta ainda continua – falou o pajé.

Algum tempo depois, ao tornar a olhar os dois, as mulheres estavam dormindo. Viu que tudo estava como antes: respiravam, mas estavam frios. Era como se já estivessem mortos, deviam estar no centro, no lugar mais profundo, como disse o Pajé Branco.

Ao amanhecer, Raios-de-Lua acordou. Ao olhar para o pajé, viu preocupação em seu rosto. Isso a assustou.

– O que aconteceu durante o tempo em que dormi, pajé?

– Nada, filha. O Pajé Branco parou de gemer e os dois não transpiraram mais. Isso faz bastante tempo e continuam frios. Estou preocupado, filha, já deveriam ter voltado.

– O senhor acha que voltam, pajé?

– Não sei, filha. Mesmo elas estão frias. Os corpos deles não estão recebendo o calor delas. Estão esfriando seus corpos.

Raios-de-Lua aproximou-se do Pescador e acariciou sua testa. Estava com a pele seca, igual à do menino quando chegou na aldeia. Começou a chorar baixinho, para não acordar Sarah nem Lua Branca. Então, começou a falar no seu ouvido.

– Volte, Pajé Branco. Volte! Não se deixe encantar no lado escuro dos campos eternos. É só ilusão, Pajé Branco. Volte para mim! Eu sou real! Volte para criar seus filhos. Lute e vença por eles, Pajé Branco. Flutue no ar como Sarah flutuou na água para você, ou já esqueceu como é? Flutue como os pássaros no ar e voe como eles. Seu espírito é forte. Você é o Pajé Branco. Você tem a estrela da sereia do mar. Use sua estrela, Pajé Branco. Ela o ilumina na escuridão e cega os espíritos do escuro. Pegue sua estrela e vencerá facilmente sua luta. Ela agora está azul e a sereia está cantando o seu canto encantador. O canto manda que você lute com sua estrela. Ela é sua força nas trevas. Voe como os pássaros no ar e, com sua estrela na mão, cegue a todos eles, faça-os caírem de joelhos à sua frente, pedindo perdão por terem lhe atacado. Dobre seus corpos com sua fé, meu Pajé Branco! Lute por mim, que não posso lutar mais. Lute com sua estrela, pelos filhos que guardo no meu ventre. Lute pela sua Sereia Encantada, Pajé Branco. Ela espera que o seu guerreiro vença mais esta luta com sua Estrela Encantada. Eu rezo a Tupã pela sua vitória. Sei que é mais forte do que eles. Eles são apenas vento, você é vida e força. Sua estrela agora não pode ser olhada, pois seu brilho cega, Pajé Branco. Eles estão cegos, dobre-os agora. Não os deixe fugir! Busque-os com sua estrela, Pajé Branco. Sei que estão com medo de você. Agora eles temem a você, pois a Estrela Encantada é sua. Vença por Raios-de-Lua e pelos filhos que Tupã lhe envia. Lute e volte, e nunca mais precisará lutar com eles, pois, aí, eles o temerão e o servirão por toda a eternidade. Rezo por você, Pajé Branco, e espero sua volta.

Depois dessas palavras, os soluços viraram um pranto alto. Ela não podia controlar seus sentimentos, suas lágrimas caíam no rosto frio do seu amado.

O pajé estava calado. Raios-de-Lua era o seu nome. Ela brilhava sobre ele, na penumbra, como uma lua enviando sua luz para guiá-lo na escuridão.

Sarah, que estava acordada há tempos, ouviu todas as suas palavras em silêncio. Quis dizer algo, mas o pajé, com um sinal, a fez se calar. Não era hora para falar. Agora tinha de fazer silêncio.

A Sereia Encantada fez Raios-de-Lua cantar o seu canto de luta. Era o canto da vida, o canto do amor, o canto que encantava a quem o ouvisse. E ela cantava pelos lábios de Raios-de-Lua. Como era lindo o canto da Sereia Encantada! O velho pajé nunca tinha ouvido nada igual em toda a sua vida. Nenhuma magia era tão linda ou tão forte quanto o canto da sereia. De seus olhos, já cansados pelo tempo, corriam lágrimas. A sereia também o encantava com seu canto. Como ela era linda de ser vista! Agora estava sobre Sarah e Raios-de-Lua. Cobria-as com seu manto azul. Sua luz brilhava tanto que envolvia a todos. O Pajé Branco era um homem de sorte, pensou. Ali, ao seu lado, estavam duas mulheres que o amavam e o Espírito do Mar. A Sereia Encantada também o amava. Sim, ele ganharia a luta, pelo amor que as três mulheres tinham por ele. O guerreiro empunhava sua arma, a Estrela Guia. O pajé, então, pôs a mão no seu rosto, que estava quente como fogo. Foi até Sol-da-Manhã, que também estava quente como fogo. Seus filhos voltariam vitoriosos. A luta estava ganha!

Depois de algum tempo, a sereia foi sumindo devagar, até desaparecer por completo. Raios-de-Lua parou de soluçar, enxugou os olhos e só então notou que o Pajé Branco estava quente. Era um calor agradável, aquele que saía de seu corpo. Foi até Sol-da-Manhã e sentiu seu corpo quente também.

– Pajé, eles venceram. Os corpos não transpiram mais e estão quentes. Não precisam de calor, têm calor para nos dar.

– Sim, filha, eu sei. Vi a sereia do Pajé Branco. Ela saiu da estrela e ficou sobre vocês. Ela é linda e seu canto me encantou. Nunca tinha visto nada igual. Estou contente.

O menino falou também:

– Pajé, eu também vi o Espírito da Água. É muito bonita. Ela sorriu para mim, pajé. Você viu, Lua Branca?

– Sim, vi e achei muito bonita. Ela encantou a todos nós, penso eu.

– Sim, acho que estamos todos encantados agora – falou Sarah.

– Você a viu, Sarah? perguntou Raios-de-Lua.

– Sim, eu a vi. Ela cantava, através de você, para seu filho Pescador. Agora vou me levantar, ele já não precisa mais ser aquecido, logo estará de volta. Suas lágrimas de amor o aqueceram, Raios-de-Lua.

– Nosso amor o aqueceu e deu forças para ele vencer. Fique e se aqueça em seu calor, agora.

– Não, é seu marido. Ele deve encontrar quem o ama ao seu lado, quando voltar.

– Então, vai encontrar a quem o ama quando voltar. Vamos ficar as duas nos aquecendo no seu calor.

O pajé pegou o menino nos braços e falou:

– Vamos, criança. Vou lhe contar sobre a verdadeira magia do amor, a única que devíamos conhecer.

Saiu levando o menino consigo. Era um velho feliz. Vira a Sereia do Mar ainda em vida. Quem sabe, quando partisse para os campos eternos, não a encontraria novamente! Estava muito contente.

Algum tempo depois, o Pescador abriu os olhos: estava voltando à vida novamente. Sol-da-Manhã também acordara e foi logo dizendo:

– Você venceu, Pajé Branco. Agora eles o temem.

– Nós vencemos, meu irmão! Eles temem a nós dois agora. Não virão mais, a não ser que sejam chamados e não pretendo chamá-los nunca em minha vida.

Então notou que as duas mulheres estavam ao seu lado.

– Agradeço sua ajuda. Não sei como agradecer às palavras, ou lembranças, que me chegavam de longe, dando ânimo para vencer. Não sei como, mas alguém levou a estrela até lá.

– Bom, vou me levantar agora – falou Sarah. Acho que está tudo bem agora.

– Por que não fica mais um pouco, Sarah? Eu não sinto ciúme de você. Ajudou a salvá-lo, pode ficar junto a nós.

– Não, é melhor me levantar e deixá-los sozinhos.

– Pajé Branco, ela tem vergonha de você. Se você pedir, ela fica junto de nós.

– E você quer que ela fique junto de nós?

– Sim, mas ela só fica se você pedir. Não adianta eu mandar.

– Fique um pouco conosco, Sarah, eu lhe peço. Seu calor me salvou quando eu precisava.

Sarah tornou a se aconchegar junto ao Pescador. Era bom ficar junto dele, pensou. O Pescador passou o braço sobre seu ombro e a acolheu. Outro braço estava sobre os ombros de sua esposa. Cada um tinha no que pensar naquele momento: Raios-de-Lua pensava na partida; o Pescador, na vitória contra os espíritos do ar; e Sarah, em como seria bom ter alguém para aquecê-la também. Foi quando Sol-da-Manhã falou:

– Pajé Branco, gosto de Lua Branca. Vou querer ficar com ela para sempre.

– Deixe isso comigo. Arrumo tudo para você. Quando o pai vier buscar o menino e ela, vai levar somente o menino. Ela fica!

– Será que meu pai deixa eu ficar? – perguntou Lua Branca.

– Se eu conheço um pouco o Pajé Branco, ele deixa – disse o índio sorrindo. Até agora não o vi falhar, e não vai ser comigo que vai acontecer, não é, meu irmão?

– Não falharei, meu irmão. Ela fica, só levam o menino – e deu uma gargalhada. Todos o acompanharam nos risos.

Raios-de-Lua perguntou a Sarah e a Lua Branca se queriam saber como conquistara o coração do Pajé Branco. Elas concordaram em ouvir sua história.

– Quando Pajé Branco apareceu aqui, eu não passava de uma menina. Depois que salvou meu pai e o velho pajé, eu ficava a olhar a distância aquele homem branco com tantos cabelos no corpo. Era diferente de nós. Não brincava nem sorria. Era muito sério e triste. Eu não tinha coragem de chegar perto. Então, escondida, ficava a espiá-lo sem que me visse. Quando meu pai comentou que gostaria de dar um presente a ele, mas algo que o agradasse, eu pedi a meu pai que me desse em casamento ao Pajé Branco. Meu pai olhou para mim e perguntou se eu sabia o que estava dizendo. Respondi que sim, que o achava muito triste e solitário e que poderia torná-lo um homem feliz com meu amor. Meu pai, que gostava do Pajé Branco, pensou um pouco e, depois, concordou. Afinal, agradaria a mim e poderia retribuir ao Pajé Branco com um presente de igual valor: alguém que queria lhe dar alegria e prazer de viver. Assim, seria não só um homem com poder, mas, também feliz. Depois de tudo feito e casada, não sabia como fazer o Pajé Branco me tocar. Eu estava infeliz, não conseguia agradá-lo e não podia falar com meu pai, porque isso o ofenderia, pela recusa do presente que recebera, e não usava para ser feliz. Então, fui falar com o pajé velho. Ele era sábio. Iria me ensinar como conquistar o amor do Pajé Branco. Depois de lhe contar tudo, ele ficou em silêncio. Eu esperava sua resposta, até que ele falou:

– Filha, tem alguns homens que não sabem cultivar a terra, porque nunca aprenderam e não sabem como plantar suas sementes. A estes, a terra precisa saber acolher sua semente, ainda que de forma imperfeita, e dar-lhes toda sua força de vida para que sintam vontade de plantar mais para que, com o tempo, vejam que é fácil plantar. Basta ir aprendendo, cada vez mais. Existem outros que até sabem como plantar, mas têm medo de violar a terra, acham que não devem tocá-la por ser uma terra virgem e que seria melhor plantar em uma terra já cultivada, o que seria mais fácil, pois não teriam primeiro de arar e virar a terra para, depois, plantá-la. Acham que a terra ainda virgem não deve ser tocada. E há ainda outros que não sabem plantar suas sementes, mas gostariam. Porém, como a terra é nova e virgem, não têm coragem. A terra é fértil, mesmo que malcultivada da primeira vez. O lavrador experiente, que ama a terra e sabe revirá-la corretamente, faz com que ela se sinta contente e lhe dê boa colheita. Qual o seu lavrador, filha?

– Acho que é o terceiro, Pajé Velho – respondi.

– Então a terra tem de atrair o lavrador com sua força e ir fazendo com que ele tome a iniciativa de lançar sua semente, como no primeiro caso. Depois, deve agir como no segundo caso, mostrando que não quer ficar virgem, afinal não adianta ser uma terra boa e ficar incultivada. E, por fim, mostrar que ele revolveu a terra de forma errada, não conseguindo plantar bem suas sementes. A terra está lá, ainda fértil, esperando que ele, numa segunda vez, are melhor e então sinta o prazer de plantar corretamente sem ofendê-la, pois o que ela quer é ser cultivada. Basta ele tentar novamente.

– Eu agradeci ao pajé e fiz como ele falou. Deu certo. Conquistei o meu lavrador, que agora vai colher seus frutos. Espero que ele goste dos frutos que vai colher. Sol-da-Manhã, vamos falar com meu pai sobre seu desejo de se casar com Lua Branca? Ele também precisa aceitar, para que tudo saia bem.

– Esperem, eu vou com vocês – falou o Pescador.

– Não, você fica mais um pouco com Sarah e explica a ela como a terra que foi malcultivada pode voltar a ser fértil. Basta que ela deixe que o lavrador lhe abra novamente os sulcos e plante corretamente. Então, ela dará bons frutos.

– E por que você não explica? Você sabe melhor do que eu como a terra deve e gosta de ser cultivada.

– Só o lavrador pode explicar para a terra. Uma terra não pode ensinar à outra como é o cultivo.

Raios-de-Lua saiu e deixou os dois a sós. O Pescador levantou-se também. Não gostara do rumo da conversa. Tinha a impressão de que sua mulher estava tramando algo. O que pretendia ela com aquela conversa toda? Estava falando como o velho pajé da aldeia. Foi quando seus pensamentos foram interrompidos pela pergunta de Sarah.

– Você vai sair, Simas?

Este olhou para ela e viu que ela estava toda encolhida, embaixo da manta de couro. O olhar mostrava uma insegurança e um medo muito grande.

– Sim, Sarah, vou sair. Percebi o que Raios-de-Lua pretende. Ela acha que, por estar nesse estado, me deixa infeliz. Então, quer me agradar, conduzindo-me a você. Mas não é isso que quero, sinto que não devo trilhar esse caminho.

– Mas não quero nada, além de um pouco de apoio, Simas, só isso, nada mais. Buscou as últimas palavras e ainda tinha coragem para dizê-las, pois estava envergonhada do que estava fazendo.

– Sabe, Sarah, quando eu a vi em sua casa, meu coração acelerou, meu sangue circulou mais rápido pelas veias. Vi que você não mudara, amadurecera, mas estava linda. Não sabia, ao certo, o que pensar.

– Por que me convenceu a acompanhá-lo até aqui, Simas?

– Porque você estava morta por dentro. Achei que poderia ajudá-la, tirando-a daquele lugar. Trazendo você até aqui, poderia mudar seus pensamentos mais íntimos.

– Mas você me ajudou bastante, creia-me. Vi aqui muitas coisas que alteraram o que eu sentia no meu íntimo.

— Sim, creio que você tenha mudado, mas como posso ajudá-la e não magoá-la, como já fizeram uma vez com você? Eu não a trouxe com essa intenção e não quero ter em minha consciência este pecado.

— Seria pecado amar um pouco a quem o ama, Simas?

— Não vê que tenho uma mulher a quem respeito, Sarah? Não quero magoá-la também. Ela merece todo o meu respeito, apesar de que não sei muito bem o que ela pretende com tudo isso.

— Desculpe-me, Simas, mas eu não pretendia criar problemas. Não sei como deixei que isso acontecesse. Perdoe-me. Já fez muito por mim. Levantou-se para se vestir. Não se sentia bem em andar como as índias, apenas com uma tanga a cobrir seu corpo.

Simas ficou observando-a enquanto se vestia. Sim, amadurecera, mas estava mais linda agora, Ao perceber que era observada, Sarah corou de vergonha. "Que situação!", pensou: fazia o pior papel de sua vida, o de uma mulher sem valor.

Após se vestir, saiu apressada em direção ao rio. Chegando lá, o pranto brotou de seu peito como um vulcão que não podia ser contido. As lágrimas queimavam-lhe as faces. Que tola havia sido ao pensar que poderia ser feliz!

Enquanto isso, o Pescador ficara pensando em sua oca: Que situação difícil! O que estava ele fazendo de certo ao trazê-la para junto de sua mulher? Só podia dar no que deu. Amava Raios-de-Lua, que era sua esposa, mas também gostava de Sarah. Como viver na ilusão de que poderia ajudar a uma, sem magoar a outra? Era errado e também um pecado. Já tinha um débito muito grande perante Deus para adquirir mais um. Melhor cortar agora qualquer esperança em relação a Sarah, para não se arrepender amargamente no dia do seu juízo perante o Criador. Saiu apressado e se embrenhou nas matas, queria ficar só. Tinha muito no que pensar e o melhor seria ficar sozinho. Voltou para a aldeia quando o Sol já se escondia no horizonte. Estava se sentindo melhor, com as emoções controladas. Ao entrar em sua oca, Raios-de-Lua estava triste. Perguntou-lhe o que havia acontecido e ela não respondeu.

— O que houve, Raios-de-Lua? Por que fica aí, tão calada? Não respondeu a minha pergunta?

— Sarah foi embora! Foi isso o que aconteceu!

— Como disse? — perguntou o Pescador, atônito.

— Ela foi embora. Pedi a meu pai que mandasse alguns guerreiros acompanhá-la até a missão do padre. Lá ela pedirá a sua ajuda para chegar até a casa de seu pai, na capital.

— Mas por que ela foi embora? Não havia motivos.

— Havia, sim. Você é o motivo.

— Por que eu?

– Você a trouxe até aqui para ajudá-la, não? Fez com que ela começasse a se sentir mulher novamente e quando era a hora de dar-lhe confiança, você negou.

– Eu neguei? Como pode me dizer isso? Agi de acordo com meus princípios. Fui educado assim, desde que me recordo, quando ainda era uma criança. Sei a diferença entre o certo e o errado.

– Mas não sabe a diferença entre o amor e o desprezo.

– O que está insinuando com estas palavras?

– Que, trazendo-a de volta à vida, quando ela tentou viver, ainda que por um momento, você a negou. Se foi para isso que fez tudo o que fez, então não devia ter feito nada.

– Você não compreende que eu não queria magoá-la mais do que um dia fora magoada? Será que é tão difícil entender isso, Raios-de-Lua?

– É muito difícil! Ela só veio até aqui porque ainda o ama. Fez tudo o que você pedia porque confiava em você. Sujeitou-se a aquecê-lo na hora em que estava com frio tendo de submeter-se a nossos costumes, apenas porque era para o seu bem. Não queria que você morresse, porque se fosse em outro homem que tivesse de se encostar, ele morreria, pois não teria coragem. Depois de tudo isso, ela se sentiu mulher novamente. Sou mulher e sei o que é se sentir mulher. Ela só queria um pouco de amor e de carinho de quem ela amava e confiava. Você era a única pessoa que poderia ajudá-la. O pajé não poderia, o padre também não, nem o pai ou o irmão poderiam, pois o tipo de mágoa que ela carrega só sai com o amor de quem se ama. E isso você negou e ela se sentiu humilhada. Como um dia lhe tiraram o prazer da vida, hoje você se negou a devolver-lhe esse mesmo prazer.

O Pescador havia se sentado. O mundo desabara sobre ele. Estava com a cabeça entre as mãos. Por fim, levantou a cabeça e olhou para Raios-de-Lua. Não era sua tão meiga mulher que lhe falava, mas alguém que entendia os sentimentos de um ser humano que sofre a dor na alma. Sim, errara duas vezes. A primeira em trazê-la pensando que a ajudava e a segunda ao negar-se a lhe dar um pouco de confiança em si mesma, como mulher. Tudo estava errado. O tempo das lágrimas chegara. Este era o tempo, tinha certeza agora.

– Vou atrás dela, Raios-de-Lua. Creio que devo tentar me desculpar, ao menos.

– Não adianta, Pajé Branco. Uma mulher, quando se sente recusada por quem ama, nunca mais é a mesma.

– Ainda assim, vou tentar.

– Faça o que achar melhor. Só não vá magoá-la mais, já que você entende tão pouco do amor.

– Não fale assim. Se a recusei foi por amar muito a você, mais do que a ela! – exclamou ele bravo e ofendido.

– Desculpe, eu não quis ofendê-lo.

Raios-de-Lua se excedera em suas palavras. Foi até ele e o abraçou.

– Você tem razão, Raios-de-Lua. O que entendo realmente do amor? Sei tão pouco do amor que tenho comigo o maior dos pecados diante de Deus. Se realmente amasse o meu pai, confiaria no que ele estava fazendo e não o teria entregue à morte. Sim, é isso mesmo, entendo muito pouco do amor.

Despediu-se de sua mulher e partiu às pressas. Com um pouco de sorte, ainda a alcançaria na igreja do arraial.

Cavalgou a noite toda. Ao amanhecer, estava chegando. Apeou do cavalo e procurou pelo padre. O velho Jorge disse-lhe que o padre partira com a moça há cerca de uma hora.

– Vou atrás deles, velho Jorge. Até logo!

– Seu cavalo não vai aguentar, amo branco. Está muito cansado. O senhor forçou-o demais.

– Mas eles não devem estar muito longe.

– Melhor é trocar de cavalo e depois ir.

– É, tem razão, não adianta forçar mais o pobre animal.

Após conseguir outro cavalo, partiu a galope. Ia cavalgando como um desesperado. Viajara a noite toda a cavalo, estava cansado, com o corpo dolorido, mas a alma empurrava-o com força em sua vontade de consertar o erro que cometera.

Por volta do meio-dia, alcançou-os. Pararam os cavalos. O Pescador estava com a aparência horrível e Sarah com o rosto desfigurado pela tristeza e vergonha.

– Bom-dia, Padre. Bom-dia, Sarah!

– Bom-dia, Pescador. O que faz por aqui, cavalgando como um doido? – perguntou o padre.

– Padre, gostaria de conversar um pouco, a sós, com Sarah. Tenho algo a esclarecer com ela.

– Como queira, Pescador. Eu os espero mais adiante.

Os dois, o Pescador e Sarah, ficaram olhando o padre afastar-se. Um não tinha coragem de encarar o outro. Por fim, o Pescador falou:

– Sarah, vim lhe pedir desculpas. Desça e vamos conversar um pouco.

– Não tenho vontade de conversar, Simas. Gostaria de não estar aqui.

O Pescador apeou e foi até ela. Estendeu-lhe a mão.

– Está bem, Simas. O que quer falar? – disse ela, descendo do cavalo.

– Vamos até a sombra. Quero que me perdoe por não ter compreendido seus sentimentos. Acho que errei muito com você.

– Não, Simas, você não errou. Eu é que fui uma tola ao pensar que encontraria a felicidade vindo até aqui com você. Era só ilusão. Estava enganando a mim mesma. Não nasci para ser feliz, o mundo me nega esse prazer.

– Não é bem assim, Sarah. Eu a amo e sempre a amarei. Quando a convidei para vir comigo foi porque fiquei muito triste ao vê-la infeliz. Pensei que pudesse fazê-la reviver novamente, trazendo-a comigo, para que conhecesse uma vida nova. Dói na alma ver quem se ama sofrendo tanto. Minha intenção não foi a de magoá-la. Se eu imaginasse que isso aconteceria, preferia a morte a ter comigo essa culpa. Jamais pensei em magoá-la. Acredite-me!

– Não precisa se justificar, Simas. Eu também estava enganada. Sabia que você tinha uma esposa e ainda assim pensei que acharia a felicidade. Se tivesse ficado ao seu lado por uns poucos dias, e se você tivesse me amado, eu seria mais infeliz, pois não iria querer me separar mais de você. Então, quem se magoaria seria Raios-de-Lua. Um amor não pode ser conseguido à custa do sacrifício de outro amor. Não seria amor, apenas paixão, o que nos marcaria para sempre. Eu, provavelmente, ficaria me achando a mais sem-valor das mulheres no mundo, estaria marcada para sempre. A educação que recebi não é igual à dos índios. Somos diferentes não só na aparência mas no modo de amar também. Raios-de-Lua foi muito generosa dividindo o seu amor comigo. Não sei se teria sua coragem para tentar nos unir, somente para me fazer feliz.

– Não a abracei porque também fui criado diferente, Sarah. Formei-me sacerdote e falhei como tal, mas, as marcas ficaram em mim e nunca sairão de meu caráter. Quando me casei com Raios-de-Lua, não tinha escolha: ou casava, ou morria, pois não se recusa um presente de um cacique índio. Mas, com o tempo, passei a amá-la. Amo-a muito, de verdade, mas também amo muito a você. Apenas não fiz o que ela queria porque fui ensinado que esposa só existe uma. Se há duas, são amantes, e isso viola os princípios sagrados. Não porque não a desejasse, mas, por medo de cometer mais um pecado entre os muitos que já cometi. Errei com você, como tenho errado em toda a minha vida. Agora, não serei mais feliz com Raios-de-Lua.

Os olhos do Pescador estavam úmidos de lágrimas. Aquelas palavras exprimiam seus sentimentos.

– Não fale assim, Simas. Ela merece todo o seu amor. Talvez, mais do que qualquer outra pessoa no mundo, ela o mereça. O que ela quis foi nos fazer felizes, porque sabe dos nossos sentimentos e quis dividir seu amor tão generoso comigo. O encanto dela está aí, Simas: sua generosidade é maior que a nossa. Isso a torna mais merecedora do seu amor. Não a magoe com seus sentimentos.

— Não, não a magoaria por nada deste mundo. Eu disse que, provavelmente, não seria mais feliz com ela, porque errei com você. Como ela mesma disse, uns a magoaram por tirar-lhe a oportunidade de ser feliz e a magoei porque, quando teve coragem para ser mulher, eu lhe neguei esse prazer. Quem morreu agora fui eu, Sarah.

Sarah o abraçou com carinho e disse:

— Não diga isso, Simas. Você não morre, apenas está ferido em seus sentimentos, nada mais. Não sofra! Por minha causa, tantos já sofreram. Eu não gostaria de também vê-lo sofrer.

— Sabe, Sarah, não sei como agir com uma mulher, mas gostaria de ao menos guardar comigo para sempre o prazer de beijá-la. Ao menos isso gostaria de guardar comigo.

— Então, por que não me beija, Simas? Eu também gostaria de ter essa lembrança comigo. Seria o meu motivo para continuar vivendo, mesmo sabendo que você não me pertence.

Beijaram-se. Foi um longo beijo. Os anos de espera não contavam mais. Ficaram por longo tempo abraçados, sem nada dizerem. Nada precisava ser dito naquele momento.

— Ei, vocês dois, vamos decidir logo isso: ou vamos ou voltamos. Ficar no meio do caminho é que não podemos.

Era o padre que se aproximava, sem que percebessem.

— Oh! desculpe, padre, esqueci do senhor – disse Sarah.

— Todos se esquecem de mim. Ainda bem que não esqueço de ninguém, se não os largaria aí e voltaria para minha paróquia agora mesmo.

— Padre, desculpe-me por tê-lo feito esperar tanto, mas não vou mais tomar seu tempo. Pode ir que já eu o alcanço – falou Sarah. Simas, volte para sua esposa e fique com ela até ela dar à luz a seus filhos. Converso com meu pai e, se ele precisar de alguma coisa, eu venho avisar. Não se preocupe. Nós cuidaremos de tudo para você, na capital.

— Obrigado, Sarah. Deus há de recompensá-la por ser tão boa comigo. Diga a seu pai que logo irei ter com ele. Quando seu irmão voltar, mande me avisar. Está bem?

— Está bem, Simas. Vê? Sou outra mulher agora.

— Fico feliz de não ter falhado totalmente com você, Sarah.

— Você não falhou. O momento certo não era aquele. Até a vista, Simas!

— Até a vista, Sarah! Que a boa estrela também a faça feliz, como um dia me fez.

— Assim espero.

Sarah partiu a galope atrás do padre. Ao alcançá-lo, este perguntou:

— Pescou o peixe, filha?

– Não o pesquei ainda, padre, mas também não o deixei escapar. Raios-de-Lua venceu, no final.

– É, vocês mulheres, são mesmo umas serpentes tentadoras a atormentar a vida dos homens – e deu um sorriso.

Sarah também sorriu. Ainda que triste, pois se lembrou de que logo ele estaria a chorar.

O Regresso de Sarah (A Partida de Raios-de-Lua)

O Pescador voltou para a aldeia. Nada lhe foi perguntado e nada disse, mas parecia calmo quando chegou.

Quando o cacique Pedra Negra veio buscar seu filho, o cacique da aldeia recebeu-o com uma grande festa. Pedra Negra ficou feliz quando viu o menino curado e correu para abraçá-lo. O menino foi ao seu encontro. Era um homem feliz. Voltou para junto do outro cacique e sentaram-se para conversar. O Pescador aproximou-se e também sentou-se junto a eles. O cacique Pedra Negra falou:

— Pajé Branco, agradeço por ter curado meu filho. Não sei como recompensá-lo.

— Mas eu sei, cacique Pedra Negra.

— Como, Pajé Branco?

— Olhe à sua volta. O que vê?

— Festa, é o que vejo, e fico feliz com a festa de nossas aldeias. Não vai mais haver luta entre nós.

— Confio em sua palavra, mas, para ter certeza disso, eu gostaria de lhe pedir algo.

— Pois peça. Se eu tiver, eu lhe dou.

— Eu quero sua filha.

— Para você, Pajé Branco? Já não tem companheira?

— Não é para mim, é para meu irmão Sol-da-Manhã. Ele gosta de sua filha e ela gosta dele. Querem se unir. Se suas palavras são verdadeiras, de que não vai mais haver luta e sim festa, dê então esta alegria para meu irmão

Sol-da-Manhã e sua filha Lua Branca. Haverá, então, muita festa e paz entre as duas aldeias, pois o perigo está se aproximando pelo mar.

— Como assim, Pajé Branco?

— Do mar vêm os brancos portugueses, com seus navios. Enquanto vocês guerreiam, eles vão tomando suas terras. Então, una sua filha a Sol-da-Manhã e fiquem para enfrentar os portugueses que vierem tentar tirá-los daqui.

— Você fala verdade, Pajé Branco. Meus guerreiros já viram muitos guerreiros brancos. Eles são maus.

Olhando para o cacique da aldeia, perguntou o que ele achava.

— Nós somos irmãos, eles não. Então, que nós vivamos em paz para resistirmos a eles.

Quando o cacique Pedra Negra consentiu a união de sua filha com Sol-da-Manhã, todos ficaram felizes. Não haveria mais guerras entre eles. Fizeram muita festa. Era a primeira união, outras viriam com o tempo. "O Pajé Branco conseguiu novamente", pensou Raios-de-Lua. No dia seguinte, Sol-da-Manhã veio até a oca do Pescador para lhe agradecer.

— Obrigado, Pajé Branco! Você me tornou um homem feliz novamente.

— Por que feliz novamente? Você era quieto, diferente dos outros guerreiros, mas não sabia que era infeliz.

— Três anos atrás eu tinha uma companheira, mas, em guerra com cacique Pedra Negra, ela foi morta. Então, eu não quis mais outra companheira. Quando você apareceu, comecei a acompanhá-lo, vi muitas coisas, então mudei de ideia. Quando vi Lua Branca, meu sangue correu forte. Eu a queria, e você, com seu poder, conseguiu que ela fosse dada a mim. Agora sou feliz, tenho uma boa companheira e estou vingado. É a filha do homem que massacrou nossa aldeia.

— Não fiz nada de mais, meu amigo. Você é muito bom comigo. É o irmão que não tive — falou o Pescador.

— Pajé Branco, vou passar uns dias na aldeia dela, depois volto. Se precisar de mim, basta chamar.

— Está bem, meu amigo. Você merece um pouco de descanso também.

Os dias foram se passando lentamente. A ansiedade tomara conta do Pescador, mas também a tristeza. Vivia solitário na aldeia, sentia que algo não ia bem em sua vida. Não se sentia assim desde que encontrara sua sereia do mar. Tinha certeza, agora o tempo das lágrimas chegara, só não sabia como seria, mas a cada dia sentia-se mais triste. Em uma tarde, o velho pajé aproximou-se e perguntou:

— Filho, o que o atormenta?

– Não sei, meu amigo. Sinto-me vazio, como se o mundo não existisse. Não vejo motivos para viver. Não tenho vontade de ficar na aldeia, mas sim de partir. Era o que eu sentia até aparecer a sereia.

O pajé falou mais algumas palavras e foi embora. Procurou Raios-de-Lua. Precisava saber o que tinha acontecido com o Pajé Branco, nunca o tinha visto daquele jeito. Ao encontrá-la, foi logo perguntando:

– Minha filha, o que houve com o Pajé Branco para ter mudado tanto?

– Fui culpada, pajé velho. Queria que fosse feliz após a minha partida e o que consegui foi magoá-lo. Errei em pensar que era como os outros. Ele não é! Pensei em arranjar-lhe uma companheira antes de partir e o que fiz foi afastar dele a única a quem ele procuraria depois de minha partida. Não teria coragem de procurá-la antes. Vou partir triste, velho pajé – e encostou sua cabeça no peito do velho pajé, chorando.

– Não chore, filha. O tempo vai acomodar tudo, fique tranquila. Eu o ajudarei quando for preciso.

– Por que eu tinha de falar que ele não sabia amar? Toquei em sua ferida, pajé velho. Foi sem querer, mas agora ela está sangrando.

– Ora, filha, as feridas se curam com o tempo. Não se culpe. Você fez o que achou melhor, só isso e nada mais – e o pajé ficou em silêncio. Sim, como curar uma ferida, se ela está na alma e não na carne? Somente o tempo poderia fazê-lo.

No dia seguinte, ao entardecer, quando o Pescador se encontrava sentado à beira do rio com o olhar perdido nas águas que corriam a seus pés, Raios-de-Lua aproximou-se, sentando-se ao seu lado.

– O que tem o Pajé Branco, que fica tão só? Não gosta mais de Raios-de-Lua?

– Sim, gosto de você, mas é o passado que volta para me buscar.

– Lute contra ele, você vence, como já venceu muitas lutas.

– Esta luta, eu já perdi há muito tempo. O que amargo em meu coração é a derrota. Não posso esperar a vitória naquilo que já perdi, Raios-de-Lua.

– Sou a culpada por você voltar ao passado. Quero que perdoe minhas palavras daquela noite, Pajé Branco. Não queria que sofresse mais. Eu fico muito triste ao vê-lo assim, parado no lado escuro de sua vida. Volte para mim, Pajé Branco! Eu o quero como era antes, não como está agora.

– Sou o mesmo, minha querida, porém agora mostro realmente como sou: vazio e triste.

– Eu o quis um dia porque você era um guerreiro. Não um guerreiro que com suas flechas tira a vida e traz lágrimas, mas sim o que luta com uma arma que poucos têm. É a arma que traz a vida e a alegria a quem é atingido por ela. Foi por isso que eu o quis e o amei, e sempre amarei. Você traz a vida a quem passa pelo seu caminho. Não volte ao passado, agora que mais preciso de você.

— Não vou abandoná-la, Rios-de-Lua. Eu a amo e nada me faria deixá-la. Prefiro morrer a perdê-la, mas tenho de viver com as marcas da minha derrota, não posso mais escondê-las. Elas estão expostas em minha alma. Só o tempo poderá apagá-las, e ainda não é esse o tempo. Tive apenas um momento de esquecimento, mas agora retornaram como chagas que me fazem sentir muita dor. Logo voltarei ao normal.

— Pode ser que, quando voltar, já não seja o mesmo, e então não poderei mais ajudá-lo a esquecer o seu passado. E serei a mais infeliz das mulheres em todo o mundo, ainda que esteja nos campos eternos de onde não há mais retorno.

— Você não vai para os campos eternos, e não mudarei. É só eu apagar um pouco o passado de minha mente e volto a ser o que era. O nosso amor não morreu, ele nos mantém unidos.

— Os primeiros sinais estão vindo. Logo chegam os filhos, acho que serão lindos como você.

Raios-de-Lua tentava resgatar o Pescador do passado.

— Eu também estou ansioso para vê-los, minha querida. Vamos voltar! Não é hora de pensarmos em coisas ruins.

À noite, chegaram na aldeia o padre e Sarah. Estavam cansados, mas, queriam estar juntos a Raios-de-Lua em sua hora mais difícil.

O padre, vendo o amigo abatido, perguntou:

— O que está acontecendo?

— Nada, meu amigo, apenas estou ansioso, como todos, pelo nascimento das crianças. Não é sempre que nascem três filhos de uma vez. Isso me deixa nervoso, temo por Raios-de-Lua.

— Ora, relaxe. Nada vai acontecer de mal a ela. Cadê sua fé em Deus, meu amigo?

— Padre, não sei dizer o porquê, mas sinto a presença da morte a me rondar.

— Não diga bobagens. Como pode saber de algo que só a Deus pertence?

— É por isso que não sei explicar o que sinto. Vamos aguardar os acontecimentos, então quem sabe o pressentimento seja apenas um medo sem fundamento.

— É isso mesmo! Vê se alegra esse rosto triste e abatido, meu amigo. Ela precisa de seu apoio nessa hora.

— Sim, é isso mesmo. Só o senhor para me animar nas horas em que me sinto tão desamparado. Então, voltando-se para Sarah, perguntou-lhe: Sarah, como vai você? Não disse nada até agora. E como vai o seu pai?

— Estou bem, Simas! Meu pai está fazendo aquilo de que mais gosta: negócios. É outro homem, mais ativo e nem parece o mesmo. Não sei onde acha tanta energia. Meu irmão chegou pouco antes de eu partir para cá. Prefiro não falar nada agora, parece que cheguei no dia certo. Este é o momento de ficarmos juntos de Raios-de-Lua. É sua hora mais difícil, mas você ficará feliz com os negócios que ele fez para você. Mas por que está tão abatido?

— Estou confuso, mas não vamos falar de mim agora. Fale-me de você.

— Eu estou bem. Tenho ajudado meu pai nos negócios. Achei uma boa ocupação para esquecer o passado. Sinto-me outra mulher agora. Tenho vontade de lutar, de viver, Simas!

— Fico feliz por você, Sarah. Já me perdoou?

— Eu não tenho o que lhe perdoar. Não fale assim, pois me deixa triste novamente, Simas.

— Desculpe. Acho que estou tentando perdoar a mim mesmo.

Nisso ouviram um grito de dor. Foram rápido para perto de Raios-de-Lua, que estava pálida como a própria Lua, de onde vinha o seu nome.

Foi uma longa noite para todos. O Pescador havia esquecido um pouco do passado. Pensava mais no momento e isso o preocupava. Preocupava também ao padre, ao pajé velho e a Sarah porque, ainda que não quisessem crer, sabiam o que ia acontecer. E, para eles, era pior a espera.

O cacique chegou também. Afinal, era sua filha quem daria à luz três filhos, e um seria um guerreiro, segundo o pajé velho. Isso o deixava feliz, teria um descendente a quem dar o comando da tribo. Isso era certo, porque o pajé velho jamais se enganava em suas previsões.

Ao amanhecer, as contrações se tornaram mais fortes. A hora estava chegando. As índias velhas, que sabiam o que fazer nessas horas, estavam à espera do momento de agir.

Quando o primeiro filho nasceu, o Pescador chamou-o de Luiz, era o primeiro a vir à luz. O segundo filho, chamou-o de Pedro, aquele que seria a rocha da casa, e o terceiro deixou para que Raios-de-Lua desse o nome, pois parecia mais com um índio. Apenas os olhos eram como os seus, verdes como uma esmeralda, com um brilho especial.

Estava feliz. Os pressentimentos eram falsos, correra tudo bem. Era um pai feliz. Três vezes pai, de uma só vez. Deus tinha sido generoso para com ele. Teria uma boa descendência. Quem sabe da próxima vez também viessem outros três. Estava sonhando como todos os pais. Já pensava em um futuro para os filhos que mal tinham nascido.

Foi neste momento que, ao olhar a sua estrela, teve um sobressalto: ela estava totalmente apagada. O que acontecera com ela, que até o nascimento das crianças estava com uma cor azul cintilante? Foi até perto dela e fez suas preces em silêncio, como sempre fazia. Ela continuou escura, não dava nenhum sinal. Havia algo errado, talvez um prenúncio dos tempos de lágrimas. Eles não tinham acabado, ou talvez ainda estivessem por começar, pensou.

Raios-de-Lua estava descansando depois das horas de dor do parto. Estava muito abatida, sua respiração era ofegante, tinha dificuldades. Percebeu isso ao observá-la melhor. Um calafrio percorreu-lhe o corpo. Seria este o seu mau pressentimento?

Foi atrás do velho pajé. Algo não estava bem com Raios-de-Lua.

Ao chegar ao pajé, este estava com o olhar perdido no espaço. Buscava algo que não se mostrava a ele.

O Pescador falou-lhe, interrompendo seus pensamentos e tirando-o da sua abstração:

– Pajé Anhanguara, estou preocupado.

– O que o preocupa, filho? As crianças não estão bem?

– Não são as crianças, as outras mulheres estão cuidando bem delas. O que me preocupa é o estado de minha Raios-de-Lua.

– O que tem ela, filho? – falou o velho Pajé com a sua voz rouca, quase sem conseguir falar.

– Ela não está bem, eu sei disso, sinto que não está bem e, ainda por cima, a minha estrela não responde às minhas preces, não mostra mais sua luz. O que vai acontecer, meu amigo? O senhor parece saber de tudo.

– Espero um sinal de Tupã. Quero estar enganado, quero errar ao menos uma vez em minha previsão.

– Como assim, meu amigo?

– Sinto que ela não vai resistir ao esforço, Pajé Branco —— falou o velho Pajé com a voz embargada.

– Meu Deus! Isso não pode acontecer. Não com ela! Deus não será tão injusto assim comigo. Não agora, isso não!

– Acalme-se, filho. Não ofenda Deus chamando-O de injusto. Se ela não resistir ao esforço, não será culpa de Deus, mas, sim, sua vontade.

– Não quero crer nisso, não com Raios-de-Lua. Sem ela nada sou, pajé amigo. Compreende?

– Sim, compreendo sua aflição, mas, se isso vier a acontecer, será pela vontade de Deus, não pela nossa.

– Vou voltar para junto dela. Vou orar com toda a minha fé. A estrela há de responder, não pode me negar auxílio neste momento.

– Eu vou com você, filho. Também a amo como a uma filha. Ajudei a criá-la, carreguei-a por muito tempo, quando ainda era pequenina. Era só motivo de felicidade para mim. Se ela se for, uma parte de mim também se vai. Fico menor depois disso. Meu peito já não poderá mais acolhê-la nos momentos de tristeza, quando vinha até mim. Seus momentos de alegria eram meus momentos de alegria. Vamos unir nossas forças e, quem sabe, Tupã nos ouça. Afinal, vivemos para servi-Lo, não?

– É, acho que é isso mesmo. Vamos unir nossas forças, tenho a certeza de que nossas preces serão ouvidas.

Foram para perto de Raios-de-Lua, que estava agitada. O sono não descansava seu corpo. Era a agonia que se aproximava.

As horas foram se arrastando lentamente, e nada de Raios-de-Lua melhorar. O Pescador estava aflito, suas preces não chegavam até a sereia. Por que sua estrela não brilhava mais e se negava a lhe responder?

Por volta das 6 horas da tarde, ela abriu os olhos e pediu um pouco de água. Estava com a garganta seca, mal saía a voz. Sarah deu-lhe um pouco de água, em pequenos goles. Ela olhou o velho pajé. Seus olhares se encontraram e escorreram lágrimas em abundância. O pajé não se enganara, como antes nunca havia errado, era o fim mesmo! Não conseguia dizer nada.

– Filha, não precisa se esforçar. Eu compreendo tudo, eu sinto a sua dor e sofro com você. Choramos para vir e também para partir. Ao chegarmos, porque não sabemos o que vamos encontrar, e ao partir porque não queremos deixar o que encontramos.

– Pajé, ajude-me! Faça com que meu espírito alcance os campos eternos da luz, não o deixe na noite eterna, vagando sem rumo.

– Eu ajudarei, minha filha. Eu ajudarei.

E o pajé se afastou. Tinha o que fazer por Raios-de-Lua e o faria melhor do que nunca. Era uma parte sua que estava sendo arrancada, e com muita dor. Raios-de-Lua olhou para Sarah e, depois, para o Pescador.

– Pajé Branco, me deixe a sós com Sarah. Queria lhe falar sem ninguém por perto.

O Pescador saiu e ficou aguardando a distância. Estava trêmulo, as lágrimas afloravam com facilidade de seus olhos. O tempo das lágrimas havia chegado, da forma mais dolorida possível.

– Sarah, não o perca para nenhuma outra mulher. Ele ainda vive a dor do passado que não consegue esquecer.

– Tentarei, querida amiga. Não sei se conseguirei, mas tentarei.

– Não tente. Lute por ele, como se nada mais existisse para você! Não deixe que meu Pajé Branco morra com o seu passado, ou agora comigo. Eu não consegui fazer o que queria. Faça-o por mim e estarei sempre com você, apoiando-a.

– Lutarei, Raios-de-Lua. Um dia você conseguiu o que queria. Também conseguirei! Não posso tomar o seu lugar no coração dele, nem substituí-la, mas o conquistarei. Isso eu prometo! Quando partir, não fique triste, pois farei tudo para ter o seu Pajé Branco.

– Ele está perdido para mim, mas não quero que se perca para o seu passado. Precisa tirá-lo do passado, se quiser ganhar o seu coração.

– Acharei uma forma. Eu prometo. Deus me mostrará o caminho que devo percorrer. Agora descanse. Você não pode se esforçar demais, minha querida Raios-de-Lua.

– Sarah, eu só sinto não ter conseguido que ele ficasse ligado a você. Eu o magoei com minha tentativa. Não tive coragem de dizer-lhe a verdade, isso me deixa muito infeliz.

– Mas quem disse que você falhou em seu intento? Ele me alcançou no caminho. Estava cansado e confuso, mas, ao final, pediu-me um beijo como recordação a ser guardada como um tesouro. Eu também queria esta lembrança para mim. Foi o que me deu ânimo de viver. A semente plantada na terra não foi a que queríamos, talvez porque não fosse uma semente de amor, mas, sim, de desejo. O Criador foi quem plantou a sua semente, aquela que sai da sementeira pura, que é o amor verdadeiro, o amor que somente a alma pode exprimir.

– Então, no tempo certo, o semeador voltará. Agora partirei tranquila – disse Raios-de-Lua com um leve sorriso nos lábios. Chame-o para mim, Sarah, quero passar os meus últimos momentos junto a ele.

Sarah saiu para chamar o Pescador.

– Simas, ela quer vê-lo. Dê a ela o que ela sempre lhe deu. Nada mais ela precisa, neste momento.

O Pescador aproximou-se dela e tomou suas mãos com delicadeza. Não sabia o que dizer, a voz não saía, estava arrasado.

– Meu Pajé Branco, por que chora assim?

– Não quero que parta. Na me deixe agora, Raios-de-Lua, sinto-me tão só.

– Eu nunca o deixarei, meu querido Cavaleiro da Estrela Guia. Não é assim que os negros o chamam?

– Sim, é assim que me chamam. Não sou mais o seu Pajé Branco?

– Sim, é o meu Pajé Branco, e sempre será. Mas o Pajé Branco é só meu. Tenho o meu Pajé Branco! Os negros têm o seu Cavaleiro da Estrela Guia. Então, os dois são meus.

– Sim, os dois são e serão eternamente seus. Nunca a abandonarei. Você é minha força para a luta. Sem você, não há Pajé Branco, nem Cavaleiro da Estrela Guia. Se morrer, eles morrem também.

— Você não pode matá-los. Muitos ainda precisam deles. Cada um deles, com suas armas para defendê-los. Não os abandone! Eles não teriam outro igual. Não há outro igual a você! Só você pode ser tantos em um. Era o Pescador da Sereia, depois o Pajé Branco, mais tarde o Cavaleiro da Estrela Guia, que trouxe esperança ao coração daqueles que nada tinham além da certeza da morte, sem nenhuma paz. Então, não pode deixá-los morrer.

— Não posso aceitar a sua partida, minha querida Raios-de-Lua. Eu não posso!

— Você tem de aceitar. Parto para os campos eternos, mas deixo três em meu lugar. Eu me multipliquei em três por você e isso me deixa feliz. Quantas partem e não deixam nada de si para seus amados. Mas eu não: deixo três pedaços de mim, para que, sempre que olhar para eles, se lembre de mim com amor.

— Você não partirá, Raios-de-Lua. Sabia que, quando eu estava no centro mais profundo dos espíritos do ar, sua voz chegava até mim? Eu estava sem saída e sua voz me mostrou como vencê-los. Deu-me forças que nunca tive antes. E quando eu já não via mais nada, umas gotas de água caíam sobre meus olhos e limpavam minhas vistas? Era sua voz, e como era sentida! Que ânimo me deu para lutar e vencer! Eu lutava por você, minha querida. As mãos que me deram a estrela para a luta eram as suas, não outras. Venci para poder voltar para junto de você novamente.

— De fato, eu clamei por você. Incentivei-o a vencer por mim, pois não queria perdê-lo, mas as mãos que levaram a estrela até você eram de sereia, isso todos viram. Eles viram sua sereia aquecendo-o e dando-lhe luz para que vencesse as trevas que o envolviam, meu Pajé Branco.

— Então, você é minha sereia! Por isso a amo tanto. Eu tinha minha sereia o tempo todo ao meu lado e não sabia. Que tolo fui! Quando ia à capital, buscava à beira-mar para vê-la novamente. Nunca a encontrei lá, porque eu a deixava aqui, junto da estrela.

— Não, não sou sua sereia, sou Raios-de-Lua.

— E quando acha que eu via a sereia? Pensa que era de dia? Não, era quando a noite ia chegando, e a Lua despontava no horizonte. Ela aparecia saindo da água. A sereia vinha com os raios da Lua. Você é a minha sereia, o seu nome o diz, Raios-de-Lua!

— Eu não sou sua sereia, mas gostaria de ser. Assim apareceria à sua frente, sempre que fosse à beira-mar só para encantá-lo e tê-lo nos meus braços.

— Você sempre será minha sereia. Aquela que, sem que eu percebesse, me encantou pela segunda vez. Sou um homem de sorte! Tenho uma sereia em espírito e outra em corpo e espírito. Pena que eu não soube aproveitar minha sorte, que está se acabando.

– Você continua com sorte. Agora terá duas sereias em espírito e outra em corpo e espírito a esperá-lo. Foi para mostrar isso que eu o magoei. Perdoe-me, pois queria vê-lo feliz. Sua felicidade é a minha felicidade.

– Como você quer que se chame o terceiro filho, Raios-de-Lua? Como ele é parecido com você! De mim, tem apenas os olhos verdes!

– E os outros como são?

– Lindos também. Todos trazem um pouco de você, mas o terceiro é todo como você.

– Como chamou aos dois primeiros?

– Ao primeiro, Luiz; ao segundo, Pedro; ao terceiro você dá o nome.

– Não sei nomes na sua língua e nem o que significam.

– Então, dê um nome em sua língua e este será o seu nome.

– Cobra Coral, assim ele se chamará. Será como a cobra coral, a mais temida delas, aquela que vence todas as outras. Ele será assim: um temido guerreiro, que vencerá todos os outros guerreiros.

– Pajé Branco, posso interromper sua conversa com Raios-de-Lua? Quero vê-la também, antes de sua partida – era Sol-da-Manhã quem falava.

– Sim, meu amigo, aproxime-se.

– Raios-de-Lua, sinto não ter vindo antes. Fui avisado há pouco. Vim rápido para vê-la em vida. Não nos deixe agora.

– É hora de partir, Sol-da-Manhã. Raios-de-Lua vai embora, mas você tem Lua Branca, seja feliz com ela! Abrace-me, meu Pajé Branco, meu Cavaleiro da Estrela, que luta para dar vida aos outros. Quero sentir seu calor, pois estou sentindo frio.

O Pescador abraçou Raios-de-Lua com delicadeza. Ela pediu-lhe uma lembrança para levar para os campos eternos.

– O que posso dar, Raios-de-Lua, se não quero que parta?

– Beije-me, apenas isso eu quero.

E o Pescador a beijou delicadamente. Ela fechou os olhos ao ser beijada.

– Agora, tenho do que me lembrar. Abrace-me forte, meu querido.

O Pescador, sentindo que a vida lhe escapava dos braços, apertou-a contra o peito. Raios-de-Lua partira.

O pranto brotou do peito, as lágrimas inundaram seus olhos e escorreram pelas faces, caindo sobre o rosto de sua amada. Ela partia para sempre e o deixava para trás. A tristeza envolvia-o com seu manto negro. O Pescador naufragou, a estrela se apagara. Sua sereia partira novamente, deixando-o só no mundo. Não a encontraria mais. Acabava o Cavaleiro da Estrela Guia; a Estrela da Esperança já não tinha motivos para lutar.

Ficou por um longo tempo com ela em seus braços. Por fim, levantou-se com ela ainda nos braços e saiu de sua morada.

Foi rumo à morada do cacique. Ao chegar, este o aguardava com os lábios travados pela dor no coração. Sua filha partira para os campos eternos. O Pajé Branco, que tanta paz trouxe à sua tribo, agora chorava sobre o corpo de sua filha. O Pescador, após conter o pranto, disse:

– Cacique amigo, um dia eu vim do nada e restituí sua vida com minha fé. Você me recompensou me dando vida, através da sua filha. Agora, não tenho nada a lhe dar de volta, a não ser o corpo sem vida de sua filha. Sou o homem mais infeliz da Terra. Morri com ela, volto a ser um homem sem vida.

– Você devolve o corpo sem vida de minha filha, mas tem vida para me dar. Tem três filhos, e um dia um deles será o chefe desta tribo. Isso eu sei. Recebo com orgulho o corpo de minha filha. Até em sua partida ela foi generosa, deixando três vidas em troca. Ela me honra como filha. Sou um homem triste pela sua partida, mas um pai orgulhoso da grandeza de sua filha. Que Tupã a acolha nos campos eternos. Hoje eles ficam mais iluminados com sua chegada. Isso eu sei também.

Após a cerimônia fúnebre dos índios, o padre despediu-se do Pescador. Deu bons conselhos ao amigo de quem tanto gostava.

O Tempo de Lágrimas

(A Nova Sereia)

Sarah preferiu ficar junto do Pescador e dos filhos. Temia pelo seu estado. O manto negro da tristeza fechara-se totalmente. Não havia uma fresta por onde pudesse entrar a luz. A cada dia ficava mais abatido. Não comia e não conversava com ninguém, olhava os filhos vez ou outra. Buscava em seus rostos Raios-de-Lua; como não a encontrava, afastava-se. Parecia não ter mais vida, caminhando de um lado para o outro. De vez em quando, ia ao túmulo de Raios-de-Lua e lá ficava a chorar.

Sol-da-Manhã chamou Sarah para uma conversa.
– O que quer, Sol-da-Manhã?
– Eu sei de alguém que pode curar o Pajé Branco.
– Quem?
– O pajé negro. Ele saberá como curar o Pajé Branco. Já o curou quando estava com a carne e o espírito feridos. Saberá curar, agora, seu espírito e seu coração.
– Então, vamos buscá-lo! Onde se encontra?
– Nos engenhos do Pajé Branco.

Daí a pouco partiram a galope levando um cavalo extra. Iam em busca da cura para a dor do amigo. Ao chegar no engenho, Sol-da-Manhã perguntou por Ruth.
– Ela foi até a casa do pai. Quer que eu vá lá chamar? – perguntou um negro.
– Não, obrigado, sei onde é. Vamos até lá, será mais rápido!

Em pouco tempo chegavam ao casebre. O velho João de Mina estava a esperá-los, sentado em seu banco.

— Salve, Pajé Negro! Venho em busca de ajuda. Esta é Sarah.

— Eu já o esperava, Sol-da-Manhã. O tempo de lágrimas chegou para o Pescador, não?

— Sim, mas como o senhor sabe? – perguntou Sarah.

— Eu já sabia há tempos. Avisei a ele que viriam esses dias, mas que nada poderia fazer, pois era a vontade de Deus e esta ninguém pode mudar. Ruth, venha até aqui. Já estou com tudo pronto para partir – falou o velho negro.

Ruth saiu do casebre com os olhos inchados. Tinha chorado muito, a tristeza havia tomado conta da pobre mulher.

— O que é, pai?

— Vou partir com eles para ver se trago novamente a vida ao Pajé Branco dos índios e ao nosso Cavaleiro da Estrela Guia. Ele não pode morrer, não terminou sua missão ainda. O Cavaleiro tem de continuar sua cavalgada.

— Que todos os santos o acompanhem, pai! Diga-lhe que sinto a perda de sua querida índia. Nós esperamos a sua volta.

Despediram-se e partiram. Iam mais devagar, pois o negro era muito velho e não suportaria uma cavalgada muito rápida. De tempos em tempos paravam para ele descansar.

Ao perceber que o índio e a mulher branca estavam impacientes, este falou:

— Vocês estão com pressa, mas não se impacientem comigo. Eu sei que um tumor só pode ser apertado quando estiver maduro; sei também que a semente da fruta só será colhida para o replantio quando esta fruta estiver bem madura, quase podre; sei também que o balde só colhe água do poço se for dada toda a corda, até que ele atinja o fundo. Portanto, não se apressem, tudo tem sua hora.

Concordaram em se acalmar. O velho sabia o que estava dizendo. Era um curador e um consolador dos escravos sofridos. Sabia o que era o sofrimento e como curá-lo.

Quando chegaram, o Pescador não estava na aldeia. Sarah perguntou por ele, mas ninguém sabia dizer onde se encontrava.

Sol-da-Manhã foi até o Pajé Anhanguara e apresentou o pajé negro. Os dois se abraçaram como se fossem velhos amigos: "Os pajés devem se conhecer", pensou Sol-da-Manhã.

— Pajé velho, onde está o Pajé Branco?

— Lá na cachoeira. Como a cachoeira, está lá derramando suas lágrimas. Vamos até lá, eu os acompanho. Ao chegarem, o Pescador não notou sua presença. Estava olhando a água que caía do alto, sentado em uma pedra.

Como vai, Pescador?

Aquela voz o despertou do seu devaneio.

– Meu amigo! Como veio até aqui?

– Aqueles que o amam foram me buscar. Como eu também o amo, vim até aqui vê-lo.

O Pescador abraçou o amigo.

– Meu amigo João de Mina, veio para me curar novamente? Creio que, desta vez, não conseguirá. Da outra vez eu era um morto que queria viver, mas agora sou um vivo que quer morrer.

– Não posso ajudá-lo agora, Pescador. Só você pode se ajudar. Basta querer!

– Mas eu não quero viver, meu amigo. Quero morrer. Não tenho forças para lutar contra este desejo.

– Vamos sentar, filho, já estou muito velho e já não aguento tanto esforço sem me cansar.

Sentaram-se e o velho João de Mina começou a falar:

– Filho, lembra-se de quando chegou à minha casa?

– Sim, eu me lembro.

– Lembra, também, de como eu me encontrava quando voltou?

– Sim, estava muito triste com a morte de seu filho, não tinha mais ânimo para viver.

– Lembra do que aconteceu a seguir?

– Sim, como lembro, aquilo me marcou para sempre!

– Lembra de como aceitei o sinal que Deus me mandou para que não parasse com tudo e que continuasse com a minha caminhada?

– Sim, eu me lembro. O senhor é um forte. Eu o admiro muito por isso. Gostaria de ser como o senhor.

– Mas você é como eu, só que não sabe. Um dia você foi presenteado com a estrela-do-mar encantada, era o início da sua caminhada. Sem saber, foi em frente. E a quantas pessoas você não ajudou com sua fé na estrela? Muitas, não?

– Sim, foram muitas, eu sei – respondeu o Pescador.

– Então, eu lhe disse, num dia em que ainda estava triste e ferido no coração, que eu sabia que o Cavaleiro da Estrela Guia tinha chegado para trazer a paz aos que sofriam o jugo do chicote.

– Isso eu também lembro que me disse um dia.

– Falei também de quem o ajudou a encontrar tanta riqueza, não falei?

– Sim, falou isso também.

– Falei que ajudaram porque você seria o instrumento que usariam para atender aos nossos clamores, não falei?

–Sim, isso também me falou.

– Lembra dos nomes que o guiaram até onde havia o que era preciso para nos ajudar?

– Sim, eu me lembro de todos, jamais os esquecerei.

– Mas faltou um, não faltou?

– Como assim?

– Quem é a mãe no Panteão Nagô? Lembra que um dia eu lhe ensinei isso?

– Sim, me lembro agora: Inaê, a Mãe d'água, a Sereia do Mar, a Senhora da Coroa Estrelada.

– Senhora da Coroa Estrelada? – perguntou assustado Sol-da-Manhã.

– O que foi, meu irmão? – perguntou o Pescador.

O Velho Mina não o deixou falar.

– Depois você fala. Agora ouça e, depois, confirme o que digo.

– E o que tem a ver Inaê Iabá com tudo isso?

– É que ela estava longe do seu reino, o mar, mas não deixou de ajudar também. Se os outros orixás do Panteão guardavam o tesouro para você, alguém tinha de segurá-lo aqui, se não você partiria e o tesouro não serviria para nada. Então ela deu o melhor presente entre aqueles que tinha para lhe oferecer.

– E qual era, meu amigo? – perguntou o Pescador, interessado em saber.

– Ela lhe deu o amor, meu filho. O amor na forma de uma moça índia, bonita e meiga, mas perseverante no seu objetivo, que era segurá-lo aqui para que encontrasse o tesouro que nos daria paz. Teria a moça a amá-lo de verdade, pois Inaê Iabá, quando ama seus filhos, não ama sem uma finalidade. Ela é a mãe. Ela é vida criadora. Como a ostra que, para revelar uma linda pérola, precisa morrer; a sua amada, para dar-lhe suas pérolas, morreu. E nisso você também foi agraciado com sua generosidade, pois foram três pérolas que ela gerou. Coisa difícil de se ver. Resta a você fazer com que essas pérolas venham a ser valiosas. Do contrário, serão pérolas sem valor e o presente da mãe Inaê terá sido inútil. Será que ela não sabia o que estava fazendo, quando fez você sentir o calor do verdadeiro amor? Ou será que ela estava só tentando torná-lo mais humano, dando-lhe uma de suas sereias encarnadas que, mesmo sabendo que iria morrer, não teve coragem de dizer que conhecia o futuro próximo e, ainda assim, morreu feliz, porque se multiplicou por três?

– Ela sabia que ia morrer? – perguntou o Pescador.

– Nunca a vi frente a frente e nunca lhe falei uma única palavra, mas isso eu sei. Ela sabia que ia morrer e não quis que sofresse antes de sua morte. Que mulher de valor! Pena não tê-la conhecido, eu beijaria seus pés em sinal de respeito.

– Por que ela não disse nada?

– Eu já disse: ela não queria que você soubesse antes do tempo. Preferiu sofrer sozinha. Que Inaê Iabá a acolha pela sua força. Era uma criança ainda e agiu com mais grandeza do que muitos já maduros na vida.

– O meu sofrimento não é nada comparado ao dela. Que Deus a tenha! – falou o Pescador.

– Você precisa entender uma coisa, Pescador: você não se pertence. É apenas um instrumento de Olorum, o Criador. Pode fugir de suas responsabilidades perante Ele, mas não fugirá de si mesmo. Você pertence a Ele. É o Cavaleiro da Estrela Guia para os negros, o Cavaleiro de Inaê Iabá. Ela não sai do mar para acudir os filhos, mas, manda seus Cavaleiros percorrerem a Terra, distribuindo ajuda onde se faça necessário.

– Mas por que sofrer tanto, meu amigo?

– Somente quem sofre pode entender a dor do seu semelhante. Quem não sofre, não sabe o que é a dor nem como curá-la. Isso eu sei também.

– Como lutar, se quem me dava forças para lutar partiu?

– Você não lutava com as forças dela, você lutava por ela. Queria ser admirado por ela em sua luta, porque ela se encantou com as armas que usava. Isso a fez amá-lo.

– Como sabe disso, se isso só a mim, nos últimos dias, ela falou?

– Isso eu sei também. Como sei que há outra sereia encarnada a esperá-lo.

– Como pode ter certeza de uma coisa dessas?

– Não disse que, quando chegou ao meu casebre, eu sabia que o Senhor dos Mortos o enviara até nós, para nos trazer um pouco de paz para nossas chagas?

– Sim, isso também me disse, um dia.

– Então, creia em mim agora também. Há outra sereia a esperá-lo para dar-lhe mais quatro pérolas, todas muito valiosas. Dependerá de você valorizá-las ou não.

– Não sei se consigo montar um cavalo novamente, amigo.

– Pois então, decida logo! Ainda tenho uma filha, que logo vai chorar por mim. Não posso dizer a ela que vou partir, senão ela sofrerá antes do tempo. Assim como a sua mulher não quis lhe contar para que não sofresse antes do tempo, não quero que Ruth sofra também. Somente iria magoá-la com isso. Eu preciso de alguém em quem ela acredita para, na hora certa, consolá-la. Do contrário, não poderá fazer aqui nesta terra a sua parte, que é levar a vida aos negros que acreditam e precisam dela lá no engenho, para guiá-los.

– Diz que eu posso consolar Ruth?
– Sim. Se um dia, quando eu estava morto por dentro, você me deu a vida novamente, por que não fará isso por ela?
– Sim, meu amigo, farei isso por ela, quando você partir. Diga-me quando será, não quero estar longe quando for a hora. Quero dar um abraço em quem teve o dom de curar minhas chagas. Mas quem as curará quando partir?
– A outra sereia curará suas chagas, e sua alma não ficará mais doente.
– E como a acharei, meu amigo?
– Quando recordar do maior presente que deu, saberá quem é. Deste à primeira um presente parecido, muito valioso.
– Eu já sofro por saber que logo partirá, meu amigo. Não gostaria que fosse embora tão logo.
– Nós ficamos enquanto somos necessários, ou enquanto o Criador não manda outro pai para nossos filhos. Quando não, é hora de partir. Agora vou descansar um pouco. Já falei muito por hoje, Pescador. O meu amigo pajé me acolherá em sua morada, penso eu.
– Sim, o pajé negro é bem-vindo à morada do pajé índio. Lá sempre tem uma rede para os amigos.
– Até mais tarde, Pescador! – falou o velho João de Mina.
– Até logo, meu amigo.

O Pescador ficou em silêncio. A fisionomia já se apresentava mais suave, a tristeza sumira. Ficava a saudade de quem tanto amou. O silêncio foi quebrado pelas palavras de Sol-da-Manhã.
– Pajé Branco, lembra-se da coroa estrelada?
– Sim, você ia falar algo a respeito. O que era?

O índio desenhou no chão uma coroa parecida. Foi quando o Pescador disse:
– É igual à coroa da sereia que me deu a Estrela Encantada.
– Pois Raios-de-Lua tinha uma dessas na cabeça desde que nasceu. Apenas eu via, ela brilhava muito. Depois que partiu, a coroa sumiu de sua cabeça. O espírito levou a coroa.
– Então, eu tinha razão: ela era a minha sereia encantada.

Um sorriso triste aflorou nos lábios do Pescador.
– Pajé Branco, vou voltar para Lua Branca, que me espera. Depois trarei algo que encontrei em grande quantidade. São tantas que eu nem sei qual pegar primeiro, de tão belas que são.
– O que é, Sol-da-Manhã?
– Esmeraldas, Pajé Branco, lindas esmeraldas. Com elas poderá comprar metade dos engenhos desta capitania, será o homem mais poderoso das capitanias. Isso eu sei, Pajé Branco.

— Já está falando como o velho Pajé Anhanguara e o pajé negro, Sol-da-Manhã.
— Aprendemos sempre com os mestres, não é assim que você fala?
— Isso eu também sei.

Pela primeira vez sorriu sem tristeza.

— Até a vista, Pajé Branco!
— Até a vista, Sol-da-Manhã! Que Deus o proteja em sua caminhada.

Após a partida do índio, o Pescador e Sarah ficaram a sós. Ele perguntou:

— Você sabia que ela ir morrer, Sarah?
— Sim, Simas, eu sabia. O padre e o pajé velho sabiam. Não falamos nada ao velho Mina, mas a distância ele também sabia, e os outros velhos negros sabiam também. Todos eles receberam o aviso na mesma noite. Acho que a sereia avisou todos ao mesmo tempo. Todos confiam em você. Precisa continuar, pois, assim como os judeus, eles também sofrem a perseguição e o poder do império cristão. Quem melhor do que um cristão para ajudá-los? Eu creio que você é um instrumento na mão do Criador. É só você acreditar e seguir sua caminhada sem se preocupar com o passado. Como disse o velho negro, somente quem sofre pode compreender a dor alheia.

— Estou horrível, não, Sarah?
— Só está sujo e cheirando mal, um pouco.
— Vou me lavar na cachoeira, vem também?
— Sim, estou coberta de poeira. Devo estar pesando uns quilos a mais, de tanto pó.
— Venha! Vamos nos purificar na cachoeira. Os negros consideram-na um lugar sagrado, próprio para limpar o corpo e purificar a alma do sofrimento que a vida nos impõe.

Após tomarem um banho e lavarem as suas roupas, voltaram para a aldeia.

Já era tarde quando chegaram, quase todos já estavam dormindo. Foram até a morada do pajé para ver se ele tinha algo para comerem.

— Entrem! Eu deixei pronto um bom assado para vocês dois. Nós já comemos.
— Obrigado, meu amigo. Já havia me esquecido de como é bom comer.

Devoraram rapidamente o assado. O velho Mina falou ao Pescador:

— Vejo que se purificou nas águas sagradas.
— Sim, meu amigo, purifiquei-me e sinto-me outro homem. Obrigado pelas suas palavras! Elas me deram ânimo para continuar. Tem razão, muitos esperam que eu não caia. Não os decepcionarei. Por que olha tanto para Sarah?

– Estou tentando me lembrar de onde a conheço, mas não consigo me recordar. Só isso, creia.
– Acredito em tudo o que o senhor disser, meu amigo. Não tenho por que duvidar de suas palavras. Vou dormir um pouco, estou cansado. Não durmo bem há dias, acho que agora o sono vem tranquilo. Amanhã preciso fazer umas coisas.
– O Cavaleiro monta novamente, não?
– Sim, o Cavaleiro monta e corre muito para tirar os dias em que ficou parado.
– Boa-noite, meu filho – disse o velho Mina. O pajé velho falou a mesma coisa.
– Sarah, se quiser trocar suas roupas, lá em minha morada tem bastante.
– Aceito. Esta aqui está demorando para secar. Depois eu volto.
– Lá não tem lugar para ela dormir, Pajé Branco? Gostaria de falar a sós mais um pouco com o pajé negro.
– Tem, sim, meu amigo. Ela poderá dormir lá, se quiser – e partiram.
Depois que tinham se afastado, o velho Mina disse:
– Ele já tem a outra sereia, mas ainda não se lembrou qual foi o último presente que deu à sua esposa e que também tinha dado à outra, antes de saber que esta é a nova sereia.
– O Pajé Negro sabe como avivar a memória de um esquecido?
– Sei, mas gostaria de que ele se lembrasse sozinho. E o pajé índio, também sabe?
– Sei e gostaria de avivá-la logo. Não quero que o Pescador acabe, na sua procura, pescando uma falsa sereia.
E, dando um sorriso malicioso, olhou para as chamas que saíam da pequena fogueira. De suas mãos saíam ordens que aumentavam o fogo.
– Nada como o fogo para aquecer um corpo frio e ativar o sangue. Isso faz com que a mente pense melhor, Pajé Negro!
– Sim, o fogo é um bom ativador de memória! – E fazendo também gestos com as mãos, aumentava o calor do fogo.
– Não vamos deixar que uma sereia qualquer lance seu encanto e pesque o Pescador – falou o Pajé, sorrindo, também malicioso.
Depois disso foram dormir. Era tarde e estavam cansados, o fogo ainda arderia por muito tempo. Não tinham que se preocupar em como se aquecer na noite. Que outros se preocupassem em como se aquecer.
Quando entrou em sua oca, o Pescador ficou envergonhado do abandono em que ela se encontrava. Sarah comentou algo sobre como somente as mulheres sabem tornar uma casa acolhedora. Ele concordou com um aceno de cabeça. Após achar uns vestidos que trouxera para Raios-de-Lua, o Pescador mandou que ela escolhesse um para se trocar.

– Não sei se devo usar uma peça de roupa dela – falou Sarah.
– Creio que ela ficaria contente se você usasse.
– Mas eu não gostaria, Simas. Basta me deitar, que logo me aqueço e então a roupa seca.
– Ela não secará, Sarah. Quando paramos de nos movimentar, a tendência é nosso corpo esfriar. Você não pode deitar-se com este vestido molhado, ficará fria em pouco tempo. Melhor se deitar sem ele, assim aquecerá mais rapidamente.
– Sim, é melhor tirá-lo e estendê-lo. Ao amanhecer, estará seco e, então, poderei vesti-lo. Pena não ter outro comigo para vestir.
– Não me incomodo que venha deitar-se junto a mim para se aquecer. Isto é, se você quiser.

Ao falar, o Pescador ficou sem jeito. Parecia que estava querendo se aproveitar da situação. Tentou justificar-se, mas achou melhor não falar mais nada.

– Eu gostaria de ser aquecida, sim, Simas, mas onde vou me deitar? Este leito é seu e, então, seria eu quem o aqueceria novamente e não você quem me aqueceria.
– É, tem razão. Acho que quero tê-la junto de mim, sem que assim se pareça.
– Você me quer perto de si, Simas?
– Sim, eu quero, Sarah. Não sei como dizer, mas é isso que eu desejo.
– Você tem certeza dos seus sentimentos para comigo?
– Sim. Eu me lembrei de uma coisa, agora mesmo. Um dia dei um presente muito valioso a alguém e também fui muito recompensado. O mesmo presente que dei a Raios-de-Lua e acho que foi o que ela mais gostou de ter ganho de mim.

Sarah assustou-se. O que seria o presente? Talvez as belas joias que levou à esposa e à filha do governador, pois foi regiamente recompensado. Isso a assustou. A filha do governador era muito bonita. Estaria ele se lembrando dela agora?

– Por que ficou em silêncio, Sarah?
– Gostaria de saber qual foi o presente que agradou tanto a essa pessoa, quanto a Raios-de-Lua – perguntou, com medo da resposta.
– Você não se lembra?
– Como poderia saber? Você vive presenteando as pessoas que passam pelo seu caminho. Talvez uma joia muito bonita, ou algum vestido muito fino como estes que Raios-de-Lua tinha.
– Você viu algum dia ela usar algum vestido?
– Não, só sua tanga e nada mais.

Sarah assustou-se ainda mais, só podiam ser as joias que dera à filha do governador, não podia ser outra coisa.

– Sarah, estou ficando com os mesmos poderes dos dois pajés velhos que estão juntos agora.

– Que poder é este, Simas? – perguntou, mais assustada ainda.

– Estou ouvindo os seus pensamentos. Está errada.

– Está ouvindo os meus pensamentos?

– Sim, são como gritos de alguém aflito, muito aflito mesmo, tentando descobrir quem é a outra sereia.

– Você está brincando comigo. Por que não diz logo qual é o presente e a nova sereia, e acaba logo com este enigma?

– Você sabe qual é a resposta, Sarah.

– Não sei a resposta, Simas – falou ela já impaciente. – Você está me deixando nervosa.

– Então, vou revelar o enigma. O que foi que eu lhe dei que você disse que ia guardar como um tesouro para lembrar-se de mim, e que, nos momentos finais, Raios-de-Lua me pediu que lhe desse para levar como lembrança minha para os campos eternos da luz?

O coração de Sarah disparou. Os sentidos escapavam de seu controle. Ouvira junto com Sol-da-Manhã as últimas palavras de Raios-de-Lua. Foi um beijo de despedida, para ser levado como um tesouro muito precioso em sua partida. O mesmo beijo que trocaram na estrada, quando o Pescador a alcançou. A semente que o Criador plantara a seu modo, contrariando o de Raios-de-Lua, mas de um modo mais puro. O sentimento que só vem com o amor. Estava sentindo tonturas, ondas de calor subiam por seu corpo como fogo a consumir tudo à sua volta. Ia desmaiar. O Pescador, vendo que as pernas dela fraquejavam, rápido a abraçou, dizendo:

– Não quero uma mulher que desmaia tão facilmente.

– Não posso controlar as minhas emoções. Não sei se compreende isso em uma mulher.

– Compreendo isso em uma mulher que ama e que deseja ser amada. Isso eu compreendo, Sarah.

– Sim, o beijo que me deu é um tesouro muito valioso. Eu o trago bem guardado e somente eu sei onde está. Somente nós temos a chave.

– E o beijo que eu dei em Raios-de-Lua, tanto para ela como para mim, é um tesouro valioso que ninguém poderá tocá-lo. Minha estrela voltou a brilhar. A sereia canta novamente o seu canto encantado para encantar o Pescador. Você é a segunda sereia que sempre esteve a me esperar.

– Simas, pare de falar e faça alguma coisa para acalmar a minha aflição!

– Sim, vou fazer algo. O velho Mina disse que ela me daria quatro pérolas muito lindas. Vou começar a colher a primeira. Não concorda com minha intenção?

Sarah não respondeu. Não havia mais o que responder. O fogo estava queimando os dois.

Um novo Homem

No dia seguinte, o Sol estava radiante para o Pescador. Era novamente um homem que tinha esperanças.

Logo cedo foi ver os filhos. Queria saber deles, como estavam, se precisavam de algo. Havia umas coisas a fazer e precisava agir rapidamente. O tempo perdido haveria de ser recuperado. Ao aproximar-se das crianças, que estavam na oca do cacique, sorriu. Era a primeira vez que sorria para elas.

– Vejo que houve mudanças, Pajé Branco – falou o cacique.

– Sim, houve mudanças. Hoje sou um pai e não um viúvo a chorar. Um pai que veio buscar os seus filhos!

– Mas, você tem quem olhe as crianças? Aqui elas estão protegidas e alimentadas. Estou cuidando de tudo por você.

– Agora já tenho quem cuide delas para mim, cacique. Vou me casar com a mulher branca. Ela cuidará dos meninos como se fossem seus filhos.

– Sarah! Vai se juntar com ela? Sem experiência, como ela vai criar as crianças?

– As outras mulheres cuidarão, enquanto ela aprende, meu amigo. Já decidimos. Vou à cidade e ela fica com as crianças na minha ausência. Mas não se preocupe. Se quiser, ela fica aqui com o senhor até que eu volte, assim estará protegida. Ela não é como Raios-de-Lua, não conhece bem os costumes indígenas.

– Assim é melhor. Ficaria muito preocupado se levasse as crianças embora, com tão poucos dias de vida. Não quero que aconteça algo a elas.

– Nem eu quero que aconteça.

Após ficar mais um pouco com os filhos, o Pescador voltou para junto de Sarah.

– Sarah, vamos até o Pajé Anhanguara. Falaremos com ele sobre nossa decisão. Creio que aprovará nossa união.

– Sim, ele aprovará. Isso é certo, pois sua felicidade é a felicidade dele.

Não foi preciso ir atrás. Os dois velhos se aproximaram conversando animadamente.

– Como está, Pescador? – perguntou o velho Mina.

– Estou bem, meu amigo. Novamente curou a minha alma e meu corpo. O Cavaleiro vai cavalgar novamente no seu caminho.

– Fico feliz em ouvir isso, filho. Muitos dependem de suas ações. De agora em diante, cuidado com a traição, este é o maior perigo para você. O resto, como sempre, você vencerá.

– Tomarei as devidas precauções quanto a isso.

Foi quando o pajé velho falou:

– Vejo que o fogo ardeu na sua fogueira esta noite, não?

Ao falar, olhava para Sarah, que, ficando com o rosto vermelho, respondeu-lhe:

– Continua ouvindo os meus pensamentos, não?

– Sim, sempre ouvirei seus pensamentos. Raios-de-Lua falava comigo sempre e eu não precisava ouvir seus pensamentos, mas você é muito tímida. Então, escuto e lhe respondo, está bem assim, filha?

– Acho que sim. Só o senhor sabe me ouvir e tem sempre a resposta certa.

O Pescador interrompeu a conversa, para comunicar ao pajé que gostaria de se casar com Sarah.

– Fico contente, meu filho. Você será feliz com ela, isso eu sei.

Dois dias depois, o Pescador estava casado com Sarah, segundo o costume e a religião dos índios. Estavam unidos, isso é o que importava. Já se preparava para partir, quando Sol-da-Manhã chegou na aldeia com Lua Branca. Olhou para o Pescador e perguntou:

– Vai partir sem mim, Pajé Branco?

– Eu não queria incomodá-lo, meu amigo. Mas, se Lua Branca não se incomodar, gostaria de contar com sua companhia.

– Ela não se importará. Já disse que não deixaria meu irmão sozinho.

– Pois então pedirei a Sarah que não a deixe sozinha também. Já estamos casados, Sol-da-Manhã! Meus filhos já têm uma mãe para criá-los!

– E nem me avisou disso, Pajé Branco?

– Foi tudo rápido e simples, meu irmão. Não havia motivo para festas, Raios-de-Lua vive ainda entre nós ainda.

– É, tem razão, não há motivo para festa – e calou-se.

Despediram-se de todos e partiram. Passariam no engenho para deixar o velho amigo. Depois iriam à capital. Seria uma longa viagem. Teriam muito tempo para conversar. O Pescador perguntou-lhe por que levava toda aquela carga no outro cavalo.

— São as pedras que lhe prometi. Acho que isso é suficiente, por enquanto, não?

— Você não exagerou na quantidade? Aí tem muitas pedras. Se forem iguais às que mostrou, poderei comprar muitos navios e alguns engenhos.

— Eu conheço pedras, Pajé Branco. Só não sei o valor e os seus nomes.

— Ensino tudo a você. Depois do engenho, nós só falaremos na sua língua.

— Por que só falar na minha língua?

— É para que eu diga que você não fala a minha língua e possa, assim, ouvir o que os comerciantes brancos falam, e aprender com isso. Mas não poderá demonstrar que entende, assim começará a conhecê-los melhor.

— Você vai se decepcionar, guerreiro – falou o velho Mina.

— Eu também acho, mas, tem de ser assim – falou o Pescador.

Ao chegarem ao engenho, foram recebidos por Ruth que, ao ver o Pescador, falou:

— Pescador, como você está abatido! Sinto pela morte de sua mulher.

— Agradeço a sua preocupação, mas, o pior já passou. Quem tem o seu pai como amigo consegue sempre encontrar um motivo para continuar e não se abater. Você não tem um homem como pai, e sim um santo.

— Quisera ser um santo, Pescador. Sou apenas um homem que procura encontrar o sentido da vida.

— E por aqui, como vão as coisas, Ruth? Perguntou Simas.

— Bem, Pescador. Sei dirigir isso melhor que os feitores brancos. Nós produzimos muito mais do que eles em suas propriedades. Devem estar enciumados por isso. E tem um homem que já o procurou diversas vezes.

— Quem é ele?

— É o dono do engenho do Morro Grande. Não quis dizer do que se tratava. É um animal! Diz que só trata com o amo, nunca com os escravos.

— E por que você não disse que os engenhos estão sob sua direção?

— Eu não! Ele não presta, Pescador. Lá no seu engenho, os negros são tratados embaixo do chicote. Ao menor descuido vão para o tronco.

— Ele deve estar falido e quer um empréstimo para continuar com sua carreira de miserável. Só o vi uma vez na cidade e não gostei dele.

— E você vai lhe emprestar algum dinheiro, Pescador?

— Não, vou tirar-lhe o engenho. Pode ir preparando algumas pessoas para dirigir aquilo lá.

— A propriedade é muito grande. Além disso, perto existe uma aldeia de índios muito bravos. Deve ser por isso que ele quer ver você.

— Na volta da capital falarei com ele.

— Por que não vai antes? Se deixar para depois pode ser que alguém compre o engenho e aí você perde o negócio.

— Vou pensar, depois decido. Agora, quero ver o que Sol-da-Manhã trouxe de tão interessante na sua bagagem. E como vai você com o ouro e as pedras?

— Aprendi como cortar e polir certo. O ouro que mandou está fundido e guardado. Fiz até algumas joias como as que você fez.

— Ótimo! Eu trouxe mais ouro. Depois você me mostra suas peças. Vou ajudar Sol-da-Manhã com sua carga.

Após descarregados os cavalos, alguns meninos negros levaram-nos para o estábulo.

Entraram para ver a carga de pedras. O Pescador, depois de examinar as pedras, falou:

— Sol-da-Manhã, isso aqui é um tesouro que poucos nobres na Europa possuem. Você é um homem rico!

— Não quero nada disso, Pajé Branco. É tudo seu! Compre também as terras da aldeia de Lua Branca e, então, eu fico feliz. O que eu quero é que os homens brancos fiquem longe de nós.

— Eu comprarei e farei uma coisa melhor ainda. Desses engenhos para o Oeste só existem aldeias de índios. À beira do rio, farei um grande posto de trocas. Todos poderão vir trocar peles, pedras e ouro por roupas, armas e alimentos, e até ferramentas se quiserem cultivar algo. Você poderá mandar alguns guerreiros avisar as aldeias que em vez de não aproveitarem as peles, é só trazê-las até aqui e trocar. Verei se acho alguém que possa trabalhar nisso para mim. Faremos bons negócios com os europeus.

— Pescador, você pensa grande. É um rei! – falou Ruth – Pensa sempre em ser mais forte.

— Se sou um rei, então você é uma princesa. É isso! Será a Princesa Negra Ruth!

E pegou uma coroa que ela fizera e colocou sobre sua cabeça. Era uma peça fabulosa, toda incrustada de pedras preciosas.

— Está coroada a Princesa dos Negros!

Ruth sorriu. Fizera aquela peça pensando em usá-la. Como o Pescador soubera sobre seus pensamentos?

— Onde você guarda essas peças e o ouro, Ruth? – perguntou o Pescador.

— No meu quarto, lá é um lugar seguro.

— Não é, não! Você vai providenciar um lugar mais escondido, fora dos olhos de qualquer um.

— Venha ver onde fica, depois não vai dizer que não está bem guardado.

Quando viu, ficou admirado com a imaginação de Ruth. Ela tinha aberto um buraco igual a uma cova embaixo da cama e colocado ali todo o ouro e as pedras.

– Ruth, você me surpreende. Quem mais sabe disso aqui?

– Ninguém. Eu o fiz durante algumas noites. Quando vem o ouro, eu o guardo neste buraco depois que a casa está vazia. Guardo o segredo da sua força.

– Você mantém alguém na casa?

– Só o pai Ciro e sua mulher. Eles moram aqui comigo, mais ninguém.

– Então, coloque alguns homens armados guardando a casa, à noite. Não quero que nada de mal lhe aconteça.

– Farei isso amanhã mesmo. Mas, por que tanta preocupação?

– Porque o seu pai me avisou para tomar cuidado com a traição. E não vou mais duvidar de suas palavras.

– O que você vai levar daqui para a cidade?

– Amanhã pego o que precisar. Agora vamos guardar o que trouxemos nesta viagem. As pedras de Sol-da-Manhã valem o suficiente para comprar a capitania toda. Prepare mais alguns homens com armas para guardar esta propriedade, Ruth. Não descuide disso, está bem?

– Fique sossegado. Assim que acabar a colheita, vou escolher mais alguns homens que ficarão de guarda.

– Ótimo! E como vai a colheita, Ruth?

– Não teremos lugar suficiente para guardar tudo o que está sendo colhido.

– Então, amanhã levarei uma boa parte para a capital. Lá venderemos tudo facilmente. Assim terão espaço para não deixar que algo se perca.

– Já mandei construir mais barracões. Se não chover nas próximas três semanas, estarão prontos e nada se perderá.

– Este é o seu reino. Cuide bem dele, pois ninguém poderá tirá-lo de você jamais!

– Se você comprar o engenho do Morro Grande, então será um grande reino, Pescador.

– Pois logo terá o engenho do Morro Grande em suas mãos. Vai precisar de muita gente lá, Ruth.

– Se for preciso, eu compro todos os escravos que estiverem à venda, Pescador. Pelo menos aqui serão tratados como gente, e você terá muitas mercadorias para vender.

– Vamos voltar. Já os deixamos sozinhos por muito tempo! – exclamou ele, rindo.

Ao voltarem à sala, Ruth perguntou ao Pescador:

– Pescador, diga-me. Como vai criar seus filhos agora?
– Já arrumei uma nova mãe para eles. Casei-me de novo.
– Assim tão rápido? É por causa dos meninos?
– Não foi só por eles, foi por mim também. Eu não paro em lugar nenhum. Isso você sabe, mas quero ter sempre para onde retornar. Acho que, no fundo, eu mesmo não me entendo.
– E você gosta dela?
– Tanto quanto da primeira. Espero fazê-la feliz, e que ela não parta cedo como Raios-de-Lua.
– Agora ouça umas coisas, meu filho, pois precisará agir com ousadia e coragem – disse o velho Mina.
– O que o senhor tem a dizer, meu amigo?
– Primeiro: da casa da sua esposa virá a traição. Você tem de se antecipar para vencer. Segundo: terá de livrar-se do amor de uma moça muito bonita. Você a conhece, é a filha do governador. Terceiro: torne-se amigo do frei que dirige a igreja na capital. Ele será seu aliado leal, nele você pode confiar.
– Só isso, meu amigo? Ou tem mais alguma coisa a dizer.
– Por enquanto, é só isso. Se aparecer algo mais, eu avisarei. Esteja onde estiver, um dos negros do engenho irá procurá-lo. Levará alguma mensagem de Ruth que, na verdade, será uma mensagem minha, não escrita. Bastará ficar a sós com ele e perguntar se tem algum recado meu.
– Está bem. Creio que vou me sair bem enquanto executo meus planos. Isso eu sei.
– Já está falando como eu. Isso é bom! E sei disso também. Agora vamos comer, que estou com fome, e vocês também devem estar.
Depois de comerem, ainda ficaram conversando mais um pouco.
No outro dia, pela manhã, o Pescador mais os guerreiros foram até o engenho do Morro Grande. Queria saber o que o proprietário queria.
Quando chegou, foi recebido com todas as mesuras possíveis. Após muitos cumprimentos, entraram para conversar. O Pescador indagou:
– O que o senhor deseja me falar? Meus escravos disseram que o senhor já me procurou por duas vezes.
– Quero lhe propor uma sociedade em meu engenho, senhor Macedo.
– Que tipo de sociedade, senhor Carvalho?
– Já estou velho e sinto vontade de me reunir à minha família, em Portugal. Então, como o senhor é um homem empreendedor, pensei em lhe vender a metade do engenho e tudo o mais; o senhor administraria e dividiríamos os lucros. Como já estou velho, não tenho mais as boas ideias de anos atrás. Mas o senhor não! Com suas ideias, fará desse engenho uma fonte inesgotável de lucros para nós dois. O que o senhor acha de minha proposta?

— E quanto o senhor quer pela minha metade nas propriedades?

Depois de ouvir o preço, o Pescador ficou a meditar. Nisso, uma criada entrou para servir bebidas aos dois homens. Enquanto bebiam, o Pescador ouviu os pensamentos do senhor Carvalho. Ele pensava:

"Se este idiota comprar a metade de minhas propriedades, poderei saldar uma parte do que devo a seus amigos judeus e, com o lucro da colheita, recomprarei tudo mais tarde. Só tenho de enganá-lo".

O Pescador ficou espantado. Estava ouvindo novamente os pensamentos e estes o assustavam. Aquele homem queria enganá-lo. Pois daria uma lição ao canalha!

— Sabe, senhor Carvalho, tenho boas ideias realmente, mas não as divido com ninguém. Ou são todas minhas, ou não são de ninguém. E como estou ganhando dinheiro no comércio, não quero comprar mais engenhos. Não preciso comprá-los. O que eles produzem eu embarco para a Europa. Para que investir o dinheiro que tenho naquilo que, de uma forma ou de outra, me dará lucros?

— Mas estou lhe oferecendo uma boa sociedade, homem.

— Diga-me: se é tão boa, por que o senhor está tão endividado? Sei que a quantia que me pede pela metade mal dá para pagar suas dívidas.

— Como o senhor sabe de minhas dívidas, senhor Macedo?

— Ora! Alguns credores seus já me ofereceram, por uma bagatela, os direitos sobre os seus débitos. Se eu assumi-los, bastará executar o senhor e terei tudo pelo preço da metade.

O homem estava pálido. O senhor Macedo sabia tudo sobre suas dívidas que já estavam vencidas. A safra não daria para saldá-las. Não tinha mais crédito na capital e o único que poderia tirá-lo da encrenca, na certa, tomar-lhe-ia tudo, pois não era o imbecil que havia pensado. Tinha apenas uma saída: ver o que ele proporia.

— E, então, o que o senhor me propõe, já que sabe de minha situação?

— Eu assumo todas as suas dívidas e ainda lhe pago a quantia que me pediu pela metade das suas propriedades, e nada mais. Assumo o engenho, assim que lhe pagar. Daqui, o senhor tira somente seus móveis e pertences pessoais, o resto fica.

— Mas, não é justo o que me propõe.

— Como não? Se o senhor me vendia metade por este preço, e se seria tudo usado para saldar suas dívidas, então é mais que justo. Estou lhe fazendo um favor ao evitar que amanhã alguém lhe tome tudo e o senhor tenha de sair daqui sem nada, não acha?

— O senhor pretende comprar minhas dívidas para me executar?

– Não. Não farei isso. Tenho melhor lugar onde investir meu dinheiro, onde ele renderá muito mais. Eu não gosto de executar dívidas. Não gostaria de ver um homem tão bom como o senhor na miséria. Que outro faça isso. Eu nunca faria uma coisa dessas. Por isso, fiz uma boa proposta para evitar que um bom homem como o senhor passe por tamanha humilhação, depois de tanto trabalho neste engenho. Bem, até a vista, senhor Carvalho! Tenho negócios urgentes me esperando na capital.

– Espere, senhor Macedo. Acho que o senhor é um homem justo, por isso o procurei. Se fosse a outro, não ofereceria minhas propriedades. Aceito sua proposta. Acho que é o melhor para mim, e um bom negócio para o senhor, não acha?

– Espero não me arrepender de adquirir estas terras.

– Não se arrependerá, senhor Macedo. É uma boa terra.

– Então, está fechado o negócio, senhor Carvalho. Encontro-o daqui a três dias na capital para concluirmos a transação.

Depois de partirem, o Pescador deu uma gargalhada. Sol-da-Manhã também riu muito.

– Pajé Branco, você ouviu o pensamento dele, não?

– Sim, ouvi. Você também ouviu, não?

– Ouvi. O homem queria enganá-lo como a um imbecil e ele é que foi o imbecil.

– Ele foi um imbecil, mas um imbecil agradecido pela minha bondade – e tornou a gargalhar.

– Pajé Branco, você os dominará sempre.

– Sim, eles só querem ganhar à custa alheia.

Ao voltarem ao engenho, foi logo dizendo:

– Ruth, você pode ir preparando os responsáveis, pois seu reino triplicou de tamanho.

– Comprou tudo, Pescador? – e abraçou-o sorridente.

– Quando eu voltar da capital, trarei os documentos de posse de tudo ao sul, até a divisa com os índios.

– Entrem, vamos comer! O almoço está pronto. Os carroções já estão prontos para partir. Vão com dez guerreiros negros para proteger a carga.

– Mande-os ir na frente. Nós o alcançaremos mais tarde. Chegarão rápido porque não chove há tempos e a estrada está boa.

Era uma fila enorme de carroções, totalmente carregados. "Valerão muito dinheiro", pensou o Pescador.

No dia seguinte, ao entardecer, entrava na capital com sua carga. Foi recebido com festas, pois era o primeiro carregamento que chegava à cidade. Após encarregar um negro de sua confiança, e inteligente até demais, pelas mercadorias, o Pescador foi até a casa do senhor Moisés. Tinha muito a resolver. Precisava se apressar. Ao chegar, foi convidado a entrar pelo sorridente Abraão.

— Como vai, meu amigo Abraão?

— Muito bem, senhor Macedo! Onde está Sarah?

O Pescador lembrou-se do aviso do velho Mina e falou:

— Ela ficou com meus filhos, meu amigo. Minha esposa morreu ao dar à luz a três filhos. Como ainda são muito frágeis, ela se ofereceu para tomar conta deles até a minha volta.

— O que houve com ela para mudar tanto assim, senhor Macedo?

— Foi o sofrimento de minha esposa que a transformou, meu amigo. Ela disse que, se uma mulher podia dar à luz três filhos de uma vez, mesmo que com isso viesse a morrer, ela poderia cuidar das crianças para mim. Acho que isto foi o que a transformou.

— É um milagre o que o senhor fez por ela.

— Eu não fiz nada. Ela fez por si mesma. Achou um motivo para mostrar suas qualidades.

— Ela lhe falou dos negócios que fiz para o senhor na Europa?

— Sim, ela falou até de suas peripécias para passar despercebido na Espanha.

— Foram bons negócios os que fiz, pode confiar.

— Confio no senhor. Sei que é um homem inteligente e honesto, por isso gostaria de lhe pedir um favor.

— Qual é o favor?

— O senhor sabe quem são os credores do senhor Carvalho, lá do Morro Grande?

— Sim, eu os conheço. São da nossa comunidade. Por que?

— Gostaria que o senhor comprasse os débitos dele para mim, pelo melhor preço possível e o mais rápido que puder.

— Posso usar um pouco do dinheiro do armazém geral?

— Sim, pode usar, mas mantenha sigilo, por favor.

— Eu manterei. Serei o mais discreto possível.

— Obrigado, meu amigo.

— O meu pai chega logo. Não quer esperá-lo dentro de casa? Meu irmão está lá esperando por ele, assim vou atrás do que me pediu.

— Está bem, aceito, pois estou cansado.

Ao entrar na casa, foi acompanhado por Sol-da-Manhã, seu fiel guarda-costas. Os outros índios ficaram guardando os cavalos com o ouro e as pedras.

— Simão, quero lhe apresentar o senhor Macedo.

– Muito prazer, senhor Simão. Muito me honra conhecê-lo.
– Também fico honrado, senhor Macedo.

O senhor Abraão disse ao irmão que ia sair por um tempo. Pediu-lhe que ficasse com o senhor Macedo, até que o pai chegasse.

Ficaram a conversar para passar o tempo, até que o Pescador lhe perguntou se poderia decifrar um pergaminho, já que era um religioso judeu e conhecia bem o Oriente.

– Posso vê-lo, senhor Macedo?
– Aqui está ele, senhor Simão.

A Traição

(Mais Negócios)

Após examinar o pergaminho, o religioso ficou a pensar, sem nada dizer. E pensava: "Já não bastava ele ter sido um dos malditos juízes da Inquisição, ainda queria conhecer o significado do símbolo? Nunca lhe contaria que era da Pérsia. Era o símbolo dos magos persas que tinham um templo a leste do golfo. Nunca contaria àquele homem que tinha conhecimento do caminho de lá. Devia ser um mago também, pois somente os magos possuíam aquele símbolo. Talvez não tivesse concluído sua preparação, por isso não tinham lhe revelado o local. Mas, para ter o pergaminho, o pai era um mago, com certeza. Este homem deve ter encantado minha irmã com alguma magia. Por isso, ela quer ficar com ele. O que teria feito com sua mente, para que mudasse tanto? Destruiria este homem assim que pudesse. Já ouvira comentários sobre a filha do governador gostar dele, que ela não casava com ele porque já era casado com uma índia. Mas agora, que estava viúvo, na certa casaria com ela. Denunciaria sua verdadeira identidade ao comandante das tropas do forte, o qual pretendia casar com a moça. Ao saber realmente quem era o sr. Macedo, prendê-lo-ia, e então estaria destruído o homem que tinha enfeitiçado sua irmã. No outro dia iria procurar o comandante, que, certamente, gostaria de destruir o senhor Macedo".

Por fim, falou:

– Não consigo reconhecê-lo, senhor Macedo. Tentei ao máximo buscar na memória, mas não achei nada parecido. Sinto muito não poder ajudá-lo.

– Não tem importância, senhor Simão. Um dia vou descobrir o que significa. Muito me intriga o que quer dizer.

– Se souber algum dia, eu lhe aviso.

– Obrigado. Como seu pai está demorando! Gostaria de dar uma caminhada pela cidade. Se eu não voltar hoje, diga ao senhor seu pai que amanhã o procuro. Até a vista, senhor Simão.

– Pode deixar que eu o aviso assim que chegar, senhor Macedo. Até a vista!

Após se afastarem, Sol-da-Manhã falou:

– Ouviu tudo, Pajé Branco?

– Sim. Tenho de agir rápido. Vamos procurar o comandante. Eu sei onde encontrá-lo.

Mais tarde encontrou o capitão. O Pescador cumprimentou-o com entusiasmo, mas, foi recebido com frieza. O capitão só respondeu ao cumprimento por causa da amizade do Senhor Macedo com o governador-geral.

– Senhor capitão, gostaria de lhe falar em particular. É um assunto pessoal.

– Venha comigo, senhor Macedo.

Após ficarem em um canto da taberna, acomodados a uma mesa, o capitão perguntou:

– O que o senhor quer?

– Vou começar com uma conversa sobre o passado – E o Pescador contou-lhe sua história na Espanha.

– Interessante sua história, senhor Simas, ou Macedo. Como devo chamá-lo? – falou o capitão, curioso.

– De Macedo, mas deixe-me continuar. Eu abandonei, por desgosto, minha terra natal, prometendo a mim mesmo nunca mais pôr meus pés naquele lugar. Viajei por muitos lugares e acabei aportando ao Norte, na capitania de Pernambuco. Como eu me encontrava muito doente, e sem dinheiro, tive de continuar vagando, até que alguém me ajudou. Curei minhas chagas e comecei a lutar para sobreviver. Embrenhei pelas matas adentro, casei-me com uma índia, da qual hoje tenho três filhos, conquistei a amizade dos índios da região e consegui, com eles, ouro, muito ouro. Então, me atirei nos negócios, que o senhor bem os conhece, e agora preciso de sua ajuda.

– Qual a ajuda, senhor Macedo? – o capitão se tornara mais amistoso.

– Minha esposa faleceu ao dar à luz nossos filhos. Após isso, casei-me com uma moça branca, não na Igreja, mas sim segundo os rituais indígenas. Agora quero tornar legal esta união e, como a família ainda não sabe de nada, vim pedir sua ajuda para que seja minha testemunha perante o juiz, ao legalizar meu casamento.

O capitão sorriu de contentamento. O rico senhor Macedo estaria fora do caminho ao ter legalizado o casamento com a mulher branca. Antes, não.

Com a índia, podia largá-la a qualquer momento, pois não era uma união legal. Ajudaria, sim. Seria sua testemunha.

– Mas antes seria bom falar com o frei. Ele terá de dar o consentimento à união dos dois para que a justiça a torne legal. Se o senhor quiser, podemos ir à casa dele agora mesmo.

O homem não queria deixar para o outro dia. O governador tinha planos e podia convencê-lo a abandonar a mulher por sua filha.

– Então vamos – falou o Pescador.

Após conversarem com o frei, que consentiu que a união fosse daquela forma, o Pescador contou-lhe a mesma história que narrara ao capitão, sobre seu passado religioso. Por fim, este perguntou:

– Como vamos chamá-lo? De senhor Macedo ou Almoeda?

– Simas Almoeda morreu, frei. É um passado que me tortura. Hoje sou José Macedo. Gostaria que o senhor mantivesse isso em segredo.

O frei falou:

– De minha parte, o seu passado lhe pertence. Não serão meus lábios que irão revelar seu segredo.

– Da minha parte também, senhor Macedo – falou o capitão.

– Frei Mariano, sua igreja é pequena. Eu não poderia auxiliá-lo de alguma forma?

– De que maneira pode ajudar-me, senhor Macedo?

– Eu tenho três filhos e quando eles vierem para cá eu gostaria que estudassem como estudei: em uma boa escola! Posso ampliar sua igreja e construir um bom colégio para o senhor.

– Mas como vou sustentar um colégio, senhor Macedo?

– Enquanto Deus me permitir, eu o sustento. E espero ter uma vida longa!

– Se é assim, aceito. Aqui precisamos de tudo e uma ajuda como a sua é bem-vinda. Que Deus o proteja!

– Obrigado, frei Mariano. Pode começar a ver do que precisa, enviarei o dinheiro. Talvez, logo o capitão possa contribuir também.

– Como? Com o que ganho mal sobrevivo. Só posso sonhar.

– Não se aceitar a minha proposta de negócio. Quero o senhor como sócio em um investimento que tenho em mente.

– E o que é, senhor Macedo?

– Pretendo construir um grande alambique aqui na capital. Já mandei vir as peças da Europa, logo estarão aqui. Preciso de alguém que fique por aqui e que possa cuidar disso para mim. O senhor tem uma grande família, poderia dirigi-lo a contento. Será um negócio grande.

– Mas como posso ser seu sócio se não tenho dinheiro para tal empreendimento?

– Tenho o dinheiro, mas, preciso de alguém para cuidar do negócio para mim e o senhor é uma pessoa honrada. Seremos sócios iguais no negócio.

O capitão ficou pálido de espanto.

– O senhor me dá metade do negócio, senhor Macedo?

– Sim, mas terá de cuidar dele para mim. Eu não tenho tempo, preciso cuidar dos engenhos. Capitão, esta é uma boa terra, precisa de bons homens para tirar o que tem a oferecer. Temos de ser corajosos para aceitar o desafio. Aceita ou não?

– Sim, como não? Isso é um presente do céu. Talvez o meu sonho se realize.

– E qual é o seu sonho, capitão?

– A filha do governador.

– Quem sabe, eu possa ajudá-lo nisso também. O senhor a ama?

– Muito. Sonho com o dia em que a terei em meus braços.

– Eu farei o possível para ajudá-lo. Conte comigo, está bem?

– Está bem! Melhor impossível. Quando o senhor gostaria de tornar legal a união com sua mulher?

– Se possível, ainda esta noite.

– Então, vamos à casa do escrivão. Eu o tiro da cama, nem que seja na ponta da minha espada! Vem conosco, frei?

– É, acho que vou. Estou sem vontade de dormir depois de tudo o que ouvi esta noite.

Foram. E, como o capitão disse, tirou o escrivão da cama, mas não foi preciso o uso da espada. Após pegar o material necessário, o escrivão, ainda meio sonolento, perguntou ao Pescador o nome da esposa.

– Dona Sarah de tal.

Aí ele acordou totalmente.

– A filha do judeu Moisés? – perguntou.

– Sim, ela mesma, por que? Não posso me casar com a mulher que amo?

– Não é isso que eu quis insinuar. É que um homem de sua posição casar-se com uma...

O Pescador não deixou que terminasse o que tinha a dizer.

– Não me preocupo com a religião dela, assim como ela não se incomoda por eu ser cristão. Está vendo, capitão, por que muitos sonhos são difíceis de se tornarem realidade? As pessoas se preocupam com posição, cor, religião e ninguém se preocupa com o que sente. Ninguém olha o sentimento, o amor: apenas os interesses. Por isso me considero um homem feliz. Quando quis, casei-me com uma índia. Agora que ela se foi e reencontrei a mulher que amo, por que não me casar com ela? Por causa de diferenças religiosas? Não, eu não sou homem disso. Já fui um dia, e me arrependo até hoje.

— É, o senhor tem razão. Às vezes, as diferenças tornam muito difícil conseguir o que se quer — concordou o capitão.

— E o senhor, o que acha, frei Mariano? — perguntou o Pescador.

— Eu sou um religioso católico. Se um dia ela quiser se converter ao Cristianismo, eu a batizarei. Mas ao menos aos seus filhos espero batizar.

— O senhor os batizará, assim que puder trazê-los para cá. São muito novos ainda e a viagem é muito longa.

— Mas, por que o senhor não busca o pai dela e o traz para cá?

— Porque ela tem um irmão que não gosta de mim. Acho até que me odeia. Como vivo entre os índios e os negros, diz que enfeiticei sua irmã para que criasse meus filhos. Ele é capaz de colocar o pai contra a união. Assim, quando eu falar com o senhor Moisés amanhã, já será fato consumado. Por enquanto, apenas eu e ela estamos de acordo. Sua família não sabe de nada. E quando souberem, já será tarde — e deu uma gargalhada.

— Senhor Macedo, se eu já não conhecesse o seu modo de agir, diria que é um louco — disse o capitão.

— E então, vai ou não vai fazer os documentos agora? Perguntou Simas ao escrivão.

— Vou sim, senhor, agora mesmo!

Fez tudo rapidamente. O frei e o capitão assinaram como testemunhas do contrato de união. Após isso, o frei convidou-os a ir até sua casa. Tinha um bom vinho para comemorar a união do senhor Macedo com dona Sarah. O Pescador sorriu satisfeito. Antecipou-se à traição que iria sofrer com a verdade dos fatos. Não tinha mais com o que se preocupar. Não, por enquanto.

Depois de beberem muito vinho, o Pescador estava embriagado. Não sabia mais dos efeitos do vinho.

— Capitão, poderia, por favor, chamar os índios que estão lá fora para me ajudarem? Acho que não estou muito bem.

— Deixe, capitão — falou o frei. Mandei os índios entrarem e dei-lhes pousada aqui. Já é tarde da noite e não é bom o senhor Macedo ser visto embriagado na casa do velho Moisés. Principalmente agora, que está casado com sua filha.

— Frei Mariano, em minhas viagens ao interior, durmo sempre na paróquia do padre, lá do arraial, e agora o senhor me acolhe. Acho que um dia deixei o hábito, mas nunca vou conseguir me livrar da Igreja — e deu uma gargalhada.

— Venha comigo. Vou lhe mostrar onde se deitar; amanhã estará bom novamente.

Pouco depois, dormia. Os índios, como guardas fiéis, ficaram com as bagagens no mesmo quarto, vigiando o Pajé Branco. Já era manhã avançada quando o Pescador foi acordado pelo frei:

– Vamos levantar, meu amigo. O dia clareou já faz tempo. É hora de trabalhar. Tem uma refeição sobre a mesa para você e seus amigos índios.

Depois de comerem, partiram. Era hora de fazer bons negócios. O senhor Carvalho já devia estar à sua espera.

Quando chegou ao grande armazém, ficou a observar, por um momento, o grande movimento. Era o melhor negócio que fizera. Ali, o dinheiro entrava em grande quantidade. No pequeno cais não havia lugar para todos os diversos navios. Alguns tinham de aguardar a vez para carga e descarga. Sim, o velho Moisés sabia como dirigir o negócio. Quando procurou pelo senhor Moisés, foi levado até uma sala. O velho veio ao encontro do Pescador. Quando o viu, disse:

– Senhor Macedo, por que não me esperou ontem à noite? Fiquei até mais tarde para terminar um trabalho.

– Não tem importância. O que eu tinha para fazer hoje, fiz ontem à noite, assim ganhei tempo. Hoje tenho muitos compromissos. Não poderia cumpri-los todos.

Nisto chegou o senhor Abraão com um sorriso maroto e foi logo falando:

– É um homem de sorte, senhor Macedo.

– Por que, meu amigo?

– Os credores do senhor Carvalho ficaram felizes ao se livrarem dos créditos que tinham com ele. Aqui tem as cartas de crédito. O que pretende fazer com elas? Custaram a metade do que o senhor Carvalho lhe deve agora.

– Comprei as suas propriedades. Logo estará por aqui à minha procura para fecharmos o negócio com o escrivão.

– O senhor comprou tudo?

– Sim. Ele sai com seus pertences pessoais. Foi um ótimo negócio! senhor Moisés, onde encontra os seus amigos interessados em minhas mercadorias?

– Quer que eu os convide para virem até aqui para fecharmos negócios?

– Sim, eu gostaria. Mande-os trazer muito dinheiro, pois vão gostar do que tenho para vender.

O senhor Moisés chamou um empregado e deu-lhe ordens. O rapaz partiu apressado.

– Como vão as coisas por aqui, senhor Abraão?

– Melhor, impossível. Estamos com muito trabalho, mas os lucros compensarão. Dê uma olhada nos registros. Até agora, o senhor não viu nada. Confiou em nós e eu gostaria de colocá-lo a par de tudo o que temos feito.

– Está bem, vou dar uma olhada rápida. À noite eu os verei melhor. Irei à sua casa ao anoitecer, se não se incomodar.

– Fico contente sempre que o vejo. Será um prazer tê-lo como hóspede!

– Espero que, no futuro, fique mais feliz ainda. Após dizer isso, o Pescador começou a olhar os registros contábeis. Após uma rápida olhada, perguntou:

– Já conseguimos apurar realmente tudo isso com o comércio, senhor Abraão?

– Sim. Aí está anotado até a última moeda. Não falta nada, além do que usei para comprar os débitos do senhor Carvalho. Está satisfeito, senhor Macedo?

– Estaria mentindo se dissesse que não. Vejo como acertei em convidá-lo para trabalharmos juntos.

– Sim, creio que movimentaremos muito isso aqui. Não se parece nem um pouco com o antigo armazém.

– Pode ampliá-lo três vezes mais. Está pequeno para os meus planos. A minha cabeça ferve de tantas ideias.

Nisso chegaram os amigos do senhor Moisés. Queriam ver as mercadorias do senhor Macedo.

– Muito prazer em conhecê-los, senhores. Estão preparados para ver o que tenho a oferecer-lhes?

– Mostre-nos, então diremos se estamos ou não.

Eram homens acostumados ao comércio de pedras preciosas, aves de rapina, interessados em lucros rápidos e fáceis. Nada que desse trabalho e pouco lucro os interessava, tinham ligações com os maiores comerciantes de joias das casas europeias.

Após abrir uma pequena bolsa, tirar algumas gemas do seu interior e espalhá-las sobre a mesa, os homens ficaram extasiados. Aquilo que estava à sua frente os fascinava. Era disso que precisavam: produto pequeno, mas muito valioso. Valia o carregamento de um navio e não dava nenhum trabalho para ser transportado: fácil de ser vendido, além de nunca estragar. Seus olhos faiscavam com a cobiça.

Sol-da-Manhã, que sempre ficava atrás do Pescador, via a tudo espantado. Nunca tinha visto aquilo no Pajé Branco. Ele olhava as pedras com outros olhos. Tinha um objetivo com as pedras, mas não a cobiça, como via agora naqueles homens.

– E então, senhores, o que acham?

– São de muito boa qualidade, senhor Macedo – falou um deles.

– O senhor é modesto. São as melhores gemas que o dinheiro pode comprar.

– Qual a quantidade que pode nos fornecer, ou são só estas que tem?

– Eu tenho muitas mais. Estas não são as melhores nem as maiores.

– Quando poderá nos mostrar o restante?

– Quando os senhores me mostrarem o vosso dinheiro.

– Recebemos um aviso de que deveríamos trazer muito dinheiro. Aqui tem uma parte dele.

E colocaram sobre a mesa várias bolsas de moedas.

– Isso é o suficiente, senhor Macedo?

– Pelos meus cálculos, e deixando margem para pechincharem, acho que vão precisar de cinco vezes mais.

Os homens ficaram espantados.

– O senhor sabe o valor real das suas gemas, senhor Macedo?

– Senhores, eu entendo tanto quanto os senhores do valor e da qualidade das pedras. Portanto, se quiserem negociar comigo, sejam generosos na oferta e terão um bom fornecedor de gemas, que multiplicarão suas fortunas rapidamente. A minha, eu já tenho nas gemas; a de vocês, dependerá de comprar ou não o meu produto – e ficou observando os pensamentos dos homens.

O que pensavam, o Pescador ouvia e fazia as contas mentalmente. Já sabia quanto valiam suas pedras preciosas. Cada conta mental que cada um deles fazia, o Pescador anotava em sua mente. Depois de algum tempo, sabia o que dar a eles pelo dinheiro que estava sobre a mesa. Falou algumas palavras na língua indígena, e Sol-da-Manhã passou-lhe mais uma pequena bolsa com pedras. Eram diamantes fabulosos! Os homens ficaram admirados diante do que viram. O Pescador falou-lhes o quanto queria pelas pedras, e perguntou quanto havia em dinheiro.

– Então, os senhores mandam o resto mais tarde ao senhor Abraão. Agora tenho de sair. Se quiserem ver o resto, venham à noite na casa do senhor Moisés e lá faremos bons negócios. Verão o que tanto procuram e não encontram.

– E o que é? – perguntou um dos homens.

– Esmeraldas, senhores, as mais lindas esmeraldas que alguns dos senhores jamais viram. Ali está a verdadeira fortuna. É só serem honestos comigo e ganharão muito, porque as tenho.

Pegou as bolsas com o dinheiro e passou a Sol-da-Manhã, que entregou aos seus guerreiros.

– Senhor Abraão, vejo-o em sua casa à noite. Agora tenho de concluir outros negócios. Até logo, senhores, foi um prazer conhecê-los!

– Até a noite, Senhor Macedo! O prazer foi nosso.

Após se afastarem, os homens ficaram a conversar com o senhor Abraão.

– Quem é este homem, Abraão?

– O homem mais rico e poderoso da capitania, e talvez o mais influente junto ao governador, creio eu.

– Temos de cultivar sua amizade. O que temos de fazer para conseguir isso, Abraão?

– É só serem honestos e leais e terão muitos ganhos. Ele é um homem generoso e leal, não quebra sua palavra por preço nenhum.

– Vamos tentar. Talvez ele nos seja útil, para nossa própria proteção.

– Será, não tenham dúvidas. Está viúvo, e minha irmã está olhando seus filhos. E, pelo que me confessou tempos atrás, ele gosta muito dela. Quem sabe venha um dia a casar-se com ela.

– E por que você não o incentiva a isso, Abraão?

– Não vou forçá-lo a nada. Se ele quiser, que tome a iniciativa.

– Está perdendo a oportunidade de ganhar muito dinheiro – falou o mais idoso deles.

– Mas já estou ganhando muito dinheiro com o comércio! Cinco por cento dos ganhos são meus, e outros cinco de meu pai. Logo, seremos muito ricos, e tudo pela confiança que ele deposita em nós. Confiem nele também e terão sua lealdade e confiança.

– Vamos procurar conhecê-lo melhor, em sua casa.

Em outro lugar, mas ao mesmo tempo, o Pescador falava ao seu amigo índio:

– Você viu e ouviu tudo? Deu para conhecer um pouco mais como são os brancos?

– Sim, hoje aprendi muito. Entre nós, o que vale é o orgulho de um homem. Lealdade, caráter, força e valentia são nossos valores. Aqui, não. O que vale é a ganância, a esperteza e a mentira. São valores negativos, Pajé Branco.

– É, você tem razão, meu amigo. Mas não são todos assim, existem aqueles que são bons e leais também.

Nisso encontraram o senhor Carvalho, que vinha ao seu encontro.

– Como vai, senhor Carvalho?

– Muito bem, obrigado! Também feliz por me livrar de tantos problemas em minha vida.

– Fico feliz que o senhor esteja satisfeito com o negócio que estamos fazendo.

– Depois de muito tempo, consegui dormir a noite toda sem acordar várias vezes.

Após passarem o negócio para os documentos oficiais, o Pescador perguntou ao senhor Carvalho:

– Diga-me, o senhor vai partir para Portugal?

— Vou, assim que vender minha casa aqui na capital. É muito grande e luxuosa. Eu fiz para meus filhos, mas eles foram estudar em Portugal e não quiseram voltar mais. Foi isso que me arruinou e me desgostou.

— Se quiser vender, compro sua residência e ainda lhe proponho um bom negócio em Portugal.

— Qual é a proposta, senhor Macedo?

— Vou começar a fabricar aguardente de fina qualidade. O alambique está sendo montado, logo estará pronto. O senhor seria o distribuidor do meu produto em Portugal e em outros países, desde que seja honesto e leal comigo.

— Eu aceito! Assim terei o que fazer na minha volta e ainda ganharei um pouco de dinheiro.

— Em troca, quero uma parte do pagamento em vinhos e em outros artigos. Se o senhor corresponder às minhas expectativas, aumentaremos os nossos negócios.

— Não se arrependerá de negociar comigo, senhor Macedo. Tenho certeza de que lucraremos muito.

— Mandarei um produto bom, a um preço justo. Faça o mesmo comigo e lucraremos muito.

Discutiram, ainda, o preço da casa, que foi pago imediatamente, e os termos dos negócios que fariam.

Voltariam a se falar antes da partida do senhor Carvalho para Portugal.

O Conselheiro

Em seguida, o Pescador dirigiu-se à residência do governador. Ao chegar, foi bem recebido, como era costume. Após os cumprimentos de praxe, foram até a sala.

– Então, quer dizer que o senhor perdeu sua esposa índia e se casou com uma judia? – falou sério o governador.

– Sim, acho que fiz o melhor para meus filhos e para mim.

– Como assim, senhor Macedo?

– Eu sou um homem que não para em lugar nenhum. Um dia, estou aqui, logo estou nos engenhos. De repente, mudo de ideia e me embrenho nas matas para visitar os índios. Enfim, não tenho lugar fixo para morar. Diga-me: que mulher gostaria de ter um marido como eu? Seria infeliz no casamento com um homem igual a mim.

– É, tem razão. O senhor teria uma mulher, mas ela não teria um marido.

– Isso mesmo. Sou um andarilho, não consigo ficar em um único lugar por muito tempo. Então, nada como uma mulher solteira e já madura, como aquela com quem eu casei. Saberá criar meus filhos com dedicação.

– Soube, por intermédio do capitão, que o senhor lhe deu sociedade no alambique que está montando. Será um grande alambique. O senhor transformou o capitão em um homem de posses da noite para o dia. É muita generosidade sua para com ele.

– O capitão é um homem muito inteligente, mas, por sua dedicação ao posto militar, não teve oportunidade nos negócios que florescem por aqui. Como sei do interesse dele por sua filha, apesar de ele nada confirmar por ser muito discreto, resolvi dar-lhe uma oportunidade de enriquecer. Quem sabe um dia ele cria coragem e confirme as minhas suspeitas. Apesar de ser descendente de nobres, ele é muito tímido nas coisas do amor.

– O senhor está pedindo a mão de minha filha em casamento para o capitão?

– Longe de mim assumir tal compromisso. Apenas vou torná-lo um homem de posses o suficiente para que, se tiver coragem, ele mesmo possa vir até o senhor fazer o pedido, isto é, se sua filha tiver simpatia pelo capitão.

– Vejo que o capitão arranjou um protetor poderoso.

– Apenas um homem que gosta de ver os outros felizes, senhor governador. Acho que é assim que sou: um homem que gosta de repartir a felicidade que Deus lhe deu com sua boa sorte.

– O tempo dirá, senhor Macedo, o tempo dirá se o senhor está certo. Mas o senhor não veio até aqui só para me falar do amor do capitão por minha filha, não é?

– Não, eu nem teria falado nisso se o senhor não tivesse tocado no assunto. O que venho oferecer é ajuda na sua luta contra os holandeses.

– O senhor vem me oferecer ajuda na empreitada que estou realizando?

– Sim, isso mesmo. Ou o senhor não quer?

– Muito pelo contrário, eu aceito de muito bom agrado. Precisamos retomar as terras que já foram nossas.

– Então, eu lhe fornecerei grande quantia em dinheiro para que possa arregimentar uma boa tropa e libertar logo as terras.

– E o que o senhor quer em troca por sua ajuda?

– Nada, senhor governador, absolutamente nada. Vejo esta terra, uma fonte de riquezas, ser tomada, assim, por outro país. Nós podemos fazer muitos negócios por aqui, mas, se deixarmos os invasores onde estão, logo vão querer vir para o sul e, então, o que acontecerá? Eles nos expulsarão daqui também e Portugal perderá uma das suas melhores terras. Expulsando-os, os negócios para Portugal crescerão, à medida que caírem os deles. Assim, não preciso que o senhor me dê nada em troca. As oportunidades virão naturalmente.

– O rei ficará sabendo de sua ajuda. Gostaria de tê-lo como meu conselheiro. O senhor aceitaria o cargo?

– Ficaria honrado, desde que o senhor não se incomode com minhas constantes viagens pelo interior, a negócios.

– Não, eu não interferirei em sua vida particular. Quando estiver na capital, gostaria de contar com seus conselhos. Às vezes fico com tantos problemas para resolver que não sei nem por onde começar. O senhor me será de grande ajuda nestes tempos difíceis.

– Diga-me, senhor governador, o senhor tem algum amigo ou parente em Portugal que seja pessoa honrada e de bom tino comercial?

– Sim, um sobrinho de minha esposa. Ele se parece com o homem que o senhor procura. Por que?

– Eu vou montar um grande curtume e pretendo beneficiar grande quantidade de couro que os índios me venderão. Não gostaria de dar a algum estranho o direito de venda na metrópole, gostaria que fosse alguém em quem eu pudesse ter toda a confiança e, ao mesmo tempo, que fosse alguém de sua indicação.

– Terá muito couro e peles para mandar para a metrópole?

– Creio que sim, pois os índios vivem mais da caça. Mandarei avisá-los para que me tragam as peles, em troca lhes darei alimentos e utensílios de que necessitam.

– O senhor é um homem brilhante. Se houvesse muitos como o senhor, não teríamos tanta escassez por aqui. Depois que o senhor assumiu o monopólio, passamos a ter muitos produtos que antes não tínhamos.

– Fico muito honrado com suas palavras. Dê-me licença, por um instante. Volto já.

Ao voltar, o Pescador colocou sobre a mesa do governador diversas bolsas com moedas e algumas com ouro. Ao vê-las, o governador arregalou os olhos.

– Esta é a minha contribuição. Tirei uma parte do dinheiro, porque quero ajudar o frei a aumentar a igreja e construir um colégio bom para que nossos filhos e netos possam estudar. O futuro está aqui. Temos de prepará-lo rapidamente.

– Conselheiro Macedo, o rei ficará sabendo de sua pessoa. Se o senhor precisar viajar, terá sempre alguns soldados à sua disposição. Sua pessoa é muito valiosa para que algo de mal lhe aconteça, por uma fatalidade qualquer.

– Agradeço sua bondade, mas gostaria que o senhor fosse discreto a meu respeito em sua carta ao rei. Como eu disse, gosto de ajudar as pessoas nas suas necessidades, assim como auxiliarei o capitão nas suas pretensões, mas espero que o senhor seja discreto ao máximo a esse respeito. Não gostaria que ele soubesse que interferi em seu favor. Que as coisas pareçam naturais. Posso contar com sua discrição?

– Pode, Senhor Conselheiro Macedo. Eu também sou um homem discreto. Mais tarde, o escrivão lhe entregará pessoalmente o título de sua nomeação como conselheiro.

– Obrigado e até logo, senhor governador.

– Até a vista, senhor conselheiro Macedo. A porta de minha residência estará sempre aberta para sua pessoa e sua nova esposa.

O Pescador partiu com um sorriso mal contido nos lábios. Estava feito. Era praticamente intocável. Que viessem os golpes, saberia apará-los na hora certa. Partiu para onde estava o capitão para lhe dizer como agir de agora em diante. Após falar com o capitão, este o abraçou forte.

– Senhor Macedo, não sei como agradecer, mas, conte sempre comigo, em qualquer situação em que se encontrar!

– Obrigado, capitão. Fico feliz em vê-lo feliz. Fico feliz quando posso tornar alguém feliz; do contrário fico meio triste. Que Deus o proteja por onde passar, capitão. Agora vou partir, tenho de despachar os carroções para o engenho, acho que já estão carregados a esta hora.

– Eu mandarei uma escolta para protegê-los.

– Obrigado, meu amigo. Até a vista!

– Até a vista, senhor Macedo!

– Vamos, meus irmãos guerreiros, vamos procurar um lugar para comermos e nos lavarmos. O dia foi de muitas vitórias, mas a noite será melhor.

Ao cair da noite, chegaram à casa do senhor Moisés. Foi recebido pelo senhor Abraão e seu pai. Quando ia entrar, chegou um cavaleiro apressado. Chamou pelo conselheiro José Macedo. O Pescador voltou até a entrada, para saber do que se tratava.

– Venho lhe trazer o título de sua nomeação como conselheiro do Governo da Capitania.

– Diga ao senhor governador que eu fico agradecido com a nomeação.

– Até logo, senhor conselheiro.

– Até logo, e obrigado.

Tornou a entrar e, ao ver novamente os homens do encontro da manhã, desculpou-se por não ter chegado antes. Depois anunciou:

– Senhores, a partir de hoje sou conselheiro da capitania.

– Parabéns, meu amigo! – falou o senhor Abraão – É uma honra ter um conselheiro em minha casa.

– Gostaria de anunciar outra coisa que me fez mais feliz ainda. Como os senhores sabem, eu sou católico e já fui casado com uma boa moça índia. Ela me honrou com três filhos. Sarah, a filha do senhor Moisés, está olhando-os agora por mim. É uma ótima mulher. Eu já a amava desde jovem. Agora, com o auxílio que está me dando no cuidado de meus filhos, acho que a amo ainda mais.

Ficou em silêncio por um instante. Não se ouvia nem o respirar das pessoas na sala. Ele se virou para Sol-da-Manhã e, na língua indígena, pediu um documento. O amigo falou mais alguma coisa e tirou da bolsa de couro um documento. Todos esperavam em silêncio que continuasse. Por fim, ele falou:

– Como sou católico, e ela judia, nós dois pretendemos continuar como somos, sem mudar nossas crenças, pois as coisas do amor dispensam rituais religiosos. Estamos casados com comunhão total de bens pela lei civil portuguesa, desde ontem. O documento em minha mão atesta isso perante os homens e a lei. Fizemos isso de comum acordo.

– Mas, por que não nos falou antes, senhor Macedo? – falou o velho Moisés.

– Eu quis fazer surpresa. Sinto por ela não estar aqui agora, mas logo estará. Espero que aprove nossa união!

– Se eu aprovo? Eu o abençoo como meu filho também! Seja bem-vindo à minha família. Um dia o senhor me disse que ajudaria minha filha, mas não pensei que chegasse a tanto. Depois de tudo que ela sofreu, e o senhor também, o Criador os recompensou com generosidade. Que sejam felizes para sempre! – e abraçou o Pescador com os olhos lacrimejando. Era o pai mais feliz do mundo.

Abraão também o abraçou, chorando. Quando se refez, conseguiu, falar:

– Senhor Macedo, obrigado por nos fazer tão felizes esta noite. Não pode imaginar como gostaria de abraçar minha irmã.

– Logo poderá abraçá-la. Na próxima viagem, ela virá comigo. Já comprei uma casa para morarmos, espero que ela goste. É a casa que era do senhor Carvalho.

– Aquela residência imensa, o senhor comprou?

– Sim, muito bem mobiliada.

Depois de muitos cumprimentos dos outros homens na sala, o Pescador não era mais um estranho para eles. Era aceito como um membro da família do senhor Moisés, pai de dona Sarah Macedo, esposa do Conselheiro Macedo, o homem mais rico da capitania e, com certeza, o mais influente. Alguém no qual eles confiariam de agora em diante. Por fim, o Pescador falou:

– Senhores, deixemos a festa para quando Sarah voltar. Agora vamos falar de negócios.

Esta foi uma frase que alegrou mais ainda o ambiente. A uma palavra do Pescador, Sol-da-Manhã saiu. Pouco depois, junto com os dois outros índios, entrou com pesadas bolsas. O Pescador abriu uma delas e espalhou o seu conteúdo na mesa. Havia esmeraldas e rubis. Sua beleza fascinava os homens ali reunidos. Eles só olhavam, não conseguiam dizer nada.

Por fim, Abraão falou:

– Isso vale uma fortuna, senhor Macedo. Como conseguiu estas pedras de tão alto valor?

– A origem não importa, o que importa é que eu as tenho e estou aqui para vendê-las. Sei quanto valem. É, de fato, uma imensa fortuna. A metade é de sua irmã. Quero que me ajude a transformar tudo isso em dinheiro, navios, propriedades e mercadorias. Apenas isso eu quero.

– Mas não temos tanto dinheiro para bancar tudo isto, senhor Macedo – falou um dos homens, mostrando um pesado baú cheio de moedas.

– Por enquanto, é o suficiente para o que preciso. Avaliem as pedras e peguem o suficiente para cobrir o dinheiro que têm, deixando cinco por cento ao senhor Abraão. Isso é sua comissão. Eu prometi, eu cumpro.

Os homens, que eram experientes, foram medindo e pesando as pedras. Ao final das contas, retiraram um monte delas. Dois terços, mais ou menos, deram o valor.

– Nós estamos lhe pagando o preço justo, senhor Macedo. Sua mercadoria é de ótima qualidade, terá um alto preço nas cortes europeias. Tiramos cerca de 40% de comissão para colocá-las nos lugares certos, pelas vias certas.

– Pois, então, retirem-nas da mesa. Vou abrir a segunda bolsa. Estas, eu quero que se transformem em navios e só dou 30% de comissão.

Ao final de muitas contas, chegaram à conclusão do que poderiam adquirir com aquelas pedras.

– Muito bem, senhores, retirem estas também, porque eu vou colocar a terceira bolsa. Após abri-la, falou:

– Quero dois terços destas transformadas em dinheiro e um terço em mercadorias que os navios trarão em diversas viagens, até esgotar este terço. Eu forneço a relação do que quero, o senhor Abraão lhes entregará quando estiver pronta.

Depois de tudo avaliado e os contratos feitos, os homens estavam felizes. Saíam dali ricos com as comissões recebidas. Mais tarde partiram com a primeira das bolsas, as outras duas ficaram sob a guarda do senhor Abraão. Após a saída dos homens, o Pescador falou:

– Meu amigo, quero segredo absoluto sobre estas gemas.

– Eles são mais silenciosos que a noite. Ficarão sabendo da sua existência delas somente os seus compradores. Aí elas aparecerão; antes, não. Eles entregarão tudo o que o senhor pediu. Pode demorar um pouco, porque é um valor muito alto, mas honrarão a palavra. Estão ganhando muito com isso.

– Sim, eles nunca dizem o que têm para vender para não derrubar o preço. As pedras irão aparecendo um pouco em cada lugar. Algumas irão parar no Oriente, outras irão para as cortes europeias, mas, sempre em silêncio. Creio que, em seis meses, terão vendido e transformado tudo em navios, dinheiro e mercadorias – falou o velho Moisés.

– Sarah sabe da existência delas? – perguntou Abraão.

– Só de uma parte, não tive tempo de mostrar-lhe tudo. Mas ela não se deixa impressionar. Creio que ela é muito simples para deixar-se iludir pelo fascínio das pedras.

— Sim, acho que ela é isso mesmo, mas dos seus negócios ela cuida com ciúmes. Quando o senhor não pôde vir, ela nos exigiu que cuidássemos muito bem dos seus negócios. Nem parecia a irmã que deixei ao partir. O que a terá feito mudar tanto?

— Saber que alguém a amava e não se importava com o que tinha ocorrido em sua mocidade. Foi isto, amigo Abraão!

Um Erro Paga outro Erro

(Busca dos Filhos de Sarah)

Após Abraão haver guardado todas as pedras em um lugar bem escondido e o Pescador colocado as moedas nas bolsas e entregue aos índios para guardá-las, chegou o senhor Simão. Estava lívido.
– O que houve, meu filho? – perguntou o velho Moisés.
– Quase morri, esta noite. Cometi um erro e quase pago com minha vida.
– O que aconteceu-lhe, meu filho?
– Eu senti ciúmes de Sarah e do que este homem fez a ela e fui denunciá-lo ao capitão, o comandante do forte. Ele quase me matou, pois sabia que ele é Simas de Almoeda, o juiz espanhol. E o frei também sabe.
– Mas por que foi denunciá-lo, meu filho? Não viu o que ele fez por nossa casa? Por sua irmã também?
– Eu Vi o seu pergaminho. É o pergaminho dos magos do Oriente. Achei que era um deles e que tinha enfeitiçado Sarah. Isso me revoltou. Então, eu o denunciei. O capitão só não me matou porque sou irmão de Sarah que, segundo suas palavras, está casada com este homem. Isso é verdade?
– Sim, é verdade, meu filho. Mas como, sendo um sacerdote acima de tudo, teve coragem de fazer uma coisa dessas?

– Ciúmes, pai. Eu tenho ciúmes de Sarah. Não posso pensar em minha irmã unida a alguém por obra de alguma magia.

– Espere aí – falou o Pescador. Se eu lhe mostrei o pergaminho foi para saber o que significava, pois desconheço sua origem. Se casei com sua irmã, foi por amor, e não por magia. Se existe alguma magia para este fim, eu desconheço. Porém conheço algo que faz as pessoas se unirem e isso se chama amor. É isso que sentimos um pelo outro, desde que éramos jovens. Sinto-me envergonhado de que alguém pense isso de mim. Acho que vou me retirar.

– Espere, senhor Macedo – falou o sacerdote Simão. Eu também estou envergonhado de meu ato. Creio que devia ter sido franco com o senhor e nada disso teria acontecido. Que Deus me perdoe pelo meu erro. Espero que, apesar de tê-lo denunciado e ofendido, um dia possa me perdoar pelo mal que lhe quis fazer. Esqueci-me de que também somos muito perseguidos pela nossa crença religiosa e, como um sacerdote, eu não devia agir dessa maneira.

– Não tenho por que perdoá-lo. Apesar de não dever nada à justiça dos homens, devo à divina porque causei a morte de meu pai. Disso não posso fugir. Não há lugar pior para se ocultar um erro do que em nossa consciência. Somente nós sabemos do erro, mas, em compensação, não o esquecemos. Do seu erro, o senhor cuida, como eu cuido do meu, me envergonhando cada vez que ele me vem à lembrança. Que Deus o perdoe, assim como espero que, um dia, perdoe a mim também.

O velho Moisés estava estarrecido. Aquilo não podia ter acontecido! Não com um filho seu. Pediu ao Pescador que não se deixasse levar pelo ato do filho. Ao que o Pescador respondeu:

– Eu também, um dia, pensei que meu pai estivesse enfeitiçado e, com minha atitude, o conduzi à pior das mortes. Acho que agora estou apenas recebendo o que um dia fiz inocentemente. Não me ofendo e não me magoo. Deus sempre nos cobra por nossas ações. Fique calmo, meu amigo, pois nada mudou entre nós.

Abraão não falava nada. Estava sentado com o rosto encoberto pelas mãos. De sua casa partira uma tentativa de traição. O senhor Macedo só não foi preso porque se antecipou a seu irmão, sabia disso. Era como se uma voz falasse em seu íntimo. Mais algumas conversas, e tudo ficou em paz.

No dia seguinte, o Pescador partiu. Assumiria o engenho do senhor Carvalho e tinha pressa em voltar à aldeia. Estava com saudades de Sarah e dos filhos.

Ao chegar no engenho, falou com Ruth, que deu algumas ordens, e logo começou uma intensa movimentação. A notícia se espalhou rapidamente. O outro engenho agora pertencia ao Cavaleiro da Estrela Guia. Teria paz, de agora em diante. Após a partida de Ruth e do Pescador com um grupo de negros que ele escolhera, havia um clima de festa no engenho.

Quando o Pescador chegou, o senhor Carvalho já havia partido. Ficaram poucos feitores brancos. O Pescador chamou-os e, junto a Ruth, conversou longamente com eles. Quem mandava ali, de agora em diante, era a princesa Ruth, falou o novo patrão. Os feitores ficaram imaginando que uma negra, com uma coroa de brilhantes tão rica e encarregada de todos os três engenhos, só podia ser amante do patrão.

Depois de conversar com eles pessoalmente, Ruth acertou com o Pescador que ficaria ali por mais alguns dias, até ter o controle sobre tudo. Depois, voltaria ao engenho antigo, onde nascera. Os negros que trouxera ficariam tomando conta de tudo.

– Assim que chegar ao engenho, mando o que está faltando aqui, Ruth. Amanhã terá o que falta.

– Eu vou fazer tudo como mandou, Pescador. Logo os negros daqui vão tocar os seus tambores e pedirão proteção para você, como os outros fazem lá.

– Assim espero, Ruth, sei que eles vão respeitá-la. Queime os troncos de suplício, como eu fiz no outro engenho, mas somente depois de reunir e falar a todos.

– Vi como fez. Farei do mesmo modo. Aqui também existem velhos como meu pai. Eu os reunirei antes, como você fez. O canto voltará, o tambor tocará e a paz reinará. Os brancos que ficarem serão amigos. Do contrário, que partam!

– É assim que se faz, Ruth – e deu-lhe um longo abraço de despedida.

Quando chegou ao engenho antigo, começou a dar ordens. Logo os bois foram atrelados aos carroções: levariam alimentos, roupas e ferramentas para o Engenho Novo. Este foi o nome que o Pescador lhe deu. Os negros seriam bem tratados lá também. Sol-da-Manhã estava sentado na varanda, observando o movimento. Sim, o Pajé Branco sempre vencia. Era um grande cacique. O Pescador chamou o negro que comandava a guarda dos dois engenhos:

– Quero que o senhor mande alguns dos seus homens para o Engenho Novo e montem guarda lá também. Até Ruth voltar, ninguém entra nesta casa, além do casal que mora aí.

– Pode deixar, amo, eu cuido de tudo para o senhor. Pode viajar tranquilo, não se preocupe com nada!

Depois de todas as providências tomadas, o Pescador foi até o casebre do velho Mina para contar-lhe as últimas novidades.

Ao chegar, foi recebido com alegria pelo velho João de Mina, que o abraçou como a um filho.

– Como tem passado, meu amigo?

– Bem, Pescador. Mas deixou a cobra viva. Ela vai picá-lo um dia.

– Do que o senhor está falando?

– Do homem que tentou traí-lo. Ele é falso e traiçoeiro. Um dia ele vai prejudicá-lo e eu não estarei mais aqui para ajudar. Então, procure o velho Jorge. Ele poderá ajudar nesse tempo.

– Entendo. Mas eu não podia fazer nada, além de me proteger.

– Hoje à noite os tambores vão tocar. Gostaria que ficasse para que visse ao menos uma vez, antes que eu parta.

– Eu fico. Aonde será? Lá no engenho?

– Sim. É lá que eu faço os cultos e preparo os filhos de santo.

O Pescador chamou Sol-da-Manhã e avisou que ficaria mais esta noite. Se quisesse, podia partir para encontrar Lua Branca.

– Não, Pajé Branco, eu fico com você. Quero ver como são os pajés negros.

– Está bem, meu amigo. Acho que é bom aprender isso também.

À noite, o que viram os deixou impressionados. Era diferente dos costumes dos índios, as pessoas dançavam diferente.

O Pescador foi convidado a se sentar ao lado do velho Mina. Depois de algum tempo, as feições das pessoas se transformavam, assumiam ares sérios, imponentes ou meigos. Dependia da canção que estivesse sendo tocada nos tambores. Todos vinham saudar o velho Mina; depois saudavam o Pescador e Sol-da-Manhã.

O velho Mina explicou que eram os orixás se manifestando, saudando-o pelo que fizera pelos seus filhos. Era uma forma de agradecer e de dizer que sempre teria a sua proteção, por onde passasse. O Pescador ouviu todas as explicações com interesse. Estava encantado com a beleza dos rituais. Quando terminou o culto, já era alta madrugada. Então, o Pescador falou. Todos estavam em silêncio para ouvi-lo, era o primeiro amo branco que via um culto.

– O meu bom amigo João de Mina me falou que, quando cheguei aqui um dia, fui chamado de Cavaleiro da Estrela Guia porque vinha para trazer a liberdade aos negros que clamavam por ela. Não poderia lhes dar tudo, mas, que teriam paz, poderiam constituir família e nunca mais seriam separados, e que o que fizessem pelo engenho, seria feito por eles mesmos. Já estavam bem, mas ficariam melhores a cada dia.

Depois agradeceu aos seus orixás pela proteção que ofereciam. Foi agraciado de uma forma que o comoveu muito. Todos vinham abraçá-lo.

Eram rostos sofridos e cansados, mas, felizes. Para um ser humano ser feliz não é preciso muito, basta lhe dar o que mais quer: a liberdade de fazer aquilo de que gosta. Simples demais para ser compreendido pelo mundo. Quem sabe um dia isso seja possível, com a força de Deus agindo no coração de todos os homens. Estava comovido com a alegria dos negros, mas triste por ter de mantê-los atados aos engenhos. Gostaria de poder lhes dar algo mais. Foi interrompido em seus pensamentos por uma observação do velho Mina.

– Você fez a sua parte. Mais não pode ser feito. Eles sabem disso. Antes não tinham nada, agora têm um pai branco para protegê-los. Isso eles sabem.

– O senhor também ouve os pensamentos, não, meu amigo?

– Sim, eu ouço. Para onde iriam, se fossem mandados embora? Para as florestas, começar tudo de novo? Aqueles que estão lá sofrem mais. Aqui eles têm alimentos, à vontade, roupas para proteger seus corpos e paz. São simples, Pescador, não pedem muito para ser felizes. Nunca os mande embora, proteja-os e Oxalá o protegerá também.

– Enquanto eu viver, ninguém será molestado nos engenhos que eu possuir. Isso o senhor sabe também, não?

– Você já fala como eu. É sinal de que também pensa como eu. Isso é bom. Educa bem aos seus filhos e eles darão continuidade ao seu modo de pensar. Pode não mudar o mundo, mas torna-o melhor para se viver.

– Eu os educarei bem, meu amigo, conte com isso. E ore por mim, para que não venham a errar. Agora vamos partir, pois algumas pessoas devem estar com saudades de nós.

– Mas não descansou o dia todo e passou a noite toda acordado. Descanse um pouco e depois vá.

– Eu não estou cansado e me sinto como se fosse um jovem na sua melhor forma. Até a vista, meu amigo.

– Até a vista, Cavaleiro. Que Deus o proteja!

Logo o Pescador partiu com os índios, rumo à aldeia. Iam felizes. Alguém, em algum lugar, os protegia sempre.

À noite, chegaram na aldeia e foram saudados com gritos de boas-vindas. Depois de algum tempo, recolheram-se a suas moradas. Tinham muito o que contar, e alguém para ouvi-los.

O Pescador ficou contente ao ver que Sarah e as crianças estavam bem. Como era linda aos seus olhos! Como é bom ter alguém para amar; como é bom ser amado também!

Ficou na aldeia por muitos dias. Gostava dali. Era sua morada natural. Se pudesse, ficaria ali para sempre. Quando viu que as crianças já podiam ser transportadas, começou a preparar a viagem para a capital. Seria demorada, não poderia correr com os cavalos como fazia quando cavalgava sozinho.

Mas, também, não tinha pressa de voltar. Passaria para ver o padre. Lá, pegaria uma carroça e assim as crianças viajariam protegidas.

A despedida foi longa e triste. Eram todos seus amigos.

– Cacique, não fique triste, voltarei logo.

– Sinto que leve os meninos, Pajé Branco. Traga-os aqui quando crescerem, o espírito de Raios-de-Lua ficará feliz.

– Eu os trarei assim que ficarem fortes o suficiente para poder suportar a viagem e os deixarei um pouco com o senhor. No tempo certo, terá o seu guerreiro Cobra Coral. Isso eu sinto só de olhar para ele, é um guerreiro nato.

– Vou esperar, Pajé Branco. Era o sonho de Raios-de-Lua, será o meu sonho também.

O Pescador ficou em silêncio. Raios-de-Lua... Onde estaria sua querida agora? Sentia saudades dela. Ela era tão alegre... Faltava algo em sua vida, era Raios-de-Lua. O seu semblante começou a entristecer.

– Não olhe o passado com tristeza, Pajé Branco – falou o pajé Anhanguara, que estava ouvindo o pensamento do Pescador.

– É, o senhor tem razão! Só tenho motivos para me alegrar com o passado. Até a volta, meu amigo!

– Até a volta, Pajé Branco. Sei que você nunca vai se afastar de nós, por isso não fico triste. Só sinto saudades suas, quando se afasta um pouco...

– Eu também sinto sua falta, meu amigo.

O pajé foi até Sarah para lhe falar.

– Viu como a terra começa a dar frutos, filha?

– Por que diz isso, pajé?

– Porque o primeiro já está germinando.

– E o senhor sabe disso também?

– Eu também sei. Você pode sofrer um pouco, mas não se preocupe quando tiver de arrancar um fruto: sempre machuca um pouco a árvore, afinal o galho precisa ser partido, mas depois nasce casca no lugar. Depois, a árvore quer dar novo fruto, pois vê que gostaram de seu fruto.

– Eu vou me lembrar disso também.

– Sei que vai. Vou sempre pedir por você no meu canto a Tupã.

Deu um abraço em Sarah. Demorou para largá-la. Sabia que não a veria mais. Isso ele também sabia, mas somente ele sabia.

Partiram. Sol-da-Manhã os acompanhou até o arraial do padre. Lá se despediu do Pescador.

– Até sua volta, Pajé Branco. Espero que, quando voltar, eu tenha me tornado um bom pajé.

– Sei que você vai vencer, meu irmão. Vou orar pela sua vitória como pajé.

– Ali, no cavalo, você tem mais pedras. Use-as, está bem?
– Obrigado. Quando quiser, venha à minha casa na cidade.

Quando o amigo partiu, o Pescador ficou por longo tempo a observá-lo. Era a pessoa mais leal que conhecera em toda a sua vida. Sentiria sua falta, estava acostumado com ele ao seu lado, era o irmão inseparável.

– Nada muda, Simas. Logo o verá novamente – falou Sarah tirando-o da abstração.

– Sim, eu sei, mas já estava acostumado a tê-lo ao meu lado: sentirei sua falta.

Após providenciar um carroção coberto e ajeitar toda a carga, o Pescador partiu. Ao chegar no engenho, as crianças estavam doentes, pois a alimentação era ruim. Ao ver o estado das crianças, Ruth chamou duas negras que tinham dado à luz naqueles dias e mandou-as alimentar as crianças no peito. O Pescador foi aconselhado a permanecer ali, até que ficassem boas.

Neste meio tempo, ele visitou todas as propriedades e providenciou a instalação do curtume. Logo teriam peles, que daria para enviar grandes cargas à Europa. Ali estava uma fonte certa de grandes lucros. Mais tarde, mandaria curtidores especializados para ensinar o ofício aos negros.

Ruth estava dirigindo tudo tão bem que o Pescador não tinha com o que se preocupar. Transferira um pouco do pessoal para o outro engenho, onde se iniciava uma grande plantação de fumo, talvez a maior de toda a capitania.

– Você nasceu para isso, Ruth. Este é o seu reino. Aqui você sabe o que fazer. Acho que não terei de vir muito para cá. É melhor você ir até à capital quando precisar de algo. Lá eu tenho uma casa enorme e você ficará hospedada conosco. Acho que Sarah vai gostar, não, Sarah?

– Sim, você é muito mais bonita e inteligente do que ele me falou.

– Obrigada, ama.

– Não me chame de ama, não gosto desta palavra. Diga apenas Sarah.

– Está bem, então, dona Sarah. Com o Pescador, nós temos toda a liberdade, mas a senhora é estranha, e deve ser assim.

– Você é também muito franca no modo de falar. Eu gosto de você. Acho que vamos ser muito amigas.

Depois de uma semana, as crianças estavam saudáveis novamente. O Pescador resolveu levar as duas mulheres com seus filhos para a capital. Ficariam lá até que as crianças não precisassem mais de leite materno. Levou os maridos também, assim não separaria as famílias por causa de seus filhos. Ainda os usaria como empregados na grande casa. A menina Ana, que ele tinha curado da picada de cobra, foi junto.

Partiram ao amanhecer, pretendia chegar à noite. Agora que o caminho era melhor, andariam mais rápido. Ao chegarem à capital, o Pescador providenciou acomodação para os empregados com os filhos. O quarto de

Sarah com as crianças era muito bonito. Ela ficou impressionada com a beleza e a riqueza da residência.

— Muito linda nossa casa, Simas!

— Um homem foi à falência por causa dela — falou sorrindo.

— Quem era o dono?

— O proprietário do engenho que comprei, o senhor Carvalho.

— Você comprou o engenho dele também?

— Sim. Estou montando um alambique, vou exportar aguardente de cana, e logo estará pronto o curtume. No próximo ano, teremos a maior safra de fumo da capitania.

— E o que mais você me ocultou?

— Que você é a esposa do homem mais rico da capitania.

— Como posso ser chamada de esposa, se somos unidos apenas por um ritual indígena?

— Você não aceitou o ritual? Não acreditou nele?

— Sim, mas pelas leis isso não me dá direito de ser sua esposa. No máximo, uma concubina, e nada mais.

— Então, feche os olhos.

E retirando de uma bolsa os documentos, mandou que abrisse os olhos e visse.

— Você fez isso? — perguntou Sarah, emocionada — Eu não sabia de nada. Por que não me contou pelo menos isso?

— Primeiro, queria ver se gostava de sua nova casa. E aqui tem mais um título, leia-o.

Após ler o documento, Sarah abraçou-o.

— Meus parabéns, conselheiro! Quer dizer então que Sarah, a filha do velho judeu Moisés, é esposa do conselheiro José Macedo, o maior proprietário de terras e o mais rico de toda a capitania?

— Sim, e tem mais: estes baús estão cheios de ouro, gemas preciosas e moedas portuguesas. Somente isso aqui já a torna a mulher mais respeitada desta capitania. Portanto, use o seu direito.

No dia seguinte, o Pescador levou a esposa até à casa do pai, logo cedo. Ao vê-la, o velho Moisés deu-lhe um abraço carinhoso.

— Minha filha, sou o pai mais feliz do mundo.

— E eu sou a filha mais feliz do mundo, papai. Logo serei a mãe mais feliz do mundo e quero que o senhor seja o avô mais feliz também.

— Hoje é um dia que jamais vou esquecer, minha filha. Eu pensei que você fosse chegar pálida, magra e doente, e o que eu vejo? Uma mulher corada de Sol, saudável e contente. Minha casa foi abençoada por Deus. Gostaria de dividir minha alegria com sua mãe.

– Em algum lugar, ela está feliz também. Mas, cadê Abraão?

– Viajou para a Itália com seu irmão Simão, que se mudou para Gênova na semana passada.

– Mas por que se mudou? Por que não esperou que eu voltasse?

– Ele esperou bastante, mas, como você não vinha, partiu sem se despedir.

Depois de muito conversarem, Sarah convenceu o pai a ficar em sua casa, não sem protestos. O velho Moisés era um pai feliz. Sua filha era agora como uma flor viçosa, irradiava alegria. Pegou seus pertences pessoais, mais alguns baús com documentos, seus livros guardados com muito cuidado e, naturalmente, as pedras preciosas do senhor Macedo. Os empregados negros do senhor Macedo carregaram tudo e o velho Moisés partiu. Ia morar com a filha daquele dia em diante, por insistência do Senhor Macedo. Como poderia contrariar um conselheiro da capitania que, segundo informações que recebera, logo receberia o título de fidalgo? Sim, era um pai feliz. O tempo passou rápido naquela casa. Os negros que vieram com o Pescador acabaram ficando ali mesmo. Era uma vida boa, o dinheiro corria sempre para o Pescador. Sua fortuna era imensa e seus negócios se expandiram por outras capitanias.

A Despedida dos Pajés

(Mais Magia Negra)

Até que um dia chegou um negro do engenho antigo, com uma mensagem de Ruth para o Pescador. Após ler o que estava escrito, o Pescador mal se despediu da esposa e partiu, aflito, para o engenho. O velho Mina estava doente. Sabia que o amigo iria morrer e isso o deixava mais aflito ainda.

Quando chegou ao engenho, foi direto para a casa grande. Ruth não estava ali. Informaram que ela estava no casebre com o pai. Partiu para lá, rápido como um raio. Ao chegar, foi para o lado do amigo que tanto bem lhe fizera na vida. Não sabia o que dizer. O velho, ao vê-lo, pediu a Ruth que saísse, pois queria ficar a sós com o Pescador. Ficaram a conversar por algum tempo. Depois, o Pescador chamou Ruth, que sentou a seu lado. O velho pediu ao Criador que a guardasse e também ao Pescador. Então, deu um último suspiro forte e sua cabeça pendeu sobre o peito. Estava morto o tão querido Pai joão de Mina, dos negros da região. Um grande homem partia, deixando um imenso vazio naquela gente humilde.

O Pescador disse a Ruth que ele queria ser enterrado ao lado do filho. Assim foi feito. Ruth estava inconsolável. Durante alguns dias, o Pescador ficou ali, até que ela ficasse mais conformada. O Pescador mandou que buscassem o velho Jorge no arraial. Ele iria tomar o lugar do velho Mina. Era este um de seus desejos. O culto continuaria com um chefe à altura, pois o velho Jorge era um Mina também. Ao ver que Ruth estava mais conformada com a morte do pai, mandou alguém avisar à esposa que demoraria para voltar. Iria até a aldeia dos índios, que ela já conhecia. O Pescador levou Ruth na viagem. Queria que ela se distraísse um pouco, o que seria bom para ela.

Quando chegou à aldeia, levou outro choque: o velho Pajé Anhanguara estava mal também. Foi uma tristeza após outra. Sol-da-Manhã foi ao encontro do amigo, muito triste. Era quase um pai para ele.

– Por que nos deixa, pajé velho? – perguntou o Pescador.

– É a hora de partir, filho. O pajé negro já foi e agora vou me juntar a ele nos campos eternos. Sol-da-Manhã já é um grande pajé, não precisa mais de mim. Posso partir em paz, que a tribo estará protegida: tem um pajé índio para cuidar dela e um pajé branco para guardar suas terras. Eu só estava esperando sua chegada para poder partir. Agora, vou me juntar a Raios-de-Lua. Eu a vi em sonho: está muito bonita e feliz. Mandou-lhe um recado, Pajé Branco.

– Que recado, meu amigo?

– Ela disse: "Eu o olho de onde estou. Sou feliz, porque você e Sarah são felizes".

Raios-de-Lua, onde estaria ela agora? Quanta saudade sentia dela!

– Não pense no passado, filho, olhe para a frente.

Após dizer isso, deu um forte suspiro, e a cabeça caiu de lado. Tinha acabado de morrer. O Pescador ficou na frente do amigo, chorando, até que Sol-da-Manhã veio afastá-lo do corpo já sem vida.

Após as cerimônias fúnebres, o Pescador partiu com Ruth. Foram dias amargos tanto para ela quanto para ele. Passou pelo engenho e deixou Ruth. Sem pressa, partiu para a capital. Morria uma parte dele também. Isso, somente aqueles que são realmente amigos sentem. Logo, nasceu o primeiro filho de Sarah. Isso serviu para reanimar um pouco o Pescador.

Os anos foram passando e a vida corria bem na casa.

Os filhos de Raios-de-Lua já estavam crescidos. Sarah dera à luz quatro filhos, "as quatro pérolas da segunda sereia", pensou o Pescador. Era uma casa muito animada, com tantas crianças a brincar. Foi quando chegou, de volta da Europa, o irmão de Sarah, Simão.

O destino novamente mudaria para o Pescador. Logo começaram a aparecer doenças naquela casa e a felicidade começou a sumir. Ora ficava um filho doente, ora ficava outro. O Pescador já não sabia mais o que fazer para cortar aquela onda de doenças. Notou que sua estrela, que mantinha quarto, estava perdendo o brilho. Quando Sarah sofreu um acidente e ficou paralisada, o Pescador lembrou-se das palavras do velho Mina: "a cobra ainda vai picá-lo". Os filhos doentes, a esposa paralítica. Simão tinha voltado para destruir sua vida. O que era um lar feliz, agora era só tristeza e lágrimas. E o maldito Simão parecia feliz com isso, pois, toda vez que via o Pescador, este ouvia os seus pensamentos, que eram sempre de ódio. Ouvia suas maldições. Lembrou-se do velho Jorge e foi falar com ele. Queria saber o que fazer para acabar com tudo aquilo. Após contar tudo o que se passava em sua casa, o velho Jorge falou:

— É o seu cunhado que fez magia contra você. Ele invocou o que há de pior nos infernos para arruinar a sua vida. Você tem de agir rápido. Ele é um instrumento dos anjos negros, veio para destruí-lo. O ódio que ele sente por você não o deixa ver que vai matar a si próprio.

— E o que posso fazer, Pai Jorge?

— Você tem a água, o ar e o fogo, precisa da terra para destruir os demônios que ele invocou. Se quiser, eu lhe dou a chave da terra. Então poderá quebrar o feitiço desse homem. Você está preparado, Pescador?

— Sim, estou preparado! Começo quando o senhor quiser.

— Hoje à noite você verá o poder da terra. Se for forte o bastante, terá ela como aliada, com todas as suas forças.

Foram sete dias de fortes preparações. Ao fim do sétimo dia, o Pescador passou pela prova final: mergulhar em espírito na terra. Mergulhado, seu corpo ficou frio como gelo e sua alma sumiu. Por horas, não dava sinal de vida. Por fim, voltou lentamente a si e foi tomando contato, outra vez, com a realidade. Abriu os olhos e olhou para o velho Jorge, que o ajudou a se levantar. Conhecia agora todo o mistério da terra.

— Agora, sente-se aqui, que eu vou ensiná-lo como usar o poder que possui. Mas, antes, quero que saiba que seu sogro morreu hoje às 4 horas da tarde, vítima do próprio filho. Você tem de agir agora, já que seu inimigo o esqueceu por um instante, isso deixa sua guarda aberta. É hora de começar.

O Pescador invocou os elementos, sentado ao lado do velho Jorge. À sua volta, tudo se movia, o ar se agitava, o fogo se fazia presente, a água se encrespava e da terra saíam forças medonhas. Um a um, os anjos negros do mago Simão, filho do velho Moisés e irmão de sua esposa, foram subjugados pelo Pescador. Os gritos de pavor que ouvia ao seu redor eram dos seres infernais que estavam sendo destruídos. Após algum tempo, os elementos foram se acalmando. Tudo havia terminado, já não havia mais magia sobre sua casa.

— Agora, vá até sua casa e queime as ervas que vou lhe dar. Depois, as doenças se curarão por encanto. O culpado vai sofrer um choque terrível e, na certa, morrerá de forma horrível. A cobra deu sua última picada.

— Obrigado, amigo Jorge, mas isso não me deixa nem um pouco feliz.

— Foi ele quem invocou os anjos negros, não? Então que eles o levem da forma que acharem melhor. Não interfira, senão você irá também.

O Pescador partiu. Quando chegou, fez o que o velho Jorge mandou. Logo não havia mais doenças em sua casa, mas não teve coragem de dizer nada a Sarah, que vivia triste. A vida perdera o encanto novamente. Restava-lhe apenas passar o resto da vida em uma cama. Não podia mais andar, tinha de ser servida na cama. Ela, que gostava tanto de brincar com os filhos, agora vivia presa à cama. Que vida horrível!

Alguns dias depois, Simão foi encontrado morto. Ninguém soube explicar sua morte, mas seu corpo havia sido todo rasgado por unhas descomunais. O Pescador sabia que deveria ser algum demônio que voltou para se vingar do homem que o invocara. Eles gostam de fazer com que outros sofram, divertem-se com isso, mas, ao serem castigados, voltam-se contra quem os invocou. Foi o que aconteceu com Simão. O ciúme e o ódio tornaram-no cego. Esqueceu-se de que Deus a tudo e a todos vigia e a cada um sentencia, penalizando ou recompensando.

O tempo era de tristeza para o Pescador. A estrela havia se apagado, não brilhava mais. Não era como das outras vezes que, após a tormenta, readquiria o seu brilho. Não, desta vez não brilhou mais.

O Pescador vivia apenas pelos negócios. Abraão também já não era mais o mesmo. Antes era um homem falante; agora, quando muito, falava algumas palavras.

O tempo passou rápido para as crianças.

Os filhos da união com Raios-de-Lua já estavam com 12 para 13 anos. Um deles gostava de viver com os índios; o outro ficava o dia todo no colégio que o pai construíra e sustentava com suas contribuições. Frei Mariano incentivava-o a abraçar a carreira religiosa; o terceiro gostava de viajar, como o pai, e lhe fazia companhia em suas viagens de negócios. Seria um bom mercador, tinha inteligência e agilidade nos cálculos dos negócios que o pai fazia. A profecia confirmava-se: três filhos, três caminhos diferentes. Cada um tinha um pouco do pai. Um comerciante, outro livre como os pássaros e outro religioso. Estava dividido nos três filhos. Não interferia na vida de nenhum, apenas os ensinava como deveria ser a vida de um homem, a sua honra e seu caráter.

Quanto aos outros quatro filhos da união com Sarah, cresceram mais sob a influência da mãe. Ela os educava como uma forma de compensar a sua vida. Mantinha-os sempre por perto, mas eram queridos da mesma forma pelo Pescador, que ajudava cada um deles a entender a vida, sem separá-los da mãe. Não queria magoá-la deixando-a sozinha. Procurava ficar junto a ela o mais que podia, pois via em seu rosto o quanto sofria por ter de passar sua vida sobre uma cama. O Pescador entendia sua dor, mas, não podia fazer mais nada por ela. Abraão também procurava alegrá-la com suas brincadeiras. Apesar de tudo, ainda era um homem alegre. O trabalho entretinha-o e procurava não pensar muito no passado. Tinha o temperamento do pai. Somente o futuro lhe interessava. Foi pensando nisso que um dia pediu a Sarah que deixasse os quatro filhos mais novos irem com ele em uma viagem por mar até uma capitania ao sul. Ia a negócios e voltaria logo.

No dia da partida, as crianças estavam eufóricas. Era a primeira vez que viajavam. Conheceriam outros lugares, outras pessoas. Ao vê-las tão felizes, Sarah comentou com o Pescador:

— Simas, acho que tenho sido egoísta em mantê-los junto a mim. Vê como estão felizes? Creio que está na hora de soltá-los um pouco, deixar que vivam sem minha presença ao seu lado a todo instante. Já estão crescidos, o suficiente, para precisarem de meia-mãe a cuidá-los.

— Não fale assim, Sarah. Você não é meia-mãe. É uma mãe que vale por duas, não se menospreze. Se todas as crianças tivessem uma mãe como você, seriam muito felizes.

Após a partida das crianças, o Pescador perguntou a Sarah se concordava com uma ideia sua.

— E qual é a ideia, Simas?

— O frei Mariano vai até a Espanha para resolver um assunto particular e vai levar Luiz e Pedro com ele, se você concordar.

— Acho que podem ir. Será bom para eles, conhecerão lugares diferentes. Por quanto tempo ficarão?

— O tempo que frei Mariano precisar. Creio que uns três meses, mais ou menos.

— Qual o resto de sua ideia?

— Irmos até a aldeia e ficarmos uns tempos por lá. Creio que será bom revermos nossos amigos. Assim, Cobra Coral poderá ficar um pouco com o avô, de quem ele tanto gosta.

— Vamos, mas não vou lhe dar muito trabalho?

— Não será trabalho nenhum. Acho que merecemos ficar isolados da cidade, por algum tempo.

— E quem cuidará dos seus negócios?

— O senhor Hermes tem sido muito competente na condução deles. Estou ficando velho e já não tenho a vitalidade de antes. É hora de dividir os encargos.

Alguns dias depois partiram. Viajaram sem pressa. Sarah ficava a relembrar cada pedaço do caminho, como uma criança revendo seus brinquedos. Ao chegarem no engenho, foram recebidos com alegria por Ruth. Fazia tempo que o Pescador não aparecia por lá. Ficaram uns dias e, depois, rumaram para a aldeia. Quando estavam se aproximando, Sol-da-Manhã veio ao seu encontro. Estava sorridente, pois fazia tempo que o Pajé Branco não o visitava. Após o acidente com Sarah, as viagens rarearam. Sol-da-Manhã sentia saudades do amigo, mas não podia abandonar a tribo. Era o pajé e tinha suas obrigações para com seu povo.

A chegada do neto foi motivo de alegria para o velho cacique. Seu rosto se alegrou com a chegada do Pescador; era hora de lhe dar o guerreiro.

Foram dias muito felizes para todos na aldeia. O Pescador trouxera muitos presentes. O cacique chamou o Pescador para conversar.

– É hora de iniciar seu filho, Pajé Branco.

– Como assim, cacique?

– Olhe para ele. Não vê que ele não é igual aos outros? Ele se sente fora do seu meio lá na cidade. Isso ele já me contou. O sangue de guerreiro corre em seu corpo. Ele nunca será como os outros dois. Você deve deixá-lo ser o que é: uma cobra coral, aquela que não é vencida pelas outras. Deve libertá-lo! Lá na cidade ele sempre será inferior aos outros. Aqui não, ele vencerá tudo. Você não perderá seu filho, só o deixará fazer o que tem de ser feito.

– Como será esta iniciação, cacique?

– Os guerreiros mais velhos, junto com o pajé, farão isso. Depois, ele adquirirá sua força e seu orgulho, e não vai mais querer voltar com você. Ele vai se conhecer por completo.

– Não sei se o deixo fazer isso. Pode fracassar, afinal, não foi criado no meio da tribo e não conhece as selvas.

– Todas as vezes que ficou aqui foi ensinado a ser um índio. Viveu como tal e se saiu bem. Você pode criar uma ave presa, ela poderá ser muito bonita, cantar e não irá precisar procurar alimento nem água, pois tem tudo ali mesmo. Mas, se você soltá-la no seu meio, verá que ela, apesar de ter sido criada presa, vai achar alimento e água da mesma forma, pois nasceu com o instinto da sobrevivência. O seu canto será de alegria pela liberdade e não o canto do cativeiro.

O Pescador ficou pensando: "o cacique era sábio e convincente, quando queria". Concordou, desde que o filho quisesse isso.

Depois de conversar demoradamente com o filho, ficou acertado que ele faria sua iniciação. Sarah ainda tentou argumentar, mas não adiantou. O menino queria isso, e assim seria feito.

O Segredo do Tempo

(O Filho Iniciado)

Numa tarde, estando junto com o Pescador, o pajé Sol-da-Manhã falou-lhe do pajé da aldeia de Lua Branca. Era um pajé muito velho, conhecia todos os mistérios do corpo. Quem sabe poderia ajudar Sarah com seu poder. Foram ver o pajé. Era um pajé muito respeitado. Combinaram que Sarah seria levada até ele.

No dia seguinte, logo cedo, partiram. O Pescador levava Sarah em seu cavalo. Ao chegarem, foram até a morada do pajé, que ficava afastada da tribo. Não era de falar muito, e olhava Sarah com muita curiosidade. O que via, não falava a ninguém, apenas movia a cabeça, como se respondesse a alguém. Após muito tempo sem nada dizer, começou a falar:

– Você cai porque os espíritos do mal põem feitiço em seu corpo. Então, pensa que é tombo que faz você não andar mais, mas não é tombo, é só feitiço, feito com espírito do mal. Quem fez isso foi irmão seu. Ele não podia quebrar Pajé Branco, então quebra você. Assim, deixa companheiro triste e lhe tira toda alegria. Mas não contava com a volta dos demônios. Espíritos do mal vêm com os lobos buscar seu espírito. Por isso, hoje ele vaga na escuridão sem retorno. Era um pajé fraco, não sabia com quem estava lidando. Está pagando o preço da ignorância. Seu pai também morreu por causa do seu feitiço. Que os espíritos das trevas o segurem para sempre.

Sarah estava assustada com o que ouvia. Como podia aquele homem saber de tudo aquilo?

– Eu posso refazer seu espírito, e você anda de novo, mas antes tenho de saber o segredo do ar. O Pajé Branco ensina o segredo do ar; eu ensino o segredo da reconstituição do espírito, entrando no tempo.

– Mas nós não podemos ensinar o segredo do ar. Fomos proibidos pelo pajé Anhanguara de revelar – falou o Pescador.

– Você vai até o ar, eu sigo você. E o que faz, eu faço. Então, sei como dominar o ar sem você falar. Depois eu entro no tempo, você me segue. E tudo o que eu faço, você faz. Então você sabe dominar o tempo também. Ninguém fala nada. O segredo continua.

– Está bem. Quando começamos?

– Agora mesmo!

Em seguida, o pajé deu um pouco de um líquido verde para o Pescador e tomou um pouco também.

– Você e eu vamos dormir. Nossos espíritos vão aonde têm de ir.

Pouco depois, estavam dormindo. Logo, o Pescador começou a suar frio, mas não tremia. O pajé não, ele transpirava e tremia muito. Sarah, que estava imóvel, falou a Sol-da-Manhã:

– Ele tem de ser aquecido rápido, pois já não é jovem como quando vocês fizeram isso.

Sol-da-Manhã aproximou-se do pajé, puxou uma manta de couro grossa e, cobrindo os dois, abraçou o corpo do homem.

Passaram-se três horas, aproximadamente, até que cessasse de tremer, e mais uma hora até parar de transpirar. Logo os corpos começaram a ficar quentes. Mais tarde começaram a despertar. Após estarem completamente despertados, o pajé falou:

– Agora sou um pajé completo! Só me faltava o domínio sobre o ar e agora o conheço. Quanto mais eu poderia ter feito se soubesse o segredo do ar. Vamos lá fora que vou entrar no tempo, você vai comigo. Eu faço o que tem de ser feito, você vê e aprende. Não falo nada.

Sol-da-Manhã perguntou:

– Posso ir também?

– Sim, mas antes deita a mulher na esteira. Quando eu arrumar o seu espírito, ela não vai aguentar a dor e cai.

Deitaram Sarah e foram para fora. Sentaram-se com as pernas cruzadas, como fazia o pajé.

O pajé cantava e fazia gestos. Os dois estavam atrás dele e faziam o mesmo. Em dado momento, o pajé parou e começou a rodar a cabeça. Eles também. De repente, os espíritos foram lançados no ar. Não havia barreiras no tempo. Foram para perto de Sarah. O pajé olhou para o seu corpo. Eles viam o seu espírito e começaram a vê-la cada vez mais nova, até o dia do acidente. Voltando mais, foram parar em um cemitério de aspecto horrível. Pelas inscrições que via, o Pescador identificou-o como sendo um cemitério alemão. Foram mais fundo e viram dois homens sobre uma sepultura. Um deles era Simão, o outro era desconhecido. Tinham uma réplica de um corpo feminino e um masculino. Faziam invocações numa língua oriental. De repente, começaram a aparecer as formas animalescas e demoníacas que o Pescador já havia visto quando conjurou os elementos contra eles. Sim, ali estavam todos os sete: lembrava-se bem das feições. A cada invocação irradiavam algo sobre os bonecos. Em dado momento, Simão, o falso sacerdote e, na verdade, um mago negro, escravo dos seus sentimentos negativos, pegou um boneco e quebrou-o ao meio. Depois, quebrou o outro também. Então, abriu um buraco sobre a sepultura e enterrou-os separados. Os demônios, no momento em que eram quebrados os bonecos, partiam no espaço. O alvo era o Pescador e sua esposa. O objetivo: destruí-los!

Voltaram à época atual, em torno de Sarah. Dali partiram rumo ao mesmo cemitério na data atual, e foram parar na mesma sepultura. O pajé cavou no mesmo lugar e desenterrou os dois bonecos, levando-os consigo pelo espaço que não tinha fronteiras. Chegou perto do próprio corpo e depositou-os à sua frente. O Pescador e Sol-da-Manhã viam os três corpos sentados no chão, com as pernas cruzadas. Para quem os visse, assim como estavam, pareciam estar dormindo.

Depois de colocar no chão os dois bonecos, o pajé tamoio foi entrando no próprio corpo. O Pescador e Sol-da-Manhã fizeram o mesmo e logo estavam atuando nos próprios corpos, despertos da viagem no tempo. Em seguida, o pajé pegou o boneco que simbolizava o corpo masculino e umedeceu as duas partes com um líquido viscoso que deixara de lado, unindo-as. Estava inteiro novamente. Depois de uma reza em sua língua, levantou o boneco. No mesmo instante, o Pescador sentiu uma agulhada na altura dos rins. A dor que vinha sentindo há muito tempo, e que não tinha cura, cessou imediatamente.

Depois, ele fez o mesmo com o boneco de forma feminina. Ao levantá-lo, Sarah deu um grito horrível e desmaiou. O Pescador não se moveu, queria ver tudo. Em seguida, o pajé levantou-se e foi até um córrego que passava mais abaixo, próximo de sua morada. Ao chegar à margem, fez alguns pedidos, sempre em sua língua, e começou a apanhar água do rio. Após benzê-la, derramou-a sobre os bonecos. O Pescador sentia como se estivessem banhando-o. Sentia a água escorrer pelo seu corpo, purificando-o. Quando o pajé deu por terminado o ato de quebrar o encantamento, pegou os dois bonecos e destruiu-os com a mão, até virarem duas bolas. Depois, jogou-os na água, fez nova reza e virou-se para os dois amigos:

– Eu não revelei meu segredo. Vocês conhecem porque viram, mas não falei.

Os dois disseram:

– Nós agora dominamos o segredo do tempo. Não somos pajés completos, mas, se o senhor quiser nos ensinar, um dia seremos.

– Quando quiserem aprender, eu moro sempre aqui, aqui me encontrarão.

– Foi por isso que o senhor precisava do segredo do ar, não? – falou o Pescador.

– Sim, foi por isso. Não tinha como ir até lá sem o segredo do ar.

Mais, não falou. Não precisava dizer nada.

Voltaram para perto de Sarah, que ainda estava desmaiada. O pajé mandou o Pescador tirar-lhe a roupa e colocá-la de bruços. Passou as duas mãos, desde a cabeça até o calcanhar, seguindo os nervos que saem do alto e descem pelo corpo. De suas mãos, parecia sair fogo.

– É fogo mesmo, só que vocês não veem.

– Eu vejo – falou Sol-da-Manhã.

– Não vejo, mas sei que é fogo – falou o Pescador.

Depois de terminar, o pajé mandou que o Pescador vestisse Sarah.

– Ela está boa. O seu espírito, que estava quebrado pelo feitiço, foi refeito. Agora ela anda de novo.

Daí a pouco, Sarah começou a despertar. Sem que se desse conta, começou a dobrar a perna para se levantar. Sentiu as pernas dormentes e formigando. Passou as mãos nelas e só então percebeu que as tinha dobrado sem nenhum auxílio. Começou a chorar. O Pescador começou a friccionar suas pernas, ajudando-a a caminhar um pouco, amparando-a nos braços. Logo, estava andando sozinha.

– Eu lhe agradeço, pajé Tamoio. Sou seu eterno devedor.

– Você não deve nada, Pajé Branco. Deve à sua estrela. Cuide melhor dela, porque, quando ela perde o brilho, é você quem fica escuro. Cuide mais dela, e não ficará mais escuro.

– Obrigado, meu amigo. Que Deus o abençoe por toda a eternidade! – falou o Pescador.

– Que Tupã o guarde em sua longa jornada, Pajé Branco! – falou o pajé tamoio.

Partiram de volta à aldeia. Lua Branca esperava-os. Era hora de descansar. Nos dias seguintes, os dois se divertiam muito, a alegria voltara para eles.

Quando o filho terminou sua iniciação, toda a aldeia comemorou com uma grande festa religiosa. Era uma grande alegria para o cacique. O neto vencera as provas da iniciação, portara-se como um guerreiro. No dia seguinte, o cacique falou para o Pescador:

— Um dia você me deu a vida, depois eu lhe dei uma vida, que lhe deu três vidas. Agora, você me dá uma vida novamente. Então, fica tudo igual: você com duas vidas, pois uma já se foi, e eu com duas vidas, a minha e a do seu filho. É hora da cobra coral sair do ovo para crescer e, com seu piado, espantar todas as outras cobras. Você já fez a sua parte, agora faço o resto.

De fato, pensou o Pescador, o cacique sabia ser convincente e lógico, quando queria. Chamou o filho para irem embora.

— Não, pai, eu pertenço a este lugar. Aqui está meu coração, então aqui estará meu corpo. No meu coração tem um lugar, o senhor mora nele. Nunca vou esquecê-lo, vou amá-lo sempre, mas meu coração fica aqui.

— Está bem, filho. Mas, antes de partir, quero mostrar uma coisa. Venha comigo.

Chamou também o cacique e Sol-da-Manhã. Foram até o rio, desceram até a cachoeira na qual, um dia, Raios-de-Lua e ele acharam muitas pedras preciosas. Ao chegarem a determinado lugar, começou a cavar no meio de um círculo de flores. Daí a pouco, apareceu uma quantidade enorme de pedras, cada uma mais linda que a outra. Apanhou sete pedras, cada uma de uma cor, e disse:

— Estas, eu vou levar na minha longa jornada; o resto é de seu povo. Você sabe o seu valor, pois lhe ensinei isso também. Portanto, se um dia precisar de algo para o seu povo, é só vir aqui e apanhar quantas forem necessárias para resolver os problemas que tiver. Ali há outra roda de flores, em que existem mais pedras. Todas são valiosas. Estão enterradas. Não deixei nenhuma à vista e revolvi até a areia no fundo da água para que ninguém saiba que aqui há essa grande riqueza. Ela está toda aqui. As terras da aldeia, e todas em volta por muitas léguas, estão em seu nome, registradas legalmente. Ninguém tira vocês daqui, pois o documento não permite. Ensine aos outros índios como cultivar a terra corretamente e seu povo sobreviverá à invasão dos brancos. O que eu tinha de fazer por eles, já fiz, agora você faz o resto.

Tornou a tapar a terra, mostrou de novo os lugares onde havia mais pedras e partiram para a aldeia.

Ao se despedir do filho, ainda lhe falou:

— Se precisar da ajuda dos seus irmãos, não seja orgulhoso, peça que eles o auxiliarão, pois o amam tanto quanto eu — e deu um forte abraço no filho.

As lágrimas corriam dos seus olhos. O filho tentou, mas não conseguiu conter o choro. Ainda era uma criança. Sarah também chorava, amava-o muito. Ele era como Raios-de-Lua.

Do que trouxeram, só levavam algumas roupas e alimentos para a viagem de volta. Não precisavam mais da carroça. Sarah iria a cavalo, agora. Partiram lentamente, enquanto o Pescador olhava para trás. Sentia deixar o filho ali. Quando se afastou o bastante, o pranto brotou forte, não conseguia mais conter o choro. Por que se separar do filho a quem amava tanto quanto à sua mãe? Onde estaria ela agora?

Quando chegaram a casa, todos os criados ficaram admirados com o fato de a patroa estar andando novamente.

Uns dias depois chegou o capitão de um dos navios do Pescador com os outros filhos e deu-lhe uma notícia triste: o senhor Abraão contraíra forte gripe e não resistira, vindo a falecer na outra capitania. Ele tomara conta das crianças.

O Pescador agradeceu o cuidado que tivera com seus filhos. Pediu-lhe que, desse dia em diante, cuidasse dos negócios que eram da alçada do senhor Abraão. O capitão agradeceu e foi cuidar do serviço.

Sarah ficou, por alguns dias, muito triste com a morte do irmão, a quem amava muito. Fora seu grande protetor por toda a vida. Mas o fato de poder andar e brincar novamente dava-lhe ânimo para ser feliz.

Logo, o frei voltou da Espanha com os filhos. Luiz disse que nunca seria como os padres de lá e que seria como o frei Mariano. Pedro já disse outra coisa: aqueles homens seriam facilmente comprados, pois só pensavam em luxo e em boa vida.

O Pescador sorriu. Ali estavam as suas outras duas partes: uma já se fora, mas ainda restavam duas.

Quando chegaram em casa e viram a mãe correndo para abraçá-los começaram a chorar de alegria. Era um milagre o que acontecera com a mãe. Foi um dia de muita festa naquela casa. O Pescador reuniu todos os filhos e fez uma prece de agradecimento a Deus, pelo fato de terem a alegria e a felicidade morando junto a eles novamente.

No dia seguinte, foi falar com o frei sobre os resultados da viagem.

– Foram muito melhores do que imaginava. Simas de Almoeda não existe mais nem seu pai ou sua mãe. Os registros foram todos rasgados por mim mesmo. Pode ser que eu tenha cometido alguns pecados, mas apenas porque tive de agradecer a alguns favores com dinheiro. Creio que não vou para o inferno por tão pouco.

– E o que mais o senhor descobriu?

– Você está preparado para ouvir? Se não estiver, não falo.

– Estou sim. Sinto que o senhor tem algo que eu devo saber.

– Bom, vou falar tudo, sem omitir nada. O bispo a quem você foi pedir ajuda para seu pai, na verdade, odiava-o. Sabia que seu pai comprara o seu lugar de juiz da Inquisição? Acho que temia seu pai – parou um pouco de falar.

– Continue, por favor, frei, não pare agora.

– Bem, depois que você partiu, não demorou muito e o bispo foi preso ao praticar um culto demoníaco. Estavam praticando um infanticídio em honra ao demônio, quando foram presos, ele e todos os seus adeptos, em sua maioria religiosos como ele. Era um louco e ninguém sabia, foram todos executados em segredo, para não abalar a Igreja.

O Pescador estava lívido. Do seu rosto espantado corriam gotas de suor. Entregara seu pai a um dos praticantes do culto que tanto combatera: o culto a Satã, o príncipe das trevas. Que estúpido fora! Como podia? Um homem como o bispo, que jurava servir a Deus, praticar uma coisa dessas! Que sua alma vagasse eternamente no inferno, que era o seu lugar.

Após passar o susto, veio o pranto de remorso. Matara com suas palavras o próprio pai. Sentia-se como o próprio Judas Iscariotes. Deus, como errara! Não havia lugar no mundo onde pudesse esconder sua vergonha. Diante de Deus era um pecador para toda a eternidade. Também sua alma vagaria no inferno, pois traíra um inocente, entregando-o ao próprio demônio. Que Deus se apiedasse de sua alma, ainda que levasse 1.000 anos vagando no inferno. Não era melhor que o maior pecador. Agradeceu ao frei e foi para casa. Estava arrasado.

Ao chegar em casa, chamou Sarah e contou-lhe tudo. Sentia-se mal, não sabia o que fazer. Tinha vontade de se matar, para pôr um paradeiro em tudo.

Sarah foi até a cômoda e pegou o pequeno baú. Retirou de lá o pergaminho e colocou-o em suas mãos.

– Aí está a resposta às suas aflições. Por que não vai em busca das respostas? Se encontrar o lugar, terá paz em seu espírito.

– Sim, vou começar a preparar minha partida, assim que puder deixar tudo resolvido por aqui.

E assim fez. Nomeou pessoas de total confiança para a direção dos negócios de sua casa. Ao fim de quatro meses estava tudo funcionando como queria. Sarah tomaria conta de tudo em seu lugar. Pedro, que já era um rapaz, ajudaria no comando. Tinha muita experiência e não se deixaria enganar facilmente. Conhecia bem as pessoas com quem iria lidar e os irmãos mais novos seguiriam os seus passos, sob a orientação da mãe. Deixava um imenso tesouro em ouro, pedras e dinheiro bem guardado para eles.

Após repassar tudo, e instruir longamente a esposa e os filhos, embarcou em um navio abarrotado de provisões. Levava uma grande fortuna, pois não sabia de quanto precisaria. Ia com um navio totalmente carregado e muito bem escoltado. Partia rumo à Pérsia, levando consigo o pergaminho e a estrela. O lugar, aproximadamente, ele conhecia, pelo que ouvira de Simão, irmão de Sarah. Chegando lá, acharia o Templo dos Magos das Três Cruzes. Agora sabia por que pegara as sete pedras coloridas: esta era a grande jornada de que falara o pajé. Mal sabia o Pescador como seria longa esta jornada.

Busca do Templo dos Magos

(O Inesperado)

Viajaram por muitas semanas. Pararam no norte da África para reabastecer o navio e partiram alguns dias depois. Pararam novamente na Sicília para novo reabastecimento. Mais alguns dias em terra e rumaram para Chipre. O Pescador queria encontrar alguém naquele lugar. Ao procurar pelo homem, soube que ele havia morrido. Depois de algum tempo, achou alguém que conhecia bem a região para onde pretendia rumar, mas ele não conhecia o tal templo que possuía as três cruzes. E ainda falou:

– Cuidado ao falar em cruzes por aqueles lados. O Islamismo domina tudo por lá. Veja bem a quem mostra este símbolo, pois poderá ser preso. Chamam, aos que usam a cruz, de infiéis. Muito cuidado com quem o senhor falar!

– Tomarei cuidado, não se preocupe.

E partiram rumo ao lugar mais próximo àquele onde o Pescador pensava localizar-se o Templo dos Magos.

Alguns dias mais tarde, chegaram a um pequeno porto próximo ao local que buscava. Após tomar medidas de segurança para os dois navios, o Pescador saiu à procura de alguém que pudesse fornecer alguma informação. Depois de andar por toda a pequena cidade sem encontrar ninguém que pudesse dar qualquer informação, resolveu conversar com um pastor que tratava do seu rebanho de cabras. Falava a língua como um nativo da terra porque seu pai o ensinara desde pequeno. Quando em casa, só conversavam na língua persa.

O pastor perguntou se ele havia nascido na Pérsia e o Pescador respondeu que era filho de persas, mas que nascera em outro país e agora procurava o lugar de origem do pai.

Após conquistar a amizade do pastor, o Pescador perguntou-lhe:

– Meu amigo, estou disposto a recompensá-lo bem, se me der algumas informações.

– Que recompensa e que informações?

Ao tirar uma bolsa com moedas de ouro e dá-las ao homem, o Pescador falou:

– Serão suas, se suas respostas me interessarem.

– O que o senhor quer saber?

– Onde posso obter informações que me esclareçam o significado deste pergaminho?

O pastor olhou o pergaminho. Ao ver o que estava desenhado, assustou-se. O Pescador sabia como obter a informação que queria. Ficou escutando os pensamentos do homem. Ele pensava rápido: "Isso é um símbolo dos magos, eu não posso dizer onde fica a grande caverna, senão o *sheik* me mata. Melhor falar que não sei. Perco as moedas, mas não a vida". Respondeu, então:

– Desculpe-me, senhor, mas não sei de nada – e devolveu a bolsa com as moedas.

– Não tem importância, meu amigo. Mas diga-me: eu tenho navios carregados de mercadorias do Ocidente que talvez interessem ao *sheik*. São mercadorias muito boas. Ganhará as moedas se me apresentar a ele. Não sei a quem eu possa vendê-las. No porto ouvi dizer que o *sheik* tem muito dinheiro. Quem sabe se eu lhe fizer algumas vendas, você não possa ganhar mais algumas moedas...

– Está bem, eu o levarei até o *sheik*, mas primeiro vou prender meu rebanho.

– Eu o espero aqui mesmo, meu amigo.

O Pescador estava certo sobre o lugar. Havia encontrado! Agora só precisava achar o condutor que o levasse ao templo. Meia hora depois, o pastor voltou. Foram até o navio. O Pescador precisava conversar com o capitão. Quando estavam a sós, disse:

– Capitão, vou ao encontro de um *sheik*. Espero que seja a pessoa certa. Se for, talvez eu não volte. Se isso acontecer realmente, e eu estiver bem, então lhe mandarei esta corrente com uma cruz. Olhe bem para ela para que não se engane. Ao recebê-la, levante âncoras e rume de volta à capitania e diga à minha esposa que morri durante uma tempestade no mar, que caí e me afoguei e, para provar, entregue-lhe a corrente com a cruz, que tem os nomes Simas e Sarah gravados no verso do crucifixo. Faça isso e ela o recompensará bem.

Após pegar alguns presentes e bolsas com valores, o Pescador partiu com o pastor.

Ao se aproximarem de onde morava o *sheik*, foram barrados por guardas com lanças e espadas.

– Aonde pensam que vão? – perguntou um guarda.

– Eu venho para falar com o *sheik*. Sou dono dos navios que estão ancorados no porto.

– Ele já o esperava. Venha conosco! Você vai embora – falou olhando para o pastor de cabras.

– Antes preciso recompensar o homem.

O Pescador tirou a bolsa de moedas da cintura e entregou ao homem, que agradeceu desejando-lhe bons negócios. Foi conduzido, então, ao *sheik* e apresentou-se como um mercador português em busca de bons negócios, ao que foi inquirido com uma pergunta:

– Mas o que faria um rico mercador em um lugar pobre como este? Aqui não há nada, além de cabras e de pesca.

– Eu não sabia que isso era tudo o que havia por aqui. É a primeira vez que venho para esta região, mas o senhor talvez saiba quem tenha dessas mercadorias para trocar com as minhas – e, abrindo uma pequena bolsa, tirou sete pedras preciosas, coloridas.

Os olhos do *sheik* adquiriram um brilho especial. O Pescador notou. Mas não era de cobiça, e sim igual ao brilho dos olhos das feras quando acuadas. O *sheik* não pensava. Em sua mente só havia uma ideia: "Este homem deve ser louco".

– Senhor mercador, por aqui não há dessas pedras preciosas. Gostaríamos de tê-las, assim teríamos mais riquezas.

– É, vejo que com o senhor será difícil negociar, *sheik*.

– Não será difícil negociar, apenas não tenho o produto que o senhor deseja.

– É, não tem, mas já que estou aqui e o senhor me parece uma pessoa sábia, ao menos poderia me informar onde encontrar um lugar que tenha este símbolo, senhor *sheik* – e tirou o pergaminho, mostrado-o ao *sheik*. Ficou observando suas reações e pensamentos:

– Mas este é um símbolo cristão, não é, meu senhor? – respondeu o *sheik*.

– Não sei, é por isso que lhe pergunto.

– Como posso saber algo sobre este símbolo? Fui educado aqui e jamais viajei a países que tenham a cruz como símbolo de sua religião. A minha religião é o Islamismo. Fui educado segundo os ensinamentos do Corão. Sei apenas que este é um símbolo cristão, nada mais.

– Mas o senhor não poderia me informar se há algum templo cristão nesta região que tenha três cruzes, ou ao menos uma, como símbolo?

– Meu senhor, pelos conhecimentos que tenho da região, posso lhe garantir que não há nada assim por aqui. Isso eu posso garantir.

De sua mente não saía um único pensamento que o contrariasse, e isso desanimou o Pescador.

– Bem, se é assim, então é melhor eu me retirar. Estou tomando o seu tempo... O senhor não tem pedras preciosas para trocar comigo e não sabe onde posso desvendar o enigma das três cruzes. Estou perdendo o meu tempo e o seu. Até a vista, *sheik*. Vou continuar minha viagem.

– Espere, senhor mercador. Talvez eu não possa ajudá-lo, nem nos negócios e nem na sua busca, mas gostaria que o senhor usufruísse da cortesia persa – e, batendo palmas, chamou um criado, dando-lhe uma ordem que o Pescador não pôde ouvir.

Logo começaram a servir-lhes algumas iguarias. O Pescador ficou observando a cortesia daquele homem. Trouxeram vinhos e outras bebidas. Quando foram servi-lo, ele falou:

– *Sheik*, espero que não se ofenda, mas eu não tomo bebidas alcoólicas.

– Como? Um homem que viaja pelos mares e não bebe? É estranho. O que pode aquecer seu corpo e embalar sua alma na solidão dos mares? – deu um sorriso e tornou a chamar o criado.

Em seguida, apareceram músicos que começaram a tocar melodias alegres. O Pescador ficou pensando no que aquele homem estava querendo com isso.

– A música não o encanta, meu senhor? – perguntou o *sheik*.

– A música é boa distração para todos os sentidos, mas não tenho tido muito tempo em minha vida para apreciar sua beleza.

– Ah!, então, já sei o que poderia agradar a alguém que vive na solidão dos mares.

Batendo palmas, fez surgir um grupo de mulheres com apenas alguns tecidos finos cobrindo os corpos. Começaram a dançar num ritmo sensual, em que elas se insinuavam diante do Pescador, que as observava impassível. Aquilo já estava começando a enervá-lo, quando o *sheik* bateu palmas e os músicos pararam de tocar.

O Pescador observava o que iria tentar aquele homem. Lembrou-se da conversa com frei Mariano: "Existem muitos adeptos de Satã na Terra".

Quem sabe aquele homem não fosse um? Afinal, usava mulheres para entreter suas visitas, como que querendo corromper os seus sentidos. Melhor esperar que terminasse aquilo, para ir embora. Foi quando o *sheik* interrompeu seus pensamentos com uma pergunta:

– O longo tempo nos oceanos deve ter lhe tirado o prazer pela dança, senhor mercador.

– Não é isso, senhor *sheik*. Creio que o tempo deve ter apagado em mim o fogo da vida. A idade já avançada não me permite sentir o mesmo que o senhor por tão sensual dança – falou o Pescador, querendo terminar logo com aquilo.

– Então, é hora de mostrar uma dança que aquece os corações mais frios e desperta os mais esquecidos sentidos que um homem possa ter. Esta dança pode atear fogo até na madeira umedecida pelo tempo mais chuvoso.

– Não é preciso, senhor *sheik*. Vou embora agora. Já se faz tarde e os capitães nos navios devem estar impacientes com minha demora.

– Não, sem antes ver o que tenho para lhe oferecer, senhor. Não dirá que o *Sheik* Abdul lhe negou o melhor de sua hospitalidade.

Em seguida, bateu três vezes palmas e, como se fosse um código, os músicos começaram a tocar uma melodia frenética. As bailarinas começaram a dançar. Era uma dança infernal que abalaria o sentido de qualquer homem.

À medida que a música avançava, elas se desfaziam das roupas, se é que podia se chamar de roupas aquelas tiras de seda. Elas dançavam e se insinuavam, uma após outra, à sua frente. Parecia que seus olhos nada viam, pois moviam-se para um ponto muito além do grupo de bailarinas. Seu olhar as atravessava, indo para muito longe. À sua mente vinham lembranças. Lembranças de um passado distante.

Sim, como poderia aquele *sheik* saber como tentar os sentidos de um homem? Era um devasso, comprazia-se com aquela dança macabra. Como podia ver beleza naquilo? Envergonhava ao Pescador ter de assistir a espetáculo tão degradante. Como eram baixos os instintos, naquele lugar! Não olhavam a beleza como ele, não sentiam o amor como ele sentia. O que seria esta gente? Vestiam-se dos pés à cabeça para ocultar o corpo, como se o corpo humano fosse um pecado em si, e não uma obra de Deus. Depois, usavam o mesmo corpo que ocultavam sob longas vestes para, ao despi-lo, liberar os dois piores instintos humanos: o desejo e a paixão. Não sabiam o que é o amor. Sim, não sabiam. Não sabiam o que é viver seminu no meio de um povo que andava nu, sem o sentido de luxúria. Não conheciam aquele povo, que vivia e morria do mesmo jeito que havia nascido, sem ocultar o corpo, pois o corpo não era motivo de desejo e de paixão, mas apenas um invólucro para a alma. Apenas isso, um veículo para o espírito. Não sabiam como era lindo o amor, a maior magia, a magia divina por excelência. Somente os espíritos purificados da paixão e da volúpia entendem que os valores do ser humano não se medem pelas aparências, mas sim, pelo caráter. Não sabiam do prazer que foi conhecer uma Raios-de-Lua e que sua beleza não estava num corpo insinuante, mas, sim, no sorriso meigo, na palavra de carinho e nas lágrimas de dor ou de amor que brotava de sua alma.

Não, não conheciam nada disso. Isso ele sabia! Assim como sabia que não esquecera Sarah, a quem deixara aos prantos, para ir em busca da razão de sua vida, com tanta tristeza ao lembrar o passado longínquo. Como poderiam conhecer essas coisas, se valorizavam somente o corpo e não o espírito? Sequer poderiam rastejar como serpentes aos pés de nenhuma das duas. Tanto Sarah quanto Raios-de-Lua eram mil vezes superiores. Raios-de-Lua, com sua alegria contagiante, e Sarah, com o olhar profundo e carinhoso, podiam despertar nele algo que não a paixão, mas o amor. Puro, na sua forma mais natural, como uma chama terna aquecendo o coração de quem o havia encontrado em sua vida. Não, nada disso poderiam saber. Isso o Pescador sabia também.

Como podiam se comprazer com tal dança? Como podiam achar algum sentido naquilo tudo? Sim, era isso mesmo, conhecia pouco dos costumes do Oriente, mas, se era esta a forma que conheciam para ser lembrados, então, jamais os esqueceria. Seriam lembrados não como almas de Deus, mas, como servos do demônio. Não conheciam o amor verdadeiro. Não sabiam que, quem é tocado pelo verdadeiro amor, não se deixa levar pela paixão e pela volúpia. Assim que terminasse aquela dança do pecado, iria embora e esqueceria tudo. O Oriente não poderia ocultar nada de bom. Se esta era a forma de darem as boas-vindas, seria melhor voltar para junto de Sarah, junto de quem encontrava um motivo para viver e lutar, não por luxúria e por prazer, mas por amor.

Assim que terminou a dança, as bailarinas se apinharam no chão, ficando em sua frente como se fossem mercadorias para ser escolhidas e provadas ao gosto do cliente. Que degradante para aquelas mulheres, e que vergonha para o Pescador sujeitar-se a isso!

– Eis aí a dança que aquece, com o seu fogo, até a mais fria estátua de bronze, senhor mercador! Escolha aquela que mais o agradou, para que suas paixões não fiquem ocultas – falou o *sheik*.

– Meu senhor, nunca usei uma arma em minha vida. Mesmo quando um amigo quis me dar uma e me ensinar como usá-la, eu não quis. Mas juro, se tivesse uma comigo agora, eu o degolaria por sua insolência em pensar que sabe o que pode sentir um ser humano.

— Talvez o senhor aprecie outro tipo de dança, senhor mercador? Quem sabe se eu chamar os bailarinos, isso agrade mais aos seus olhos?

O Pescador, apesar de mais idoso que o *sheik*, investiu contra ele esmurrando-o com toda a sua força. O *sheik* caiu. O Pescador pegou sua bolsa, seus pertences e já ia saindo, quando uma voz grave o chamou:

— Simas de Almoeda, espere, quero falar com você.

O Pescador ficou estático. Quem, por Deus, o conhecia ali? Virou-se, como uma serpente ao ser tocada.

O homem que falara era um velho senhor, de longas barbas brancas a cobrir-lhe o peito. Estava apoiado em um longo cajado. Usava no turbante uma pedra verde. Imediatamente, o Pescador lembrou da pedra no turbante do homem sentado no centro do círculo, na casa de seu pai. Agora o homem estava muito velho, mas o olhar era o mesmo, penetrante.

— Desculpe o *sheik*, ele é o Guardião da Porta do Templo. Esta é a sua missão e ele a cumpre com perfeição. Poucos passaram por esta porta. Quase todos caíram diante dos seus ardis. Como todo bom guardião, ele apenas cumpre o seu dever.

— Desculpe-me por tê-lo agredido, mas eu estava enojado com tudo o que o senhor estava fazendo para me agradar com sua hospitalidade.

— Não era minha hospitalidade, senhor Simas, era um teste para os seus sentidos — falou o *sheik*.

— Mas por que isso, se eu já sou um homem com idade avançada?

— Fortuna o senhor já possui, isso não o impediu de vir nos procurar. Generoso, nós sabemos que é. Então, nada como testar seus sentidos. O senhor foi aprovado no teste, mas precisa aprender a controlar sua mente, o senhor pensa demais.

— Como? Então o senhor estava ouvindo o que eu pensava?

— Sim, eu estava ouvindo. Nós aperfeiçoamos a telepatia ao extremo.

— Então, é por isso que o senhor nada pensava. Sua missão é ouvir e não falar, não é mesmo?

— Sim, eis a primeira lição. Um mago não pensa, ele apenas ouve os outros.

— Muito interessante. Creio que tenho muito o que aprender ainda.

— Nem tanto, filho — falou o velho Mago da Pedra Verde. Você precisa saber como usar os poderes que já possui, somente isso. Agora decida-se: ou atravessa a porta do templo, ou volta.

— Eu atravesso a porta, Grande Mago.

— Então, dê o crucifixo para seu capitão levá-lo para sua esposa. Ele o aguarda impaciente. É capaz de começar a bombardear a cidade com seus canhões, e não é isso que o senhor deseja, não é?

– Como o senhor sabe disso?
– Isso também sei – falou o Mago.
O Pescador sorriu. Estava entre amigos, isso ele também sabia. Tirou o crucifixo do pescoço e o entregou ao *sheik*, que o pegou e partiu rumo ao porto. O Pescador acompanhou o Mago da Pedra Verde em direção ao templo.

À noite, houve a primeira reunião do Pescador com os magos. Tinha tomado banho e trocado de roupa. Agora estava vestido como um deles, mas não tinha turbante. Foi convidado a sentar-se numa confortável almofada. Estavam todos concentrados, em preces ao Criador. Após as preces, o Mago da Pedra Verde disse:

– Agradecemos a Ti, ó Criador de tudo e de todos, por nos enviares aquele que sempre nos pertenceu. Damos Graças à Tua generosidade, por conduzires nosso irmão Simas de volta ao Círculo Sagrado do Oriente.

Era reconhecido como um deles. O Mago da Pedra Verde, que era o mais idoso de todos, falou:

– Irmão Simas, quer perguntar alguma coisa? Vejo que ainda busca respostas.

– Sim, venho atrás de respostas. Minha vida toda é uma grande pergunta. Se for possível, eu gostaria de saber a resposta.

E o Mago da Pedra Verde começou a falar:

– Um dia seu pai foi designado para ir à Europa. Tinha de cumprir o seu destino lá. Então escolheu a Espanha, porque ali havia muitos descendentes de árabes e ele seria só mais um entre tantos. Não seria notado. Estabeleceu-se como mercador. Tinha contatos por todo o Oriente e seria fácil comerciar com o Oriente. Prosperou muito. Ele tinha família aqui, mas, como tinha que viver mais tempo por lá, resolveu se casar. Já pertencia às Três Cruzes, à linha do Cristo, de Jesus, o Cristo crucificado pela redenção dos homens. Converteu-se ao Cristianismo, ou seja, confirmou a quem já era consagrado há milênios e milênios. O símbolo das Três Cruzes é representado na vida de Cristo, pela crucificação no Gólgota – parou por um instante, tomou um pouco de água e continuou – Sei o que quer saber, Simas. Sim, as três cruzes sobre o monte são anteriores ao ato de crucificação. Milênios antes da vinda do Cristo, as Três Cruzes já eram um dos sete símbolos sagrados, e por toda a eternidade continuarão sendo sempre um símbolo sagrado. Após a conversão, casou-se com sua mãe. O pai dela era sócio de seu pai no comércio e foi uma boa união para ambos. Com isso foi mais fácil cumprir sua missão na Europa – parou um pouco a narração.

O Pescador não se conteve e ia fazer uma pergunta, quando foi interrompido com outra lição.

— Segunda lição: "Ouça e não faça perguntas". A primeira é: "Ouça e não pense". Um bom mago também é um bom ouvinte.

— Desculpe-me, Grande Mago, não o interromperei mais. Aprendi a segunda lição também.

— Então, ele cumpriria mais facilmente a sua missão, que era descobrir os falsos sacerdotes que, tendo aprendido a arte da magia negra, a magia demoníaca, a usavam para conseguir vantagens materiais, com finalidades egoístas e desejos mundanos para que alguém sempre fosse corrompido e seguisse as trevas, em detrimento da Luz. Alguém sempre era prejudicado com isso. A cada viagem, ele trazia um nome, e nós começávamos a cortar os seus poderes malignos, até que você nasceu. Olhamos o seu passado e vimos que também pertencia às Três Cruzes, como alma reencarnada sob sua luz pela sétima vez. Trazia em si os sete símbolos impressos em seu espírito eterno.

Chegara o tempo de, junto a seu pai, vencerem o príncipe das trevas. No princípio, ele se preocupou em como agir. Não podia trazê-lo para cá. Então deixou que você escolhesse o seu caminho e, no tempo certo, o iniciaria na magia branca para que juntos vencessem suas lutas pessoais. Como o Cristo nos deixou o exemplo nas Escrituras Eternas, cada homem, ao seu tempo, tem que vencer o príncipe das trevas para integrar-se totalmente à Luz do Eterno. Você escolheu o sacerdócio como caminho e isto animou o seu pai. Você continuava ligado às Três Cruzes, que estava oculta pelo esplendor da cruz do meio. Sim, eu explico a você: a cruz do meio é a do Eterno, a da direita é daqueles já integrados à Luz Eterna. Eis o simbolismo das Três Cruzes.

Mas, voltando ao que eu estava dizendo, seu pai usou de seu poder e riqueza para levá-lo a ser juiz da Inquisição, porque assim teria acesso aos grandes magos negros, ocultos sob os mais variados disfarces. Por meio de você, obteve muitas informações, mais facilmente que por qualquer outro meio. Foi muito bem sucedido, até que pressentiu algo muito forte a envolvê-lo e veio até nós. Foi em sua última viagem para cá que descobrimos tudo. O bispo que o protegia era um poderoso mago negro, escravo do príncipe das trevas. Estava suspeitando, ou talvez já soubesse, que seu pai era um mago branco, oculto sob o disfarce de mercador. Tenho certeza de que ele já sabia. Então, ele começou a envolver seu pai, e você, com suas magias negras. Seu pai lutava, mas estava sozinho na luta. Resolveu nos pedir auxílio. E, por isso, você nos viu em sua casa, concentrados. Estávamos quase conseguindo prender um poderoso demônio que em séculos passados seu pai conseguira prender, e que fora, mais tarde, libertado pelo bispo com o auxílio dos espíritos dos magos negros que agiam por meio dele. O demônio liberto denunciou seu pai. Seu objetivo era destruí-lo. Mas antes, o bispo precisava separá-lo de você. Estava envolvendo-o com rituais macabros, sem que você percebesse. Logo seria mais um adepto ao culto de Satã. Era só uma questão de tempo. Foi quando você chegou à nossa reunião. Sua presença fez com que ele escapasse do nosso domínio, pois quando você entrou na sala de reunião o ambiente se alterou e ele fugiu. Quando seu pai viu que você tinha desaparecido sem esperar por explicações, mandou-nos de volta imediatamente. Sabia do perigo que corríamos dali em diante.

Partimos, mas ele preferiu ficar para tentar salvá-lo das garras do bispo negro. A luta, ele já havia perdido, só não queria perdê-lo. Foi torturado para dizer onde nós estávamos, mas não nos denunciou. Sofreu calado, isentou você, não podia deixá-lo sofrer por uma falha sua. Deixou o tesouro que você achou. O bispo deixou você viver para ver se chegaria até nós. Por isso ele não falou nada, nem lhe tomou nada quando você mostrou o pergaminho e as moedas que seu pai deixara. Quando você partiu levando consigo o pergaminho, foi seguido por lacaios do bispo. Ele pensava em nos encontrar. Se seu pai nunca falou nada a você, foi para protegê-lo. Assim você não chegaria até nós, nem nos trairia. Você foi seguido por muito tempo. Quando chegou ao Egito, um mago branco aprisionou os lacaios e os encantou. Eram fiéis servos do bispo e o ajudavam nas suas missas negras. Sob encantamento, denunciaram o lugar onde o bispo fazia suas reuniões, quem eram os seus adeptos em Cádiz, os dias em que ele as realizava. Foram movidas certas influências no Vaticano e o bispo foi preso junto com a maioria dos seus adeptos. Foram todos enforcados, e depois tiveram seus corpos queimados, mas o bispo não morreu. Não se sabe como ele fugiu.

Anos mais tarde, foi localizado por alguém na Venezuela, oculto sob o disfarce de um sarcedote nativo, todo enfeitado de ouro. O homem mandado para prendê-lo preferiu matá-lo, pois temia o seu poder. Trouxe-nos somente sua cabeça, que, depois de certos rituais, nós queimamos. Você também sempre foi acompanhado por nós. Temos que nos orgulhar de sua conduta. Você protegeu a muitos magos renascidos como negros e que, na Lei Africana, hoje são sacerdotes. Mesmo hoje, os guardiões do Panteão Africano se fazem presentes no nosso templo sagrado. Ficamos honrados por receber, entre nós, alguém que tem a proteção do Panteão Sagrado dos Negros Africanos. Com o auxílio que você deu a seus protegidos, os tambores jamais se calarão. Chegará o dia em que poderão ser tocados sem medo do tronco de suplício, e uma parte deste mérito pertence a você. A grande linha africana, que ainda hoje conserva a maioria dos mistérios sagrados ocultos sob o nome de seus orixás, irá acompanhá-lo por toda a eternidade. Trezentos e treze negros foram libertados de seus engenhos, depois de iniciados. Estão espalhando o culto, que se alastrará no decorrer dos séculos e não poderá mais ser contido. Por caminhos espinhosos, você adquiriu muitos poderes e conhecimentos. Os indígenas também receberam a sua ajuda, o Panteão Indígena também o acompanha, e por isso também nos honra sua presença em nosso Templo. Eis o passado revelado. Alguma pergunta mais?

– Sim, Grande Mago. Como destruir minha parte negativa, para me integrar à Luz Eterna?

– Não poderá fazer isso nesta encarnação, pois já passou este tempo. No futuro, quem sabe o Criador lhe dê uma nova oportunidade. Esperamos que vença. Não por nós, mas por si mesmo.

– Então, meu pai morreu por nada.

– Não é bem assim, filho. Ele morreu por você e isso o libertou totalmente das trevas, que já não podem mais nada sobre ele. Você é quem precisa fazer sua parte. Creio que, quando travar sua batalha final, ele estará ao seu lado e, mesmo que invisíveis, nós também estaremos.

Agora Era um Mago

(A Vingança do Irmão)

O Pescador começou seu aprendizado. Foram dias e dias a estudar as leis ocultas, aquilo que não é revelado aos leigos, somente aos magos. Quando terminou os estudos, foi levado perante o guardião para conhecer os mistérios. Diante do guardião perguntou:
– Grande Guardião da Pedra da Lei, qual é o primeiro Mistério?
E o guardião respondeu:
– O primeiro Mistério é saber guardar segredo dos mistérios.
– Grande Guardião da Pedra da Lei, qual é o segundo Mistério?
E o guardião respondeu:
– O mesmo que o primeiro.
Poderia fazer três perguntas. Então perguntou novamente:
– Grande Guardião da Pedra da Lei, qual é o terceiro Mistério?
E o guardião respondeu:
– O terceiro mistério é guardar segredo sobre o primeiro e o segundo mistérios.
E nada mais falou.
Após se retirar para seu aposento, foi visitado pelo Mago da Pedra Verde.
– Grande Mago, que conclusões posso tirar dos três primeiros mistérios?
– Diga-me você a que conclusões chegou.
– Cheguei a uma conclusão: após minha partida daqui, isso não existirá mais e tudo o que eu aqui aprender só a mim irá pertencer, ainda que tenha que me sacrificar para manter o segredo.

– E você acha que conseguirá manter segredo dos mistérios?
– Sim, eu conseguirei!
– Então, amanhã você entrará na Lei dos 77.
– E o que é a Lei dos 77, Grande Mago da Pedra Verde?
– Você fará 11 perguntas a cada um dos guardiões dos sete símbolos sagrados. Por sete dias, você fará 11 perguntas a cada um. Terá de ouvi-lo e, no dia seguinte, antes de fazer nova pergunta, deverá dizer quais foram as respostas anteriores, sem errar nenhuma delas. Ao fim de 77 dias, terá de falar as 77 respostas. Se conseguir, sairá daqui com a pedra da cor que escolher.
– Mas como vou saber o que perguntar? O senhor me dirá o que devo perguntar?
– Não. Você deverá saber o que e como perguntar, se não não obterá nenhuma resposta. Tem a noite toda para pensar. Amanhã cedo, após as orações no templo central, será levado ao guardião do primeiro símbolo.
– Posso saber qual é o primeiro símbolo?
– Sim, isso pode. É a Estrela de Cinco Pontas.
– A Estrela Guia? – perguntou o Pescador.
– Sim, a Estrela Guia. Será que seu cavaleiro não sabe o que perguntar ao guardião?
– Como o senhor sabe que eu era chamado de Cavaleiro da Estrela Guia?
– Entre muitas outras coisas, isso eu também sei – falou o Grande Mago da Pedra Verde.
– Como o velho amigo João de Mina?
– Ou como o grande mago Sirhan el Sirhan, digo eu. Até amanhã, Pescador.
– Como João de Mina... – tornou a falar o Pescador.

Após a saída do Grande Mago da Pedra Verde, o Pescador foi até o baú e apanhou sua estrela encantada. Orou ao Criador, pediu que sua boa estrela o ajudasse na hora de formular a pergunta. A estrela respondeu-lhe de imediato: sua luz inundou o quarto com um brilho cristalino. O Pescador sorriu: já sabia como formular a primeira pergunta.

No dia seguinte, após as orações ao Criador, o Pescador foi conduzido perante o Guardião da Estrela Guia.

Ajoelhou-se diante dele e saudou-o, reverente. Atrás, ficou o Grande Mago da Pedra Verde. Então, falou:

– Grande Mago, guardião do primeiro símbolo sagrado, eu não venho para perguntar qual é o primeiro mistério do primeiro símbolo. Não estou aqui para perguntar, mas, sim, para ouvir. Estou aqui para aprender com quem sabe quais são os mistérios dos símbolos sagrados.

O Grande Mago da Pedra Verde sorriu, o Pescador vencera novamente.

E o guardião do primeiro símbolo sagrado respondeu-lhe:

– O primeiro mistério do primeiro símbolo é este: cada símbolo se divide em 11 mistérios, que se dividem em outros sete, dando ao fim 77 mistérios. Você terá de conhecer todos eles.

Mais, não falou.

O Pescador saudou-o e pediu licença para retirar-se. O Grande Mago da Pedra Verde acompanhou-o até seus aposentos.

Os dias foram passando e o Pescador aprendendo. A cada dia a explicação do mistério do símbolo do dia demorava mais a vir. A cada novo dia, o Pescador precisava, antes, recitar todos os mistérios já revelados, até que, ao entardecer do dia de número 77, o último mistério foi revelado.

Estavam reunidos os guardiões dos sete símbolos sagrados. Era uma sabatina. Ficaram todos em jejum até que o último mistério fosse revelado. Quando o Pescador recitou os mistérios do dia anterior corretamente, o guardião do sétimo símbolo, que é o Monte ou a Montanha, disse:

– O décimo primeiro mistério do sétimo símbolo sagrado é este: que aquele que souber quais são os 11 mistérios dos sete símbolos sagrados guarde segredo de todos os mistérios aprendidos.

O Pescador, não aguentando a emoção de ter sido aprovado e aceito como mago, caiu em prantos. Foi saudado como mais um mago do Círculo do Grande Oriente, aquele que irradia seu saber oculto por todo o planeta Terra.

A cerimônia de escolha do símbolo que ele queria seguir ocorreu no dia seguinte. Escolheu, então, as Três Cruzes e foi cumprimentado por todos os outros magos.

O Grande Mago da Pedra Verde explicou que, todo aquele que escolhesse as Três Cruzes, levaria a Estrela Guia para iluminar o seu caminho, pois as almas que haviam caído seriam resgatadas pelos seguidores das Três Cruzes, tanto no mundo material quanto no astral. Por isso, levavam a pedra cristalina no turbante.

A seguir, foi colocado o turbante com a pedra cristalina. Era de uma transparência total!

Alguns dias depois, o Grande Mago da Pedra Verde chamou-o até seu aposento.

– Você vai ficar aqui conosco ou vai partir, Mago da Estrela Guia?

– Eu vou partir, Grande Mago da Pedra Verde. Aprendi o que tinha que aprender. Ao meu lado, vou ajudar os que ainda caminham nas trevas da dor e das lágrimas. Vou levar um pouco de luz onde ainda impera a ignorância.

– Então, aqui tem estes dois baús que seu pai deixou. Mandou-nos no dia de sua prisão. Ele sabia que, um dia, você conseguiria chegar até nós. Este tesouro é seu. Seu pai deixou igual quantia ao seu irmão, filho da esposa que ele tinha aqui. Nós entregamos a ele, assim que os recebemos, depois de chegarmos da Espanha, porque sabíamos que seu pai havia sido morto na fogueira.

— Eu já não preciso de nada disso, Grande Mago. O que preciso está no pequeno baú que meu pai me deixou. Lá estão o pergaminho e a minha estrela encantada. Vou deixar o baú como doação ao templo sagrado, para sua manutenção; o outro, vou entregar ao meu irmão. O senhor me diz como encontrá-lo?

— Posso lhe dizer onde encontrá-lo, mas acho melhor alguém entregar o baú em seu lugar.

— Por que, Grande Mago?

— Porque seu irmão jurou que, um dia, faria você pagar pela morte de seu pai. É possível que ele ainda guarde ódio de você.

— Não, vou pessoalmente. Está na hora de enfrentar o meu passado e parar de fugir! Peço que me dê alguém de sua confiança para me conduzir até ele. Depois, seguirei meu caminho sozinho.

— Eu mandarei o Guardião do Templo para acompanhá-lo.

Dois dias depois, o Mago da Estrela Guia partia rumo à Turquia, onde se encontrava seu irmão. Foram a cavalo. Alguns dias depois, ao se aproximarem de uma aldeia, viram diversos homens saqueando-a. O guardião falou que seria melhor cortarem caminho. Aqueles homens eram salteadores que vinham das montanhas próximas para saquear as aldeias do vale, roubar alimentos e mulheres.

— O senhor fica aqui com os cavalos, vou até lá ver o que posso fazer por aquela gente humilde.

Foi rápido descendo a ladeira, apoiando-se no seu cajado consagrado. Ao entrar no vilarejo, viu uma cena que o chocou: dois homens violentavam uma menina. Foi para cima deles e os empurrou com seu cajado. Os homens ficaram enfurecidos. Um deles pegou a espada e avançou sobre o Pescador. Quando ia desferir um golpe mortal com sua espada, o Pescador levantou o cajado para aparar o golpe e da pedra no alto do seu cajado partiu um raio que fulminou o homem. Ao ver o que havia acontecido com o companheiro, aqueles que haviam se aproximado saíram em disparada gritando que um mago havia matado o seu chefe com um raio. O Pescador não sabia explicar o porquê daquilo, mas, creditou ao Criador a graça recebida.

Abaixou-se sobre a menina que estava desmaiada. A violência havia sido grande. Pouco depois, o guardião chegava. O Pescador pegou o seu baú e, de dentro dele, sua estrela. Colocou-a sobre a menina, que sangrava muito. Orou a Deus com fervor e logo a hemorragia cessou. Preparou algumas ervas, colocou-as sobre os ferimentos, limpando seu corpo e envolvendo-a com manta. Ficaram ao seu lado até que voltasse a si. Quando ela abriu os olhos, começou a gritar, lembrando-se ainda do que havia acontecido. Estava magoada e ferida. O Pescador foi para perto e tomou-a nos braços. A menina estava toda encolhida.

– Não tema, criança, quero ajudá-la. Aqueles que a feriram já foram embora.

A criança caiu num pranto dolorido. Não era o corpo que chorava, mas sua alma que dava vazão à dor que a bestialidade daqueles homens provocara. O Pescador foi acalmando-a aos poucos. Sua aparência inspirava confiança. Era um homem com longas barbas brancas, os cabelos, também embranquecidos pelo tempo, caíam-lhe até os ombros e, por suas vestes, parecia um mago. Ela já ouvira seus pais falarem deles. Abraçou-o, e caiu novamente em pranto.

O Pescador perguntou por seus pais, onde moravam, que ele iria levá-la até eles. Ela mostrou sua casa. Quando o pescador entrou, o que viu chocou-o mais ainda: os pais estavam mortos, tinham sido degolados. Não deixou a menina vê-los. Logo partiu daquele lugar. Após deixar o baú com as moedas para o irmão, o guardião a levaria para sua aldeia.

Muitos dias se passaram, até chegarem ao vilarejo em que morava o irmão do Pescador. No caminho, foi ajudando os que precisavam. Já começara sua missão.

Quando ingressaram no vilarejo, o Pescador ficou sabendo que o irmão era o chefe do lugar. Era um homem de má fama, muito ruim, diziam as pessoas. Foi ao seu encontro.

Quando o encontrou e se apresentou como seu irmão, este o amaldiçoou e o ofendeu com todas as palavras de baixo calão que conhecia. O Pescador ouviu tudo calado. Somente não foi agredido por causa da presença do guardião. Do contrário, talvez tivesse sido morto ali mesmo. Abriu o baú e disse:

– Nosso pai deixou para você o mesmo que para mim. Como não preciso de minha parte, venho lhe trazer para que use em benefício de sua gente.

– Você, seu bastardo, vem me dar o que sempre me pertenceu? Se não fosse por sua causa, meu pai teria vivido e eu seria um homem muito rico e poderoso. Mas não, você tinha que traí-lo. Você é quem merecia ter sido queimado.

– Não vim para discutir. Vim apenas trazer o que não preciso mais para viver. Deus me dará meios para viver sem ter de ocultar nenhum tesouro. Adeus, irmão, e que Ele o abençoe.

– E que Ele o amaldiçoe, porque você é maldito diante d'Ele! – respondeu o irmão.

O Pescador partiu junto com o guardião e a menina. Quando saíram do vilarejo, falou para a menina:

– Agora você vai com o *sheik*, ele a protegerá e arranjará uma família para criá-la e educá-la.

A menina começou a chorar, agarrou-se na cintura do Pescador e implorou para que a levasse consigo. O Pescador argumentou que nada poderia dar-lhe e que, a partir de agora, nada mais tinha além de sua estrela, seu cajado e seu pergaminho. De nada adiantaram suas palavras. O *sheik* disse-lhe:

– Olhe para ela. Vê como chora? Quem sabe o Criador não o fez pai dela, em substituição àqueles que se foram? Leve-a consigo. Se a salvou, alguma coisa me diz que ela vai lhe ser útil.

Tirou o seu manto e cobriu a menina. Deu mais algumas roupas e algumas moedas de ouro para o Pescador.

– Adeus, Mago da Estrela Guia. Que ela ilumine o seu caminho! Agora volto. Siga por esta estrada e chegará até o Bósforo.

– Adeus, *sheik*. Que o Criador guarde seu retorno à sua cidade!

O guardião voltou e o Pescador seguiu com a menina no rumo indicado. Não tinham andado meia hora, quando vários homens a cavalo se aproximaram. Era seu irmão, e mais alguns homens da aldeia.

– O que você quer, meu irmão? – perguntou o Pescador.

– O que mais você escondeu de mim, seu bastardo?

– Nada tenho para ocultar, irmão meu.

– Não me chame de irmão, seu traidor! – e golpeou seu rosto com uma espada curva.

O Pescador caiu no chão. Os outros o seguraram deitado, na posição em que caíra. Teve seu baú aberto e viu quando o irmão jogou a estrela de lado, achando-a sem valor. Foi quando o homem viu o pergaminho.

– Então, você o guarda até hoje, não? Deve ter dado muito trabalho conservá-lo assim. Vou facilitar sua vida.

Em seguida, abriu as vestes do Pescador e com um punhal riscou três cruzes sobre sua pele. O peito do Pescador começou a sangrar em abundância.

– Vê como agora já não precisa mais do pergaminho? Já o tem desenhado em seu peito pelo meu punhal. E esta pedra? Já que não precisa de riquezas, eu a dou para mim mesmo. Conseguirei um bom dinheiro por ela, ainda mais quando souberem que pertenceu a um mago.

Os homens fizeram uma pequena fogueira, e o irmão do Pescador pôs seu punhal sobre as chamas.

– Vê, traidor, como o fogo aquece rápido a lâmina do meu punhal? Foi assim que meu pai morreu. Mas não vou queimá-lo, você morreria logo. Vou lhe dar um castigo pior. Você não perderá a vida, mas não poderá vê-la mais. Vou tirar-lhe a visão.

– Não faça isso, meu irmão. Não há necessidade. Também sofri pela morte de nosso pai, minha consciência me acusa, como um juiz implacável.

– Sua consciência não é um bom juiz. Eu sou o juiz da morte de meu pai.

Em seguida, apanhou o punhal. Sua lâmina estava vermelha como brasa. Os homens seguraram o Pescador, um em cada lado do corpo. O irmão segurou sua cabeça contra o solo e encostou a lâmina incandescente sobre seus olhos, um e depois outro. A córnea ardeu e os olhos cegaram instantaneamente. Estava cego. O Pescador soltou um urro de dor. Aquilo doeu tanto que ele desmaiou. Os homens montaram e partiram a galope. O irmão estava vingado.

As horas passaram. O Pescador despertou com o choro da menina, que tinha rasgado uma tira do manto e colocado sobre os olhos do Pescador, que ardia em febre. O pranto agora saía do peito em soluços incontidos; os olhos derramavam lágrimas. Já não tinha olhos, senão para chorar. Quando se acalmou um pouco, pediu à menina que procurasse algumas ervas e explicou-lhe como eram. Ela caminhou um pouco e voltou, sem nada encontrar. O Pescador meditou um pouco, e logo apareceu uma serpente enorme à sua frente. A menina gritou de medo. O Pescador acalmou-a.

– Não se preocupe, criança. Fique atrás de mim. Agora olhe e fique quieta.

Em seguida, chamou a cobra, que veio e se enrolou no seu braço esquerdo.

– Vá, cobra, mostre à menina onde estão as ervas de que preciso. Depois traga a menina de volta sã e salva.

A cobra começou a entrar no mato, perto da estrada.

– Vá, criança, siga a cobra. Não passe à frente dela, siga-a apenas. Ela a levará até uma moita em que você encontrará as ervas. Apanhe-as e volte atrás da cobra novamente. Não tenha medo.

A menina seguiu a cobra a distância. Algum tempo depois, voltava atrás da cobra, com um punhado de ervas. O Pescador, então, chamou a cobra, agradeceu sua ajuda e mandou-a embora.

– Vamos, criança, dê-me as ervas. Ainda temos o pequeno baú?

– Sim, Mago Branco, aqui está ele – e colocou-o na mão do Mago.

– Ainda temos água?

– Sim, ele só levou a pedra do seu turbante e nada mais. Aqui está a bolsa de água.

O Pescador mandou que despejasse um pouco de água no pequeno baú, colocou junto um punhado de ervas e, depois, macerou-as na água.

– Agora, pegue estas ervas amassadas, bem encharcadas desta água, e passe sobre os cortes do meu peito.

Quando a menina passou, a água esverdeada queimou como fogo, mas, os ferimentos ficaram cauterizados e, os cortes, limpos.

– Agora, solte esta tira de pano dos meus olhos e passe da mesma forma. Não importa que eu grite. Faça o que deve ser feito, se não estas queimaduras irão infeccionar. Passe bastante água, depois coloque um pouco de erva e enfaixe meus olhos.

A menina fez. O Pescador gritou de dor, era como uma segunda queimadura. Se sofria, era para curar a primeira. Em prantos, a menina pôs as ervas sobre os dois olhos do Mago e enfaixou sua cabeça. Pegou o seu turbante e colocou-o novamente sobre sua cabeça. Pegou uma manta e cobriu-o. Guardou a estrela e o pergaminho em uma bolsa, junto com os alimentos. Buscou o cajado, que caíra longe, e, por isso, ainda conservava sua pedra de cristal branco.

– E agora, Mago Branco, o que vamos fazer? – perguntou a menina.

– Pegue um pedaço de pão e coma. Vamos ficar aqui por esta noite, assim passará minha dor. Amanhã partiremos.

– Que caminho seguiremos, Mago Branco?

– Deus nos guiará! Você será meus olhos agora, Jasmim! – assim se chamava a menina.

– Eu estou com medo, Mago Branco.

– Não tema, criança. Eu não posso ver, mas Deus olhará por nós. Agora venha aqui e deite-se ao meu lado, eu a protejo.

A menina dormiu logo, estava cansada. O Pescador não conseguia desligar sua mente, a dor não deixava, mas, mesmo assim, adormeceu.

Quando era manhã, a menina acordou. Ele também despertou. Como doíam os cortes e as queimaduras! Pediu à menina que lhe desse o resto das ervas. Macerou-as na água que havia sobrado, que ficou mais forte. Isso bastaria para evitar a infecção. Ela fez tudo novamente, porém, agora o Pescador já não sentia tanta dor. Depois de o enfaixar novamente e lhe dar um pouco de água, ela lhe ofereceu um pedaço de pão. Ele comeu o pão. Ela o ajudou a ficar em pé. A princípio sua cabeça rodava, sentia tonturas horríveis. Aos poucos, foram passando as tonturas. Pediu a ela que lhe desse uma das bolsas para carregar, e partiram. Mais tarde, um homem com uma carroça alcançou-os. Ao ver quem era, parou.

– O senhor não é o Mago que benzeu o meu filho?

– Sim, sou eu mesmo.

– E o que houve com o senhor? Parece muito mal.

– É o passado que veio ao presente e, quando isso acontece, sofremos as consequências.

— Subam aí na carroça. Vou até a aldeia levar mercadorias para vender, levo vocês até lá.

— Obrigado, meu amigo! Que Deus o abençoe por nos ajudar. Viu, Jasmim? Confie, que Deus nos guia!

Ao chegar na aldeia, o homem contou que aquele era um mago e que havia curado seu filho que estava doente. Logo, algumas mulheres trouxeram suas crianças. O Mago foi benzendo cada uma delas, indicando o que deveriam fazer para que não ficassem mais doentes. Depois que terminou com as crianças, foram convidados a comer na casa da mãe de uma daquelas crianças. Aceitaram.

— Para onde o senhor vai, Mago Branco?

— Não sei, minha filha. Pretendo ir até a Grécia, e de lá até Roma.

— Mas vocês não têm dinheiro, nem roupas ou alimentos. Como pretendem conseguir isso?

— Jasmim, você tem pressa de chegar a algum lugar?

— Não, Mago Branco. Onde o senhor estiver, lá eu estarei bem.

— Está vendo, minha filha, não há pressa. Nós só vamos andar um pouco pelo mundo.

Agradeceram à mulher. O Mago abençoou sua casa. Encheram as duas bolsas de água e partiram. No caminho, o homem da carroça veio ao encontro deles.

— Mago Branco, eu vendi tudo, e bem vendido. O senhor me trouxe boa sorte. Não posso lhe dar muito, mas aqui estão algumas moedas, servirão para comprar alimentos, quando sentirem fome.

— Obrigado, bom homem. Que o Criador aumente sua boa sorte, e que prospere em sua vida!

— Benditas sejam suas palavras, Mago Branco! Adeus!

— Adeus, meu amigo, e que Ele o guarde sempre por sua generosidade. Vamos, Jasmim, olhos dos meus olhos e luz da minha luz.

— Vamos, Mago Branco. Dá sua mão que eu o conduzirei pelo melhor caminho.

Nisso, algumas pessoas vieram e lhes deram uma sacola cheia de alimentos. O Pescador agradeceu e os abençoou.

— O mundo é ruim para aqueles que são ruins, Jasmim. Aqueles que são bons sempre encontram pessoas boas.

— Sim, Mago Branco, acredito no senhor.

E partiram. O caminho era longo e não tinha um rumo definido. Iam para qualquer aldeia, sempre em frente.

Longa Peregrinação

(Chega um Amigo)

Os anos foram passando. O Pescador e Jasmim iam sempre em frente, rumo a Roma. Esta era a meta a ser alcançada. Um dia, depois de caminharem muito e de estarem famintos, pararam em um bosque.

– Mago Branco, eu vou ver se acho algo para comermos. Não temos mais nada na bolsa, acabou-se o pão.

Voltou mais tarde, sem nada nas mãos.

– Fique aqui, logo teremos o que comer, é só esperar.

– Não sei como. Andei pelos arredores e não vi uma única aldeia por perto. Estamos sozinhos neste fim de mundo.

– Acalme-se e ore comigo. Logo virá o nosso alimento.

Daí a pouco, surgiram lobos selvagens que cercaram o Pescador e Jasmim.

– Mago Branco, hoje nós não vamos comer, nós é que vamos ser comidos! – falou Jasmim, agarrando-se a ele.

– Não se preocupe, filha, fui eu quem os chamou até aqui.

Em seguida, um dos lobos aproximou-se e o Pescador falou-lhe algo. A alcateia partiu em disparada. O Pescador mandou que ela fizesse uma fogueira, logo teriam o que comer. Quando o fogo já estava aceso, os lobos voltaram. Aquele que parecia ser o líder do grupo arrastava, entre os dentes, um pequeno cervo. Chegou perto do Pescador e deixou a presa ali, voltando para junto dos outros.

– Vamos, Jasmim, tire um bom pedaço para nós e corte o resto em tantos pedaços quantos lobos houver.

Assim fez Jasmim.

– Já tenho do que precisamos, Mago Branco, mas eu tenho medo deles.

– Vamos, filha. Eles nos trouxeram alimento e foram convidados a comer conosco. Devemos sempre repartir o que temos com os nossos convidados. Eles esperam, vá e dê um pedaço a cada um e eles se afastarão.

Toda trêmula, Jasmim foi para perto dos animais. Eles se aproximaram e ela foi dando os pedaços. Logo, os lobos se retiraram e ela voltou para junto do Pescador.

– Como o senhor conseguiu isso?

– Aprendi com um pajé. Ele não caçava. Os lobos de lá traziam alimentos para ele. Isso foi numa terra distante. Talvez nunca mais eu pise lá.

– Garanto que o Mestre que o senhor sempre cita não encantava lobos, não é, Mago Branco?

– Esse tipo de lobo não, Jasmim. Ele encantava outro tipo de lobo: lobos humanos, que devoram as ovelhas do rebanho do Criador. A estes, no decorrer dos séculos, Ele os tem encantado com o Seu chamado. Eles chegam como esses, rosnando, contra suas vontades, mas vêm e, depois de seguir o Mestre, que divide com eles Seus alimentos, partem humildes. Ele é o maior encantador que já houve, Jasmim.

– Por que Ele é o maior encantador, Mago Branco?

– Porque Ele, por si só e sem recorrer a nada, encanta a todos que têm oportunidade de conhecê-Lo.

– Gostaria de conhecê-Lo.

– Quem sabe um dia não se mostre a você, Jasmim! Então, você ficará encantada com a Sua beleza.

Ela fez fogo e assou a carne.

– Bom, agora chega de conversar, pois o senhor fala demais. Quando começa, não para mais. Hora de comer! Eis o seu pedaço de carne, deve estar bom.

O Pescador pegou o seu pedaço e, como era costume entre os dois, agradeceram ao Criador pelo alimento recebido. Após comerem em silêncio, o Pescador falou:

– Talvez nós, os velhos, falemos demais porque temos muito a dizer e saibamos que o nosso tempo está acabando.

– Bobagem, Mago Branco, o senhor jamais morrerá.

– Isso é o que você pensa. O meu tempo está chegando, Jasmim. Quando eu a encontrei, você era uma criança, agora já é uma mocinha. O tempo corre e nós não o acompanhamos, por isso ficamos velhos e cansados. Logo você terá de parar de andar comigo. Precisa construir sua vida, uma família, um lar seguro para passar o resto de seus dias, ter quem cuide de você quando ficar velha como eu.

– Nunca vou deixá-lo! Nenhum homem tocará em mim, nunca, nunca mesmo!

— Você não pode pensar assim, criança. A vida não para para ninguém. Todos precisamos construir nossas vidas, almejar algo melhor.

— Já tenho o senhor, não quero mais ninguém. Quando o senhor morrer, eu morro também. O senhor já teve esposa, Mago Branco?

— Sim, Jasmim, já tive duas esposas e sete filhos.

— Conte-me como foi, Mago Branco. Devem ter sido lindas, não?

— Sim, Jasmim, eram lindas. E não saberia a qual escolher se voltasse a ficar jovem novamente. Mas vamos caminhar. Enquanto isso eu lhe conto como foi, sinto que logo acharemos pessoas.

Partiram, e o Pescador começou a contar a história de Raios-de-Lua e de Sarah. Já era noite quando entraram em uma pequena aldeia. Pediram pousada e alimentos.

Foram encaminhados para a igreja, pois quem fazia caridade aos mendigos era o padre da aldeia. Chegando lá, o padre acolheu-os e alimentou-os, convidando para que dormissem ali naquela noite. No dia seguinte partiriam.

— Seria bom tomarem um banho, estão sujos demais e cheiram mal.

Jasmim encheu uma tina de água e conduziu o Pescador até ela. Ele tomou banho e o padre ofereceu-lhe roupas novas, que o Pescador aceitou de bom grado; as suas já estavam corroídas pelo tempo. Depois foi a vez de Jasmim tomar banho. O padre disse que ela estava suja demais, por isso ia ajudá-la a tirar toda aquela sujeira. Com uma esponja esfregou suas costas e o pescoço, mas, quando quis esfregar o resto do corpo, ela recusou.

— Eu mesmo acabo de me lavar, senhor padre. Eu vejo onde devo me esfregar.

— Está bem, filha. Vou buscar uma toalha para enxugar você.

Após ele sair, ela comentou:

— Mago Branco, este homem santo me olha de modo estranho. Tenho medo dele.

— Eu sei, Jasmim, ouvi os seus pensamentos. Após se vestir, fique próxima de mim e não se afaste. Durma ao meu lado.

— Sim, Mago Branco. Ele me tocava de modo estranho ao esfregar o meu corpo.

Logo o padre voltou com uma toalha e comentou:

— Ouvi vocês falando algo, mas não pude ouvir. Do que falavam?

O Pescador respondeu:

— Falávamos sobre como é bom encontrar um servo de Deus para nos ajudar. Deus deve estar contente por ter um homem tão bom, como o senhor, a servi-Lo.

— Espero que sim, ancião. A moça é sua filha?

— Sim, é minha filha. Vamos a Roma e ela me acompanha. Como vê, não posso enxergar.

— Eu vi. Deve ser horrível não enxergar nada, não é mesmo?

— Sim, é horrível, até mesmo não saber para que lado ir.

— Dê-me licença um instante, vou buscar roupa para a moça vestir, volto logo.

O Pescador estava tenso. Ouvira todos os pensamentos do padre. Eram pensamentos de luxúria, aquele homem ia tentar algo. Pediu o cajado a Jasmim, que o entregou. O Pescador ficou com todos os sentidos alertas. Sabia que ele tentaria algo, pois, mesmo a distância, estava ouvindo seus pensamentos imundos. Quando voltou, olhou para Jasmim, que estava coberta apenas com uma pequena toalha.

— Você é muito bonita, moça. Seu corpo é muito bem feito. Acho que nunca conheceu o amor carnal.

— Desculpe, padre, mas não gosto que fale assim com minha filha. Roma está muito longe daqui?

— A uns 50 quilômetros ao sul, mais ou menos. No fim da semana vou para lá. Se quiserem ficar aqui comigo, eu os levarei em minha carroça.

— Não, obrigado. Amanhã mesmo vamos partir, preferimos não incomodá-lo mais.

— Não é incômodo algum ajudar a um cego que tem uma filha tão linda. Será um prazer levá-los, em troca de alguns favores dela.

— Não toque nela, homem. Em nome de Deus, não toque nela!

— Sai para lá, velho inútil. Vou conseguir o favor e é agora. Deus se esqueceu de mim nesta aldeia miserável, onde sequer tem mulheres bonitas para divertir um homem solitário.

— Não toque nela, eu lhe imploro, por Deus!

— Esqueça-se de Deus! Eu quero outra coisa agora – e empurrou o Pescador, que caiu.

O padre avançou sobre Jasmim com uma gargalhada infernal e demoníaca. Agarrou a moça e jogou-a no chão. O Pescador tateou o solo e conseguiu pegar seu cajado. Ouviu a respiração ofegante do padre, ficou em pé e rodou o seu cajado com toda a força. Acertou a cabeça do homem, que caiu no solo com um gemido. Ficou imóvel.

— Jasmim, cadê você?

— Estou aqui, Mago Branco.

— Venha até mim. Ela arrumou sua roupa e se aproximou do Pescador. Leve-me até ele. Quero ver se morreu.

Apanhou o seu pulso, que ainda batia.

— Ele está morto, Mago Branco?

— Não, apenas desmaiou. Melhor irmos embora rápido. Apanhe nossas roupas, mais adiante nós as vestiremos. Não quero usar nada desse homem impuro: um falso sacerdote, um servo de Satã.

Jasmim enfiou as roupas na sacola, encheu suas bolsas de água e partiram. Antes, porém, apanhou uns pães: não sabia quando comeriam novamente. Caminharam o mais rápido que o Pescador podia.

— Mago Branco, por que o senhor mandou apanhar as roupas velhas?

— Para que, caso ele queira nos seguir, os cães não possam farejar nossas roupas.

Mas de nada adiantaram suas preocupações. Ouviram o sino da igreja badalar. O padre havia se recuperado do desmaio.

— Vamos, Jasmim. Vou pela estrada e você vai por dentro do mato, assim eles somente verão a mim. Você fica escondida. Se eles me alcançarem, não saia de forma alguma. Não importa o que aconteça, não saia!

Separaram-se. Ele ia tateando o caminho com o cajado. Ela entrou no bosque e, de longe, acompanhava-o com os olhos, apesar da escuridão. Logo ouviu um murmúrio, que foi aumentando. Ele caminhava devagar, tranquilo. Quando o grupo de pessoas o alcançou, ele parou e se virou para onde estavam.

— O que querem de mim?

— Queremos castigá-lo por ter batido no padre e roubado sua igreja.

— Não o roubei, bati nele porque queria abusar de minha filha.

O padre perguntou:

— Cadê aquela vagabunda da sua filha que ficou me distraindo enquanto você me agredia pelas costas?

— Eu a mandei por outro caminho, deve estar longe agora. Eu sei como agem os servos de Satã aqui na Terra. Queria abusar dela, por isso bati em você. Agora, sumam-se, em nome de Deus.

— Você ousa falar no nome de Deus, seu bruxo?

— Não sou bruxo.

— É, sim. Eu ouvi quando ela o chamava de mago — falou o padre.

— Sim. Também ouvi isso quando ela bateu à porta de minha casa.

— Vamos açoitá-lo! — falou um homem que o Pescador não podia ver, mas sentia o asco da sua voz.

Pegaram o Pescador, amarraram-no a uma árvore e começaram a açoitá-lo com chicotadas. Logo, seu corpo estava sangrando por todos os lados. A dor era tanta que o Pescador desmaiou. Quando viram que ele não reagia mais às chicotadas, pararam de açoitá-lo.

— Será que morreu? — perguntou um deles.

– Tomara que tenha morrido – falou o padre –, assim será um bruxo a menos no mundo.

– Vamos tirá-lo da árvore – falou outro homem.

– Não toquem nele! Podem ficar enfeitiçados. Vamos embora! – falou o padre.

Lentamente foram embora. Quando já tinham se afastado o bastante, Jasmim saiu do bosque e veio para junto do Pescador. Estava chorando, mas, quando viu o seu estado, quase desmaiou. Estava com o corpo todo cortado pelas chicotadas.

Desamarrou suas mãos da árvore com dificuldade, pois estava amarrado no alto. O Pescador caiu no chão sem emitir nenhum som. "Deve estar morto", pensou Jasmim. Mas, logo notou que seu coração ainda batia. Tirou sua roupa e limpou os cortes que não paravam de sangrar. Tinha de fazer algo, senão ele morreria esgotando todo sangue. Lembrou-se das ervas que já conhecia bem. Saiu à sua procura. Após algum tempo, encontrou ervas que tinham o mesmo cheiro; porém, a forma das folhas era diferente. Apanhou-as e voltou correndo.

O Pescador estava gemendo quando chegou. Recobrara os sentidos, mas as dores eram insuportáveis.

Jasmim preparou as ervas como ele fizera e foi passando sobre os cortes. Lentamente, o sangue parou de escorrer. Após passar as ervas por todo o corpo, os ferimentos pararam de sangrar. "Assim está melhor", pensou ela. Deu-lhe um pouco de água e, depois, vestiu-o com sua roupa velha. Deixou que adormecesse um pouco, porque estava muito abatido. Duas horas depois, ele acordou. Estava febril, eram muitos os ferimentos.

– Ajude-me a ficar em pé, Jasmim – pediu o Pescador.

Após conseguir se equilibrar com a ajuda do cajado, o Pescador falou:

– Tu, Príncipe das Trevas, tens muitos servos aqui na Terra, mas nunca conseguirás me vencer. Podes me torturar, podes me ferir, podes até destruir meu corpo, deixando-o deformado. Podes até tirar minha vida, mas jamais dobrarás minha alma. Por Deus! Eu juro que terás, por toda a eternidade, um inimigo formidável e, por Deus, juro que jamais me vencerás. A Deus pertenço e não serás tu, ó besta das trevas, quem vais me tirar da Senda da Luz, isso eu juro!

Virou-se para onde estava a moça e falou:

– Vamos, criança, vamos embora deste lugar dominado por Satã, o príncipe das trevas. Deus me dará forças para caminhar.

– Então, passe o braço por cima de mim, Mago Branco, eu o ajudo a caminhar.

— Jasmim, seus olhos são meus olhos, sua luz é minha luz, vida da minha vida, e agora do meu corpo. Que Deus a abençoe, por toda a eternidade, por sua dedicação a este velho Pescador.

— Não fale assim, Mago Branco – falou Jasmim chorando. O senhor é quem tem me ajudado a viver, tirando-me das garras dos lobos humanos, defendendo minha honra com sua vida. O senhor é que é a luz da minha vida e será por todo o sempre, pois, no dia em que morrer, eu morro junto com o senhor – falou entre soluços.

— Não fale assim, criança. Você ainda não teve a felicidade de ter uma vida boa que a fizesse jamais querer morrer. Um dia encontrará alguém que não a olhará com os olhos da carne, e sim com os olhos da alma. Então será muito feliz.

— Nunca serei feliz se me separar do senhor, Mago Branco. Vamos, conte-me de novo a história de como o senhor foi feliz com Raios-de-Lua e Sarah.

— Por que, novamente, se já contei esta história?

— É que me faz feliz. Sinto que, se já fosse adulta quando o senhor era mais jovem, eu seria o seu terceiro amor. Então aí, sim, eu seria feliz. Vamos, conte-me de novo!

E o Pescador, entre soluços de dor, começou a contar a história de Raios-de-Lua e de Sarah. Sim, isso também o deixava feliz. Eram as únicas fases felizes de sua vida.

Continuaram a caminhar até que o Pescador não aguentou mais e desfaleceu. Jasmim colocou-o embaixo de uma árvore e limpou novamente seus ferimentos com o resto das ervas. Deu-lhe o resto de água que tinham. Ficou a chorar, com a cabeça dele apoiada no colo. Não sabia por quanto tempo ficara assim, quando passaram uns cavaleiros. Um deles parou e foi ver o que tinha acontecido.

Jasmim parou de chorar e assustou-se com a aproximação dos homens. Não tinha notado sua chegada.

— Não se assuste, criança, não vou lhe fazer nenhum mal. Só quero ver se posso ajudá-los. O que houve com ele?

Jasmim contou o que tinha acontecido. O homem tinha lágrimas nos olhos, quando ela terminou.

— Vamos, criança, eu vou curá-lo. Vamos levá-lo até minha casa. Lá tenho remédios mais eficazes.

— O senhor não vai abusar de mim? – perguntou Jasmim, com medo.

— Não, minha filha, somente servos de Satã fazem isso com os semelhantes. Eu tenho mulher e filhos. Lá você será bem tratada, creia-me, em nome de Deus.

Jasmim apanhou seus pertences e partiu com os cavaleiros, que improvisaram uma padiola e levaram o Pescador. Quando chegaram à casa do cavaleiro, Jasmim ficou encantada: era um castelo! Levaram-no a um aposento espaçoso e puseram-no sobre uma cama. Seu corpo ardia em febre. Após despi-lo, o cavaleiro olhou seus ferimentos, que estavam infeccionados. Mas o que mais chamou sua atenção foram as marcas em seu peito.

— Jasmim, diga-me, o que é isso? E como foram feitos estes sinais?

— Foi o irmão dele que os fez com um punhal e, depois, com o mesmo punhal aquecido no fogo queimou seus olhos. Disse que, já que era um mago das Três Cruzes, então seria um mago cego.

— Você disse, um mago das Três Cruzes?

— Sim, aqui na sacola tem um pergaminho com este desenho. Ele disse para eu guardá-lo sempre para ele, pois, junto com a estrela encantada, era o seu tesouro.

— Deixe-me ver o pergaminho, criança.

Jasmim revirou sua sacola velha e apanhou o pergaminho, dando-o ao cavaleiro. Este, quando o viu, caiu de joelhos e começou a chorar. Ali estava outro Cavaleiro da Estrela-Guia! Jasmim não entendeu o porquê daquele estranho choro.

— Como ele se chama?

— Ele diz que tem muitos nomes: é Pajé Branco para os índios; Cavaleiro da Estrela-Guia para os escravos negros; Simas para Sarah, sua esposa; Mago do Cristal Branco ou Mago da Estrela das Cinco Pontas, que é este aí, dos Cavaleiros da Estrela-Guia. Segundo me disse, todos aqueles que têm este pergaminho são assim chamados.

O cavaleiro foi até uma gaveta e mostrou um pergaminho igual a Jasmim.

— Este é meu, criança. Ele é um irmão! Sabe de onde ele é?

— Sim, eu sei. Ele me ensinou como chegar lá. Disse-me que, quando morresse, gostaria de poder avisar Sarah e os filhos.

— Vamos cuidar dele e depois conversaremos, mas não diga a ele que também sou um Cavaleiro da Estrela-Guia.

— Sim, eu não digo nada.

Os dias se passaram e o Pescador foi melhorando. Os cortes começaram a cicatrizar. Um dia, chamou Jasmim para perto:

— Sente-se aqui, Jasmim, tenho de lhe dizer algo.

— O que é, Mago Branco?

— Logo vou morrer. Você poderia pedir a este nobre senhor que a mandasse à minha terra? Lá será bem tratada, darão todo conforto que você merece.

— Como o senhor sabe que vai morrer logo?

— Isso eu sei, minha filha. Vamos, vá falar com ele, creio que a ajudará. Tem sido muito bom conosco.

— Ela não precisa falar comigo, senhor. Eu ia entrando quando o senhor começou a falar. Vou fazer melhor. Contratarei um navio e eu mesmo levarei vocês dois até lá. Se é como diz, então seria melhor morrer com sua família.

— Eu agradeço, meu senhor. Que o Criador de tudo e de todos o ampare sempre!

O cavaleiro agradeceu suas palavras e saiu. Quando voltou ao aposento do Pescador para lhe dar a notícia, notou que ainda estava febril. As infecções não haviam cessado. Depois de lhe dizer que no dia seguinte partiriam, o Pescador perguntou:

— Amigo Giovanni, você também é um mago, não?

— Por que diz isso, meu amigo?

— Já não consigo mais ouvir os pensamentos, mas sinto que tenho um irmão junto de mim. Pelo juramento diante dos guardiões dos símbolos sagrados, que diz que nunca deve mentir, diga-me a verdade.

— Sim, meu irmão, pelo juramento, eu digo a verdade: eu também sou um Cavaleiro da Estrela-Guia.

— Agora sei que Deus quer que eu volte à minha família antes de morrer.

— Por que acha que vai morrer, meu irmão?

— Porque isso eu também sei, meu irmão, e sei também que seu irmão carnal foi muito amigo meu.

— Giuseppe foi seu amigo?

— Sim, muito amigo, um verdadeiro irmão. Muito me ajudou quando precisei me libertar do passado.

— Onde ele está agora?

— Não sei se ainda está vivo no arraial que fica perto dos engenhos que eu possuía.

— Mais um motivo para eu ir com você, meu irmão.

— Agora preciso lhe contar um segredo: esta noite meu espírito viajou pelo espaço e vi minha família em dificuldades financeiras. Acho que, na busca do perdão a mim mesmo, me esqueci que fazia falta para eles. Não fui bom filho, pois traí meu pai; não fui bom esposo, pois sempre viajava e deixava minhas esposas sozinhas; não fui bom pai, pois deixei meus filhos ainda pequenos, para encarar minha longa jornada. Acho que, na verdade, não fiz nada certo na vida. Este é meu remorso, este é o meu maior pecado diante do Criador. Jamais Ele me perdoará.

– Não diga isso, meu irmão. Você cumpriu o seu destino. Isso eu também sei.

– Pois agora ouça o meu segredo: vi que Ruth morreu repentinamente e não pôde revelar onde está a salvação dos meus filhos, aquilo que irá tirá-los da ruína econômica e permitirá que mantenham os engenhos e seus negros.

E o Pescador contou-lhe o segredo. Partiram no outro dia. O conde Giovanni pediu ao capitão que abastecesse bem o navio para não terem de parar no caminho. Passaram-se alguns dias e o navio ia cortando a água lentamente. O Pescador estava cada dia mais fraco. O conde estava preocupado, pensando que talvez ele não resistisse à viagem.

O Pescador pediu para ser levado até o convés. Ali começou um canto dos índios. Ninguém entendia aquela estranha língua, mas, daí a pouco, o vento começou a soprar com uma força magnífica. O navio voava, cortando as águas do grande oceano. Foi levado a seu compartimento.

– Você é um grande mago, meu irmão – falou o conde. Talvez o maior que já conheci.

– É a última invocação que faço, antes de partir para os campos eternos – e desfaleceu.

Jasmim começou a chorar ao seu lado, não queria que o Mago Branco morresse. Foi deixando de comer.

O Regresso

(Missão Cumprida)

Alguns dias depois, chegaram ao porto. O Pescador ainda resistia. O conde sabia que ele aguentaria a viagem até seu lar. Sim, isso ele também sabia! Desembarcaram, e o conde providenciou uma carroça para levar o Pescador e Jasmim, que ficara doente também. Ela ardia em febre. O diagnóstico a que chegara era que ela não queria mais viver, pois seu tão querido Mago Branco estava morrendo. Logo chegaram à casa onde vivera o Pescador. O conde se fez anunciar e foi recebido por uma negra com os olhos tristes, pois havia chorado muito. Quando o conde entrou, foi recebido por Daniel, um dos filhos do Pescador com Sarah.

– É aqui que mora dona Sarah Macedo? – perguntou o conde.

– Sim, esta é sua casa, senhor. O que deseja, receber alguma dívida também?

– Não, meu amigo, eu venho trazer seu pai de volta.

– O meu pai está vivo? Mentira! Ele morreu há muito tempo, em um acidente no mar.

– Chame sua mãe, ela confirmará o que eu digo.

– Ela não pode descer, está muito doente, senhor.

– Então, leve-me até ela, por favor.

– Acompanhe-me. Vou conduzi-lo até seu aposento.

Quando chegou e viu Sarah, o conde cumprimentou-a, depois aos filhos. Viu que o estado dela era grave. Eram sete os filhos.

– Dona Sarah, eu sou o conde Giovanni, amigo do Cavaleiro da Estrela Guia, do Pajé Branco ou do Pescador, como a senhora preferir.

Ou talvez, Simas, somente.
– O que o senhor está dizendo, conde? Simas ainda vive?
– Sim, e está lá fora deitado em uma carroça, chegamos há pouco.
– Filhos, vão buscar vosso pai.
– Tragam também a moça que está a seu lado. Ela o conduziu por dez longos anos – falou o conde.

Logo os filhos se aproximaram da carroça e viram um homem de longas barbas e uma jovem. Estavam realmente doentes, mas reconheceram o pai.
– Pai, nós viemos buscá-lo, terminou sua longa jornada. Está de volta ao lar.
– Digam-nos seus nomes – falou o Pescador.
– Eu sou Luiz, eu Pedro, Daniel, Moisés, Samuel, Elias – falaram os filhos.
– Cadê Cobra Coral? Eu não ouvi o seu nome.
– Estou aqui, pai – falou o moço, chorando.
– Por que está chorando, filho?
– Porque o pajé Sol-da-Manhã me falou que o senhor voltaria um dia, mas, era só para se despedir de nós. Depois partiria para os campos eternos.
– Onde está Sol-da-Manhã, filho?
– Lá dentro. Ele veio comigo, pois também quer vê-lo antes de sua partida.
– Vamos levá-los para dentro – falou um dos filhos.

O Pescador e Jasmim foram levados para o quarto em que se encontrava Sarah. Ao ver o marido, Sarah conteve um grito de espanto. Os filhos e o conde notaram isso. Conteve-se e conseguiu falar:
– Simas, que bom que você está de volta!
– Como vai, Sarah? Sinto não poder vê-la, mas sei que continua linda como quando a deixei.
– E você, Simas, o que houve com você?
– Seria longo demais o que tenho para contar. Amanhã, quando você estiver melhor, eu lhe contarei toda a minha história.

Foi quando Jasmim, apesar de estar muito mal, comentou:
– Mago Branco, o senhor não pode vê-la, mas eu posso, e ela é tão bonita como nas suas histórias sobre ela.
– Que histórias são estas, Simas? – perguntou Sarah.
– Oh! não é nada especial. Às vezes eu contava para Jasmim como havia sido minha vida com Raios-de-Lua e com você. Isso fazia esquecer-me de mim mesmo e deixava Jasmim feliz. Jasmim, desde que tinha seis anos de idade, tem sido os meus olhos, a luz que tem iluminado o meu caminho e a mão divina que tem me guiado. Jasmim foi uma bênção que

Deus Todo-Bondade me deu na hora em que eu precisava. Que Ele a tenha sempre protegida por Sua Luz!

– Você se casou com ela? – perguntou Sarah, sentindo um pouco de ciúmes.

– Não, dona Sarah. O Mago Branco me salvou quando eu era muito pequena e uns homens estavam me fazendo muito mal. Ele é um homem santo. Em todos que tocou, curou doenças. Eu nunca o abandonaria! Não gosto de nenhum homem: são todos ruins, só querem me fazer mal. Mas agora, eu já posso morrer em paz, pois ele tem a senhora novamente.

– Você não vai morrer, Jasmim – falou o Pescador.

– Vou sim, Mago Branco, o senhor sabe disso também, eu sei que sabe.

– Você só o chama de Mago Branco, Jasmim?

– Sim, ele é um mago que vestia uma bela roupa branca. Vi-o quando abri os olhos depois de ter sido machucada por aqueles homens imundos. Como foi lindo vê-lo todo carinhoso a me cuidar. Podem passar 1.000 anos, que eu não esquecerei o meu Mago Branco.

– Posso lhe dizer uma coisa que me assustou quando entraram aqui?

– Pode, Sarah. Creio que foi minha aparência, não? – falou o Pescador.

– Não, não foi sua aparência, mas a dela. Ana, vá chamar o pajé Sol-da-Manhã.

– Daí a pouco o pajé entrou e se espantou também.

– Raios-de-Lua voltou? – falou ele, assustado.

– Como Raios-de-Lua? – perguntou o Pescador.

– Pena que você não possa vê-la. Tem a mesma aparência de Raios-de-Lua, até a cor dos olhos, os cabelos, a pele morena, o tamanho, a altura. Tudo é Raios-de-Lua! Até o jeito de falar é o mesmo. Antes, era o seu Pajé Branco; agora, é o seu Mago Branco. Nada mudou, sempre pensando em você, e a idade é quase a mesma.

– Sim, é Raios-de-Lua que voltou dos campos eternos para guiá-lo na escuridão, Pajé Branco – falou Sol-da-Manhã.

– É mentira de vocês. Mas como vai você, meu irmão?

– Eu também já estou velho, Pajé Branco. Já não sou mais o guerreiro que cavalgava ao seu lado. O tempo passou muito rápido para nós. Não fomos muito felizes, não é mesmo?

– Por que fala assim, meu amigo?

– Lua Branca morreu há alguns anos. Estou muito só, sinto a sua falta.

– Era você que me conduzia na minha viagem há algum tempo atrás?

– Sim, eu vi que não vinha, então fui buscá-lo.

– Obrigado, amigo. Será sempre o irmão que não tive.

Neste instante, Jasmim desmaiou. Estava muito fraca.

— Coloquem-na aqui na cama comigo, logo irá melhorar.
— Não, Sarah, ela não vai melhorar — falou Sol-da-Manhã.
— Ela está morrendo.
Ao chegar ao lado de Jasmim, o Pescador pegou em suas mãos.
— Vamos, filha, agora não é o momento de fraquejar. Eu lhe disse que um dia lhe daria tudo que não teve na sua tão sofrida vida. Vamos, filha minha, desperte para a vida!

Pouco a pouco, Jasmim foi despertando do desmaio.
— Vou deixá-lo agora, Mago Branco. Já não preciso viver mais, já não tenho mais motivos para viver.
— Agora é que você tem motivos para viver. Aqui terá tudo o que não pude lhe dar antes, criança.
— Eu nunca quis nada, além de ficar junto com o senhor, Mago Branco. Lembra-se de tudo que me ensinou enquanto nós andávamos? De como o senhor ficava feliz quando eu falava como eram bonitos os lugares por onde passávamos? Não sei ler nem escrever, mas sei falar todas as línguas que o senhor fala. Lembra como era bom ficarmos conversando, enquanto caminhávamos?
— Sim, eu me lembro, Jasmim. É por isso que quero que viva agora. Aqui terá todo o conforto que não teve até hoje.
— Eu não quero mais viver, Mago Branco. Eu sei que vai partir logo. Não ficarei para trás. Eu vou junto com o senhor. Não foi o senhor que me ensinou que o outro lado da vida é muito maior e mais belo do que este?
— Sim, eu lhe ensinei isso também, mas não ensinei a deixar de lutar pela vida. Isso não lhe ensinei. Quando fiquei cego, quis morrer?
— Não, o senhor não quis.
— Quando fui açoitado pelo escravo de Satã, eu quis morrer?
— Não, o senhor nunca quis morrer. Mas fui a culpada pela sua dor e sofrimento nas mãos daqueles homens. Se não fosse por mim, o senhor não teria sofrido tudo aquilo e não partiria já, caminharia ainda muito pelo mundo. Eu sinto tê-lo feito sofrer tanta dor apenas para me defender.
— Eu quis viver depois de ficar cego, somente porque achei que, mesmo assim, valia a pena viver para poder ajudá-la. Se não fosse isso, talvez já tivesse morrido há muito tempo. Foi você quem cuidou dos meus ferimentos. Não foi isso que aconteceu?
— Sim, foi isso. Mas eu só fiz porque, se não fosse pelo senhor, eu também teria morrido. Eu senti muita dor com aqueles homens. Quando acordei, meu corpo doía muito. Eu estava toda ferida, mas, quando o vi, senti vontade de viver. Se vinha um Mago Branco me salvar, então eu seria feliz. Não queria morrer, não depois de ver um Mago Branco. Eu não quis

ficar com o guardião, porque não seria feliz. Depois do que sofri naquele dia, só queria ficar com o senhor, mais ninguém. Se o senhor viveu por mim e caminhou bastante, eu também vivi pelo senhor e fui feliz caminhando ao seu lado. Se o senhor morrer, eu não tenho por quê viver. Pelo menos enquanto vivi, tive o que ninguém teve.

– O que você teve, se nada pude lhe dar, criança minha?

– Tive um Mago Branco como companhia, como pai e como mestre. Um Mago Branco só meu! O que eu mais poderia querer na vida para ser feliz? Se ninguém além de mim pôde ter um Mago Branco, então eu vivi. O senhor morre, eu morro também. Adeus, meu Mago Branco.

– Não fale assim, Jasmim. Não foi isso que eu ensinei.

Abraçou a sua criança que tanta alegria lhe trouxera na vida. Ela também o abraçou forte. Lentamente, os braços foram caindo. Estava morta. O Jasmim do Pescador murchara para sempre, não tinha mais para quem exalar o seu perfume.

O Pescador ficou soluçando sobre o seu corpo inerte. Apagara-se a luz da sua luz; a vida da sua vida já não tinha mais motivo para viver. Quem o guiaria de agora em diante com tanta dedicação? Quem o trataria com tanto amor? Sim, estava na hora de partir, faltava apenas fazer mais umas poucas coisas, pensou.

Sarah estava soluçando.

– Não chore, Sarah – falou o Pescador.

– Choro por você e por ela. Era o seu raio-de-lua. Voltou para iluminá-lo quando ficou na escuridão, assim como faz a lua que ilumina o caminho daqueles que têm de caminhar à noite. Caminhar durante o dia, com o Sol a iluminar, qualquer um consegue, mas à noite e por caminhos desconhecidos, não; somente quem tem raios-de-lua a iluminar o seu caminho.

– Ela foi uma bênção para mim. Cuidem para que tenha um bom funeral.

O Pescador chamou os filhos e disse-lhes:

– Filhos, deixei vocês ainda jovens demais, errei muito ao fazer isso. Mas voltei para corrigir meu erro. Eu não poderia partir sem repará-lo, ao menos em parte. Como está a casa grande onde Ruth morava?

Foi Luiz quem respondeu:

– Fechada, pai. Desde que ela morreu, ninguém mais entrou lá. Os negros dizem que o espírito de Ruth habita aquela casa, que à noite a ouvem chamando pelo senhor. Todos têm medo de se aproximar.

– Alguns de vocês cuidem do enterro de Jasmim. Os outros venham comigo, vamos até lá. Tenho de libertar o espírito de Ruth. Ela ainda guarda o que deixei para o caso de haver necessidade.

– O que é pai? – perguntou Luiz.
– Lá vocês verão. Ela morreu e não pôde revelar o que era. Por isso, está ainda presa àquela casa.

Partiu em uma carroça com os filhos. Sofria muito, mas não dava demonstração das dores que sentia. Quando chegaram no engenho já era madrugada, logo o dia iria raiar. Alguns escravos se aproximaram, os mais velhos reconheceram o amo. Logo estavam todos acordados. Após a chegada de todos os ex-escravos, ele lhes disse:

– Os mais velhos ainda se lembram de mim, os mais novos devem ter ouvido falar. Voltei para libertar o espírito de Ruth. Depois eu também estarei livre. Vocês terão todo o direito de viver aqui, quanto a isso eu já instruí os meus filhos. Quero que nesta noite façam um culto pela alma de Ruth. Quero que seja como nos tempos do seu pai, com muita alegria.

Houve uma grande euforia entre os negros. O Cavaleiro da Estrela Guia estava de volta. Com ele voltava a alegria aos corações daquela gente sofrida. O ambiente mudou de um momento para outro. Todos estavam indo cuidar dos seus serviços. O Pescador pediu para ser levado à casa onde Ruth morava. Os filhos e o conde acompanharam-no. Assim que entrou, sentiu que Ruth ainda habitava aquela casa.

– Ruth, eu voltei, minha amiga! Você está livre agora, já não tem mais motivos para chamar por mim. Estou aqui, princesa!

Todos sentiram um arrepio. Ruth dava sinal de sua presença.

– Onde está enterrado o corpo dela? – perguntou o Pescador.
– Junto com os outros – respondeu Luiz.
– Peça ajuda aos negros. Vá desenterrar o que restar do corpo.
– Mas por que isso? O caixão já deve ter apodrecido e o corpo deve estar desfeito.
– Faça o que eu peço, por favor, filho!

Luiz saiu com o negro que os acompanhou, foi desenterrar o corpo de Ruth.

– Alguém de vocês, pegue uma ferramenta e me levem ao quarto dela.

Logo estavam no quarto: o Pescador, o conde e dois filhos.

– Afastem esta cama do lugar e cavem a terra, embaixo há umas tábuas. Quando tirarem toda a terra, removam as tábuas.

Após fazerem o que o pai mandava, ficaram assustados com o que viram: diversos baús e muitas barras de ouro.

– Mas como pode ser isso, pai? Aqui há uma fortuna incalculável.
– Sim, aí tem muito mais dinheiro do que eu lhes deixei. Nestes baús estão as mais belas pedras preciosas que os olhos humanos puderam apreciar. Com o auxílio do conde Giovanni, tudo isso será vendido na Europa por um valor incalculável. Mas façam isso muito discretamente. As moedas de ouro

que Ruth fundiu darão para pagar tudo o que devem e recomprar tudo o que já foi de vocês, se assim o desejarem. Mas não façam maus negócios. Não precisam ter pressa e não se deixem tocar pela ambição. Façam como eu fiz em toda a vida. Vocês agora têm o exemplo, sigam-no e se sairão bem. Não ostentem suas riquezas e nunca, mas nunca mesmo, deixem os negros desamparados. Jurem isso para mim, agora!

Os filhos juraram. Estava reparado mais um erro do Pescador.

– Pedro, pegue o baú que contém as moedas portuguesas e vá à cidade saldar todas as dívidas que você e seus irmãos contraíram. Eu sei que um baú deverá pagar tudo.

– Sim, e ainda sobra muito dinheiro, pai – respondeu Pedro.

– Guarde o que sobrar. Aí dentro não tem um pequeno baú preto?

– Sim, está aqui.

– Pegue-o para mim. Este baú é do meu amigo conde.

Quando o conde abriu o baú ficou admirado com a beleza das pedras. Eram gemas perfeitas.

– Por que me presenteia com suas mais belas pedras, meu amigo?

– Você vai precisar um dia. Pela pureza delas, você também vencerá sua luta. A força das pedras está na sua pureza. Você saberá usar esta força na hora certa. Isso eu sei. Mais, não posso dizer.

Logo entrou o outro filho. Vinha avisar que o corpo já estava lá fora.

– Então vamos até o casebre do velho João de Mina com ele.

O Pescador foi com o filho e o conde até o casebre. Os outros tornaram a cobrir o buraco e a colocar a cama por cima, como estava antes.

Após enterrar o caixão com o corpo de Ruth ao lado do pai, o Pescador fez uma prece por todos os quatro corpos que ali estavam, e partiram. O Pescador começava a fraquejar, havia feito muito esforço. O filho colocou-o na carroça e foram em direção à cidade. Deu ordens para que ninguém entrasse na casa de Ruth. Viriam outro dia e levariam toda a fortuna para a casa da cidade.

Chegaram à noite na cidade e o Pescador foi levado até Sarah. Aproximou-se do leito e sentou-se ao lado dela, mas foi apenas o tempo de ouvi-la dizer adeus. Sarah acabava de dar seu último suspiro. Novamente chegara tarde para Sarah, que o deixava novamente. Os filhos estavam todos reunidos ao lado da mãe. Pranteavam-na, quando o Pescador pediu a Ana que o conduzisse à sala, onde pediu para que o conde fosse chamado. Quando chegou perto, o Pescador pediu-lhe algo. O conde Giovanni foi ao seu quarto e trouxe o pequeno baú.

– Obrigado, meu irmão. É hora de o Cavaleiro partir para sua última cavalgada – falou o Pescador.

– Não parta agora, Grande Mago das Três Cruzes. Aqui ainda existem almas que precisam de seu auxílio – falou o conde.

– Não, meu amigo, já não posso me demorar mais, meu tempo já acabou. Se ainda estou aqui, é por obra do Criador. Vou caminhar um pouco.

Abraçaram-se afetuosamente. Eram dois magos formados na luta pela vida, conheciam os seus limites.

– Vou orar para que sua cavalgada no Mundo Maior seja serena, meu irmão. Que a Pedra de Cristal Branco o ilumine!

– Eu agradeço. Quando for a hora de lutar a sua maior luta, eu estarei ao seu lado também. Que a Pedra de Cristal Vermelho lhe dê forças para que continue sua cavalgada aqui na Terra!

O Pescador pediu a Ana que o conduzisse até o mar. Quando chegou à beira da praia, ordenou-lhe que voltasse para casa.

– Não posso deixá-lo sozinho, amo, o senhor não vê por onde anda.

– Não se preocupe, Ana. Ponha em minha mão a estrela e o pergaminho: devo ficar aqui até o amanhecer, depois eu volto sozinho. Agora vá: eles estão precisando de você lá em casa. Preciso ficar só agora.

Ana voltou para casa. Quando chegou, o conde perguntou-lhe onde tinha deixado o Pescador.

– Não diga a ninguém onde ele está, mais tarde eu vou buscá-lo.

Enquanto isso, na praia, o Pescador ia tateando a areia e se aproximando cada vez mais do mar. Chegou a uma distância pequena e, quando foi sentar-se, deixou que a estrela caísse na areia e começou a tatear à sua procura. Foi quando ouviu uma voz feminina que lhe perguntou:

– O que o senhor procura? Posso ajudá-lo?

– Não, você não pode me ajudar. Somente eu posso encontrar o que procuro.

Por fim, conseguiu encontrar sua estrela. Apanhou-a e começou a chorar. Eram soluços que brotavam de sua alma.

– Por que chora, senhor? – tornou a voz a falar.

– Você não entenderia se eu lhe contasse.

– Por que não tenta? Quando nossas dores são muito grandes, às vezes isso ajuda.

– Não, as minhas dores só a mim pertencem. Não quero dividi-las com ninguém. Estão em minha alma como marcas feitas com ferro em brasa. Sinto como se me queimassem. Agora, por favor criança, deixe-me só.

– Como queira, senhor, mas a solidão não é boa companheira.

– O que entende você de solidão? Como pode saber o que sente alguém que ficou só a vida inteira? E que, por mais que lutasse na vida, se viu um fracassado ao final de sua luta?

– Como foi sua luta, Cavaleiro? Por que não a conta para mim? Talvez eu entenda a sua solidão.

– Não sei como começou a minha luta. A única coisa que sei é que gostaria de poder fechar os olhos, como fazem todas as pessoas, e dormir um longo sono para descansar minha alma. Mas nem olhos para isso eu possuo.

– Mas pode encostar sua cabeça em meu colo, e descansar. Quem sabe assim possa dormir um pouco...

– É muita bondade, minha filha, mas já chega de ter mulheres a me amparar na vida.

– Por que diz isso, Pescador?

– Porque a todas eu trouxe apenas sofrimentos. Nunca tive alegrias para dividir com elas.

O soluço aumentou, virando um choro convulsivo.

– Não acha que é muito severo consigo mesmo ao dizer que só lhes trouxe sofrimento? E o prazer de tê-lo como companhia, não conta a seu favor, meu amigo?

– Quem poderia colher alguma alegria por viver com alguém como eu? Quem sentiria alegria de ser sempre deixada para trás quando eu tinha de partir? Quanto me dói na alma relembrar as lágrimas que fiz derramarem com minhas partidas, deixando-as sozinhas! Jamais me perdoarei por isso.

– Quem aceita ser companheira de um Cavaleiro sabe que isso acontecerá. Choram de tristeza na sua partida, mas também choram de alegria com sua chegada. E o que é um pouco de solidão para quem sabe que seu Cavaleiro partiu porque tinha de lutar sua luta e que, mesmo longe, as trazia em sua mente e coração para aumentar sua força e se sair sempre vitorioso? Elas sabiam que o Cavaleiro só vencia porque tinha de voltar para elas. Se não fosse isso, ele teria sido derrotado já no primeiro combate. Elas sabiam que eram sua força e sua motivação para lutar. Vencer e voltar para dividir os louros da vitória.

– Se algum louro houvesse para dividir, eu seria feliz, mas nem isso pude oferecer. Fui um lutador que nunca viu ao menos um louro para dividir com elas. Vejo em seus rostos apenas lágrimas, lágrimas que não precisariam ter sido derramadas, se eu tivesse ficado junto a elas. Somente assim elas teriam colhido alegrias em suas vidas.

– Talvez o sorriso você tenha dividido com aqueles que nada tinham além da dor e do sofrimento, sem alguém para consolá-los.

Para consolar os aflitos às vezes temos de colher lágrimas, quando deveríamos colher sorrisos.

– Você também chora. Por que chora, filha? De onde você é, quem é você?

– Eu sou uma serva do meu Amo e Senhor.

– E quem é ele?

– Ele é o maior Pescador que eu conheço. Pesca em todos os mares. Às vezes ele traz uns peixes para eu limpar. Meu trabalho é limpá-los e cuidar para que não venham a se estragar, senão não servirão de alimento. Se acontece de se estragarem, Ele não diz nada para me repreender, pois é muito compreensivo, mas eu sinto que Ele fica triste com minha falha.

– Ele não deveria agir assim. Quem sabe não lhe tenha entregue os peixes já estragados para que os limpasse?

– Tenho a obrigação de cuidar dos peixes que Ele me entrega, mas não gosto de vê-los se perder. Ele tem tanto trabalho para pescá-los! Ele lança o seu anzol, fisga aqueles que estão famintos atrás do alimento que vai no anzol. Mas, ao se sentirem fisgados, os peixes se debatem com todas as suas forças, pois não querem servir de alimento a ninguém.

– É um direito do peixe resistir, não é? Ele também tem direito à sua vida.

– Mas se é para alimentar os que passam fome, não é certo o direito do meu Amo e senhor de pescá-los? Ele não cobra nada pelos peixes que distribui. Por isso eu disse que Ele é o maior Pescador que há. Onde existe alguém com fome, Ele pesca os Seus peixes e me manda limpá-los e distribuir aos famintos, aqueles que nada têm, além de fome. Por isso eu sinto quando algum deles se estraga. Dói-me o coração ver o sofrimento dos pobres peixes ao serem abertos ainda vivos, para que suas partes ruins sejam retiradas e reste apenas a parte boa, a qual servirá de alimento. Um alimento puro e saudável. Que não irá envenenar quem o comer.

– Por que você fala assim, tão bem? Você se parece com as três mulheres que passaram pela minha vida. Eu não posso ver o seu pranto, mas sinto suas lágrimas caírem sobre o meu rosto. Como Raios-de-Lua, Sarah e Jasmim, eu também faço você chorar por causa da minha dor.

– Eu choro pelos olhos que não podem mais ver. Quero dividir sua dor comigo, não a minha com você.

– Ainda que seja triste saber que chora, as lágrimas que caem de seus olhos aquecem o meu rosto e aliviam um pouco minha dor. Abençoada seja você, por sofrer a minha dor e dividir os meus fracassos.

– Por que insiste em falar em fracassos? Por acaso Raios-de-Lua morreu se lamentando por ter sido sua companheira por tão pouco tempo? Não, ela foi feliz ao seu lado! Chorou porque teve de partir, senão não teria derramado lágrimas. Como ela gostaria de ter ficado ao seu lado! Sim, ainda hoje ela chora por ter de separar-se de você. Ela não o considera um fracasso. Você permitiu que ela se multiplicasse por três.

— Você conheceu Raios-de-Lua?

— Sim, e também Sarah. E posso lhe assegurar que ela o tem em grande estima. Ela também o amou muito e não se importou de ter ficado tão pouco tempo ao seu lado. Você lhe restituiu o desejo de viver, quando nada mais ela possuía. Sua vida era escura, quando você surgiu com a Estrela Guia, que a todos os que sofrem ilumina. Ela só chorou por não poder ficar mais ao seu lado, e não por ter de ficar ao seu lado. Ela gostaria de ficar eternamente com você, por isso chorava nas suas partidas, mas, só por isso. Não como muitas que choram porque têm de ficar junto de quem não amam. Aí sim, o pranto é dolorido, pois é de angústia. Elas choram em silêncio. Não podem soluçar alto, porque sofrem mais. Mas as lágrimas de Sarah foram de saudade, pois ela sabia que você voltaria sempre e isso servia de força para suportar sua ausência. Ela não o considerava um fracasso, ela o admirou sempre. Chorava pela sua ausência, mas orava para que se saísse vencedor e voltasse para ela. Este pranto, o meu Amo e Senhor diz que é a seiva da vida, é o pranto abençoado. Abençoado é quem chora e também aquele que é chorado! As lágrimas que você derramou por ela foram alimento para o seu espírito fraco e as lágrimas que ela derramou por você foram o alento para que ela continuasse a lutar. Este é o pranto abençoado, diz o meu Amo e Senhor.

— Quem é você? Diga-me! Fala com uma voz doce e suave, mas as suas lágrimas continuam a aquecer os meus olhos frios e ressecados.

— Eu ainda não terminei de falar sobre o que você considera os seus fracassos. Quanto a Jasmim, bem...

— Você conhece Jasmim, também?

— Sim, mas não me interrompa agora. Quanto a Jasmim, bem, você curou sua carne e sua alma magoada, como fez com Sarah. Novamente soube consolar onde só havia dor. Será que ela o considerou um fracassado? Não, ela o amou como o mais fiel amigo, o mais compreensivo pai e o mais sábio dos homens. Ela também chorou por ter de se separar de você e não por estar com você. Ela o considerou sempre um vencedor. Só você se considera um fracassado, ninguém mais o considera como tal.

— Quem é você? Agora suas lágrimas caem como uma fonte de água morna.

— Eu choro a sua dor e purifico a sua alma. O que veio fazer aqui? Não foi devolver sua estrela à sua amada sereia? Não chorou tantas vezes para sua amada sereia? Será que, se não amasse a sua sereia, viria atrás dela no momento de sua partida? Assim como suas companheiras choravam sua ausência durante as viagens para a distribuição do consolo aos aflitos, você também chorava a ausência da sua sereia. Era como elas, sentia a ausência da sua sereia, mas, mesmo assim, nunca abandonou a única coisa que ela lhe deu: uma estrela encantada, que você guardou como sinal de que ela o amava. Não era assim, Pescador?

– Sim, era assim. Quantas vezes eu vinha atrás da minha sereia, mas não a encontrava! A única coisa que provava sua existência era a estrela encantada, que me consolava na sua ausência.

– Assim como suas companheiras, que também se consolavam da sua ausência com o amor que você lhes dedicou. Por que chora com os olhos, Pescador? Eu já não estou derramando lágrimas, são lágrimas suas que correm pelo seu rosto.

– Quem é você, bondosa criatura, que sabe como consolar os aflitos? Não é uma limpadora de peixes, eu sei que não é. Quem é você, criatura?

– Sou aquela que limpa os peixes que devem servir de alimento aos seus semelhantes. Devo dar-lhes força para continuar suas caminhadas na Terra. Eu purifico e fortaleço os guerreiros que lutam com as armas divinas. Sou a serva obediente do Criador de tudo e de todos. Por que não abre os olhos para ver quem sou eu, cavaleiro da minha estrela? Você é o meu Cavaleiro da Estrela Guia!

– Então, você é a minha sereia encantada. Pena que não posso vê-la, minha adorada sereia!

– Abra os olhos! Você pode me ver! Deixe os olhos da carne e use os olhos da alma.

– Sim, eu a vejo agora. Linda como da primeira vez. Por que só agora se mostra para mim? Por que nunca mais se mostrou quando eu vinha à sua procura?

– Porque o peixe ainda estava sendo consumido pelos que tinham fome. Agora que foram servidos, eu venho buscar o peixe para devolvê-lo ao maior dos pescadores. Abrace-me, meu Pescador! Eu vou levá-lo até Ele.

O Pescador abraçou sua sereia e teve seu espírito arrancado do corpo de forma suave, após exalar um leve suspiro. Quando sua cabeça pendeu na areia, seus dois amigos, Sol-da-Manhã e o Cavaleiro das Três Cruzes, se aproximaram.

– Você viu o que eu vi, pajé?

– Sim, eu vi, Mago. E você, ouviu o que eu ouvi?

– Sim, eu ouvi.

– Vá para os campos eternos, Pajé Branco. Sua luta na carne terminou. Que Tupã o acolha em seus campos!

– Sim, Grande Mago das Três Cruzes. Que o Criador de Tudo e de Todos o acolha em sua nova morada.

A sereia tinha encantado os dois também. E quem ouve o canto da sereia jamais a esquece. Sempre volta à sua procura, como voltou o Cavaleiro da Estrela Guia.

Um Novo Presente

 A última coisa de que me lembrava era da sereia me amparando nos braços à beira-mar. Eu lembro apenas de que o pranto da dor e da mágoa havia tomado conta de todo o meu ser. Não eram meus olhos que pranteavam uma vida toda dedicada à procura do Sagrado Criador, mas minha alma que não conseguia mais equilibrar-se em um corpo cansado, que já não tinha mais força alguma para ser sustentado.
 E eu consegui ver mais uma vez minha Sereia Encantada derramando suas lágrimas quentes sobre o meu rosto carcomido pelo tempo.
 Eu sei que foram suas lágrimas benditas que me devolveram a visão do espírito, pois o corpo, isso eu sabia, já não existia mais.
 Só que, após sentir o seu abraço tão carinhoso e ver a ternura em seus olhos, eu caí em um profundo sono.
 Não sei por quanto tempo meu espírito ficou adormecido, apenas agora eu me via em um quarto todo branco, vestindo roupas brancas também.
 Fiquei meditando acerca do que havia se passado comigo e cheguei à conclusão de que meu tempo na Terra havia-se esgotado.
 Eu via que brotava luz dos meus dedos, e isso era sinal de que eu já não tinha mais a matéria a conter meu espírito eterno.
 Já não sentia nenhuma dor, apenas a solidão imensa. Onde estariam todos os meus amigos do passado que partiram para o mundo maior antes de mim? Onde estariam meus pais que não vinham ver-me? Será que ainda não me haviam perdoado?
 Este pensamento fez a luz que saía de meus dedos apagar-se de imediato. Não voltei a vê-la sair de meus dedos novamente. Com tais pensamentos, minha vibração havia caído.

Logo surgiu no quarto uma senhora com um jarro de água e um copo na mão.

– Como vai, senhor? – perguntou ela.

– Não sei dizer. Acho que ainda não me reequilibrei totalmente.

– Isso é assim mesmo! O importante é que o senhor está consciente do seu estado atual.

– Disso não tenho dúvidas, senhora. Já estou livre daquele corpo que nada mais poderia me oferecer como morada. Que a terra o acolha tão bem como me acolheu no reencarne.

– Suas palavras são muito ponderadas, senhor. Como se chama?

– Simas, Simas de Almoeda. Não sabia meu nome?

– Não, senhor. Foi deixado aqui por dois irmãos dias atrás, mas não nos disseram o seu nome.

– Há quantos dias estou aqui, irmã?

– Há sete dias, senhor Simas.

– Foi tão longo assim o meu sono?

– Sim. Acho que teve uma vida muito agitada, não?

– Não saberia dizer se foi agitada ou sofrida, mas para o espírito deve ser a mesma coisa.

– Penso que provocam o mesmo esgotamento do mental.

– E demora muito para que ele volte à sua atividade normal, isto é, tomar pleno controle de nossa razão?

– Isso depende da preparação de cada um para a passagem de um estado para outro.

– Quem eram os irmãos que me trouxeram até aqui?

– Socorristas que atendem aos que desencarnam e precisam ser amparados. Este é o serviço deles.

– Como isso acontece no astral, irmã?

– Eles recebem uma comunicação de seu superior e vão amparar a alma que vai deixar o corpo.

– Então, tudo não passou de um sonho provocado pela dor e pelas mágoas.

– Do que o senhor está falando?

– Nada importante, irmã. É comum os espíritos que vêm para cá terem devaneios?

– Sim, muito comum, sr. Simas. Às vezes passam semanas com a mente alterada por visões do estado intermediário. Alguns sofrem alterações profundas em seus mentais e precisam de meses para recuperar-se.

– Compreendo.

– Por que me perguntou isso?

— Só para esclarecer uma dúvida, irmã. Eu sabia que era chegada a hora do meu desencarne e tal emoção criou em mim um estado ilusório muito forte.

— É bom quando isso acontece, sr. Simas, pois facilita o desencarne. A alma sofre uma catarse e se liberta do corpo com muita facilidade, já que a mente não se retém no cérebro.

— Muito interessante, irmã. Como aprendeu tudo isso?

— Eu estudei muito, sr. Simas, é por isso que posso falar um pouco do assunto. Não sou grande especialista, mas o pouco que sei já me ajuda quando sou indagada sobre algo referente a isso.

— Estudou também modéstia, irmã? – perguntei sorrindo.

— Para um espírito evoluir, não pode estudar a modéstia, mas possuí-la, sr. Simas! – respondeu ela piscando um olho e, com um sorriso nos lábios, saiu do quarto apontando-me a jarra.

Eu tomei um copo do líquido da jarra e vi meus dedos iluminando-se lentamente. "Muito interessante", pensei eu.

Os dias foram-se passando e não recebia nenhuma visita além da irmã que vinha ver-me periodicamente. Pelas minhas contas, já fazia 15 dias que eu estava no quarto, quando ela entrou com umas roupas e as colocou sobre a cama.

— São suas, sr. Simas. Vista-as e poderá sair até o pátio para respirar um pouco o ar da noite.

— Isso quer dizer que já não inspiro maiores cuidados, irmã?

— Sim. Acredito que já esteja totalmente consciente do seu estado atual e resolvi liberá-lo para sair do seu quarto.

— Obrigado, irmã. Sinto-me ótimo.

— Fique à vontade daqui por diante e me procure se precisar de algo além de sua jarra de água, sr. Simas.

— Onde a encontro, caso precise de algo?

— No final do corredor. Antes da saída, há uma sala onde eu fico. Até mais, sr. Simas!

— Até, irmã, e obrigado.

Ela saiu do quarto e eu fiquei pensando sobre o que fazer. Por fim, decidi-me. Se não estivesse bem, ela não haveria dado roupas nem me permitido sair até o pátio.

Eu me troquei e fui ver como era o mundo, agora que não mais possuía um corpo de carne.

Ao passar pela porta da sala da irmã, vi uma placa com o seu nome. Ela era uma médica. "Muito interessante", pensei eu. Como era modesta a irmã.

Saí para o pátio e fiquei observando: era muito diferente das construções da Terra. A construção era muito funcional. Era branca e cercada por um grande jardim.

Fui até o grande portão de entrada para ver como era o lado de fora. Ao chegar lá, vi um senhor tomando conta da entrada.

– Boa noite, irmão! – cumprimentei-o.

– Boa noite, sr. Simas. Vejo que está muito bem.

– É verdade, senhor, sinto-me ótimo. Como se chama, irmão?

– José, sr. Simas.

– Bem, sr. José, diga-me: o que há lá fora?

– O mundo, sr. Simas, o mundo todo está lá fora.

– Poderia dizer-me como é o mundo, sr. José?

– É o mesmo que o senhor deixou para trás, só que agora o senhor está do lado de cá.

– Isso quer dizer que não adianta buscar pelos meus, pois não serei visto e ouvido, certo?

– Correto, sr. Simas. Vejo que compreende a barreira que nos separa dos encarnados!

– Sim, como eu compreendo isso, mas é uma pena. Fiz muito pouco pelos meus e gostaria de ajudá-los um pouco mais.

– Não podemos mudar as leis da criação, sr. Simas.

– Eu sei disso, meu amigo. É por isso que me conformo um pouco, mas não totalmente. O que aconteceria se alguém saísse dessa instituição, amigo José?

– Ficaria solto no mundo. Lá fora, há a liberdade de opção. Todos são livres para escolherem seus rumos.

– Não existem organizações ou irmandades a que possamos nos integrar?

– Há muitas, sr. Simas. Cada uma está voltada para um fim, mas, no fundo, todas são voltadas para o benefício dos espíritos que anseiam pela liberdade do plano terrestre.

– Talvez eu venha a integrar uma no futuro, mas não sei como.

– Isso não é difícil. De vez em quando aparecem aqui alguns dirigentes que recrutam aqueles que queiram integrá-las.

– Demoram a vir até este hospital?

– Às vezes vêm em um intervalo breve. Mas não acha que deveria esperar que algum conhecido seu aparecesse por aqui?

– Duvido que venha alguém atrás de mim.

– Por quê?

– Eu não tinha raízes. Vagava de um lado para outro e não fiz grandes amizades na carne. Não pertenci a ninguém, por isso duvido que se lembrem de mim.

– Assim é mais difícil, mas caso seus pais ou irmãos estejam na Luz, o procurarão.

– Também duvido disso.

– O senhor é muito pessimista, sr. Simas. Nunca estamos sós, não importa o lado em que vivamos.

– Assim espero, meu amigo, assim espero.

– Aguarde e verá que o que digo é verdade.

– Com sua licença, sr. José. Até a vista!

– Até a vista, Sr. Simas.

Recolhi-me ao quarto e fiquei imaginando quem poderia vir ao meu encontro. Não imaginei ninguém além dos negros que eu havia ajudado na Terra, ou os índios. Como não vi ninguém parecido com eles ali naquele retiro espiritual, eliminei essa hipótese também.

O mundo espiritual não era misterioso para mim. Eu fora muito bem preparado para encará-lo como uma sequência da experiência da carne. Não o desconhecia, muito pelo contrário, eu já tinha noções do seu funcionamento.

Só não entendia por que nenhum dos mestres havia aparecido para me ver. Se eu estava ali, não era por acaso. Alguém achara que eu merecia um bom amparo, mas, por que estava tão só?

Estava pensando nisso, quando a doutora entrou em meu quarto.

– Como vai, sr. Simas?

– Bem, doutora.

– Vejo que saiu do seu quarto. O que achou do nosso jardim?

– Jardim? Oh, desculpe-me, prestei pouca atenção nele. Tinha outro objetivo quando saí, mas prometo que observarei melhor quando sair novamente.

– Não se incomode com isso. Vejo que algo o preocupa.

– Sim, irmã. Estou preocupado com minha estada aqui.

– Qual é o problema, sr. Simas?

– Não acho justo ocupar um lugar que poderia ser usado por alguém que dele pode necessitar.

– Temos muitos quartos vazios; não se preocupe.

– Ainda assim não estou certo. Estou sentindo-me um inútil aqui. Quando virão os recrutadores de auxiliares até esta instituição?

– Não sei. Eles vêm sem nos dizer. Chegam e perguntam se há alguém com vontade de sair daqui.

– Quando passar alguém, avise-me, por favor, sim?

— Não prefere esperar que alguém venha procurá-lo?
— Isso não acontecerá, irmã. Estou só no astral e vou partir assim que surgir uma oportunidade.
— Eu o avisarei, sr. Simas, mas acho que está sendo precipitado. Às vezes demora para aparecer alguém à procura dos que estão instalados aqui. Pense bem antes de tomar tal decisão!
— Já me decidi irmã, parto com o primeiro recrutador que aparecer.
— Vou deixá-lo só; assim poderá pensar melhor. Até mais tarde.
— Até a vista, irmã.

Eu não lhe disse, mas achava que meus pais não estavam preocupados comigo. Talvez tivessem retornado à carne para esquecerem do desgosto que sofreram comigo.

Mais alguns dias se passaram sem que ninguém viesse à minha procura. Já estava ficando impaciente, quando fui avisado da chegada de alguns recrutadores ao retiro. Corri até eles. Era a minha oportunidade de sair daquele lugar sem movimento, além do trânsito dos internos. Apresentei-me:

— Sou Simas de Almoeda e gostaria de ser útil de alguma forma. Não aguento mais ficar aqui.
— Então venha conosco, sr. Simas. Esperamos que possa ser bem aproveitado em nossa organização. Não quer saber o que fazemos no Mundo Maior?
— Não. Qualquer coisa é melhor do que ficar aqui abandonado.
— O senhor não está abandonado. Tem todo o conforto aqui nesta instituição.
— O senhor não me entendeu! Eu me referia a não poder ser útil.
— Então, acompanhe-nos, sr. Simas. Em segundos iremos até a nossa sede.

Despedi-me da doutora e do senhor José. Em breve, eu estaria longe, e me sentia devedor a eles.

— Doutora, eu lhe sou eternamente agradecido. Hoje nada posso oferecer-lhe em sinal de gratidão, mas espero um dia voltar aqui e ser-lhe útil de alguma forma.
— Eu já me sinto agradecida apenas com sua disposição para o trabalho com outros irmãos nossos, sr. Simas. Tenho algo para que se lembre de nós!
— O que é?
— Espere um instante, volto logo.

Pouco depois, ela voltava com algo envolto em um pano azul. Ao desembrulhá-lo, vi que era uma espada muito bonita.

— Esta é a lembrança, irmã?
— Sim, sr. Simas. Gostou dela?

– É muito bonita, irmã, mas eu nunca usei uma enquanto estive na carne; não saberei o que fazer com tão bela espada.

– Use-a com dignidade.

– Obrigado pela confiança que deposita em mim. Vou levá-la por ter me escolhido, mas espero nunca precisar usá-la.

– Esta espada é encantada, sr. Simas. Pelo uso que fizer dela, poderá torná-la somente luz ou aço frio.

– Espero que ela se ilumine, se eu não usá-la – disse eu sorrindo.

– Não duvido disso. Sinto que o senhor possui uma força interior muito grande.

Neste instante, os recrutadores se aproximaram e um deles falou:

– Vamos, sr. Simas, temos de partir.

– Sim. Eu já me despedi da doutora e estou pronto para acompanhá-los.

– Nós vamos volitar no espaço. Talvez o senhor se sinta um pouco enjoado quando chegarmos, mas não se preocupe, logo passará.

Pegaram minhas mãos e me vi transportado a uma velocidade vertiginosa. Em instantes, estávamos num local meio escuro. Sentia-me tonto e com vontade de deitar.

– Venha até aqui e descanse um pouco. Logo estará bem, sr. Simas.

Fui cambaleando até um banco de madeira ou algo parecido e sentei-me. Pouco depois, já me sentia melhor.

– Foi difícil, amigo?

– Não. Eu já havia feito viagens astrais quando estive em um templo de magos, mas elas haviam sido lentas. Isso aqui é vertiginoso.

– Agora o senhor não tem o corpo físico para torná-lo pesado e pode transportar-se a uma velocidade superior à da luz.

– Isso é possível?

– Sim. Com o tempo nós o ensinaremos e poderá viajar sem o nosso auxílio.

– Como posso conseguir fazer isso?

– Com treino mental. Sua mente o guiará para onde quiser.

– Estou interessado em aprender o mais rápido possível, meu amigo.

– Quando tivermos de fazer nova viagem, nós o levaremos conosco. Assim irá habituando-se à vertigem que ela causa. Agora vamos mostrar-lhe nosso trabalho. Não se assuste com o que verá, pois existem lugares piores do que este retiro espiritual no astral.

O Cavaleiro Reinicia sua Jornada

Em outro lugar, no retiro em que eu estava internado, outros chegavam.
– Ele já se foi, irmã?
– Sim, cavaleiro. Partiu há pouco e acho que desistiu de esperar por vocês.
– Não podíamos nos mostrar por enquanto. Queremos que ele se habitue à nova vida antes.
– Eu acho que ele se sente só neste novo mundo. Senti sua tristeza e ouvi seus pensamentos de remorso. Ainda se sente culpado pelo seu desencarne.
– Enquanto alimentar esse sentimento, nós não poderemos nos aproximar dele.
– Por que não, querido? – era minha mãe quem falava agora.
– Será pior para nós três se forçarmos um encontro agora.
– Mas Simas está tão solitário em sua nova caminhada. Nós poderíamos ajudá-lo muito.
– Não. Ele achará seu próprio caminho. Para onde ele foi, irmã?
– A um campo de amparo a almas leprosas.
– Que horror. Ele vai ficar chocado com o que irá ver lá, querido.
– Não disse a ele para onde estava indo?
– Ele não quis saber e eu não lhe disse nada também. É uma ordem do Cavaleiro Beira-mar. Eu só cumpri o que me foi pedido.
– Compreendemos sua posição, doutora.
– O Cavaleiro do Mar disse que irá visitá-lo de vez em quando. Aviso-os quando souber de algo, está bem?

– Obrigado, querida irmã. Adeus!

– Adeus, meus amigos!

Eu não sabia, mas algumas pessoas se preocupavam comigo. Mas como iria saber disso?

O que estava vendo me deixava estarrecido.

– Acalme-se, amigo Simas, isso é mesmo assim. Nós não podemos modificá-los de uma hora para outra.

– Há quanto tempo estão aqui?

– Alguns vieram há pouco, outros já estão há tanto tempo que nem o sabemos. São anteriores à nossa chegada aqui. Periodicamente, somos trocados por outros.

– Posso olhá-los?

– Sim, mas antes venha até onde ficamos para que veja o seu quarto.

Eu fui com eles. Um se chamava Jorge e o outro João. Eram muito simpáticos e calmos no falar.

Após ver o meu quarto, voltei ao grande galpão que servia de abrigo àqueles irmãos menos favorecidos.

A extensão do galpão era enorme e havia diversos deles, todos abarrotados de espíritos doentes. Era horrível aquela visão. Era algo de comover até a mais insensível das criaturas. Comecei a caminhar por entre as camas toscas. Só se ouviam gemidos e lamentos. Muitos choravam alto devido às dores que sentiam. Eles olhavam para mim e clamavam por socorro.

– Meu Deus, que horror! Por que isso, Pai Amado? – disse eu, em desespero diante de tanto sofrimento.

– Nós merecemos, senhor. Não soubemos manter nossa fé durante a nossa provação e este é o preço da blasfêmia contra Deus.

Eu me aproximei do homem que havia dito aquilo.

– Como sabe disso, senhor?

– Não sabe que somos almas esquecidas por Deus, amigo?

– Eu ainda não sei de nada, apenas estou horrorizado com tanto sofrimento.

– Vejo que é novo aqui, do contrário já se teria acostumado.

– Nunca me acostumarei ao sofrimento alheio, irmão! Isso é algo que não posso compreender. Há quanto tempo está aqui?

– Não sei. Já perdi a noção do tempo.

– E nada faz para alterar seu estado atual?

– O que poderia eu fazer se sou um devedor de Deus? Ele não se incomoda com minha dor.

– Eu creio que Ele se incomoda, mas o senhor não tem feito muito para que possa curar-se.

— Eu já tentei orar, mas não tenho coragem para clamar por Ele. Sinto vergonha do meu passado.

— Há um tempo para o erro e um para o perdão. Quem sabe já seja o tempo do perdão, não?

— Como pode saber disso?

— Não sei, mas não gostaria de fazer uma prece comigo?

— Já me esqueci de todas as orações que aprendi quando era criança.

— Eu o ajudo. Oro uma vez a Deus e clamo pelo senhor. Depois fazemos a mesma prece juntos, está bem?

— Obrigado, senhor.

Eu comecei a orar, após me ajoelhar. Clamava a Deus pelo sofrimento daqueles irmãos menos favorecidos. Estava com os olhos fechados enquanto orava. Após terminar a prece e o pedido, ordenei a ele que orasse comigo.

— Sim, senhor.

E fizemos a oração juntos. Eu tomei suas mãos e senti uma forte corrente passar por mim e ir para ele. Quando terminei, ele chorava alto. Olhei para ele e me assustei. Ele estava curado! Seu espírito havia se recomposto e não apresentava nenhuma chaga.

— Não chore, irmão, Deus ouviu sua prece. Ele não estava longe, apenas queria ouvi-lo.

— Eu não cheguei a orar. Do seu corpo brotava uma luz muito forte que me envolvia todo. Minha dor cessou. Foi o senhor que me curou!

— Não fui eu, amigo. Foi sua fé que o curou. Deus ouviu seu clamor e nada mais.

— Como poderei pagar-lhe, irmão de luz?

— Não me deve nada, amigo. Se alguém deve ser agradecido, é Deus. Agradeça a Ele, e Ele ficará satisfeito, amigo.

— Eu não sei como lhe agradecer.

— Não queria pagar-me há pouco?

— Sim. Faria qualquer coisa que me pedisse.

— Pois Deus não lhe pede nada, apenas espera que você faça algo em sinal de gratidão. Converse com Ele, acredito que ouvirá suas palavras com atenção.

O homem, que ainda estava ajoelhado, começou a falar!

— Obrigado, meu Deus. Mandou-me um anjo em auxílio, peço perdão por tê-lo abandonado um dia, mas de hoje em diante eu O servirei onde quiser ou mandar.

E mais não falou, pois o pranto não deixou. Quando se acalmou, eu o levantei e disse:

– Venha, amigo. Já sei como servirá a Deus.

Fomos até o alojamento e perguntei se tinham algum livro de preces. João me respondeu:

– Tenho um, sim! Mas como este homem foi curado e que sinais são estes em seu peito?

Eu olhei no meu peito e vi as três cruzes iluminadas. Era a minha marca no templo dos magos. Não as tinha visto ainda. Achava que existiam somente na carne, não no espírito.

– Isso é um símbolo dos magos do templo da Pérsia, amigo João. Quanto a ele, foi só orar a Deus para se curar.

Ele ficou me olhando um instante e depois foi apanhar o livro de orações. Ao entregá-lo, ficou olhando o símbolo.

– Que maravilha é este seu símbolo, amigo Simas. É a primeira vez que vejo alguém com ele no espírito.

– Eu não sabia que ele estava em mim. Só descobri isso agora, mas dê-me o livro, por favor!

– Como se chama, amigo?

– Josué, irmão de luz.

– Aí está, amigo Josué, volte a aprender a orar. Logo irá ensinar aos outros que já se esqueceram como se dirigir ao Pai Eterno. Todos devem saber que a prece é o bálsamo da alma. É assim que Deus quer o seu auxílio por enquanto.

– Obrigado, irmão de luz. Eu farei o que me ordenou.

– Eu não ordenei, apenas sinto que é isso que Ele quer que você faça por ora e lhe transmiti. Mas não foi uma ordem, está bem?

– Sim, senhor. Vou voltar ao meu lugar no alojamento.

– Incrível, amigo Simas! Estou espantado com seu poder.

– Eu não possuo poder nenhum, amigo João. O que houve foi que Deus ouviu as preces daquele homem; apenas isso.

– Você disse que foi em um templo persa?

– Sim, por quê?

– Temos um alojamento onde estão alguns internados que não nos compreendem. Por acaso fala outras línguas?

– Eu falo várias línguas. Podemos ir vê-los, caso queira.

– Então, vamos. Não sabia o que fazer para acalmá-los.

Fomos até o alojamento. Era um horror o estado daquelas almas sofredoras. Ali ouviam-se lamentos em várias línguas, e eu compreendia a quase todos.

– Quantos há aqui, amigo João?

– Alguns milhares, não sei ao certo.

Comecei a caminhar entre eles. Muitos estavam deitados no chão, porque não havia cama para todos.

Quando passei por uma jovem, ela me chamou com uma voz de lamúria. Eu a entendi. Começamos a falar em sua língua. Depois de algum tempo de conversa, ela já estava mais calma. Novamente, orei por ela e, depois, ela orou comigo e também se curou.

O amigo João ficou admirado com o que viu.

– De você brota luz cristalina, amigo Simas! Seu símbolo tocou a moça e ela se curou.

– Tudo é por Deus, meu amigo. Não comece a inventar desculpas pelo que não compreende. Tudo é por Ele, e sem Ele nada é feito.

– Ainda assim eu vi como aconteceu. Quem é você, amigo Simas?

– Sou Simas de Almoeda e nada mais.

Na língua da jovem, eu a acalmei. Quando parou de chorar, pediu-me que a levasse comigo.

– Isso não é possível, irmã. Mas vou ver se podemos ajudá-la.

Voltei-me para João e perguntei:

– Existe algum lugar para ela fora daqui? Está muito abalada com tudo o que lhe aconteceu e quer que a levemos conosco.

– Não temos onde alojá-la, Simas. Está tudo superlotado por aqui.

– Por que, amigo João?

– Isso aqui é um depósito de almas sofredoras, caso não saiba. De vez em quando, aparecem alguns amigos e levam aqueles que já estão prontos para a partida.

– Aceita uma sugestão, amigo João?

– Sim, qual é?

– Vamos mudar um pouco as coisas por aqui?

– O que pretende fazer, Simas?

– Há alguém para fazer orações com essas pessoas?

– Aos domingos vem um irmão até aqui e faz orações em todos os pavilhões.

– Gostaria de iniciar o doutrinamento dessa gente. Algo que fosse diário e contasse com a colaboração ativa deles. Não podem ficar indefinidamente aqui esperando que um milagre aconteça.

– Vamos falar com o irmão Jorge, ele é quem dirige tudo por aqui.

Eu peguei na mão da jovem e a levei comigo. Ela sorriu, agradecida. Após falarmos com o irmão Jorge, ele consentiu com minhas ideias.

– Só que não temos onde deixar a jovem. Ela terá de voltar ao alojamento.

– Dividirei meu quarto com ela. Vou ensiná-la a falar nossa língua, depois poderá ajudar também, porque há muitos que falam sua língua. Quem os traz até aqui?

– São os amigos cavaleiros. Eles vagam pelas trevas e os recolhem às centenas. Existem muitos alojamentos como este espalhados por aí.

Calou-se e ficou olhando para mim.

– Espero que não pense que estou querendo passar sobre o seu cargo, amigo Jorge!

– Eu não pensava nisso, amigo Simas. Mas acho que não é certo levá-la para seu alojamento.

– Sinto pena dela. Está muito abalada e quero apenas ajudá-la.

– Veja bem o que vai fazer, meu amigo. Não quero ser advertido por consentir isso a você.

– Não se preocupe, meu amigo. Acho que conheço muito bem minha responsabilidade perante Deus para que alguém venha a sofrer por algum erro de minha parte, mas, caso não consinta nisso, eu a devolverei ao alojamento.

– Não Simas, acho que estou sendo um tolo. Você fez o que nós não conseguimos. Peço desculpas se pensei algo baixo em relação a você, meu amigo! Quanto ao meu cargo, é o mesmo que o seu. Somos todos servidores do mesmo senhor nosso Deus. E tudo o que fizer, acredito que será Ele ouvindo nossas preces de auxílio. Talvez você tenha sido enviado por Ele em nosso auxílio.

– Não diga isso, meu amigo. Sou um espírito igual a todos, nada possuo de especial. Gostaria que não dissesse mais isso, senão pedirei que me leve de volta ao hospital.

– Está bem, não o tratarei diferente dos outros. Vou dar roupas novas a esta jovem, pois está com uns farrapos a lhe cobrir o corpo.

– Obrigado, irmão. Que Deus o abençoe por sua bondade.

Por incrível que pareça, as três cruzes iluminaram-se e chegaram até ele. Imediatamente, ele se ajoelhou e eu o levantei rapidamente.

– O que está fazendo?

– Saúdo-o como um ser superior a mim.

– Nunca mais faça isso! Sou igual a você. Ajoelhar-se, somente diante do Criador, e mais ninguém!

Eu o abracei, comovido com sua humildade, mas nem eu compreendia o que estava acontecendo. Quando nos separamos, tínhamos lágrimas nos olhos. Olhamo-nos por um instante e ele me pediu:

– Poderia nos ensinar um pouco mais das coisas divinas, amigo Simas?

– Não creio que tenha algo a lhe ensinar, meu irmão.

– Pois eu penso que tem. Não gostaria ao menos de tentar?

– Vou pensar nisso. Se achar que posso, direi depois. Até amanhã, irmão!

– Até amanhã, irmão Simas. Que Deus o abençoe também!

Agradeci suas palavras e chamei a jovem. Ela se despediu deles em sua língua.

– O que ela disse, Simas?

– Ela falou: "Obrigado e que Deus os pague por serem tão bons. Até amanhã!"

Surge um Novo Amor

Fui com a jovem até meu quarto e dei-lhe roupa nova. Como era um quarto pequeno e sem divisões, saí para que ela se trocasse. Quando terminou, chamou-me.

– Está muito bonita agora, minha irmã. Nem se parece mais com aquela que vi quando entrei no alojamento.

– Eu lhe agradeço, sr. Simas. Sou sua de agora em diante.

– Você não está mais no mundo material, irmã. Seus antigos costumes nada valem aqui. Agora você é um espírito sem corpo e não um corpo sem alma, como era antes do desencarne.

Ela se assustou com minhas palavras.

Expliquei-lhe que havia morrido há muito tempo e que já não pertencia mais ao mundo material, mas sim ao espiritual. Como chorou a jovem!

Procurei transmitir-lhe um pouco de calma e esclarecimentos. Algum tempo depois, ela já estava mais equilibrada.

– Conte-me como tudo começou, Soraya! – exclamei.

– Eu não sei há quanto tempo estava doente, mas lembro como tudo começou. Eu animava os homens de negócios que vinham à minha cidade. Ganhava bem por isso, e agi assim até que a lepra me contagiou. Fui levada a um leprosário e, dali para a frente, só vim a tomar consciência de tudo agora que o senhor me curou.

– Deus a curou. Creio que Ele se apiedou de você e quer tê-la a Seu serviço. Ainda guarda lembranças do seu tempo de companhia de homens?

– Sim, não consigo esquecer daquele tempo que tanto me marcou.

– Pois terá de compreender e aceitar que esse tempo ficou para trás e que é hora de se curar de todas as chagas do passado. Somente assim poderá servir a Deus com amor e pureza de alma.

— Ensinará a mim como conseguir isso?

— Sim, mas só se você se ajudar. Do contrário, voltará ao seu antigo estado, em que o desejo a dominava tal qual a lepra.

— Eu não sinto desejo nenhum, sinto apenas muita vontade de me limpar da imundície que carrego em minha consciência.

— A vergonha é o maior estímulo à nossa correção interior e serve como um freio para novos erros, Soraya.

— Aceita-me como sua auxiliar? Eu o ajudarei em tudo o que for possível.

— Eu aceito sua ajuda. Agora é hora de agradecer ao Criador por Sua generosidade. Ore comigo, irmã!

— Sim, mestre.

— Não sou seu mestre, apenas seu irmão.

— Sim, irmão-mestre.

— Diga só Simas, está bem? É o meu nome.

— Sim, mestre Simas.

— Deixa pra lá! Vamos orar?

Após orarmos, mandei-a descansar na cama, que eu ficaria no chão.

— Deixa que eu me deito no chão; já estou acostumada a dormir no chão.

— Você dormia no chão porque não tinha uma cama, mas eu durmo no chão porque gosto. Vamos, deite-se.

Ela foi para a cama e eu me recordei dos tempos em que viajava com Jasmim, quando dormíamos no chão todas as noites.

— Jasmim, onde estará você agora, minha filha?

— Quem é Jasmim, mestre Simas?

— Não é ninguém, Soraya. Eu só pensei em voz alta. Durma e não ligue para o que falo para mim mesmo.

— Ela deve ser muito querida pelo senhor, não?

— Sim. Ela me guiou por muitos anos, quando era um cego e não tinha ninguém comigo. Jasmim era minha luz. Sinto tanto não tê-la comigo agora.

— Ela ainda está na carne, mestre Simas?

— Não, Soraya. Desencarnou pouco antes de mim e sequer pude ver seu rosto quando morreu.

— Sinto muito. Deve sofrer muito por isso.

— Sim, eu sinto muitas saudades dela, sinto também de minhas esposas, dos filhos e dos amigos, mas não pude ver ninguém depois de minha morte. Onde estarão agora?

— O senhor não sabe?

— Não.

— Por que não lhe dizem?

– Acho que não sabem também. O mundo astral é muito grande, Soraya. Mas um dia eu os encontrarei, e também aos meus pais. Tudo é uma questão de tempo. Agora, procure conciliar o sono. Boa noite, Soraya!

– Boa noite, mestre Simas.

As horas passavam e eu não conseguia adormecer. Minha mente pensava em muitas coisas que ficaram sem explicação. E a minha sereia, onde estaria agora? Por que me pareceu tão real sua aparição na praia e agora não se mostrava mais para mim? Comecei a chorar baixinho. Não queria acordar Soraya.

– Por que chora, mestre Simas?

– Você não dormiu ainda?

– Não. Só estava em silêncio para não acordá-lo, mas não consigo dormir nesta cama. Acho que também me acostumei a dormir no chão. Posso deitar-me a seu lado?

– Venha, acho que temos muito em comum, Soraya.

Ela se deitou ao meu lado e encostou sua cabeça no meu ombro.

– Você parece Jasmim. Quando íamos dormir, ela ficava sempre deste lado.

– Já que ela não está aqui, eu tomo o lugar dela. O senhor deixa, mestre? Entre soluços, consenti.

– Sim, você será outra Jasmim para mim.

– Eu nunca tive alguém bom para ficar ao meu lado e me dar boas palavras. Talvez seja por isso que eu tenha sofrido tanto na carne. Gosto do senhor, mestre Simas.

– Eu também gosto de você, Soraya. Acho que será uma boa auxiliar. Que Deus a abençoe por ter surgido em meu caminho.

– Que Ele o abençoe também por ser tão bom comigo. Acho que já não odeio mais os homens.

– Você os odiava?

– Sim.

– Pois saiba que o ódio é uma das piores coisas que podemos alimentar em nossa mente.

– Não vou odiar mais ninguém de hoje em diante.

– Fico feliz por isso. Agora vamos dormir; logo amanhecerá.

– Sim, mestre, mas não chore mais, senão eu choro também.

– Sabe que eu vejo uma pequena luz azul envolvendo seu corpo?

– A sua também está azul, mestre. Acho que está passando do senhor para mim.

– Não, é a sua luz começando a despertar de seu lado bom.

– É assim que isso acontece?

— Foi isso que aprendi com os mestres do saber sagrado.
— Fale-me deles, mestre Simas.
— Outro dia, Soraya. Essa é uma longa história e não poderia contá-la toda agora. Além do mais, já estou com sono, vou dormir um pouco.

E paramos de falar. Logo dormimos. Acordei com batidas na porta. Era o irmão João que me chamava.

— Soraya, acorde. Acho que perdemos a hora.
— Hã? Ah, bom dia, mestre Simas! Estou com sono ainda.
— Então fique deitada que vou ver o que há para ser feito hoje.
— Eu vou com o senhor. Não vou deixá-lo só nem um minuto.

Saímos e o irmão João me pediu para ajudá-los na distribuição de um soro que servia de alimento aos enfermos, explicou-me ele. Era isso que os mantinha ali.

Apanhei um recipiente e uma caneca. Mandei Soraya apanhar outro também, e começamos a distribuição.

Quando chegamos ao alojamento em que se encontrava o amigo que se havia curado, ele veio ao nosso encontro.

— Posso ajudá-los também?
— Sim, vá lá e apanhe um daqueles recipientes e vá distribuindo uma caneca a cada enfermo.

Logo éramos quatro a fazê-lo e foi mais rápida a distribuição. Quando terminamos ali, fomos aos outros alojamentos para auxiliar os outros servidores na tarefa.

— Vejo que temos mais três auxiliares hoje, irmão João. Vai ser mais fácil o trabalho – falou uma senhora já idosa.
— Sim, irmã Maria. Este é Simas, aquele é um dos nossos antigos enfermos, chama-se Josué. Ela também era uma enferma, mas não sei o seu nome.
— Ela se chama Soraya. E apontando para eles fui falando para ela: irmão Josué, irmã Maria e irmão João.

Com dificuldades, ela os repetiu. Fiz com que dissesse os nomes várias vezes. Quando ela já os dizia com facilidade, fomos para outro pavilhão.

Logo o grupo de servidores aumentou e todos se ajudavam na tarefa. Havia uma alegria em todos nós que eu não saberia explicar.

À tarde, a operação se repetiria novamente. Eu perguntei ao irmão João o que continham aqueles recipientes.

— É um preparado que os fortalece e os faz sentir menos as dores. O que vai fazer esta noite, Simas?
— Gostaria de poder visitar todos os alojamentos e orar por eles.
— Posso acompanhá-lo?

– Como não? Eu ia mesmo convidá-lo.
– Ótimo. Irei com muito prazer.
E, à noite, comecei a visitar os pavilhões. Em cada um, orava com fervor e falava com eles.
– Orem ao Pai Eterno e assim serão ouvidos. Não temam em orar e pedir perdão. Somente os que realmente sentem vergonha do passado têm coragem de admitir seus erros e clamar pela bondade infinita de Deus.
E eles oravam comigo. Sim, como precisavam de um doutrinador para mostrar-lhes o caminho que os conduziria aos braços do Pai Eterno. Quando terminei, já era tarde. Sentia-me esgotado e falei disso com João.
– Estou me sentindo muito cansado, amigo.
– Você se doou por eles, amigo Simas. Eu vi suas três cruzes iluminar a muitos. Não duvido se não foram curados de suas chagas quando iluminados.
– Não eram minhas três cruzes, mas sim as cruzes do calvário simbólico do Cristo Jesus, meu amigo! Vamos descansar agora?
– Vamos, já é tarde.
Fomos, cada qual para seu alojamento. Eu me deitei no chão.
– Mestre, se está cansado, por que não deita na cama que é mais macia? Lá descansará melhor.
– Está bem Soraya, mas, e você?
– Eu me deito ao seu lado, pois agora sou sua nova Jasmim.
– Está bem, mas você poderia orar hoje e eu acompanho em pensamento?
– Sim, senhor. Deite-se que eu oro por nós dois.
Só ouvi o começo da oração e nada mais. Em instantes, minha mente se apagou.
Acordei no dia seguinte com Soraya sentada ao meu lado, segurando minha mão.
– Já está acordada? Onde você dormiu?
– Ao seu lado, não sentiu minha cabeça em seu ombro?
– Não. Acho que minha mente se apagou. Nem consegui ouvir sua oração, desculpe-me! Vamos ao trabalho?
– Sim mestre. Sabe que estou gostando deste lugar?
– Como assim, Soraya?
– Lembro de quando aqui cheguei. Estava em desespero e pouco a pouco fui me acalmando. Hoje estou curada e ainda tenho um mestre só meu.
– Já ouvi alguém falar assim antes.
– Quem?
– Raios de Lua e Jasmim. Eu era o Pajé Branco da primeira e o Mago Branco da segunda.

— Então, na Terra o senhor era um mago?
— Acho que sim, mas não tenho muita certeza, porque após a minha morte eu não encontrei mais ninguém. Creio que não me consideravam de fato um mago.
— Pelo menos para mim é um mestre muito bom.
— E você é uma aprendiz na qual eu deposito muita confiança. Espero que saiba guardar segredo, do contrário eu não lhe ensinarei muita coisa.
— Não faltarei com sua confiança, mestre Simas!
— Vamos, estamos atrasados no auxílio aos enfermos.

Apressamo-nos e logo estávamos pegando os recipientes com o líquido a ser distribuído aos enfermos. Os outros já estavam fazendo a distribuição.

— Por que não me chamou, amigo João?
— Eu vi como você estava cansado ontem à noite e preferi deixá-lo descansar um pouco mais.
— Não é justo. Estou aqui para trabalhar e não quero ser tratado de outra maneira.
— Pois saiba que mais alguns se curaram durante suas preces, ontem à noite.
— Onde estão eles?
— Ajudando na distribuição do bálsamo aos enfermos.
— Foram muitos?
— Uns 20 mais ou menos. O que acha disso?
— Deus se mostra a nós em toda Sua grandeza. Devemos aproveitar Sua bondade e transformar a estes que se estão curando, pois isso é do seu merecimento e devemos ajudá-los a se tornarem instrumentos do Criador.
— Você saberia como?
— Sim. Tudo tem uma função no Universo e cada movimento deste Universo é um sinal para o aperfeiçoamento ou expansão dessa função. Poderia reuni-los à tarde para que conversasse com eles?
— Deixe isso comigo, mestre Simas.
— Mais um adepto?
— Sim, mais um adepto do seu modo de agir. Soraya vai ter de dividi-lo conosco, e olhe que não sou só eu. O irmão Jorge foi visitar os seus superiores para relatar o que você tem conseguido com sua fé.
— Isso não devia ter acontecido sem eu ser antes avisado, amigo João.
— Por quê?
— Ele está sendo precipitado. Tudo o que está acontecendo é somente um gesto de bondade de Deus, talvez queira apenas nos testar. Por isso, vamos devagar com nosso entusiasmo, meu amigo. Nunca credite a um

simples espírito o que a Ele, o Criador, pertence. Cuidado com a vaidade, irmão João, porque quando estamos sendo testados por Ele, devemos nos acautelar mais ainda.

— Vou guardar essa lição em minha mente, mestre Simas.

— Não guarde só para você, mas ache uma forma de, com suas palavras, passá-la adiante. Que valor ela terá se não for ensinada?

— Mais uma lição. Um dia serei um mestre como você, amigo Simas. Preciso apenas prestar atenção em suas palavras.

— Está certo, amigo João, mas não se impressione comigo, pois ainda estou aprendendo com você. Há muitas coisas que desconheço e você é mestre nelas. Que tal ensinar-me um pouco também?

— Vou tentar!

— Não tente; ensine, e verá que sabe muito mais do que pensa. Olhe à sua volta e veja quantos precisam ser esclarecidos. Não lhes dê só o bálsamo que alivia as dores. Dê também a fé e a esperança que cura as chagas do passado e os aproxima um pouco mais do Criador. Acho que eles não estão aqui apenas aguardando que alguém mais iluminado venha buscá-los para que ouçam essas verdades. Vamos ensiná-los, amigo João, e assim nossos superiores, que não conhecemos, terão um pouco menos de trabalho quando vierem buscá-los. Pelo menos a verdade eterna eles já conhecerão, assim despenderá de cada um vivê-la ou não.

— Boas palavras, Simas de Almoeda.

Voltei-me e deparei-me com um homem muito alto e longa barba, igual à minha, mas a dele era negra, enquanto a minha era branca. Calei-me.

— Irmão Simas, este é o irmão Lair, meu superior.

— Muito prazer em conhecê-lo, irmão Lair. Espero que desculpe meu modo de ser. Quando começo a falar das coisas divinas, fico um pouco envolvido com o que digo.

— Fico feliz que seja assim, amigo Simas. Vejo que já temos um doutrinador neste que é um lugar de dor e sofrimento. Deus ouviu nossas preces e o enviou em auxílio a este que é um dos piores locais na crosta terrestre.

— Eu sou um espírito que desencarnou há pouco e não sei quase nada das coisas deste mundo, irmão Lair. Acho que não sou esse enviado.

— Pode não saber das coisas deste lado, mas conhece profundamente as coisas divinas e isso é o que importa. Vim aqui para conhecê-lo pessoalmente.

— Fico contente em conhecê-lo também, irmão Lair. Mas acho que o irmão Jorge andou falando o que não devia a meu respeito e isso me deixa triste.

— Ele não falou nada mais do que eu vi e ouvi há pouco. Quando na carne, foi um iniciado, não?

— Apenas procurei aprender o possível sobre as leis que nos regem, tanto na carne como no espírito.

— Então, é um iniciado. Gostaria de me auxiliar na sede de nossa organização? Lá, poderia ser a nós muito útil.

— Obrigado, irmão Lair, mas, se eu puder ser útil aqui, prefiro servi-los ao lado dos enfermos.

— Você é quem sabe. Precisamos de pessoas como o senhor em nossa organização espiritual. No dia que se cansar de ficar aqui é só me procurar.

— Eu fico muito honrado com suas palavras, mas se eu me cansar de socorrer os sofredores é porque não estava preparado para tal tarefa. Se me sentir fraquejar, falarei com o irmão Jorge.

— Ele não vai estar aqui por muito tempo, porque já está na hora de transferi-lo para outro cargo.

— Com sua licença, irmão Lair, mas eu gostaria de ficar um pouco mais por aqui, caso isso seja possível.

— Como quiser, Jorge. Avise-me quando achar que deve ir para seu novo cargo. Agora devo voltar ao meu local de trabalho. Vou providenciar os materiais que vocês me pediram.

— Obrigado, irmão Lair. Isso tornará mais confortável a estada desses infelizes em nosso retiro.

O irmão Lair partiu e Jorge procurou justificar-se:

— Fui eu que pedi minha transferência há algum tempo, mas acho que estava errado.

— Por quê? – perguntei.

— Você falou algo que me mostrou como estava errado. Vou procurar aprender com você, amigo Simas.

— Não sei de que maneira eu mudei sua vontade de sair deste lugar.

— Sou útil aqui. Por que mudar, se posso ajudar mais aqui do que lá na sede da organização?

— Fico feliz que tenha mudado de ideia. Acho que todos nós iríamos sentir sua falta.

— É isso mesmo, irmão Jorge – falou o irmão João.

— Está decidido. Vamos tocar com muita fé e esforço nosso retiro de almas sofredoras. João, preciso falar com você, acompanhe-me!

Eles partiram. Eu e Soraya voltamos aos nossos afazeres.

— Mestre, parece incrível, mas eu entendi o que falavam.

— Como conseguiu isso?

— Não sei, mas acho que foi a mo... – ela parou de falar.

— Continue, Soraya, por que se calou de repente?

— Esqueci de algo. Volto logo, mestre Simas!

Ela saiu correndo e pouco depois voltava. Eu estava distribuindo o bálsamo e ela apanhou um recipiente e fez o mesmo. Não tocou mais no assunto e eu também nem lhe perguntei, pois estava envolvido com o serviço.

À tarde, reunimo-nos com os que já se sentiam curados de seu sofrimento. Falei-lhes da bondade do Criador e de suas doutrinações nas coisas divinas. Ficou acertado que eu os ensinaria e eles nos auxiliariam.

À noite, as orações foram muito proveitosas, porque eu era acompanhado por um número crescente deles.

Com o passar do tempo, eles se mostraram ótimos auxiliares e, com a chegada de muitos materiais enviados pelo superior Lair, todos tinham onde se deitar.

– Estou muito contente com seu desempenho aqui, irmão Simas! Estamos mudando tudo por aqui e já não precisamos mais recrutar servidores. Temos até demais agora.

– Isso é bom, irmão Jorge; assim temos mais tempo para melhorarmos o aspecto de nosso retiro. Logo, isso aqui estará diferente e muito bonito.

– Graças à sua vinda para cá, Simas.

– Não! Graças ao seu esforço, amigo Jorge. Se não tivesse uma visão tão ampla, não poderíamos fazer tudo isso. Divida os créditos dos louros da vitória que é sua, mas não os dê a um único, porque estará desmerecendo a si próprio.

– Esta noite irei à sede da organização. Gostaria de me acompanhar?

– Será interessante conhecer algo fora deste retiro. Aceito o convite!

Mais tarde, comuniquei a Soraya que iria com o irmão Jorge a um lugar distante e que voltaria no dia seguinte.

– Leve-me com o senhor, mestre Simas?

– Não sei se poderá ir. Falarei com o irmão Jorge e, se for possível, você irá conosco.

Fui falar com ele.

– Pode levá-la Simas. Vejo que ela se tornou inseparável, não?

– Sim. Creio que agora tenho uma filha. Ela não me deixa só um instante sequer.

– Ela o trata como um pai, Simas?

– Não sei se é assim que me vê. Mas penso que tomei o lugar do pai que não teve enquanto esteve na carne.

– Duvido que seja isso. Em todo caso, ela é responsabilidade sua e deve saber melhor do que eu quais são os sentimentos que ela nutre por você.

– Acha que ela tem algum outro sentimento em relação a mim?

– Eu não acho, tenho certeza.

– Mas ela é uma criança ainda. Tem a carência dos filhos maltratados.

– Na carne é possível entender isso, mas não no nosso estado atual. Aqui não há crianças ou velhos, mas apenas espíritos mais ou menos evoluídos. Não foi isso que eu ouvi você falar um dia desses?

– Sim, mas, quando falei, não me referia a ela em especial e sim a todos nós em geral. Essa é uma verdade eterna.

– Eu sei disso e você também sabe!

– Vou procurar observá-la melhor.

– Não quero interferir em sua vida particular, mas cuidado. Ela poderá vir a vê-lo como mais do que um pai. Assim, verá que existem muitas pessoas boas neste mundo.

Fui ao encontro de Soraya e, ao dizer-lhe que poderia ir conosco, abraçou me feliz. Lembrei-me das palavras do irmão Jorge e notei que ela realmente não me tratava como um pai. Fiquei preocupado com essa possibilidade.

– Não está se excedendo em sua alegria, Soraya?

– Por quê? Não posso abraçá-lo se me sinto contente?

– Vejo que ficou muito animada com a notícia e acho que está se excedendo um pouco. Logo vão pensar algo que não existe entre nós.

– O que podem dizer sobre nós?

– Muitas coisas, penso eu.

– Só porque fico junto do senhor o tempo todo?

– Não. Este não é o problema, mas acho que deve vigiar melhor seus sentimentos, porque você não está mais na carne. Aqui é um pouco diferente.

– Sinto muito, mestre Simas, mas eu me sinto bem em estar ao seu lado. É tudo o que eu quero!

– Eu também gosto de sua companhia, é muito agradável conversar com você. Além do mais, está se revelando um espírito muito elevado e tem sido uma das que mais trabalham por aqui, mas não deixe que o sentimento tome o lugar da razão.

– Desculpe-me se me excedi. Vou vigiar mais meus atos. Já chega uma vez que eu me deixei levar por eles. Paguei muito caro por esse erro.

Ao ver lágrimas em seus olhos, abracei-a com carinho.

– Não precisa chorar, Soraya. Não é este o caso agora.

– Mas eu não pude controlar um sentimento que nunca havia experimentado antes.

– Acho que você nunca recebeu um pouco de carinho e amor verdadeiros, por isso se sente tão ligada a mim.

– Vou me afastar do senhor, mestre Simas.

– Não precisa fazer isso, Soraya. Apenas não se deixe enganar novamente. Poderá sofrer por isso um dia.

Ela apertou-se a mim e falou:

– Nunca mais vou me enganar, mestre Simas, e com o senhor jamais sofrerei decepções.

– Pensa que não?

– Sim. Só de ficar ao seu lado já sou a criatura mais feliz do mundo.

– Um dia poderei encontrar minhas esposas e ir embora para sempre.

– Então, eu irei junto com o senhor.

– Acha que sou algum xeque do seu país de origem para ter uma porção de mulheres me seguindo por onde eu vá?

– Não gosta da ideia? Eu não me incomodo de ver outras ao seu lado.

– Vejo que você é um caso muito difícil de ser solucionado.

– Enquanto não solucioná-lo, posso ficar junto do senhor? Afinal, eu sou a sua outra Jasmim!

– Está bem, mas lembre-se do que eu falei: vigie seus atos e seus sentimentos, pois senão poderá vir a sofrer por causa deles.

– Mais do que já sofri?

– Sim, muito, mas muito mais. Não há nada pior do que sofrer por amor.

– Eu nunca sofri por amor. Só conheço como é sofrer pela ausência dele.

– Entenda uma coisa e evitaremos complicações futuras: eu gosto muito de você, Soraya, mas não como uma companheira, mas sim como alguém que achei bom ajudar. Talvez seja como uma filha para mim. Eu a amo como um espírito que se tem esforçado para evoluir e esquecer do passado um tanto amargo.

– Eu sei que não vou substituir ninguém em seu coração, mas gosto de estar ao seu lado. Se isso é amor ou não, eu não sei, pois nunca achei alguém de quem eu gostasse tanto como do senhor, mestre. Mas uma coisa eu sei: sinto-me muito feliz ao seu lado!

– Acho que isso é amor, Soraya. Não o amor entre uma mulher e um homem, mas sim de alguém que nunca amou e agora pensa que está amando, quando na realidade possui somente um sentimento de gratidão para comigo.

– Acredita que seja gratidão?

– Sim. O que um velho como eu, com estas longas barbas brancas, pode despertar em uma pessoa jovem e bonita como você?

– Pode despertar o amor, ou isso é impossível?

– Não digo que seja impossível, mas não é certo, e além do mais, existem muitos jovens que gostariam de tê-la como companheira neste lado do mundo. Creio eu que aqui o amor também existe.

– Eu não vi nenhum por aí que me agradasse.

— É lógico, você ainda não saiu daqui. Será bom ir conosco a outro lugar, quem sabe venha a ver outros homens e com o tempo tire essas tolices de sua mente.

— Não é tolice, e não está em minha mente. É no coração que eu sinto amor, e ele não pensa, só sente.

— Vejo que não adianta tentar esclarecer nossas diferenças, você não abre sua mente para minhas palavras.

— O senhor não gosta quando eu me deito ao seu lado? Se é isso que quer dizer, eu me afasto do senhor.

— É isso, Soraya, até que enfim você compreendeu. Eu a deixei ficar ao meu lado porque eu talvez quisesse sentir a presença de Jasmim, mas eu nunca imaginei Jasmim como uma mulher. Eu a tinha como meus olhos, pois eu não enxergava. Eu era um cego! Ela gostava de mim não como homem, mas, penso eu, como alguém que lhe transmitia a segurança e a confiança que havia perdido quando criança. Eu nunca notei em Jasmim um único gesto de desejo. Éramos dois seres incompletos que se nutriam do amor mais puro que há: a comunhão dos espíritos. Errei ao pensar que encontraria outra Jasmim em você. Esqueci-me de que não existem dois seres humanos iguais, e olhe que isso me foi bem ensinado pelos meus mestres na Terra. Esqueci-me de vigiar, não a mim, mas a você. E isso é muito grave. Estou criando em sua mente não um sentimento de amizade fraterna, mas de dependência amorosa. Enquanto eu a vejo como um espírito que pode evoluir até o infinito, você me vê como o companheiro ideal. Estes são sentimentos que não combinam. Um anula o outro. Se eu deixar isso crescer, você sofrerá muito, porque poderá exigir de mim algo que não posso dar-lhe e, ao mesmo tempo, irá desviar-se do caminho que imaginei para você.

— Pode deixar, mestre, que eu me afastarei do senhor. Não o incomodarei mais com meus sentimentos.

— Não se magoe comigo. Eu só queria torná-la feliz. Acho que escolhi o pior dos caminhos.

— O senhor fez o que achou mais certo; eu é que não compreendi o que queria. Mais uma vez, eu me enganei. Mas que importância tem isso? Já sofri isso tantas vezes, que deveria ter me acostumado. Mas, no meu íntimo, eu sempre procurei alimentar uma chama para não deixar morrer o amor. Está na hora de apagá-la para sempre.

— Não faça isso. O pior que pode acontecer a alguém é matar a chama da esperança. Mantenha-a acesa, um dia ela arderá em toda sua força. Neste dia, saberá o que é o amor.

— Eu já vi o amor, mas só de minha parte, mestre Simas. Enquanto descansava, depois de se esgotar pelos enfermos, eu ficava observando-o e dizia para mim: "Como seria bom ter alguém assim lá na Terra. Tudo teria sido tão diferente, mas ainda bem que o tenho agora". Acho que, mais uma vez, fui uma tola. Há aqueles que existem para amar e serem amados e aqueles que não conhecem o amor. Eu sou um desses.

– Você tem apenas a lembrança dos anos que passou na carne, e nada mais. Esqueceu o seu passado milenar como espírito eterno, não está dando tempo ao tempo para reencontrá-lo. Continue evoluindo e talvez, mais à frente, encontre alguém que a busca também, Soraya.

– Quem eu procurava, já encontrei. Agora não adianta mais procurar, será como no tempo em que eu vivia na carne: apenas um passatempo para os homens. Foi o que fui lá, e serei a mesma aqui. Comecei errando aqui também.

– Está confundindo tudo, Soraya. Apenas se apegou a mim. Isso é normal no nosso caso. Eu também errei com você, porque devia ter me lembrado da lição na Terra. Pode comparar-me a qualquer um dos que se aproximaram de você na Terra, porque, se há diferenças, no fundo somos todos iguais. Somos pessoas carentes de algo e pensamos que podemos encontrá-lo a qualquer instante. Por isso, pagamos um preço. A única diferença é que, na carne, alguém dá e alguém recebe algum dinheiro e fica tudo acertado. Mas, no espírito, o preço é muito maior. Deve ser pago com lágrimas ou desilusão. É isso que estou tentando evitar que aconteça. Não quero ter na minha consciência mais uma mulher que alimentou o amor por mim e veio a sofrer por isso.

– Mas já fez isso novamente, mestre. Eu já sofro!

– Como eu poderia imaginar que alguém jovem e bonita como você poderia sentir amor por alguém com minha aparência? O máximo que eu imaginava era uma boa amizade.

– Acho que não sabe como eu me sentia feliz ao seu lado. Eu via até nossa luz misturar-se à noite. Era a fusão de nossas almas. Um só halo se formava à nossa volta e eu pensava em suas palavras durante as palestras em que dizia que, quando há amor, há a fusão das almas. Ou suas palavras eram falsas, ou eu é que não as compreendi direito. Vou voltar para junto dos enfermos e leprosos, parece que ainda não deixei de ser um deles.

– Não faça isso, Soraya! Não destrua tudo o que sonhei poder fazer por você.

– Já não tem sentido eu alimentar o sonho do que poderia fazer ao seu lado. Foi tudo ilusão de minha parte. Creio que o senhor tem medo de sentir amor por alguém. Sentia-se bem comigo ao seu lado, mas não queria me amar como eu sou.

– Está errada, Soraya. Eu só quero que você cresça na espiritualidade!

– Como crescer sem o amor, mestre Simas? Disso eu conheço bem, pois foi o que me aconteceu na carne. Não encontrei o amor e me anulei.

– Meu Deus, eu errei novamente! Por que isso, meu Pai? Até quando vou levar a destruição aos meus semelhantes, quando quero apenas ajudá-los? Por que me fez assim?

– Não se culpe, mestre Simas, eu é que não sou uma boa discípula para o senhor. Como pude pensar que uma mulher que vendia o corpo despertaria o amor em alguém tão sábio como o senhor? Vou voltar para o alojamento e assim ficará livre de mim!

– Não faça isso, Soraya. Não lhe estou pedindo isso!

Ela nada falou. Saiu e dirigiu-se ao seu antigo alojamento. Dos meus olhos brotaram duas lágrimas sentidas. Como pude errar mais uma vez?

Fui até um canto do quarto e apanhei a espada que havia ganho. Como era bonita!

Eu já havia aprendido como volitar no espaço. Era hora de me isolar de tudo e de todos. Não havia adiantado eu escolher ao acaso um lugar para servir ao Criador no mais absoluto silêncio.

Até ali eu já me impunha às pessoas. Os mais antigos me achavam superior a eles. Até uma pobre mulher já sofria por minha causa, quando eu queria apenas ajudá-la.

Escrevi um bilhete ao irmão Jorge e, apanhando a espada, orei a Deus para que abençoasse a todos naquele retiro. Era hora de mergulhar no esquecimento de todos.

Prometi a mim mesmo que Simas de Almoeda e todos os outros nomes morreriam naquele instante. Já que ninguém havia aparecido à minha procura, jamais eu seria encontrado pelos conhecidos de agora. E, num piscar de olhos, desapareci no espaço. Iria desaparecer no tempo e na memória também. Nada mais me importava.

Não me incomodei com o preço a ser pago. Que sofresse quem quisesse mas, minha dor, eu a sofreria sozinho.

Somente assim eu não faria falta a quem quer que fosse. Com o tempo, todos me esqueceriam, como os antigos conhecidos haviam feito.

A Fuga

O mergulho no espaço foi longo e, quando parei, o lugar que havia imaginado atingir era totalmente estranho a mim: pessoas, costumes e vestes eram diferentes do que eu conhecia, e isso era ótimo.

Eu era um estranho em um lugar estranho. Orei a Deus para que todos me esquecessem.

Mentalizei as regras de conduta de um mago: "Um mago não pensa. Age e ouve os outros pensarem"; "Um mago nada pede, apenas dá, se achar que assim deve fazer". E eu ainda era um mago.

Enquanto isso, no alojamento, o irmão Jorge mandava alguém chamar Simas. Depois de bater várias vezes na porta do quarto, João entrou. Ao ver que Simas não estava ali, saiu à sua procura e não viu o bilhete sobre a mesinha.

Procurou-o em todos os pavilhões e nada de encontrá-lo. Perguntou por ele aos outros servidores: ninguém o tinha visto.

Voltou até o irmão Jorge e comunicou o desaparecimento de Simas.

– Não é possível, deve estar em algum lugar. Vamos até o seu quarto.

– Já estive lá, irmão Jorge, e não o vi.

– Tenho um pressentimento, só espero estar errado!

Ao entrar no quarto, logo viu o bilhete deixado sobre a mesa.

Leu-o com atenção e, virando-se para João, falou:

– Perdemos nosso amigo Simas de Almoeda.

– Como?

– Ainda não sei, mas quando eu voltar procurarei saber. Vá procurar Soraya e não a deixe sair, caso ainda esteja aqui.

– Irei imediatamente, irmão Jorge, não se preocupe!

— Volto logo, João. Procurarei resolver tudo o mais rápido possível. Até a volta!

— Vá em paz, meu amigo.

Jorge partiu rumo à sede de sua organização muito preocupado porque, além de não levar o amigo como lhe fora ordenado, ainda tinha de explicar ao seu superior que havia perdido o contato com Simas. Como explicar tudo a eles?

Quando chegou à sede do Sagrado Coração, Jorge estava nervoso e impaciente.

— Irmã, preciso ver com urgência o irmão Lair.

— Um instante, vou avisá-lo de sua chegada.

Ela entrou em uma sala. Logo voltava acompanhada do superior Lair.

— O que aconteceu para estar com esta aparência tão triste, irmão Jorge?

— Eu não pude trazer o mago.

— E por isso precisa ficar tão alterado?

— Não é só isso. Veja esta carta deixada por ele.

Lair, após ler a carta de Simas, também ficou preocupado.

— Vamos falar com o Cavaleiro do Mar, ele poderá encontrá-lo.

Quando chegaram até o Cavaleiro do Mar, entregaram-lhe a carta de Simas. Este a leu com atenção, depois comentou:

— Eu temia que isso viesse a acontecer. Simas ainda não se equilibrou. Quem é a jovem da qual ele fala aqui?

— O senhor a viu junto a ele. É aquela que o acompanhava por todos os lados no retiro — Soraya! Creio que é o motivo de sua fuga.

— Vou mandar chamar os pais dele, depois iremos até lá para falar com ela. Talvez possamos saber o motivo do desequilíbrio.

O Cavaleiro do Mar enviou um auxiliar até os pais de Simas, que logo vieram até ele.

— O que houve, grande mago?

— Simas desapareceu do retiro. Creio que é uma grande perda para todos. Leiam sua carta de despedida.

A mãe de Simas começou a ler:

"Adeus, amigos de luz. Parto para não mais voltar, pois Simas de Almoeda morreu em mim. Um ser tão desprezível como eu não merece a Luz.

Quando vim com vocês, queria ser mais um auxiliar, e não ser considerado alguém especial. Não tenho culpa de ver meus pedidos a Deus serem atendidos pelo Divino Criador ao orar.

Se isto me transformou em alguém que eu não queria, é hora de matá-lo para sempre. Que outro assuma tal função, não quero ser alvo de atenção especial por parte de ninguém.

Por muito tempo esperei que alguém do meu passado viesse até mim, mas penso que Deus somente me ouve quando oro por meus semelhantes, pois por eles Ele me responde. Mas, quando oro por mim, não me dá ouvidos.

Se de nada adiantou eu orar por meus pais, Raios de Lua ou Sarah, então é melhor não orar mais.

Se quando quero ajudar alguém, trago-lhe a dor, é hora de não ajudar mais.

Se quando quero ser apenas mais um, sou distinguido como alguém diferente, é hora de desaparecer para sempre.

Cuidem de Soraya, porque por trás do seu passado sofrido há uma alma bondosa e magoada. Quando vi isso, pensei em recuperá-la, mas ao nos envolvermos com alguém, corremos o risco de nos transformarmos em sua força positiva.

Eu já não posso mais ser isso para nenhuma mulher. Três perderam a alegria da vida por se tornarem dependentes de mim. Não quero que uma quarta venha a ter o mesmo destino.

Ajudem-na. Ela é igual a mim, embora não saiba disso. Não deixem que ela volte às trevas da dor novamente.

Eu só conseguiria isso se deixasse que ela continuasse alimentando um sentimento que já não existe em mim.

Eu sou um ser vazio e nada tenho a oferecer, nem mesmo a uma jovem tão carente como Soraya.

Se oro pelos outros, e sou atendido, por que não consigo nada para mim? Talvez o Criador não me julgue digno de Sua compaixão, e se isso está tomando conta do meu mental, é hora de mudar.

Hoje estou mergulhando no esquecimento, e assim quero permanecer. Não procurem por mim. Caso seja necessário, mergulharei nas trevas mais profundas somente para esquecer todas as lágrimas que já fiz tantos derramarem por mim.

A minha sereia curou minha visão, mas não minha alma imortal. Se nem ela que tanto amo consente em se mostrar a mim, então é hora de mergulhar nas trevas do esquecimento.

Assinado: Um espírito que foge do seu passado de dor e mágoas."

– Eu disse que devíamos tê-lo procurado antes, querido!

— Ainda não era a hora. Ele não nos procurou, ainda sente vergonha e remorso do passado. O que adianta alguém orar a Deus e pedir perdão, se não tem coragem de encarar o seu passado de frente? Um espírito só se cura quando volta ao passado e domina os pesadelos que o assustam e o incomodam.

— Mas, se ele precisava de nossa ajuda e nós o tivéssemos ajudado, acabaria encontrando-se mais facilmente.

Nisso o Cavaleiro do Mar entrou na conversa.

— Para que discutir à toa? Não estão vendo que ele abandonou tudo só para não ter de envolver-se com alguém? Conseguiu alterar a rotina de um dos piores retiros espirituais em poucos dias. Ainda conserva muito do seu poder, mas não se preocupou em abandonar tudo por causa de uma única jovem. Achá-lo não será uma tarefa fácil, mas eu o encontrarei. Curá-lo do passado já é mais difícil. Vamos falar com a jovem; talvez possamos descobrir a raiz do problema.

Em poucos instantes, estavam todos no retiro. João estava com a jovem. Ela chorava muito. O Cavaleiro do Mar aproximou-se dela e falou:

— Acalme-se, jovem, nós viemos para ajudá-la. Poderia nos contar o que houve de tão grave?

Ela o olhou sem vê-lo. Os olhos tentavam enxergar à distância, mas não conseguiam, estava meio passada.

— Não houve nada, senhor.

— Algo deve ter acontecido para que esteja chorando tanto.

— Eu estou triste, porque sou culpada pela partida do mestre Simas. Se eu não tivesse insistido em ficar com ele, ainda estaria aqui.

— Preciso saber quais foram suas palavras, é muito importante para nós. Acalme-se e nos conte.

E a jovem contou tudo. Quando terminou, Jorge falou:

— A culpa é minha, fui eu que insisti em adverti-lo do perigo do envolvimento com ela.

— Não é culpa sua. Eu é que sou a culpada por não ter compreendido suas palavras. Ele só queria me ver bem, e nada mais. Eu é que me iludi. Se me deixarem, eu também irei embora.

— Nós não vamos permitir isso, filha. Um já se foi e nada de bom resultou. Fique conosco e nós a ajudaremos.

Quem assim falou foi a mãe de Simas.

— A senhora é a mãe dele?

— Sim.

— Ele falava muito na senhora e no pai também. O remorso é um fardo que ele não consegue abandonar. Acho que trabalhava tanto aqui somente para não lembrar do passado. Eu fazia o mesmo em relação ao meu.

— Gostaria de ir conosco?

— Para onde?

— Para o lugar onde nós moramos. Irá gostar de lá. Além do mais, poderá aprender muito na escola.

— Não estará fazendo como o mestre Simas? Ele me queria por perto, mas quando viu que eu gostava dele, fugiu de mim. Talvez eu venha a amá-los, aí fugirão de mim também.

— Não creio que ele tenha fugido de você. Ele foge do passado.

— Eu fui com ele até os túmulos de suas esposas. Acho que procurava por elas.

— Quando foi isso?

— Há pouco tempo. Chegou a perguntar se a que se chamava Sarah costumava voltar ali, mas o homem que tomava conta do lugar informou que nunca a vira. Ficou triste, mas nada falou para mim.

— No local onde havia sido enterrada a índia, ele fez a mesma pergunta e, em razão de ter ouvido a mesma resposta, voltou mais triste ainda.

— Um dia ele voltará, não se preocupem! — falou o Cavaleiro do Mar.

— Você vem conosco, Soraya?

— Vou, mas um dia voltarei aqui para ajudar no trabalho de auxílio a esses irmãos menos favorecidos.

— Primeiro estude um pouco sobre a ciência que envolve o mundo espiritual, depois terá tanto equilíbrio que não mais lamentará seu passado.

Logo, todos iam embora. O superior Lair ficou de voltar no dia seguinte para conversar melhor com o irmão Jorge.

Enquanto isso, em outro lugar muito distante, Simas caminhava, estranho a tudo. Não pensava, só observava aquele lugar e os espíritos que o habitavam. Era uma gente estranha aquela.

Quando se viu no meio de um bosque, parou e ficou observando. Era um lugar tranquilo para se instalar.

Recostou-se a uma árvore e fechou os olhos. Sua mente havia se desligado do passado, mas este vinha até ele, pois conseguia sentir que falavam dele.

Isolou-se ainda mais para voltar a ter o antigo domínio dos pensamentos. Precisava voltar a ser um mestre de verdade, senhor de sua vontade e de seus pensamentos.

Ficou alguns dias naquele bosque. Exercitava-se no autodomínio. Quando achou que já conseguia ouvir o que diziam a seu respeito a uma distância tão grande, deu-se por satisfeito. Agora iria misturar-se àqueles espíritos e desaparecer.

Partiu para ver se achava um lugar onde pudesse integrar-se sem ter o passado a persegui-lo.

O Exílio no Templo Dourado

Caminhava despreocupado por uma estrada, quando vi um homem sendo atacado por diversos espíritos das trevas. Aproximei-me rapidamente e gritei para que parassem com aquilo. Eles se viraram e, empunhando estranhas armas, investiram com cara de pouco amigos. Quando vi que iam atingir-me, saquei a espada e, sem ter prática nenhuma no seu manejo, levantei-a em guarda. Dela saiu um grande brilho que os atingiu como raios fulminantes.

Imediatamente, fugiram apavorados. Eu também me assustei com o poder da espada. Olhei-a com atenção e vi em sua lâmina diversos símbolos gravados. Era deles que havia partido os raios que fulminaram os espíritos das trevas.

Fui até o homem e o levantei. Estava muito ferido. Perguntei para onde poderia levá-lo, mas ele não me compreendeu. Fui falando diversas línguas, até que me fiz compreender ao falar árabe.

Indicou-me o lugar e voltei com ele até lá. Era um mosteiro enorme. Vários monges se aproximaram. Ainda em árabe, eu expliquei o que havia acontecido.

Um deles, que me pareceu o superior ali, conversou comigo. Logo, levaram o homem ao interior do mosteiro e fui convidado a acompanhá-los.

Eu o vi, e já não apresentava nenhuma cicatriz.

Devo dizer que o mosteiro era material, não astral. E que as velas também o eram. Ambos, espiritual e material, se complementavam.

Devido à minha curiosidade, o velho monge indagou-me em árabe:
– Nunca havia visto algo assim?
– Não, senhor. É a primeira vez que vejo isso. Como é possível?
– É uma ciência que manipulamos há milênios para melhor ajudarmos os feridos.
– Muito interessante. Gostaria de poder estudar sua ciência.
– Como se chama, viajante?
– Saied é meu nome, senhor. E o seu?
– Mestre Han, amigo Saied. Gostaria de ficar algum tempo conosco?
– Com muito prazer. Creio que poderei aprender muito com os senhores, mas apenas se puder ser-lhes útil em algo eu ficarei aqui.
– Gostaria de ser um guardião do templo?
– Sim, isso me interessa. Eu quero aprender, mas também quero ser útil.
– Vejo que tem uma bela espada, sr. Saied.
– Eu a ganhei, mestre Han. Alguns dias atrás, eu ajudei um homem muito infeliz e ele me presenteou com ela. Ainda não a tinha usado, até socorrer este seu amigo. Fiquei admirado com seu poder.
– Posso vê-la?
– Pois não. Mas cuidado, porque ainda não sei do que ela é capaz.

Lentamente, mestre Han desembainhou a espada e ficou observando-a. Nada aconteceu com a espada.
– Muito estranha esta espada, guardião Saied. É toda marcada com símbolos. Sabe o que significam?
– Deixe-me ver!

Eu olhei com atenção. Era toda trabalhada e quem a preparou era um artista, pois os símbolos eram muito bem feitos.
– Parece até que eles fazem parte da lâmina, mestre Han, e que não foram gravados.
– É isso que mais me intrigou. O que disse o homem quando lhe presenteou com a espada?
– Quase nada. Disse-me que o peso dela o incomodava e trazia muitos problemas, por isso não a queria mais. Mandou-me fazer bom uso, que ela se iluminaria ainda mais, mas se fizesse mau uso, ela voltaria a ser escura como o ferro.
– Esta espada deve ter pertencido a um grande mestre do Oriente que não quis mais usá-la. É uma espada encantada. Sabe como usá-la?
– Não, senhor. Só vi seu poder quando a puxei para defender o pobre homem.
– Não teme usá-la?

— Aprenderei com o tempo. Talvez eu possa aumentar o seu brilho, se puder aprender com o senhor como usá-la de forma justa.

— Nós não usamos espadas aqui em nosso templo. Mas os guardiões as usam e não são como estas. Gostaria de trocá-la por uma mais simples?

— Não, mestre Han. Nós, árabes, temos um costume: quando damos algo, não o aceitamos de volta, mas quando ganhamos algo, não nos desfazemos dele.

— Eu conheço esse costume árabe. Espero que esta espada não represente para você um peso muito grande, igual ao que fez o antigo dono desfazer-se dela.

— O que significam estes símbolos, mestre Han?

— São símbolos das Linhas de Lei do Grande Oriente.

— E o que é o Grande Oriente?

— Estude e aprenderá.

— Mas eu não sei ler ou falar em sua língua, mestre Han.

— Eu o levarei ao mestre Li. Ele primeiro o ensinará a nossa língua, depois iniciará os seus estudos. Precisará estudar muito para honrar esta espada.

— Agora eu estou mais curioso que nunca para decifrá-la. Esforçar-me-ei, mestre Han. Espero poder saber usá-la um dia.

— Como veio parar aqui, amigo Saied?

— Eu vivo vagando pela terra. Não tenho raízes em lugar nenhum. Já estive em muitos lugares bonitos, mas nenhum como este. Acho que sou um andarilho.

— E acha que vai poder ficar atado à nossa disciplina?

— Se eu não me adaptar, posso pedir para me afastar do seu templo?

— Sim. Nós não impomos nada a ninguém. A luz se conquista com amor, não com imposições.

— Muitos tentaram isso comigo. Acho que é por isso que estou gostando daqui; tudo é muito diferente. Como não descobri este lugar antes?

— Nada é mostrado a alguém se ele não está preparado. Para tudo tem de haver um motivo.

— Será que foi esta espada encantada que me conduziu até aqui?

— Se não foi ela, é porque há outro motivo. No futuro descobrirá qual foi o motivo.

— É, acho que está na hora de modificar-me. Talvez seja este o motivo.

— É mais provável que seja este o motivo. Espero que possa aprender muito conosco, amigo Saied.

— Obrigado pela confiança, mestre Han.

— Venha, meu amigo, vou apresentá-lo ao mestre Li.

Eu o acompanhei até o mestre Li. Em sua língua, falou:

– Mestre Li, este é o amigo Saied que salvou um dos nossos. Ele gostaria de ser um guardião do nosso templo. Ensine-o a falar e a escrever nossa língua, para que possa estudar com os sábios no futuro.

– Sim, mestre Han. Vou torná-lo um dos nossos guardiões.

E, virando-se para mim, falou:

– O senhor é bem-vindo ao Templo Dourado, amigo Saied.

Eu olhei para o mestre Han, pedindo o seu auxílio. Ele falou algo ao mestre Li, e este me falou a mesma frase em árabe.

– Obrigado, mestre Li. Ordene-me e obedecerei, ensine-me e aprenderei. A partir de agora, estou sob suas ordens.

– Siga-me, guardião Saied.

Eu me despedi do mestre Han e o acompanhei. Logo, estávamos em um salão muito grande, onde havia muitos guardiões.

– Esta é a sala dos guardiões. O senhor terá de vestir-se como eles. Venha até o vestiário e lhe daremos roupas adequadas. Precisa modificar um pouco sua barba e cabelo.

– Sim, senhor. Como faço isso?

Mostrando um homem bem velhinho, ele me disse:

– Ling o preparará de acordo com as normas dos guardiões. Mais tarde, eu voltarei e tornaremos a conversar – saudou-me.

– Obrigado, mestre Li – eu o saudei da mesma forma. Estava começando a aprender seus modos.

Antes de sair, ele falou com Ling. Este me chamou com um sinal e pouco depois me dava roupas iguais às dos guardiões. Aparou-me o cabelo e fez um rabo trançado na nuca. Tosou minha longa barba branca bem rente. Eu não mais me parecia com Simas de Almoeda.

Sorri quando me vi no espelho. Ele viu meu sorriso e sorriu também. Depois levou-me até um pátio e deu-me uma espada sem ponta e sem fio. Eu entendi o seu desejo. Acompanhei-o nos movimentos e logo sabia como segurar corretamente uma espada. Treinou-me por umas duas horas. Eu estava gostando daquilo, e ele ficou feliz com minha boa vontade. Nisso entrou o mestre Li.

– Vejo que estão se dando muito bem, guardião Saied. É difícil alguém agradar ao mestre Ling, e você o agradou.

– Obrigado, mestre Li. Vou esforçar-me ao máximo para ser um bom guardião do Templo Dourado.

– Acompanhe-me. Eu o levarei até o professor que irá ensinar-lhe o chinês.

Eu o acompanhei. Ao entrar em uma sala abarrotada de pergaminhos, vi um ancião sobre uma mesa consultando uns papéis.

– Guardião Saied, este é o professor Cheng. Ele o instruirá em pouco tempo. Ficará sob orientação dele até que fale e escreva nossa língua.

– Muito prazer, professor Cheng, sou Saied e me coloco sob suas ordens. Fico agradecido em poder aprender com o senhor:

– Sente-se, Saied. Vamos começar já o seu estudo.

Mestre Li retirou-se e eu me sentei. Comecei a estudar com aquele grande gramático. Os dias passavam rápido. Eu estudava a maior parte do tempo e duas horas por dia eu treinava com mestre Ling. Já dominava bem o manejo da espada e começava a conversar com ele.

O estudo ia muito bem. Eu já mantinha uma conversação razoável. Com quatro meses, eu já lia, escrevia e falava o chinês. Mestre Cheng me ensinava um pouco de tudo a respeito dos costumes daqueles espíritos, e mestre Ling me ensinava sobre sua natureza e modo de agir.

Como já não tinha problemas de comunicação, comecei a estudar algumas matérias mais profundas com mestre Cheng. Devido à minha facilidade em aprender, ele me sobrecarregava com manuscritos cada vez mais complicados.

Quanto ao mestre Ling, testou-me em uma luta marcial com um dos guardiões e até me saí bem. Não era um grande espadachim, mas não fiz feio diante do meu mestre.

– Logo você será um bom guardião, amigo Saied.

– Obrigado, mestre. Espero não o ter decepcionado como aprendiz.

– Até que se defendeu muito bem, mas precisa aprender a tomar a iniciativa do combate. Somente assim será um guardião de verdade. Vou prepará-lo mais um pouco e depois terá um teste final.

Eu continuei com os dois aprendizados. Quando se completaram seis meses de estudo e treino intensivo, eu estava pronto para ser testado nos dois.

Primeiro foi mestre Ling que me testou. Eu sabia que era decisivo, e por isso usei tudo o que me havia ensinado.

Eu tinha de vencer ou não seria aceito como um guardião.

Lutei com toda minha atenção voltada para a vitória. Meu oponente já era guardião há muito tempo. Tinha toda a experiência que eu ainda não possuía. Mas, ao final de meia hora de luta, mestre Ling ordenou que cessássemos o combate.

– Está aprovado, guardião Saied. A partir de amanhã tirará guarda junto com o guardião que combateu. Ele o instruirá sobre as funções dos guardiões. Este é o guardião Sin.

– Obrigado, mestre Ling. Muito prazer, guardião Sin.
– Muito prazer, guardião Saied.
Quando recebemos ordens para nos retirarmos, fui ao encontro do mestre Cheng para o outro teste.
– Vejo que foi aprovado como guardião, amigo Saied.
– Fico honrado em ser um guardião, mestre Cheng. Espero honrá-lo também como seu aluno.
– Não vou poupá-lo. Terá de mostrar realmente se aprendeu nossa língua. Está pronto?
– Sim, senhor.
E começou o segundo teste do dia. Ele realmente não me poupou. Tive de colocar todo o meu intelecto em ação para me sair bem. Ao final de quatro horas, ele me parabenizou pelo meu aprendizado.
– Foi o melhor aluno que tive até hoje, guardião Saied.
– Fiz apenas o que o melhor gramático me ensinou. Se fui um bom aluno, devo isso ao senhor. Continuarei me aperfeiçoando de agora em diant, mestre Cheng.
– Se quiser estudar algo mais do que a gramática chinesa, eu o apresentarei a um dos nossos muitos mestres. O que gostaria de estudar?
– Eu gostaria de aprender sobre as qualidades e imperfeições dos seres humanos.
– O que pretende com estes estudos, guardião Saied?
– Conhecer a mim mesmo, mestre Cheng, e poder entender aos meus semelhantes.
– Venha, guardião Saied, vou levá-lo ao mestre Li, ele dará sua opinião.
Quando chegamos até mestre Li, ele me parabenizou por ter passado nos dois exames.
– Saiu-se muito bem, guardião Saied. Estou feliz por você.
– Obrigado, mestre Li.
Mestre Cheng falou-lhe a respeito do meu desejo de continuar os estudos e sobre a matéria escolhida.
– Muito bem, guardião Saied. Escolheu o caminho certo para se aperfeiçoar.
– Vamos até o mestre Han para lhe comunicar sua aprovação e seu desejo em continuar os estudos.
Mestre Han parabenizou-me e aprovou meu desejo de estudar. Iria designar os mestres desta matéria e, assim, aprenderia um pouco mais.
Fui apresentado aos dois mestres. Estudaria no período em que estivesse de folga do posto de guardião.

Comecei a acompanhar o guardião Sin e fui aprendendo dia a dia como ser um guardião e como agir em caso de necessidade.

Um guardião tinha de visitar lares e expulsar espíritos que os perturbavam, ou proteger certos locais sagrados para os chineses. De vez em quando, entrávamos em combate mas, em geral, todos fugiam dos guardiões, que eram muito temidos.

Eu usava minha espada encantada somente em último caso, preferia uma espada igual à de Sin. Dávamo-nos muito bem. Ele quase não falava e eu não gostava de falar mais do que o necessário. Aprendi tudo sobre os locais sagrados, sua força e poder e como cultuar aos deuses chineses. Tudo tinha harmonia com o Cosmos. Tudo era filosofia da mais elevada pureza. Eu estava encantado com tudo e meu companheiro de guarda procurava me ensinar sempre mais.

Enquanto isso, eu aprendia sobre as qualidades e imperfeições do espírito humano. Lentamente, eu ia me conhecendo através dos ensinamentos ministrados pelos mestres.

Aprendia a conhecer os meus semelhante e, ao final de outros seis meses, fui aprovado no exame a que me submeteram. Nova parabenização de mestre Han.

– Você nos honra, guardião Saied. Aprende com o guardião Sin e com os mestres. O que vai fazer agora?

– Não sei; o que escolher, mestre Han. Poderia me sugerir um outro estudo?

– Com muito prazer. Vá procurar o mestre Rang e aprenda com ele sobre a ação da natureza em função da criação.

E eu estudei com afinco por mais seis meses. Aprendi muito sobre a natureza em função da criação. Tudo o que aprendi, deixou-me fascinado.

Quando eu não estava de serviço como guardião, estava no meio de livros e pergaminhos.

Novo exame e nova aprovação, e novo curso.

Iria estudar tudo sobre as cores e os sons. Eu já conhecia um pouco, em razão do tempo em que estive no templo dos magos. Foram para mim muito fáceis essas matérias. Quando fui aprovado, meu professor me conduziu até mestre Han.

– Ele se saiu muito bem, mestre Han. Eu indicaria o estudo das doenças e suas curas.

– O que acha desta sugestão, guardião Saied?

– Um dia eu entrei aqui por acaso, mas hoje vejo que fui conduzido, mestre Han. Farei o curso com prazer.

– Então siga em frente, guardião Saied. Nós nos falaremos quando terminar o curso. Este é bem longo.

Comecei a aprender tudo sobre as doenças e suas curas. Os primeiros dois anos foram sobre o corpo carnal do ser humano. Às vezes, eu saía do templo com o meu mestre e visitávamos os doentes encarnados. Levávamos certas substâncias usadas por ele para apressar a cura dos enfermos.

Eu já sabia muito do que me era ensinado, pois aprendera um pouco com os magos persas quando estive na carne, com os negros e também com os índios. Era muito fácil para mim diagnosticar as doenças e os remédios a serem aplicados.

O meu mestre me indicou um encarnado que atendia os enfermos. Eu passei a ficar dois dias por semana ao seu lado, somente para intuí-lo no uso adequado dos remédios necessários às enfermidades mais difíceis de serem diagnosticadas. O trabalho me fascinava.

O meu amigo encarnado era ótimo intuitivo e eu gostava muito dele. Era um grande homem.

Um dia, meu mestre falou:

– Vejo que gosta da tal função, guardião Saied. Por que não deixa o posto de guardião?

– Eu prometi ao mestre Han que seria um guardião. Vou sê-lo enquanto permanecer no Templo Dourado. Ainda tenho muito que aprender como guardião. Mas também gosto muito deste trabalho.

– Não preciso fazer exame para ver se aprendeu, porque os resultados do nosso amigo encarnado é uma prova de que você já é um mestre no assunto.

– Obrigado, mestre Reng. Muito me honra suas palavras.

– De agora em diante, irá aprender como cuidar dos espíritos enfermos. Esta parte é muito importante, guardião Saied. Verá a que estado o espírito humano pode chegar. Terá de ser forte, caso se saia bem.

– Vou me esforçar, mestre Reng.

E assim, eu fui dedicando outros dois dias, intercalados com os do meu amigo encarnado, ao estudo dos espíritos doentes. Aprendia tudo com facilidade. Visitávamos abrigos dos mais variados tipos. Aprendi a penetrar na mente humana até seu mais profundo esconderijo para buscar a origem das doenças da alma. Três anos depois, eu já era considerado um mestre no assunto.

Comecei a me dedicar a curar almas enfermas e obtive muito sucesso em tal atividade. Recebi uma menção honrosa do mestre Han.

– Guardião Saied, você nos honra com seu esforço. Quase não tem descanso. Além de cumprir com suas funções de guardião, ainda auxilia um encarnado dois dias por semana e está obtendo muito sucesso na cura dos enfermos da alma.

– Obrigado, mestre Han. Muito me honra suas palavras, mas ainda me restam mais alguns dias livres na semana. O que o senhor sugere que eu aprenda?

– Vai aprender como mover as forças que agem no Cosmos.

– É sobre o uso da luz que eu vi quando aqui cheguei?

– Sim, e muito mais também. Quando aprender tudo sobre tal assunto, será um mestre.

– Obrigado, mestre Han. Vou me aplicar nisso também.

E assim, eu comecei a aprender tudo sobre certas forças mágicas que podem ser manipuladas por um espírito e pelos homens. Era fascinante o que eu aprendia. Nada me foi ocultado. Eu tomava conhecimento das forças que podem agir tanto no mundo eterno como no mundo material.

Já havia aprendido muito durante a passagem pela carne, mas não com tantos detalhes como agora. Aprendi como o ser humano é frágil em sua moral e como se atira no abismo por ódio ou inveja.

Os mestres me levavam a todos os cantos do globo terrestre e eu aprendia todos os tipos de magias. Nada me era estranho ao final de outros três longos anos.

Nos dois dias que me restavam, passei a acompanhar um mestre que orientava um mestre encarnado no combate às magias negras, feitiços e encantos. Eu já não tinha mais tempo livre.

Seis longos anos, após o último aprendizado, eu já era um mestre entre eles, mas não abdicava de minha função de guardião do Templo Dourado.

Com o que havia aprendido, eu tirava almas de suas doenças espirituais com muita facilidade. Tinha um dom especial para tal trabalho. Após tantos anos, já não sabia mais quantas almas havia auxiliado, tão grande era seu número. Ajudava-as a se encontrarem consigo mesmas. Isso me deixava muito feliz.

Ao lado do curador, eu fazia uso de todo o meu saber e poder, sempre que se fazia necessário. Meu mental adquiria a cada dia mais poder e eu achava que finalmente havia me encontrado. Eu era o mais ativo membro daquele agrupamento de espíritos de luz. Um dia, mestre Han convocou-me à sua sala. Saudei-o à chegada e fui convidado a me sentar, coisa muito difícil de acontecer. Eu ainda era um guardião e havia um superior que cuidava de todos os assuntos referentes a nós, por isso estranhei sua ordem.

– Pois não, mestre Han. Em que posso ser útil?

– Guardião Saied, você um dia chegou até nós por acaso ou obra do destino?

– Não sei, mestre. Por que me pergunta isso?

– Você chegou até nós por ter ajudado a um dos nossos, mas com o tempo, eu comecei a pensar qual teria sido o motivo de sua vinda. Sua dedicação aos estudos e o esforço em dominar todos os graus possíveis à mente de um espírito deixaram-me curioso.

– Eu descobri que o templo poderia oferecer-me tudo o que eu precisava, por isso tenho me dedicado ao máximo, mestre Han.

– Ainda assim, tudo é muito estranho, Saied. Há um motivo muito forte para tal procedimento de sua parte. Assiste a enfermos, auxilia um médico, combate magias e encantamentos e ainda é um dos melhores guardiões. Tudo é muito louvável e só nos tem honrado com seu esforço, mas qual é o seu objetivo?

– O senhor já me conhece há muito tempo e, creio eu, já sabe que não procuro posto ou grau maior do que o de guardião. Tenho desenvolvido o meu mental para poder ser útil aos meus semelhantes. Se há o estudo e sua posterior aplicação em benefício deles, eu me esforço.

– Não é isso o que eu quero saber, Saied. Tento compreender porque você não age como os outros guardiões. Não procura antigos amigos, ou parentes, nem ao menos busca algum ancestral, apesar de conhecer tudo sobre a lei dos ancestrais.

– Os outros guardiões têm família na carne ou no mundo espiritual, mas eu não. Um dia achei por bem isolar-me de todo o passado e disse para mim mesmo: "Eu nasci hoje e assim agirei a partir de agora". Logo, sem que me desse conta, estava auxiliando aquele seu servidor. Vi, então, que podia ter deixado o passado para trás, mas não havia alterado meu modo de ser. Já que pertencia à Luz, poderia servi-la, mas não como fazia antes. Iria anular-me por completo. Foi o que fiz.

– Você teria coragem de mentir para mim?

– Não, mestre Han, já aprendi tanto aqui que seria estupidez e falta de caráter de minha parte tentar tal coisa. Eu o respeito muito para ocultar-lhe algo. Por que me faz tal pergunta?

– Eu tenho tentado ouvir o seu mental e não consigo. Você o bloqueou totalmente para o passado e não alimenta nenhuma vontade em relação ao seu futuro. Eu não vejo em você um passado ou um futuro, somente um espírito que vive o presente, e isso é impossível de ser compreendido.

– Como já lhe disse, eu me isolei do passado e o que anseio em relação ao futuro é servir aos meus semelhantes no presente, nada mais.

– Mas você não tem alguém que lhe cause saudades de sua última encarnação?

– Eu tinha e alimentava a esperança de reencontrá-los, mas após meu desencarne, fui privado dessa possibilidade ao ser internado em um abrigo espiritual. Lá, ninguém me mostrou a porta que conduzia a esse reencontro. A desilusão me levou à busca de um trabalho qualquer. Não importava o tipo de atividade, contanto que servisse à Luz. Mas tive nova desilusão e fugi do meu passado. Eu o matei em meu mental. Nele, nada mais me atrai, ou me exige, ou me oferece, é apenas passado. O que me atrai é o que faço no presente.

– Você deve ter parentes ou amigos que gostariam de revê-lo, não?

– É possível, mestre Han, mas eu não quero vê-los. Só dei ou colhi desilusão no passado. Por que reavivá-lo e com isso mexer nas feridas que atormentavam minha alma?

– Então, achou melhor esquecê-lo?

– Sim, senhor. Só assim eu não causaria mais lágrimas a alguém. Para mim, isso é o que mais interessa.

– E não se incomoda com o que eles possam pensar ou sentir a seu respeito?

– Não. À medida que fui entrando em suas vidas, eu os magoava e a tristeza se fazia presente. Foi assim com meus pais, minha primeira esposa e a segunda. Até meus filhos sentiram-se abandonados. O meu passado deve ficar sepultado junto com meu corpo carnal. É ali que tudo deveria ter terminado, mas não! Logo eu estava auxiliando e, sem que me desse conta, em pouco tempo já tinha alguém sofrendo por mim, mesmo que eu não tivesse culpa alguma por isso. Queria ajudá-la a livrar-se do passado, mas o que consegui foi aumentar sua desilusão. Se deveria ser assim, melhor seria morrer em espírito e desaparecer da mente de todos. Quando vim para este templo sagrado, não queria envolver-me com mais ninguém. Apeguei-me a ele e vivo por ele. Aqui tenho tudo o que desejo e preciso. Estudo e trabalho.

– Mas você tem o amor?

– Sim, eu o amo muito, assim como aos outros mestres que passaram por minha vida. Amo o meu trabalho e o estudo. Amo as almas perdidas que consigo auxiliar e isso me satisfaz.

– Mas falta a você o amor do passado, Saied. Aqui, nesta região da Terra, o passado é cultuado tanto por espíritos no astral como no corpo físico. Você tem um passado que possa amar?

– Não, e o senhor sabe disso. O meu passado me envergonha, e prefiro mantê-lo adormecido.

– Por que alguém como você, que consegue esclarecer os outros com tanta facilidade, não esclarece a si mesmo?

– Eu não quero mexer em feridas muito difíceis de serem curadas.

– Você sabe que eu apenas procuro auxiliar os que aqui ingressam. Gostaria de ajudá-lo também, guardião Saied.

– O senhor já me auxiliou mais do que devia. Isso eu acho que nunca lhe poderei retribuir.

– O que você fez pelos caídos já é motivo para nada dever a alguém, mas ainda deve a si mesmo. Poderá passar toda a eternidade voltado para o auxílio do semelhante e, ainda assim, não será um espírito completo.

– Eu sei disso, mestre Han, mas não procuro coisa alguma. Se sou incompleto, estou satisfeito como sou.

– Isso o impedirá de atingir o grau mais alto de nossa ordem: ser um mestre verdadeiramente. Diga-me: o que falta você estudar aqui?

– Eu já estudei tudo o que estava aberto aos servidores menores. Também já li tudo o que há na biblioteca do templo. Atingi o máximo que eu poderia conseguir aqui.

– E ainda assim prefere ser um guardião, não?

– Sim, eu aceitei tal função como um ponto de honra e vivo por ela. Só espero que meu trabalho como guardião não o desagrade, mestre Han.

– Não me desagrada, mas eu não posso deixar por tanto tempo alguém como você no posto de guardião.

– Por que, mestre Han?

– Já que conseguiu absorver tudo o que havia para ser ensinado, se eu não o qualificar para uma função mais elevada, não poderei elevar outros guardiões. Eu quebraria a cadeia natural da evolução.

– Mas eu não procuro ascender a outro grau; estou muito feliz no meu estágio atual.

– Você sabe que o médico que você auxilia junto com outros mestres logo irá desencarnar?

– Sim, já fui avisado.

– E sabe também que o mestre encarnado que você auxilia irá desencarnar em breve?

– Sim, também já fui avisado e estou triste por isso, porque ele é um ótimo equilibrador das pessoas na Terra.

– E o que fará após a passagem deles para o nosso lado?

– Espero ser designado para novos trabalhos na crosta.

– Só almeja isso?

– Sim, mestre Han.

– Não gostaria de se harmonizar com seu passado e assim ser designado para funções mais elevadas e de maior responsabilidade.

– Caso o senhor me ordene, eu as cumprirei com muito boa vontade e empenho.

— Não é possível a um guardião cumpri-las. Haveria a quebra da hierarquia. Um espírito que está no primeiro grau não pode dar ordens a outros que estão no terceiro ou quarto grau de ascensão.

— Mas eu tenho qualificações para isso, não?

— Ainda não.

— Explique melhor o seu objetivo, mestre Han.

— Um animal de carga é muito forte e pode transportar uma grande carga, mas isso não significa que ele seja superior ao seu condutor, não é verdade?

— Sim, mestre Han. Já entendi onde quer chegar.

— Vai me ajudar um pouco, guardião Saied?

— Por onde começo, mestre Han?

— Vamos deixá-lo livre de suas tarefas, após o desencarne dos dois mestres que você e outros auxiliam. Assim poderá dedicar-se a uma nova etapa da evolução espiritual. Você conhecerá todo o seu passado milenar e irá descobrir por que não quis conhecer o antigo dono desta espada encantada.

— O senhor o conhece?

— Devo responder a esta pergunta?

— Não, mestre. Desculpe-me por indagar-lhe tal coisa; não pretendia pôr em dúvida seu poder e conhecimento. Eu sei que o senhor conhece tanto o antigo dono como a espada.

— Por que diz isso com tanta certeza?

— Eu já aprendi o bastante para saber que o senhor me é mil vezes superior em todos os sentidos e que não precisa penetrar em meu mental para saber algo sobre mim. Peço apenas que não me julgue indigno de sua estima por não ter contado sobre o meu passado quando ingressei no templo. Não menti, agora continuo a dizer a verdade quando afirmo que não quero ser nada mais do que um guardião.

— Eu sei que não mente. Apenas peço que me deixe ajudá-lo a se harmonizar com seu passado.

— Não perderei meu cargo de guardião?

— Por enquanto, merece toda minha confiança. Espero contar com a sua também.

— Não o decepcionarei, mestre Han.

— Então pode voltar aos seus afazeres, guardião Saied.

— Com licença, mestre Han.

O Resgate

Voltei aos meus afazeres e aguardava juntamente com os mestres superiores o desencarne dos dois amigos da Terra.

Quarenta dias depois, tudo havia terminado. Fiquei apenas com a função de guardião, auxiliando os espíritos mais fracos e menos evoluídos.

O tempo passava e mestre Han não me chamava. Achei melhor tomar uma iniciativa que poderia mudar um pouco o meu passado.

Convidei o guardião Sin para me acompanhar a um local que poderia dar-me uma pista do paradeiro de alguém.

– Quem você procura, guardião Saied?

– Um meio-irmão meu. Eu só o vi uma vez; no segundo encontro, ele me cegou.

– Quando foi isso?

– Há muitos anos, quando eu ainda animava um corpo físico na Terra.

– E acredita poder encontrá-lo ainda com vida?

– Não. Já deve ter desencarnado há muito tempo.

– E como conseguirá encontrá-lo?

– Vamos e eu lhe mostrarei como.

Logo estávamos em uma aldeia turca. Procurei o lugar onde se havia dado nosso último encontro. Como naquela região nada mudava, não foi difícil localizar o lugar exato.

– Como pretende localizá-lo a partir de um fato que não deixou sinais visíveis, Saied?

– Vou usar um pouco do que aprendi com os magos persas, e outro tanto com os mestres do Templo Dourado.

– Acha que isso é possível?

— Sim, meu amigo. Por isso eu o convidei para que me acompanhasse. Vou libertar meu mental e lançá-lo até o dia em que nos encontramos aqui, e depois seguirei sua caminhada até onde está agora. Não posso ser interrompido enquanto durar esta busca. Você me aguarda enquanto eu o procuro?

— Faça sua busca em paz e eu o defenderei de toda e qualquer perturbação.

— Obrigado, amigo Sin. Eu sabia que poderia contar com sua ajuda.

Sentei-me na posição mais adequada para tal exercício e fui liberando meu mental. Lentamente, fui conseguindo visualizar o passado. A cada instante, ele se tornava mais nítido. Esforcei-me ao máximo até atingir a visão mais perfeita possível.

As cenas começaram a se desenrolar em minha mente. Eu vi meu irmão me jogar no chão e me cegar com o auxílio de uma adaga aquecida no fogo. Pareceu-me tão real que cheguei a sentir um pouco de ardor nos olhos.

A partir daquele momento, eu o segui a grande velocidade. Via toda a sua carreira como fora da lei. Como havia cometido erros o meu meio-irmão! Vi várias pessoas serem mortas pela sua adaga. Não viveu muito.

Oito anos após nosso encontro, ele foi assassinado por um daqueles que o ajudaram a me cegar. Triste sina havia tido ele.

Continuei com a busca visual. O que eu via me assustava, mas procurei manter a calma, senão quebraria a ligação visual. Por fim, consegui localizar seu paradeiro atual: era mais um dos muitos habitantes das Trevas. Fixei bem o local e chamei o guardião Sin.

— Localizei meu irmão e vou ao seu encontro nas Trevas.

— Isso é perigoso, Saied. Não pode mergulhar nas Trevas sozinho.

— Está insinuando que quer ir comigo?

— Não quero perdê-lo como companheiro, o que pode acontecer caso eu o deixe ir só. Se preferir, eu vou com você ao local onde está seu irmão.

— Aceito sua oferta, meu amigo, mas cuidado com meu irmão.

Nós nos lançamos a uma velocidade vertiginosa rumo às Trevas. Num instante, estávamos no meio de um agrupamento de espíritos perversos. O lugar tinha uma aparência horrível e os seus habitantes também.

Fomos cercados por muitos deles. Um vozerio tomou conta do lugar. Um deles, que me pareceu o chefe do lugar, encarou-nos e perguntou:

— O que vocês querem aqui, espíritos de luz?

— Eu procuro o meu irmão, amigo. Não queremos causar nenhum mal a vocês.

— Vocês não nos poderiam fazer mal nenhum aqui e, caso eu não goste do seu irmão, vou fazer com vocês o mesmo que farei com ele: colocarei grilhões em seus tornozelos e os manterei presos aqui por muito tempo.

– Quer tentar fazer isso, amigo? – falei eu puxando minha espada de guardião. Sin fez o mesmo e colocou-se em guarda. O homem recuou.

– Acho que não há motivos para lutarmos pelo seu irmão, servidor da Luz. Quem é ele?

– Aquele que está naquela corrente. Vou chegar até ele, não tente interferir, senão o meu primeiro golpe decepará sua cabeça, amigo.

– Fique à vontade e fale com o lixo do seu irmão.

Eu me aproximei dele. Estava horrivelmente mutilado. O que havia feito a mim não era nada comparado ao seu estado atual.

– Como vai, irmão? – falei eu, à guisa de cumprimento.

– Quem é você que me chama de irmão? Eu não tenho irmão nenhum.

– Não se lembra de mim? Sou Simas de Almoeda, o mago que você achou por bem cegar. Recorda-se agora?

– Sim, como não me lembrei! Mas você está diferente, irmão delator. Cadê seu cajado de mestre da Luz?

– Eu o troquei pela espada da Lei, irmão.

– Grande mudança não? Cansou-se de ajudar os miseráveis?

– Não me cansei não, irmão. E tanto é verdade que estou aqui para ajudá-lo a sair deste lugar horrível.

– E quem lhe disse que eu quero sair daqui?

– Ninguém me disse, mas acho que tenho o dever de ajudá-lo a se erguer novamente.

– Ainda tem remorso do que fez, irmão bonzinho?

– Sim, eu sinto remorso e tristeza por vê-lo assim. Talvez eu tenha um pouco de culpa por seu estado atual.

– Um pouco? Ainda tem coragem de se eximir de toda a culpa?

– Não fui eu quem o mandou matar seus semelhantes, tampouco roubar os indefesos, nem violar as mulheres que despertavam seu desejo.

– Tudo isso poderia ter sido evitado se você não tivesse matado o nosso pai. Eu era um homem bem de vida, até você delatá-lo.

– Por que não continuou sendo um homem de bem após a morte dele?

– Eu me senti desamparado com sua morte, por isso nunca vou perdoá-lo, irmão.

– Não está fugindo de sua parcela de culpa por ter cometido tantos erros?

– Eu não errei porque quis. Fui levado a isso por sua ação covarde.

– Vejo que você não tem um mínimo de bom senso, irmão. É o mesmo que falar com uma pedra. Não vê que seu estado atual é consequência de sua falta de sentimentos elevados?

— Ainda me pede para conservar sentimentos elevados depois do que fez ao nosso pai?

— Eu tento compreendê-lo, mas isso é impossível. Não vê que a sua situação atual tem muito a ver com o que fez a outras pessoas. Ou será que pensa que elas não tinham famílias para cuidar? Acha que pode sair pelo mundo tirando a vida de seus semelhantes e ficar impune diante da Lei Maior?

— Você não está impune até hoje?

— Não, porque você foi meu juiz e meu carrasco, ou já se esqueceu disso? Não me julgou e emitiu sua sentença? Não me fez sofrer nas trevas da cegueira por longos anos? Ou esqueceu de suas últimas palavras antes de queimar meus olhos? Você me julgou e executou a sentença quando isso não cabia a você. Se tivesse deixado para o Criador, hoje não estaria aqui, assim como se tivesse agido como um filho de Deus, agora você não estaria sendo castigado neste lugar de trevas.

— Você sabe defender-se muito bem, irmão. Olhe como todos o estão ouvindo com atenção. Talvez queiram sua ajuda, irmão da Lei.

Eu olhei à nossa volta e vi que realmente todos estavam nos ouvindo com atenção. Falei-lhe, então, pesando bem as palavras:

— Talvez eles também estejam à espera de uma oportunidade para se redimirem dos erros do passado, irmão. Quem sabe um dia todos nós possamos nos redimir dos nossos erros e assim conseguirmos um pouco de paz para nossos espíritos cansados de tantos tormentos? Quantos deles não gostariam de ter uma mão amiga a levantá-los das Trevas e dar-lhes uma oportunidade para poderem, com o tempo, resgatarem um pouco dos erros cometidos?

— Você fala como um sábio, mas não dispensa a espada, irmão. Por que não me dá a sua espada?

— O que você faria com ela, irmão?

— Eu o decapitaria com um só golpe. Assim saciaria toda minha sede de vingança por ter me lançado neste tormento.

— Acha que fazer isso a mim traria paz para sua mente? Ou está apenas procurando alguém para justificar a fraqueza do seu caráter?

— Vê! Você fala e fala, mas não tem um pingo de coragem. É um covarde, irmão.

— Se sou um covarde, isso só compete a mim, mas eu já sofri o bastante por um erro cometido por ignorância. Você não! É um covarde porque não reconhece que está nesta situação porque agiu em desacordo com a Lei Divina. Por que não reconhece que errou também?

— Eu errei no dia em que o ceguei; devia ter cortado seu pescoço já naquele tempo.
— Você teria coragem de fazer isso? Ainda não aprendeu sua lição?
— Que lição? Você não vê que estou aqui por sua causa? Dê-me sua espada e aí, sim, eu completarei a minha vingança.
— Eu pensei em ajudá-lo porque sou o responsável pelo seu desequilíbrio, mas me é impossível. Então prefiro ser destruído de uma vez por todas. Só assim terei o descanso que ainda não consegui. Pegue a minha espada e faça o que quiser irmão, mas lembre-se de que não morremos duas vezes. O que vai conseguir com isso é o mesmo que conseguiu da primeira vez: enviar-me à escuridão, de onde não há saída para nenhum mental. Você tem coragem para fazer isso?
— E você tem coragem de me deixar decapitá-lo?
— Sim, eu tenho.
E tirando a minha espada da bainha, entreguei-a a ele.
— Não faça isso, guardião Saied. Ele está desequilibrado, não vê isso?
— Vejo, guardião Sin, mas ele não consegue ver que, se está nas Trevas, é pelos atos que cometeu, e não pelo que eu fiz. Se minha destruição como espírito servir para tirá-lo do seu adormecimento como espírito eterno, eu aceito minha culpa.
E, olhando nos seus olhos, finalmente falei:
— Vamos, irmão, dê vazão ao seu ódio, se é isso o que quer. Mas, pense bem, você apenas irá acrescentar mais um crime aos muitos que já cometeu.
Ele também ficou olhando fixamente para mim. Por fim, falou:
— Não vai fugir do meu golpe? Você é um covarde, não vai esperar o fio da espada tocá-lo.
— Está com medo de dar vazão ao seu ódio e depois não ter mais ninguém para justificar suas fraquezas, meu irmão?
— Acaso acha que sou tão covarde quanto você?
— Eu não o acho um covarde, mas sim alguém que precisa de ajuda para poder reparar parte dos erros que cometeu. Se nosso pai não tivesse sido queimado, talvez ele viesse a vê-lo com muita tristeza no futuro, porque os instintos ruins fazem parte de seu mental. Você é meu inimigo, irmão, sempre o foi, e acho que já sabia disso muito antes de nosso pai vir a morrer. Você sentia ciúmes quando ele falava de mim, não irmão? Só que ele nunca me falou de você. Esta é a nossa diferença, não?
— Sim, esta é a diferença, irmão.
— Se o fato de me destruir irá confortá-lo, erga a espada e dê o golpe mortal, pois eu não fugirei. Lembra-se de como fazia suas vítimas ficarem ao matá-las? Volte a fazer isso, agora que tem uma espada na mão, irmão.

E, abaixando-me, ordenei:

– Já estou na posição em que tanto lhe agradava ver suas vítimas. Vamos, irmão, faça-o mais uma vez!

Ele levantou a espada e armou o golpe. Eu o encarei mais uma vez nos olhos e vi um estranho brilho neles: era de dúvida. Tornei a ordenar:

– Vamos, irmão, sacie toda a sua sede de vingança, mas não pelo nosso pai e sim por você mesmo. Faça-o de uma vez! – gritei.

Ele desferiu o golpe com violência, mas por obra do Divino Criador, o guardião Sin o aparou com sua espada, quando a lâmina já se aproximava do meu pescoço.

Meu irmão atirou-se de joelhos e começou a chorar. O guardião Sin levantou-me, pois eu estava lívido.

– Eu disse que ele estava desequilibrado, guardião Saied. Por que se arriscou?

– Já estou cansado de sofrer pelo que não posso mudar. Melhor desaparecer como espírito também.

– Está errado, guardião Saied. Muitos podem ser ajudados por você, mas a quem ele ou qualquer outro desses espíritos, que vivem fechados em seu pequeno mundo de erros que não se justificam, podem ajudar? Vamos embora, Saied, você nada tem a ver com isso aqui. Não perca seu tempo.

Apanhei minha espada e guardei-a na bainha. Meu irmão continuava chorando.

– Adeus, irmão. Um dia você verá que está errado.

– Não me abandone, irmão. Não tenho mais ninguém além de você. Perdoe-me se eu o odiei por tanto tempo. Ajude-me, por favor, não aguento mais tanto sofrimento.

Eu me abaixei e abracei-o com ternura. Era meu irmão, afinal de contas, e era meu dever ajudá-lo. Tirei a espada e cortei os grilhões que o prendiam. Ao olhar melhor para o seu corpo, vi o quanto já havia sofrido. Também dei vazão ao meu tormento e chorei abraçado a ele. O guardião Sin continuava com sua espada em punho.

– Abaixe sua espada, meu amigo, não há motivos para a luta.

Virei-me para o espírito que parecia ser o chefe do lugar e falei:

– Vai deixar-me levá-lo em paz, meu amigo?

– Sim, guardião, ninguém o impedirá. Espero que um dia você volte para nos livrar dos nossos tormentos também. Hoje aprendi uma lição. Fiquei impressionado com sua coragem. Se um dia estender sua mão para nós, creio que muitos irão agarrar-se a ela.

– Eu não vou esquecer-se do seu pedido, meu amigo. Não o levo comigo porque não tenho ordem para agir de livre vontade e o lugar onde vivo não está preparado para recebê-los no estado em que se encontram, mas posso voltar aqui e procurar esclarecê-los sobres seus ódios, mágoas e desilusões, se assim o desejarem.

— Eu, pessoalmente, gostaria de ouvi-lo, guardião, e acho que todos também ficaram impressionados com sua coragem e desprendimento. Não se esquecerá de nós?

— Não, meu amigo. Como se chama?

— Ahmed Bin Farid é meu nome. E o seu?

— Guardião Saied. É assim que sou conhecido.

— Aguardaremos seu retorno, guardião Saied.

— Em poucos dias eu voltarei; então veremos como ajudá-los. Até a vista, amigos!

Partimos e, em poucos instantes, chegávamos ao Templo Dourado.

Logo, meu irmão era socorrido pelos mestres.

Alguns dias depois voltamos a nos ver.

— Como vai, irmão?

— Estou melhor, irmão guardião. Mas sinto muito remorso por ter agido mal por tanto tempo. Não sei o que fazer comigo mesmo.

— Vou procurar ajudá-lo a reparar o seu passado e também o meu. Você precisa ajudar-se também, pois é o seu futuro que tem de ser pensado. Vamos fazer uma prece a Deus e pedir seu auxílio. Somente Ele poderá indicar o rumo a seguir.

— Eu já blasfemei muitas vezes contra Deus e acho que Ele não irá ouvir-me.

— Tenha certeza de que Ele ouvirá, pois você não está oculto para Seus ouvidos.

Fizemos várias preces ao Criador. Quando terminei com as orações, meu irmão chorava novamente.

— Não precisa martirizar-se, irmão. Você vai poder reparar todos os erros do passado, é só ter fé em Deus.

— Mas foram tantos os erros, que nem me lembro quantos eu cometi. Quase cometeria mais um, se o seu amigo não tivesse interferido naquela hora. Por que você não fugiu do golpe?

— Eu confiei em Deus mais do que nunca. Sabia que algo modificaria nossas vidas. E por que você o impeliu?

— Pensava que você fugiria no instante em que visse a lâmina indo em sua direção. Não devia ter se arriscado daquela forma.

— Eu não temia a destruição do meu corpo. Ou pacificaria os nossos corações ou desapareceria para sempre.

— O que poderei fazer para me redimir do meu passado, irmão guardião?

– Doutrine-se na fé e no amor. Quando sentir que você já não é o seu centro de atenção, então estará preparado para iniciar seu resgate.

Ele voltou a chorar.

– Chore irmão, que isso o tornará mais fértil à boa semeadura. Dê vazão a toda sua dor e remorso. Chore por você e por todos os que foram atingidos por sua má conduta na carne. Chore um a um os seus atos ruins; só assim conseguirá ver que nunca devemos ser o centro das atenções, porque somos apenas uma peça de um imenso tabuleiro e nada justifica certos atos de nossa parte. Eu vou me retirar agora, pois tenho algo a fazer. Voltarei amanhã e então veremos o que poderei fazer por você.

Ele me olhou com tanta tristeza que eu senti pena dele. Talvez, se nosso pai não tivesse sido queimado, ele não estivesse agora em tal situação. Nosso pai saberia como livrá-lo das más companhias que o conduziram por caminho tão perverso.

O Mergulho no Passado Milenar

Fui falar com mestre Han. Precisava de seus conselhos.
— Pois não, guardião Saied.
— Mestre, gostaria que me aconselhasse em relação ao meu irmão. Não sei como ajudá-lo.
— Está despertando o passado mais dolorido, Saied?
— Ainda não, mestre. Creio que este é só o começo de um longo mergulho na dor escondida sob o manto de minha frieza.
— Pois eu acho que começou pelo elo certo da corrente. Seu irmão é o último elo de uma longa cadeia de almas em conflitos e sofrimentos. Os outros elos serão mais fáceis de ser desatados, meu amigo.
— Como posso ajudar meu irmão a reerguer-se do estágio em que se encontra, mestre?
— Quer meu conselho, Saied?
— Sim, mestre, ele não é como os outros que ajudei. Eu sabia como direcioná-los, mas agora sinto-me inseguro.
— Não seja diferente com seu irmão. Se facilitar, estará atrapalhando-o mais ainda.
— Obrigado, mestre Han. Com sua licença, tenho de mexer em uma ferida que não provoquei. Queria ajudar uma moça e, no fim, fugi para não aumentar sua dor.
— Por acaso sua fuga eliminou o problema dela?

— Não sei, nunca mais voltei a vê-la. Isso aconteceu alguns dias antes de minha chegada ao Templo Dourado.

— Por que fugiu? Não seria mais fácil conviver com ela até conseguir uma solução?

— Eu não pensei assim, mestre. Quando vivia na Terra, duas mulheres passaram por minha vida. A primeira viveu comigo só um ano e, depois, veio a falecer. Quanto à segunda, eu a amava muito, mas não pude ficar muito tempo ao seu lado, porque o passado me cobrava o seu preço. Foi neste tempo que conheci meu irmão e fiquei cego. Depois, uma criança me guiou por dez anos. Quando eu voltei para casa, minha Jasmim faleceu. Não pude recompensá-la por tantos anos de dedicação. No dia seguinte, minha esposa faleceria também.

— Até aí, este é o drama que envolve a todos que têm uma vida agitada, guardião Saied.

— Eu encararia desta forma se uma outra mulher não tivesse entrado em minha vida sem que eu a convidasse. Eu era muito rico e estava casado com uma índia. Ia me casar com a mulher que amava, mas tinha esta outra que também queria isso. Eu creio que ela queria casar-se comigo apenas pela minha fortuna. Resolvi antecipar-me aos acontecimentos e forcei o seu casamento com um homem que a amava muito. Tornei-o muito rico, mas ela não se esqueceu de mim e vingou-se em meus filhos e em uma escrava que cuidava de minhas fazendas. Eu estava nos momentos finais de minha existência, mas ainda descobri que ela havia mandado matar a negra, pois sem ela nas fazendas seria muito fácil arruinar minha família. Vê o porquê da minha fuga?

— Teve medo do amor de uma mulher, guardião?

— Sim, mestre. Eu não permitiria a nenhuma mulher que viesse a sofrer ou cometer algum erro por minha causa.

— Fugiu, mas não solucionou o problema.

— Não tinha solução. Ela se apegou a mim sem que eu pudesse convencê-la do erro que estava cometendo.

— Diga-me, guardião, amar é pecado ou é errado?

— Não, mestre. Ela não estava errada nem cometia nenhum pecado. Eu é que não queria continuar comprometendo-me com mulheres apaixonadas. Queria um pouco de paz, não envolvimentos que, eu sabia, iriam prejudicar-nos.

— De qualquer forma, a dor aconteceu novamente, não?

— Isso eu não sei, mestre. Talvez minha fuga tenha-me feito ver que era ilusão o que sentia.

— Era ilusão o seu amor por Sarah, Saied?

– Não. Mas ela também me amava.
– Você sabia disso até se declarar a ela?
– Não, mestre. Só soube quando já se haviam passado muitos anos.
– Mas seu amor não morreu, não é verdade?
– Sim, é verdade. Amo-a até hoje, mas não tenho coragem de procurá-la. Já chega o que sofreu depois que se casou comigo.
– Mas ela também era infeliz antes de se casar com você. Então, qual é o problema?
– Como o senhor sabe de tudo isso?
– Vejo que você ainda não descobriu tudo sobre mim, Saied.
– Eu nunca fiz a menor indagação a seu respeito, mestre Han. Não tenho este direito.
– Pois saiba que eu o estudei a fundo, guardião. Vou ensiná-lo a ver o seu passado milenar; então verá por que tantas mulheres gostam de estar ao seu lado.

Eu fiquei aguardando suas instruções. Convidou-me a uma outra sala, e quando já estávamos sentados frente a frente, ele me preparou para um mergulho em meu passado milenar.

Eu já havia experimentado pequenos retornos ao passado, nunca ultrapassando cem anos. Hoje eu iria provar minha força mental e quais eram os meus limites de imersão no passado. Teria de trazê-lo de uma só vez à tona. Só assim eu me compreenderia e poderia direcionar meu mental para o futuro. Se eu fraquejasse, seria prisioneiro do passado.

Lentamente, fui me autossugestionando para a longa jornada rumo ao passado milenar.

Eu não o vi, mas o guardião Sin, meu inseparável companheiro, entrou na sala logo após o início de minha concentração. Estava acompanhado de uma mulher que não me era estranha, mas eu nada percebi. O mestre falou comigo:

– Guardião Saied, você está preparado para sua experiência?
– Sim, mestre Han.
– Então atenderá às minhas ordens sem demora ou hesitações. Comece a voltar ao passado lentamente e vá me descrevendo suas visões.
– Eu já me vejo, mestre. Estou vendo rapidamente minha última encarnação. Neste momento, sou José de Macedo. Vejo toda a minha última encarnação de forma inversa. Estou vendo Raios de Lua, ela é muito jovem e bonita.
– Não pare, Saied. Avance mais rápido.
– Estou tentando, mas não consigo, sua visão me fascina.

— Volte mais um pouco e logo ela desaparecerá. Lembre-se de que ela já não é mais Raios de Lua. Vamos, retroceda mais um pouco.

— Estou voltando mestre, estou vendo a Sereia Encantada ao meu lado. Como é bela sua aparência.

— Não se detenha, são apenas visões, nada mais. Lembre-se de que você já viveu isso.

— Estou me afastando dela, mestre Han. Vejo-me chorando. Estou vendo o meu pai na fogueira, eu ao lado de minha mãe.

— Não pare agora, Saied. Você precisa vencer todos os seus traumas.

— Eu chorava com a visão de seu martírio.

— Desligue-se dele, guardião. Onde está o seu autodomínio?

— Estou tentando, mas não consigo.

— Quem o aguarda mais atrás?

— Sarah! – exclamei eu.

— Sim. Olhe bem para ela.

— Estou vendo-a junto à fonte.

— Marque bem o seu semblante, pois irá vê-la muitas vezes no seu passado. Retroceda mais rápido agora, você já venceu sua última encarnação.

— Estou acelerando o quanto me é possível. Vejo-me agora em espírito novamente.

— Onde está agora?

— Entre os hindus. Habito um templo na Índia.

— Diminua um pouco a velocidade da regressão e preste atenção nos acontecimentos mais importantes.

— Estou me vendo um pouco diferente, mestre Han.

— Mas é você ainda. Não importa que mude a aparência, concentre-se no semblante das pessoas que o marcaram na última encarnação e localize-as em sua visão.

— Estou vendo Sarah novamente. Sim é ela, não tenho dúvidas.

— Quem é ela?

— Uma princesa hindu. Ela mora em um belo palácio. Tem aproximadamente 40 anos.

— Volte mais um pouco e se localize de novo, não se detenha novamente em Sarah.

— Estou me vendo matar um homem. É uma visão horrível.

— Quem é o homem? Você não consegue ver seu inimigo?

— Sim, eu vejo seu rosto e transmite muito ódio. É o meu irmão que eu trouxe para o templo.

— Volte um pouco mais e procure a causa da discórdia.

— Já estou vendo. É uma mulher. Ela nos coloca um contra o outro em disputa pelo direito de desposá-la.
— Quem é a mulher?
— Não a conheço pelos semblantes conhecidos.
— Então não retroceda, mas acompanhe o desenrolar dos acontecimentos.
— Eu me recuso a participar de tal disputa. Ela insiste em se casar com aquele que vencer. Estou me retirando do salão de reuniões. Ela diz ao meu irmão que somente se casará com ele se lhe der o meu reino como presente de casamento. Ele aceita o seu jogo.
— O que acontece a seguir, Saied?
— Ele faz guerra contra mim e eu o mato em combate.
— Casa-se com ela?
— Não, eu me recuso a aceitá-la como esposa. Ela insiste em casar-se comigo.
— Olhe bem para ela e tente ver quem é. Você a reconhecerá se prestar atenção. Neste momento, para você não há passado ou presente. Tudo é uma sucessão dos seus envolvimentos.
— Eu a associo a alguém em minha última encarnação.
— Confirme acompanhando-a através dos séculos. Faça isso com rapidez.
— Estou seguindo-a, mestre Han. É ela mesma!
— Volte agora, tão rápido quanto avançou.
— Já ultrapassei toda essa encarnação. Estou me vendo negro.
— Diminua a velocidade agora.
— Estou me vendo no corpo de um feiticeiro africano.
— Continue retrocedendo e localize o início desta encarnação.
— Já o localizei.
— Avance e descubra as ligações pessoais.
— Tenho duas filhas.
— Acompanhe-as até a última encarnação. Já sabe como fazê-lo.
— Eu acompanho uma delas e é Raios de Lua.
— Volte e acompanhe a outra.
— Já estou fazendo isso. Ela reaparece na encarnação seguinte como filha de Sarah. Agora eu a vejo como Ruth, a escrava que dirigia as fazendas.
— Volte agora.
— Vou acompanhar a mulher que mandou matar Ruth.
— Quem é ela?
— Filha de um governador. Eu estou seguindo-a, é a mesma princesa hindu que me jogou contra o meu irmão.

— Consegue segui-la mais ainda?
— Sim.
— Então mergulhe profundamente no passado e nada tema.
— Eu estou retrocedendo, mestre Han. Eu a localizo próxima de mim por um breve período. Vejo Soraya ao seu lado. São muito amigas, vivem juntas.
— Continue voltando, Saied.
— Eu já ultrapasso seis milênios e torno a localizá-la na carne.
— Quem é ela?
— Minha irmã.
— Continue.
— Estou a mais de sete milênios e a vejo na carne novamente.
— Quem é ela?
— Uma sacerdotisa.
— Localize o lugar.
— É um templo na Grécia.
— Qual o envolvimento?
— Amantes, nada mais, chora com a minha partida. Eu já vou longe, mas ela ainda continua em prantos. Vejo outra mulher agora.
— Observe-a mais um pouco, Saied.
— Já estou avançando e seguindo através dos séculos suas encarnações, mestre Han. Eu já estou em sua última reencarnação.
— Quem é ela?
— Soraya, a mulher que eu quis auxiliar e apaixonou-se por mim. Vou localizar os seus pais. Já os vejo. Sua mãe é uma jovem e foi seduzida por um mercador. Eu conheço o homem, é o espírito que está nas Trevas e mantinha meu irmão aprisionado. Ele simpatizou comigo, devemos ter alguma ligação. Vou retroceder nos séculos e localizar quando cruzou o meu caminho.
— Cuidado, Saied, está forçando muito seu poder mental.
— Não se preocupe, mestre Han. Eu estou conseguindo fazer os avanços e retrocessos sem despender muito esforço. Já consigo vê-lo próximo a mim.
— Quem é ele?
— Um filho meu. Eu o estou ensinando nos segredos e mistérios.
— Procure fixar este período como um limite para sua regressão e comece a avançar a partir daí, Saied. Fixe um pouco mais esse período e busque enfeixar todos os fios que o têm conduzido até hoje. Volte à infância, Saied.
— Sim, mestre Han. Já me localizei e vejo minha mãe; é a mesma da última encarnação. O pai também é o mesmo.
— Como você reconhece isso?
— Eu apenas sei que é ela, senti quando a vi. Estou me acompanhando. Agora eu vejo Sarah. Como é linda, mestre Han! Tem uma beleza incomparável.

– Não se fixe em detalhes, guardião. Lembre-se de que é apenas o passado que não volta mais.

– Sim, senhor. Vejo-me sendo preparado em um templo. Eu o localizei, mestre Han. É um dos que preparam. Agora já me vejo envolvido em estranhas vestes e acompanhado de várias mulheres. Sarah está entre elas e continua bela. As outras também são bonitas e têm algo em comum. São todas iniciadas nos mistérios sagrados, cada uma serve a um símbolo.

– Como são eles?

– Iguais aos da espada que ganhei do desconhecido. Elas têm vários filhos e eu os inicio a todos. Cada uma parte para uma região da Terra.

– Quem é você, Saied?

– Um guardião dos mistérios dos símbolos sagrados. Elas também o são. Eu localizei Raios de Lua; é mais uma esposa nesta encarnação longínqua.

Parei de falar por algum tempo e o mestre ficou preocupado.

– Saied, o que houve?

– Nada, mestre Han. Só estou acompanhando esta encarnação com mais detalhes.

– Por quê?

– Tive muitos envolvimentos durante a passagem pela carne e isto pode esclarecer muitos pontos obscuros.

– Quais, por exemplo?

– Por que o homem, que eu tanto confiava, matou meu pai em vez de me ajudar como eu havia pedido?

– E o que mais?

– Quem são estas mulheres todas que tiveram suas vidas cruzadas com a minha?

Eu continuei em silêncio por mais algum tempo. Quando dos meus olhos começaram a brotar lágrimas, o mestre interferiu novamente.

– Guardião Saied, volte a ter o controle sobre o que vê em seu mental.

– Quanto sofrimento, mestre. Várias encarnações lutando por um único objetivo. Nada muda além do local, época, raça ou religião. O objetivo é sempre o mesmo.

– Qual é o objetivo?

– A defesa das coisas divinas.

– Então é uma sucessão de encarnações altamente nobres.

– Nem tanto. Muitos erros foram cometidos e ainda estou em dívida com o Criador.

– Não há dívida pelo que não soubemos fazer corretamente.

– Mas há pelo que fiz de errado.

– É apenas o passado, Saied. Isso já aconteceu há muito tempo.

– Eu sei, mestre, mas as consequências pesam no meu carma até hoje. Vivo encarnações sucessivas sempre envolto no mesmo dever. Deve haver uma explicação.

– Isso pertence ao passado inescrutável. Você não deve penetrá-lo, senão poderá perder-se nele.

– Devo sim, mestre Han, basta eu querer!

– Você não deve tentar. Já tem muito campo aberto para meditar e agir em função dele. Sabe até que foi um iniciado nos mistérios dos símbolos. Agora só precisa desenvolver esta preparação que já tem gravada em seu subconsciente. Com isso, poderá corrigir muitas falhas.

– Eu preciso encontrar a minha razão de ser e existir. Só assim encontrarei a paz interior que procuro há milênios.

– Contente-se com o que já sabe, Saied.

– Não, mestre Han, vou retroceder até onde meu mental conseguir abranger. Assim poderei saber de tudo.

– Saied, se você regredir muito, poderá anular-se.

– Eu não vou seguir a mim, mas a Sarah. Eu partirei de um ponto e retrocederei o quanto me for possível. Por intermédio dela, eu me encontro. Já a estou vendo como minha mãe. Agora é minha discípula e novamente minha mãe. Até onde iremos?

– Cuidado, Saied.

– Não se preocupe, mestre Han, estou em pleno domínio do meu mental. Eu já me sinto a 15 mil anos atrás, e volto a encontrá-la ainda mais bonita do que na última encarnação.

– Quem é ela?

– Um ser muito luminoso. O corpo físico não contém sua luz cristalina. É um anjo na carne.

– Consegue ver-se?

– Não, mas, ainda que isso aconteça, eu me sinto triste, porque estamos separados. Não estou no corpo físico. Vou retroceder mais um pouco e me localizar.

– Cuidado, Saied.

– Estou mergulhando mais dois milênios. Já me localizei, mestre Han. Ainda sou um iniciado nos mistérios. Vejo-me em um templo imenso, mestre! Nunca vi nada igual. É todo feito de rochas cristalinas. Não há luz em seu interior. Sùa luminosidade vem da luz do Sol e das estrelas, através do jogo de cristais. É lindo! As vestes são incomparavelmente superiores a tudo o que possa existir atualmente na Terra e o grau de civilização é infinitamente superior. Por que a queda?

– Isso não interessa, Saied. Já chega de buscar o passado.
– Ainda não, mestre, localizei o motivo da queda.
– Qual foi o motivo, Saied?
– Um cataclismo que abalou todo o planeta. Vejo o templo se esfacelar-se em milhões de pedaços. Vejo também continentes submergirem sob as águas e outros surgirem ao mesmo tempo. Devem ter morrido quase todos os habitantes da Terra, tudo foi abalado. Vou retroceder um pouco mais.
– Volte, Saied, é uma ordem.
– Já não consigo precisar a data, mestre Han. Torno a encontrar Sarah. Continua linda como sempre. Não a vejo na carne, mas em espírito. Continuo seguindo rumo ao passado e já posso precisar o seu local de origem. Estou sem condições de dizer se isso está a milhares ou milhões de anos. Ela é uma iniciada também, vejo os símbolos sagrados em sua alma.
– De onde ela é guardiã?
– Dos mistérios da água e do ar. É uma guardiã dos mistérios destes elementos! Eu vejo um símbolo em seu peito.
– Como é este símbolo?
– Igual ao segundo da espada encantada.
– Consegue decifrá-lo?
– Não. Vou retroceder mais um pouco e poderei ver algo mais.
– Você está se aproximando da origem de Sarah, cuidado.
– Vou retroceder mais devagar. Já estou fazendo. Vejo-a em um local muito lindo e me localizo novamente.
– Como está você agora?
– Também marcado por um símbolo no peito. Vejo uma terceira mulher.
– Sabe quem é?
– Vou tentar, ainda não tem as marcas do corpo físico.
– Por que ficou em silêncio, Saied?
– Estou retrocedendo, mestre Han. Elas continuam juntas por muito tempo. Ainda retrocedo e localizo um imenso santuário. Como é lindo! Nem se parece com a nossa Terra atual. Há uma harmonia em tudo.
– Expanda sua visão!
– Sim, mestre Han. Os seres encarnados cultuam aos símbolos sagrados como refletores dos poderes da criação. Eu vou voltar mais um pouco. Acho que localizarei brevemente o que procuro, pois ainda me vejo ao lado de Sarah. Somos inseparáveis, acho que possuímos uma parcela dos mistérios e velamos por eles como guardiões.
– Qual seu campo de ação?
– Não consigo vê-lo. Vou dar mais um mergulho no passado, mas mantendo Sarah e o santuário como referência.
– Cuidado, Saied, não vá ultrapassar os seus limites.

– Não se preocupe, mestre Han. Tudo está sob o controle do meu mental. Já estou me aproximando de um tempo em que a natureza comandava tudo. O ser humano vivia unicamente por ela. O pouco que consigo ver é muito lindo, não consigo descrevê-lo. Estou ainda em contato com o santuário. Sarah está passando por uma experiência na carne neste momento.

– O que pode dizer dessa experiência?

– O corpo é muito sutil. Creio que esta é sua origem como espírito encarnado.

– Onde você está neste momento?

– Ao lado dela. Sou seu protetor, creio eu.

– E a outra mulher?

– Está ao meu lado e vejo-a com um símbolo no peito também.

– Qual é o símbolo?

– O quarto símbolo da espada. Vou retroceder um pouco mais. Vou até a origem de Sarah.

– Cuidado, Saied! Está indo longe demais. Ela pode ter se originado antes de você.

– Não creio. Já me vejo como espírito mais sólido que a outra mulher. Creio que já passei pela experiência da carne. Estou retrocedendo rapidamente; perdi as duas mulheres.

– Pare, Saied. Volte à época atual.

– Não consigo, mestre Han. Minha mente está sendo comandada por outro mental superior ao meu. É muito mais poderoso e me guia sem que eu possa interferir.

– Não consegue saber quem é ele?

– Não. Sei apenas que já não me vejo como espírito na forma que conheço. Não tenho as feições definidas. Sou somente uma forma luminosa sem contornos.

– Procure ver quem o conduz, e assim deter essa regressão. Caso contrário, não voltará mais ao controle do seu mental.

– Ele parou de me conduzir, mestre Han. Estou no santuário ainda, mas tudo é diferente!

– O que você está vendo, Saied?

– Eu me vejo um tanto diferente. Sou um espírito de cor azul-celeste, mas não possuo a minha forma atual nem tenho símbolo algum impresso em meu corpo espiritual.

– Seria um ser do reino elementar?

– Não. Eu sou diferente deles. Eles possuem apenas uma qualidade que os forma, ou seja, vibram somente o seu princípio, seja ele água, terra, fogo ou ar. Conosco isso não acontece. Nós possuímos duas dessas qualidades formadoras, que se equilibram e se antagonizam.

– Consegue ver as suas?

– Sim, possuo o ar e a terra como elementos formadores. O ar no positivo e a terra no negativo.

– Como consegue distinguir isso?

– Pelas correntes vibratórias que são facilmente visíveis.

– Como são essas correntes, Saied?

– As que partem do ponto de força localizado no mental se derramam para o solo, e dos pontos nos pés sobem outras correntes.

– Qual é a do ar?

– A que desce. Isso quer dizer que o ar me guia e a terra me equilibra.

– Como pode saber disso tudo?

– Eu ouço no ar essas coisas.

– Alguém fala sobre isso, Saied?

– Não, mestre Han. Eu ouço no som que penetra meus ouvidos através dos milênios incontáveis.

– Fale-me mais sobre o que vê, guardião.

– Estou sendo guiado novamente. O meu mental volta mais um pouco e já me vejo bem próximo a um símbolo.

– Como é ele?

– Estrelado.

– Consegue decifrá-lo?

– Não o decifro, apenas ouço. Seus mistérios são emanados como melodias sonoras e irradiam-se através do ar.

– Não são palavras?

– Não existem palavras, apenas sons harmônicos e eu os ouço como uma melodia encantadora!

– Fale mais sobre esta melodia, Saied.

– Eu não sei como defini-la, mestre. Vou ouvi-la mais um pouco e depois falo. Não me pergunte nada.

– Eu me calo, Saied.

– Sinto a melodia e já compreendo. Como é linda, maravilhosa! Ela é um canto divino, mestre Han. Ela encanta a todos os meus sentidos. Vejo Sarah aproximar-se de mim agora; tem a mesma forma que eu. Entre nós, só há a diferença de formação. O símbolo fala conosco e nós o entendemos nitidamente. Ele nos ordena e nós assentimos que sim. O símbolo é a manifestação do Divino Criador que nos marca com seu poder irradiante. Há uma identificação entre nós e isso é a origem de nossa ligação ancestral. O símbolo emite um fogo cor de laranja e nós somos envolvidos por ele. O quarto elemento já nos impregnou com seu poder. Deixamos de ser espíritos amorfos e adquirimos qualidades e formas mais sólidas. Creio que descobri a chave do mistério que envolve a todos os espíritos neste planeta. Nós já habitamos outros planetas mais sutis do que este, mestre Han. Neles, tínhamos apenas dois elementos a nos alimentar, mas aqui precisamos de quatro. Um predomina e guia, outro equilibra e solidifica, um terceiro nos harmoniza com este planeta e o quarto nos vivifica, ou seja, permite encarnarmos em corpos sólidos. Esta é a chave, mestre Han! Sarah e eu somos indivisíveis, porque fomos vivificados por uma mesma chama. Não importa o tempo e o lugar, sentiremos falta um do outro, pois aquela era a nossa chama divina. Somos o positivo e o negativo buscando-se para serem harmonizados. Eis o porquê de nem raça, cor, religião ou diferenças de classe conseguirem matar o amor entre um homem e uma mulher. Esta é a chave, mestre Han. Finalmente, eu a encontrei! Agora somos conduzidos até outro símbolo e recebemos, por meio de sua melodia harmônica, todos os seus mistérios e vibrações. Mestre Han, isso é maravilhoso. Estamos sendo conduzidos diante de todos os símbolos e recebemos, por meio de suas melodias harmônicas, todos os seus mistérios.

Nós somos preparados para sermos guardiões dos seus mistérios, nós já nos iniciamos e partimos rumo a um dos pontos de força da natureza.

Novamente o mental superior se apossa do meu e o conduz. Apesar de ser muito rápido, eu vejo tudo.

Nós nos tornamos responsáveis por muitos outros espíritos do nosso ponto de forças e os preparamos para a experiência da vida na carne.

Somos guardiões dos mistérios da criação.

Vejo muitos erros cometidos quando na carne e temos por dever conduzi-los sempre aos mistérios. Muitos se refazem da experiência da carne e são como nós atualmente. Outros se deformam e sofrem por isso. Absorvem muitas forças negativas. Acho que esta é a chave para tantos espíritos desequilibrados. Eu vejo os problemas que nos afligem hoje já naqueles tempos. Também não podíamos saná-los, assim como não podemos fazê-lo hoje.

Eu vejo, também, sermos preparados para a encarnação. Somos marcados com o primeiro símbolo.

A outra mulher já aparece também. Enquanto nós vivemos na carne, ela vela por nós. O tempo de vida na carne é maior do que o de hoje, mas não muito. Eu retorno ao estado espiritual mais sólido que Sarah.

Agora avançamos rapidamente. Vejo os espíritos se espalharem por toda a Terra, mas vejo também as grandes transformações ocorrerem.

Agora são poucos os guardiões e muitos os servidores dos símbolos. Ainda voltamos ao nosso lugar de origem após as encarnações.

Vejo um grande cataclismo. Não é o mesmo que vi antes. Este é anterior àquele. Creio que tudo o que existia sobre a Terra foi abalado. O corpo físico sofreu uma queda de qualidade. Tornou-se mais grosseiro e também menor. E já distingo colorações de tez diferentes. São isolados uns dos outros. Já não conseguem se manter em comunicação com os guardiões dos mistérios contidos nos símbolos.

O corpo grosseiro não permite que nos comuniquemos com os desencarnados. Há muita confusão e ignorância no seio dos encarnados. Creio que isso é a tal da pré-história.

Avanço novamente conduzido pelo mental superior, e vejo nossa primeira separação. Eu na carne e ela em espírito.

Sofro minha primeira queda, sua ausência me marcou muito.

A outra mulher entra novamente em meu caminho e me leva à materialidade. Tento me livrar de sua influência, mas isso já não é possível, pois me solidifiquei demais.

Sarah vem em meu auxílio e consigo me restabelecer. Voltamos ao equilíbrio harmônico. Passa muito tempo até a nova reencarnação. Voltamos juntos: a segunda mulher vem como nossa filha. Outras são colocadas sob nossa responsabilidade. São sete iniciadas que reencarnam sob o mesmo teto. Haviam se ligado demais às coisas materiais e temos por obrigação desligá-las dessas coisas. Nenhuma delas se casa, são todas consagradas aos mistérios e vivem por eles na carne. Obtivemos uma grande vitória.

Agora não somos só nós dois, mas sim um grupo de espíritos afins, todos ligados aos mistérios sagrados.

Novamente estou sendo levado pelo mental superior.

Vejo cultos impuros brotarem por toda a Terra. São os mistérios das Trevas que são adorados. Temos muito trabalho para nos equilibrarmos em tal confusão.

Agora eu torno a ver o cataclismo que já havia visto antes, mas agora sei qual é a sua causa. É a desarmonia da natureza. Os elementos entram em desequilíbrio e o planeta é abalado pela discórdia, com povos que guerreiam uns contra os outros.

Vejo-me junto às sete filhas e Sarah diante dos símbolos no grande santuário espiritual. Somos marcados pelo primeiro dos símbolos. Torno a ouvir o som harmônico e melodioso. É estonteante sua beleza. Vamos entrar no ciclo de sucessivas encarnações, eu ouço isso na melodia. O símbolo é impresso em nosso peito. Estamos marcados pelo primeiro símbolo.

Milhares e milhares são marcados. Cada símbolo possui os seus guardiões e todos vão passar pelo mesmo ciclo. É o maior derrame de iniciados que vejo de uma só vez. Vários rituais religiosos vão surgindo. Cada um dirigido por um dos símbolos sagrados. Todos são bons em seu princípio, mas vão-se desvirtuando com o passar dos séculos. O corpo grosseiro não permite uma comunicação com a fonte original que nos marcou e vamos perdendo o contato com ela. Conseguimos manter o símbolo no peito por muitos milênios, mas até isso vai se apagando lentamente. A humanidade afastou-se muito do Criador. A mistura dos mistérios dos símbolos sagrados com os mistérios das Trevas já é tão grande, que ninguém mais distingue a diferença entre uns e outros.

O nosso pequeno grupo já está separado por reencarnações acontecidas em épocas diferentes. Um sempre tenta reunir os outros, mas isso muitas vezes é impossível.

Sarah volta à carne sob o poder do seu ancestral místico e é direcionada para o dom do oráculo. Resiste a ele, é privada da elevação ao nosso nível espiritual e eu vou em seu auxílio. Consigo elevá-la à condição de guardiã dos mistérios do oráculo, como uma de suas sacerdotisas, em uma encarnação posterior. Meu esforço a livrou de uma queda maior, mas já sou envolto pelo ancestral místico e devo servi-lo no meio de tanta confusão. Sou um guardião de um ponto de força do ancestral místico no dom do oráculo.

Em uma outra encarnação, já não é companheira, mas minha mãe. Eu já estou servindo ao ancestral místico da luz do saber por sete milênios como guardião de um dos seus pontos de força na natureza. Sou envolvido pelo ancestral místico. Eu ouço sua melodia harmônica. Vibro com seu poder. Ele me marca com seus símbolos sagrados. O ancestral místico da luz do saber é o primeiro dos símbolos. Ele confunde a mim e a Sarah e nos envolve na dor do sétimo símbolo. Recebo em meu peito as três cruzes. Sarah também é marcada, mas com o sinal do primeiro símbolo. A estrela reaparece em seu peito.

Estamos isolados. Já não voltaremos ao mesmo lugar após o desencarne. Eu choro a separação, ela também chora.

O ancestral místico nos separou. Teremos de absorver os símbolos vivos e propagá-los entre os encarnados.

Torno a vê-lo, mestre Han. Está em um templo muito bonito e harmonioso. É um dos remanescentes e sou iniciado nos mistérios dos sete símbolos. Volto a ser um guardião e tenho de lutar por eles.

Encontro-me novamente com Sarah e mais seis das moças. A sétima aparece logo.

Excedo-me no meu dever e me antagonizo com as Trevas. Fui tão cruel na Luz quanto os das Trevas o são em seu reino. Afasto-me do meu ancestral místico. Sarah se eleva ao máximo e, com isso, estamos separados novamente.

Sarah reencarna e eu consigo reerguer-me do abismo, mas sou perseguido pelas trevas, que não me esquecem. Ainda estou sob o símbolo da dor e não posso ajudar Sarah em sua reencarnação. Ela se perde mais do que eu, porque sente minha ausência. Eu choro em desespero e ela também. O dom do oráculo nos marcou profundamente. Qual é o intuito do ancestral místico com isso? Nós sempre procuramos servi-lo com amor, mas ele nos aniquila um pouco mais a cada encarnação. Por que isso? Qual o propósito? Tirou-nos a alegria dos reencontros felizes. Já não tenho Sarah e nem as outras sete mulheres.

Vejo a passagem dos séculos e milênios e parece-me que os vivi há instantes, tal é a dor que carrego em meu mental. Qual o motivo disso? Qual o propósito? Esforço-me ao máximo nos trabalhos árduos em prol do meu ancestral místico e ainda assim ele não se satisfaz com todo o meu esforço e me lança mais ainda ao encontro da dor.

Deus, eu o vejo! Ele existe e é real.

O próprio Guardião do Dom da Fé vem à carne, sob o símbolo da dor, para redimir aos servidores das três cruzes.

Como é belo o Guardião do Dom da Fé! Ele é o próprio oráculo do ancestral místico do ar. Até ele chora sob o símbolo da dor! Meu Deus, eu o vejo e ele não é diferente de nós quando na carne, apenas traz em si o seu dom. O dom da fé no Criador que ele tanto fez para manter vivo nos corações dos espíritos encarnados.

Até ele, o ancestral místico da luz do saber, lançou-se à carne em mais uma tentativa de redimir o ser humano. Se até o guardião do dom da fé veio à carne e chorou, quem sou eu para reclamar do ancestral místico? Nada mais me interessa ou comove. Então, torno-me um instrumento dócil do ancestral místico. Vivo sob o símbolo da dor e não vou mais reclamar.

Mas onde está Sarah? Por que não a vejo? Por que tem de ser assim? Para que lutar ou propagar os mistérios do meu ancestral místico? Para que buscar a quem me foi tomado por outro dos dons ancestrais místicos? Já não há motivo para essa busca sem fim. São 7 mil anos de dor e mágoas, ainda sob o símbolo das três cruzes.

Nesse instante, eu anulei o meu mental e comecei a chorar. Como eu chorava! Vertia 7 mil anos de dor porque assim o quis meu ancestral místico, o ancestral da luz do saber.

Tornei a lançar meu mental de regresso ao passado.

Busquei o tempo em que era feliz ao lado de Sarah.

Comecei a falar da beleza de Sarah. Era um monólogo que só eu compreendia. Não falava mais com mestre Han. Não iria sair mais daquela época. Lá eu a via bela e radiante, não um ser sofrido ou magoado como eu.

Mestre Han percebeu minha intenção e começou a chamar-me de volta ao tempo real.

– Volte, Saied, você não pode viver da visão do passado. Com isso está se anulando. Vamos, guardião Saied, você não é um fraco nem um covarde. Tudo o que fez foi por desígnio do seu ancestral místico. É ele que o conduz, volte a servi-lo com amor. Somente ele poderá devolver-lhe a alegria da companhia de Sarah. Em algum lugar, ela o aguarda. Talvez esteja precisando do seu auxílio.

O Regresso

Eu o ouvia muito distante. Era como um sussurro ao vento. Não me importava com suas palavras. A visão de Sarah era muito linda. Eu a via sorrir e me fixei nesta imagem.

– Saied, você não me ouve? Responda-me, por favor. Vamos, fale comigo, sou seu mestre. Está me ouvindo?

– Sim, eu o ouço muito distante. Está quase inaudível, mas ainda o ouço. Está muito longe, mestre.

– O que está acontecendo com você?

– Eu estou próximo de Sarah. Deixe-me, por favor.

– Não Saied, isso é apenas o seu mental que vibra o passado com muita força e você foge do presente porque sofre ao vivê-lo.

– E o que importa? O que vejo me satisfaz plenamente. Para que a realidade, se neste estado não sinto mais as marcas do símbolo da dor?

Alguém entrou na conversa.

– Simas, volte para mim, por favor.

– Quem é você que me envia sua voz. Eu a conheço?

– Sim, sou sua mãe.

– Minha mãe morreu de desgosto pelo erro que cometi. Não iria procurar-me agora!

– Por que diz isso, meu filho?

– Ela nunca me perdoaria. Por que ela, que foi tão atingida por meu erro, iria perdoar-me se nem eu me perdoo?

– Mas sou eu, Simas. Volte e veja com seus próprios olhos. Venha para mim, meu filho, eu lhe peço.

– Eu não tenho mãe, pois a matei faz muito tempo.

— Simas, não se lembra de quando cantávamos juntos no coral da igreja do Sagrado Coração?
— Como sabe disso?
— Porque sou sua mãe e estou na sua frente. Abra os olhos e me verá. Vamos, abra os olhos!
— Não vou abri-los.
— Por que não?
— Minha mãe morreu há muito tempo e não existe mais.

Outra voz chegou até mim como um sussurro. Eu me anulava cada vez mais.
— Saied, abra os olhos. Sou eu, seu pai.
— Mentira, meu pai está morto.
— Não filho, sou eu, volte para mim. Estou na sua frente.
— Meu pai foi queimado por mim. Eu ainda o ouço gritar de dor ao ser consumido pelas chamas.
— Isso foi na carne, agora sou um espírito como você.
— Mentira, meu pai não ouviu minhas preces pedindo o seu perdão. Orei por muitos anos e nunca o encontrei. Perdi-o faz muitos anos.
— Não Saied, eu nunca o abandonei.
— Está tentando afastar-me de Sarah novamente.
— Não, e vou provar que sou seu pai.
— Como?
— Quem o chamava de Saied quando criança?
— Era meu pai.
— Sim, era eu que o chamava assim e ninguém mais. Por que não deu outro nome ao mestre Han?
— Porque só meu pai conhecia este nome, e se ele realmente me amasse ainda viria ao meu encontro.
— E por que você não me procurou?
— Eu tinha vergonha e remorso, não tive coragem.
— Mas eu o perdoei, filho. Eu o conduzi até o templo dos magos na Pérsia e o acompanhei e protegi durante todo o tempo em que caminhou na escuridão.
— Eu nunca o vi, como não o vejo agora.
— Então, abra os olhos e me verá.
— Não. Meu pai está queimado. Nunca mais o verei.
— Eu estive todos estes anos ao seu lado Saied. Eu sou o guardião Sin. Pedi ao mestre Han que me deixasse ficar ao seu lado até que você resolvesse procurar-me.
— Não, o guardião Sin é diferente do meu pai. Ele quase não fala.

– E você é diferente do meu filho Simas, porque durante todos estes anos nunca pensou. Por que mudou tanto?
– Simas morreu. Eu o matei assim como ao meu pai. Se Simas era um assassino, deveria ser morto também. Foi o castigo mais justo que eu encontrei para ele. Simas não existe mais, assim como meu pai.
– Então abra os olhos e verá que sou real e que estou à sua frente.
– Você não é meu pai, ele está morto. Agora me deixe, quero voltar a ver Sarah. Ela está tão bonita. Com ela eu não sinto dor ou tristeza.
– Isso é apenas uma ilusão do seu mental que quer fugir de sua responsabilidade com o seu ancestral místico da luz do saber.
– Não é verdade. Eu estou vendo Sarah bem à minha frente, ela sorri.
Nisso, uma voz me interrompeu.
– Vamos Cavaleiro, onde está minha espada encantada?
– Quem é você?
– Eu sou o dono da espada que a doutora lhe entregou.
– Por que quer a espada?
– Quando eu a dei a você, era para que o Cavaleiro da Estrela Guia a usasse em prol da Justiça e com isso libertasse Sarah do encanto do oráculo.
– Eu a vejo livre e sorrindo agora.
– Esta que você vê é a imagem do passado. A verdadeira Sarah está chorando neste momento.
– Como sabe disso?
– Porque ela é uma guardiã da Sereia Encantada e a serve à minha esquerda.
– Quando um está à direita, o outro está à esquerda, ou já se esqueceu disso?
– Não me esqueci.
– Então, abra os olhos e se desligue da imagem do passado, que eu o levarei até a verdadeira Sarah.
– Onde ela está?
– No ponto de força da Rainha do Mar.
– Impossível.
– Então, mova o seu mental a partir de onde você está e acompanhe-a até o momento atual. Caso eu esteja mentindo, poderá voltar novamente até aí.
– Sim, eu sei como fazer isso. Mas terei de abandonar esta Sarah.
– Faça isso a uma velocidade muito grande e localizará a Sarah dos seus sonhos chorando sua ausência. Será que até dela você quer fugir agora?
– Eu nunca fugi de Sarah. O ancestral místico foi quem nos separou.
– Então volte ao presente e a verá tão bela como a vê agora, mas não será uma Sarah que não pode ser tocada e sim sua esposa, servindo à Sereia Encantada.

– Vou avançar, mas se for mentira, eu voltarei novamente.
– Estou esperando que faça isso, Cavaleiro.
– Já estou avançando. Eu a vejo e ela está muito triste. Por que isso?
– É que ela não pode vir à sua procura e pensa que você a esqueceu. Por isso é tão triste.
– Eu não gosto de vê-la triste.
– Quer que eu o leve até ela, Cavaleiro?
– Eu lhe devolverei o sorriso que a torna tão bela?
– Sim, somente você poderá fazê-lo.
– Como posso fazer isso?
– Abra os olhos e se desligue da regressão, eu o conduzirei até ela. Sarah precisa de você!

Eu abri os olhos lentamente e saí do estado de introversão mental regressiva. Assustei-me com as pessoas à minha frente.

– Mamãe, papai, o que fazem aqui!

Eu comecei a chorar à medida que minha mente voltava ao equilíbrio.

– Nós viemos buscar o nosso filho amado.
– Sinto tanta vergonha de mim mesmo. Vocês me perdoam pelo meu crime?
– Que crime, filho?
– O de tê-lo matado da forma mais cruel, papai.
– Tudo foi obra do destino, filho meu. Isso foi há muito tempo e nós já o perdoamos.
– Mas eu não consigo perdoar-me. Jamais me permitirei o perdão!
– Vamos, filho, abrace-me com força. Como eu tive vontade de fazer isso todos estes anos que fiquei ao seu lado.
– O guardião Sin era o senhor?
– Foi mestre Han quem me permitiu ficar ao seu lado.

Eu o abracei e chorei como uma criança que reencontra o pai perdido. Como eu chorava! Era toda a dor de muitas décadas de um remorso tão grande, que eu não a desejaria ao mais abjeto dos seres humanos.

– Por que não se mostrou antes para mim?
– Eu esperava que você se perdoasse também. Só assim eu teria meu filho de volta. Vamos, sua mãe também quer abraçá-lo.

Eu larguei meu pai e abracei minha mãe com tanta força, que quase a sufoquei.

Como ela chorava. Sentia a dor com tanta intensidade quanto eu. Uma mãe é sempre mãe. Não importa quão grande seja o erro do filho, ela sempre o ama.

– Perdoe-me por tê-la feito sofrer tanto, mamãe.

– Eu nunca o condenei por nada, Simas. Sempre soube que você foi traído por alguém em quem muito confiava. Por que fugiu do abrigo quando nós estávamos para visitá-lo?

– Eu estava perturbado pelo remorso. Talvez tenha sido melhor assim. Perdoe-me mamãe, nunca mais vou dar-lhe desgosto de nenhuma espécie.

– Seja você mesmo e eu serei a mais feliz das mães de todo o mundo. Nós temos cuidado de alguém em seu lugar e está na hora de você devolver-lhe um pouco de alegria.

– Quem é?

– Soraya. Ela ainda está à sua espera. Nós a convencemos a esperá-lo.

– Pobre Soraya. Por que eu não compreendi o quanto ela precisava de mim por perto? Como ela está?

– Tão triste quanto Sarah, ou Raios de Lua, ou Jasmim. Todas esperam que você torne a ressuscitar Simas e volte ao campo de lutas novamente.

– Antes eu tenho de devolver a espada encantada ao seu verdadeiro dono.

Virando-me para o Cavaleiro do Mar, indaguei:

– Esta espada lhe pertence, senhor. Acho que não soube usá-la em benefício dos meus semelhantes.

– Quantas vezes a desembainhou Cavaleiro da Estrela Guia?

– Duas, senhor. Fiz muito pouco com ela.

– Esta não é uma espada comum, Cavaleiro. Quanto menos o seu guardião precisar usá-la, mais ela se iluminará. Desembainhe-a e veremos qual o seu brilho agora. Somente assim saberei se soube usá-la com justiça.

Eu tirei a espada de sua bainha e vi que seu brilho era tão intenso que tornou o ambiente todo dourado.

– Foi o Cavaleiro que melhor a usou até hoje, guardião. Eu o presenteio pessoalmente com ela. Por toda a eternidade, ela será sua. Ninguém irá tirá-la de você.

– Obrigado, Cavaleiro do Mar. Poderia levar-me até Sarah agora?

– Sim, eu o levarei até ela. Creio que ela se tornará uma de minhas melhores auxiliares na guarda do ponto de força da natureza dirigido por Inaê, a Sereia Encantada. Mestre Han, o senhor nos acompanha?

– Sim, Mestre da Luz Cristalina. Será um prazer ir até seu ponto de força!

Separados pela Sereia Encantada

E fomos até onde estava Sarah. Ao chegarmos, ela estava deitada. Dormia, mas chorava ao mesmo tempo.

— Sarah, acorde! Sou eu, Simas – falei carinhosamente (havia plasmado minha aparência antiga).

— Simas, onde está você agora?

— Aqui ao seu lado. Vamos desperte, quero abraçá-la.

Ela abriu os olhos e, ao ver-me, chorou alto. Eu a levantei e a envolvi nos braços. Como era bom reencontrá-la após tantos anos!

— Como é bom tê-lo ao meu lado novamente, Simas.

— Eu também estou feliz por poder vê-la e abraçá-la, Sarah.

— Por que se demorou tanto?

— Não posso explicar em poucas palavras. Melhor o silêncio dos que não conseguem viver distantes.

— Nunca mais vou deixá-lo partir, ninguém mais irá separá-lo de mim. Chega de chorar sua ausência.

— Eu também chorei sua ausência. Perdoe-me por tê-la feito chorar por mim.

— Isso apenas torna este momento mais emocionante. Sabia que eu tive um sonho muito estranho?

– Primeiro vou apresentá-la aos meus pais e ao mestre Han, depois você me conta seu sonho.

Ao virar-se, não os vi mais ao meu lado.

– Foram embora, Sarah. Não importa. Acho que quiseram deixar-nos a sós.

– Eu acho bom mesmo, tenho muito a conversar com você, Simas. Vamos nos sentar juntos como fazíamos antes?

– Sim, acho que é a melhor das recordações que guardei do nosso último encontro.

– Você já sabe do nosso passado milenar?

– Sim, é por isso que vim ao seu encontro. Você já o conhece também?

– Acabei de sonhar com ele.

– Eu fiquei olhando para seu rosto, que não era mais de uma mulher velha ou sofrida.

– Você está tão bela quanto a época em que ia apanhar água na fonte, Sarah.

– Você também está muito bem. Por que tem de haver essas separações tão tristes, Simas?

– É o encanto do oráculo lançado pelo ancestral místico. Acharemos uma forma de quebrá-lo!

– Ajudará a me libertar dele?

– Não terei paz em meu espírito até que o consiga.

– Prometa-me isso, então!

– Aceita minha jura?

– Sim. Só assim saberei que nenhuma das outras o tomará de mim.

– Ninguém mais irá tirar-me de você. Em meu coração não haverá lugar para mais ninguém, Sarah.

– Se o que eu sonhei for verdadeiro, ainda terá de se dividir tanto quanto eu me dividi uma vez no passado.

– E isso a preocupa?

– Sim. Será que, tendo de se desdobrar em tantas partes, irá lutar por mim?

– Você viu há quanto tempo nós já estamos juntos?

– Somente consegui ir até 7 mil anos. Foi tudo o que sonhei e que foi mostrado a mim.

– Pois eu quase me perdi quando regredi a épocas imemoriais.

– Foi tão longe assim?

– Menos não me satisfaria e mais me era impossível. Atingi meu limite.

– Como foi essa regressão?

— Eu vi a nós ainda como espíritos não evoluídos através dos ciclos reencarnatórios. Lentamente, fomos nos envolvendo e cada vez assumindo maiores responsabilidades perante o Criador.

— Mas por que a atração tão forte?

— O quarto elemento nos atingiu, foi o fogo alaranjado do Divino. Nós temos o mesmo fogo formador. Eu vi muitos serem atingidos em grandes grupos, e outros o serem a sós. Nós, não; fomos atingidos ao mesmo tempo por uma única chama.

— E por que as outras que nos acompanham?

— Ainda não sei, mas com o tempo descobrirei isso também.

— Irá dizer-me quando o souber?

— Sim. Agora me diga, o que tem feito?

— Seguindo uma orientação do Cavaleiro do Mar. Tenho procurado aprender tudo sobre o mar e o elemento água. É por aqui que devo desenvolver meu dever com a Lei.

— Como tem-se saído?

— Mais ou menos, mas agora que eu o vejo tão bem, eu me multiplicarei em milhares.

— Não entendi suas palavras.

— Eu devo arregimentar o maior número possível de espíritos caídos e colocá-los a serviço dos mistérios do símbolo que rege a água.

— Poderei ajudá-la de alguma forma?

— Não sei, mas não dispenso sua oferta. Com isso, eu poderei tê-lo por mais tempo ao meu lado.

— Não tinha tanto ciúme quando estávamos no corpo físico.

— Não tenho ciúme, apenas quero para mim o que me pertence.

— Se for possível, nunca mais a deixarei. Talvez já tenha terminado a tarefa que nos foi dada pelo nosso ancestral místico.

— Há alguma forma de sabermos?

— Eu descobrirei.

— E você, o que tem feito estes anos todos?

— Quase nada. Tenho ajudado os mestres do Templo Dourado.

— Não foi isso o que me contou o Cavaleiro do Mar. Disse-me que você se tornou um dos guardiões do templo e que tem feito tanto bem aos encarnados e aos desencarnados que não é possível contar o número de beneficiados pelo seu esforço.

— Agora que posso ficar ao seu lado, vamos nos unir e fazer mil vezes mais. Agora já não temos motivos para perder tempo com lembranças amargas.

Ficamos conversando sobre tudo que tínhamos vontade. Creio que renascíamos para o amor a cada instante. De fato, juntos nada mais pesava. Não havia dor que pudesse incomodar-nos ou desanimar. O que importava o passado, quando tínhamos o futuro à nossa frente e sabíamos que ele era eterno?

É estranho. Os espíritos que se amam podem sofrer as maiores dores ou mágoas, mas, quando estão unidos, nada tem importância. A dor deixa de existir e as mágoas desaparecem por encanto. A única coisa que se sobrepõe a tudo é o amor. E o amor no mundo espiritual não é igual ao amor que sentimos quando estamos no corpo carnal. Não! Em espírito ele, se é realmente amor, prescinde do desejo. A união não se faz por meios iguais aos terrenos. Ali, o que reina soberana é a felicidade pela presença do espírito amado. O envolvimento amoroso se dá por intermédio da troca do emocional. Um transmite ao outro uma alegria que me é impossível descrever com palavras. Tal alegria e felicidade só são comparáveis aos que amam a música.

– Sim! Talvez este exemplo seja o que mais se aproxime do amor entre dois espíritos afins. Ao apreciador de uma bela canção, não é necessário mais do que uma boa audição para que vibre com ela. Não a vê nem pode apalpá-la, mas ainda assim a absorve e vibra com sua harmonia.

Os espíritos afins também são assim. Uma simples aproximação já é o suficiente, não havendo necessidade de mais nada além disso. Isso é a perfeição do nosso Criador, o Deus eterno e perfeito.

Ainda nos falamos por muito tempo, até que alguém começou a surgir da água, vindo em nossa direção. Sua luminosidade tornava aquela parte do mar muito brilhante. Nós também fomos atingidos pela sua luz azul, cristalina. Estávamos paralisados, tamanha era a beleza que ela nos irradiava.

Nada falamos e nada nos foi perguntado.

Ouvi novamente o som divino. Era um ser de um reino mais elevado falando conosco. Não usava palavras como nós. Não! O que tinha a nos dizer, fazia-o com uma voz melodiosa e agradável e nós a compreendíamos tão bem, que nos integramos a ela. A melodia que emanava de si nos ultrapassava e vibrávamos com ela.

Eu me vi diante da guardiã que nos havia marcado com o símbolo no peito. Eu recordei a regressão feita pouco antes e me senti o mais feliz dos seres sobre a face da Terra ou do mundo espiritual.

Como era bom voltar a encontrar o gênio das águas!

Ela emitia uma canção harmônica que falava ao espírito. Olhei para Sarah e vi como ela estava emocionada; sentia o mesmo que eu.

Ouvia sua mensagem através do canto. Estávamos diante de uma das emanações do Criador para dirigir o planeta que habitávamos. Sim, era o gênio das águas, a Rainha do Mar, a Mãe Universal.

Se as pessoas pudessem entender, saberiam por que o Cristo foi chamado de "O Pescador" e decifrariam a passagem em que ele caminhou sobre as águas.

Estávamos diante da mãe geradora da vida neste planeta. Somos mais água do que qualquer outro elemento. Somos gerados na água e, quando saímos dela após o período de gestação, recebemos o sopro divino que anima nosso corpo físico, já animado, então, pelo espírito eterno. Este "sopro" invade nossos pequenos pulmões e emitimos os primeiros sons no corpo físico.

O Criador é uno na origem, mas dual nas manifestações visíveis. E nós estávamos diante da sua manifestação feminina, maternal e geradora da vida.

Se o Criador Divino emana os espíritos na forma de centelhas luminosas, ela os absorve a todos em seu ventre maternal e os vivifica, dando assim sequência ao ciclo evolutivo e solidificador dos espíritos humanos.

Ela entoava a mais bela canção e nós entendíamos todas as suas notas musicais. Não eram palavras, mas sons harmônicos. Ouvíamos sua mensagem e nada falávamos ou perguntávamos. Como da outra vez em que nos vira diante do símbolo, agora eu via a nós diante do gênio que o anima e o vivifica e acatávamos suas ordens. Sim, era a mãe que ordenava a seus filhos uma nova missão em prol do símbolo gerador.

Como era bom estar diante dela após tantos milênios. Nada se compara a esse momento. Ainda éramos os mesmos guardiões dos mistérios dos símbolos sagrados. Apenas nos havíamos esquecido disso por um breve período. Mas o que é um breve período para espíritos tão antigos como nós dois? Estávamos despertos para a luta maior que teríamos de travar a partir daí.

Acatávamos todas as suas ordens melodiosas. O canto sagrado encanta a quem o ouve, e nós o ouvíamos de sua emitente original. A mais bela sinfonia não transmitiria tanta emoção como a melodia que ela nos cantava. E nós a compreendíamos, até nas mínimas notas musicais. Tudo na criação divina é perfeito e ela trazia em si a perfeição da água.

Sim, a água!

O Criador emana o espírito na forma de uma centelha e ele inicia sua evolução no ventre da mãe água. O Fogo Divino o cria e o expele. A água o absorve, gerando um corpo para ele. Novamente o sopro divino, através do ar, trá-lo à carne, e a terra o solidifica.

É na união dos quatro elementos que podemos viver na carne e solidificar, assim, o espírito eterno.

Quem foi que disse que o ser humano foi feito do barro? Talvez aqueles que adoravam a montanha e seu símbolo da Lei. Quem sabe o porquê de afirmarem isso? Estão errados! A terra é somente o solidificador, nada mais. Ela alimenta, mas não vivifica.

Tudo é perfeito na criação divina e nós estávamos diante do nosso elemento gerador.

Por isso, havíamos entrado no ciclo das encarnações sucessivas. Assim havia ordenado a Lei Maior. Nós obedecíamos ao nosso ancestral místico como emanações obedientes do Criador.

Nesse instante, o ancestral místico nos entregava de volta à mãe planetária. Os africanos a chamavam de Inaê, os gregos de Afrodite, os egípcios de Ísis, os cristãos de "A Virgem Imaculada da Concepção".

Tudo isso eu já sabia enquanto iniciado nos mistérios. Que cada um a denomine como quiser, mas que ninguém a menospreze, porque um dia poderá sentir-se órfão dela. E, como todo órfão, serão seres incompletos, pois lhes faltará o amor que só a mãe lhes pode transmitir.

Talvez seja por isso que as religiões que só adotam o pai, e desprezam a mãe, sejam tão difíceis de serem compreendidas. Por mais que cresçam, são incompletas, difíceis mesmo de serem seguidas, porque nos tiram muito do amor da mãe planetária e do fator gerador feminino universal. No fundo, tais religiões negam o duplo princípio de tudo no Universo. Aceitam a Luz e as Trevas, o dia e a noite, o alto e o embaixo, o positivo e o negativo, mas negam à mãe a geração do corpo astral da centelha divina emanada pelo Divino Criador.

Não sabem, mas negam o amor universal que a mãe transmite e por isso amam apenas os adeptos do mesmo ritual religioso. Acham que os outros seres estão eivados de qualidades inferiores. Em algumas das religiões atuais, as mulheres praticamente não têm valor quando no corpo físico. Em umas, servem apenas para gerar filhos e nada mais. Em outras, além de procriarem, ajudam os homens a acumular riquezas. Como são estéreis no amor e cáusticos em relação ao princípio dual do Divino Criador!

Talvez seja por isso que dão tanto valor aos bens materiais e só saibam reverenciar os poderosos na Terra. A mãe planetária lhes nega o amor universal que não vê nenhuma diferença em toda a criação. Eles, sim, estão eivados de coisas negativas!

Tudo o que foi dito anteriormente era o que a melodia da regente das águas nos transmitia. Hoje, já não consigo descrever exatamente o que ouvimos em sua melodia encantada. Mas ainda me recordo de quase tudo e tento resumir em poucas linhas o que ela nos transmitiu naquele momento.

Sim, nossas vidas seriam direcionadas novamente ao culto à natureza como forma de adoração do Divino Criador. Não mais o amaríamos por partes, mas em todas as suas formas de manifestar-se aos espíritos que habitam este planeta.

Por que ela fazia isso conosco?

Porque nós, apesar dos erros e falhas cometidos, comuns a todos que têm o seu mental adormecido, nunca nos afastamos do que nos foi ordenado pelo nosso ancestral místico. Ajudaríamos a reviver o culto à natureza como manifestação do Divino Criador e serviríamos, novamente, ao dom ancestral místico oracular como um dos mistérios da Luz do Saber.

Nós aceitamos o que ela nos ordenou e tivemos o prazer de ter conhecimento dos mistérios do oráculo. Iríamos ser preparados como integrantes de tal empreitada junto a milhões de espíritos que buscavam algo mais do que um deus impossível de ser tocado, visto ou compreendido.

Não! Nós já não nos satisfazíamos com isso. Sabíamos que, ao tocar na água, tocávamos em Deus. Sabíamos que, ao ficar em pé ou deitado sobre a terra, estávamos em contato com Ele. Sabíamos também que, ao respirarmos o ar, absorvíamos Seu sopro vivificante. E que quando nos aquecíamos ao fogo, estávamos nos aquecendo em Sua chama imortal. Sabíamos também que, quando comíamos algo, estávamos sendo alimentados pelos frutos da Árvore da Vida. Tudo isso nós sabíamos e as coisas simples já não nos satisfaziam mais.

Éramos iniciados nas coisas divinas e sabíamos disso. As coisas comuns já não satisfariam mais, pois éramos espíritos já solidificados na sua formação. Iríamos ser direcionados para novas funções e as aceitávamos com prazer. A uma nota musical da Sereia Encantada, nós já tínhamos um rumo a seguir, acataríamos suas ordens com reverência e amor, com fé e respeito. Lutaríamos por isso com todas as nossas forças mentais.

Ela voltou para o fundo do mar. Assim como veio, foi embora, mas não nos virou as costas. Não! Ela se retirou olhando para nós, até desaparecer. Acredito com a mais pura fé, que ainda hoje nos olha de frente, pois muito temos feito para honrá-la, apesar de termos de estar separados por um breve período. Mas o que é um breve período comparado a uma melodia tão bela e harmônica como a que ainda espero ouvir outra vez? Somente quem se lembra de como é belo e agradável ouvir um som original na forma de uma melodia harmônica pode entender o que eu digo. Aos que ainda não sabem disso, prestem atenção nos sons que a natureza emite e lentamente irão doutrinando os seus ouvidos para ouvir a melodia harmônica que preenche todo o Universo.

Uma parte da natureza emite o seu som característico: o uivar dos ventos, o marulhar das águas, o farfalhar das folhas ou o tinir das pedras quando se tocam umas às outras. O barulho tonitruante dos trovões, ou o som cadenciado da chuva. Também a corrente da água produz um som agradável, ou o estalido seco de um galho ao ser quebrado. O canto de uma ave canora, ou o uivo de um animal selvagem. O choro de uma criança ao nascer, ou o gemido e o último suspiro do que parte para o Mundo Maior. Também o pranto de quem ama, ou o lamento de quem sofre. Tudo é som, tudo vibra neste planeta tão pequeno e, ainda assim, tão importante para nós e para o Divino Criador deste Universo infinito.

Todos esses sons juntos, e mais os outros que não foram citados aqui, criam a melodia harmônica do planeta Terra que nada mais é do que uma pequena, mas não dissonante, nota da grande sinfonia que anima o Universo regido pelo Maestro Divino. Sim, Deus rege o Universo através do som harmônico e melodioso. E nós precisamos ser ouvintes atentos dessa melodia universal. Que mais e mais pessoas a ouçam, e que também possam sentir como o Criador está próximo de nós.

Quando ficamos a sós, novamente indaguei a Sarah como agiríamos daquele momento em diante.

– Como ela nos ordenou, Simas.

– Não vai arrepender-se?

– Se eu fizer isso, você me chamará à razão novamente.

– Você me ouvirá se isso realmente acontecer?

Ela abraçou-me carinhosamente. Eu também a envolvi com os meus braços.

– Quando foi que deixei de ouvi-lo?

– Nunca.

– Então eu o ouvirei se achar que deve advertir-me por algum erro que eu venha a cometer.

– Peço que faça o mesmo comigo. Não quero falhar desta vez e ter de me separar de você novamente. Voltaremos a caminhar juntos por todo o sempre.

– Sabe que não sinto vontade de soltá-lo dos meus braços?

– Eu não estou pedindo para que faça isso. Também não vou soltá-la facilmente.

– Não vai me esquecer?

– De jeito nenhum. Nem pense nisso, eu sempre voltarei para vê-la e matar a saudade.

– Mas estaremos em campos opostos, pode ser que sinta vergonha de ficar um pouco comigo.

– Algum dia eu senti isso em relação a você?

– Não, nem nos piores momentos você fez isso.

– Então, por que fala essas coisas tão tolas?

– Sinto medo do que tenho de fazer.

– Lembre-se de quem nos guiará em nossa tarefa e sempre terá forças para não esmorecer.

– Tenho medo de perdê-lo novamente.

– A Sereia Encantada tomará conta de nós. Acredita agora que era verdade quando eu dizia sobre sua beleza?

– Sim, mas eu nunca duvidei de suas visões.

– Um dia, não sei quando, não mais estaremos em campos opostos. Então não mais sentirá esse medo que eu também sinto.

– Vamos ficar assim para sempre?

– Acha que é possível?

– Quem poderá separar-nos?

– Ela poderá! – exclamei olhando para o mar.

– Eu acho que ela não teria coragem de nos separar, se soubesse o quanto nos amamos.

– Mas ela sabe disso! É por causa do amor que sentimos que ela confia em nós. Se não houvesse amor, ela não confiaria. Ela não confia em quem não conhece o amor.

Eu acariciei os seus longos cabelos crespos. Como estava radiante a minha Sarah. Não seria fácil deixá-la. Fiquei olhando seu rosto por longo tempo.

– Por que me olha tanto, Simas?

– Quero levar comigo a melhor das lembranças: a visão da mais bela das mulheres que pode existir.

– Sou tão bonita assim? Ou está dizendo isso apenas para me agradar?

– Você nunca deixará de ser o que é.

– E o que sou?

– Uma mulher! Uma mulher completa. Até mesmo no ciúme, demonstra que é uma mulher.

– E você nunca deixará de ser o que é?

– E o que sou eu no seu modo de ver?

— Um apaixonado por mim. Muitas poderão tirá-lo de mim, poderão até possuí-lo por algum tempo, mas será sempre meu. Nenhuma poderá tomá-lo de mim, porque, sempre que amar a outra, sentirá minha falta. Somente comigo não ansiará por mais ninguém. Longe de mim se sentirá incompleto. Por mais que elas se esforcem, não o terão por inteiro, pois seu coração é meu e de mais ninguém.

— Quem vai soltar o outro primeiro?

— Eu não o farei. Sei que, quando soltá-lo, terá de buscar as outras. Por que eu faria isso?

— Está na hora de nos despedirmos, Sarah.

— Então, tome a iniciativa. Eu não o farei.

— Por que faz isso?

— Quero que se lembre sempre que eu só o deixei partir porque você quis e não por eu ter deixado.

— Não seja egoísta, Sarah.

— Eu não sou egoísta, apenas um pouco possessiva, nada mais. Além do mais, caso vá atrás das outras que estão à sua espera, não diga quem sou eu ou onde estou, porque não quero que elas sintam ciúmes de mim.

Eu sorri com suas palavras. Ela, além de encantadora, era muito generosa, ou estaria apenas sendo irônica com o próprio destino? Só pelo que teria de fazer, eu já a amaria por toda a eternidade.

Sim, somente um espírito corajoso aceitaria fazer o que ela aceitou: enquanto ela cuidaria do ponto de forças negativas do mar, eu iria agir na Luz.

Estranho destino o nosso. O que mais queríamos tinha de aguardar mais alguns séculos.

Mas que importância tinham alguns séculos, quando após esta tarefa voltaríamos a nos unir no mesmo lado por outros sete mil anos? Pelo menos foi isso que ela deu a entender quando disse que "nos separaríamos por um curto período". Isso ficou implícito nesta frase.

— Sarah, temos de nos separar agora, já está amanhecendo. Olhe o astro rei despontando no horizonte. Ele anuncia um novo dia radiante após uma noite escura!

— Para mim, foi a noite mais radiante após tanto tempo na escuridão da alma. Fique mais um pouco, Simas.

— Está bem, mas só o tempo de poder olhá-la mais uma vez.

— Tão pouco assim?

Eu nada respondi. Já havia dito tudo o que poderia dizer. Dei-lhe um beijo carinhoso.

— Por que me beijou, Simas?

– Quero que guarde uma lembrança minha e nunca se esqueça de que eu voltarei um dia para que me devolva do mesmo modo que lhe dei.

– Pois também vou dar-lhe uma lembrança. Quando vier para buscar a sua, eu vou querer a minha de volta. Lembra-se de um dia quando eu fugia de você e me alcançou em uma estrada perdida no meio do campo?

– Sim. Ainda tenho aquele momento como uma das minhas lembranças inesquecíveis.

– Pois vou dar-lhe outra lembrança tão intensa quanto aquela. Ainda que se passem mil anos, não a esquecerá.

E deu-me o beijo que só a mulher amada poderia dar. Quando afastou seu rosto do meu, tinha lágrimas nos olhos. Achei-a ainda mais bela. Minha Sarah era a criatura mais terna do Universo. Nenhuma outra se compararia a ela, como eu a via naquele instante.

– Por que chora, Sarah querida?

– Não consigo conter minhas lágrimas. Gostaria que partisse com um sorriso, mas isso é impossível. Terá de lembrar-se de mim com lágrimas nos olhos.

– Isso não tem importância, minha querida Sarah. Assim eu jamais deixarei de esquecer que, ainda que separados, estamos unidos. Até a vista Sarah.

– Até a vista, Simas. Não me esqueça, está bem?

– Não esquecerei. Logo voltarei para ver como será o seu novo trabalho junto à Sereia Encantada. Até nisso tenho sorte.

– Por quê?

– Quem vai vigiar você até nossa reunião definitiva será minha Sereia Encantada.

– Você a ama, não?

– Sim. Ela é a fonte do amor e eu sou movido pelos dois símbolos que melhor caracterizam um espírito humano: a dor e o amor.

– Eu não disse há pouco que você é um apaixonado? Não vá se apaixonar por todas as mulheres que cruzarem por seu caminho.

– Por que diz isso?

– É que o amor que você possui suplanta sua capacidade de suportar as dores. É isso que o torna tão caro para mim.

– Vou partir, Sarah. Tenho o que fazer e eles não podem esperar, não entenderiam que um pouco de sofrimento somente faz aumentar nossa vontade de amar e de sermos amados.

– Você é maravilhoso, Simas.

– O que posso dizer de você, Sarah?
– Não diga nada. Apenas não me esqueça e não diga adeus, quero vê-lo logo que tiver tempo para me visitar.
– Não digo adeus, mas até nosso próximo encontro, Sarah.
– Até lá, Simas.

Eu tomei a iniciativa de soltá-la dos meus braços e lentamente fui me soltando dos seus. Ela relutava em me deixar partir. Quando comecei a me afastar, ouvi seu soluço, que soou muito dolorido aos meus ouvidos. Eu também chorava, mas em silêncio.

Em Busca da Harmonia

Soraya

Voltei ao Templo Dourado e procurei o mestre Han.
– Como se sente, guardião Saied?
– Melhor impossível, mestre Han. Venho agradecer a ajuda que me deu.
– Eu não fiz nada mais do que meu dever, Saied. Afinal, você acumulou tantos créditos que eu tinha de lhe dar algo em troca pelo seu esforço.
– O senhor sempre soube quem era eu, não, mestre Han?
– Sim, Saied. Fui eu quem o guiou até aqui quando resolveu abandonar o passado.
– Obrigado por ter-me auxiliado, mestre Han. Sem seu auxílio eu poderia ter caído para sempre.
– Duvido que viesse a cair, Saied. Seu mental foi fortalecido pela dor e pelo amor ao longo de milênios incontáveis. Não seria uma pequena dor momentânea que iria derrubá-lo.
– Ainda bem que o senhor se lembrou de mim e soube o momento certo de me amparar. Eu o vi muitas vezes em minha regressão, mestre Han. Não quis falar para não parecer óbvio demais. Posso apenas dizer muito obrigado, meu amigo!
– Agradeço suas palavras, amigo Saied. Um amigo que podemos ter, ajudar e no qual podemos confiar é a maior gratificação para quem nada mais anseia além de ser útil ao Criador.
– Agora peço sua licença, mestre Han. Tenho meus amigos enfermos d'alma para cuidar.

– Eu já designei alguém para seu serviço. Creio que, de agora em diante, vai precisar de muito tempo livre, não?

– Sim, tenho de me harmonizar com todo o meu passado.

– Você saberá como fazer isso sozinho, mas, se precisar de um amigo para ajudá-lo, conte com todos os servidores do Templo Dourado.

– Não vou afastar-me do templo, mestre Han. Tenho tantos amigos aqui que sentiria a separação.

– Nos momentos em que estiver livre, anote nestes livros sua experiência de regressão.

– Para quê, mestre Han?

– Sempre que alguém consegue alcançar com seu mental o estado de espírito não encarnado, nós pedimos que descreva sua experiência e depois a enviamos para a biblioteca do Grande Oriente Luminoso. Lá, os mestres da Luz a comparam com outras experiências e podem, com isso, desvendar o grande enigma do Princípio Original da Criação.

– Devo descrever tudo o que consegui despertar em meu mental adormecido?

– O mais claro possível e com o maior detalhamento que conseguir.

– Isso pode levar muito tempo, mestre Han.

– Não tem importância, nós somos eternos. No dia que terminar esta tarefa, eu o levarei até o Grande Oriente Luminoso.

– Obrigado, mestre Han. O senhor é muito generoso comigo.

– Não poderia ser de outra forma, você também é um espírito generoso.

– Peço sua licença para me retirar agora, mestre Han. Vou pacificar o coração de alguém que também é generoso comigo.

– Desejo-lhe boa sorte, meu filho.

– Obrigado, meu pai. Obrigado por um dia no passado longínquo ter acolhido-me como filho seu e me educado dentro dos princípios que regem a todos os filhos da Luz.

– Você só me honrou com sua curta passagem ao meu lado, filho Lasserin.

– Obrigado, meu pai Lagonizê. Até a vista, papai!

– Até a vista, filho inesquecível.

Eu parti ao encontro dos meus pais. Eles também gostariam de ter-me ao seu lado agora que nos havíamos pacificado.

Quando cheguei ao local onde eles viviam, admirei-me com a beleza.

Um homem que cuidava da entrada do local indagou-me quem eu desejava ver e quem era eu.

Dei o nome de meus pais e o meu. Logo, vieram ao meu encontro.

Fui levado ao interior do lugar. Como era bonito. Eu nunca havia visto nenhum lugar que fosse comparável àquele.

Entre nós já não havia mágoas, remorsos ou tristeza.

– Como foi seu encontro com Sarah, meu filho?– perguntou mamãe.

– O mais belo possível.

– Só isso? Não tem nada a contar para sua mãe?

– Vou contar tudo o que nos aconteceu, mamãe.

E passei um longo tempo falando do nosso encontro. Quando terminei, ela me olhou e perguntou:

– Não teme o que possa acontecer a ela?

– Temo, mas não vou afastar-me muito. Irei visitá-la sempre.

Meu pai, que ouvira a tudo em silêncio, finalmente falou:

– Como vai fazer com as outras mulheres do mesmo grupo.

– Ainda não sei, mas creio que no momento certo todas me ajudarão a encontrar a solução.

– Por quem irá começar?

– Por Soraya. Depois vou procurar meus filhos e ver se ainda estão no corpo físico, ou se estão somente em espírito. Devo muito a eles e preciso saldar um pouco do meu débito.

– Quer que eu o ajude? Já não tenho mais o meu amigo guardião Saied para acompanhar. O que poderei fazer, de agora em diante?

– Então teremos muito o que fazer juntos. Tenho muito a resgatar, pois deixei muitos sem o meu amparo. Onde está Soraya?

– No mesmo lugar em que você a deixou. Nós a trouxemos até aqui e, depois de algum tempo de preparação, ela voltou ao abrigo para cuidar dos que sofrem e padecem.

Fiquei com eles por um dia e uma noite. Meu pai e eu traçamos uma forma de ajudarmos aos que quisessem o nosso auxílio. Agiríamos sempre em harmonia, porque assim havia sido enquanto éramos guardiões do Templo Dourado. Minha mãe era instrutora naquele lugar havia muitos anos.

Nós a deixamos e fomos até onde estava Soraya. Eu estava como um guardião do Templo Dourado. Não iria mostrar-me de uma vez.

Quando chegamos ao abrigo, ela estava cuidando de um enfermo e não notou nossa chegada. Depois de terminar com seu trabalho, aproximamo-nos dela.

– Como está, Soraya? – era meu pai quem falava.

– Que bom que o senhor veio visitar-me, mestre Tanyara. Estava com saudades suas.

– Eu também senti saudades, filha. Minha esposa mandou lembranças e quer que você vá visitá-la um dia desses.

— Assim que achar um tempo livre irei vê-la. Quem é o seu amigo?
— Vou apresentá-los. Este é o guardião Saied, Soraya. Ele veio comigo somente para conhecer seu trabalho.
— Muito prazer em conhecê-lo, guardião Saied.
— Também tenho muito prazer em conhecê-la, Soraya. O guardião Sin tem falado muito para mim sobre o seu trabalho e isso despertou minha curiosidade. Espero não estar incomodando ou interferindo em sua rotina.
— Fico feliz que tenha vindo, guardião Saied. Mestre Tanyara já me havia falado sobre o seu trabalho. Do jeito que ele o elogiava, eu também queria conhecê-lo, mas ele disse que você nunca tinha um momento de folga.
— Agora estou um pouco mais livre e tenho tempo para visitar aqueles que despertam minha atenção.
— Venham até meu aposento. Lá falarei sobre o nosso trabalho aqui neste abrigo.
— Se me dão licença, agora que já se conhecem, vou visitar outros amigos.
— Não vá embora sem se despedir de mim, mestre Tanyara.
— Partirei quando o guardião Saied me chamar.

Fomos até o alojamento de Soraya. Tudo ali havia melhorado. Ela era a diretora do centro de abrigo às almas que precisavam dos primeiros socorros.
— Não sabia que era a diretora deste abrigo. O amigo Sin nada me falou sobre isso.
— Bondade dele. Não gosto que me promovam sem que eu mereça.
— Não é promoção alguma. É o seu cargo, não?
— É provisório. Algum dia virá alguém e voltarei às minhas tarefas habituais, às quais não consegui abandonar por completo.
— Há quanto tempo é diretora?
— Há quase dez anos.
— E diz que é provisório?
— Sim. Eu não quis ser diretora efetiva, e então me pediram para que cuidasse de tudo até que tivessem alguém para o lugar.
— Pelo que sei, ficar em um abrigo como este por tanto tempo é mais do que ser efetivo. Somente por amor ao que faz alguém permanece tanto tempo num lugar como este.
— O senhor conhece outros lugares iguais a este?
— Sim. Como guardiões, nós encaminhamos muitos espíritos que querem regenerar-se, e são abrigos como este aqui que os recebem.
— Já trabalhou em algum?
— Sim. No primeiro, eu fiquei pouco tempo, mas no segundo já estou há muitos anos. Mas não fico lá em tempo integral, vou apenas dois dias por semana.

– Então, não é estranho ao nosso trabalho.

– Não, Soraya. Eu o conheço muito bem e tenho muito respeito por quem se sujeita a ficar por tanto tempo em um lugar como este. Faz muito tempo que está aqui?

– Acho que uns 20 anos. Eu vim para cá como uma enferma. Depois, comecei a auxiliar um amigo e fui ficando. Acabei pegando amor por este trabalho.

– Muito nobre de sua parte, Soraya. A maioria quer afastar-se desses lugares e você ama a caridade que se faz aos que sofrem e padecem. Só um espírito muito elevado teria a sua dedicação e coragem.

– Sou dedicada, mas não elevada, guardião Saied.

– Chame-me de Saied, prefiro assim. Quanto ao seu grau, não se menospreze, Soraya, está negando a si própria e isso não é bom.

– Gostaria de visitar os nossos alojamentos?

– Sim. Acho que sempre aprendemos algo nessas visitas.

Ela me conduziu por todos os lugares do alojamento. Havia crescido muito desde o tempo que passei por ele.

– Este é o lugar onde fui alojada quando me trouxeram.

– É muito organizado.

– Não era assim quando vim para cá. Muitos se deitavam no solo por não termos cama. Eu mesma fiquei no chão por algum tempo.

– Deve ser horrível, não?

– Nem gosto de pensar naquele tempo. Ainda bem que fui socorrida por um mestre, senão teria sido pior.

– Foi o mestre Tanyara?

– Não, outro mestre. Pena que ele partiu e nunca mais voltou. Sinto saudades dele.

– Penso eu que ele deve ter tido motivos para partir e não voltar mais.

– Eu sou o motivo. Não soube compreender sua natureza e modo de pensar e precipitei sua partida.

– Quem era ele?

– Filho do mestre Tanyara. Creio que fugiu de mim.

– Que tolo! Como poderia deixar uma jovem tão bonita como você?

– Deve ter tido um motivo, não?

– É, vai entender o ser humano. Quando procura, não encontra quem o queira, e quando encontra, não quer ser querido.

– Isso eu entendo, guardião Saied.

– Você não tem família, Soraya?

— Creio que não. Minha mãe faleceu quando eu tinha 15 anos e meu pai eu nunca conheci.

— Sua mãe nunca lhe falou nada sobre ele?

— Falou, mas como eu iria procurá-lo? Nunca me viu nem ajudou a me criar. Eu nem saberia a quem procurar.

— Diga-me tudo o que sabe sobre os seus pais, talvez eu consiga localizá-los para você.

— E de que adiantaria isso?

— Talvez precisem de sua ajuda. Quem sabe você possa fazer algo de bom por eles.

— Aqui, neste lugar? Duvido!

— Não se menospreze, Soraya. Você é uma moça muito valorosa. Além do mais, já tem muitos créditos a seu favor. Poderá usar um pouco desse crédito em benefício deles e ainda aumentará o seu crédito perante o Criador Divino.

— Vou lhe dizer tudo o que sei sobre eles.

E Soraya me contou quem eram seus pais. Eu já sabia quem eram eles, mas preferi primeiro ter o seu consentimento para poder ajudá-los.

— Acha que poderá encontrá-los?

— Sim. Este é o trabalho que faço com a maior satisfação: pacificar onde há mágoas, rancores ou remorsos. Vou procurá-los e, quando tiver tudo pronto, eu os trarei aqui ou levarei você até eles.

— Obrigado, guardião Saied. Talvez você consiga fazer com que eu me sinta menos infeliz.

— Vejo que você tem muita tristeza em seu peito. Vou ajudar a diminuí-la, Soraya.

— Por que quer ajudar-me, Saied?

— Talvez porque eu não goste de ver ninguém sofrer.

— Então você já sofreu também.

— Sim, mas com a ajuda de amigos eu consegui tirar um pouco da dor que trazia em meu peito. Vamos procurar o guardião Tanyara, pois agora tenho de voltar ao Templo Dourado.

Fomos até onde estava meu pai e nos despedimos.

— Volte logo, guardião Saied.

— Espero que não demore muito para encontrá-los.

— Caso demore muito, antes, venha visitar-me. Eu sempre estou aqui.

— Gostei de conversar com você, Soraya. É muito mais encantadora do que havia dito o guardião Sin.

— Bondade sua, guardião Saied.

— Até a vista, Soraya.

– Até sua volta, Saied.
Fomos até onde estava o pai de Soraya. Antes, meu pai comentou:
– Se eu não soubesse o porquê, diria que você é um bom conquistador da simpatia das mulheres.
– Por que diz isso?
– Não viu como ela gostou de você?
– Não reparei. Apenas tenho muita vontade de ajudá-la. Vamos parar de falar, porque já estamos chegando ao local.
Quando chegamos, Ahmed Bin Farid nos saudou:
– Bem-vindos, guardiões. O que os traz de volta?
– Você é o motivo, Ahmed.
– O que fiz desta vez?
– Não é o que fez agora, mas o que deixou de fazer no passado.
– E o que eu deixei de fazer?
– Lembra-se de Sheila?
– Sim, como poderia esquecer-me dela?
– Não gostaria de conversar sobre isso?
– Para quê? O que passou não pode ser modificado.
– Você viu o meu irmão, não? Pois ele se modificou. Está em um reformatório e espero que, com o passar do tempo, possa ser-nos muito útil.
– Eu nem sei como começar, guardião.
– Tudo tem um princípio, Ahmed. Comece por ele.
Ahmed contou-nos sobre seu relacionamento com sua amante Sheila. Fomos procurá-la e, quando ela viu Ahmed, começou a ofendê-lo. Quando esgotou todo o seu vocabulário chulo, perguntou o que queríamos:
– Viemos tentar ajudar a senhora.
– Ajudar-me? Ninguém quer ajudar-me, na certa estão querendo algo mais. O que querem de mim?
– Pelo visto, ela não está preparada para encontrar-se com sua filha, guardião Saied.
– Tem razão amigo Sin, vamos embora. Vem conosco Ahmed?
– Sim, eu vou tentar consertar-me.
Sheila se desesperou ao ver-nos indo embora.
– Esperem, não me deixem aqui.
– Para que levá-la? Você nada tem nada a oferecer à sua filha.
Comecei um dos meus sermões tradicionais. Atingia aos dois ao mesmo tempo. Eu não era cruel com as palavras, mas sabia como atingir o alvo certo. Quando vi que os havia transformado apenas em espíritos sofredores que não sabiam como conter o pranto do remorso e da vergonha, convidei-os a irem a um dos nossos reformatórios. Ali receberiam os devidos

esclarecimentos. Lá seriam bem tratados, mas teriam de reconhecer todos os seus erros e pecados. Principalmente os pecados que afrontam as Leis Divinas. Receberiam os esclarecimentos a respeito do estado em que se encontravam. Em poucos meses estariam mudados, se reconhecessem seus erros e pecados. Os métodos usados dificilmente falhavam.

Raios de Lua e Luiz

  Neste meio tempo, eu procurei os meus filhos e os encontrei no corpo físico. Mas também encontrei Raios de Lua e o velho pajé Anhanguera. Para mim, foi um momento muito difícil. Quando os vi, não soube o que dizer e fiquei estático. Raios de Lua olhava para mim sem nada dizer também. Era muito constrangedora a minha situação. Eu havia fugido do passado e dela também. Como me justificar?
  O velho pajé tomou a iniciativa do diálogo:
  – Vejo que está muito bem, Pajé Branco. Pensei que nos havia esquecido para sempre.
  – Eu não os esqueci em momento algum. Apenas não tinha condições emocionais de procurá-los. Sinto vergonha por isso, mas é a mais pura verdade.
  – Eu acredito em você, Pajé Branco, você nunca foi chegado à mentira.
  – Raios de Lua, senti muitas saudades de você.
  – Acho que não, Pajé Branco. Só está tentando desculpar-se, mas não é preciso fazer isso. Eu compreendo o quanto foi difícil voltar até nós.
  – Não é nada disso, Raios de Lua! Acredite-me, eu estava muito confuso e não sabia como agir. Hoje eu estou equilibrado mentalmente e posso refazer todo o meu passado.
  – Não é melhor nós esquecermos o passado, Pajé Branco?
  – É este o seu desejo?
  – Sim. Você fugiu de nós como só os guerreiros covardes o fazem.
  – Raios de Lua, eu não sou covarde, apenas estava desequilibrado.
  – Precisou de tanto tempo para se equilibrar?

— Sim. Só há pouco tempo eu consegui romper o passado. Agora possuo condições mentais e emocionais para auxiliar nossos filhos. Gostaria de ajudá-los nesta tarefa.

— Nós temos feito isso muito bem sem sua ajuda. Volte para junto de Sarah. Talvez ela o aceite de volta, agora que já se encontrou.

— Sarah também estava desequilibrada, mas agora já está bem. Acho que eu não fui a melhor companhia, nem para você, nem para ela, e talvez tenha sido um péssimo pai.

— Quanto a mim, não tenho reparos enquanto marido, mas quanto ao dever de pai, foi muito falho o seu desempenho.

— Reconheço tudo isso, Raios de Lua, e espero poder reparar em parte esta falha.

— Caso não se incomode, nós gostaríamos de continuar sem sua presença.

— Não me perdoa mesmo, não?

— Nada tenho a perdoar, Pajé Branco. Fez o que achou melhor e não o condeno por isso. Logo, não há o que perdoar.

— Espero que não se importe, se eu vier visitar meus filhos, Raios de Lua.

— Faça como achar melhor, Pajé Branco. Creio que é livre para tanto.

— Sabe, Raios de Lua, eu não compreendo sua mudança em relação a mim. Está hostil. Nem se parece com a mulher que eu conheci no passado.

— Todos mudamos com o tempo, Pajé Branco!

— Eu sei disso. Mas alguns mudam para melhor e outros para pior.

— Insinua que eu tenha piorado?

— Não insinuo, afirmo. Não estou reconhecendo a minha tão meiga Raios de Lua.

— Eu fui apenas um pedaço de sua vida. Esqueça-o e será melhor para nós dois.

— Outro dia eu volto para ver se melhorou o seu humor, Raios de Lua. Adeus, Pajé Anhanguera.

Parti num piscar de olhos e fui ao encontro dos meus filhos.

O primeiro que vi foi o que se chamava Luiz. Aproximei-me dele e me assustei com seu estado. Não se parecia com um homem de bem. A escuridão o envolvia. Algo de ruim estava acontecendo com ele.

Quando me encostei para ouvir o seu mental, alguém me advertiu:

— Não interfira ou pagará caro pela intromissão.

— Quem é você, amigo?

— Não sou seu amigo.

— Mas eu sou seu amigo e isso é o que importa para mim. Por que o envolveu assim?

— Isso não interessa. O melhor que tem a fazer é ir-se daqui.

— Pois saiba que ele é meu filho e vou procurar saber o porquê deste envolvimento, amigo.

— Já disse que não sou seu amigo.

— O que há com você? Não gosta de ninguém?

— Não. Eu só gosto de mim mesmo.

— Pois está errado, amigo. Um dia eu pensei como você pensa agora e só perdi. Quando mudei o meu modo de pensar, descobri o quanto estava errado.

Mentalmente, ele chamou uma infinidade de auxiliares. Eu me vi cercado por todos os lados.

— O que pretende fazer, amigo? Acaso acha que vai intimidar-me?

— Se você não for embora, nós o atacaremos e eu o acorrentarei, intrometido.

— Duvido que faça isso, mas, antes de tentar, por que não me diz o motivo dessa perseguição? Talvez possamos evitar uma luta inútil.

— Talvez você tenha medo da luta, intrometido.

Puxei minhas duas espadas: uma era a que todos os guardiões do Templo Dourado usavam, a outra era a que ganhara do Cavaleiro do Mar, que eu puxei com a mão direita. Ao tirá-las, elas brilharam no quarto escuro. Ele recuou. Eu encostei a longa espada em sua garganta.

— Mova-se e eu o degolo, ser das Trevas.

— Você não teria coragem.

Forcei um pouco mais a lâmina ao seu encontro; a luz da espada começou a queimá-lo.

— Duvida? Então mande seus auxiliares se moverem. Vamos, homem, tente emitir o menor sinal!

— Sua espada está me machucando, afaste-a e conversaremos.

— Assim é melhor, amigo. Mas não vou guardá-la. Se tentar algo, com um só golpe eu o destruo.

— Não quero lutar com você, esta espada é muito poderosa.

— Isso é verdade. E também eu sou um guardião. Já combati muitos seres iguais a você em outros lugares. Não pense que sou um tolo. Agora, comece a contar o porquê da perseguição contra meu filho.

— Siga-me, guardião, e eu lhe mostrarei.

Eu o segui até uma casa humilde. Ao entrar em seu interior, fiquei chocado com a miserabilidade do lugar.

– Vê esta mulher encarnada, guardião? Ela foi minha filha em outra encarnação. Nesta teve outros pais, mas eu sempre a protegi, até que seu filho a seduziu. Com boas palavras e muitas promessas, possuiu-a por um longo tempo. Eu fiz de tudo o que me foi possível para impedir, mas não obtive sucesso. Eis o resultado: ela tem um casal de filhos que o seu filho não honrou como pai.

– Aguarde um pouco, amigo. Vou olhar um pouco sua filha e depois voltaremos a conversar.

Eu liguei meu mental ao dela e busquei o seu passado milenar. Em pouco tempo, localizei o que me interessava.

– Você não foi muito clemente em sua última encarnação, meu amigo.

– Como sabe disso?

– Eu vi isso no mental adormecido de sua filha. Creio que temos muito o que fazer por aqui.

– O que tem a fazer é deixar que eu me vingue, guardião.

– Não é assim que resolvemos um problema, meu amigo. Temos de buscar suas raízes no passado para, então, podermos solucioná-lo. Você sabe quem foi meu filho?

– Isso não me interessa, mas quem foi ele?

– Vamos voltar até ele. Lá eu o ensinarei como ver o passado de alguém através do seu mental.

Fomos até meu filho Luiz e, após algumas tentativas, ele penetrou em seu mental. Eu também fiz o mesmo, mas em instantes eu já sabia de tudo, enquanto ele demorou um pouco mais. Quando voltou de sua imersão, indagou-me:

– O senhor sabia disso?

– Não, é a primeira vez que olho o mental adormecido de meu filho.

– Como explicar isso tudo?

– Olhe-se homem! Será que ainda não despertou após tantos séculos nas Trevas? Você não pode viver eternamente de lembranças do passado.

– Como posso ajudá-lo, guardião?

– Mande seus auxiliares tirarem toda a irradiação pesada sobre meu filho, depois corrigiremos um erro seu que os atrapalha até hoje.

Em poucos instantes, Luiz voltou a ter sua aura limpa. Eu pude ver como respirava com mais facilidade.

– Vamos deixá-lo dormir, depois retirarei seu espírito do corpo e começaremos a reparar nossos erros.

– Quer dizer meu erro, não?

– Nossos erros, meu amigo. Você errou no passado e eu no presente. Nós dois temos culpa por nossos filhos serem infelizes.

Já era tarde quando Luiz dormiu. Eu iniciei a retirada do seu espírito do corpo. Após fazê-lo, sem perturbar seu mental, eu o despertei.

– Luiz, lembra-se de mim?

– Sim, como poderia esquecer-me do senhor? Por acaso eu morri?

– Não, apenas está fora do seu corpo. Olhe-o ali na cama.

– Eu estou tendo um sonho, então?

– Também não. Eu quero ajudá-lo, filho. Por isso o despertei em espírito durante o sono. Conhece este homem?

– Não, mas eu já o vi em meus pesadelos muitas vezes. Vive a me perseguir.

– Venha conosco e começará a entender o motivo de seus pesadelos.

Eu o transportei até o casebre em que vivia Ana, sua antiga amante.

– Reconhece-a?

– Sim, mas está muito sofrida.

– Olhe ali e me diga o que você vê.

– Duas crianças também sofridas.

– Não são apenas duas crianças sofridas. São dois filhos seus abandonados à própria sorte.

– Eu não tenho responsabilidade nenhuma por isso.

– Será que não? Por que se envolveu com ela?

– Era muito bonita, por isso eu me envolvi com ela.

– Você a amava?

– Sim, mas não podia casar-me com ela.

– Por que não?

– Ela é uma mulher de classe social muito baixa e eu, um nobre.

– Isso é motivo para deixá-la jogada à própria sorte?

– Eu não quis envolver-me com ela quando nasceu o segundo filho, e dei-lhe polpuda soma em dinheiro para que não mais me procurasse.

– Acaso não lhe ocorreu que essas duas crianças são seus filhos? Não percebe o quanto está errado?

– O senhor também nos abandonou. Como pode acusar-me agora?

– Eu não os abandonei. Sarah cuidou muito bem de vocês. Enquanto eu estive ao seu lado, eduquei-o muito bem. Você pôde estudar e ter a melhor das vidas graças à fortuna que deixei. Você pode ter razão quando diz que eu o abandonei, mas já era um moço e podia seguir seu próprio caminho, porque tinha meios materiais para tal fim. Mas, e quanto aos seus dois filhos ali naquela cama? Se você, apesar de tudo o que fiz ou deixei para você, ainda acha que não foi o suficiente, o que dirão eles no futuro sobre você? No mínimo irão odiá-lo com tanta intensidade que não terá paz nem daqui a mil anos. Reflita um pouco, filho. Será que não percebe o erro que está cometendo perante Deus por abandonar ao tempo suas próprias sementes?

Neste instante, ele já estava totalmente abatido. Lágrimas corriam de seus olhos.

— O que posso fazer para reparar meu erro. Devo dar a eles mais algum dinheiro?

— Dinheiro não resgata uma infração às leis do Criador. Somente um ato de amor poderá reparar tal falha. Faça-o enquanto é tempo.

— O que devo fazer?

— Case-se com ela. Já é viúvo há muito tempo e nada o impede de contrair novo matrimônio.

— Mas o que dirão meus amigos?

— O que dirão os executores das leis divinas quando você for julgado por eles, após a morte de seu corpo?

— Ela não possui a mínima instrução para ser minha esposa. Sou um nobre e tenho um título a conservar.

— Mas ainda gosta dela?

— Já não é bonita como antes, mas ainda gosto.

— Pois a instrução ela poderá obter. A beleza ela a recuperará assim que tiver uma vida tranquila e sentir-se amada e amparada.

— Será que ela ainda me aceitaria?

— Gostaria de falar com ela?

— Sim, mas como é possível, se está dormindo?

— Vou tirar seu espírito do corpo e veremos o que acontece.

Eu, lentamente, tirei seu espírito do corpo. Ela possuía uma luz muito forte, apesar do sofrimento por que passava. A princípio, não compreendeu o que se passava. Pouco a pouco, ela reconheceu Luiz e assustou-se com nossa presença.

— Não se assuste, Ana. Estamos aqui para ajudá-la. Luiz quer reparar o erro cometido no passado, e quer corrigi-lo agora.

— Como é possível? Eu não possuo título de nobreza nem sou rica para tornar isso possível.

— Não é nobre materialmente, mas espiritualmente é muito superior à maioria dos nobres titulados.

— Também não sei se ele me aceitaria como esposa.

— Vou mostrar-lhes algo que fará com que, ao despertarem, tenham seu amor multiplicado numa intensidade, que irão se procurar rapidamente.

E usando o meu poder, levei-os ao período que me interessava. Mostrei-lhes uma encarnação passada em que se amaram muito, mas não puderam unir-se por causa do pai dela. Mostrei como foram separados de forma violenta.

Quando os despertei do transe espiritual, eles já se olhavam como dois apaixonados.

– Por que tudo isso, pai?

– Coisas que acontecem em uma encarnação, Luiz. Não deixe que novo drama se inicie nesta encarnação.

– Mas como vou lembrar-me de tudo isso ao despertar e tomar a iniciativa de nos casarmos?

– Não deixarei que esqueçam o que viram e ainda o guiarei para que realize logo sua união com ela.

Eu a recoloquei no corpo, e tendo adormecido um pouco o seu mental, despertei-a. Ela acordou toda arrepiada e começou a chorar convulsivamente. Os seus filhos acordaram com o seu choro.

– O que foi, mamãe? Por que chora tanto?

– Não é nada, filhos. Foi só um sonho incrível, mas parecia tão real. Sonhei com seu pai.

– Ele não gosta de nós, mamãe. Por que ainda sonha com ele?

– Não sei, filho.

Eu achei que já era o suficiente para ela. Toquei-a na cabeça e falei-lhe mentalmente.

– Ana, não foi apenas um sonho, foi real. Ore a Deus e peça sua ajuda que terá sua vida mudada brevemente.

Instantaneamente, ela orou a Deus com muita fé. Quando terminou sua prece, falou para os filhos:

– Deus irá ajudar-nos, filhos. Sinto que, finalmente, ele ouviu meus pedidos de ajuda.

Virando-me para meu filho, falei:

– Por hoje está bom. Voltemos à sua casa.

– Mas, se o senhor fizer o mesmo comigo, como vou saber se foi real ou só um sonho?

– Eu cuidarei para que você saiba que não foi só um sonho.

Voltamos à sua casa e pouco depois o coloquei no corpo. Com um leve toque, eu o acordei. Luiz deu um grito. Estava muito agitado após tudo o que viu e ouviu. Procurou acalmar-se um pouco. Eu comecei a influenciar o seu mental com mensagens precisas. Isso o inquietou mais ainda.

– Papai, o senhor está aqui? Vamos, mostre-me se tudo é verdade e não apenas um sonho.

Eu dei um jeito de provar-lhe que era verdade. Ele começou a soluçar. O medo tomou conta dele. Chamou os criados e mandou que atrelassem os cavalos à sua carruagem.

– Onde o senhor vai a esta hora, amo?

– Não interessa. Faça o que ordenei!

Após vestir uma roupa adequada, ordenou ao criado que o levasse até a casa de Ana.

– Eu não sei onde é, amo.

– Eu digo onde é. Toque em frente!

Meia hora depois, ele chegava diante da casa de Ana. Desceu apressado e bateu ruidosamente na porta.

– Ana, abra a porta. Sou eu, Luiz de Macedo.

Ela abriu a porta devagar. Mesmo envolta na penumbra da noite, ele viu seus olhos brilhantes.

– Você estava chorando, Ana?

– Sim. Há pouco eu tive um sonho muito estranho.

– Como foi seu sonho?

– Sonhei com você e seu pai.

– Como era meu pai?

– Um senhor de meia idade, alto e de longas barbas brancas. O cabelo também era longo e branco. Era também um pouco calvo. Tinha duas espadas penduradas no cinto. Uma longa e outra mais curta.

– Era meu pai mesmo. Foi assim que eu o vi há pouco em meu quarto.

– Você o viu?

– Foi uma aparição rápida, mas suficiente para que eu soubesse que era ele. Onde estão as crianças?

– Aqui dentro. Entre, por favor.

Ele entrou rápido e, ao vê-los, abraçou-os com carinho.

– Meus filhos. Perdoem-me por tê-los renegado.

Se não fosse eu o causador daquela transformação tão repentina em Luiz, não acreditaria no que estava vendo.

Quando deixei Luiz, ele tinha a idade de 16 anos, mais ou menos. Passei dez anos fora e, quando voltei, já era homem formado. Já fazia 20 anos que eu deixara o corpo físico e ele contava agora com, aproximadamente, 46 anos de idade. Para um homem dessa idade, e criado no luxo, chorar era de comover a qualquer um.

– Vamos para minha casa, Ana. Você e os nossos filhos não vão mais viver neste casebre.

– Não precisa fazer isso, Luiz. Eu jurei que não o incomodaria nunca mais.

– Pois agora sou eu que peço: venha comigo, Ana!

— Não vai expulsar-me novamente?
— Eu fui canalha uma vez, não vou sê-lo novamente. Você ainda gosta de mim?
— Apesar de ter-me magoado muito, nunca aceitei outro homem em minha vida.
— É capaz de me perdoar?
— Por que pede perdão a mim, sua ex-empregada?
— Se você aceitar, quero desposá-la o mais breve possível.
— Jura que é verdade, Luiz? Não está falando isso só para me iludir novamente?
— Juro por Deus Todo-Poderoso que é a mais pura verdade.
— Como irão aceitar nosso casamento? Sou uma mulher da plebe e você um nobre com vários títulos.
— Tudo será conseguido graças à minha riqueza. E, em razão dela, todos se calarão, pois quem ousar falar-lhe algo irá arrepender-se.
— Mas falarão às suas costas.
— Já falaram quando souberam que seus dois filhos eram meus também. Então, que falem de como eu reparei um erro diante de Deus.
— Será que falarão isso?
— E o que importa o que venham a falar? O casamento não lhe agrada?
Ela começou a chorar novamente. Ele a abraçou e eu vi lágrimas em seus olhos.
— Vamos, Ana. Vamos filhos, vocês agora têm um pai que os honrará e um lar decente onde possam viver.
— Vou apanhar algumas roupas, Luiz.
— Apanhe somente o necessário para chegar até minha casa. Amanhã terão roupas novas.
Ana não sabia se chorava ou sorria, tão emocionada que estava. Logo partiam. Ela ainda olhou para o casebre e, num último adeus, falou:
— Obrigada, bom Deus, por ouvir minhas preces.
Devo dizer que eu me emocionei com suas palavras. Ana havia remoçado vários anos em poucos minutos. Como a alegria rejuvenesce o ser humano! Se todos soubessem disso, evitariam as situações que conduzem à dor.
Pouco tempo depois, Luiz instalava os filhos em um belo e enorme quarto. Uma criada ajudou-os a se deitarem. O menino tinha mais ou menos sete anos e a menina, seis anos de idade. Luiz foi até o quarto, acariciou-lhes a cabeça e disse:
— Perdoem-me por tê-los feito sofrer tantas agruras em tão pouco tempo, meus filhos. Prometo que não sofrerão mais por minhas falhas.

Ana beijou os filhos e se afastou com Luiz. Quando estavam na sala, ela perguntou:

— Onde eu vou ficar? Você não me mostrou o meu quarto.

— Já dormimos juntos durante algumas noites, não?

— Sim, por quê?

— Pois você vai deitar-se ao meu lado de agora em diante. Vou comunicar aos empregados que você é a nova senhora Luiz de Macedo.

— Mas ainda não nos casamos.

— E o que importa? Ao amanhecer faremos isso. Agora, vamos conversar um pouco, pois estou sem sono.

Luiz serviu um cálice de licor a ela e começaram a conversar. Eu fiz mais um esforço e me mostrei sorrindo aos dois. Havia-me esgotado muito e o máximo que consegui foi algo muito rápido, mas suficiente para que pudessem me ver.

— Você também o viu, Ana?

— Sim, estava sorrindo.

— Creio que agora ele terá descanso. Fiz algo que já devia ter feito há muito tempo.

— Tudo tem a sua hora, a nossa chegou, finalmente.

— Eu sinto muito pelo mal que causei, Ana. Diga que me perdoa.

— Eu o perdoo, Luiz. Agora, diga que me ama.

— Eu a amo muito. Não devia ter dado ouvidos aos conselhos de quem não tem moral para aconselhar a ninguém. Vou educar nossos filhos de modo diferente. Não quero que, quando forem adultos, peçam conselhos a gente inferior a eles.

Eles se abraçaram e foram para o quarto. Eu, como não gosto de bisbilhotar a vida alheia, convidei o amigo que observava tudo em silêncio a nos retirarmos.

— Para onde vai agora, guardião da Luz?

— Voltar ao Templo Dourado.

— Depois de ter conseguido fazer em tão pouco tempo o que venho tentando a sete longos anos, gostaria de aprender um pouco com o senhor.

— Acho que posso ensinar-lhe alguma coisa, meu amigo. Existem momentos em que devemos usar as armas; em outros, a melhor arma é o amor. Este é um desses casos. Nunca fará com que alguém ame a outro se for movido pelo ódio.

— Hoje aprendi uma lição que jamais esquecerei, guardião da Luz. Posso acompanhá-lo?

— Sim, mas traga o seu pequeno exército, amigo, pois o amor guardará sua filha e meu filho de agora em diante. Além do mais, os mestres do templo sempre acolhem muito bem aos que querem regenerar-se na luz do saber divino.

– Como poderei pagar o que nos fez hoje?

– Lembrando-se da forma que agi com nossos filhos e procurando agir da mesma forma com todos os semelhantes, porque todos são filhos do mesmo Pai, o Deus Todo-Poderoso, tão generoso conosco, criações Suas.

– Procurarei inspirar-me no senhor, guardião da Luz.

– Chame-me de guardião Saied, meu amigo.

– Eu me chamo Ariel, guardião Saied.

Foram todos conduzidos ao Templo Dourado. Com o tempo, transformaram-se em ótimos guardiões, pois já estavam cansados das Trevas.

Pedro e os Velhos Amigos

Procurei descansar um pouco. Estava um pouco cansado e sentia-me pesado devido ao esforço despendido junto aos meus filhos, Luiz e Ana. Afinal, valera a pena. Eles seriam muito felizes casando-se e eu evitara que viessem a se odiar mais tarde.

Realmente, tudo tem sua hora! Mas só Deus sabe quando é a hora certa. Então intervém por meio de nós, seus humildes servos. Abençoados sejam todos os servos fiéis ao bom Deus. Ainda que não o saibam, são sempre Seus instrumentos.

Absorvido por esses pensamentos, adormeci meu mental. Acordei pouco depois e vi uma chuva brilhante sobre mim. Penso que era Ele, o Todo-Poderoso, mandando-me um pouco de Sua energia cósmica.

Levantei e agradeci, comovido por Sua generosidade. Como era bom saber que, sempre que usamos a arma do amor em nossas lutas, Ele nos abençoa pessoalmente.

Foi pensando nisso que parti à procura do meu filho Pedro.

Quando o encontrei, vi como estava abatido. Pareceu-me muito doente. Procurei a causa e logo descobri. Ele era vítima de uma terrível magia negra.

Procurei a origem e descobri que ele não tratava muito bem os escravos de sua fazenda. Alguém devia ter-se vingado do mau trato recebido.

Nada havia mudado: cada um reagia com o que tinha à mão quando era magoado ou ferido. Isso é comum a toda a humanidade.

Usei dos meus conhecimentos e poderes e cortei a magia em pouco tempo. Agora vinha a parte mais difícil: transformar meu filho.

Procurei descobrir a causa de seu comportamento. Por que tratava tão mal os escravos, quando eu havia pedido a todos que tratassem bem aos negros?

Demorei uma semana para modificá-lo. Tive de tirá-lo do corpo durante o sono por quatro noites seguidas. Na quinta, ele já sabia que eu estava ao seu lado. Na sexta, já modificava seu comportamento. No sétimo dia, deu liberdade a todos os negros para cultuarem os seus deuses africanos.

Eu me dividia em muitos lugares, mas estava recompensado. Logo, na grande fazenda de Pedro, havia alegria no rosto dos negros. Todos louvavam a mudança ocorrida com seu amo.

Um velho negro iniciado nos mistérios falou-lhes que o espírito do Cavaleiro da Estrela Guia estava entre eles novamente.

Sim, ele tinha o dom da vidência e eu me mostrei a ele. Os muito velhos ainda se recordavam de mim e isso os deixou muito felizes. "O Cavaleiro voltou para nos ajudar!", era o que diziam. Até recebi uma oferenda do velho iniciado. Era sua forma de agradecer uma ajuda dos espíritos. Aceitei com alegria, pois, para quem nada tinha, dar algo a um espírito amigo em sinal de gratidão era a maior honraria. Abençoei-o pelo seu gesto e ele sorriu para mim ao me ver feliz. Não pude conter as lágrimas que insistiram em brotar dos meus olhos.

Ele afastou-se reverentemente. Eu fiquei a observá-lo e, quando já estava distante, olhou para trás. Eu levantei minha mão direita e lhe enviei um facho de luz que o alcançou. Ainda que à distância, eu ouvi seu choro de alegria. Ajoelhei-me e orei a Deus por ter servos tão humildes e sofridos espalhados por todos os povos. Orei também pelos negros que um dia foram o motivo para que eu lutasse.

Ainda não havia terminado minha oração, quando notei que não estava sozinho. Olhei para trás e os vi ajoelhados também. Oravam em silêncio. A alegria de vê-los ao meu lado foi tão grande, que lágrimas caíam em profusão dos meus olhos. Eles também choravam. Abraçamo-nos ternamente.

Quando conseguimos nos acalmar, todos queriam falar ao mesmo tempo.

O meu velho amigo João de Mina foi o primeiro a se impor em meio ao vozerio.

– Eu saúdo o seu retorno, Cavaleiro da Estrela Guia. Fico muito feliz em vê-lo de volta para junto dos que tanto o amam.

– Eu o saúdo também, meu amigo João de Mina. Que bom vê-los todos juntos. Ruth, como vai, minha princesa?

– Estou muito feliz em vê-lo, Cavaleiro. Bem-vindo ao seu povo!

Conversamos muito. Ali estavam os velhos sábios africanos que tanto me haviam ajudado no corpo carnal. Outros chegaram pouco depois. Havia centenas deles.

Eu não mentiria se dissesse que vi chegarem os orixás do Panteão Africano. No Templo Dourado, eu estudara tudo sobre eles. Agora eu os via e, acredite-me, fui abençoado ali, no campo, por todos eles.

Um orixá africano jamais esquece um benfeitor dos seus seguidores, por isso fui abençoado por todos. No tempo em que vivi na carne, só não fiz mais pelos negros porque mais eles não quiseram. E também me abençoaram por ter mudado o meu filho em tão pouco tempo.

Eu prometi ali, no campo aberto, que cuidaria para que ele honrasse o juramento de proteger os negros escravos.

Ouvimos o som dos tambores e fomos até onde estavam tocando. Ao chegar no local, vi o velho iniciado que me dera uma oferenda dirigindo o batuque para sua gente.

– Ele se parece muito com o senhor, meu amigo João de Mina.

– Fui eu que o iniciei no culto quando ainda era um menino, Cavaleiro da Estrela Guia. Ele sabe honrar os orixás.

Eu fiquei a observá-los por algum tempo, depois saí e fui até a casa grande. Vi meu filho sentado. Estava pensativo.

Após ouvir seus pensamentos, comecei a agir sobre o seu mental e o conduzi até a senzala para assistir ao culto dos negros escravos. Meio relutante, ele seguiu até lá. Quando entrou na senzala, os negros não sabiam como reagir. Transmiti ao velho iniciado uma mensagem e ele saudou ao meu filho com uma salva de palmas. Meio sem jeito, ele agradeceu. Foi convidado a sentar-se ao lado do sacerdote negro. Aceitou o convite e, logo, o batuque recomeçou. Como um dia eu fui, ele também foi saudado pelos orixás incorporados em seus filhos de fé.

– Ele se parece com você, Pescador – falou o velho João de Mina.

– Eu o preparei quando ainda era um menino, meu amigo. Pena que eu tenha partido. Isso fez com que se esquecesse do que ensinei.

– Ele não se esqueceu, Pescador. Apenas, quando se viu sozinho, não soube como agir. Mas eu o vejo sorrir agora. Creio que o passado adormecido está despertando.

– A alegria voltará a esta região, meu amigo.

– Que Oxalá o abençoe, Cavaleiro, pois por onde você passa as lágrimas cessam e os sorrisos brotam como as flores na primavera.

Eu nada respondi. A alegria entre os humildes negros era tão grande, que não conseguia falar mais nada.

O velho iniciado me observava do seu lugar. Fui até ele e o abracei. Chorando de alegria, ele falou ao meu filho que seu pai estava ali entre eles, e que estava muito feliz.

– Eu sei, velho José. Sonhei com ele todas as últimas sete noites e o sentia perto de mim durante o dia. Diga a todos os negros que meu pai voltou para me ajudar a entendê-los melhor.

O velho iniciado José fez o comunicado a todos os escravos, e eu fui saudado por um canto dos negros. Sim, o Cavaleiro da Estrela Guia estava de volta e não se afastaria mais dali. Somente em casos extremos, eu sairia de perto dos meus filhos.

Quando encerraram o ritual, eu me despedi dos meus amigos prometendo voltar mais vezes. Ia à procura do filho que se parecia muito com Raios de Lua.

Ao chegar à aldeia, vi que muitas coisas haviam mudado por ali. O contato com os brancos era maior e isso alterara um pouco o modo de vida dos índios. Muitos já se cobriam com algum tipo de tecido.

Procurei por meu filho Cobra Coral e vi que ele não estava feliz. Ao seu lado, como para protegê-lo, encontrei o velho cacique, pai de Raios de Lua. Saudei-o e ele sorriu ao me ver.

— Como vai, Pajé Branco?

— Feliz em vê-lo, Cacique. E o senhor, como tem passado estes anos todos?

— Sempre aqui, Pajé Branco. Ainda luto por meu povo. Pena que já não tenha um corpo de carne para conduzi-lo a um lugar mais distante dos brancos. Vê o que o contato com eles tem feito ao meu povo?

— Sim, meu amigo. Não estão preparados para a miscigenação. Sempre serão os perdedores.

— Os brancos estão invadindo nossas terras. Não adiantou muito você tê-las comprado para nós.

— E o que tem feito meu filho para defendê-las?

— Tem se esforçado muito, mas não é ouvido pelos brancos.

— Vim para ajudá-los, meu amigo, e vou fazer isso. Primeiro vou dar uma olhada por aí, depois verei como agir.

Dei uma volta por toda a aldeia e revi muitos espíritos índios que eu conhecera quando na carne. Foi outro momento de alegria para todos nós.

Assim como os negros, eles não abandonavam os seus após o desencarne. Continuavam a viver nas florestas ou em volta das aldeias.

Passei o dia vendo tudo e ouvindo os pensamentos de meu filho. Ele, de fato, era um chefe índio e honrava seu avô.

Afastei-me da aldeia somente o tempo necessário para ver os outros dois filhos. O que vivia no engenho havia-se transformado. Nem se parecia com o mesmo de oito dias atrás. E Luiz já havia casado com Ana. Pude ver que a alegria fazia morada em sua casa. Decidi que, enquanto auxiliasse Cobra Coral, iria à procura dos outros filhos que tive com Sarah.

À noite, voltei para a aldeia. Iria tentar convencê-los a se mudarem mais para o interior. Havia até descoberto um lugar muito bonito, farto em alimentos e caça, ainda não habitado por tribos de índios ou sequer imaginado por brancos.

Vi Raios de Lua ao lado de seu pai. Já não estava tão hostil à minha presença. Saudei-a com um sorriso. Ela, timidamente, correspondeu.

– Fico feliz em vê-la sorrir, Raios de Lua. É um bom sinal.

– Você é mesmo diferente, Pajé Branco.

– Por que diz isso?

– Em poucos dias, você ajudou e transformou dois dos nossos filhos. O que fará pelo terceiro?

– O mesmo que fiz pelos outros dois: vou ajudá-lo a ser feliz também.

– Como pretende fazer isso?

– Conduzindo, ele e seu povo, para um lugar distante daqui. Lá, os brancos vão demorar séculos para chegar.

– Onde fica tal lugar?

– Gostaria de ir até lá?

– Não está mais zangado por eu tê-lo expulsado?

– Eu não fiquei zangado. Em parte, você tinha razão. Eu, realmente, estava sem condições de ajudá-los. Na verdade, eu nunca tive condições porque já estava doente quando cheguei à sua aldeia. Não! Desde que meu pai morreu eu estava doente. Só me curei há pouco tempo. A única coisa boa foi que aprendi a ajudar às pessoas e é o que estou fazendo há algum tempo. Vamos até o lugar de que falei?

Ela estendeu sua mão e, num piscar de olhos, estávamos no lugar. Raios de Lua admirou-se:

– Como é lindo, Pajé Branco! Como o descobriu?

– Orei a Deus e pedi orientação e inspiração. O resto, Ele fez por mim.

– Perdoe-me por ter recebido você tão friamente. Acho que me havia esquecido do quanto você é bom. Posso abraçá-lo?

– Não, Raios de Lua, deixe que eu faça isso primeiro. Tive vontade de abraçá-la assim que a vi outro dia.

Eu a abracei fortemente. Como é bom rever e poder tocar em alguém que nos ama. Ficamos ali por um longo tempo. Tínhamos tanto a dizer um ao outro.

– Não sabe como senti saudades de você, Pajé Branco! Como foi difícil viver solitária todos estes anos à sua espera.

– Agora não vai ficar solitária, minha querida Raios de Lua. Estarei ao seu lado sempre que possível.

– Continua o mesmo andarilho de antes, não?

– Sim, mas agora você poderá acompanhar-me também.

– Você me quer ao seu lado?

– Sim. Não vou mais deixá-la sozinha.

– E Sarah, como e onde está ela?

– É uma longa história. Se está bem, não posso dizer, mas onde ela está, um dia eu a levarei para visitá-la. Creio que ela irá gostar de vê-la.

– Ela não está com você?

– Não. A Sereia Encantada nos separou.

– Por quê?

– Ela precisa de nós dois, mas em campos diferentes. Vai ser uma longa separação. Só não estou completamente feliz por isso.

– Você a ama muito, não?

– Sim, eu a amo assim como amo você. Não sei como fazer com tantas mulheres a dividir o meu coração.

– Tem outras também?

– Ainda não, mas terei de buscá-las se não quiser vê-las tristes.

– Você deve ter um coração muito grande, Pajé Branco, sabe deixar todas felizes.

– Não está com ciúmes?

– Só por ter outras atrás de você?

– Sim.

– Só eu tenho um Pajé Branco. Por que teria ciúmes do pai dos meus filhos?

– Você também tem um grande coração. O amor em você é maior do que tudo, Raios de Lua. Não sei se mereço ter o que tenho.

– Eu mereço o seu?

– Sim, e como você o merece!

– Então você também merece o meu amor. Mas para mim é mais fácil, porque não tenho que dividi-lo com outros homens: ele é todo seu. Para mim, isso é o que interessa.

– Vamos voltar para a aldeia?

– Está com pressa, Pajé Branco?

– Não, Raios de Lua. Amanhã à noite farei o que ia fazer esta noite. Acho que merecemos um pouco de descanso após tantos anos, não?

– Sim. Eu não o deixaria partir agora por mais importante que fosse o assunto que você tivesse de resolver.

De fato, acho que ela tinha razão, eu a amava também.

Para alguém que é mesquinho ou egoísta, é muito difícil entender como isso é possível. Mas, para alguém como eu, que há tanto tempo vivia em função dos meus semelhantes, e não estou me referindo somente à última encarnação, e sim aos milênios incontáveis, amor é o sentimento que predomina. Quando encontro alguém que me ama, e isso não diz respeito apenas ao sexo oposto, mas aos negros, amarelos, vermelhos ou brancos, homens ou mulheres, eu também os amo, somente por saberem amar a um filho de Deus.

Dizem que o amor é o oposto do ódio. Esta é uma verdade, assim como também o é quanto à dor: só quem ama pode compreender a dor alheia. Por isso, os que amam são tão sensíveis à dor. A dor e o amor estão tão próximos um do outro que, quando alguém vive um desses sentimentos com grande intensidade, basta olhar à sua volta e encontrará o outro por perto. Coisas assim são inexplicáveis, mas são características de todos os espíritos humanos.

O certo é que eu também amava Raios de Lua. Sarah não iria se incomodar em saber que eu já estava dividido. Afinal, ela entendia das coisas do amor e me conhecia há tantos milênios que sabia ser impossível alguém como eu viver sem o amor. Talvez meu ancestral místico me haja feito assim para que eu pudesse dividir-me entre meus semelhantes sem egoísmo ou mesquinharia, pois quem é movido pelo símbolo do amor, sabe multiplicar-se nos corações alheios.

Estas são algumas das divagações que me permito sobre um dos mais belos dons que o ser humano possui. Nem o dom da fé é tão belo como o do amor. Quem possuir os dois, já pode considerar-se um espírito iluminado. Um não é completo sem o outro, mas, enquanto o dom da fé concentra o ser humano, o mesmo não acontece com o do amor: o dom do amor multiplica o espírito humano.

Quem possuir o dom do amor maior do que o da fé poderá multiplicar o amor por toda a criação, e quem tiver o dom da fé maior do que o do amor, multiplicará o amor ao Criador. Mas, o que é mais importante? O Criador ou Sua criação? Um não é mais importante do que o outro, eles se equilibram e são maravilhosos: um em função do outro. Quem os tiver em plenitude e equilibrados, pode considera-se um espírito cristificado.

Melhor eu parar de falar das coisas do amor e voltar à minha narrativa, senão poderia encher vários livros com essa minha elegia ao amor.

Raios de Lua e eu ficamos sentados sobre uma pedra ao pé de uma linda cachoeira. O barulho da queda das águas mais a beleza do lugar tornavam aquele momento inesquecível.

Pode parecer tolice dizer tal coisa, mas tão grande era nossa irradiação de amor à vida, à natureza e ao Criador, que o Gênio Ancestral Místico das Águas Doces mostrou-se a nós. Como era bela a visão do Gênio das Cachoeiras! Sua luz dourada ofuscaria ao próprio pôr do sol, tal sua intensidade. Ficamos observando por um longo tempo e, creio eu, devíamos estar sendo observados por um longo tempo desde que ali chegamos. Eu não conseguia distinguir as feições do seu rosto ou os contornos de seu corpo. O Gênio da Água Doce era uma fonte de irradiação luminosa. Seus raios luminosos, tal como os da Sereia Encantada, trespassava-nos. E isso só nos fazia vibrar mais com o seu amor. Sim, é isso mesmo. O Gênio Ancestral Místico das Águas Doces vibra amor puro.

Talvez seja porque a água doce, uma das formas elementares visíveis a todos, dê-nos a vida, sacie nossa sede, irrigue o solo ressequido e faça brotar a semente depositada no solo. Quem é tocado pelo Gênio Ancestral Místico das Águas Doces, por mais que seja árido nas coisas do amor, vibra com o seu poder amoroso e irradiante. Se em alguém assim, árido, ela provoca uma transformação, imaginem como nos sentimos diante dela.

Eu olhei para Raios de Lua e não vi a esposa amada, mas uma nova fonte de luz do amor. Sim, o amor vibrava com todo o seu esplendor em Raios de Lua e a tornava parecida com um coração irradiante, que é o símbolo do amor. Não nego que fiquei extasiado com tal visão.

Tão grande era a emoção, que eu chorava. Sim, isso me aconteceu ali, diante do Gênio Guardião da Cachoeira. Raios de Lua também estava emocionada, pois eu via caírem dos seus olhos radiantes gotículas luminosas. Suas lágrimas eram pingos dourados. Meu Deus! Não saberei descrever com palavras o que sentíamos naquele momento em que nos encontramos com a Guardiã do Amor.

Certos sentimentos não podem ser descritos, apenas vividos. É algo que não podemos dizer. Emoções muito fortes não podem ser transmitidas com toda sua intensidade, por mais que nos esforcemos em descrevê-las. Espero que entendam o que digo.

Se o Criador tem um coração amoroso, e creio nisso com toda a minha fé, o Gênio Ancestral Místico das Águas Doces, que tem seu ponto de força localizado nas cachoeiras, é este coração. Eu não percebia naquele momento, mas estávamos diante do símbolo vivo que eu vira em minha regressão ao passado milenar. Ainda estava sob a influência do símbolo da água.

Já havia estado diante do Gênio Ancestral Místico Guardião das Águas Salgadas, a minha Sereia Encantada. Agora me via à frente do símbolo vivo do amor. Eu não me dava conta naquela época, mas o Divino Criador estava me conduzindo novamente aos meus ancestrais místicos, que eu já vira sob a forma de símbolos. Agora eu via os símbolos vivos. Já vira o da criação, agora estava diante do amor. Como é generoso o Criador para com aqueles que vivem com Ele e por Ele.

Um instante como aquele superava em emoção milênios de dor. Esta é a recompensa que tanto procuramos e que poucos conseguem encontrar. Não podemos ver ou sentir o Criador em Seu todo, mas podemos vê-Lo e senti-Lo em Suas múltiplas manifestações.

Se nos defrontássemos com Ele, voltaríamos a ser apenas mais uma centelha luminosa e teríamos o nosso mental absorvido pelo Todo. E acreditem, é muito melhor o Todo viver em nós, e nós vivermos pelo Todo, do que sermos absorvidos por Ele.

Tudo isso eu sei hoje porque, diante do esplendor do Gênio Ancestral Místico das Águas Doces, o Coração Amoroso, eu não pensava. Havia sido envolvido por sua irradiação amorosa e ouvia a voz melodiosa que nos transmitia suas ordens. Como era linda aquela voz. A mais bela música não se compara à melodia que o símbolo vivo do amor, o Coração Radiante, nos faz ouvir ao falar em nossos corações. É a mais bela canção de amor. Diria até que o amor é uma canção encantada por obra e graça do Criador.

O Gênio nos transmitiu todas as suas ordens e nós ouvimos tudo com atenção. Depois, no centro de seu peito, surgiu um coração azulado. Era o mais belo azul que eu já vira em toda a minha vida. O coração irradiou sua luz em nossa direção. Ficamos envolvidos por ela durante algum tempo. A seguir, o Gênio foi desaparecendo. Quando sumiu por completo, nós brilhávamos tanto que não nos víamos. Ainda assim, eu sabia que Raios de Lua estava ao meu lado. Abracei-a com ternura e acho que nos tornamos um só espírito. Sentia-a em meus braços, mas me integrava a ela. Mais tarde, ela me contou que teve a mesma sensação.

Se há magia do amor, e eu acredito que há, aquela era a mais pura das magias. Nossos corações se fundiram e pulsavam ao mesmo tempo.

– Raios de Lua, você sentiu o mesmo que eu?

– Não sei se sentimos a mesma coisa, mas eu jamais serei a mesma após este encontro com o Gênio das Cachoeiras, Cavaleiro da Estrela Guia.

– Por que me chama por este nome?

– Ela o chamou assim, não foi? Então eu o chamarei assim de agora em diante.

– Preferia o outro nome. Ela não mudou o seu nome, isso quer dizer que você é Raios de Lua.

– Precisamos falar agora?

– Não, tudo está muito claro para mim. Só não atino com o objetivo dessas aparições dos gênios ancestrais místicos.

– Logo você descobrirá a razão de tudo, e quem está por trás.

Preferi calar-me. Tudo era tão belo, que pouco me importava qual o objetivo do Gênio das Águas Doces. Para os negros escravos, ela era a Mãe Oxum, o Orixá dos Rios. Eu já ouvira falar sobre ela, e vira no batuque dos negros as manifestações da Mãe Oxum, mas aquilo que acabara de ver era muito diferente.

Ficamos em silêncio por longo tempo. Creio que perdemos a noção do tempo.

Ao amanhecer, voltamos para a aldeia. Para espanto nosso, os índios estavam de partida. Procuramos saber para onde iriam e descobrimos que nosso filho havia sonhado com o lugar onde nós havíamos passado a noite. Agora conduzia sua tribo para lá.

Nós os acompanhamos por várias semanas, até chegarem ao lugar. Quando surgia alguma dúvida em relação à direção a ser seguida, nós intuíamos nosso filho na direção certa.

Quando chegaram ao lugar, ficaram encantados com sua beleza.

– Mais um filho feliz, Raios de Lua. O que me diz agora?

– Digo que você é o melhor pai que eles poderiam ter. Um pai que altera toda uma vida apenas com sua presença, poucos filhos podem ter!

– É hora de procurar os filhos restantes. Você me acompanha?

– Fique mais um dia comigo e, depois, vá em auxílio a eles. Quando quiser ver-me, estarei aos pés da cachoeira a esperá-lo.

– Por que não vem comigo?

– Você é o Cavaleiro da Estrela Guia e vai ter de cavalgar muito. Eu sou os raios da lua que vão iluminá-lo durante suas noites solitárias. Quando conseguir ficar solitário, eu estarei aqui para lhe fazer companhia. Não se esqueça de mim.

– Quando eu sentir saudades suas, vou olhar para a Lua e, se não puder vir até aqui, meus pensamentos a alcançarão.

– Se forem pensamentos muito tristes, ou solitários, irei ao seu encontro para iluminá-lo com meus raios de amor. Nunca vou deixar que a solidão ou a tristeza tomem um pedaço do seu coração.

– E quanto a você, como vai ficar aqui, sozinha?

– Eu não estarei completamente só. Tenho nosso filho por perto e os outros um pouco afastados. Terei como não deixar a solidão ou a tristeza apagá-lo do meu coração.

Ainda falamos das coisas do amor e de muitas outras coisas mais durante o resto do dia e parte da noite. Ao amanhecer, tão radiante como o Sol, eu partia rumo ao encontro dos meus outros quatro filhos. Deixei Raios de Lua com um sorriso no rosto. Foi difícil a separação, mas não tão dolorosa quanto a de Sarah.

A Pastora

Em pouco tempo, visitei o restante dos meus filhos e fiz o que pude por eles. Não os esqueci e, de vez em quando, visitava a todos para ver como iam-se conduzindo. Devo dizer que, em certos momentos, deram-me muitas preocupações, mas todas solucionáveis.

Alguém me chamava mentalmente havia dias, mas, antes de visitá-la, passei no abrigo do Templo Dourado onde tinha deixado seu pai, Amehd, e sua mãe, Sheila. Ao vê-los em franca recuperação, pedi licença aos amigos que os ajudavam e os conduzi ao encontro da filha.

Sheila já não blasfemava ou dizia palavras chulas. Haviam-lhe mostrado o significado das leis que nos regem no carma. Isso a modificou profundamente. Não sentia amor nenhum por Ahmed, mas já não o odiava. Além do mais, sentia muita vontade de rever a filha Soraya.

Quando me certifiquei da melhora dos dois, fui até Soraya. Seus chamados mentais haviam aumentado muito. Ao ver-me, Soraya sorriu de alegria. Retribuí com outro sorriso. Era bom vê-la sorrindo após tantos anos de tristeza.

— Até que enfim você ouviu meus chamados, guardião Saied. Por que demorou tanto a vir?

— Eu estava muito ocupado, Soraya. Tinha alguns assuntos pendentes a resolver e não pude dar notícias sobre o estado de seus pais. Mas foi melhor assim.

— Por quê, guardião Saied?

— É que agora eles já estão em condições de falar com você. Antes não seria possível.

— Por que não passou por aqui para conversarmos um pouco?

— Já disse a você: eu tinha algo muito importante para resolver. Se me tivesse sido possível, teria atendido aos seus chamados mentais. Eu ouvi a todos, Soraya.

— Desculpe-me, guardião Saied, acho que vivo tão solitária aqui neste lugar que nem percebi que poderia estar interferindo em seu trabalho. Mas fiz isso apenas porque gostei de conversar com você.

Eu olhei diretamente em seus olhos, ela os desviou de mim.

Logo percebi que, mesmo com a forma plasmada diferente de Simas de Almoeda, ela havia sido tocada por mim. Como explicar isso à luz do pouco que eu sabia? Havia visto muita coisa e aprendido outro tanto, mas ainda não atinava com tal explicação. E devia haver uma, mas quem poderia explicar-me? O tempo? Não! O tempo havia sido cúmplice dessas coisas. Sim, existem coisas que o tempo apenas prolonga e encobre. Por que reencontrá-la em espírito, se no corpo carnal nunca a tinha por perto? Por que esse envolvimento fora de meu controle?

— Mas com tantas pessoas à sua volta, vive solitária?

— Sim. Entre tantas pessoas não existe uma sequer para quem eu possa abrir meu coração e falar do mal pelo qual sofro. A maioria delas é como eu: ovelhas desgarradas à espera do pastor que irá reuni-las ao rebanho original.

— Talvez o pastor já tenha muitas ovelhas para cuidar e não possa levar mais uma.

— Por que o pastor não a levaria?

— Talvez o seu rebanho esteja meio desequilibrado e ele não queira ver a ovelha desgarrada ter de dividir suas atenções.

— Será que o pastor já não quer mais a sua ovelha desgarrada?

— Creio que ele quer. Mas como explicar à ovelha que ela seria apenas mais uma no rebanho?

— O meu pastor deve ter um rebanho muito grande mesmo para recusar uma ovelha que somente quer ficar junto às outras.

— Esses pastores são meio esquisitos. Nem eles sabem qual é o motivo de terem tantas ovelhas se o que mais gostariam de ter é um bom lugar para se estabelecer.

— Nem isso tem o meu pastor?

— Não. Ele descobriu que é um nômade e que deve arrebanhar muitas outras ovelhas que se perderam do rebanho do Grande Criador.

— Será que as outras ovelhas são tão dóceis como a que deseja voltar para junto de seu pastor?

— A maioria não. Existem algumas que não são verdadeiras ovelhas. Chegam até a desafiar o pastor, quando ele tenta recolhê-las para o Grande Criador.

– É um pastor muito estranho o meu, não guardião Saied?
– Eu também o acho muito estranho. Penso que nem ele sabe porque tem tantas ovelhas, Soraya.
– Não será por causa do seu modo de tratar o grande rebanho?
– Não, creio que não. Há muitos outros pastores iguais a ele que sabem tratar até melhor os seus rebanhos.
– Então, devo acreditar que continuarei sendo uma ovelha sem pastor e sem rebanho?
– Não.
– E por que não?
– Às vezes tudo se modifica de uma hora para outra, e o pastor que tinha muitas ovelhas precisa voltar atrás para recolher as que perdeu ao longo do caminho.
– E quando isso poderá acontecer comigo?
– Talvez seja breve, mas também poderá demorar um pouco.
– Quem poderia dizer-me quando isso acontecerá?
– Só o Grande Criador. Ele tem resposta para todas as indagações.
– Você poderia conduzir-me até Ele?
– Não, mas posso trazê-Lo até você, caso O queira realmente.
– É a coisa que mais anseio. Tê-Lo comigo acalmaria os temores desta ovelha desgarrada do rebanho do meu pastor.
– Talvez a ovelha não seja realmente uma ovelha desgarrada.
– Então, como explicar a saudade que ela sente do rebanho que já vai longe?
– Talvez a ovelha já esteja preparada para ser uma pastora e não saiba.
– Como ser uma pastora, se a ovelha ainda quer e precisa ser conduzida até o pastor?
– Talvez como ovelha ela não possa alcançar o pastor. Quem sabe vendo-a como pastora, ele sinta uma vontade enorme de ajudá-la?
– E o que a ovelha precisa fazer para se tornar uma pastora?
– Começar a formar seu próprio rebanho, alimentando-o com o mais puro dos amores.
– E como conseguir este amor tão puro?
– Não olhando o passado como um castigo divino, ou algo pelo qual se envergonha, mas apenas como uma lição de vida que serviu para que aprendesse o que não se deve fazer com a dádiva de ter uma das mais belas peles dentre os cordeiros.
– Mas como esquecer ou entender um passado tão sujo que até hoje me cobra um preço muito alto?

– Começando por perdoar aos que a conduziram pela trilha que a afastou do rebanho.

– Quem me ajudará a conseguir isso?

– O pastor que teve sua caminhada rumo a Ele bloqueada porque precisava voltar, recolher as ovelhas desgarradas e transformá-las em pastoras.

– Será que após fazer isso eu terei condições de me tornar uma pastora de verdade?

– Não. Primeiro terá de perdoar a si própria também, porque o perdão somente é verdadeiro quando envolve todos os integrantes de uma mesma tragédia. Devemos ser nobres e generosos no perdão, assim como fomos pequenos e mesquinhos no erro que agora clama por perdão.

– Como a ovelha poderá encarar os erros que cometeu durante a caminhada pela trilha que seguiu ou foi forçada a seguir?

– Buscando em seu interior forças para voltar e recolher, no caminho, os filhotes que não quis criar e que outros tiveram de fazê-lo no seu lugar. A ordem era para que ela voltasse ao rebanho com algumas crias suas. E não foi isso que ela fez.

– Como encontrar essas crias, se nem a ovelha sabe onde as deixou?

– Pedindo auxílio ao pastor que voltou para recolhê-la e integrá-la ao rebanho do Grande Criador.

– Será que ele não sentirá nojo de sua ovelha, quando souber o que ela fez com suas crias?

– Esse é um risco que a ovelha precisa correr. Se teve coragem para ocultar suas crias, deve agora ter coragem para procurá-las e mostrá-las ao pastor. Ele só saberá se sentirá nojo de sua ovelha, ou não, após conhecer quantas crias sua ovelha pôs a perder.

– Esta ovelha está preparada para tentar lavar e purificar sua pele de cordeiro manchada com o pecado e o crime cometido em nome do desejo e do dinheiro.

– Será que a ovelha não irá arrepender-se de voltar um pouco no caminho para limpar sua pele?

– Não. Essa ovelha está cansada de ocultar o seu passado. Por mais que faça por seus semelhantes, ela não consegue limpar-se da vergonha que sente por ter trilhado um caminho diferente do rebanho.

– Então, é hora de começar sua caminhada de volta ao ponto em que se desgarrou do rebanho, ovelha Soraya. Está preparada?

– Sim, pastor Saied, conduza-me até ele. Prometo que me esforçarei, mas, caso eu venha a fraquejar ou me conduzir de forma errada, peço, em nome de Deus, que me corrija e ajude mais uma vez.

Eu conduzi Soraya até seus pais. O que houve não vou dizer, mas que foi comovente, isso foi. O que foi dito naquela reunião dos três, pertence a eles. O que posso dizer é que uniram suas forças e eu pude, lentamente, ajudá-los a resgatar seus passados.

Soraya procurou os três espíritos, aos quais não permitiu a vinda à "pele de cordeiro", o corpo carnal. Com meu auxílio, conseguiu harmonizar-se com eles. O ódio que sentiam por ela, consegui converter em amor. E, juntos, os seis, formaram um pequeno, mas forte, grupo de espíritos que iriam continuar ajudando-se mutuamente na harmonização de seus passados.

Não foi uma tarefa fácil, mas quando vi que a ovelha já se havia tornado uma pastora, achei por bem revelar-lhe todo o seu passado milenar. Devo acrescentar que, assim como eu chorei um dia ao conhecer o meu, ela também o fez com tanta intensidade que tive de ser forte para não acompanhá-la no pranto de dor e remorso. Os outros membros do pequeno grupo não se contiveram e também prantearam suas dores milenares junto com Soraya.

Quando ela conseguiu acalmar-se, falou-me:

– Agora que sei quem você é, eu pergunto: Simas, por que tem de ser assim?

– Não sei explicar, Soraya, mas alguém muito superior a nós comanda tudo, e deve ter seus motivos para fazer isso conosco.

– Por que na outra encarnação eu tinha um grau tão elevado e, quando em espírito, fazia o melhor que um espírito de luz tem a fazer. Depois vem uma encarnação sem nenhum sentido e põe tudo a perder?

– Não vai achar a resposta seguindo este raciocínio. Você deve buscar em seu interior a resposta certa.

– Você encontrou a sua?

– Em parte, mas ainda não consegui conhecer-me muito bem. Por isso, eu estou aqui ao seu lado. Tento encontrar, nas ligações do passado, as respostas mais aproximadas. Eu vejo a nós como espíritos muito ativos. Temos um mental susceptível a mudanças bruscas de rumo. Se, quando estamos no caminho espiritualista, nos excedemos e avançamos os limites, acabamos nos complicando; do mesmo modo, quando estamos no caminho materialista e não sabemos comportar-nos, também nos excedendo, acabamos por nos complicar. Assim, não importa qual o caminho que venhamos a seguir, sempre estaremos em desacordo com a maioria dos nossos semelhantes. O que você tem feito nos últimos 20 anos?

– Trabalhado incessantemente junto aos espíritos enfermos.

– E sabe como deixar de fazer isso?

– Não. Eu creio que sirvo apenas para esta função. Não consigo me ver fazendo outra coisa menos trabalhosa.

– Então?

— Então, você tem razão. Nós nos excedemos em tudo que fazemos. Tanto na Luz, como nas Trevas, sempre gostaríamos de fazer muito mais.

—Nós somos espíritos marcados, Soraya. Não importa o que gostemos de fazer ou não, algo sempre irá interferir em nosso caminho e alterar tudo para que comecemos do nada. Somente assim poderemos ser úteis a Alguém, que está fora do alcance de nossa compreensão.

— Simas, vou procurar despertar o meu mental superior. Você me ajuda?

— Conte comigo, Soraya.

— Por onde devo começar?

— Fale com minha mãe; ela indicará o melhor caminho. Talvez você devesse aperfeiçoar seus conhecimentos e assim poderá direcionar melhor seu potencial mental no futuro.

— Vou dividir o meu tempo. Uma parte para os enfermos, outra para mim. Penso que, assim, poderei equilibrar-me melhor.

— Agora que já escolheu o seu caminho, sem medo do passado, vou continuar minha caminhada também.

— Tem de partir tão rápido?

— Por quê?

— Eu gostaria que ficasse um pouco comigo. Eu o procurei em muitos e por muito tempo. Agora que o encontro, já vai me deixar sozinha novamente?

— Não a deixarei jamais, Soraya. Virei visitá-la sempre. E, quando souber onde será o lugar em que ficarei em definitivo, você poderá visitar-me também.

Ainda ficamos mais um pouco juntos. Não seria justo, após tanto esforço por parte dela, eu virar-lhe as costas. Não! Soraya era mais uma das sete mulheres que me foram designadas pelo meu ancestral místico. Nós já havíamos feito muitas coisas juntos, tanto no corpo carnal quanto em espírito.

Com o passar do tempo, ela se tornou um espírito muito iluminado e sábio. Anos mais tarde, ela amparou seu grupo familiar em novo reajuste no corpo físico e obteve uma grande vitória. Hoje, eles a auxiliam também, mas sem as mágoas da encarnação anterior. Sim, a passagem de um espírito pela experiência da carne tem o dom de amortecer, senão apagar, nossas dores e mágoas.

Se antes eu sentia apenas muita simpatia por ela, tempos depois, devido ao grande esforço e dedicação por parte dela, comecei a sentir um pouco de amor também. Creio que foi esta grande vontade de ser amada, e não desejada, que a ajudou tanto em sua evolução.

Soraya mais tarde integrou-se ao Grande Oriente Luminoso e desenvolveu um belo e grandioso trabalho junto aos espíritos femininos que, quando na carne, haviam-se desviado do grande rebanho e se aventurado pela trilha do desejo e da devassidão.

Creio que, por trás de uma encarnação tão triste para um espírito tão nobre e elevado como Soraya, o Criador quis esgotar-lhe todo e qualquer desejo ou paixão.

Em compensação, ela adquiriu o dom do amor por toda a criação e por nosso Criador de uma forma tão sólida, que é uma das mais respeitadas guardiãs dos mistérios sagrados. Conseguiu despertar todo o seu potencial mental e dirige, nos dias atuais, uma grande corrente de espíritos socorristas que atuam sobre toda a crosta terrestre.

Apenas uma coisa ela não conseguiu: até o nosso último encontro ainda sentia um amor diferente por mim. Eu também a amo muito.

Enfim, são coisas que só quem realmente conhece o amor pode explicar. Ainda lembro de algo que ela disse quando eu ia partir: "Simas, vou procurar sua mãe e desenvolver meu mental superior. Mas saiba que, um dia desses, eu consigo um lugar em seu coração e, a partir daí, disputarei você com as outras que já têm um lugar nele".

– Você não terá de conseguir este lugar. Ele já existe há milênios e está esperando que sua moradora cativa venha habitá-lo – disse eu.

Soraya sorriu e eu pude ver sua aura luminosa brilhar mais intensamente. Era a primeira vez que eu a via sorrir com tanta alegria. Sorri para ela também e parti. Em nosso encontro seguinte, já não falamos mais da dor, só das coisas do amor.

Jasmim

Após deixar Soraya, tornei a visitar todos os meus filhos e amigos para ver como estavam. Ao me certificar de que tudo se encaminhava bem, fui à procura da quarta das sete mulheres que me haviam sido confiadas pelo meu ancestral místico. Eu já intuía qual havia sido o motivo, mas não tinha plena certeza. Antes, queria conhecer todas elas.

A quarta era Jasmim, minha querida filha adotiva e guia dos tempos em que caminhei cego no corpo carnal.

Finalmente iria encontrá-la e ver como era minha querida Jasmim. Eu nunca vira seu rosto antes. A única vez que ouvi algo foi quando Sarah, doente e já às portas da passagem para o Mundo Maior, disse que ela era Raios de Lua reencarnada. Agora eu confirmaria se era verdade ou não aquela semelhança.

Eu sabia onde ela estava e a encontrei com facilidade. Quando a vi, confirmei realmente sua semelhança com Raios de Lua.

Ela não me reconheceu de imediato e ficou intrigada ao ver um estranho observando-a.

– Quem é o senhor?

– Não me reconhece depois de tantos anos, criança minha? Será que o seu Mago Branco mudou tanto assim?

Jasmim não disse nada, apenas veio em minha direção e abraçou-me emocionada. Eu também não conseguia emitir outro som que não os soluços de um pranto contido. Eu devia tanto àquela criança que, ainda que dissesse algo, não me expressaria da melhor forma. Somente as lágrimas poderiam dizer o que eu sentia naquele momento.

Eu acariciava seus cabelos como se estivesse tocando algo sagrado. Sim, quantas vezes dormíamos sem ao menos comermos um pedaço de pão seco? Quantas vezes o nosso único alimento foi um pouco de água e uma prece de agradecimento ao Criador.

Sim, quando Jasmim se deitava recostada em mim, eu começava a acariciar seus longos cabelos e conseguia fazê-la adormecer mesmo com fome. Se aqueles dez longos anos de escuridão foram uma prova para mim, muito mais foram para ela que, vendo às vezes as barracas de alimentos, apenas podia desejá-los e nada mais.

Aqueles longos anos passaram por minha mente com a rapidez de um relâmpago. Tudo foi reavivado em minha mente, tal a emoção que eu sentia em poder ver o meu anjo da guarda Jasmim. Creio que o mesmo aconteceu com ela. Não sei dizer quanto tempo ficamos ali abraçados e chorando.

Eu a amava muito, mais do que a qualquer dos outros filhos, apesar de ela não ser minha filha. Eu também a amava muito mais do que a Sarah ou Raios de Lua juntas. Eu a amava tanto quanto um cego amaria a visão, se esta lhe fosse devolvida pelo Criador.

Jasmim era para mim a luz que iluminava o meu caminho na escuridão, a mão que me conduzia através dos obstáculos e o ombro amigo que me amparava nos momentos em que eu fraquejava. Jasmim era minha própria vida, o único motivo para continuar até o fim minha caminhada nesta terra abençoada de Deus, que nos prova a cada instante.

Eu ainda recordava as vezes em que despertava com as carícias de suas delicadas mãozinhas sendo passadas no meu rosto ressequido pelo sofrimento ou nos cabelos embranquecidos pelo tempo e pelo sofrimento.

Sim, Jasmim era a filha que eu não podia ter, a luz dos meus olhos, o cajado que me amparava, a mãe que cuidava de um filho menos favorecido pela sorte, meu anjo da guarda. Que tipo de amor eu sentia por ela? O mesmo que tinha por Deus! Sim, o amor que ela despertava em mim transcendia a tudo o que conhece a maioria das pessoas. Só aqueles que dependem de uma pessoa amiga, e que têm a felicidade de encontrá-la, sabem como é.

Após muito tempo, eu consegui dizer algumas palavras:

– Obrigado pelo que fez por mim, Jasmim. Espero que Deus retribua tudo o que fez na forma de paz eterna para você, minha filha.

Jasmim apertou-me mais ainda em seus braços e disse:

– Mestre da Luz, valeu a pena para o senhor o tempo que passamos juntos na Terra?

– Sim, minha querida Jasmim, como valeu a pena. E para você?

– Foi o melhor que podia ter-me acontecido, mestre da Luz. Melhor companhia, Deus não poderia ter-me enviado após tanta dor. Se outro tivesse aparecido para me ajudar, eu não me haveria recuperado de minha dor nem evoluído tanto com os seus ensinamentos. O senhor me transformou no que sou hoje.

– E o que você é hoje, Jasmim?

– O espírito mais feliz que pode haver em todo o Universo. Agora, com sua chegada, minha felicidade está completa. Saiba que estou muito brava com o senhor, mestre da Luz.

– Por que, minha criança?

– O senhor não me procurou durante todos estes anos, apesar de eu orar sempre por sua visita.

– Eu recebia suas preces e seus pensamentos de saudades, criança.

– Então, por que não veio me ver?

– Jurei para mim mesmo que só voltaria para vê-la quando pudesse olhá-la com meu coração livre de qualquer dor ou mágoa. Só quando me sentisse completamente curado.

– E está totalmente curado, mestre?

– Sim. O passado é apenas uma lembrança que ainda cultivo em minha mente para poder melhor desfrutar os dias atuais.

– Mestre, venha conhecer meus pais.

– Eles estão aqui?

– Sim, sempre pediram que o apresentasse a eles quando voltasse para me ver. Eu sabia que um dia o senhor voltaria.

– Como podia saber?

– Eu também recebia suas preces e pensamentos de saudades.

– Então, vamos até eles, Jasmim.

Devo dizer que os pais de Jasmim ficaram emocionados com minha visita. Agradeceram-me por ter cuidado de sua filha com tanto carinho. Eu também lhes agradeci por terem-me deixado um espírito encarnado com tanta luz, que me guiou na pior das escuridões. Juntos, agradecemos a Deus por Sua bondade infinita.

Mesmo da dor podemos tirar a melhor das lições de vida que um ser humano pode receber.

Pediram para que eu ficasse com eles mais alguns dias. Ao olhar para Jasmim e ver seus olhos implorarem por uma resposta afirmativa, achei mais acertado ficar algum tempo junto a eles. Afinal, Jasmim ficou comigo até me devolver à minha família. Quando disse que ficaria ali por alguns dias, ela não se conteve.

– Mestre, se o senhor não ficasse conosco alguns dias eu jamais o perdoaria.

– Não teria coragem de fazer isso, Jasmim. Você é a mais bela e pura das criaturas que eu tive a honra de conhecer em situações adversas. Eu

a conheço tão bem que sei que o máximo que faria seria chorar tanto que eu ficaria muito comovido e me sentiria o mais cruel dos filhos de Deus.
— Como pode saber disso?
— Saiba que, por noites infindáveis, eu ouvia até seus sonhos, criança. Ouvia quando sonhava com uma mesa farta ou uma cama macia e quente. Ouvia também quando, no silêncio da noite, eu fingindo que dormia, você orava a Deus por um milagre em relação aos meus olhos. Você não sabia, mas ele já me havia concedido a melhor das visões: os seus olhos olhavam por mim.
— Mas o que o senhor não sabe é que muitas vezes eu fingia que dormia só para deixá-lo mais tranquilo e, no silêncio da noite, ouvia seus soluços de dor pela prova por que passava. Quantas noites eu não fingi que não conseguia dormir só para que acariciasse minha cabeça e alisasse meus cabelos. Sabe por que nunca os cortei?
— Não, Jasmim. Por quê?
— É que eu sabia que, se os cortasse, não poderia mais alisá-los e com isso eu deixaria de sentir, saindo de suas mãos, um magnetismo que fluía por todo o meu corpo e me elevava para lugares bonitos após eu dormir realmente.
— Quer dizer que você também me enganava?
— Era só para ser acariciada por suas mãos. Delas fluíam a luz mais pura que uma pessoa pode transmitir a outra. A luz do amor mais puro que existe, só eu, sua Jasmim, podia receber. Até nisso eu fui uma privilegiada!
— Jasmim, entre todos os espíritos de Deus, não existe outro igual a você. Você é única até nos elogios. Sabe como fazer alguém tão imperfeito, como eu, sentir-se um pouco melhor.
— Foi alguém imperfeito como o senhor que conseguiu fazer com que eu me aperfeiçoasse um pouco mais aos olhos do Criador. Jamais o esquecerei, mestre da Luz. Mas chega de falar do tempo da dor. Quero que o senhor conheça o lugar onde moramos. Verá que não existe outro mais lindo em todo o Universo.

Realmente, Jasmim tinha razão. O lugar era encantador e sua alegria me contagiou também. Acho que o lugar era tão lindo devido aos espíritos que o habitavam. Eram eles que tornavam tudo tão encantador. Não preciso dizer que, enquanto fiquei ali, Jasmim não me deixou a sós por um minuto sequer. Creio até que, se eu voltasse à escuridão dos olhos, ela teria coragem para deixar aquele lugar encantado somente para me guiar novamente.

No dia que eu decidi partir, comuniquei minha decisão a Jasmim.
— Por que tão rápido, mestre da Luz?
— Há alguém que padece nas Trevas porque eu, um dia, não quis dividir com ela a minha vida.

— Ela caiu por causa do amor, mestre?

— Sim, Jasmim. Às vezes o amor nos eleva e, em outras, rebaixa-nos. Ela é um desses casos. E, como eu fui o causador de sua queda, sou tão culpado quanto ela. Se eu tivesse agido de outra forma, talvez ela não tivesse caído, ou, ainda que sofresse, não iria para as Trevas.

— Mas o senhor não teve culpa por ser amado. Ela devia ter compreendido isso. O senhor não podia amar duas de uma vez.

— Ela caiu não porque eu não a amava, mas porque fiz dela esposa de alguém que ela não amava.

— Eu só conheci Raios de Lua e Sarah. Quantas outras o amaram?

— Que eu saiba, só tenho culpa pela dor das três. Se ela caiu, foi por eu ter interferido de forma errada em seu destino. Se me abstivesse de jogá-la nos braços do homem que a amava, talvez ela não tivesse cometido as loucuras que teve coragem apenas por senti-se traída, magoada e ofendida. Seu amor transformou-se em ódio, Jasmim. A linha que divide esses dois sentimentos é tão tênue que, se um sofrer um abalo muito forte, transforma-se no outro. Agora vou partir, Jasmim.

— Prometa-me que, de agora em diante, virá visitar-nos de vez em quando?

— Está prometido, luz dos meus olhos.

— Eu o esperarei sempre, força de minha força.

— Jasmim, deixe-me beijar sua testa como eu costumava fazer todas as noites?

— Só se o senhor deixar eu beijar os seus olhos, como eu sempre fazia naqueles tempos.

Eu, ao beijar Jasmim, beijava minha terceira visão. Sim, Jasmim era para mim o terceiro olho, a visão do espírito.

Nunca mais deixei de visitá-la e a seus pais. Sempre que me sobrava algum tempo livre, o que era raro, ia vê-los.

Jasmim jamais se ligou a nenhum espírito masculino. Sim, isso costuma acontecer no mundo espiritual também. Aqueles que não o conhecem muito bem, ou estão há pouco tempo nele, desconhecem essas coisas. Mas, enfim, paciência com os ignorantes das coisas do amor e suas diversas modalidades de ser expressado. Os tolos conhecem apenas o amor provocado pelo desejo. Não sabem que existem sete tipos de amor, um para cada dom ancestral místico. Talvez um dia eu fale sobre isso também, mas até lá, vou continuar com minha história.

A Oitava Mulher

Não seria uma tarefa fácil chegar até Ângela. Sim, a bela Ângela, filha do governador geral no tempo em que eu vivia na capitania.

Eu fora o culpado por sua queda porque convenci o governador a dá-la em casamento a um homem que ela não amava. Como eu ia saber que resultaria nisso tudo?

Eu não amava Raios de Lua quando me uni a ela, mas pouco depois tudo havia mudado. Pensava que, com Ângela, aconteceria o mesmo. Foi um dos maiores erros que cometi em minha última encarnação. Pobre Ângela, como cometeu erros por causa de um amor não correspondido.

Abaixei ao máximo minha vibração e plasmei minha forma de antes do desencarne. Conservei a visão porque iria precisar dela.

Caminhei por vales sombrios até chegar ao lugar onde ela se encontrava. Ao aproximar-me do lugar, fui barrado por um sujeito mal-encarado.

– O que quer por aqui, velho idiota?

– Eu procuro por uma conhecida minha. Soube que ela estava por aqui.

– Você não pode entrar. E, se ela está aqui, não poderá sair também.

– Somente gostaria de vê-la, nada mais.

– Sinto muito, mas estas são minhas ordens.

– Posso falar com o seu chefe?

– Duvido que ele perca seu tempo com alguém como você, velhote.

– Talvez eu tenha algo a lhe oferecer, caso consiga falar com ele.

– O que alguém como você pode dar-me?

Eu tirei de dentro de uma sacola um objeto que despertou seu interesse.

– É muito bonito o que trouxe para mim, velho. Dê-me e falarei com meu chefe.

– Não, amigo. Primeiro consiga o que pedi e, depois, terá o seu presente.

– Não sabe que posso tomá-lo de você?
– Talvez sim, talvez não. Quer tentar?

Ele olhou bem para mim e, depois de pensar um pouco, mandou que eu aguardasse ali mesmo. Acho que ele viu minha espada por baixo da longa roupa. Pouco depois, voltou acompanhado por outro homem, tão tenebroso quanto ele. Estendeu-me sua mão e eu lhe dei o objeto.

– Acompanhe o meu parceiro, ele o conduzirá até nosso chefe.

Eu o acompanhei até uma gruta. Lá no seu interior, eu pude ter uma ideia de como são as coisas no lado escuro.

– Quem é você, velhote?
– Sou Simas de Almoeda e procuro por uma conhecida minha chamada Ângela. Sei que ela está aqui com vocês.
– Ela o conhece?
– Sim, mas por outro nome. Diga que sou José de Macedo e ela saberá de quem se trata.
– Eu não sei quem é ela. Comece a procurar por ela e, se encontrá-la, mande avisar-me.
– Obrigado, amigo. Um dia, não importa quando, eu saberei como retribuir sua gentileza comigo.
– Eu talvez venha a cobrar-lhe isso um dia, velho.
– Se o que pedir estiver ao meu alcance, não deixarei de atendê-lo. Não prometo o que não está ao meu alcance.
– Lembrarei disso quando for cobrar sua dívida comigo. Agora vá procurá-la; só espero que seja corajoso o bastante para não interromper sua procura pela metade.
– Obrigado, amigo. Por onde devo começar?
– Ele o conduzirá.

E eu fui levado até o interior mais profundo daquele lugar. Parecia um labirinto.

O que eu via ali, no interior da caverna, tocava-me fundo. Certas visões me causavam náuseas; outras, revolta; e outras, uma profunda pena por aqueles espíritos infelizes. E um deles estava ali por minha culpa.

Quando me aproximava de algumas daquelas almas infelizes, elas ou se ocultavam ou entravam em pânico e desespero. Eu via o horror estampado em seus rostos. O peso dos erros cometidos, quando no corpo físico, causava aquelas reações.

Passei muito tempo procurando por Ângela. Quando já pensava que seria inútil continuar com minha busca, pois ela já não deveria parecer-se mais com a jovem que eu conheci na carne, vi alguém que despertou minha atenção. Aquela mulher só podia ser ela. Aproximei-me mais e ela ocultou o rosto entre as mãos.

— Não tema, senhora. Não vou fazer-lhe mal algum. Quero apenas saber o seu nome.

— Para que quer sabê-lo? Vai acusar-me de mais alguma coisa?

— Eu não venho acusar ninguém. Procuro por alguém que se chama Ângela. Por acaso é a senhora?

— Não sei se sou quem você procura, mas me chamo Ângela também.

— Eu sou José de Macedo. Lembra-se de alguém com este nome?

— Como eu poderia esquecer, se estou aqui por sua culpa?

— Sim, eu sei que sou o culpado, por isso vim à sua procura.

— Suma da minha frente. Não tenho nada a conversar com você.

— Mas eu tenho muito o que lhe dizer. Posso ficar um pouco com você, Ângela?

— Quando eu o quis ao meu lado, jogou-me nos braços de um animal. De que me serviria sua presença agora.

— Não sei, mas talvez eu possa ajudá-la de alguma forma.

— Se quer ajudar-me, desça um pouco mais do que eu desci. Só assim me sentirei feliz.

— Ainda guarda tanto ódio por mim?

— Se o que sinto pode ser chamado de ódio, então eu o sinto. Mas acredito que seja muito mais do que ódio o que sinto por você.

— Por que não deixa o rancor um pouco de lado e fala comigo para que eu possa refazer parte de nossas vidas?

— Nós não temos nada para refazer, Sr. José de Macedo. Hoje eu amargo neste lugar horrível o amor que um dia despertou em mim. O que há para ser refeito?

— Nunca é tarde para recomeçar no caminho da evolução.

— Isso porque não é você que está preso aqui neste lugar.

— Se eu ficasse aqui também, isso lhe agradaria?

— Seria algo que me daria muito prazer. O belo e rico senhor Macedo, atado a este lugar imundo.

— Vou sair. Deixei algo para trás, mas logo estarei de volta para ficar ao seu lado. Não acho justo que você sofra sozinha por algo que eu também tenho culpa.

— Duvido que tenha coragem de voltar aqui.

— Logo estarei de volta, Ângela.

Eu fui até o chefe daquele lugar.

— Achei a mulher que procurava, amigo. Ela está em uma das câmaras deste imenso labirinto. Vou sair, mas logo voltarei para ficar ao lado dela. Permitirá que eu a ajude?

— Só se me ajudar também.

— Como posso ajudá-lo, amigo?

— Traga meu filho de volta e terá as portas deste lugar sempre abertas para você.

— Onde está seu filho?

— Atado à crosta terrestre. Ele amarga uma das piores penas impostas pela Lei.

— Pode levar-me até ele?

— Venha, dê-me sua mão e eu o conduzirei até onde ele se encontra.

Ele me conduziu até o local onde se encontrava seu filho. Eu me assustei quando vi o lugar. Era onde estavam enterrados os restos mortais de meu amigo João de Mina e seus filhos Ruth e Marinho. Uma enorme serpente cascavel estava enrodilhada aos pés deles três.

— Onde está seu filho, amigo?

— Aquela serpente é meu filho. Não disse que ele sofreu um dos piores castigos possíveis?

— Ele regrediu tanto assim?

— Sim, nem eu consigo comunicar-me com ele. Está fechado em seu próprio veneno.

— Volte ao seu labirinto, amigo. Se eu conseguir despertá-lo, eu o levarei até você.

— Eu espero seu retorno à minha gruta. Caso consiga isso para mim, eu liberto a mulher que mantenho em meu reino.

Ele sumiu num piscar de olhos. Eu fiquei observando aquela enorme cascavel. Aquele espírito só podia ser o capataz que teve seu corpo enterrado ali.

Foi pensando nisso que fiz uma regressão e o localizei no tempo. Realmente, aquele era o espírito do capataz. Mas, como penetrar em seu mental adormecido?

Voltei ao Templo Dourado e pedi uma audiência com o mestre Han.

— O que deseja de mim, guardião Saied?

— Quero sua ajuda, mestre Han. Estou com um caso de difícil solução. Tenho de ajudar uma mulher que caiu perante a Lei mas, para fazê-lo, tenho de penetrar no mental de um espírito que caiu muito mais. Somente assim poderei ter acesso ao lugar em que ela está.

— Quem é a mulher?

— Foi na última encarnação, alguém que me amou e não foi correspondida. Por causa disso, cometeu muitos crimes e eu me sinto culpado por sua queda.

— Você a localizou em sua regressão mental?

— Sim, foi a princesa hindu que queria que eu e outro homem lutássemos por ela.

— Vejo que, novamente, ela não aprendeu sua lição. Acha que conseguirá ajudá-la?

— Tenho de tentar, mestre Han. Mas para isso tenho de despertar o outro espírito e conduzi-lo até seu pai.

— E, quando fizer isso, como vai ajudar a mulher?

— Eu vou ficar o tempo que for necessário para despertá-la dos erros cometidos.

— Esta tarefa pode levar anos, Saied.

— Não importa, mestre Han. É algo que preciso fazer, senão sempre terei um ponto escuro a me acusar onde quer que eu esteja.

— Eu recebi o livro com a sua descrição do que viu e ouviu em sua regressão mental. Os grandes mestres do saber divino acharam-no uma das melhores descrições já feitas até hoje pelo grande volume de informações nele contidas. Convidaram-no a ir até uma das sedes do Grande Oriente Luminoso.

— Qual o motivo do convite, mestre Han?

— Você já tem o grau de mestre da Luz, mas não o assumiu ainda. Eles acreditam poder dar-lhe uma função de grande responsabilidade.

— O que o senhor acha que devo fazer?

— Apesar de eu saber que você poderia assumir um cargo maior do que o de guardião, não quero interferir em seu futuro. Você deve fazer o que seu coração pede neste momento. Você vem sendo movido pela razão há muitos milênios. É hora de se deixar conduzir um pouco pelo amor. Se é isso que seu coração pede, o Grande Oriente Luminoso o aguardará mais um pouco.

— Não ficarei devedor do Grande Oriente, mestre Han? Afinal, desde o meu desencarne ele tem me amparado.

— Você está recebendo apenas uma pequenina parcela dos seus créditos junto ao Grande Oriente, Saied. Muitos dos que hoje dirigem seções importantes no Grande Oriente um dia receberam o seu auxílio e não se esqueceram disso.

— Fico honrado por se lembrarem de mim, mas devo ajudar Ângela. Somente assim conseguirei pacificar-me por completo, mestre Han. Se conseguir isso, irei até o Grande Oriente Luminoso.

– Faça então o que tem em mente, Saied. Talvez isso seja muito importante para o seu futuro.

– E como devo fazer para despertar o homem que regrediu tanto?

– Ele está atado às suas últimas recordações. Faça com que ele as veja e o despertará da regressão. Mas não conseguirá fazê-lo voltar a assumir a forma humana de antes, pois isso só a lei que rege a evolução o conseguirá, uma vez que ele criou o seu próprio carma. Não foi induzido ou forçado a isso. Saiba que há uma diferença muito grande nas leis que regem o carma: quando somos induzidos ou forçados a cometer um crime, sofremos uma grande queda mental que nos persegue por muito tempo. No entanto, quando fazemos o mal por puro prazer, sofremos transformações espirituais muito grandes. Cuidado com esses espíritos, Saied! Por trás das aparências bestiais ocultam-se os piores assassinos, os mais frios guerreiros ou os mais traiçoeiros magos das Trevas. Antes de aproximar-se de um deles, ouça o que dizem os seus mentais. Se ainda estiverem destilando ódio à criação divina, não os ajude, porque estará criando condições para que voltem a praticar o mal. Porém, quando seus mentais derem mostras de arrependimento, pode tentar uma aproximação que conseguirá trazê-los para a Lei. Se conseguir integrar um deles no serviço nobre da Lei, ele irá refazendo-se gradualmente. Séculos ou milênios a serviço da Lei devolverão sua antiga forma espiritual. Tudo irá depender do esforço de cada um.

– O senhor está me dando uma aula bastante extensa, mestre Han. Qual é o seu objetivo ao me conduzir por esse caminho?

– Você já é um mestre da Luz de verdade, Saied. Será que ainda não percebeu para onde seu ancestral místico o está conduzindo?

– Sim, isso eu já deduzi por intuição própria. Mas, por que eu tenho de retornar sempre ao mesmo ponto de partida, mestre Han?

– Talvez ele o queira aí o tempo todo. Você já sabe que este é o caminho onde reside sua força e seu poder. Não tem preconceitos ou ideias preestabelecidas contra nada; com isso, consegue despertar os mentais difíceis, se não impossíveis, de serem acessados. Este é um ponto forte a seu favor. Eu mesmo não conseguiria fazer o que você tem feito como guardião do templo.

– O senhor está sendo modesto demais, mestre Han. Eu conheço um pouco do seu poder e sabedoria.

– Você não me entendeu, Saied. O que eu quis dizer é que você faz tais coisas com naturalidade. Não se sente constrangido ou obrigado a fazê-lo somente porque alguém mandou que fizesse. Faz de forma espontânea, isso é próprio de sua natureza. Quantos eu tenho visto fazer coisas por obrigação ou dever, mas que não se sentem bem ao fazê-lo.

– Eu faço com prazer porque sinto alegria quando vejo alguém levantar-se e criar coragem para reiniciar sua caminhada rumo ao Pai Eterno.

– Você já conhece bem os símbolos que há em sua espada, não?

– Sim, eu já os decifrei a todos e sei o que significa cada um deles.

– Sabe quem lhe deu aquela espada?

– Foi o Cavaleiro do Mar.

– Não, ele era apenas o seu depositário fiel. Aquela espada já o acompanha há 21 milênios. Ela foi forjada pelo guardião do ponto de força que divide a Luz das Trevas e cada um dos ancestrais místicos dos sete símbolos imprimiu com suas próprias luzes os símbolos em sua lâmina. Você é um guardião dos símbolos sagrados, Saied. E seu ancestral místico sabe disso. Em função dessa particularidade, sua natureza interior o conduzirá sempre neste caminho. Ainda que alguém tente conduzi-lo por outro rumo, você impõe neste novo rumo sua marca pessoal. Não sabe disso, mas você também é um caminho dentro do caminho maior.

– Mas isso o senhor também o é.

– Eu sei, mas eu sou outro tipo de caminho. Por mim passam os que já conhecem os seus próprios caminhos. Mas você não, você deixa que passem por você e sigam em frente. Você é o caminho deles, Saied.

– Eu não penso assim, mestre Han.

– É que você não para para pensar no que tem feito nestes anos todos aqui neste templo.

– Não entendi, mestre Han.

– Qual o caminho seguido pela maioria dos espíritos que você despertou para a Lei que nos rege a todos?

– A maioria deles tornou-se guardiã do Templo Dourado.

– Percebe o que digo? Poderiam ter escolhido qualquer outra atividade; temos centenas delas, mas não! Preferem ser como você, um simples guardião.

– Fazem isso por que gostam, mestre Han. Eu não influencio ninguém quanto ao caminho a seguir, somente os desperto e encaminho aos nossos mestres.

– Eu sei disso tudo, Saied. Mas depois de algum tempo, eles pedem para ser guardiões. Será que é mero acaso? Ou será que é porque você é guardião dos sete símbolos e, como tal, é um dos muitos caminhos por onde muitos podem passar sem medo ou vergonha do passado?

– Isso eu não sei, mestre. Estou tentando descobrir o porquê de ter sete mulheres que só estão felizes quando em harmonia comigo. E tem esta agora, que é a oitava. É sempre ela quem impede que eu me lance em um voo mais alto.

– Ainda não decifrou este mistério, guardião dos mistérios?
– Não, mestre. Pode ajudar-me a encontrar a solução?
– É muito simples: sete são os símbolos e sete os seus guardiões ancestrais místicos. Cada um deles lhe enviou uma de suas iniciadas. Nenhuma o sabe, mas só se sentirão felizes ao lado do guardião dos símbolos sagrados porque cada uma traz em si a essência do seu símbolo original. E só se sentem bem, felizes e seguras ao lado do guardião designado para elas. Você pode recusá-las, afastar-se delas ou até fugir, mas, ainda assim, não se livrará da marca que lhe impôs o seu ancestral místico.
– Mas por que tem de ser assim? Dessa forma eu nunca vou encontrar paz suficiente para poder sentar-me um pouco e descansar de minha caminhada. Com Sarah eu já seria o homem mais feliz do mundo terreno e o espírito mais satisfeito no Mundo Maior.
– Você teria coragem de deixar as outras sofrendo sua ausência, caídas no meio do caminho?
– Gostaria de ter esta coragem, mas minha consciência me diz que não devo agir assim porque, se o fizer, será muito pior para mim.
– Vê o que digo? São sete símbolos, sete mulheres e sete mistérios. Você não pode desejar ficar com apenas um, mas para tê-lo terá de conservar os outros seis. Caso contrário, perderá todos os sete.
– Mas por que sete mulheres e não sete filhos, ou sete irmãos, ou sete amigos?
– Quem sabe o seu ancestral místico tenha imposto sete espíritos que pulsam feminilidade para fazê-lo ser guiado pelo sentimento do amor?
– Mas poderia amar qualquer um dos outros também.
– Quantos filhos não tiveram uma desavença com os pais e estão isolados uns dos outros há milênios? E o mesmo não se dá com irmãos ou amigos? Já pensou nisso também?
– Mas eu tentaria pacificar todos.
– E teria o componente que tem facilitado sua tarefa na reaproximação com elas?
– Não. Mas deve haver outro componente. Eu o encontraria também.
– Duvido que exista outro. Se houvesse outro, não haveria dualidade na criação.
– Mas então, para que serve o amor?
– De nada, quando alguém o odeia com muita intensidade. Você só o traria de volta se o submetesse à força aos seus desejos ou às suas vontades.
– Mas, ainda assim, com o tempo despertariam para a verdade.
– Mas você sempre correria o risco de ser suplantado e, em um momento de descuido, ser aniquilado por uma vingança qualquer. Seria um risco

que o Criador quis poupá-lo. Uma mulher pode sentir-se traída, desprezada ou rejeitada, mas jamais mata o objeto do seu amor. Pode ficar afastada por anos, décadas ou séculos, mas, quando o encontra, a identificação é imediata e total e, se for necessário, submete-se docilmente aos maiores sofrimentos somente para ficar ao lado do seu amado. Qual homem faria isso por outro?

– Eu o acompanharia se me pedisse, mestre Han.

– Um dia você me ultrapassaria, ou se igualaria a mim, ou se cansaria, Saied, porque haveria a falta de um componente a nos equilibrar. Este componente é o que faz com que um homem culto, rico ou poderoso se ajoelhe diante da mais humilde das mulheres e beije sua mão em sinal de amor. Também é este componente que faz com que a mulher mais cruel, orgulhosa ou tomada pela soberba se entregue docilmente ao homem amado.

– O senhor me envolve com sua lógica. Se eu encarasse as coisas por esse ângulo, tudo seria mais fácil para mim.

– Eu apenas estou revelando a verdade para você, não o estou envolvendo com coisas misteriosas, Saied.

– Mas, ainda assim, onde entra a oitava, esta que tenho de tentar levar para a Lei? Na Luz, ela não terá condições de ficar.

– Você a viu ao lado de Sarah antes de qualquer outra, não?

– Sim. Ela estava lá já nos primórdios do meu caminho.

– Ela é o componente negativo do seu caminho. É o seu ponto fraco. Se ela não o tiver, perderá sempre a razão e cometerá os maiores desatinos. Esta última encarnação torna a lhe provar isso. Com ela você sempre terá sua caminhada bloqueada, o mesmo não acontece com as outras sete. Enquanto elas não se incomodam que existam outras seis à sua espera, esta vai sempre tentar afastá-lo das outras. Ela somente aceitará dividi-lo com outras que são marcadas com os símbolos menores, nunca com aquelas que trazem os símbolos maiores. Ainda que pareça tolice, ela não teme as menores, só as maiores, pois com as menores ela se iguala ou supera, mas, com as maiores por perto, ela será sempre a perdedora. Ela é o seu lado negativo, vai sempre tentar levá-lo a afastar-se das outras sete, ainda que tenha de dividi-lo com muitas outras.

– Pershá!

– Até que enfim descobriu o ponto fraco que o tem mantido atado à Terra. Para tê-lo por perto, ela o esfacela em muitos pedaços. Com isso, o enfraquece e o domina. Você luta para libertar-se de sua influência porque sabe que há sempre sete outras e que com qualquer uma delas seria feliz. Mas ela também sabe que existem outras sete e não se incomoda nem um pouco em retê-lo longe da luz plena, pois, se isso acontecer, ela o perderá para sempre. Pode elevá-la um pouco, mas jamais fará com que ela alce um voo mais alto, porque ela sempre estará atrasada em relação às outras.

– Isto me torna prisioneiro do meu destino, não?

– Sim. Foi assim que quis o seu ancestral místico e assim será até que ele o queira.

– Então, nunca saberei quando me livrarei de tal sina.

– Por que diz isso?

– Não posso penetrar no meu ancestral místico.

– Certo, pois você é parte dele. Mas eu lhe digo uma coisa, guardião Saied.

– O que é, mestre Han?

– Quando estiver com qualquer uma das oito, viva em paz consigo mesmo porque só assim será feliz.

– Com a oitava será muito difícil de ser feliz.

– Mas tem uma vantagem.

– Qual é?

– As outras sete vão estar torcendo para você libertar-se da influência dela. Não o deixarão cair e, se tiver de afastar-se do seu caminho, não será por muito tempo, pois lutará para se libertar de sua influência. Somente voltará a ser feliz quando estiver em equilíbrio com ela. Aí poderá alçar um voo mais alto rumo à Luz e encontrar um pouco de paz

– Resta, então, eu me conformar com isso tudo, não?

– Sim. Se quer um conselho de alguém que o ama muito, eu lhe dou.

– Quero sim, mestre Han.

– Viva como achar melhor, mas não se esqueça de uma coisa: tanto faz você amar uma de cada vez ou as oito ao mesmo tempo, porque isso não lhe será imputado como um desvio. Mas não deixe nenhuma das oito para trás, nem abandone o seu caminho, pois, aí sim, você poderá cair no abismo mais sombrio que há.

– Qual é esse abismo, mestre Han?

– O seu ancestral místico é a luz do saber. Se cair, será lançado em seu lado e polo oposto.

– Qual o lado oposto do meu ancestral místico?

– São as trevas da ignorância.

Um arrepio percorreu-me de alto a baixo. Se, servindo o meu ancestral místico com amor, eu já me achava triste, imaginei o que aconteceria se caísse em seu lado escuro.

– Tem uma coisa, Saied.

– O que é, mestre Han?

— As sete, quando na carne, irão procurá-lo em todos os homens, e só ficarão felizes quando o encontrarem. Mas a oitava não, ela procurará todos os homens em você, e só ficará feliz se encontrá-los reunidos em um só.

— Entendi, mestre Han. Com qualquer das sete eu tenho de ser unicamente eu. Isso será o bastante para ser feliz, mas, com a oitava, ainda que eu me divida e perca minha essência, não a satisfarei.

— Sim. Ainda que você se anule, ela não ficará feliz porque o que ela realmente gostaria de ter para ser feliz, você não lhe poderá dar.

— O que é que eu não lhe poderei dar, mestre Han?

— A unicidade e a perfeita harmonia de um dos sete símbolos. Isso, só o seu ancestral místico poderá fazê-lo.

— Mestre Han, já tomei muito o seu tempo por hoje. Peço sua licença para me retirar.

— Você não toma ou desperdiça o meu tempo, Saied. Você é um caminho para milhares, eu sou um caminho também. Mas, ainda que pareça falta de modéstia de minha parte, sou um caminho de muitos outros caminhos. E você é um dos meus caminhos. Quando posso tornar um dos meus caminhos mais plano e menos acidentado ou perigoso, ou até iluminá-lo um pouco mais, eu me ilumino como um todo porque sei que a menor das luzes dos muitos caminhos do Senhor de Todos os Caminhos é tão importante para Ele quanto a maior das luzes. E sei também que, se uma luz maior deixar uma menor se apagar, é porque, em verdade, ainda não é uma grande luz.

— Mestre Han, eu sou um espírito que foi presenteado pela generosidade do Criador num momento de extrema bondade. O senhor é o mestre que eu sempre quis ter como guia neste mundo de Deus.

— Suas palavras só me fazem bem, Saied. Conheço muito bem quem as está proferindo. Parta em paz e continue com o seu caminho, que o Senhor dos Caminhos o acompanhe sempre por onde tenha de caminhar.

— Até a vista, mestre Han.

— Até a vista, guardião Saied. Não a deixe dividi-lo muito, porque senão eu terei muito trabalho para reuni-lo novamente.

— Não me esquecerei, mestre Han.

Um Aliado Repulsivo

Dali eu voltei à procura de meu amigo João de Mina. Falei a ele do que teria de fazer com o espírito do capataz. Tanto ele quanto seus filhos Ruth e Marinho ajudaram-me na tarefa de despertar o espírito de seu castigo.

Quando eu me aproximei da enorme cascavel, ela armou suas presas em minha direção. Eu orei ao Criador e tive a honra de ser ouvido pelo Pai Misericordioso. Do alto, jorrou uma luz cristalina sobre o espírito e, lentamente, ele foi se aquietando. Já não chacoalhava seu guizo que advertia a quem dele se aproximava. Eu me vi transformar em pura luz. Com minha fé no Criador, eu me elevava em vibração, isso destruía minha forma plasmada.

Aproximei-me dele e ouvi seu mental adormecido. Do lugar mais oculto do seu mental, eu ouvi os gritos de arrependimento. Era tarde para voltar a ser o que era antes, mas ele ainda guardava lembranças do que fora e fizera no passado e sabia que agora era uma serpente perigosa. Eu comecei a falar em seu mental. Interferi com dureza deliberada e vi que ele lentamente me ouvia. Levantou sua cabeça de serpente e ficou me olhando. Falei quem era eu.

— Lembra-se de mim? Fui eu quem o libertou das serpentes que o picavam.

— Sim, eu me lembro do senhor, foi muito bom comigo. Mas olhe para mim e veja o que me aconteceu.

— Eu estou vendo, amigo. Você sabe por que está neste estado?

— Não, mas deve ter sido o veneno das cobras que me picaram.

— Está errado, amigo. Foi seu próprio veneno que o transformou em uma cascavel. Tal qual uma cascavel, você gritava com os escravos negros e, depois, matava-os. Agora Deus lhe deu um guizo para que você sempre advirta a quem se aproximar muito, para que saiba que você é perigoso e que deve fugir de suas presas. É um grande castigo o que foi imposto a você pela Lei Divina.

— Mas eu não gostava dos negros.

— Só porque sua mulher morreu, você não devia achar que foi um negro que a matou.

— Mas foi um negro que a matou com seus feitiços.

— Está errado mais uma vez.

— Você não viu como ela morreu, por isso diz tal coisa.

— Eu posso provar o que digo. Vou trazer sua mulher até aqui e ela mesma irá dizer-lhe toda a verdade.

Em poucos segundos, eu a trouxe até ele. Ela também ainda vagava na escuridão e não me foi difícil tirá-la do lugar onde se encontrava. Ao me ver, ela se assustou e cobriu o rosto com as mãos.

— Vamos, mulher, diga-lhe toda a verdade sobre sua morte!

Sem me olhar, ela perguntou:

— Quem é esta cobra horrível?

— É seu marido, espírito pecador. Não o reconhece após tantos anos?

— Impossível. Você está mentindo.

— Converse com ele e ouvirá seu mental.

Ela começou a falar com ele e, pouco depois, reconhecia-o como o seu esposo de muitos anos atrás.

— Conte a ele a verdade, mulher. Só assim poderá ajudá-lo a livrar-se do ódio que nutre pelos negros. Quer que eu traga o seu amante negro até aqui?

— Não! Isso não.

— Tem medo dele?

— Sim. Ele já tentou vingar-se de mim várias vezes.

— Então, conte toda a verdade ao seu marido transformado em uma cascavel. Se não o fizer, eu a entrego ao negro. E olhe que eu sei onde ele está neste momento.

— Eu conto tudo, ser da Luz, mas não me entregue a ele, pois jurou me escravizar por toda a eternidade.

— Então diga toda a verdade e, se ocultar alguma coisa, eu lhe cobrarei caro.

E, olhando para a cascavel, ela falou:

— Eu era amante dele. Fui eu quem o forçou a fazer amor comigo. Eu, quando sentia desejos, procurava-o às escondidas. Se você gostava de divertir-se com as negras, por que eu tinha de viver insatisfeita? Eu o procurei por muitas vezes e, quando fui perceber, estava grávida dele, pois fazia meses que você não me procurava. Escondi a gravidez o quanto me foi possível e, quando não deu mais, tomei veneno. Como eu odiava as negras que você procurava, disse-lhe que me haviam enfeitiçado e que eu estava morrendo.

— Está vendo como tudo se passou, amigo?

Ele armou um bote e lançou-se sobre ela. Eu não sei como, mas aparei o seu bote com o braço esquerdo. Minha luz me protegeu do seu veneno: ele se sentiu queimado por ela.

— Você não vai fazer mal algum a ela, pois foi o culpado por ter preferido saciar os seus desejos com as escravas. Recebeu o troco do que deu à sua esposa. Por isso não tem o direito de cobrar nada. E as negras que você feriu ou magoou na mais tenra idade apenas para saciar sua bestialidade? Não pense que elas não sofreram com sua volúpia. Você ao menos tem ideia do mal que causou a elas? Vamos, amigo, responda-me agora!

— Foram muitas.

— E os negros que você matou somente pelo prazer de vê-los sofrer no tronco de suplícios?

— Também foram muitos.

— Então, com que direito arvora-se em juiz de sua esposa? Pelo que sei, você já os matava antes de ela se envenenar. O seu ato apenas atiçou em você um instinto nato. Ela deve à Lei, mas você deve muito mais.

Ele entendeu minhas palavras e aquietou-se por completo.

— Como consertar os meus erros, ser da Luz?

— Aqui estão os três primeiros negros que se dispuseram a perdoá-lo, são os mesmos que estão enterrados ali. Você está atado a eles, meu amigo. Somente eles podem libertá-lo deste lugar. Vá até eles e peça o seu perdão. Se eles o derem, você será levado para junto de seu pai, ele o espera para que, juntos, comecem a refazer o passado de erros.

Eu vi os três se assustarem quando a enorme cobra rastejou em suas direções. Temi que fugissem.

— Não tenham medo, meus amigos, ele não lhes vai fazer mal algum. Se o perdoarem, Deus dará a vocês o poder de dominarem todos os espíritos que rastejam.

— Eu confio em você, Pescador — foi o velho Mina quem falou.

— Aproxime-se dele, amigo, e toque a sua cabeça com sua mão esquerda. Quando dominar o medo e o asco, perdoe-o do fundo de seu ser imortal.

Ele foi até a cascavel e abaixou-se sobre ela. Colocou sua mão esquerda sobre a cabeça medonha e ainda fez uma prece por aquele espírito devedor da Lei Maior. O Criador ouviu sua prece, pois do alto uma luz derramou-se sobre ele e saiu de sua mão atingindo o espírito inferior. Em seguida, seus filhos fizeram o mesmo e a luz tornou a ser derramada sobre eles, atingindo a cabeça da cascavel. Depois, ele voltou até mim. Eu interrompi minha prece ao Criador e falei:

— Está na hora de recomeçar do nada, amigo. Você está preparado?

— Sim, mas como farei isso!

— Eu o ajudarei no que for possível, o resto dependerá de você.

O velho Mina me interrompeu:

— Pescador, você me surpreende cada vez mais. Como posso ajudá-lo?

— Leve consigo essa pobre mulher e pacifique o seu mental. Depois, ajude-a a refazer seu passado, colocando-a no amparo aos negros escravos. Só assim ela se harmonizará com a Lei, meu amigo.

— Eu farei isso com muito prazer. Você é um guardião da Lei, Pescador, e eu o respeito mais ainda.

— Obrigado por suas palavras, meu amigo, mas eu sou apenas um servidor da Lei. Ore ao Guardião da Lei por mim porque vou precisar de sua ajuda de agora em diante.

— Eu irei à sua pedra sagrada e orarei por você, meu amigo. E, caso venha a precisar do meu auxílio, basta chamar que virei ajudá-lo. Até a vista, Pescador!

— Até a vista, meu amigo.

Ele partiu com os filhos e levou a mulher também. Ali tinha início uma nova caminhada para ela. Até nisso, Deus é perfeito: permite que recomecemos por onde erramos. Vivendo com os negros, ela aprenderia a amá-los como filhos do mesmo Pai Eterno. Fiquei olhando o ponto por onde eles se foram.

Logo voltei minha atenção à cascavel. Ela tinha-se enrolado à minha perna esquerda e eu nem havia percebido. Perguntei:

— Por que fez isso, amigo?

— Aqui eu sei que ninguém vai atingir-me e ao seu lado eu saberei como refazer o meu passado.

— Se isso o agrada, fique aí, mas quando eu precisar de sua ajuda fará o que eu ordenar e, quando não puder levá-lo comigo, ficará junto do seu pai. Está bem assim?

— Para mim, está tudo certo. Vigiarei sempre sua retaguarda e, se alguém tentar atraiçoá-lo, eu o avisarei.

— Muito bem amigo, vamos ver seu pai agora.

Quando eu ia partindo, tive a sensação de, num lampejo de luz, ver mestre Han e vários outros mestres. Não liguei muito porque conhecia o poder do meu mestre e sabia que ele era capaz de muitas coisas, inclusive de mostrar-se sem sair do Templo Dourado. Eu sabia que ele me acompanhava em pensamento.

Fui até bem próximo do lugar em que ficava o pai do meu novo amigo e comecei a baixar minha vibração. Quando voltei à antiga forma, o espírito me perguntou como eu podia transformar-me tão facilmente. Expliquei como conseguia e obriguei-o a calar-se sobre minha identidade. Ele enrodilhou-se em minha perna esquerda e fui ao encontro do seu pai. O homem que ficava de guarda afastou-se à minha chegada ao ver a cascavel em minha perna.

— Como pode andar com um réptil asqueroso em sua perna, velhote?

A cascavel ia avançar sobre ele, mas eu a segurei.

— Calma amigo, você precisa acostumar-se com sua aparência e com a repulsa que ela causa.

— Está bem, mas avise-o que, se me chamar assim outra vez, eu o picarei.

— Se você não souber controlar-se, vai arranjar um novo inimigo em cada lugar em que eu for. Como quer recomeçar, se fica bravo com uma observação que é verdadeira?

— Mas o senhor sente repulsa por mim?

— Eu não. E também não estou falando dos espíritos de Luz e sim dos que vivem nas Trevas. Dos que vivem na Luz, você nada precisa temer, mas cuidado com os das Trevas.

— Vou conter-me, chefe.

— Agora sou seu chefe?

— Sim. Só eu sei quem é o senhor, por isso eu o aceito como meu amo ou meu chefe. Eu, pessoalmente, prefiro chamá-lo de chefe.

Já nos aproximávamos do chefe daquele lugar, quando o mandei calar-se.

— Aqui está seu filho, meu amigo. Cumpri o seu pedido.

— Como você conseguiu, velho? E ainda o traz em sua perna esquerda!

— São coisas que só um velho paciente sabe como fazer. Posso ir até onde está minha amiga Ângela?

— Não vá até aquele pântano imundo, deixe que eu mando meus escravos buscá-la para você.

— Eu não a quero desta forma, meu amigo. Preciso que ela saia de lá com suas próprias forças.

— Se acha melhor assim, então poderá entrar e sair a hora que quiser. Por aqui ninguém irá barrar seu caminho.

— Obrigado, amigo. Converse com seu filho que eu vou conversar com minha amiga.

Deixei-os a sós e fui até onde estava Ângela. Ao me ver, ela comentou:

— Não é que você teve coragem mesmo?

— Eu não dou minha palavra em vão, Ângela. Está na hora de você mudar suas ideias a meu respeito.

Ela nada falou e eu também me calei. Procurei um canto seco naquele lugar horrível e sentei-me. Tinha de acostumar-me à ideia de ficar algum tempo ali. Nem orar ao Criador eu poderia porque me iria denunciar, apenas Lhe enviei meu pedido para a ajuda da divina providência. No meu íntimo, eu sabia que Ele estava comigo e esperava de mim um comportamento adequado.

Eu, do meu canto, observava todas aquelas almas infelizes em seus tormentos. Tudo porque se haviam entregado às trevas da ignorância.

Procurei desligar meu mental de tudo e concentrá-lo no que se passava à minha volta. Comecei a prestar atenção aos lamentos daqueles espíritos caídos. Lentamente, fui tomando conhecimento do motivo da queda de cada um. Eu nada pensava ou falava, apenas ouvia. De vez em quando, olhava para Ângela e ouvia seus pensamentos. Ia guardando todos em minha mente, para que, quando ela abaixasse a guarda, pudesse agir com segurança.

Três dias já se haviam passado e ela não dava sinais de querer diálogo algum. Todas as vezes que tentei, fui repelido.

Como eu fechava os olhos e fingia estar dormindo, uma mulher ainda jovem aproximou-se, arrastando-se até mim. Fiquei observando seu esforço sobre-humano para consegui-lo e, quando chegou bem próximo, falou:

— Senhor, ajude-me a dormir um pouco, por favor!

— Por que não consegue dormir, irmã?

— Não sei. Eu tenho tanta vontade e não consigo, estou enlouquecendo.

— E por que acha que eu o conseguiria?

— O senhor dorme tão tranquilo que achei que poderia ajudar-me. Desculpe-me, eu não quis incomodá-lo.

— Não me incomoda, irmã. Apenas eu gostaria de saber por que veio parar em um lugar como este.

— Devemos ter algo em comum, porque o senhor também está aqui.

— Sim, é verdade, mas eu estou em paz comigo mesmo. Só preciso pacificar outro coração, enquanto você ainda não conseguiu nenhuma das duas coisas, não é verdade?

— Tem razão. É por isso que não consigo conciliar o meu sono e sofro por causa do cansaço.

— Não é falta do sono reparador que a atormenta e sim sua consciência que lhe cobra os erros cometidos quando no corpo carnal.

— Como pode saber o que fiz quando vivi no corpo carnal?

Eu já sabia tudo sobre ela, mas achei melhor não revelar.

– Eu não sei o que você fez, mas presumo que esta seja a causa.
– Quem é você velho idiota, para me acusar de algo?
– Não sou eu que estou sem dormir e sim você. Portanto, vá procurar outro para queixar-se de sua insônia porque não vou ficar falando com quem se recusa a ouvir a verdade.

Ela começou a esbravejar contra mim, eu ainda disse mais uma frase:
– Você só terá paz e conseguirá dormir quando reconhecer que a culpa por estar aqui é toda sua. Ninguém tem a menor culpa por ter sido abandonada por todos os seus familiares e amigos.

Nisso, Cascavel veio rapidamente ao meu lado.
– Eu ouvi gritos contra o senhor, chefe. Precisa de minha ajuda?
– Não, meu amigo, está tudo bem. E você como vai indo com seu pai?
– Já acertamos que os dois têm culpa: eu por ter cometido muitos crimes e ele por ter-me ensinado a odiar os negros.
– Já é um começo. O tempo resolverá tudo, é só ter paciência.
– Isso não lhe falta, não é chefe?
– Sim, para que pressa se o tempo que temos pela frente é eterno?
– Por falar em tempo, posso ficar um pouco aqui com o senhor, chefe?
– Veja como todos se calaram com sua chegada. Acho que estão com medo de você. Vamos, fique ao meu lado, assim, não ficarão mais assustados do que já estão.

Ele subiu por meu corpo e enrolou-se em mim. Sua cabeça ficou sobre minha perna. Eu comecei a acariciá-la e isso o deixou extremamente calmo.
– Chefe, só o senhor tem coragem de tocar em mim, nem meu pai teve coragem. Será que sou tão assustador assim?
– Só um pouco, amigo Cascavel. Vamos, durma um pouco que eu olho por você.
– Tenho medo de dormir. Sempre que tento descansar sinto que aquelas cobras estão me picando.
– Não tem porque temer, eu o guardo dos seus inimigos. Além do mais, você nada mais deve temer porque está começando uma nova caminhada.
– Vou tentar, chefe, mas cuidado que, se eu sentir o mesmo pavor que das outras vezes, posso picá-lo pensando que quer acabar comigo. Eu não quero ferir o único amigo que se aproximou de mim.
– Não se preocupe. Eu sei como fazê-lo dormir sem ser incomodado.

Comecei a alisar sua cabeça e penetrei em seu mental inferior, era ali que se localizavam seus medos. Fui envolvendo-o lentamente e fazendo com que esquecesse dos seus tormentos. Fiquei feliz quando fechou os olhos.

Estava dormindo em paz depois de muitas décadas. Eu alisava o seu corpo escamoso e meditava sobre o rigor das leis divinas.

Ao olhar para aquele espírito em forma de serpente, eu reconhecia toda a força da Lei e a sua justiça imutável: cada um colhe o que planta. Eu estava ali por livre vontade, mas também estava colhendo o que havia plantado um dia. Alguns colhem na luz do saber, outros, nas trevas da ignorância.

Ainda meditava sobre o poder das leis, quando a mesma mulher que falara há pouco comigo se aproximou novamente.

– Como o senhor conseguiu isso?

– Isso o quê, irmã?

– Domesticar uma cascavel?

– Foi ele quem se domesticou. Eu apenas tive o trabalho de ajudá-lo a reconhecer os seus erros. Saiba que um dia ele desafiou as Leis de Deus e foi transformado em um ser apavorante apenas para que ninguém se aproximasse dele.

– Quer dizer que esta cobra já foi um homem?

– Sim, um homem que não soube respeitar os limites da Lei Divina. É uma pena que isso tenha de acontecer, minha irmã.

– Se até uma cobra pode dormir, por que eu não consigo?

– Sua consciência não deixa que o faça. É a Lei Divina que não lhe dá um momento de paz porque um dia você tirou a paz de alguém.

– Lá vem o senhor novamente com o sermão.

– No dia em que você reconhecer que é a única culpada por estar aqui, e que os outros é que foram as vítimas e você a única ré, começará a ter um pouco de paz. Deus não perdoa a quem não tem a humildade de reconhecer os seus erros.

– Deus nem se lembra que eu existo!

– Como quer que Ele venha até você, se o seu orgulho é maior do que sua humildade?

– Como posso ser humilde?

– Lembre-se primeiro do motivo que a levou a cair tanto e, então, poderá começar uma nova caminhada até Deus, caso tenha coragem para tanto. Somente Ele poderá pacificar sua consciência.

Ela ficou olhando para mim e pude ver lágrimas brotarem dos seus olhos encovados.

– Chore irmã, é sinal que está começando a despertar.

E ela chorou. Foi o choro de uma alma que se arrependia dos erros cometidos. O que era um choro tímido, passou a ser um pranto de dor que ecoava por toda aquela caverna sombria. Eu a puxei para mim e acariciei sua cabeça.

Despertei o amigo Cascavel e mandei que fosse para junto de seu pai. A mulher encostou-se em mim e chorou por muito tempo. Quando foi cessando o choro, mandei-a dormir um pouco. Ela recostou-se melhor em meu corpo e, lentamente, fechou os olhos. Dormiu por muito tempo. Quanto, eu não sei ao certo, mas, quando acordou, estava com melhor aparência.

– Viu como foi fácil reconciliar-se com Deus?

– Obrigado por ter-me feito dormir, senhor. Estou bem melhor.

– Somente se sentirá completamente em paz no dia em que se reconciliar com os seus. Com eles obterá o perdão que permitirá uma nova caminhada e o posterior resgate de seu passado sombrio.

– Eu não sei se terei coragem de encará-los.

– Por que não tenta? Assim saberá se eles a perdoarão ou não.

– Como posso chegar até eles?

– Espere até que seja a hora certa e os encontrará. Agora, deite-se e durma mais um pouco.

– Posso recostar-me no senhor?

– Sim, minha irmã, faça isso. Eu velarei seu sono.

Eu falava com ela, mas também vigiava os pensamentos de Ângela, pois percebi que aquele era o caminho a seguir. Quando a mulher dormiu, Ângela falou:

– Já conseguiu um outro amor, sr. Macedo?

– Você confunde tudo, mas quem sabe ela não venha a ser um novo amor em minha vida?

– Você nunca teve tempo para mim, mas com as outras sempre soube ser gentil. Olhe só esta aí, está toda agarrada a você como se fosse o único homem do mundo.

– Para ela, nesse momento, sou o único ser humano que lhe interessa. Vou ajudá-la a sair deste lugar e a recomeçar sua caminhada rumo ao Criador. Creio que, daqui a uns 50 anos, ela poderá estar harmonizada com os seus inimigos de hoje.

– Acredita que eles venham a perdoá-la pelo que ela fez?

– Sim, o primeiro passo ela já deu. O mais difícil é uma pessoa reconhecer que errou. Daí em diante, tudo é consequência deste primeiro ato.

– Até parece que é fácil desse jeito.

– E é, não duvide disso. Após o reconhecimento do erro, o ser humano deve provar que é sincero e começar o caminho inverso, ou seja, para cada um que afastou de si, deve, amparado pela fé em Deus, reconquistar seu amor e sua amizade.

– Tudo é tão fácil assim?

— Nem tudo. Deve antes se transformar interiormente, repensar o melhor modo de se conduzir e, principalmente, encarar os seus semelhantes como filhos do mesmo Deus. Portanto, como irmão, um deve olhar o outro como alguém ainda em evolução e sujeito a falhas.

— Como a sua?

— Sim, como a minha falha. Eu só a cometi porque não imaginava que iria torná-la infeliz e capaz de cometer tantos erros em tão poucos anos.

— Apenas porque eu o odiei estes anos todos?

— Não é esta a causa de sua queda. Você errou quando transferiu o seu ódio a mim para outras pessoas. Elas não tinham culpa alguma e, no entanto, foram atingidas por suas ações.

— Eu achava que assim estaria vingando-me de você.

— Vingar-se de mim mandando matar Ruth?

— Se era ela quem comandava os escravos dos seus filhos, tirá-la do comando poderia ser uma boa forma de atingi-lo.

— À custa de uma vida humana?

— Ela era só uma escrava negra.

— Se era escrava, foi porque alguém trouxe seus pais para o Brasil e não porque era negra. Em sua terra não seria uma escrava. Hoje ela não é mais uma escrava e sim um espírito iluminado.

— Ainda assim é uma negra que o ajudou como escrava.

— Mas para mim não era uma escrava e sim uma boa amiga.

— Uma amiga que dormia com você, não?

— Está enganada a esse respeito. Eu tinha Ruth como uma irmã. Eu devia minha vida a ela porque, quando vim para o Brasil, estava leproso. Ela e seu pai me curaram. Nunca toquei no corpo de Ruth nem alimentei tal desejo uma vez ao menos em todos os anos que fiquei próximo a ela.

— Por que diziam que ela era sua amante?

— Quem levantou tal calúnia deve estar arrependido de ter dito tal coisa. As únicas mulheres com quem tive relações íntimas foram minhas duas esposas.

— Mas, por que preferiu casar-se com a outra e não comigo?

— Você era muito jovem e não iria querer um homem de idade avançada como eu. Além do mais, eu amava Sarah desde criança.

— Nunca passou pela cabeça que eu também o amava?

— Sim, eu percebia como se insinuava para mim e cheguei a considerar a hipótese de me casar com você, mas não dei continuidade a tal ideia porque sabia que não seríamos um casal feliz.

— Por que pensou assim?

– Você era filha de um governador e eu um comerciante andarilho. Qual é a jovem fogosa que iria querer passar suas noites solitárias imaginando onde ou com quem estaria o esposo naquelas horas. Seria um tormento muito grande para você. Não seria feliz ao meu lado.

– Mas fui infeliz longe de você. E foi muito pior do que se estivéssemos juntos. Olhe onde estou hoje, apenas porque um dia você apareceu na minha frente.

– É por causa disso que estou aqui também. Tenho culpa pelos erros que você cometeu em consequência de minha interferência em seu destino. Eu não fujo de minha consciência, porque ela está me cobrando por ter errado.

– Mas você pode sair se quiser e nem isso eu posso.

– Qual a vantagem, se tudo o que houve pesa sobre mim? A liberdade nada vale quando temos de ocultar o passado. Já chega o que passei por ocultá-lo em vida. Foi um tormento para mim.

– O que você ocultou durante sua vida?

– É uma longa história e não gosto de relembrá-la. Demoraria muito tempo para contá-la.

– Eu tenho todo o tempo para ouvi-lo. Quem sabe eu entenda um pouco por que você me rejeitou.

Comecei a contar a ela minha longa história. Quando terminei, pedi para que contasse a sua. Foi horrível ouvir aquilo: também havia tido um tormento em sua vida. Seu marido me odiava porque descobrira que ela me amava.

Em consequência, Ângela passou a me odiar também e, junto com o marido, moveu uma perseguição implacável aos meus filhos após minha partida para o Oriente. Levou-os à miséria, mas eu voltei e revelei o tesouro que havia ocultado quando vivia junto a eles. Isso os reergueu e, devido a essa reviravolta em suas vidas, eles souberam como defender-se dali por diante.

– Vê como tenho uma história triste também, Simas de Almoeda?

– Sim, e o pior de tudo é que você não aceita sua parcela de culpa neste drama todo, Ângela.

– De que adianta lamentar-me agora? Nada mais importa para mim.

– Como pode dizer uma coisa dessa natureza? Acaso tem noção do tempo em que está aqui?

– Eu não me importo com isso. É muito melhor ficar aqui, onde não incomodo ou não sou incomodada por ninguém.

– Você está enganada, Ângela. Nosso estado atual não se modificará para melhor, se nada fizermos neste sentido.

– Eu me sinto tão abandonada, tão solitária, que não tenho ânimo para mais nada. Ainda alimentava um ódio por você mas nem isso estou

conseguindo mais. Quanta vontade eu sinto de estar aí, no lugar dessa pobre e infeliz mulher. Mas nem isso eu posso fazer.
— Por que não?
— Não tenho coragem de me mover daqui.
— Acaso está paralisada?
— Não sei, mas todas as vezes que tentei andar, minhas pernas não obedeceram aos meus desejos de locomoção.
— Talvez eu possa ajudá-la. Aceita que eu a ajude?
— Sim. Como eu gostaria de sair daqui! É um pesadelo o que está acontecendo comigo.
— Vou ajudá-la a sair daqui, Ângela. Depois, vamos juntos refazer o seu passado. Juntos poderemos conseguir isso mais facilmente.
— Você não se incomoda de eu estar assim, mal-arrumada, doente e velha?
— Eu não me incomodo com nada disso, Ângela. Olhe para mim e veja se estou melhor do que você.
— Acho que somos dois espíritos sofridos, Simas de Almoeda.
— Eu sei que somos, Ângela. Mas nunca é tarde para recomeçar uma caminhada.
Neste instante, a outra mulher acordou.
— Dormiu bem, irmã?
— Sim. Já me sinto melhor, senhor. Muito obrigado pela sua ajuda.
— Venha conosco irmã, eu a ajudarei também. Talvez assim, ajudando a nós três ao mesmo tempo, Deus Pai me dê Seu amparo e torne as coisas mais fáceis.
— Mas eu não posso levantar-me, senhor.
— Eu a ajudo, dê-me sua mão e verá que pode caminhar agora.
Ela se esforçou e conseguiu ficar em pé.
— Como é bom poder ficar em pé novamente. Minhas pernas doem um pouco.
Eu passei minhas mãos por suas pernas e ela se sentiu melhor. O que ela não viu, foi que eu transferi um pouco de luz a elas. Tive de fazer o mesmo com Ângela. Depois, lentamente, elas caminharam amparadas em mim. Quando chegamos à saída da caverna, o guardião do lugar falou:
— Já vai partir, amigo?
— Sim, e estou levando mais de uma comigo. Espero que não se incomode com isso.
— Pode levar quantas quiser, tenho outras em melhores condições que essas duas aí. Não mostrei a você onde mantenho presas as mais belas. Se um dia quiser alguma, venha até aqui e poderá escolhê-las à vontade.

– Agradeço sua oferta, amigo. Talvez eu volte outro dia para buscar mais alguém.

– Meu filho disse que vai com você. Cuide bem dele para mim, amigo.

– Vou ajudá-lo da melhor forma que eu puder. O resto, ele terá toda a eternidade para fazer.

A Caminho da Luz

Partimos. O amigo Cascavel ia atrás de nós. Às vezes, adiantava-se um pouco, mas ficava esperando-nos.
Eu podia volitar e levá-los rapidamente até a crosta, mas queria que aquela subida ficasse bem marcada no mental delas. Seria melhor que vissem a diferença que havia entre o abismo das trevas da ignorância e a crosta, pois da crosta até a luz do saber havia outra distância semelhante, mas muito mais difícil de ser escalada.
De vez em quando parávamos para que descansassem. Em uma dessas paradas, o Cascavel adiantou-se um pouco e logo voltou agitando o seu guizo. Olhei para ele e compreendi o motivo: problemas. Ordenei que ficasse tomando conta das mulheres e me adiantei um pouco. Logo vi o motivo. Havia um grupo de seres das Trevas naquele ponto do caminho. Seria difícil passarmos por eles pacificamente. Ao me aproximar, fui cercado por eles.
– Veja só isso! Vai dar um ótimo escravo!
– Estão enganados amigos, não sou escravo de ninguém, a não ser de Deus. Ele é o melhor amo que alguém pode ter.
– Como ousa falar este nome aqui, escravo das Trevas? Você será meu por bem ou por mal! – falou o que parecia o chefe ali.
– Afastem-se do caminho ou irão arrepender-se.
Um deles puxou uma adaga da cintura e todos os outros o seguiram. Logo vi que o diálogo não iria ser possível com aqueles seres das Trevas.
Num piscar de olhos, tirei minha longa espada e levantei-a para golpeá-los. Dela brotava luz intensa. O menor toque, eles saíam gritando apavorados. Eu agarrei o chefe deles e o segurei com força.
– Quem é escravo de quem aqui, amigo?

— Não me faça mal, ser da Luz, eu não sabia quem era você.

— Estou com vontade de encostar o fio da espada em seu pescoço, amigo.

— Não faça isso, eu imploro.

— Então, chame os seus amigos até aqui. Depois vocês irão proteger-nos até chegarmos à crosta.

Ele chamou a todos, mas ninguém apareceu. Todos haviam fugido.

— Deixe-me livre também e nada sofrerá de nossa parte.

— Acha que vou confiar em você? Eu sei como vocês agem com os fracos e tolos. Vamos, vou levá-lo conosco. Não tente fugir, senão eu o atraio para a ponta de minha espada.

Pouco depois, eu voltava em sua companhia. As duas mulheres tornaram a caminhar, mas mais assustadas ainda. Quando vi que não havia mais perigo, mandei-o de volta ao abismo onde ele agia.

Já estávamos bem próximos da luz da Lua, isso eu podia ver. Até o ar estava mais puro nesta altura de nossa caminhada. Pouco tempo depois, estávamos em plena crosta. Quanto havia demorado a subida? Dois dias completos.

Pode parecer incrível, mas há tanta vida no interior da Terra como no exterior. Dizem os mais sábios que o centro da Terra é habitado pelo ser mais infernal que existe. Como nunca fui e nem pretendo visitá-lo pessoalmente, somente a palavra dos mais sábios basta para mim.

— Sentem-se aqui e descansem um pouco. Depois veremos como fazer para encaminhá-las.

— Vai encaminhar-nos para algum lugar, senhor?

— É o que pretendo fazer, irmã. Conheço alguns lugares muito bons para os que se dispõem a reiniciar sua caminhada rumo ao Pai Eterno.

— Simas, você prometeu ajudar-nos pessoalmente. Como vai abandonar-nos agora? Não conhecemos ninguém aqui na crosta.

— As pessoas que trabalham nestes lugares são muito bondosas, sabem como despertar o que há de melhor em cada um dos que ali chegam.

— O que você faz aqui na crosta, Simas?

— Procuro auxiliar a mim mesmo, ajudando a meus semelhantes. Só assim eu me sinto bem. Não consigo viver para mim. A vida aqui no mundo espiritual tem sentido apenas se nos desprendemos de todo o egoísmo e olharmos nossos semelhantes como elos da mesma corrente. À medida que elevamos um desses elos, toda a corrente é elevada.

Elas me observavam com atenção e absorviam minhas palavras uma a uma. Eu me empolgava quando começava a falar das belezas da vida elevada e dedicada ao auxílio de toda a humanidade. E depois comecei a falar das coisas divinas e de sua importância para o nosso reajuste interno. Por fim, falei sobre nossas possibilidades e de como usá-las em nosso próprio benefício em todas as vezes que auxiliamos nossos irmãos, tanto encarnados como no espírito. Se negros ou brancos, ou amarelos, ou vermelhos, pouco importava, porque todos eram filhos do mesmo Pai Eterno, fonte de toda vida.

Tanto falei a elas, que nem percebi a alteração em minha forma plasmada nem a quantidade de outros espíritos menos evoluídos que vieram ouvir minhas palavras.

Por fim, falei sobre as sete formas do amor. Falei sobre o amor a Deus e sobre o amor de Deus; falei também sobre o amor à criação divina e falei muito mais sobre o amor ao pai, tanto carnal quanto espiritual. Falei também da minha fé no amor do homem pela mulher e o da mulher pelo homem. Falei sobre o amor do pai pelo filho, assim como do amor do filho pelo pai. Por fim, falei do amor como uma das formas mais belas e nobres de Deus manifestar-se em nós, assim como falei do amor como uma forma de nos manifestarmos em Deus, pois é só pelo amor que Ele tem por nós que, apesar de errarmos sempre e a cada instante, Ele mantém Sua confiança e amor em nós. Por isso, nunca deveríamos perder nossa fé e amor n'Ele.

Parei de falar somente quando me emocionei muito por ver o pranto nos olhos de todos aqueles espíritos. Era o pranto dos que não haviam amado ou sido amados, dos que não souberam amar ou ser amados. Era o choro dos que não se deram bem no amor, por isso choravam agora.

Eu também chorava ao Pai por todos eles. Meu choro tinha a força de uma prece. A prece do amor só é verdadeira quando se traduz em lágrimas sentidas, lágrimas estas que podem jorrar dos nossos olhos, mas, na verdade, nascem na fonte do amor: o nosso coração.

Calei-me e fechei os olhos. Meus pensamentos iam rumo ao Pai Eterno e eu pedia por aquelas almas que sofriam por causa das coisas do amor.

Não percebi que alguém havia-se aproximado de nós. Ao abrir meus olhos, eu a vi. Sim, era ela que estava pairando sobre uma nuvem azulada. Era a minha Sereia Encantada! Como estava bela a minha sereia. Se haviam sete formas de amor, ela era a própria essência do amor. E ainda estava acompanhada do Gênio Guardião do Símbolo do Coração: a Guardiã do Amor.

Elas não falaram nada, mas eu li em seus olhares algumas palavras que, se traduzidas, diriam: "Nós o amamos pelo amor que tens no amor, nosso Pescador".

Eu nada respondi. O pranto que caía dos meus olhos nascia em meu coração. Era fruto do meu amor por elas.

Entendam bem qual o tipo de amor que eu tinha por elas: era o amor às coisas divinas e eu sabia que elas eram duas das muitas formas do Divino Criador a manifestar-Se a nós, criações suas e filhos amados.

– Olhe à sua volta e veja a quantos colheu hoje quando lançou a rede do amor, Pescador.

Eu olhei e fiquei admirado com a quantidade de almas carentes de amor que havia à minha volta.

– Por que estão aqui tantas almas, Sereia Encantada?

– São aqueles que até agora nada tinham ouvido ou não sabiam o que era o amor. Você despertou em todos eles o amor, quando falou nas coisas do amor. Olhe seus corações e veja como estão iluminados. Ainda não se livraram dos erros e dívidas do passado, mas já conhecem as coisas do amor. E quem conhece as coisas do amor consegue harmonizar-se com todas as outras coisas.

– O que posso fazer por eles agora?

– Você já fez o que nós queríamos. Despertou neles o amor ao amor. O resto, nós faremos apenas pelo amor que você tem pelas coisas do amor, Pescador. Diga a todos que serão levados para um lugar no qual recomeçarão a caminhada rumo ao Criador.

Eu abaixei meus olhos em direção a eles e falei:

– Vocês todos serão levados a um lugar onde poderão reiniciar a caminhada sob o símbolo do amor. Que Deus Pai os abençoe a todos!

Ângela aproximou-se de mim e falou:

– Simas, eu não posso vê-lo porque você não tem uma forma visível. Sinto ainda estar tão atrasada em relação a você. Sinto também ter-me afastado tanto de você por causa dos meus erros, mas o que mais sinto é não poder ter sido uma vez ao menos abraçada ou beijada por você, pois eu sempre soube que só você poderia fazer-me conhecer o verdadeiro amor.

A Ângela que eu via já não era uma velha doente, mas sim uma mulher madura que possuía uma beleza rara. Havia-se libertado do sofrimento das Trevas e se refazia a cada instante. Aproximei-me dela e a abracei carinhosamente. Depois beijei-a como faria um amante apaixonado. Quando me afastei um pouco, ela era novamente a jovem bela e alegre que um dia conheci.

– Olhe-se, Ângela, e verá o que pode fazer o verdadeiro amor.

Ela olhou-se e, ao ver que era novamente uma mocinha, perguntou:

– Como isso é possível?

– São coisas do amor, Ângela. Um espírito que ama e é amado não envelhece nunca e, se é velho, rejuvenesce.

– Está me dizendo que me ama também?

– Sim, eu a amo. E como eu a amo! Perdoe-me por tê-la feito sofrer apenas porque me amava.

– Eu o amava e ainda o amo, Simas. Jamais deixarei de amá-lo. Saberei como me refazer do passado para poder aproximar-me de você novamente.
– Então, você me perdoa?
– Eu o perdoo. Agora sei que, se mal me causou, foi por amor. Ainda que tenha sido por outra mulher, mesmo assim, foi por amor.

Ainda dei-lhe mais um beijo e, depois, uma luz azulada envolveu a todos e começaram a ser levados dali. Eu olhei para a Sereia Encantada e vi que ela olhava para mim. De seus olhos caíram duas lágrimas brilhantes. Caíram lentamente, e vi como ela, através do olhar, mandava que eu as apanhasse no ar. Estendi as mãos espalmadas e elas caíram sobre minhas mãos. Ao olhá-las, eu vi em uma delas uma estrela do mar, e na outra, um coração. Olhei para ela e vi que sorria para mim. Com o olhar, indaguei o por que daqueles presentes tão lindos. Ela me respondeu com sua voz encantada. Dizia para mim na forma da mais bela das canções: "São coisas do amor, meu amado Pescador!"

Lentamente, ela foi afastando-se no firmamento, mas sua canção permaneceu por muito tempo no ar. Eu chorava ao ouvir a canção que entoava. Como são belas as coisas do amor!

Eu não conseguia parar de chorar, e quanto mais chorava, mais bela a canção se tornava. Sabia que a Sereia Encantada era a soma de todo o meu amor ao branco ou ao negro, ao amarelo ou ao vermelho. Podia encontrá-lo no idoso ou na criança, no homem ou na mulher. Podia encontrá-lo também na terra, no ar, no fogo e na água. Podia encontrá-lo em abundância na Luz, ou em sua falta nas Trevas, mas sabia que, no fundo, todos queriam apenas conhecer as coisas do amor.

Por isso eu chorava. E continuaria a chorar até me esgotar todo em lágrimas, se uma luz intensa e tão forte que eu não podia fixá-la com os olhos, não surgisse à minha frente e me perguntasse:
– Por que chora, filho meu?
– Eu choro as coisas do amor, meu Senhor.
– Então abençoado é o seu pranto, pois benditos são os que choram por amor.
– Quem é o senhor, ó Ser Bendito?
– Você não sabe quem sou eu, meu Pescador?
– Perdoe-me por ter perguntado, mas foi por um impulso que indaguei isso, meu Senhor.
– O que fará agora que elevou das Trevas a oitava parte do seu amor?
– Andar por este mundo Seu, pregando sempre uma das formas do amor, meu Senhor.

– Cuidado, pois um dia poderá ser provado no mais difícil teste a que submeto os meus servidores.

– Então, nesse dia eu serei digno da fonte de todo o meu amor.

– Então pare de chorar. A Estrela Guia quer o seu Cavaleiro correndo o campo e enxugando as lágrimas dos que padecem nas trevas da ignorância. Muitos são os que esperam sua chegada, meu Cavaleiro, e não quero vê-lo esvair-se em lágrimas pelas coisas do amor, quando muitos choram por não conhecê-las.

– Sim, meu Senhor. Eu conterei meu pranto e enxugarei as lágrimas dos que choram. Depois lhes falarei que erraram porque não conheciam como são belas as coisas do Vosso infinito amor. Sim! Como é belo o amor do nosso Senhor.

O Reencontro com a Sereia Encantada

A noite se apresentava radiante. Eu havia reencontrado meu ancestral místico na forma da fonte de todo o amor. Amor à criação, ao Universo, às coisas divinas, aos nossos semelhantes, e o melhor dos amores: o amor à vida. Sim, só vive quem ama e só ama quem vive.

Eu amava, por isso me sentia vivo. Como eu vibrava vida! Dos meus poros perispirituais nasciam incontáveis raios luminosos. Eu me sentia como que elevado à plenitude divina. Afinal, eu fora conduzido até meu ancestral místico unicamente pelas coisas do amor. E só quem tem um contato, por mais breve que seja, com seu ancestral místico pode dizer qual é a sensação que se sente.

Sim, somente quem o encontra sabe que nada é comparável e que não é possível descrever tal momento. Se pudesse, tentaria dar ao menos uma ideia aproximada do que seja, mas não ouso tal coisa porque poderia não encontrar as palavras adequadas e fazer uma descrição incompleta, que não corresponderia ao que realmente sentimos quando somos conduzidos ao ancestral místico.

Para um religioso de qualquer crença, esse encontro é como a visão concreta da divindade concebida, isto é, a materialização do seu ideal de um Deus, completo e abrasador.

Mas para um espírito como eu, que tive a felicidade de conhecer os mistérios maiores durante minha iniciação junto aos mestres do Grande Oriente Luminoso, e que pude regredir até onde é permitido a um mental humano e descobrir que sempre fui guiado pelo ancestral místico da luz do saber, isso é maravilhoso.

Sim, para mim tudo era visto por meio dos mistérios da criação e não aceitaria se fosse de outra forma. Eu já me purificara das coisas misteriosas que nada ensinam ou explicam e que, muito pelo contrário, apenas confundem o ser humano.

Eu sabia que meu ancestral místico era o ápice de minha caminhada.

Eu, que passara a última encarnação só absorvendo os mistérios da criação, quando me vi no Mundo Maior, percebi que ainda sabia muito pouco. Agora, depois de estudar durante 20 anos em um templo do saber divino e viver outros sete movido apenas pelas coisas do amor, encontrava meu ancestral místico da forma mais incrível. Sim, até nisso somos privilegiados.

Quando esgotamos uma via, nosso Criador se mostra a nós na forma do nosso ancestral místico e, então, somos direcionados em nova senda luminosa. Se fosse de outra forma, eu não aceitaria ou não me sentiria plenamente satisfeito. Até isso meu ancestral permitia! Mostrava-se a mim e logo eu me via envolvido por inteiro em uma nova caminhada.

Sim, eu sabia que iria mergulhar por inteiro nas Trevas, porque os que sofrem e padecem vivem nas Trevas. E suas palavras foram claras: eu iria espalhar entre os carentes do amor um pouco desse sentimento. Eu já estava sendo conduzido pela Estrela Guia desde meu encontro com a Sereia Encantada em uma vila de pescadores perdida no Mediterrâneo.

Sim, agora eu sabia disso!

A estrela que a Sereia me dera era o símbolo do meu ancestral místico, a Estrela Guia. Sem que eu soubesse, os escravos iniciados já me haviam nomeado pelo meu ancestral místico, a luz do saber das coisas divinas. E a Estrela Guia simboliza esse ancestral místico.

Olhei em meu peito e vi a estrela de cinco pontas impressa em relevo sobre ele. Estava destacada e sua luz era uma mistura do dourado e do azul. Eu já estava a serviço do símbolo da estrela de cinco pontas há muito tempo e não sabia!

De fato, os negros, feitos escravos pelos brancos, não eram seres carentes da liberdade? Não viviam sem amparo algum da lei dos homens? Os homens não podiam escolher suas esposas e só podiam amar àquelas que, como eles, não podiam escolher seus companheiros. Sim, entre eles o amor havia sido suprimido pela servidão.

E quanto aos índios? Eu vira suas mulheres mais bonitas serem tomadas pela força ou pela esperteza dos brancos. Elas os amavam e depois eram brutalizadas por eles. Quanto aos brancos, eram movidos apenas pelo desejo, nada mais. Muito raramente um branco tomava uma índia como esposa e a honrava como tal.

Havia um espaço enorme de pessoas carentes de amor, era nele que eu iria servir ao Senhor da Estrela da Guia, meu ancestral místico.

Havia muitos espíritos lançados ao desespero pela ausência do amor. E amor pelos meus semelhantes era o que eu mais possuía. Isso eu sabia que tinha de sobra.

Sabia também que não seria uma tarefa fácil convencer alguém que estivesse magoado nos seus sentimentos mais íntimos a acreditar novamente na força do amor. Observem que falo sobre o amor, não sobre o desejo ou a paixão. Desejo e paixão são coisas totalmente diferentes do amor.

Um homem pode desejar uma mulher e vice-versa, mas não amá-la. Após saciar o desejo, não têm mais atrativos um pelo outro. Já o amor independe do desejo ou da paixão. Amar é gostar de estar próximo a alguém, é auxiliá-lo nos momentos difíceis. Há uma grande diferença entre amor e desejo. Só tolos não entendem essas coisas. E como há tolos!

Eu não era e nem sou um sábio, mas sabia das coisas do amor. Sim, isso eu sabia! E iria usar o meu saber em benefício dos que haviam perdido a esperança no amor, tanto a Deus como a toda a sua criação. Afinal, quem ama não comporta em seu coração o ódio. E, se não há lugar para o ódio, já nos colocamos em harmonia com os símbolos sagrados. Esta é a condição primeira para alguém reiniciar sua ascensão rumo à Luz Divina, onde quem traz no coração um resquício de ódio não consegue habitar.

Isso tudo eu sabia, porque conhecia muito bem as coisas do amor. E só quem conhece os mistérios do amor pode saber como sofrem aqueles que não o possuem, ou que tiveram seu amor secado na fonte.

Eu estava recostado a uma palmeira e divagava sobre tudo isso e não me dei conta da aproximação de um espírito feminino.

Olhava o firmamento e procurava descobrir como penetrar em seus mistérios. Sim, a beleza do Universo só podia ser o resultado do amor de Deus para toda Sua criação. A harmonia do Universo pode ser comparada à do amor: corpos que brilham no infinito querendo dizer-nos: "Eu estou distante, mas envio a você, Terra, minha luz como sinal de que, como você, eu também existo e pulso incessantemente".

Fui tirado do meu devaneio por uma voz meiga e carinhosa:

– Simas, você vai acabar deixando-nos muito rapidamente se continuar com estes pensamentos tão elevados.

Virei-me para ela, assustado.

– Mamãe, a senhora me assustou!

— Não queria assustá-lo, filho. Estou aqui há muito tempo e como vi que estava envolto pelas divagações do seu coração, não o interrompi antes, mas já está tarde e alguém nos espera.

— Quem está à nossa espera, mamãe?

— Venha comigo e saberá!

— Bem! Vou ter de deixar para outra hora meus devaneios. Espero que seja alguém interessante.

— Só você indo até lá para sabê-lo. Não vou contar para não estragar a surpresa.

— A senhora está muito misteriosa hoje. Por que isso?

— Coisas de mãe que ama seu filho!

— Hum, muito misteriosa mesmo! Estou ficando curioso com todo esse mistério.

— Vamos então!?

— Antes, deixe-me olhá-la bem, mamãe. Parece-me mais bela do que nunca. A cada dia que a vejo, noto que está mais radiante.

— Bondade sua, filho. Continuo a mesma de sempre.

— Então, eu é que a estou vendo diferente a cada encontro.

— É sinal de que está se modificando muito rapidamente, filho. Fico feliz por você, Simas!

— Eu fico mais feliz cada vez que penso em como seria bom se todas as mães fossem como a senhora.

— O que eu tenho de especial ou diferente das outras mães?

— Amor. É isso que a senhora tem a mais do que as outras. Seu olhar transmite o amor que possui no coração, isso a torna uma mãe especial. Poucas conseguem transmitir amor através do olhar. Somente as que o têm em grande quantidade o conseguem. Creio até que, se olhar para a mais bela das flores, conseguirá torná-la mais linda ainda.

— Hoje você está muito romântico, Simas. Penso que se surgisse agora a mais gélida das mulheres, você a transformaria em uma donzela apaixonada em poucos minutos.

— Pois eu acho que a senhora já está exagerando um pouco. Eu só amo a Deus e toda a Sua criação, nada mais.

— Só isso? E o que mais há para se amar, Simas?

— É, acho que eu é que estou me excedendo um pouco hoje, vamos?

— Sim, já devem pensar que não o encontrei, ou que nos perdemos.

Logo adentrávamos na cidadela em que viviam meus pais. O lugar era lindo, sua beleza provinha de seus habitantes, não o contrário. A vibração dos espíritos que moravam ali emprestava ao lugar uma aura de beleza indescritível. Ao entrarmos na casa de meus pais, fiquei deveras surpreso com a visita que me aguardava. Após um longo abraço em meu pai, dirigi-me a ela.

– Como vai, doutora?

– Muito bem, vejo que se esqueceu de mim, não?

– Tem razão, doutora. Desculpe-me por não ter voltado até o hospital para agradecer o grande auxílio que me prestaram. Sou um ex-paciente mal-agradecido.

– Já estou acostumada, Simas. São tantos os que passam por lá e tão poucos os que voltam para nos visitar que não ligo mais para isso.

– Pois saiba que eu jamais a esqueci, doutora. De vez em quando lembro da senhora em minhas preces a Deus. Não fui visitá-la por não ter tido tempo após me recuperar por completo de minhas tristezas.

– Por isso mesmo eu tomei a iniciativa. Espero não incomodá-lo com minha visita.

– Fico feliz por sua visita doutora, mas não moro aqui.

– Onde está vivendo agora, Simas?

– Deveria estar no Templo Dourado do mestre Han, mas nem lá estou mais. Creio que não posso dizer onde vivo.

– É um andarilho, então?

– Mais ou menos. Até agora só estive me encontrando nas pessoas.

– Não acha que está na hora de muitos se encontrarem em você?

– Sim, mas ainda não sei onde me fixar. Vou falar com mestre Han, ele saberá indicar-me um caminho. Penso que ele já tem a resposta pronta, apenas está esperando meu regresso para me dizer.

– Gosta muito do seu mestre, não Simas? – era minha mãe quem perguntava.

– Sim, mamãe. Devo o meu despertar para a vida a ele. Mestre Han tem uma qualidade que sempre me cativou: não diz o que devemos fazer diretamente, mas nos induz aos nossos objetivos; depois nos acompanha mentalmente.

– E se ele convidá-lo a ficar no Templo Dourado, como vai fazer? – agora era meu pai quem me inquiria.

– Ele não fará isso, papai. Creio que me conhece melhor do que eu próprio. Ele sabe que não sirvo para ficar preso a um templo. Não que isso seja ruim ou difícil, mas minha natureza é como o ar: se ficar preso, torna-se irrespirável.

– Mas você terá de decidir-se de agora em diante. Não pode ficar na dependência dos outros. Seu destino deve ser escolhido e trilhado por você mesmo.

— Sei disso, papai. Mas antes vou ter com mestre Han. Assim me sentirei à vontade para escolher e trilhar meu destino.

A doutora ouvia tudo atentamente, sem nada dizer.

— Bem filho, quando se decidir, avise-me. Farei o que puder para ajudá-lo.

— Obrigado, papai. Não dispensarei seu auxílio. Sei o quanto se sentirá feliz quando souber que, finalmente, escolhi a minha senda.

— Não é isso, filho. Eu sei do seu potencial e você já o demonstrou no Templo Dourado. Sabe tanto quanto eu que pode fazer muito pelos seus semelhantes, tanto os encarnados quanto os do Mundo Maior.

— Logo o senhor saberá meu rumo e ficará feliz.

— Acaso tem algo em mente, Simas? – perguntou a doutora.

— Sim, doutora, eu tenho algo a realizar. Isso eu sei que deixará alguém muito feliz.

— Quem é este alguém, Simas? – perguntou ela.

— Uma servidora da Guardiã dos Mistérios do Mar. Talvez quando eu tiver realizado o que me ordenou o meu ancestral místico, possamos ficar juntos novamente. Somente quando chegar este tempo, eu deixarei de me sentir sem um lugar fixo para morar.

— Então, não é um homem tão solitário como eu imaginava.

Eu fechei os olhos e procurei ver o rosto meigo de Sarah à distância, por isso não vi como a doutora reagiu às minhas palavras, o que não ocorreu a minha mãe, que, dissimulada, observava a tudo. Se eu tivesse reparado nela, teria visto a tristeza tomar conta do seu rosto e ofuscar levemente o brilho dos seus olhos, agora turvados com lágrimas que teimavam em brotar, apesar do esforço em contrário que ela fazia.

Minha mãe interveio rapidamente e a convidou para ver algo em outra dependência da casa. A doutora aceitou de pronto e ambas saíram depressa, deixando-me a sós com meu pai. Só então eu abri os olhos. Também deles, lágrimas teimavam em brotar.

— Onde foram elas, papai?

— Você não ouviu sua mãe convidá-la para ir ao quarto ver algumas de suas criações?

— Não, meu pensamento estava vagando por um lugar muito distante. Tentei localizar Sarah, mas não consegui. Sabe onde ela está?

— Só o Cavaleiro do Mar o sabe. Ela o está auxiliando desde seu último encontro.

— Talvez eu vá procurá-la quando me decidir sobre como realizar minha tarefa.

— É, faça isso, ela ficará muito feliz por você.

– É, penso que sim.
– Filho, você sabe quem é esta doutora?
– Sim, papai. Já a havia localizado durante minha regressão com mestre Han. Foi por isso que eu não a procurei. Também foi por isso que eu procurei afastar-me rapidamente do hospital em que ela trabalha. Eu via um brilho diferente em seus olhos quando conversávamos durante o tempo em que fiquei ali. Era o mesmo brilho que vi em Soraya e também me fez fugir.
– Foi por isso que mencionou Sarah há pouco?
– Sim, quero que ela saiba que tenho algo a fazer, senão irá deixar que ilusões tomem seu mental e venham a atrapalhá-la em seu trabalho tão meritório junto aos enfermos do hospital.
– Acho que não foi muito delicado com ela, filho.
– Sei disso papai, mas foi a única forma que encontrei após ver que era ela quem me visitava. Por que mamãe não me disse quem estava aqui?
– Ela não quis interferir em suas decisões quanto ao futuro.
– Mas agora eu vou ter de me envolver com a doutora também, e eu não queria que isso viesse a acontecer. Ela me pareceu muito equilibrada quando estive no hospital. Quando eu descobri quem havíamos sido no passado, resolvi não interferir mais em sua vida. Já chega o mal que causei a ela no passado.
– Acha que ela o esquecerá, caso não se falem de agora em diante?
– Isso não posso dizer, mas o tempo mostrará se estou certo ou errado.
– Você deve saber de uma coisa, filho. Lembra-se de quantos anos viveu na última encarnação?
– Como poderia esquecer? Foram anos longos e difíceis, jamais os esquecerei.
– Pois saiba que a doutora o acompanhou desde o seu reencarne até seu desencarne.

Eu fiquei estupefato com suas palavras. Não consegui pronunciar uma sílaba ao menos. Meu pai, vendo meu espanto, continuou:
– Ela velou por você desde os primeiros instantes de vida na carne. Viu-o crescer, sofrer, amar e morrer. Quando você orava pelos doentes, ela era uma entre os muitos irmãos que acorriam para tentar curá-los e assim tornar em bálsamo curador as suas preces endereçadas ao Criador Misericordioso. Ela sorriu com suas alegrias e chorou com suas tristezas. Vibrou com suas vitórias e sofreu com suas derrotas. A tudo ela assistiu, sem poder dizer-lhe que estava ao seu lado, tanto na alegria quanto na tristeza. Quando de sua passagem, ela o acolheu no hospital em que trabalhava. Tudo o que ela fez foi por amor, amor a Deus e a toda a Sua criação. Fez por você o que

já fez por muitas outras pessoas, mas no seu caso foi especial, porque ela o acompanha há muitos milênios.

— Mas, por que ela não me disse nada durante minha estada no hospital?

— Ela sabia do seu estado mental e emocional. Por uma questão de princípios, ela se manteve à parte, todos esses anos, à espera do seu reequilíbrio completo. Quando soube que você havia se harmonizado com seu passado, animou-se em procurá-lo.

— Por que o senhor não me contou isso antes?

— Assim como ela não o fez, eu não me achei no direito de fazê-lo. Existem certas coisas em que é melhor não interferir para não se alterar o destino dos espíritos. Quando velamos por alguém no corpo carnal, procuramos fazer o possível para não deixá-lo desviar-se do seu caminho, mas na espiritualidade, precisamos agir com muita cautela, porque senão poderemos desviar um semelhante de sua evolução natural.

— Mas isso é algo que deveriam ter-me informado. Muito estranho o senhor nunca me haver falado nada.

— Ela me obrigou a nunca tocar no assunto com você.

— Muito nobre da sua parte, mas isso não minorou sua tristeza nem acabou com sua solidão. E não é preciso ser muito observador para ver que ela é solitária.

— Sim, isso sem dúvida. Ela se distrai auxiliando aos semelhantes incansavelmente. Aqueles que receberam algum tipo de auxílio dela já se contam aos milhares.

— E por que ela não ascendeu a esferas superiores?

— Preciso responder?

— Não, eu não sou um tolo que desconhece as coisas do amor. Mas acredito que não mereço tanta abnegação por parte de alguém.

— Só o passado pode explicar certas coisas, não?

— Sim, o senhor tem razão. Vou procurar no passado tudo o que me liga a ela. Somente assim poderei entender sua natureza e tamanha afeição.

— Será só afeição?

— Ainda não sei ao certo, mas logo saberei.

Eu fiquei em silêncio após dizer esta frase. Meu pai também calou-se. Nada mais havia a ser dito.

Sem que me desse conta, mergulhei no passado e meu mental ia acompanhando todas as encarnações da doutora. Vi que já havíamos convivido por milênios incontáveis. Em todas as encarnações, sempre havia algum tipo de envolvimento recíproco.

Ora eu na carne e ela em espírito, ora vice-versa. O amparo era mútuo. Cada um procurava auxiliar o outro da melhor maneira possível. Desta vez era eu que estava atrasado e atrasando-a em sua evolução.

Eu continuava vagando através do passado, quando fui despertado pela voz de minha mãe que me chamava. Despertei do transe ainda atordoado pelo que havia descoberto em relação à doutora.

Levantei e olhei para minha mãe. Seu olhar dizia tudo o que eu precisava saber. Eu devia ter prestado mais atenção quando ela me disse que eu estava muito romântico e poderia transformar a mais gélida mulher em uma donzela apaixonada.

Olhei pensativo para um objeto que enfeitava a parede da sala. Como dizer algo neste momento em que eu descobria o quanto devia à doutora?

Voltei meus olhos para seu rosto e, ao vê-la, um nó travou minha voz no peito. Não conseguia dizer uma palavra ao menos.

Em que situação difícil eu me encontrava. Fiquei olhando para ela por um longo tempo, sem nada dizer. Meus olhos falavam por mim. Sim, eu podia ter muitos defeitos, mas ingratidão não fazia parte deles.

Como agradecer a alguém como ela? Alguém que dedica tanto tempo a nos guiar quando na carne merece gratidão intraduzível por palavras. Ainda mais se esse alguém nos acompanha há milênios e se recusa a ir para esferas mais elevadas somente pelo amor e carinho que nos dedica. Sim, como era difícil dizer-lhe apenas: obrigado!

Dos meus olhos, lágrimas quentes corriam. Lágrimas de ternura, carinho e agradecimento. Por sua vez, também ela nada dizia. Que momento mais difícil de ser vivido por alguém!

Eu nada dizia, agora que descobrira o meu anjo da guarda. E ela já se calara havia tanto tempo, que não sabia como iniciar uma conversa que não versasse sobre o seu trabalho socorrista.

Há tempo para tudo, e este era o tempo do silêncio. Eu tentava organizar os pensamentos que me vinham à mente, mas não conseguia coordená-los, enquanto ela ficava ali, estática, à espera de uma palavra de minha parte.

Meu pai foi muito sutil ao convidar minha mãe a acompanhá-lo até a casa de amigos.

Nós os ouvíamos, mas nossos olhares não se desligavam por um instante sequer. Quanto mais temos a dizer, menos conseguimos fazê-lo em certas situações. Esta, sem dúvida, era uma delas!

Após um longo tempo, quando consegui controlar um pouco meu emocional, gaguejei uma palavra de gratidão.

– Obrigado!

E caminhei lentamente para junto dela. Quando estávamos frente a frente, ela não conteve mais o seu pranto de solidão, e chorou sentido.

Sim, como são difíceis certos momentos de nossa existência!

– Por que se demora por minha causa? – tornei a dizer o que vinha à minha mente de maneira desordenada.

Ela me olhou novamente e nada disse. Nem que quisesse, ela o conseguiria, tão forte era seu pranto. Tomei a iniciativa que me pareceu a mais correta. Envolvi-a em um abraço carinhoso. Salete recostou seu rosto em mim e continuou com seu pranto.

Salete era e é até hoje seu nome, pois ela não reencarnou até o dia que escrevo estas linhas. Ela está livre do carma reencarnatório há muito tempo. Talvez um dia eu volte a reencontrá-la, quem sabe? Quem sabe ela continue a velar por mim lá do jardim celestial onde vive, nas alturas! Sim, quem sabe!?

Mas, voltando àqueles momentos em que eu descobria o meu anjo da guarda, eu ouvia o seu pranto, que se misturava ao meu.

Talvez seja difícil, quando estávamos envoltos na pele do cordeiro, saber sobre todas as coisas do amor. Por isso, não é fácil traduzir em palavras o sentido mais correto para explicar o tipo de amor que um espírito pode sentir por outro no momento em que se reencontram, ambos plenamente cônscios de todos os milênios vividos em harmonia, sem nunca verem os laços que os unem maculados ou diminuídos, laços estes que só as coisas do amor sabem dar. Não é o amor da forma como é vivido ou sentido aqui na Terra. Talvez o amor chamado de platônico esteja mais próximo de traduzir para o plano terrestre o sentimento experimentado, mas ainda assim não diz tudo sobre esse tipo de amor.

Neste tipo de amor, não há troca de energias, apenas de sentimentos, que provêm da parte oculta do nosso mental. São afeições comuns acumuladas em muitas encarnações, por milênios incontáveis. Uma vez como pai, outra como filho, ainda outra como irmão, ou várias como companheiros de jornada.

Sim! Havíamos sido tudo isso por várias encarnações, e em nenhuma eu havia visto o menor sinal de desarmonia ou incompatibilidade. Tal sentimento é intraduzível, pois é o maior mistério das coisas do amor. Esta frase, numa língua que desconhecemos, diz tudo: *"Inemore, inemore anechi lacifer meciméri"*, ou "Em um jardim, em um jardim celestial, alguém semeia preces de amor e ora por mim".

Salete é este espírito bondoso e puro que sempre semeara o amor por mim. Era ela, a minha Sereia Encantada. Foi ela quem veio em meu socorro quando sofri uma grande queda em minha última encarnação. E como eu ficara encantado pela sereia, sabia que ela não me era estranha. Sabia que nutria por ela um sentimento que não encontro palavras para descrevê-lo, de tão elevado que é.

Tudo que eu sentia era novo em relação ao amor. Um longo tempo depois, já não havia mais lágrimas, mas o silêncio ainda era total. Quando vi que Salete já estava novamente com seu emocional sob controle, levantei seu rosto com delicadeza. Ela fitou-me por um instante, e depois tornou a recostar sua cabeça em meu peito. Como nada falou, resolvi convidá-la para um passeio que, sabia, iria agradá-la.

– Salete, minha querida, vamos até aquela praia onde eu vi minha Sereia Encantada?

– Também sente saudades daqueles dias, Pescador?

– Só dos momentos em que eu ficava a admirá-la em toda sua formosura e sabedoria.

– Agora já não sou tão sábia para poder ensiná-lo, Pescador, nem tão bela quanto Sarah ou Raios de Lua, seus dois últimos grandes amores.

– Ainda que passe toda a eternidade, jamais poderei dizer que meu saber igualou-se ao seu. Você está milhares de anos a minha frente e, quanto à beleza, encantou-me de tal maneira que conseguiu tirar-me do abatimento em que eu me encontrava. Seu encanto é sua beleza e sua beleza é o seu encanto, Salete.

– Sabe o motivo de não conseguir deixá-lo para traz?

– Não, mas gostaria de saber.

– Apesar de vê-lo sempre envolvido em dificuldades, às vezes intransponíveis, só você sabe dizer as palavras que fazem com que eu sinta que sou mulher, não importando o quanto eu esteja desligada do mundo material.

Sem que ela percebesse, levei-a até a praia onde eu a havia encontrado num momento muito difícil.

– Podem passar mil séculos e você não muda, não é mesmo Pescador?

– Por que diz isso, Salete?

– Não consegue ficar entre quatro paredes quando é tocado pelo amor. Percebi que voltamos à sua praia encantada!

– Eu não queria despertá-la de seu devaneio, foi um descuido de minha parte. Devia tê-la envolvido melhor, Sereia Encantada.

– Saiba que você jamais poderá encantar uma sereia, ou enganá-la por muito tempo. Ainda que pense estar conduzindo, na verdade estará sendo conduzido por ela.

– Ao menos eu acertei no seu desejo. Está feliz por rever o lugar onde o Criador me permitiu vê-la?

— Sim, esta é uma das suas qualidades: sempre descobre o que todas nós desejamos, não?

— Se eu não soubesse disso, não seria merecedor de sua afeição.

— Não diga afeição!

— Como devo dizer então?

— Diga: do meu amor. Assim saberei que sou querida de verdade.

— Pois eu agradeço ao Criador por ser merecedor do seu amor, Salete. Agora eu sei quem faz com que este sentimento, tão necessário a um ser humano, nunca morra em mim. Você é minha fonte encantada do amor. Sempre que meu ser estiver se ressentindo das coisas do amor, lá estará a minha fonte a jorrá-lo incessantemente. Como posso retribuir tanto amor?

— Dedicando um pouco do seu amor a mim, Pescador. É só não se esquecer que eu também existo e já me sentirei a mais feliz entre todas as mulheres!

— Algum tempo atrás, minha mãe disse algo que, creio eu, seria melhor se fosse dito a você, querida Salete.

— Posso saber o que ela disse? — Salete tinha um leve e encantador sorriso nos lábios, quando perguntou isso.

— Que seu sorriso encantado derreteria o mais frio coração.

— Não foi isso que ela falou!

— Como sabe?

— Ela me contou tudo quando nos retiramos da sala deixando-o a sós com seu pai.

— Hum!! Então continuo sendo conduzido por minha sereia?

— Sim, pescador de corações.

— Sou mais um pescador fisgado pelos encantos de uma sereia encantada!

— Saiba que eu imaginava este momento tal como ele agora está se passando, Pescador!

— Não será um sonho comum a nós dois?

— Se for apenas uma criação mental de nossa parte, não vamos deixá-la desfazer-se facilmente.

— Então, que ela dure por toda a eternidade, está bem assim?

— Só tão pouco tempo, Pescador?

— Se eu descobrir algo mais duradouro que a eternidade, então estenderemos um pouco mais, certo?

— Assim está melhor, Simas.

— Por que mudou sua maneira de me chamar?

— Fui eu quem intuiu este nome à sua mãe quando do seu renascimento na carne.

– Tem algum significado especial?
– Sim. Eu gosto dele!
– Se você gosta, que assim eu seja chamado.
– Nunca vai contra meus gostos, não?
– Nunca! Tudo que agradá-la, a mim encanta.
– Como acha que eu poderia deixar alguém como você para trás? Onde eu encontraria outro igual?
– Não sei, mas existem muitos iguais a mim neste mundo abençoado por Deus.
– Saiba que eu procurei, mas em lugar algum encontrei. Nem acima, nem abaixo existe alguém igual a você.
– Começarei a sofrer de um mistério das Trevas, se continuar a falar assim de mim.
– Que mistério?
– O da vaidade.
Salete deu o mais encantador sorriso que eu já apreciara e falou:
– Você, vaidoso? Saiba que a falta de vaidade é uma das coisas que mais admiro em você, Simas. Ainda que fosse o mais belo dos homens, não se orgulharia disso. Nem que fosse o mais rico teria um leve ranço de vaidade.
– Vejo que me conhece melhor do que eu mesmo!
– Sim, isso posso afirmar com plena certeza. Eu o conheço muito bem!
– E eu que me recordo de tão pouco sobre você. Como gostaria de conhecê-la melhor, Salete querida. Como gostaria de não estar tão atrasado em relação a você.
– Por que se acha tão atrasado, Simas?
– Milênios nos separam, Salete.
– Pois saiba que está inteiramente enganado. Se ainda volta à carne, é por amor e abnegação para com o semelhante.
– Mas isso é um motivo para eu ir distanciando-me cada vez mais de você. A distância mede-se por milênios.
– É bom ter alguém que me segure um pouco.
– Sinto-me culpado por retê-la na crosta.
– Acaso está me pedindo para deixá-lo?
– Não foi isso que eu quis dizer, e você bem o sabe.
– Então, está me dizendo que devo ascender a outros planos e, deixando-o para trás, que me sinta um espírito incompleto, é isso?
– Também não!
– Ou será que pede para que eu abdique para sempre de sua companhia, ainda que sejam momentos fugazes, e não o procure mais?
– Não!

— Quem sabe queira sentir-se um pouco solitário e já não queira ser amado por tantos corações?

— Também não é isso.

— Talvez ache um problema ter vários outros corações pulsando mais forte quando próximos de você, corações que se recusam a pulsar na sua ausência, e queira que eu alivie um pouco esta carga tão gostosa de ser carregada.

— Também não é isso, Salete! — exclamei com veemência.

— Então o que é, Simas?

— Quero que nunca se esqueça de mim, estejamos separados por planos, milênios, ou seja o que for que surgir em nossa caminhada rumo ao Criador.

— Isso eu nunca farei, porque longe de você sou um ser solitário. E o que mais você quer?

— Que me permita conhecê-la um pouco mais, antes que venhamos a nos separar novamente.

— Pois saiba que, neste momento, ouvindo-o falar desta maneira, sinto-me como se fosse um livro cheio de mistérios.

— E como posso penetrar nos mistérios de tão lindo e misterioso livro?

— Abra-o e vá folheando suas páginas. Em cada uma descobrirá um encanto diferente, ser encantador!

Eu nada mais disse ou perguntei. Lentamente, fui desvendando os mistérios e encantos de Salete, minha Sereia Encantada.

Tudo tem seu tempo. Se um dia eu chorei a ausência de minha sereia, agora eu a tinha a meu lado e, juntos, contemplávamos o vaivém incessante das ondas do mar. Se houve um tempo para a luta, este era o tempo do amor.

E Salete era o livro dos encantos do amor ou, se preferirem, o livro do amor encantado, que eu lia naquele momento. Cada página que eu lia em Salete era um canto ao amor, um poema à vida e uma louvação ao Criador.

Quanto mais eu folheava o livro vivo do amor à minha frente, mais eu me encantava com Salete, a minha Sereia Encantada, fonte do meu amor.

Por muito tempo eu penetrei nos mistérios que nos uniam com laços de ternura e amor, alegria e vida, fé e perseverança e com uma afinidade espiritual que nos sustentava desde nossa origem como iniciados a serviço do Divino Mestre.

Se maiores encantos houvesse, estes só o futuro mostraria, pois nossa união espiritual era total neste momento em que eu reencontrava minha fonte de amor.

Quanto tempo ficamos naquela praia encantada? Seria difícil dizer! Pessoalmente, não sinto a menor vontade de fazê-lo. E duvido que ela o diga também. Isso porque as coisas do amor são para os que amam assim como a água é para os peixes, que só estarão bem se estiverem totalmente imersos em seu meio.

Ao voltarmos à casa de meus pais, Salete já não era mais uma doutora austera que impunha distância a quem dela se aproximasse, mas sim a mais encantadora das almas femininas. O tempo da tristeza e da solidão havia terminado. Um novo tempo iria começar.

Nós éramos terreno fértil e o Criador nos havia semeado com sementes do Seu amor. Logo elas germinariam e quanto amor nós daríamos! Seria tanto amor que espalharíamos sobre a crosta que, creio eu, seria do inteiro agrado do nosso Divino Criador.

O Mestre da Estrela

  O Divino Criador não havia aproximado Salete de mim por acaso. Ele já preparava o terreno para nossa semeadura. Nosso reencontro significava muito trabalho pela frente. De minha parte, eu já havia localizado e me harmonizado com as outras sete mulheres que me haviam sido destinadas; restava apenas uma que ainda vivia na carne, mas que logo se reuniria a nós.
  A oitava mulher era uma escrava negra que um dia, com o auxílio divino, eu salvara de uma picada de cobra. Foi por estar na carne que eu nada falei sobre ela. Cumpria mais uma missão junto aos nossos irmãos encarnados. Era uma poderosa mãe de santo no rito africano e magnífica benzedeira, procurada até pelos ricos senhores de engenho.
  Ruth, a minha nobre princesa negra, e seu pai, o velho amigo João da Mina, eram seus mentores espirituais e a guiavam pela senda luminosa do culto à natureza do panteão africano.
  Eu, sempre que possível, visitava-os e orava por aquela mulher maravilhosa que era o bálsamo dos enfermos do corpo e da alma. Como poderia deixar de amar alguém tão maravilhoso quanto ela? Só por que era uma negra e escrava?
  Quem pensa assim é porque não sabe das coisas do amor. Pensa que sabe, mas está enganado, só conhece o mistério do desejo das formas, nada mais.
  Quanto a mim, fui até o mestre Han.
  – Como vai, guardião Saied?
  – Muito bem, mestre Han, o vaso transborda!
  – Então está na hora de espalhar a água da vida aos que têm sede, meu filho.

– Gostaria de tê-lo como mentor dos passos que vou dar, mestre de mestres e luz do meu saber.
– Está preparado para integrar-se ao Grande Oriente Luminoso?
– Sim, mestre de mestres.
– Sente-se suficientemente equilibrado para ser um mestre, filho meu?
– Sim, senhor.
– Saiba que não será fácil. Onde os guardiões dos mistérios designarem terá de servi-los com toda a dedicação e amor que o vaso sagrado lhe derramou.
– Não sei do quanto eu sou capaz, mas o que souber ou puder não deixarei de fazer.
– Então me dê suas mãos. Eu vou conduzi-lo à morada dos guardiões dos mistérios da criação. Se for aprovado pelos 21 guardiões, as portas do Grande Oriente Luminoso se abrirão para você e terá tudo o que precisar para realizar de forma satisfatória algo grande e luminoso. Tudo em honra e graças à bondade do Criador de Tudo e de Todos.
– Ainda sou um discípulo seu! Mostre-me a senda luminosa que devo trilhar para tornar-me mais um dos incontáveis mestres formados pelo seu saber, luz do meu saber.
– Vamos, filho meu. O Grande Oriente Luminoso já nos abre sua porta luminosa. Trilhemos a sua senda!
Neste momento, um facho de luz dourada chegou até nós e fomos levados por ele. Mestre Han, depois, explicou que esta é a única via de acesso para o mais elevado plano espiritual, onde se localiza a sede do Grande Oriente Luminoso. Ninguém chega até ele, se não for levado por aquele facho de luz dourada.
Um segundo depois, já nos encontrávamos na sede do Grande Oriente Luminoso. Então me veio a fascinação pelo que eu via. Se me foi difícil falar das coisas do amor, agora me é impossível falar da beleza e harmonia do lugar. Só posso dizer que eu estava fascinado. De vez em quando, parava um pouco para observar os detalhes. Logo era alertado pelo meu mestre!
– Vamos, filho meu, alguém nos aguarda. Não percamos tempo com detalhes. O que interessa a você é o que há no interior deste local sagrado.
– Desculpe-me, senhor, mas estou fascinado. Sim, esta é a palavra. Tudo aqui me fascina e encanta!
– Quando cheguei aqui pela primeira vez, causou-me a mesma sensação. Agora façamos silêncio, pois não nos é permitido falar.
Eu o segui em silêncio. Logo adentramos um pórtico luminoso encimado por uma estrela. Reconheci-a de imediato: era a Estrela Guia, o primeiro dos sete símbolos sagrados.

Quando já estávamos em seu interior, um ser sem feições, pois era apenas uma luz, veio ao nosso encontro e nos conduziu a um imenso salão, que era todo formado por luzes. A harmonia luminosa era fantástica. As formas eram perfeitas e as cores extasiantes. Muitas luzes se moviam no seu interior. Eram espíritos que já não possuíam forma humana. Haviam-se libertado do carma reencarnatório havia milênios e ali serviam aos guardiões dos mistérios. Ninguém falava nada, tudo eu intuía apenas de ver.

Mestre Han assentou-se diante de uma pedra verde. Nem a mais bela das esmeraldas possuía sua beleza, nem o mais puro dos cristais possuía sua pureza. Ele era o mago da pedra verde! O grande M. L. da luz verde. Isso eu já sabia, mas desconhecia que ele tivesse assento na sede do Grande Oriente Luminoso. Sentei-me atrás dele e procurei desligar-me dos detalhes.

Pouco depois, o recinto foi totalmente tomado por seres luminosos. Era o momento da chegada dos 21 guardiões dos mistérios. E, então, eles surgiram à minha frente. Quanto esplendor! E que fidalguia nos semblantes.

Devo dizer que o dom da voz ali não era necessário. Tudo era dito através dos olhos. Um olhar dizia tudo, e eu me lembrei do meu pai, quando ainda na carne: quando eu fazia ou dizia algo que o desagradava, ele me encarava e, sem dizer nada, eu já sabia o que ele estava me "dizendo".

Quando na carne, somos somente uma imitação imperfeita do mundo espiritual, trazemos em nossa mente adormecida tudo o que aprendemos no mundo maior.

Como eram maravilhosos os 21 guardiões da lei! Tinham sete para o plano superior, sete para o plano inferior e sete para o plano carnal. Sete são as linhas de atuação na natureza e 21, os guardiões, um para cada plano. Ali também havia sete símbolos que eu já conhecia, mas somente agora eu os via no todo. E cada um se dividia em outros 11, que por sua vez se dividiam em outros 77. Tudo como eu aprendera junto aos magos do Oriente quando ainda caminhava na carne. Também confirmavam o que eu tornara a estudar no Templo Dourado do mestre Han.

Mas agora eu chegava até a casa-máter que os vivificava. Era dali que provinha a força contida em cada um deles. Tudo o que me foi dito, exigido e ensinado durante longos anos de aprendizado estava agora na minha frente.

Muito pouco posso dizer a respeito do que foi falado ali, na sede onde os guardiões dos mistérios habitavam. Devo dizer que são os mesmos para qualquer região. Apresentam-se conforme a concepção que cada um faz deles.

Muitas nem os conhecem porque julgam que eles não existem. Estão enganados, mas mesmo assim são guiados pelas leis que regem toda a criação, pois só não aceitam tal princípio os entes humanos que ainda não estão aptos a penetrar nos mistérios sagrados da criação.

Se não estão aptos, por que exigir tal coisa deles? Mesmo aqueles que já se acham preparados cometem enganos e erros imensos quando começam a absorver os mistérios. Melhor viver na ignorância de tais mistérios do que absorvê-los e deturpá-los. Este é um dos princípios básicos do símbolo da lei, o que rege a aplicação da Lei Maior entre os encarnados.

Devo dizer também que me foram mostrados todos os erros e enganos cometidos na aplicação desse princípio em todas as minhas encarnações terrenas. Então eu tive consciência dos enormes erros e enganos cometidos quando envolto na pele do cordeiro. Ali eu fiquei sabendo o porquê de tantas dificuldades em minhas encarnações e de como eu poderia ter agido de forma mais prática ou mais sutil para atingir meus objetivos. Eu sempre fui impulsivo e cometi enganos monumentais.

Mas agora era o tempo de repará-los por todo o sempre. Se falhasse de agora em diante, seria por burrice e não por ignorância.

Depois que tomei conhecimento das formas de procedimento em relação aos erros cometidos, foram mostrados a mim os acertos, e isso me tranquilizou um pouco. Afinal, se eu era guiado por meu ancestral místico, por que ele não intervinha quando eu errava?

A resposta me veio na forma de um enigma: será que eu entendi certo e ensinei errado? Ou entendi errado e por isso ensinei errado? Ou talvez eu tenha sido muito perfeccionista nos meus ensinamentos e não consegui transmitir claramente tudo o que devia ter ensinado? Ou teria eu vivido de forma mais prática do que aprendi e acabei descuidando da preparação de sucessores? Talvez por isso muitas vezes meus esforços foram em vão quando falava das coisas divinas. Ou será que eu falei certo mas a pessoas erradas? Ou será que entenderam errado tudo o que eu procurava colocar com tanta perfeição? Também poderiam não saber usar corretamente o que tão bem eu os ensinava. Muitas outras alternativas ainda me foram colocadas pelos guardiões dos mistérios. Eu os ouvia e aguardava o momento certo de me justificar.

Quando eles se calaram, fiquei meditando sobre suas colocações. Eu sabia a resposta para o enigma de minhas vidas passadas, todas elas dedicadas a propagar, de uma forma ou de outra, as coisas divinas. E lembrem-se de que estou me referindo a 7 mil anos de encarnações sucessivas, não à última apenas! Eram 7 mil anos de lutas, lágrimas, sorrisos, vitórias e derrotas, todos dedicados em honra e glória ao Criador! Algumas foram grandiosas e deixaram sementes eternas, outras foram de lágrimas, lágrimas e lágrimas!

Mesmo ali, diante dos guardiões dos mistérios sagrados de toda a criação, eu chorava o meu passado quando o via tão nitidamente como agora. O prato da vitória pesava mais que o prato dos insucessos, mas eu não me conformava. Por que tantas coisas erradas maculando um passado todo dedicado às coisas divinas?

Eu sabia qual era a resposta, mas não ousava dizê-la. Não diante dos guardiões, pois eles também a sabiam, e, se eu tentasse justificar-me, estaria negando minha condição de guardião dos símbolos sagrados.

Ali, eu era isso: um guardião dos mistérios dos símbolos sagrados, um dos 77 mil guardiões menores que têm por missão principal vir à carne todas as vezes que assim determinar um dos quatro ancestrais místicos: o da luz do saber, o da luz da vida, o da luz da lei e o da luz das formas e da transformação. Ora servia a um, ora a outro, mas sempre guiado pelo ancestral místico da luz do saber. E, como tal, não podia esmorecer! Como um guardião pode abater-se quando há tanto por ser feito?

Se eu pronunciasse a resposta, estaria negando minha própria condição de guardião. E isso eu não faria nunca! Jamais negaria minha condição de espírito criado para a disseminação das coisas divinas. Preferiria ser lançado no negativo do meu ancestral místico, ou seja, nas trevas da ignorância, a negar minha origem. Podia sofrer mil derrotas, que não negaria. Semearia as coisas divinas nos meios mais adversos, e mesmo assim não desanimaria. Isso era parte de minha natureza e eu não renunciaria a ela, ainda que o preço fosse as trevas da ignorância. Pensava em tudo isso rapidamente, em silêncio, sem olhar nos olhos dos guardiões dos mistérios sagrados.

Em determinado momento, elevei minha visão turvada pelas lágrimas das derrotas, não para os 21 guardiões, mas para além deles, e muito mais acima, e clamei do fundo de meu ser pensante: Meu Deus, se tudo fiz, foi por honra e glória de seu nome sagrado. E sei que o Senhor sabe que, em tudo o que fiz, jamais me deixei levar pela vaidade ou orgulho, por ódio ou inveja às Suas criações, assim como sabe que, se em determinados momentos tomei ou deixei de tomar certas medidas, foi por me sentir fraco diante de Sua grandeza, e não ao contrário. O Senhor sabe também que, se falhei, foi porque me vi colocado na carne e em situações mais adversas possíveis, mas jamais temi o Seu juízo porque jamais me julguei perfeito. Tudo o que eu fiz foi divulgar Suas coisas sagradas da melhor maneira que eu podia ou sabia, e jamais me furtei a esse encargo que tanto me honra. E como me honra servir ao Senhor, meu Deus!

Não falei mais nada, pois meu pranto já não podia ser contido. Eu já pronunciara as últimas palavras misturadas com o choro convulsivo que brotava do meu peito.

Abaixei novamente a cabeça sobre o peito e chorei minhas derrotas. As vitórias não me interessavam, mas as derrotas, como me incomodavam! No meu pranto sentido, eu as rememorava uma a uma e chorava todas elas, ali, diante dos guardiões dos mistérios sagrados.

Não sei o que eles disseram entre si. Mestre Han me falou mais tarde, pois eu não tinha coragem de encará-los mais, não depois de conhecer minhas derrotas e erros. Mas, em dado momento, uma luz cristalina, muito poderosa, envolveu-me, e fui colocado em pé por sua força que me elevava. Neste momento, de cada um dos guardiões saiu uma luz dourada em minha direção. Como queimavam! Eu estava ereto e rijo. Mantive meus olhos abertos, apesar da dor que sentia. As luzes dos guardiões dos mistérios sagrados arderam em mim por um breve instante, cessando a seguir.

O guardião do símbolo da lei olhou-me fixamente e pude ler em seus olhos a sentença definitiva, comum a todos:

– Nós o seguimos em cada instante de sua existência, tanto como ente encarnado quanto desencarnado. Nós conhecemos seu passado, presente e futuro. Nós o tivemos, temos e sempre o teremos como um servidor dedicado à divulgação dos mistérios sagrados. E como tal, nós reavivamos em você os sete símbolos sagrados da criação e seus 21 mistérios, os quais são sete do alto, sete do meio e sete do embaixo. Sete da Luz, sete da matéria e sete das trevas. Honre-os como sempre tem feito e nós o honraremos com nossa proteção eterna. Tudo por honra e glória do Criador de tudo e de todos.

Nada mais me foi dito, mas eu ainda olhei para cada um deles para jamais esquecê-los. A cada um eu dizia, com os olhos lacrimejantes: Obrigado!

Não era a mais rebuscada forma de agradecer, mas era a minha maneira pessoal de agradecê-los por terem em mim mais um dos muitos servidores. Não eram eles que deviam agradecer-me, mas eu a eles por confiarem em mim. Não é um superior que se deve sentir honrado com um inferior, mas o inferior é que se deve sentir honrado em servi-lo. Assim como não é um mestre que deve se orgulhar com um discípulo, mas sim o discípulo que se deve orgulhar de seu mestre.

Foi este sentimento que passei no meu olhar aos 21 guardiões dos mistérios sagrados. E tenho certeza de que eles o acolheram, pois o meu "obrigado" foi sincero, puro e verdadeiro.

E, assim como surgiram, foram embora. Ainda hoje, alimento a esperança de um dia, após vitórias e derrotas, sorrisos e lágrimas, acertos e erros, poder revê-los. Quando isso poderá acontecer? Que importa o tempo que demorar? Deus não é eterno? Não é eterna Sua criação? Eternos não são os mistérios sagrados e seus guardiões? E eu, também, não sou eterno, um espírito imortal e uma das infinitas criações de Deus? Então, que importância tem o tempo que irá passar até esse outro encontro, se o tempo é eterno? Até lá, irei acertando e errando, sem jamais abdicar de minha condição de um dos 77 mil guardiões dos mistérios que estão ligados à propagação das coisas divinas, tanto na carne como em espírito. A única coisa que peço é que possa sempre trilhar a senda da luz do saber das coisas divinas, nada mais!

Retomando a Caminhada

Mestre Han levantou-se e, olhando para mim, falou:
– Olhe-se, guardião. Saia e veja como está seu corpo.
Eu abaixei meus olhos e notei que estava nu. Minha roupagem espiritual havia desaparecido e restava apenas meu espírito puro, sem nada a cobri-lo. Senti-me envergonhado por estar nu em recinto sagrado. Ele notou meu incômodo e tornou a falar:
– Não foi para isso que mandei você se olhar, mas sim para ver os símbolos marcados pela luz dos 21 guardiões maiores dos mistérios sagrados.
Só então eu os vi em todo esplendor e grandeza que caracteriza cada um deles. Eu havia passado pelo crivo dos 21 símbolos, por isso fui marcado por todos. Já não me importava mais com minha nudez. Minha veste espiritual havia sido dissolvida pela luz cristalina que me envolveu. Isso foi o que me disse mestre Han!
– Vê agora, guardião Saied? O Criador Todo-Poderoso o elevou e o colocou como um dia Ele o criou, sem nada para cobri-lo, diante dos guardiões da lei. Ao clamar por Ele, você se dignou diante dos 21 guardiões. Esta é a principal verdade que todos deveriam saber. Podemos estar diante dos maiores, mas só devemos procurar o perdão ou a compreensão de Deus por nossas falhas, ou erros, ou pecados. Só Ele, verdadeiramente, sabe a origem e a causa de tudo, pois tudo é Seu, desde o mais primitivo dos espíritos até o próprio ser planetário que vivifica o mundo em que estamos. Seu gesto, nessa situação, tornou-o merecedor do reconhecimento com o qual lhe honraram os 21 guardiões.

– Eu fiz o que fiz porque era o que eu sentia naquele momento, mestre dos mestres. Meu ser clamou o que sentia, nada mais.

– É isso, filho meu. O que diz o Guardião da Lei?

– Honre a um só Deus, pois dois não existem.

– E o que diz o Guardião da Fé?

– Tenha fé em um só Deus, pois dois não existem.

– E o que diz o Guardião do Amor?

– Ame a um só Deus, pois dois não existem, e se ama a mais de um é porque não ama a nenhum.

– E o que diz o Guardião da Vida?

– Ame a um só Deus Criador, pois dois não existem, e se ama a mais de um é porque está morto e não sabe.

– E o que diz o Guardião da Razão?

– Ame a um só Deus, pois amar a mais de um seria irracional.

– E o que diz o Guardião das Trevas?

– Ame a um só Deus, pois quem amar a dois, na verdade, estará cultivando as trevas.

– E o que diz o Guardião do Saber?

– Ame a um só Deus, pois se tiver mais de um, não terá nenhum.

– Então?...

Mestre Han tinha por hábito não dar a conclusão dos seus raciocínios, deixava para que seus discípulos tirassem suas conclusões.

– Então eu fiz o que fiz, ainda que passando por cima da autoridade dos 21 guardiões, somente porque achei que eles, assim como nós, são servidores do único e indivisível Criador.

– Sim, filho meu. Só Deus pode dizer se você agiu certo porque assim Ele quis ou se errou porque assim Ele permitiu. Quando nós servimos com fé e amor, justiça e saber, razão e lealdade, tudo é guiado por Ele. Todo o resto são meios que Ele tem à disposição para que sejamos conduzidos através dos caminhos que pertencem unicamente a Ele e a ninguém mais. Os guardiões são só o que dizem os seus nomes: guardiões das leis da criação. Executam o que, num tempo imemorial, designou-lhes o Criador de tudo e de todos. Como tal, velam para que as coisas divinas nunca sejam esquecidas pelos espíritos e também para que ninguém passe uma encarnação sem ao menos saber que Deus existe e que todos são regidos por Suas leis eternas e imutáveis.

– Isso eu conheço bem, mestre de mestres. Mesmo os índios que viviam isolados há milênios, sem contato com nenhuma outra cultura, sabiam que havia um Deus Criador e uma hierarquia regente que possuía poderes sobre a natureza e, por isso, eram chamados de gênios da criação.

— Vê como até entre eles, sem escrita nenhuma, a luz do saber das coisas divinas se fazia presente?

— Sim. Ainda que fossem guiados pelo ancestral místico da luz da vida, possuíam a luz do saber das coisas divinas adaptadas ao seu meio de vida. Ninguém sabe mais ou menos sobre as coisas divinas, apenas absorve o que o meio permite, ou oferece, ou obriga a conhecer a respeito da natureza divina.

— Você já é um mestre, guardião Saied. Atingiu o grau máximo que nos é permitido alcançar. Mais que isso, só se o seu ancestral assim designar. Nada mais podemos dar-lhe.

— Como não, mestre Han?

— Explique-se, mestre Saied!

— Eu sinto que é hora de me lançar em uma nova caminhada. Preciso dos seus sábios conselhos para me guiar.

— O que pensa fazer?

— Primeiro, conhecer todo o Grande Oriente Luminoso e ver como posso obter auxílio caso necessite. Depois, reunir alguns amigos e iniciar algo parecido com o Templo Dourado, próximo ao Brasil. Se possível, sobre o seu espaço.

— Não nega o seu cargo junto ao Grande Oriente nem sua origem, mestre Saied. Eu sabia que algo grande e iluminado nasceria quando você atingisse o grau máximo.

— Ainda não sei se é possível ou se os guardiões permitirão, mestre Han.

— Sua iniciativa será apoiada, meu filho. E posso afirmar que receberá mais auxílio do que imagina.

— Assim espero, mestre de mestres. Não negarei minha origem nem meu ancestral místico. Tampouco vou deixar de honrá-lo como mais um, dos milhares, que se tornou mestre graças ao seu saber, mestre Han!

— Já me honrou com a conquista do seu grau. Tudo o que fizer de agora em diante que seja em honra ao Criador.

— Sabe o que mais admiro no senhor, mestre Han?

— Não. O que é?

— Seu desprendimento quanto a honrarias, elogios e tentativas de agradecimento por parte dos que, um dia, acolheu tão amavelmente.

— Algum dia eu lhe pedi algo, mestre Saied?

— Não. Mas o que me pedir eu farei.

— Procure nunca permitir que alguém faça essas coisas tolas com você. Só assim poderá enxergar todos com os mesmos olhos e extrair o melhor juízo das ações de cada um. Nunca negue apoio a quem queira ou tenha, por menor que seja, a possibilidade de galgar um degrau na Luz. Mas também não fique a elogiar alguém, porque com isso só estará atrapalhando sua evolução. Cada um deve ter consciência de que tudo o que fez, faz ou fará em benefício dos semelhantes deve ser creditado ao Criador, e nada mais é que uma retribuição de nossa parte à confiança depositada por Ele em nós, Sua criação.

– Jamais me esquecerei disso, mestre Han. Guardarei isso em minha mente como uma lição pessoal do senhor.

– Então, vamos visitar as subsedes do Grande Oriente Luminoso.

Mestre Han colocou suas mãos sobre meus ombros e novamente eu me vi vestido. Quão elevado era ele!

Nos dias seguintes, levou-me a conhecer todo o Grande Oriente Luminoso. Em cada local que chegávamos, éramos recebidos com alegria. Reencontrei muitos amigos do passado longínquo. Em todos, reinava a mesma harmonia.

Fiquei maravilhado com o que vi. Só podia sentir-me feliz vendo a imensidão de servidores abnegados que possuía o Criador. Tudo isso fortalecia em mim o amor pelos seres humanos. Quanto mais observamos as obras que o Criador nos confiou, mais os amamos.

O ser humano é grande. Basta que vejamos o que faz e já nos convencemos dessa grandeza.

O último lugar a visitarmos foi a sede do Grande Oriente Luminoso no Brasil. Lá, já nos aguardavam todos os seus mestres dirigentes.

Mestre Han sabia antecipar-se aos nossos desejos! Quem estivesse em sua companhia podia ficar despreocupado quanto a isso. Se eram nobres, ele os tornava possíveis de serem realizados; se não o eram, ele os extinguia em nós.

Depois das apresentações, fui inquirido sobre como pretendia iniciar meu projeto de auxílio aos semelhantes. Comecei a lhes explicar que usaria os conhecimentos adquiridos junto ao Templo Dourado e também tudo o que eu vira em minhas caminhadas quando procurava harmonizar-me com meu passado. Fui apoiado por todos os mestres dirigentes. Também soube de algo que me deixou muito feliz. O Cavaleiro do Mar era um dos dirigentes do lugar. Eu já o conhecia porque tivera contato com ele em anos recentes. Mas também o identifiquei como um dos grandes mestres que tive a honra de ter no passado longínquo.

Devo dizer que entre nós, se já havia laços antigos, dali em diante só se tornaram mais fortes, pois tínhamos muito em comum.

Até hoje ainda conservamos os laços que criamos com o tempo e o amor. Como mestre Han, logo ele se tornou a mão amiga me auxiliando em minha intenção de realizar algo em prol dos espíritos menos favorecidos.

Após ter recebido total apoio, voltei ao Templo Dourado com mestre Han.

Perguntei-lhe se fazia aquilo com todos os seus discípulos.

– Não, mestre Saied. Só com os que eu, olhando o seu passado, vejo que já se sacrificaram em missões nobres e, olhando seus futuros, vejo bons frutos a serem colhidos pelas sementes que estão semeando. A estes, eu me dedico por inteiro porque sei que deles só brotarão árvores da vida.

– O senhor é o mais abençoado dos mestres que eu já conheci. Deus permita que eu possa, um dia, ser um espelho límpido e que possa refletir sua luz aos que procurarem um pouco de luz em suas vidas.

– Já está esquecendo do conselho que lhe dei, mestre Saied.

– Não é bajulação, mestre de mestres. Se há alguém em quem me espelho, este alguém é o senhor. Não quero ser grande nem poderoso, tampouco almejo outra coisa que não seja ao Criador. Mas espero nunca me tornar indigno do seu amor, afeição e amizade. Só peço que nunca se esqueça de mim, mestre Han

– Tenha a certeza de que isso jamais acontecerá, filho. Você só faz com que eu me sinta útil ao Criador. Se não fosse por seres iguais a você, de que me serviria tanto saber? Onde eu o usaria? Cada vez que o Criador me envia alguém como você, sinto-me honrado por ser lembrado por Ele e isso me faz muito feliz. Afinal, quem não ficaria feliz, sabendo que Deus confia nele e que o que tem de fazer é somente amparar a árvore, tenra ainda, que só quer crescer para poder dar bons frutos e uma sombra onde muitos possam descansar um pouco quando estiverem cansados de suas jornadas rumo ao Criador?

Mestre Han calou-se. As lágrimas corriam de seus olhos. Era a primeira vez que eu o via chorar em tantos anos. Como estava emocionado o meu amado mestre! Era um pai se despedindo de mais um filho que iria partir. Foi um pai amoroso que tive a honra de ter por duas longínquas encarnações. Em seu coração, sempre fui um filho amado.

Abraçamo-nos comovidos. A grande árvore do saber, que era ele, dava mais um fruto. Foi um longo abraço de dois espíritos que se amavam.

Depois de lhe prometer que voltaria assim que tivesse iniciado meu projeto, parti.

Ainda hoje, muito distante de mestre Han e seu maravilhoso Templo Dourado, sei que não se esqueceu de mim. Um dia voltarei a encontrá-lo para ser novamente despertado para o mundo maior. Quando isso acontecerá, não posso saber, mas com certeza ele sabe qual é o tempo certo para tal reencontro. Isso eu sei porque já o revi, uma vez, em sonho e o reconheci como o incansável mestre de mestres.

Mestre Han é o joalheiro que recebe pedras preciosas em estado bruto e, depois de lapidá-las como só os bons artesãos sabem fazer, aquilata cada uma delas. Em seguida, distribui as "pedras" como só os mestres da Luz sabem fazer: preparam as mais brilhantes e valiosas, mas não as incorporam às suas coleções de preciosidades. Muito ao contrário, enviam-nas onde a pobreza de luz se mostra gritante.

E foi isso que aconteceu comigo.

Após partir do Templo Dourado, fiquei sem um lugar que me servisse de morada. Adorava meus pais, mas não me sentia à vontade na casa deles.

Poderia ter ido para junto de Raios de Lua, mas, creio eu, só a incomodaria e a desviaria do serviço maravilhoso que fazia junto a seu povo com o auxílio do pajé Anhanguera, de Sol da Manhã e de sua companheira inseparável, Lua Branca.

Também havia o pajé Tamoio, um amigo do passado que reencarnara entre os indígenas. O velho feiticeiro era a reencarnação de um mago que muito me ajudara em uma encarnação longínqua, quando de minha estada junto ao templo da esmeralda no antigo Iêmen. Já era um mestre da magia naquela época, e só confirmou isso nessa última encarnação, junto aos indígenas brasileiros.

Às vezes fico imaginando que o Criador nos dota de uma natureza especial, e por causa disso, não importa qual a profissão que exerçamos na Terra quando encarnados, sempre teremos essa compulsão em nos aproximarmos do nosso "eu" interior, a natureza que nos deu o Criador.

Poderia ir até Soraya. Mas não achei justo desviá-la de seu trabalho meritório junto aos irmãos menos favorecidos com a luz do saber das coisas divinas ajudando os que haviam caído ao longo do caminho. Talvez eu devesse ir para perto dos negros amigos. Afinal, lá havia o velho João da Mina, seus filhos Ruth e Marinho, pai Jorge, pai Moisés e centenas de outros amigos. Mas estavam todos eles envolvidos com o amparo espiritual aos irmãos negros escravizados.

Salete já tinha serviço demais no hospital e minha presença só tumultuaria um pouco mais sua vida já sem tempo para outra coisa que não aqueles que desencarnaram.

Só me restou Sarah. Sim, Sarah! Junto a ela eu poderia reiniciar aquilo a que me propusera. Foi pensando nisso que parti ao seu encontro. Só que não a via desde nosso último encontro, à beira-mar, quando fomos abençoados com a aparição maravilhosa do gênio das águas, a senhora da coroa estrelada.

Dela eu não tivera mais notícias. O único que poderia conduzir-me até ela era o Cavaleiro do Mar. Volitei e fui ao seu encontro. Logo estava diante dele.

– Salve, Cavaleiro do Mar!
– Salve, Cavaleiro da Estrela da Guia, algum problema?
– Não, senhor. Eu gostaria de saber onde está Sarah.
– Por que, Cavaleiro?
– Acho que poderia unir-me a ela para realizar meu plano na crosta terrestre.
– Impossível, ela não está disponível, Cavaleiro. Você se demorou demais em escolher um caminho. A guardiã do ponto de forças do mar já a requisitou.

Eu me entristeci de imediato. Era uma surpresa para mim tal incumbência confiada à minha querida Sarah. Não contava com isso! O Cavaleiro do Mar, vendo minha tristeza, procurou confortar-me.

– Não se preocupe com ela, Cavaleiro. Sarah tem a proteção da Rainha do Mar; não está desamparada. Além disso, seu trabalho é de grande importância junto às falanges negativas.

Não me fiz de indiferente:
– Qual é o tipo de trabalho, Cavaleiro do Mar?
– Se você prometer controlar-se, eu o levarei até ela.
– Tem minha palavra.
– Então, desfaça sua forma plasmada e me acompanhe.

Transformei em um ponto luminoso e o segui. Segundos depois, avistei Sarah à beira-mar. Já não era a minha Sarah meiga e delicada que eu via, mas uma mulher, ainda que bela, pois jamais sua beleza se apagaria, profundamente triste. Sua luz natural havia-se apagado. Seu sorriso encantador dera lugar a um rosto triste. Sarah estava marcada pela solidão. Trazia na mão esquerda um cetro com os símbolos do ponto de forças cósmicas do mar.

Quanta tristeza eu senti com aquela visão. Pedi licença ao Cavaleiro do Mar para me retirar porque já não estava conseguindo manter-me na forma de luz.

Quando nos afastamos do seu posto junto à guardiã do ponto de forças do mar, voltei à minha forma antiga.

A imagem de Cavaleiro da Estrela Guia se apagara em mim. Voltava a ser o velho e triste Simas de Almoeda. Regredi décadas em poucos minutos. Meu coração, antes luminoso, apagara-se. Não conseguia dizer nada, só olhava para o Cavaleiro do Mar sem entender o porquê de a terem lançado nas trevas. Ele tomou a iniciativa do diálogo.

– Lembre-se de que agora você é um mestre da Luz, Cavaleiro da Estrela Guia. Não pode deixar-se cair tão facilmente, como fez há pouco.
– Sou um idiota desprezível, Mago da Luz Cristalina. Como fui estúpido!

– Por que diz isso?
– Eu não devia tê-la abandonado quando do nosso último encontro. Novamente, estamos separados por barreiras intransponíveis.
– Você não poderia evitar uma ordem da Rainha do Mar. Ou pensa que poderia alterar o destino dela?
– Eu poderia não alterá-lo, mas teria seguido junto a ela para o outro lado.
– Acha que seria feliz do outro lado?
– Acaso ela está feliz?
– Mas ela foi preparada para tal missão. Eu a preparei muito bem, mestre da Estrela.
– Então, por que a tristeza em seu rosto? Será que o senhor escolheu a pessoa certa?
– Sim, minha escolha foi muito bem avaliada. Sarah será, com o tempo, a melhor guardiã deste ponto de forças. Eu a acompanho há milênios, e conheço todo o seu poder e firmeza quando direcionada para um objetivo. Do ponto de forças do mar, ela poderá doutrinar, educar e enviar para a lei muitos espíritos que hoje vagam sem rumo nas trevas do mar.
– Ótimo trabalho para alguém que teve o inferno como companhia em sua última encarnação, não, Cavaleiro do Mar.
– Você está muito confuso para o grau que atingiu, filho. Será que já se esqueceu do passado?
– Não. E é por isso que não me conformo. Até quando ele vai perseguir-nos?
– Você sabe a resposta. Basta que aguarde o fim da sentença.
– É uma sentença eterna. Jamais terá fim!
– Um dia ela cessará e neste tempo já não haverá mais nada a separá-los.
– Quando será, Cavaleiro do Mar?
– Ainda não sei, mas quando souber, aviso. Você será o primeiro a saber.
– Até lá...?
– Eu cuidarei bem dela. Sou o responsável pelo trabalho que ela desenvolve.
– O senhor não tinha uma outra para tal missão?
– Não fui eu quem a escolheu. Quando eu soube, o máximo que consegui foi trazê-la para junto de mim. Acredite, foi o máximo que pude fazer.
– Eu acredito no senhor. Mas diga-me, quem a escolheu?
– Foi a própria guardiã do ponto de forças. Ela é guiada pelo ancestral místico da água. Traz em seu cetro todo o poder sobre as trevas do mar.
– Então é melhor que eu a esqueceça. Jamais a terei ao meu lado.
– O tempo solucionará tudo.

– Sim, o tempo. O eterno tempo tudo soluciona. De tanto esperar que ele passe, acabamos esquecendo que aguardamos, e então o tempo soluciona tudo.

– Você está deixando-se abater pelo negativismo.

– O senhor conhece minha natureza. Sabe que nenhum obstáculo impede que eu me levante após uma queda. Mas isso que sinto agora, não sei como definir.

– Aguarde um pouco. Quando eu conseguir, levarei você até ela.

– Eu sei que posso confiar no senhor. Agora peço sua licença, vou retirar-me.

– Lembre-se de que até há pouco você tinha um belo projeto de vida. Não deixe que morra por causa da tristeza que se instalou em seu coração.

– Agora já não sei por onde começar meu projeto. Talvez nem o inicie. Até a vista, Cavaleiro do Mar!

– Até a vista, Cavaleiro da Estrela Guia.

Eu o olhei e disse com um pouco de ironia:

– Cavaleiro da Estrela Guia, não!?

Parti muito triste. Não volitei meu ser, não tinha nenhum lugar para ir.

A Voz do Silêncio

Saí do local, uma sede do Grande Oriente, caminhando. Caminhava devagar. Já não havia mais nenhuma pressa. Afinal, para que correr se meu sonho havia sido desfeito?

Eu vinha sonhando com a possibilidade de voltar até Sarah e juntos iniciarmos algo grandioso. Tudo se esfumaçara, tal como a neblina que eu via à minha frente. Ainda me virei para dar uma olhada para a grandiosa sede. Sob o seu portal luminoso, eu avistei a figura do Cavaleiro do Mar. Ele me seguia a distância sem nada poder fazer para me consolar. Acenou-me com a mão direita. Eu retribuí o aceno e voltei a caminhar lentamente rumo à espessa neblina. Aquele era o limite entre a Luz e as trevas.

Não me incomodei em avançar para seu interior. Que me importava a Luz?

– Eu, um Cavaleiro da Estrela Guia!? – Meu grito ecoou pela neblina acinzentada como uma contestação ao meu próprio grau, conquistado com tanto esforço e dedicação.

– Eu não sou nada! – tornei a gritar com toda a potência de meus pulmões.

Caminhava indiferente a tudo. Lamentos, gritos e gemidos de dor eram comuns nessas paragens, mas eu não os ouvia. Seus habitantes eram espíritos deformados, seres que haviam caído ante a Lei Maior, entes infernais e outras aberrações, mas eu não os via e se via não lhes dava grande atenção. Àqueles que tentavam barrar meu caminho, eu os afastava, empunhando, ameaçador, minha longa espada.

Eu que não a puxava por bobagem, agora a empunhava, ameaçador. Ai de quem ousasse ficar na minha frente! Eu o despedaçaria em poucos golpes.

Eu mergulhava nas trevas da amargura, da dor e da tristeza. A Luz já não me atraía mais. Já não sentia mais nenhum prazer em viver nela. Eu havia dado um mergulho nas trevas.

Caminhava lentamente, sem me importar com mais nada. Se Sarah não podia ficar na Luz, melhor seria eu viver nas Trevas. Não me sentia bem, no meu conforto, sabendo que ela não o conheceria. Se Sarah não podia alcançar a Luz, por um desejo da rainha do mar em tê-la à sua esquerda, eu podia facilmente fugir da Luz e caminhar nas Trevas. Eu, que pouco tempo atrás havia estado junto aos guardiões dos mistérios sagrados, via-me derrotado mais uma vez. Afinal, para que lutar para subir se é tão fácil descer? Por que cultivar o amor, se em um instante o tiram do nosso alcance? Por que almejar algo que não está ao nosso alcance? Melhor seria desaparecer nas trevas e não mais lutar.

Foi pensando nisso que o peso dos milênios se fez sentir em meus ombros. Senti-me cansado e desiludido. Por que todas as outras mulheres podiam viver na Luz e Sarah não? Por que seu ancestral místico lhe fechava a porta da Luz toda vez que estava tão próxima de mim?

Confesso que tudo que eu aprendera ou cultivara das coisas do amor já não me interessava.

Eu podia ter convidado Raios de Lua, ou Soraya, ou Salete, ou meus pais, e até mesmo Ruth e seus amigos negros, que me acompanhariam com muita alegria ou até me acolheriam com muito amor, mas não era isso o que eu queria.

– Sarah! Por que tudo isso? Quando posso vê-la é o momento em que está mais longe. Por que tudo isso?

Após essas palavras, olhei à minha volta. Era um lugar solitário como Sarah e eu. Recostei-me a uma árvore seca e calei-me. Para que falar? Para que pensar mais? Depois de caminhar sem direção por tanto tempo, eu já não o desejava mais. Depois de lamentar tanto, já não o faria mais. Depois de pensar tanto na minha desilusão, decidi que não o faria mais. Devia haver um motivo para que tudo tivesse de ser assim. Eu não iria mais lutar contra o meu destino. Assim como Sarah se conformou com o dela, eu me resignaria ante meu ancestral místico.

Deixei que o vazio absoluto tomasse conta de meu mental. Ouviria a voz do silêncio. O silêncio também tem voz. E como ele nos fala, quando deixamos que o vazio absoluto tome conta do nosso mental!

Se há um momento em que podemos ouvir o que realmente nos interessa, é deixando que o silêncio absoluto converse conosco. A voz que ouvimos é bálsamo curador para qualquer espírito magoado como eu.

E depois de um longo tempo de vazio absoluto, comecei a ouvir a voz do silêncio. Ela é tão silenciosa quanto ele, por isso devemos não pensar para poder ouvi-la. Se assim o fizermos, o silêncio gritará em nosso ouvido e seu grito ecoará em nosso mais profundo e oculto mental.

E o silêncio do vazio absoluto começou a me falar. E como era eloquente:

– Um dia eu provarei o seu amor em relação a mim. – Era meu ancestral místico que me falava.

– Como poderia eu me elevar a uma esfera superior e deixá-lo para trás? Onde eu acharia outro igual a você? – Agora era Salete que me falava.

Uma a uma, fui ouvindo as vozes do silêncio. Minha mente registrava todas as suas palavras. E o silêncio falou, falou e falou!

Finalmente, quando ouvi o vazio do silêncio absoluto silenciar, abri os olhos e saí de minha posição de ser absolutamente vazio. Eu já era mais um ser sem uma causa ou ideal. A última frase me despertou um desejo imenso de lutar:

– Filho meu! Eu sou você e você é uma de minhas partes. Portanto, faça com que eu reviva onde eu morri, ainda que nada mais lhe possa oferecer além do dom da vida.

Como foram belas, encorajadoras e abençoadas as palavras de nosso Criador, o Deus Poderoso. Sua voz ecoa por todo o Cosmos. Nós precisamos apenas nos colocar em silêncio absoluto para poder ouvi-La.

E eu conseguira ouvir a Sua abençoada voz, que nos põe em sintonia perfeita com o Seu mental universal e divino.

Tinha ouvido o meu ancestral da luz do saber, os meus amigos e também aqueles que me consideravam seu inimigo, ainda que assim eu não os considerasse.

Olhei para cima e nada vi além de uma espessa camada de neblina cinzenta. Ao meu redor, a visão era a mesma.

Dei uma gargalhada de alegria. Se alguém me visse naquele momento, diria que eu era um espírito enlouquecido ou demente de tanto que ria. Sorria e chorava ao mesmo tempo. Além disso, eu orava em agradecimento ao Criador bendito. Finalmente eu O encontrara. Quem eu havia encontrado? Deus, é lógico! Eu O havia encontrado em meu vazio absoluto, e no silêncio do vazio absoluto eu O ouvira nitidamente.

Eu já havia localizado meus amigos de jornada, meus amores eternos, meus mestres de sempre, os guardiões dos pontos de força da natureza, os 21 guardiões dos mistérios e meu ancestral místico da luz do saber.

Por estar envolvido com todos, eu não me havia dado conta de que um projeto voltado para as coisas divinas só viceja se ouvirmos a voz de Deus. Caso contrário, será só um projeto e nada mais.

Todos podem incentivar-nos, pois, se é um projeto com fins nobres, os nobres de espírito nunca nos irão desanimar. Muito pelo contrário, só nos incentivarão. Então, nós vamos alimentando nosso projeto com nossos desejos mais nobres, e nossa concepção do que seja algo divino.

Deus nos reduz ao nada absoluto quando nos tira o que mais amamos e, então, lança Sua semente bendita que faz brotar em nosso interior a verdadeira árvore da vida, a qual dará muitos frutos saborosos e abençoados que alimentarão os famintos e saciarão a sede dos que buscam a água da vida.

Estava tão feliz que nem percebi que uma brecha se abrira em meio à espessa neblina, bem sobre mim. Do alto jorrava a luz de um sol invisível. Eu não podia ver o sol, mas sabia como era chamado tal sol que consegue fazer a luz penetrar tudo o que estiver à sua frente, apenas para iluminar e aquecer, para que viceje a semente lançada por Deus no solo escolhido por Ele.

Eu era a semente lançada por Ele em um lugar onde Ele havia morrido. Eu O faria reviver no meio das trevas e assim ele me ressuscitaria também. Se nós morremos, Deus morre conosco, mas para renascermos é preciso fazê-Lo renascer em nós e conosco. E a luz foi aumentando à minha volta. Vi-me em um vale ressequido evitado até pelos seres das trevas.

À primeira vista, pareceu-me feio, muito feio, mas à medida que eu o observava, comecei a me encantar com ele. Como era lindo o pedaço de vale dado a mim pelo Doador da vida! Suas árvores retorcidas e ressecadas por gemidos e lamentos milenares, para mim pareciam belas e frondosas árvores frutíferas. Não eram nada disso, mas eu as via assim; pois é assim que se tornariam um dia, com meu amor e dedicação a serviço de Deus.

Quando a luz parou de expandir-se, vi um imenso vale todo iluminado. Quem o visse, diria que aquele lugar era feio, mas eu elevei meus olhos às alturas e disse:

– Obrigado, senhor meu Deus! Como é lindo o vale que me doou. Eu farei com que o Senhor reviva onde havia morrido. Deu a mim o dom da vida e o solo para ser cultivado e eu o farei por honra e glória do Seu santo nome!

Como era bela e radiante a luz que iluminava o meu vale! Se eu não estivesse tão envolvido por ela, talvez não conseguisse encará-la. Mas eu era parte dela e ela me possuía por inteiro. Por isso, eu conseguia olhar para o alto e fixá-la em meus olhos turvados pelas lágrimas. Foi assim que divisei, no meio dela, um ser imenso.

Como era belo aquele ser! Ele era dourado e se distinguia claramente no meio da luz cristalina. Foi-se tornando cada vez mais visível aos meus olhos. Quando eu o vi por completo, senti-me dissolver ante seu poder e esplendor. Eu o via nas alturas e ainda assim me sentia em seu interior. Eu estava inteiramente absorvido por ele e ouvia sua voz celestial na forma de um canto. E o Anjo de Deus me disse:

– Vejo que está feliz com o solo bendito que o Doador Eterno lhe deu, filho meu. Sabe por que Ele lhe deu este belo lugar? Foi porque você recusou a Luz quando havia alguém que ama ainda nas trevas. Ela não está lá por castigo divino, mas por uma necessidade da Lei Maior, a lei das coisas divinas. Mas você recusou-se a viver na Luz só porque ela ainda não a tinha ao alcance. Não agiu de forma egoísta, como quem só pensa em si mesmo, que nada mais importa se está tudo bem para si. Não! Preferiu afastar-se da Luz porque não teria paz sem seu outro lado. Não chorou pelo que pedia, mas pelo que ela deixava de obter. Só aqueles que são infelizes quando veem alguém na tristeza são merecedores do amor divino. Deus, pai eterno, também tem seus momentos de tristeza quando vê Seus filhos amados, centelhas de seu amor divino, tristes e infelizes. Por isso Ele chora. E como Ele chora! Mas só quem sofre, não porque sinta alguma dor, mas por ver outros semelhantes sofrendo, pode compreender o choro divino do Criador e Senhor de tudo e de todos. Também só os que conseguem ver uma bela árvore frutífera no lugar de um tronco seco e retorcido estão aptos a ver em um espírito ressequido pela dor, ignorância e sofrimento, mágoas e rancores, um futuro espírito luminoso radiando luz para seus semelhantes caídos. E você não viu um vale ressequido quando Ele o iluminou, mas, sim, imaginou aquilo no que poderia torná-lo. Em um relance, viu tudo o que estava à sua disposição e como poderia usá-lo em honra e glória do Santo Nome de Deus. Ele nunca vê um tronco seco e retorcido, mas sempre árvores frutíferas e frondosas. Você é uma semente divina e tem à sua disposição um pedaço de solo divino. Germine na terra onde Ele, o eterno sementeiro, lançou-o, cresça e dê bons frutos. Frutos esses que eu, seu Anjo da Luz, servirei à mesa do eterno Criador em Sua Santa Ceia. Que seus frutos sejam doces e suculentos e possam agradar ao seu Senhor e, assim, sempre será uma árvore da vida do pomar divino. Se seus galhos crescerem muito, serão cortados e, com eles na mão, o Criador enxertará outros ramos estéreis para que possam, também eles, tornarem-se frutíferos. Olhe à sua volta, semente divina! – disse-me ele com um sorriso nos lábios.

Eu olhei e me admirei com a beleza do meu vale. Como era lindo! Novamente eu sorria e chorava ao mesmo tempo.

— Meu Deus! — exclamei. — Meu sonho não é um sonho, é uma realidade, e meus desejos são os Seus desejos, Criador meu!

— Sim, semente divina. Deus o ama porque você também O ama. Você quer servi-Lo com a luz do saber das coisas divinas, por isso Ele o ampara com o amor do coração divino e lhe concede tudo o que necessita para fazê-Lo reviver onde já havia morrido.

Calei meu pranto de alegria e abaixei os olhos em reverência ao Criador e seu mensageiro, o meu Anjo da Luz. Fui interpelado por sua voz suave e potente.

— Não desviei seus olhos dos meus, semente divina, porque tudo o que tenho a dizer, digo aos ouvidos, à razão e à visão de quem está à minha frente.

— Perdoe-me, meu Anjo da Luz. Só o fiz por reverência.

— Eu sei disso, semente divina! Agora diga-me, qual é o nome que quer dar a este lugar abençoado por Deus?

— Nenhum nome que desse me satisfaria, Anjo meu. Mas o nome que o senhor lhe der será eterno. E ainda que um dia eu venha a me afastar daqui, ele permanecerá, pois foi o Anjo de Deus quem o denominou de acordo com o Seu desejo. Meus desejos nada mais são que reflexos de Sua vontade.

— Se assim prefere, assim será. Por honra e glória de Deus, eu o nomeio de Sagrado Coração do Amor Divino. O que desperta em você esse nome?

— O que de mais nobre há em um espírito: o amor!

— Pois assim será chamado tanto no céu como na Terra, tanto na Luz como nas trevas. Eis aí o seu "Sagrado Coração do Amor Divino", semente divina. Faça com que o amor se derrame por toda essa região. Todo fruto que der será colocado na mesa do senhor nosso Deus para Sua Santa Ceia.

— Eu farei com que muitos frutos doces e suculentos sejam colocados à mesa divina por suas mãos benditas, Anjo da Luz.

— Pois assim será. Cada fruto seu que já estiver maduro, eu virei apanhar e o servirei ao Criador Divino.

Então eu o vi levantar sua mão direita e direcioná-la. Dos seus dedos saíam feixes de luz dourada que iam formando um portal magnífico. À medida que o portal ia-se materializando, uma altíssima muralha, partindo de seus dois lados, ia-se formando ao redor de seu vale. Quando terminou, vi a beleza dos artesãos de Deus. Sua perfeição era inimitável, seu poder, incomparável e sua beleza, inigualável. Só o artesão divino poderia fazer aquilo. Só ele podia tornar real seus pensamentos. Nada poderia igualar-se a ele.

Tornei a olhar para seus olhos e novamente ele levantou sua mão direita. Dela tornou a jorrar a luz dourada e uma imensa fachada de um edifício começou a ser formada. Quando terminou, pude ver a imponência e majestosidade da construção.

– Olhe o portal de entrada, semente divina, e diga-me o que vê.

– Um edifício no qual eu poderei abrigar dezenas de irmãos caídos à beira do caminho, Anjo meu.

– Sua visão está fraca hoje, semente divina? Avance-a em direção ao interior do edifício.

Admirei-me com o que via. Ele não tinha fim. Quanto mais eu avançava minha visão, mais ele se estendia e havia de tudo em seu interior. Eu o via por todos os ângulos e, em todos eles, era infinito.

– Vê como são perfeitos os presentes divinos? Quanto mais acolher, doutrinar e preparar para servirem ao Criador, mais espaço terá à sua disposição. Deus é perfeito e perfeitas são todas as Suas criações, semente divina.

Eu o olhava extasiado. Não conseguia dizer nada.

– Vejo que ainda não conhece todo o poder de Deus, semente divina.

– Eu sou apenas uma semente, anjo meu! – exclamei meio zonzo diante da grandiosidade que me era mostrada.

– Como acha que surgiram as moradas luminosas por onde passou esses anos todos?

– Não sei, anjo da Luz. Jamais perguntei e nenhum mestre jamais me falou sobre elas: jamais despertaram minha atenção.

– Pois agora conhece um pouco mais do poder divino.

Eu estava todo envolto pela luz dourada, não me sentia como um ser com corpo espiritual, mas só um mental absorvido por outro muito superior. E não percebi que tudo que eu pensasse refletiria no dele, que absorvera o meu e criara à minha volta tudo o que eu um dia havia sonhado em construir em honra e glória de Deus. Então eu pensei em alguém que, naquele momento, pulsava tristeza através do meu coração. Neste momento, ouvi novamente sua voz doce e potente.

– Eu o ouço, semente divina. Sinto o pulsar do seu coração e o dela também.

– Perdoe-me, anjo meu. Não era minha intenção desviar-me de sua obra divina.

– O amor que tem em seu coração é obra divina. A lei não pode ser quebrada, mas gostaria de tê-la, ainda que por pouco tempo, ao seu lado?

– Como o senhor mesmo disse, a lei não pode ser quebrada. Melhor ficar como está. Assim a dor não terá sua intensidade aumentada. O tempo fará com que ela seja adormecida.

— Engano seu, semente divina. A dor do amor só aumenta com o tempo. Mas eu tenho o bálsamo que neutraliza a dor do amor e estou lhe oferecendo agora.

— Não sei o que fazer, anjo meu. O coração pede que eu o faça, mas a razão diz para tomar cuidado com meus atos.

— O que move um ser a acreditar em Deus, semente divina?

— Sua fé, anjo meu.

— E o que desperta a fé em um ser, é a razão ou é o amor?

— É o amor.

— Então?

— Eu aceito o seu bálsamo para a dor do amor.

— Só que agora poderei dar-lhes apenas uma pequena dose.

— Será o bastante para nossa dor, pois seu bálsamo deve durar por muito tempo.

Num piscar de olhos, eu vi a minha doce Sarah ao meu lado. Trazia no rosto as marcas da tristeza e da solidão.

Foi então que o meu anjo da Luz, tão perto e tão distante ao mesmo tempo, estendeu sua mão direita e com o dedo indicador tocou o rosto de Sarah. Um sorriso desabrochou de seus lábios. Ela voltava à vida e também via tanto o anjo quanto a mim.

Eu lhe devolvi outro sorriso e peguei sua mão entre as minhas. Após um rápido olhar, voltei-me para ele e indaguei:

— Por que faz tudo isso por nós, anjo da Luz?

— É porque, um dia, num tempo esquecido pela memória humana, mas inesquecível à memória divina, vocês preferiram morrer a ter de renunciar ao único e imortal Deus. Em um tempo em que muitos renunciaram ao Deus-Verdade, vocês abominaram o deus da mentira. Em um tempo em que muitos abraçaram a curta vida material, vocês pregavam contra a mentira sobre as coisas divinas, vocês se apegaram com fé e amor às verdadeiras coisas divinas. Por tudo isso, vocês foram, são e sempre serão os iniciados guardiões das coisas divinas. Quando mergulham na carne, eu os vigio, e quando despertam dela, eu desperto seus mentais adormecidos. Por um desígnio d'Ele, o Deus Imortal, eu os amparo tanto na alegria como na dor. Mais alguma pergunta, semente divina?

— Quando tornarei a vê-lo, anjo meu?

— Não deixe que eu me apague em seu coração e em seu mental. Todas as vezes que quiser ver-me, recolha-se ao vazio absoluto e me verá em seu interior. Se precisar de meu auxílio para propagar o saber das coisas divinas, basta orar e virei ver se realmente precisa de meu auxílio. Se assim for, eu o ajudarei, caso contrário eu mostrarei qual é o caminho a seguir para que consiga seu intento abençoado.

– O que posso dizer para agradecê-lo, anjo meu?

– Não precisa dizer nada, semente divina. Eu não ouço palavras, mas, sim, ações nobres em benefício dos seus semelhantes.

– Então como posso agradecer ao nosso Pai Eterno, anjo meu?

– Torne real o seu sonho e o desejo d'Ele e verá como Ele, o Pai Eterno, ficará agradecido por sua gratidão.

Olhei para Sarah e ela pediu para que eu agradecesse por tanta bondade.

– Nós lhe agradecemos, anjo nosso.

– Não precisam agradecer, filhos meus, pois, se sorrirem, eu sorrio; se chorarem, eu choro, e se sofrerem, eu sofro.

– Por que é assim, anjo meu?

– É porque eu sou vocês dois e vocês dois, juntos, são uma parte de mim, filhos meus.

O anjo do Senhor, o meu anjo da Luz, sorria! Nós sorríamos também. Então ele levantou sua mão direita e, com sua luz dourada, desenhou o símbolo do Sagrado Coração do Amor Divino sobre o portal de entrada do vale. O mesmo símbolo surgiu no portal do edifício e em vários outros pontos.

Depois, elevou-a sobre nós e dela começou a cair uma linda chuva de pingos de luz multicoloridos. Voltamos nossos olhos para seus olhos e vimos claramente duas lágrimas caírem deles. No ponto onde elas tocaram o solo, à nossa frente, duas fontes brotaram.

Lentamente, ele foi subindo pela luz que nos chegava do infinito.

Ainda ficou no ar uma frase que disse no momento da partida:

– Quando dois seres humanos choram por amor, eu choro diante do Pai Eterno por eles!

A cascata luminosa continuou jorrando sobre nós, assim como as duas fontes de água nascidas de suas lágrimas benditas.

Até hoje, só Sarah e eu podemos dizer realmente como as fontes e a bela cascata luminosa que as enfeita tiveram início. Elas são imortais, como tudo que o Anjo do Senhor criou.

O Sagrado Coração do Amor Divino é imortal e quem sabe, um dia, todos possam conhecê-lo. Só assim saberão como é belo o amor que Deus Pai nos dedica.

Eu me abaixei e provei um pouco da água que brotava das fontes. Como era deliciosa! Sarah olhou-me com firmeza e perguntou:

– Como você conseguiu tudo isso, Simas?

– Não fui eu quem conseguiu, Sarah! Foi você!

– Como, se só há pouco eu fui trazida para cá sem saber de nada?

— Pois foi por sua causa que tudo foi construído pelo anjo do Senhor. Creio que minha tristeza por vê-la à esquerda da guardiã do mar me abalou muito.

— Só por minha causa ele lhe concedeu um lugar tão belo como este? Não brinque comigo!

— Não estou brincando. Venha, vamos dar uma olhada em tudo enquanto lhe conto o que aconteceu aqui.

Andamos lentamente por todo o vale. Eu já não o chamava de "meu vale", mas de jardim celestial, tal a efusão de cores harmônicas que havia entre as flores. Um riacho terminava próximo ao grande portal de entrada. Caminhamos até sua nascente. Aquele era o lugar mais lindo que se pode imaginar. Suas águas brotavam do interior de uma rocha e caíam em cascata, formando um pequeno lago a seguir. Enquanto conversávamos, íamos observando tudo à nossa volta. Ficamos encantados. Quando terminei de relatar o que vi o anjo da Luz fazer, Sarah olhou-me com tristeza e disse:

— Pena não podermos desfrutar desse paraíso juntos.

— Não se preocupe. Ouviu suas últimas palavras, não?

— Mas de que adiantam suas palavras?

— Se ele fez tudo o que me fez só por amor à humanidade, certamente não se esquecerá de nós. Penso que, quando terminar o tempo da sentença, nós já não teremos de servi-lo separados, mas sim juntos.

— Diga-me, por que se arriscou a cair nas trevas por minha causa?

— Como poderia viver feliz, sabendo que você era infeliz?

— Muito nobre de sua parte, Simas. Mas, cuidado: ambos poderíamos ter de viver nas trevas. Você se arrisca demais por causa de seu amor por mim. Um dia poderá perder-se para sempre. Não faça isso outra vez! Não quero que o faça!

— Pensarei em suas palavras se vier a acontecer novamente.

— Pois que siga seu caminho e me deixe para trás.

— Como poderia ser feliz deixando-a para trás? Melhor atrasar um pouco a caminhada para que possamos um dia caminhar juntos.

Então, calei-me.

— O quer houve? Por que ficou calado e triste de repente?

— Lembrei-me das palavras que alguém me disse algum tempo atrás.

— Quem lhe disse o quê?

— Acho que você não a conhece. Melhor não lembrar dela agora. Acho que estou envolvido em um vendaval.

— Vamos, diga-me! Quem é ela? Fiquei curiosa!

— Para que falar de meus envolvimentos do passado? Talvez você não compreendesse.

– Acaso pensa que não conheço seu passado? – ela me olhava de uma forma estranha.

– Até onde você o conhece?

– Até onde o Cavaleiro do Mar me deixou retroceder.

– Então você conhece todas elas.

– Sim, agora me diga quem é, pois já não consigo conter minha curiosidade.

– Salete é seu nome. Creio que poderia estar em uma esfera muito mais elevada. Mas não o faz por minha causa.

– Ah! sua sereia encantada.

– Você já sabia?

– Desde que fui levada para o hospital dela após meu desencarne. Foi ela quem me esclareceu sobre isso.

– Como solucionar esse emaranhado de ligações?

– Não sei! O que me interessa é que elas podem ter uma parte do seu coração, mas só eu o tenho por inteiro.

– Eu gostaria que fosse de outra forma. Às vezes me sinto confuso.

– Não ouviu as palavras do anjo da Luz?

– Todas, mas a quais você se refere?

– Se sorrimos, ele sorri; se choramos, ele também chora.

– Sim, mas isso era para nós dois!

– Será que somos os únicos? E para quem é aquele símbolo no portal?

– Mas isso é diferente, Sarah. Aquilo é pessoal.

– E existem casos de amor impessoais?

—— Está tornando mais difíceis minhas palavras. Já não consigo saber o que é certo e o que é errado.

– Nada está errado. Continue cultivando o que de melhor há em você. Eu me importo com algo que me parece lindo. O tempo solucionará tudo.

– Agora é você quem fala do tempo? Quanto tempo?

– Que importa o tempo que durar? O que sei é que daqui a pouco tempo estarei longe novamente.

– Venha, vamos ver como é aquele edifício por dentro. Não adianta ficarmos falando de algo que não tem soluções.

– Assim é melhor. Vamos sorrir um pouco para que eu possa sorrir também, Simas.

Ao ver uma linda rosa no jardim, apanhei-a, colocando nos cabelos de Sarah. Ela sorriu com meu gesto.

– Como fiquei, Simas?

– A rosa ficou um pouco ofuscada com sua beleza, mas acho que ela não se incomodou nem um pouco.

Fazendo um ar inocente, Sarah perguntou-me:
– Por que ela não se importou?
– Disse-me que talvez, ficando em contato com você, ela possa tornar-se mais bela um dia desses.

Estávamos frente a frente. Abraçando-me, ela fez uma outra pergunta:
– Onde posso encontrar outro como você?
– Não sei, mas mesmo que soubesse não lhe diria.
– Ah, é um egoísta mesmo! Eu não me incomodo em dividi-lo, mas você não me divide.
– Quem tem alguém como você somente dividirá se for um tolo.
– Também é ciumento!
– Só porque não a dividiria com outros?
– Isso mesmo. Se ousasse me dividir, eu o abandonaria para sempre!
– Que criatura estranha é você, Sarah. Às vezes tento compreendê-la, mas sempre chego à mesma conclusão.
– Qual?
– Concluo que não a compreendo, mas que a amo. Se fosse diferente, talvez eu me libertasse do seu encanto.
– Gostaria de ficar livre do meu encanto, Simas?
– Nem pense nisso! Se um dia isso acontecer, eu me anulo como ente humano.
– Isso quer dizer que eu o terei por toda a eternidade à minha procura.
– Não tenha dúvida quanto a isso. Se o Criador nos fez com essa natureza e esse sentimento, foi para melhor compreendermos a natureza de nossos semelhantes.
– Vou procurar entender um pouco de nossas naturezas e afeições. Assim descobrirei quem é você, Simas.
– No dia em que conseguir, quebrará o encanto que nos une e nos move na luz do saber das coisas divinas. Temos algo que a maioria não tem!
– E o que é este "algo" a mais?
– Um amor encantado. Amor todos têm, assim como são amados, mas como encantamento, poucos têm, Sarah.
– Como você me explicaria este amor?
– Sabe algo sobre a natureza dos anjos?
– Não! Só sei que existem e estão ao lado dos seres humanos, mas, sua natureza, somente quem os criou deve conhecer.
– Mas só alguns os veem, não?
– Sim, e nós vimos um há pouco.
– Devo continuar explicando o que é um amor encantado?
– Já entendi.

Nada mais falamos por um longo tempo. Visitamos o interior do edifício-sede e ficamos admirados com tudo. A perfeição se fazia presente nos pequenos detalhes. Quanto mais eu via, mais me encantava com a obra divina. Deus é perfeito! Quando ordena que seja tirado o que, um dia, ele nos deu, tiram-nos tudo sem deixar nada, mas quando ordena que algo seja dado, não Se esquece de nada.

Eu sabia que havia um oratório; só precisava descobrir onde se localizava. Pouco depois, eu o encontrei. Como era belo o local dedicado a reverenciar Deus. Instintivamente, num gesto espontâneo, abençoei-o em nome de Deus. Em um ato de reverência, ajoelhei-me e orei agradecendo ao Criador por sua generosidade. Eu me entreguei totalmente a Ele naquele momento. Minha forma plasmada se dissolveu e, de minha ligação com o Deus vivo e onipresente, misturaram-se a luz divina e a minha. Meu espírito imortal, a partir daquele momento, não mais me pertenceria. Foi isso que eu senti em meu íntimo. Eu sabia que Ele havia completado sua semeadura de amor em mim. Agora eu deveria ser sua árvore da vida e servir à sua mesa meus frutos doces e suculentos. Isso eu jurei pelo Seu Santo Nome. Tudo faria por honra e glória do Deus único, indivisível e imortal.

O Sagrado Coração do Amor Divino

E a câmara inundou-se de luz. A luz se fez na forma dos 21 guardiões dos mistérios sagrados. Não com forma plasmada, mas luz, somente luz. Então ouvimos uma voz. Sarah estava um passo atrás de mim e também via e ouvia. Eu os saudei como havia aprendido com mestre Han.

– Você não nega sua origem, iniciado da Estrela Guia!

Eu não falava, só ouvia.

– Você só honra o seu ancestral místico!

– Você se eleva e logo cai novamente para, em seguida, se levantar!

– Você avança e conquista, depois retrocede e distribui o que conquistou!

– Você cresce o suficiente para poder ajudar outros a crescerem!

– Você não quer crescer para subir, mas para poder ensinar a outros como é bom crescer!

– Você ama a Luz, mas não teme as trevas!

– Você conquista a Luz, mas não a quer para si!

– Você cresce na Luz, mas multiplica-se nas trevas!

– Fale agora iniciado da Estrela da Guia!

Fiquei por um instante em silêncio, depois iniciei minha fala.

— Eu passei os últimos 21 mil anos solares apenas os servindo na divulgação dos mistérios sagrados da criação. Tudo o que fiz foi por um desígnio do Criador. Lutei, venci e perdi, sorri e chorei, cresci e caí, semeei a vida ainda que para isso tivesse de causar a morte. Às vezes pensei em desistir de tudo, mas o amor às coisas divinas me fez voltar à senda da Luz. Sou guiado pelo ancestral místico da luz do saber, mas sirvo aos quatro ancestrais místicos. Sei que não sou diferente de nenhum ser humano, mas não consigo ser igual a eles, pois em mim estão impressos os sete símbolos sagrados. Muitos também os têm impresso e ainda assim somos diferentes. Eu sei que enquanto houver alguém nas trevas, terei motivos para lutar, para libertá-los da ignorância em relação ao saber das coisas divinas. Sei que se não quiser servir mais ao meu ancestral místico na luz do saber, irei servi-lo nas trevas da ignorância. Conheço os sete símbolos sagrados e seus mistérios, tanto os maiores, quanto os menores. Enfim, tudo eu sei, mas sei também que nada sei, pois sozinho eu não existo. E, se só não existo, é porque ainda que saiba tudo que me é permitido e possível saber, só terá algum valor diante do Criador se eu me dividir com os meus semelhantes que ainda não conhecem a luz do saber das coisas divinas. Pelo que me foi possível saber, por 21 mil anos eu semeei por todos os lugares as sementes da árvore da vida. E eis que agora eu vi o fruto sagrado ser depositado em minhas mãos para que eu possa dividi-lo com os que têm fome do alimento sagrado.

Com tudo o que sei, ainda assim não poderei dividi-lo sozinho. Peço-lhes, então, que me auxiliem a dividi-lo, pois, se eu o consegui, não foi sozinho. Que todos aqueles que um dia me ajudaram possam também partilhar do fruto sagrado. Se o Criador designou Seu anjo para criar tão maravilhoso lugar de socorro espiritual bem no meio das trevas, é porque eu ousei renunciar à Luz.

Eu estava enganado em meu projeto de querer levar luz onde a luz já existia. A luz só tem sentido se houver trevas à sua volta. Caso contrário, só acrescentaria mais luz à luz. Agora estou feliz. Após 21 mil anos realizei o meu juramento ao nome sagrado. Finalmente me dignei ante o Criador misericordioso para que, no meio das trevas mais escuras, brotasse a luz divina. Desde que foi criado o círculo sagrado do Oriente Luminoso, eu o sirvo como um dos 77 mil iniciados que juravam fazê-lo derramar-se por todo o planeta e todos os povos, raças e religiões.

Como só o Oriente Luminoso acolhe a todos, sem distinção de raça, credo ou cor, eu, um dos seus iniciados que já reencarnou em todas as religiões, raças e cores, peço-lhes que consagrem este lugar sagrado como mais uma das muitas sedes do Grande Círculo do Oriente Luminoso.

— Assim será feito, iniciado da Estrela Guia!

E as luzes viraram fogo. Sim, fogo dos mistérios sagrados que imprimia os símbolos na câmara de orações. Lá ficaram impressos os símbolos eternos. Jamais força alguma os destruiria, isso eu sabia.

– O que mais quer nos pedir, iniciado da Estrela Guia?

– Que Salete seja designada dirigente deste local sagrado pelo tempo que ela quiser.

– Você renuncia ao comando dele?

– Sim, guardiões sagrados.

– Não se sente preparado para tal missão?

– É lógico que sim! Mas se há alguém que renuncia ao avanço às esferas superiores por minha causa, então ainda não posso afastar-me do campo de semeadura, pois, se assim o fizer, muito deixarei para trás.

– Sabe ao que está renunciado?

– Sim, guardiões sagrados. Mas eu ouvi a voz do silêncio e ela me dizia para derramar todo o amor acumulado nesses 21 mil anos entre os que não conheciam as coisas do amor. Dizia também que era para eu semear no solo árido as sementes sagradas da luz do saber. A mim não resta outra alternativa senão me lançar em campo e mergulhar nas trevas. E já que a colheita será farta, colherei frutos que, quando maduros, poderão ser servidos na santa ceia do nosso Senhor. Além do mais, todas as sedes do Grande Oriente Luminoso são dirigidas por um mestre.

– Mas você é um mestre também, iniciado da Estrela Guia.

– Salete já é mestre há dois mil anos e renunciou à direção de uma sede por mim. Só agora eu posso agradecê-la à altura. Também quando eu mergulhei nas trevas e consegui o vazio absoluto no meu mental, ouvi, na voz do silêncio, a voz do Criador que me dizia: "Filho meu! Eu sou você e você é uma das minhas partes. Portanto, faça-me reviver onde morri, pois se você morrer eu o despertarei do sono da morte, ainda que nada mais possa oferecer-lhe além do dom da vida".

Vou mergulhar nas trevas e colher tudo o que for possível. Só assim estarei seguindo a voz do silêncio e estarei fazendo reviver o Deus misericordioso nos corações onde Sua luz divina se apagou.

– Iniciado da Estrela Guia, você honra o Deus único, seu ancestral místico e ainda os sete símbolos sagrados da criação. Com isso nos honra e todo o sagrado Grande Círculo do Oriente Luminoso. Você enobrece sua origem. E por tudo isso nós, os 21 guardiões dos mistérios sagrados, o honramos com o título de Cavaleiro da Estrela Guia. Mais algum pedido?

– Sim. Nunca me deixem cair nas trevas da ignorância, pois só assim estarei cumprindo o que me disse a voz do silêncio.

– Assim será Cavaleiro da Estrela Guia. Nós saberemos quando isso poderá acontecer, então interviremos em seu favor.

– Eu agradeço, pois tudo que fiz e faço é sempre creditado à bondade do Criador Divino e por honra do Seu nome sagrado.

Uma a uma, as 21 luzes se foram. A câmara de orações havia sido iluminada pelos símbolos sagrados impressos nela.

Eu sorria feliz. Virei-me para Sarah e a vi sorrindo também.

Abraçamo-nos felizes. Quando nos acalmamos, ela disse:

– Simas, agora eu volto feliz para o trabalho que a guardiã do mar me designou, pois, se eu cair, você me levantará.

– É tão difícil assim o seu trabalho?

– Um dia você irá visitar-me e lhe mostrarei como é difícil.

– Assim que me for permitido pelo Cavaleiro do Mar, irei visitá-la.

– Promete não me virar as costas?

– Eu a conheço muito bem, Sarah. Sei que o aceitou por um motivo muito forte. Sei também que você vencerá sua luta.

– Só você consegue transmitir-me o alento necessário para continuar quando penso em desistir.

– O mesmo digo eu, querida Sarah. Nós fomos feitos da mesma centelha luminosa do Criador. Quando um se apaga, o outro o ilumina e quando os dois se iluminam muitos são iluminados.

– Onde eu encontraria outro igual a você Simas?

Uma voz conhecida nos assustou:

– Eu disse isso antes, Sarah!

Viramo-nos, assustados. Era Salete que tinha chegado.

– Pensei que estávamos sozinhos aqui. Quando chegou?

– Cheguei há pouco. Não quis interromper sua alegria, mas acho que já está na hora de agradecer o que fizeram por mim.

– Mas nós não lhe fizemos nada, Salete. Como nos encontrou?

Salete respondeu com outra pergunta:

– Simas, onde eu encontraria outro igual a você?

– Em você mesma, Salete, e em ninguém mais.

– Por que fez isso? Devia ter aceito a direção deste jardim celestial. Já está preparado para tal esfera de trabalho.

– Diga-me, Salete! Por que um dia você renunciou à esfera superior?

– Foi por amor, Simas. Você sabe muito bem disso!

– Pois eu fiz o mesmo só por amor. Amor a você, a Sarah e a todas as outras do mesmo grupo. Também por amor aos que caíram e ficaram para trás. Além do mais você se adapta melhor a esta função do que eu. Minha vida está lá fora, só venho até a Luz para me refazer dos choques com as trevas e, quando já me sinto refeito, mergulho mais uma vez.

— Se eu não conhecesse sua natureza diria que é louco. Mas como eu me vejo em você, sei que é um sábio, que aprendeu a conhecer sua natureza e a segue fielmente.

— O que achou do lugar?

— É um jardim celestial, Simas. Ainda não o vi por inteiro, mas sei que é um jardim celestial. Sarah, pode soltá-lo um pouco para que eu possa abraçá-los?

— Oh! Desculpe-me, Salete, é todo seu.

— Não é ele que quero abraçar primeiro, mas você. Só você consegue o que nós tanto desejamos!

Ambas se abraçaram. Foi um abraço afetuoso de dois seres que se amam em perfeita harmonia. O amor havia dado os seus laços fortes e eternos nelas também. Sempre que o amor dá os seus laços de afeto, os espíritos se amam por toda a eternidade.

— Simas, por favor venha até nós, não saia agora!

Voltei até elas e fui abraçado pelas duas. Dos nossos olhos, lágrimas de amor caíam no solo sagrado.

— Obrigada por ter me honrado com este lugar tão lindo, Simas, não sei como lhe agradecer.

— Só por você aceitar eu já me sinto agradecido. Não sabe como fico feliz em poder devolver-lhe um pouco do muito que já deu, tanto a mim como a Sarah e às outras seis. Quanto aos incontáveis irmãos que já auxiliou, creio que o Criador é quem lhe agradece, Salete.

— Um dia, quando o Criador permitir, todos estaremos juntos novamente, Simas. Um não ficará triste por ver o outro envolvido com alguém que ficou para trás.

— Daqui você nos auxiliará a buscar todos eles, Salete.

— Venham vocês dois! Vamos, deem-me seus braços, eu os conduzirei até o jardim celestial. Mas os proíbo de olharem para a frente! Só abrirão os olhos quando eu disser que já podem fazê-lo, prometem?

— Sim! – respondemos em uníssono, Sarah e eu.

Lentamente, Salete foi nos conduzindo através do longo corredor que mais parecia uma rua larga. Começou a entoar um canto sagrado do Grande Oriente Luminoso que falava sobre o amor às coisas divinas. Como era lindo ouvi-lo na sua voz suave e melódica. Se havia algo que admirávamos em Salete, era o seu dom para o canto.

Quando chegamos à porta, ela aumentou o tom de sua voz e muitas outras vozes, em coro com ela, entoaram o canto sagrado que falava sobre amor às coisas divinas.

Salete não conseguiu cantar mais, o pranto brotou de seu peito impedindo-a de continuar com a canção. Sarah e eu lhe demos um abraço apertado. Como nós também chorávamos de alegria, o canto terminou e um novo foi entoado pela multidão de espíritos amigos que estavam à nossa frente.

Quando o anjo do Senhor criou o Sagrado Coração do Amor Divino, todo o Grande Oriente Luminoso ficou sabendo de imediato. E todo ele ficou aguardando minha consagração do local.

Quando eu o abençoei e, por um pedido meu, os 21 guardiões dos mistérios se fizeram presentes, o Grande Oriente Luminoso se fez em festa. Sabiam que eu entregaria a direção do lugar ao Grande Oriente. Sabiam que eu não negaria minha origem.

Quando renunciei em favor de Salete, os mestres do saber da luz divina sorriram de alegria. Sabiam que Salete era uma mestra da luz do saber, o nosso ancestral místico. Ela bem merecia o Sagrado Coração do Amor Divino. Todos a amavam de verdade!

E imediatamente ela foi levada até onde estávamos. Nós só a vimos algum tempo depois, mas ela ainda viu os 21 guardiões dos mistérios sagrados.

Tudo isso eu fiquei sabendo mais tarde, quando mestre Han e o Cavaleiro do Mar me contaram. Por isso estavam ali, diante de nós, tantos amigos. Eu havia pedido aos guardiões que fosse dividida com eles a honra pela conquista de mais um ponto de luz nas trevas. Eram eles quem mais mereciam os méritos desta conquista.

Há pessoas que dizem "Eu aprendi!", quando o mais correto seria dizer: "Ensinaram-me". Ou dizem: "Eu ganhei!", em vez de dizer: "Deram-me!". Dizem também: "Eu conquistei", ao invés de dizer: "Nós todos, irmanados, conquistamos". Ninguém aprende, ganha ou conquista nada sozinho. Só os egoístas, vaidosos e mesquinhos falam assim, pois não conseguem valorizar a quem por direito.

Aquele lugar era um tesouro divino. Quanto mais fosse divino, mais aumentaria em quantidade e valor. E como o Grande Oriente Luminoso valorizou o tesouro divino!

Salete conseguiu finalmente controlar seu pranto de alegria e, entre soluços, pediu que abríssemos os olhos. Nós havíamos mantido a promessa de não abri-los apesar de sabermos que milhares de irmãos da Luz nos observavam.

Nós abrimos os olhos. Lentamente fomos divisando os rostos amigos que partilhavam da nossa alegria. Em todos havia lágrimas de alegria. Eu olhei o grande coração luminoso que encimava o portal do vale. Sua luz havia aumentado de intensidade. Ele absorvia o amor às coisas divinas que extravasavam do coração de cada um dos irmãos que ali se encontravam.

Caminhei até meus pais e os abracei carinhosamente. Depois, fui até o mestre Han e também o abracei. Por fim, fui até o Cavaleiro do Mar e o abracei.

Alguém chegou naquele momento. Era o velho amigo João de Mina que vinha ao meu encontro. Além do abraço amigo, disse-me:

– Eu sempre soube que você um dia o conseguiria, Pescador!

– Obrigado por ter vindo, meu amigo!

Voltei-me para meu pai e lhe pedi que falasse por mim, pois eu não tinha condições de fazê-lo naquele momento.

– Não consigo falar, filho!

– Então fale o senhor Cavaleiro do Mar.

Pelas lágrimas de seus olhos vi que ele também não falaria nada.

– Mestre Han, fale o senhor então!

– Não saberia o que dizer, meu filho!

– Mamãe?

– Não, filho, não vê como estou emocionada? Deixe Salete falar, ela já está calma e emocionalmente equilibrada.

– Isso mesmo! Por favor, Salete, fale por mim. Se eu tentar não saberei o que dizer.

– Obrigada pela honra, Simas.

E Salete falou o que todos nós sentíamos. Falou da generosidade do Criador, do amor e da amizade leal, da fé e do saber, da razão e da justiça, da humildade e da caridade. Falou tudo o que eu gostaria de falar e que não conseguia, tal o estado que me encontrava.

Para encerrar, disse:

– Simas já foi meu pai assim como foi meu filho, já foi meu irmão como foi meu esposo, por isso eu o conheço bem. Simas é como a lava de um vulcão que entra em erupção. Primeiro ele começa a aumentar o calor e a acumular pressão. Quando a pressão interior torna-se forte o bastante, começa a mover as lavas no interior do vulcão. Lentamente as vai fazendo subir para o cume. Os que estão próximos começam a ficar inquietos, pois já sentem pequenos tremores. Todos se acautelam e até evitam aproximar-se muito dele. Os tremores vão aumentando de intensidade, todos se afastam dele à espera da explosão de toda aquela pressão acumulada. Ninguém sabe se vai ficar só nos tremores e, depois de algum tempo, ele mesmo recolhe tudo novamente e se aquieta ou explode de um momento para o outro. Por isso todos se acautelam. Mas desta vez, a pressão era tão grande, que a explosão foi muito maior que das vezes anteriores. As lavas romperam o interior da montanha e, com toda a pressão que seu calor provocou, subiram até os céus e, depois, derramaram-se por uma faixa muito grande à volta do vulcão. Tão grande foi a explosão que muitos, de lugares distantes, vieram correndo ver o que causara um brilho tão intenso. Era Simas que, como as lavas do vulcão, atingia os céus e se derramava agora sobre a terra.

Não havia necessidade de falar mais nada.

– Querida Salete, gostei de sua comparação.

– É a verdade, Simas. Eu sabia que algo grande surgiria de você ou então você ficaria com tudo o que acumulou por milênios, guardado em seu interior, até que chegasse a hora certa de fazer vingar mais um projeto seu.

– Obrigado por suas palavras. Onde eu encontraria alguém como você, Salete?

– Em você mesmo ou em qualquer uma das outras seis, Simas!

Novo canto sagrado foi iniciado e todos nós o entoamos.

Após muitos cumprimentos entre velhos amigos que se reencontraram ali, os mestres dirigentes reuniram-se com Salete. Fui convidado a participar, mas me abstive de tal compromisso, pois Salete era a diretora do Sagrado Coração Divino.

Preferi ficar junto de meus pais e dos amigos mais próximos conversando. Tinha Sarah de um lado e minha mãe do outro. Eu estava feliz, e isso era o que me importava. Bem mais tarde, os mestres da Luz retornaram até onde estávamos.

– Já está tudo organizado, Simas. O Sagrado Coração do Amor Divino será mais uma dependência do Grande Oriente. Ficou decidido que acolheremos aqui os espíritos sofredores que vierem das trevas da ignorância. Cada sede enviará alguns servidores para cá. Teremos servidores oriundos de todas as raças e religiões, tal como você pediu aos guardiões dos mistérios sagrados.

– Obrigado pelo que fez, Salete. Eu sabia que poderia encontrar-me em você, por isso, só você para entender meu desejo e torná-lo realidade.

Mestre Han me fez uma pergunta:

– Filho meu, você é um mestre de luz também. Sendo assim, o que oferecerá a este lugar sagrado?

– Seu posto socorrista terá o auxílio dos guardiões iniciados, Salete?

– Sim, Simas! – Ela sorria ao responder.

– Então eu serei mais um deles.

– Gostaria de dirigi-los?

– Não. Mas sei de alguém que não recusará tal incumbência!

– Nós aceitamos sugestões de todos os mestres, quem é ele?

– Vamos ver se você me conhece bem, adivinhe quem é!

Ela olhou para meu pai e sorria ao dizer:

– Um dia ele acreditará realmente que eu o conheço, mas até lá, terei de dar-lhe muitas provas, não é mesmo, guardião diretor?

— É verdade, diretora Salete. Eu sei que isso acontecerá um dia. Por onde começo meu serviço?

— Acompanhem-me, eu lhes indicarei acomodações adequadas.

— Você falou: "Acompanhem-me", Salete? O chefe é ele, eu ainda estou de fora.

— Não foi você que convidei, mas seu pai e sua mãe. Ou pensa que iria separá-los? Preciso de uma auxiliar à altura do lugar.

— Se o fizesse eu não a reconheceria em mim, Salete.

— Filho, quando achar que é a hora de agir, venha ter comigo.

— Obrigado papai, logo eu irei ao seu encontro. Até a vista!

Eles retornaram ao interior do edifício após se despedirem de todos os mestres presentes. Salete, ao despedir-se de Sarah, falou-lhe:

— Nós tomaremos conta dele na sua ausência, está bem?

— Obrigada, irmã amada. Ore por mim também, pois senão serei eu quem ficará para trás desta vez.

— Não me esquecerei de você, Sarah, nunca mesmo!

Como todos ficaram em silêncio após a partida de Salete, os mestres também começaram a despedir-se de nós. Quando me vi frente a frente com mestre Han, falei-lhe:

— Mestre de mestres, depois que meu mental foi absorvido pelo anjo do Senhor, também posso penetrar no mental dos mestres e, num impulso incontrolável, penetrei no seu há pouco. Logo eu lhe darei um presente que, creio eu, irá fazê-lo muito feliz.

— Se você não fosse o meu filho amado, eu não o perdoaria por tal intromissão em meu mental.

— Acredite-me, mestre Han, mal eu me lembrei do anjo da Luz e não pude conter meu desejo. Acho que alguém lá em cima está dizendo que não se esqueceu do senhor.

— Se você diz, eu acredito, filho meu! Só um filho amado pode dar ao pai o presente tão desejado. Mas mesmo conhecendo-o tão bem, creio que não conseguirá ganhar a coisa, pois muitos já tentaram e não conseguiram.

O Cavaleiro do Mar interveio em meu favor.

— Mestre Han, não duvide do poder do Cavaleiro da Estrela Guia. Depois de ver o que ele conseguiu em nosso último encontro, já não duvido de mais nada a que ele se proponha a conseguir.

— Então eu também acreditarei que ainda é possível ver meu tesouro resgatado, mestre da Estrela Guia. Até a vista meus amigos!

Todos o abraçaram comovidos. Era realmente um mestre de mestres. Ficamos os quatro conversando. Em determinado momento, o Cavaleiro do Mar falou-me:

— Você prefere que eu a leve ou que a guardiã do mar venha buscá-la?
— Não posso levá-la?
— Seria melhor não fazer isso. Além do mais, já não há impedimento às suas visitas quando quiser vê-la.
— Mas o senhor me disse...
— Isso foi antes de tudo isso aqui. Alguém já conseguiu o que havia preparado para você, então não há mais nada que o impeça de fazer o que quiser.
— Então tudo já era do conhecimento dela, não?
— Eu não diria isso, mas sim que ela não quis vê-lo desviar-se do seu objetivo maior. E vejo que ela foi a mais sábia dos amores, filho meu! No momento em que você pensou que o estava rejeitando, era, na verdade, ela que mais amor derramou sobre você.
— Tem razão, Cavaleiro do Mar. Não podia ser de outra forma.
— Pode ficar sossegado e cumprir com seu destino; eu velarei por Sarah. Afinal, em um tempo longínquo ela também foi minha filha!
— Eu confio no senhor!

Despedimo-nos com tristeza. Como Sarah e eu, sempre que nos encontrávamos, logo nos separávamos! Era a sentença. De que adiantava avançar se algo nos mantinha tristes? Ainda meditava sobre essas coisas, quando o velho amigo João de Mina me fez voltar à realidade.

— Não vale a pena pensar sobre isso, Pescador! Em um momento, estamos com todos ao nosso lado e em um instante nos encontramos solitários.
— Tem razão, meu amigo. O consolo é que não somos esquecidos por ninguém.
— Já me vou também, Pescador. Deixo-o com seu jardim encantado.
— Também vou sair por uns dias!
— Não vai auxiliá-los na organização deste lugar?
— Prefiro que os que o habitarão e dirigirão por muito tempo o façam de acordo com seus próprios meios. Não vou interferir em nada.
— Você é um ser estranho, Pescador. De vez em quando conquista tesouros imensos, mas não sabe o que fazer com eles. Prefere deixá-los nas mãos de outros para que o dividam.
— É minha natureza, meu amigo. Olhe como é sua natureza e verá que nós somos muito parecidos.
— Creio que sim e talvez seja por isso que nos entendamos tão bem. Gostaria de me acompanhar?
— Se não me convidasse eu iria oferecer-me para acompanhá-lo!

No Reino do Sete Cobras

Os dias, meses e anos foram-se passando. Era o tempo de amparar os espíritos de meus filhos que haviam ficado na Terra. Consegui acolher a todos com o auxílio de Raios de Lua e outros amigos. Cada vez mais eu me envolvia com as trevas. Já estendia por muitos lugares meu campo de ação. Não havia lugar onde eu não procurasse um amigo. Em todos, eu semeava um pouco do meu amor.

Devo dizer que, como um simples guardião do templo do Sagrado Coração do Amor Divino, eu era livre para fazer o que quisesse. A quantidade de almas sofredoras que eu conseguia resgatar das regiões escuras era incontável. No astral inferior, o nome Cavaleiro da Estrela Guia era sinônimo de socorro, amizade e amor.

Eu ia preparando outros guardiões. Não mais na Luz, como eu havia feito no Templo Dourado, mas nas trevas. Lá existem ótimos guardiões e eu conseguia ganhar a confiança deles com minha objetividade e sinceridade. Provavelmente eu era um dos guardiões da Luz que melhor se entendia com os das trevas. Eu sabia que por trás de tudo estava o meu anjo da Luz me guiando e amparando. Se disser que tinha um minuto para mim mesmo, não estaria sendo sincero.

O tempo passava tão rápido que eu não percebia. Voltava à Luz só para entregar almas sofridas ou para me refazer do desgaste que sofria, pois estava seguindo à risca o que um dia eu dissera para mim mesmo. E dera um mergulho nas trevas! E só voltaria à tona quando atingisse o meu objetivo. Até lá, eu continuaria imerso nelas.

Vou contar o que um dia eu consegui, só para terem uma ideia.

Caminhava por um profundo vale, plasmado com a forma de meu desencarne, e encontrei um lugar fora do comum naquela região. Eu sabia o que procurava, mas não sabia como atingir meu alvo.

Aproximei-me, cauteloso, da entrada do lugar. Até o inseparável amigo Cascavel se assustou com o que viu: o lugar era assustador. E os seus habitantes não eram menos. Gigantescos seres com cabeças de serpente nos observavam à distância.

Eu me sentei e fiquei observando por um longo tempo. Meu amigo Cascavel enrodilhou-se em meu corpo e, com sua cabeça acima da minha, também os vigiava. Não tínhamos ido até ali procurar encrencas. Não, isso não!

Ficamos ali muito tempo. Não diria dias, porque isso não existe naquele lugar. Mas posso afirmar que o tempo equivaleu a vários dias dos nossos aqui na Terra.

De vez em quando, víamos alguns daqueles seres chegarem com vários espíritos que davam gritos medonhos, tal o pavor que sentiam. Eram espíritos de assassinos cruéis, destes que matam por prazer. Eu sabia disso e meu amigo Cascavel também. Foi para um lugar parecido com este que ele foi levado após a morte do corpo carnal. Como era horrível de se ver e ouvir aqueles seres. O pânico beirava a loucura. Acredito que eles já estavam loucos de pavor. Nos dias que ficamos observando o lugar, uma infinidade de espíritos veio parar naquele local! Era a Lei Maior dando a cada um segundo seu merecimento. Se a visão era deprimente, nada mais refletia que a natureza daqueles seres. De que adiantaria deixá-los livres na espiritualidade, se tornariam a destruir com seus mentais desequilibrados?

Um daqueles entes das trevas veio em nossa direção e parou a poucos metros diante de nós. Perto, suas feições eram piores de serem vistas.

– O que você quer aqui, mago?

– Quem lhe disse que sou um mago?

– Meu chefe disse!

– Volte e diga ao seu chefe que eu gostaria de falar com ele.

– Então, acompanhe-me, mago.

– Prefiro ficar esperando aqui, amigo.

– Ele não virá vê-lo. Se quiser falar com ele, acompanhe-me.

– Então lhe diga que ficarei aqui até ele sair.

– Ficar por aqui é perigoso, mago!

– Só para os que têm algo a temer da lei. Quanto a mim, estou a seu serviço!

O ente das trevas se recolheu ao interior do estranho lugar.

— Chefe, é melhor cairmos fora. Não gostei do jeito como este ser nos encarava! — exclamou o Cascavel.

— Está com medo, amigo Cascavel? — disse eu sorrindo.

— Não brinque assim, chefe. Se um ser desses aí me apanhar, fará de mim cinto ou laço no braço. Só de pensar, arrepio-me todo. Não está sentindo minhas escamas infladas?

— É, de fato está com medo!

Pouco depois, o ente infernal voltava até nós.

— Meu chefe virá vê-lo. Aguarde um pouco!

Quando ele surgiu à porta da gruta, eu estremeci. Meu amigo Cascavel falou:

— Chefe, se eu me afastar um pouco, o senhor não se incomoda?

— Pode ir, meu amigo. Se algo ruim acontecer, que seja só comigo. Vá logo!

— Ele desapareceu em segundos e me vi frente a frente com o mais horripilante ser que eu já encontrara. Procurei acalmar-me. Não adiantava temê-lo, devia encará-lo com firmeza. Foi o que fiz. Afinal, se já tinha chegado até ali, não devia retroceder.

— Quem é você, mago?

— Sou um iniciado da Estrela. E você, amigo?

— Eu sou o ser das Sete Cobras.

— Já tinha ouvido falar sobre você, amigo. Vejo que não mentiram quando o descreveram.

— Como me descreveram?

— Como um dos mais poderosos entes das trevas. Não mentiram quanto ao seu poder também. Sinto que estou diante de um ser que deve ser temido.

— Quanto a mim, digo que estou diante de um ser de luz que deve ser respeitado.

— Obrigado por merecer seu respeito amigo das Sete Cobras.

— Você é diferente de outros que vieram até aqui, mago da Estrela. Os outros não eram magos, mas você é. Eu o respeito por seu grau e por seu símbolo. O que você quer no meu reino?

— Conhecê-lo pessoalmente e também o seu reino e ver se posso ser ajudado por você, meu amigo.

— Como posso eu, um ser das trevas, ajudar um mago da Luz?

— Ainda não sei ao certo mas, se me aceitar como um amigo, acabarei descobrindo.

Neste momento, o amigo Cascavel voltou e não vinha sozinho; junto dele vinham vários guardiões das trevas já meus conhecidos, e alguns deles verdadeiros amigos. Todos pararam à minha retaguarda.

– O que é isso, mago da Estrela? Acaso está querendo destruir meu reino?

– Não, amigo Sete Cobras. Penso que o amigo Cascavel ficou com medo que você viesse a prender-me e, por livre vontade, trouxe outros amigos meus que reinam nas Trevas. Mas, creia-me, eles só querem ver-me bem, e não vê-lo mal. Vou apresentá-los um a um.

E fui nomeando a todos os guardiões das Trevas que vieram em meu auxílio. Quando terminei já não havia animosidade entre eles.

– Quem é você, mago da Estrela? – perguntou-me o ser das Trevas.

– Sou um guardião também. Por que duvida de minha palavra?

– Alguém que reúne tantos entes das trevas ao seu lado não é igual aos outros.

– Eu não sou igual aos outros. Eu sou eu: um guardião da luz do saber e Cavaleiro da Estrela da Guia.

– Já tinha ouvido de alguém o seu nome. Sim, ele não me é estranho. Cuidado, mago da Estrela, pois está ficando muito conhecido nas trevas!

– Eu nada faço que não esteja amparado na lei. Só ela move e ampara. E quem é você amigo Sete Cobras?

– Eu sou um ser do baixo astral. Minha última encarnação se deu há 21 mil anos, mago da Estrela. Depois, só a escuridão, o esquecimento, os sofrimentos incontáveis, as dores horríveis e, por fim, a revolta. A partir daí, o crescimento nas trevas eternas.

Como ele se calou, eu o animei a continuar.

– Vou dizer-lhe o que fui, mago da Estrela. Era eu, num tempo imemorável, um mago, mas, por ambição e vaidade, caí para o lado negativo. No princípio, fiz por interesse, mas, quando me dei conta, já estava envolvido de tal forma com o lado escuro, que já não havia mais retorno. Ou eu continuava ou morria. Preferi viver e me entreguei por inteiro às trevas. Pratiquei todo o tipo de afrontas às leis maiores. Cultuei o deus Serpente Negra e lhe fiz incontáveis sacrifícios humanos. Tudo em homenagem a ele. Primeiro eram virgens, depois crianças ainda em idade tenra. Finalmente, a barbárie. Sacrificava qualquer ser humano. Enfim, veio a morte com seu manto negro e sua foice afiada e ceifou minha vida. Depois, o nada. O horror tomou conta do meu ser e a queda era interminável. Cada vez mais eu ia descendo e me transformando em algo horrendo e pavoroso. Eu já havia afrontado o Criador e toda a sua criação, mas ainda assim O amaldiçoei e conjurei a luz do saber. Eis o que restou de um ser sábio, porém ganancioso, invejoso e orgulhoso.

Eu sou o que está vendo há 21 mil anos.

Primeiro, a revolta em ver que tudo o que fiz em vida na carne não me levou ao Paraíso, depois a descoberta de que o que eu havia conquistado era uma existência eterna, onde só há choro, ódio e ranger dos dentes. Onde só os mais fortes e maus sobrevivem e, ainda assim, se não dormirem sobre o solo conquistado. Então consegui este espaço do inferno e o conservo como meu reino.

– Você caiu ante a luz do saber e agora serve às leis nas trevas da ignorância, meu amigo. Já ouvi esta advertência de meu ancestral místico. Por isso, sou cauteloso no que faço. Só tomo uma iniciativa quando a lei me ordena.

– Sua vinda ao meu reino obedece a um desígnio da lei?

– Sim. Há muito tempo eu queria vir ao seu encontro, mas não sabia como me aproximar. Por fim, achei melhor vir e ver o que conseguiria saber sobre seu reino e você.

– E o que achou do que viu?

– Você é um guardião das trevas. Os que vi chegarem ao seu reino não mereciam viver na Luz. Não souberam honrar o Criador nem respeitar os semelhantes como filhos do meu Pai.

– Sim, isso é verdade. Eu sei como fazê-los ver o erro que cometeram. Faço-o com prazer e com ódio por terem tido uma oportunidade na pele do cordeiro e não saberem aproveitar.

– O que me pode oferecer, amigo Sete Cobras?

– Os necromantes, magos negros e falsos sacerdotes me invocam em seus cultos das trevas para que os ajude em seus objetivos asquerosos. Eu os ajudo porque sei que um dia serão meus escravos. É isso que você quer, mago da Estrela?

– Não, eu abomino tais coisas. Pertenço à luz do saber e gostaria de ver se há alguns no seu reino que eu possa reconduzir a ela.

– Muitos clamam por isso, mas quando o fazem eu os castigo um pouco mais. São escórias da humanidade, não merecem viver na luz do saber.

– Talvez eu possa colocar alguns a serviço da lei, se você me deixar ver os que posso aproveitar.

– Acredita mesmo que possa usar esta escória peçonhenta, mago da Estrela?

– Olhe o meu amigo Cascavel. Ele me auxilia muito em minhas missões nas trevas. É um servidor leal que está à minha disposição sempre que se faz necessário. Um dia ele caiu mas, com o tempo, poderá deixar de se rastejar e então se levantará. Quanto tempo vai demorar? Na sei, isso só a lei sabe, pois ela o vigia o tempo todo. No tempo certo, ela lhe fará justiça.

– Em 21 mil anos você é o primeiro que diz algo sensato, mago da Estrela. Se acha que pode colher algo útil neste antro venenoso, eu lhe dou total liberdade de ação. Quer dar uma olhada no meu reino?

– Eu aceito o seu convite, meu amigo. Quem sabe um dia eu possa convidá-lo a visitar o meu, não?

– Duvido que isso venha a acontecer um dia!

– Depois de 21 mil anos eu vim ao seu reino, não? Quem sabe daqui a 21 mil anos você possa entrar no meu?

– Sim, quem sabe, mago da Estrela!

– Alguém sabe, amigo. Só que não diz e quem diz é porque não sabe.

– Como você pode reconhecer alguém que possa ser aproveitado pela lei?

– Alguém que não se mostra a muitos me permite reconhecer os que estão prontos a se recolherem para uma posterior transformação.

– Então me acompanhe, amigo mago da Estrela. Vou mostrar-lhe o meu reino. Nada lhe ficará oculto. Está preparado para o que vai ver?

– Não sei, meu amigo. Só vendo para saber. Caso eu fraqueje, traga-me de volta, está bem?

– Tem minha palavra que não ficará no interior do meu reino. Temos alguns que vieram até aqui e caíram e eu não os devolvi, mas você eu não desamparei.

– Por que esta preferência comigo?

– Quem conquistou a amizade de tantos seres das trevas, como você, é alguém especial. Alguém que se distingue pela coragem e lealdade. E se veio até mim, não para exigir algo que havia perdido, mas para ver o que eu poderia oferecer à lei, merece mais que meu respeito: merece minha confiança e pode contar comigo para ajudá-lo, caso venha a precisar de auxílio.

Neste momento, todos os seres das trevas que estavam às minhas costas fizeram um enorme alarido de alegria. Sim, eu havia aberto mais uma porta das trevas. Onde Ele havia morrido há milênios, eu tentava fazê-Lo renascer.

– Alguns deles podem acompanhar-me?

– Hoje só você e o Cascavel. Um dia, quem sabe, eu abra a porta para eles também.

– Então vamos, amigo Sete Cobras. Eles ficarão aqui aguardando minha volta.

O amigo Cascavel enrolou-se em mim e fomos rumo ao interior do reino do amigo Sete Cobras. Mentalmente, pedi o amparo do anjo da Luz. Eu adentrava um dos mais temidos e pavorosos reinos das trevas. Temia sucumbir ante ao horror que veria.

Sete auxiliares dele ficaram ao meu redor e estavam armados com longas lanças com forquilhas na ponta. Só de vê-las eu imaginei qual era sua utilidade.

Lentamente fomos entrando e a cada ponto ele parava e me explicava o que eu via. As visões eram pavorosas. A cada nova camada, novos horrores. Só vou revelar um para que tenham uma pequena ideia do que eu via: os espíritos que eu vi serem levados, há pouco tempo, eram lançados em gigantescos ninhos de cobras imensas. Ali elas se alimentavam dos seus perispíritos e com isso cresciam.

Os novos condenados eram inoculados com um tipo de veneno que lentamente ia transformando-os em novas serpentes.

Neles, agia a parte escura do ancestral místico da luz das formas e da transformação. Era o ancestral místico das reformas e regressões que atuavam em todo o seu poder modelador. Cada um é o que traz em seu mental. Se não podemos transformar-nos em seres melhores, regredimos para formas piores.

Eu assistia a tudo calado. Só raramente eu fazia alguma pergunta. Ele falava sobre tudo com propriedade de conhecimento do porque de cada um estar ali. Em certas câmaras, o que eu via deixava-me abalado, mas com muito esforço eu me refazia. Em uma determinada câmara, vi várias pessoas sem terem sofrido nenhuma transformação.

– Quem são eles, amigo Sete Cobras?

– Ousaram vir até aqui para exigirem que eu libertasse os seus que me pertencem.

– Posso vê-los de perto?

– À vontade, amigo mago da Estrela.

Eu comecei a observar o mental de cada um e vi o quanto estavam desequilibrados. Mereciam uma oportunidade, dizia-me uma voz interior.

– Posso levá-los comigo?

– Se quiser... Não posso tocá-los mesmo. Só ocupam um espaço do meu reino.

– Então por que os prende aqui, meu amigo?

– Não gosto de ser desacatado nem amaldiçoado. Não mais do que já sou.

– Você não é amaldiçoado. Apenas não soube servir à luz do saber e foi lançado no seu lado escuro e serve-a nas trevas da ignorância.

– Você sabe como bajular alguém, amigo mago da Estrela.

– Eu não o bajulo, amigo Sete Cobras. Só digo o que aprendi com os mestres da luz do saber e com o meu ancestral místico. Se falar as verdades da lei é bajulação, então sou isso, mas eu acredito que não é nada disso. A verdade tem a força da lei e a lei, doa a quem doer, é a expressão da verdade. Só coloco as coisas de forma racional, nada mais!

– Suas palavras me instruem, amigo.

– Assim como as suas, sobre tudo em seu reino, ajudam-me a aumentar minha compreensão acerca do efeito da ação da Lei Maior sobre o ser humano.

– O mesmo acontece comigo quando você fala!

E, virando-se para o auxiliar, ordenou-lhe que os levasse para fora do seu reino que ficava no interior de uma enorme montanha em um abismo nas trevas.

Logo, vários outros seres se juntaram a ele e levaram para fora os espíritos mantidos em cativeiro.

Andamos por quase todo o interior do seu reino e, em determinado momento, eu vi um ser disforme que me chamou a atenção.

– Quem é aquele ser, amigo Sete Cobras?

– Já não me lembro mais dela, é um espírito feminino. Por quê?

– Não sei, mas chamou minha atenção. Posso me aproximar?

– Cuidado! Você pode ser atacado por ela. Deixe antes que meu auxiliar a segure para que se possa aproximar.

Com ela presa nas longas lanças com forquilhas cortantes, eu me aproximei e ouvi seu mental. Eu sorri de alegria. Finalmente eu a encontrava. Seu mental clamava por socorro: – Ajude-me, pai? Perdoe-me, pai! Não se esqueça de mim, meu pai! E, quase inaudível, dizia: – Deus me perdoe!

As lágrimas caíam dos meus olhos. Ao olhar para o amigo Sete Cobras, ele notou minhas lágrimas e falou:

– Que ser estranho é você, mago da Estrela! Chora por um ser inútil como este. Já sei quem é ela. Matou o pai e o irmão só para agradar um canalha que se servia de sua carne quando era uma bela jovem. Que ser imundo!

– É aí onde eu começo meu trabalho, meu amigo. O mental dela clama por perdão e auxílio. Não é sua boca quem fala, mas sim o seu mental.

– Fale-me sobre o mental, mago da Estrela.

– A consciência não tem controle sobre o mental. Ele é nossa última ligação com o Criador. É nele que estão gravadas todas as nossas existências e atos, bons ou ruins. Eu ouço a voz do mental de um ser antes de tomar qualquer iniciativa de auxílio ou distanciamento.

Quando eu ouço alguém gritar com a própria voz: "ajude-me", acautelo-me, mas quando penetro em um mental e ouço pedir socorro, perdão ou outras palavras neste sentido, então eu vejo um solo fértil para semear a vida e o saber da Luz.

– Você não nega que é um amigo da Estrela, amigo sábio. Se quiser, pode levá-la.

– Quero sim, meu amigo.

— Levem-na também! – ordenou ele. – Venha até aqui, quero mostrar-lhe algumas pessoas, mago.

Levou-me a uma câmara fechada e com guardas na porta. Quando a abriram, eu me espantei.

— Quem são elas, meu amigo?
— Minhas filhas.
— Por que estão guardadas aqui se são espíritos perfeitos?
— Eu temo deixá-las sair daqui.
— Mas por quê?
— Já lhe contei minha história, não?
— Sim. Lembro-me de todas as suas palavras.
— Pois esta é a causa. Eu amealhei muitos inimigos em vida. Como não podiam comigo, começaram a perseguir minhas filhas no intuito de me atingirem. Lutei muito para trazê-las para cá. Só assim pude ficar tranquilo.
— Será que você fez o melhor por elas?
— Não sei se foi o melhor, mas foi o que achei mais seguro para defendê-las!
— Elas participavam dos seus cultos?
— Não. Só eram beneficiadas por meu poder e riqueza material.
— O que posso fazer para ajudá-las?
— Se me prometer protegê-las, eu o deixo levá-las para o seu reino.
— Será que elas aceitarão minha ajuda?
— Ouça o mental delas e veja se querem ser ajudadas.

Eu me aproximei delas e ouvi. Seus mentais gritavam "Tire-nos daqui, pelo amor de Deus. Estamos no inferno há tanto tempo que não sabemos mais como é a vida!"

— Eu as protegerei, meu amigo. Elas estão marcadas pelo medo de tudo e de todos. Eu diria que elas o temem muito.
— Sei disso, mago da Estrela. Mas como poderia libertá-las se não tinha para onde enviá-las?
— Confia totalmente em mim?
— Sim!
— E deixará que eu as encaminhe para a Luz de acordo com minhas regras de procedimento?
— Sim, meu amigo.
— Não tentará interferir na existência delas?
— Não. Eu confio em sua palavra. Mas, e se algum dos meus inimigos tentar prejudicá-las?

Tirei minha espada da bainha e, levantando-a, disse-lhe:

– Enquanto eu estiver de pé, esta espada encantada cortará quem ousar molestá-las.

– São suas de agora em diante, Cavaleiro da Estrela Guia! Não me preocuparei mais com elas.

Voltando-se para elas, ele falou:

– Vocês vão partir com o mago da Estrela. Sejam leais a ele e estarão protegidas para sempre. Esqueçam que me tiveram um dia como pai, mas saibam que, se as mantive sob vigilância, foi só para protegê-las. Agora saiam e me esqueçam para todo o sempre.

– Há mais coisas para se ver em seu reino meu amigo?

– Não, mago da Estrela. Eu o observei o tempo todo. Queria ver suas reações para ver se podia confiar em você.

– E o que o convenceu a fazer isso?

– Sua reação quando via aquela entidade asquerosa há pouco tempo. Suas lágrimas diziam tudo sobre os seus sentimentos. Olhe esses sete auxiliares meus e, se um dia precisar de ajuda, chame-os mentalmente, que de imediato irão em seu auxílio.

– Obrigado, meu amigo. Sempre que eu sentir que há algo em seu reino para mim, virei incomodá-lo com minha presença.

– Nunca me incomodará, pois foi a visita que mais me agradou nesses 21 mil anos de trevas. As portas do meu reino estarão sempre abertas para você, meu amigo mago da Estrela.

– Espero um dia poder fazer ou dizer o mesmo por você, meu amigo Sete Cobras.

– Quem sabe, não?

– Sim, quem sabe! Até a vista, meu amigo. Acompanha-nos até a porta da saída?

– Leve-as primeiro, depois eu vou, já que elas me temem muito. Nem posso aproximar-me delas que já ficam histéricas.

Sete eram as filhas dele. Voltei a me aproximar delas e tomei a mão de uma, mandando que dessem as mãos umas às outras. Num piscar de olhos, estávamos fora da montanha-prisão.

Elas ficaram à minha volta. Os outros espíritos libertados e a jovem disforme estavam perto.

Os amigos das trevas gritaram de contentamento quando nos viram. Para eles, eu era um guardião da Luz amigo e leal. Alguém que os compreendia e tentava ajudá-los a se levantarem da ignorância.

Pedi a todos que voltassem para seus lugares de origem, pois eu iria me volitar levando aqueles espíritos junto ao meu corpo. O amigo Cascavel, que já sabia como eu fazia, tratou de afastar-se de mim e foi para junto deles.

Fiz um círculo no solo negro com meu cajado e todos entraram em seu interior. Dei um "até a vista" a todos e ergui meu cajado. Em uma concentração mental invoquei o auxílio das forças superiores. Em segundos meu ser foi envolto por uma luz intensa e fomos todos transportados daquele abismo para um campo iluminado pelo luar. Estávamos à beira-mar. Eu teria muito trabalho, mas sabia que seria gratificante!

Uma Grande Lição

Olhei o grupo à minha volta. Havia aproximadamente uns 50 seres humanos em desequilíbrio emocional profundo. Separei os que estavam menos alterados em um grupo à parte. Com eles eu teria menos trabalho.

Alguns me observavam como se nem notassem os outros ao seu lado. Que estranho sentir-se alheio a tudo! Mas haviam passado pelo pior dos pesadelos que podemos imaginar. Eu os compreendia bem.

Aquelas jovens de aparência mortiça que eram filhas do ser das Trevas me pareceram as mais fáceis de equilibrar. Começaria por elas. Levei-as até a água salgada e lhes tratei os perispíritos com os fluidos que ia retirando da água. Elas tinham várias chagas no perispírito e o melhor remédio era a maravilhosa irradiação do mar. Eu, como tantos outros socorristas do baixo astral, conhecia a fundo os mistérios do mar e suas qualidades terapêuticas. Pouco a pouco, vi melhorar suas aparências. As chagas cediam à medida que eu aumentava a dosagem de irradiações. Algum tempo depois, estavam curadas de tão horríveis chagas. Procurei ganhar-lhes a confiança ao conversar, enquanto lhes aplicava só tratamento. Quando as vi bem melhor, comecei a estudar seus mentais. O pavor havia-se instalado neles. Conversava com elas na sua língua original. Elas a haviam conservado pelo tempo de 21 mil anos, mais ou menos. Eu conhecia dezenas de línguas modernas e muitas de antiguidade sem memória, que só os mestres antigos conheciam. Fascinavam-me as línguas antigas. E eu tinha à minha frente um grupo de seres que conservava a única língua que conheciam. Pouco a pouco eu lhes ganhava a confiança conseguindo extrair frases mais eloquentes. Odiavam os seres que as haviam mantido aprisionadas naquele lugar de pavor. Tinham medo até dos outros espíritos que nos observavam a distância. E odiavam seu pai, o guardião daquele local de transformação de espíritos. Às vezes, sorriam histéricas com a alegria que sentiam por não vê-lo mais, outras choravam desesperadas com a possibilidade de ter de voltar àquele lugar.

Eu procurava esclarecê-las, confortá-las e prometia cuidar bem delas. Tudo o que possamos imaginar em evolução, nelas não havia o menor sinal. Conservavam todos os traços de um tempo perdido no passado e do qual já não havia o menor sinal. Haja vista que meu mestre mais antigo estava há sete mil anos no mundo espiritual. Era o mestre Han, mas ele havia participado de toda evolução tanto do lado espiritual quanto material da humanidade. Com elas, isso não se sucedia. Tinham em seu mental lembranças tão arcaicas da forma de vida que eu logo pensei em estudá-las para ter uma ideia de como era o passado esquecido. De tudo o que me aparece na frente, eu procuro tirar uma lição. Com elas eu poderia colher muitas coisas originais.

Depois de conseguir conquistar totalmente a confiança delas e prometer-lhes – prometer não, jurar –, da forma que lhes parecia segura, não abandoná-las, pedi-lhes que me auxiliassem no tratamento dos outros. Diziam que não me abandonariam nunca mais, que eu era o novo dono – na sua língua – de todas elas. Diziam também que eu era o melhor homem do mundo.

Que criaturas estranhas eu tinha à minha frente! Posso afirmar que, com o tempo, só confirmei minhas primeiras impressões: naqueles tempos imemoriais, não havia diversidade de pensamento e de ideias. Os seres humanos se guiavam pelas primeiras impressões. Estas ficavam marcadas em seus mentais para sempre.

Em meus estudos sobre a personalidade daquelas jovens, eu descobri que o mental dos espíritos humanos daquela época eram mais sensíveis e límpidos que os da atualidade. O tempo só fortalece o mental humano. Este é o mistério maior das sucessivas reencarnações dos espíritos humanos. Além do fortalecimento do mental, há uma absorção de energia elementar original.

Com o que aprendi delas nos anos seguintes, escrevi um volume com mais de mil páginas e as enviei aos mestres da Luz para posterior confirmação dos pontos já conhecidos e elucidação dos misteriosos. Meu estudo em torno daquelas jovens recebeu um longo elogio dos mestres do saber do Grande Oriente Luminoso e meu livro foi arquivado, após posterior reprodução, em todas as bibliotecas que ele possuía. Quando já não estavam mais temerosas sobre o futuro, começaram a me auxiliar. Voltamos para junto do grupo que nos aguardava.

Assim que me aproximei deles, um homem em desequilíbrio profundo atirou-me uma frase cortante:

— Só porque eram moças bonitas o senhor cuidou delas primeiro, não? É sempre assim. Todos vão atrás das mulheres bonitas e não se importam com mais nada.

— Por que diz isso, meu amigo? Acaso sabe como é a melhor maneira de auxiliar um grupo tão grande de pessoas doentes?

— Eu sei. Devemos começar pelos mais necessitados.

— Muito bem, vou seguir seu conselho. Obrigado por ter-me ensinado como fazer meu trabalho.

E fui levar até a água uma outra mulher que me pareceu muito bonita apesar do sofrimento que a atormentava. Ele tornou a me interpelar:

— Ei! Você não vai me socorrer agora?

— Você não me parece o mais necessitado. Aguarde sua vez, pois estou seguindo seu conselho. Ela está sofrendo mais que você.

Deixei-o falando sozinho e fui cuidar da mulher. Não me havia enganado. Com as chagas curadas e a confiança conquistada, vi o quanto era bela. Conversamos por um bom tempo e ela contou-me o que a tinha levado até aquele local das Trevas. Tinha ido em busca do filho. Como não a deixaram vê-lo, começou a desafiá-los, por isso foi aprisionada lá. Depois de lhe falar das leis que regem a todos sem exceção e lhe prometer ver o que poderia fazer por seu filho, levei-a para junto dos outros. Ela também começou a me auxiliar. Eu podia tê-los levado até o posto de socorro do Sagrado Coração, mas achei melhor tratá-los separadamente, pois pretendia voltar muitas vezes até o local de onde os havia resgatado e tinha de estudá-los bem para poder auxiliar os que viria a resgatar. Eles não tinham sido atingidos diretamente pelo horror, só haviam assistido a ele. Isso era de grande importância para mim.

Deixei com elas um bálsamo extraído do mar que iam passando nas chagas das picadas que haviam sofrido. O bálsamo anestesiava um pouco as dores.

O homem que me havia interpelado da outra vez tornou a me acusar de interesseiro:

— Você é igual a todos. Só se interessa pelas mulheres bonitas.

— Tem algo contra as mulheres bonitas?

Ele ficou um tanto desconcertado com minha pergunta, mas se refez logo e voltou mais ferino em suas acusações.

— Contra elas não, mas contra pessoas iguais a você, que só pensam nelas, sim.

— Mas vou auxiliar a todos vocês, é só uma questão de tempo.

— Então por que não me ajuda agora? Eu estou sofrendo muito.

– Acaso eles não sofrem também? Acha que sua dor é maior que a dos outros?

– Sim. Olhe para mim, sou o mais ferido de todos. Eu estou sofrendo muito mais que eles.

Enquanto conversávamos penetrei em seu mental e o analisei por completo. Decidi dar uma lição naquele espírito. Eu o compreendia muito bem. Ainda não tinha aprendido sua lição! Diria mesmo que era um idiota. Escolhi uma outra mulher e a levei até as águas do mar. Fiz isso com todas as mulheres que estavam ali. Ele já se havia conformado com meu procedimento, apesar de continuar resmungando. Quando me viu levantar um homem que estava aparentemente melhor que ele, voltou à carga com suas ofensas.

– E agora, qual é o motivo para me deixar aqui?

– Não compreendi o que insinuou, meu amigo. O que quis dizer com "motivo"?

– Sim, é isso mesmo. Agora você já saciou sua vontade de apalpar todas as mulheres que estavam entre nós e ficou longo tempo conversando com elas. No mínimo estava seduzindo-as com conversas que eu já conheço muito bem.

Fiquei observando com pena. Era um caso muito difícil de solucionar. Ordenei que não mais passassem o bálsamo em suas chagas. Ele ficou furioso e começou a me dizer impropérios e às pessoas já curadas que seguiam minhas ordens.

Continuei com o meu trabalho sem lhe dar atenção. Já sabia qual era a solução para o caso dele. O mal, às vezes, só se cura com o mal, quando queremos fazer o bem.

Mentalmente chamei o amigo Cascavel até junto de mim. Imediatamente ele veio e enrolou-se em minha perna esquerda.

– O que há para mim, chefe? – perguntou-me com seu jeito direto de falar.

– Nada, só quero dar uma lição neste sujeito impertinente. Aproxime-se dele, mas não o toque.

Todos se assustaram com a chegada da imensa cascavel e mais ainda em ver que me obedecia e não me picava. A imagem do réptil os apavorava. Mas logo se acalmaram quando mandei que o Cascavel ficasse em sua posição preferida. Ele se enrolava em meu corpo e ficava vigiando tudo à minha volta por sobre minha cabeça. Depois mandei-o voltar a vigiar o tal homem que, ao ver as presas ameaçadoras, apavorou-se e suplicando disse:

– Pelo amor de Deus, afaste-a de mim. Tenho pavor de cobras.

— Então, por que não se cala, como todos, enquanto eu os trato? Por acaso quer ensinar ao médico como tratar de sua doença? Se é assim, então não precisa de médico. Trate-se sozinho.

— Não pode fazer isso comigo, senhor.

— Você não sabe como dar conselhos? Deve saber muito mais que eu, não?

— Não é assim. Eu só quero parar de sofrer com meus ferimentos. É só isso que eu peço!

— Ouça bem isso que vou dizer-lhe, amigo. Você só quer o próprio bem. Os outros pouco lhe interessam! Só sua dor é importante, pois a dor alheia não lhe toca. Você não está preparado para receber o auxílio que lhe posso oferecer.

— Mas eu só quero parar de sofrer.

— Já pensou um pouco no que o levou a ficar neste estado?

— Foram aquelas criaturas que, com seus venenos, causaram-me essas chagas.

— Diga-me! Por que você foi ferido?

— Eu... queria minha filha de volta e eles não quiseram me devolvê-la.

— Então você, assim como fez há pouco aqui, começou a destilar seu veneno, não?

— Eu só a queria de volta. É muito para um pai querer sua filha de volta?

— Por que sua filha foi levada para lá?

— Eu não sei. Ela não merecia tal castigo.

— Está dizendo que as leis de Deus são injustas? Será que é isso que eu ouvi de você?

— Não foi isso que eu disse.

— Como não? Você disse que ela não merecia tal castigo. Mas ele não foi imposto por nenhum humano. Quem a conduziu para aquele local foi a Lei Maior. A justiça divina não condena um inocente, tão pouco libera um devedor. Acaso não se lembra mais das vidas dos semelhantes que ela tirou?

— Mas eles só queriam aproveitar-se dela por causa de sua beleza.

— Será que não era ela quem usava a beleza para se aproveitar deles?

— Não, isso não!

— Como não! Por que ela se insinuava a eles? Não teria sido mais correto que ela tivesse se casado com alguém e constituído uma bela família?

— Ela nunca encontrou um homem que a amasse. Todos só queriam aproveita-se do seu corpo.

— Mas qualquer um deles teria aceito casar-se com ela.

— Ela sempre me dizia que eles só queriam o prazer!

— E você acreditava em todas as palavras dela, não?

– Sim, como poderia duvidar de suas palavras? Minha filha era tão boa!
– Para você, que a protegia enquanto ela destruía muitos lares e vidas! Mas, para todos, ela não passava de uma sedutora fingida e malvada. Será que nunca lhe ocorreu que alguma coisa estava errada em suas histórias tão bem contadas? Não lhe ocorreu que talvez ela é que não estivesse sendo sincera? Como pode ser tão cego, ou estúpido?
– Mas ela me dizia...
– Ela lhe dizia, mas o que disseram os que ela tirou a vida? Acaso se propôs a investigar um pouco sua linda filha? Ou será que você não era mais um fascinado por sua beleza também?
– Como pode dizer tal coisa? Era minha filha.
– Eu já vi muitas desgraças causadas pelos ciúmes e desejos reprimidos dos pais em relação a seus filhos. E você é um caso igual a tantos outros que há por aí. É por isso que lhe incomoda tanto ver mulheres bonitas sendo tocadas, ainda que seja para curá-las. Não se conforma em não poder fazer o mesmo. Você, que teve uma pessoa muito linda ao alcance da mão, não podia tocá-la, pois sua consciência o impedia. Então, sentia-se feliz quando ela assassinava os que haviam feito tal coisa. Foi por isso que você acabou indo parar no mesmo lugar que ela, amigo. A lei que nos rege o conduziu até ela para que você padecesse um pouco também. O que você não impediu, quando poderia ter feito, pesa contra você!

O homem estava assustado com minhas palavras duras e diretas.
– Além do mais, você se lembra do ser que o picou muitas vezes durante sua estada naquele lugar?
– Sim, como eu poderia esquecê-lo? Sempre me picava e só se afastava quando vinham tirá-lo.
– Pois vou mostrar-lhe algo que o deixará muito confuso.

Volitei até o reino do amigo Sete Cobras.

Minutos depois eu voltava com um daqueles seres que guardava o lugar. Ele trazia presa a uma longa forquilha uma serpente raivosa. Quando a viu, começou a gritar!
– Não a deixe me picar mais, por Deus, não a solte.
– Fique calmo amigo, ela não vai picá-lo mais. Só lhe peço que observe bem tudo que vai ver e ouvir agora.

O ser das trevas subjugou a cabeça da serpente, então eu a toquei. Tocando no seu mental, eu a transformei na linda filha do homem. Ela continuava com a forquilha no pescoço segurando-a, pois queria atirar-se sobre ele:
– Solte-me, quero matá-lo!
– Minha filha, sou eu, seu pai!

– Você não é meu pai, é meu carrasco. Não vê o que fez comigo, seu canalha?

– O que está dizendo? Eu sempre quis o seu bem.

– Como pode dizer tal coisa? Por que não me impediu de cometer tantos crimes? Não percebe o mal que me fez deixando que eu fizesse o que você queria? Poderia ter-me impedido. Se o tivesse feito, hoje eu não estaria naquele lugar horrível sofrendo muito. Eu o odeio! – gritou ela numa histeria incontrolável.

Tornei a tocar em seu mental e ela voltou à sua forma como a lei determinou. Eu pedi ao ser das trevas que a levasse:

– Obrigado, amigo, fico-lhe agradecido pelo auxílio. Pode voltar ao seu reino agora.

– Ele desapareceu no mesmo instante. Voltei a falar com o homem.

– Então, o que me diz agora, amigo?

– Era minha própria filha que me torturava. Meu Deus, o meu carrasco era minha filha amada e eu nem sabia!

– O que acha que eram aquelas serpentes que se emaranhavam numa luta eterna? Apenas assassinos cruéis que se acusavam pela queda brutal que tinham sofrido devido aos seus crimes. Um tenta matar o outro ainda que isso seja impossível no estado em que se encontram.

E eu falei, falei e falei! Quando parei de falar, todos os presentes choravam. Eu havia lhes mostrado as falhas de cada um, como são as coisas divinas e os desígnios maiores impostos a todos nós sem nenhuma exceção. Também falei do perdão e da fé, do amor e da razão.

Rapidamente cuidei de todos, só deixando aquele espírito deformado. Quando vi que estavam todos bem, voltei-me para ela. Em seus olhos, as lágrimas brilhavam. Estava despertando do terrível pesadelo. Toquei-lhe o mental e ela voltou a ser um espírito feminino perfeito. Como ela chorava! Eu a levei até o mar e curei seu perispírito. Ela ainda não cessara seu pranto. Com muito tato, eu falei do seu remorso e sua queda. Ela havia assassinado o pai há alguns milênios. Sua queda foi muito grande e somente as preces do pai impediram que viesse a sofrer a transformação total. Quando já se havia acalmado um pouco, eu lhe pedi que contasse o motivo de sua queda aos presentes.

Ela começou a falar com eloquência:

– Eu era filha de um mestre da Luz, um sacerdote muito querido. Vivia para sua família e seus semelhantes. Mas um dia surgiu em nossa aldeia um rapaz muito bonito que me encantou. Apaixonei-me imediatamente por ele. Tinha um gênio explosivo e arrebatador. Eu fui contra os conselhos de meu pai e me entreguei a ele. Nós vivíamos como amantes. Meu pai vivia tentando afastar-me dele, mas eu não escutava suas palavras de advertência.

Um dia, a conselho de meu amante, envenenei meu pai. Ninguém suspeitou de mim, pois era sua filha. Meu amante tomou o lugar dele e, pouco tempo depois, modificou o culto religioso que meu pai pregava aos moradores da aldeia. Ele instalou um ritual invertido e blasfemo. Eu o apoiei em tudo, de tão apaixonada que estava, e um dia fui vítima de seu culto satânico, pois ele havia encontrado outra mais jovem e mais bonita que eu. O resto, já conhecem. Caí, caí e caí! Descobri muito tarde o erro cometido. Uma luta se travava entre mim e meu castigo. Algo tentava evitar que eu caísse mais.

— Eram as preces de seu pai, minha irmã. Só as preces dele e o trabalho que tem desenvolvido em benefício da humanidade! Se não fosse por ele, você se teria transformado em um ser das trevas sem mais retorno. Você deve agradecer a ele.

— Eu sinto vergonha, remorso e não sou digna dele, senhor!

— Ele tem sofrido por muito tempo, irmã querida. Você deve ir até ele e amá-lo como ele merece.

— Mas eu cometi tantos erros ao abraçar o culto do meu amante que sinto vergonha de mim mesma. Não teria coragem de ficar diante dele novamente.

— Ao menos lhe dê a alegria de vê-la novamente. Só isso já será um motivo de alegria para ele. Vamos?

— O senhor me ajudará quando chegarmos diante dele?

— Sim, querida irmã, eu a ajudarei. Agora vou fazer uma prece de agradecimento ao Deus único e bondoso que nos criou à sua semelhança e tudo faz para que assim permaneçamos por todo o sempre.

Em seguida, fui até as águas do mar e agradeci com outra prece à guardiã do mar por permitir que eu purificasse aqueles espíritos com o poder de suas águas. Um lindo gênio das águas se mostrou a mim enquanto agradecia. Fiquei encantado com sua visão. Ela então me disse:

— Estou vendo você desde que chegou aqui, Pescador. O seu socorro a estes irmãos menos esclarecidos me encantou. Já o havia visto outras vezes à beira-mar, mas nunca prestara muita atenção ao seu trabalho. Você me encantou pela sua paciência, coragem e senso de justiça!

— Procuro transmitir o que sei e sinto sobre as coisas divinas e faço o que posso ou me é permitido, gênio encantador!

— Recebo muitos pedidos de ajuda por parte dos aflitos, mas nem todos podem ser atendidos porque me faltam servidores para realizar determinadas missões.

— Não tenho muito tempo disponível, pois, quando cumpro minhas obrigações de guardião junto ao Sagrado Coração, procuro levar caídos à beira do caminho já equilibrados. Mas se a senhora me aceitar como mais um de seus servidores, eu me sentirei imensamente agradecido. Ficarei muito feliz em poder retribuir um pouco do muito que já recebi e recebo de seu ponto de forças na natureza.

— Então quero tê-lo como mais um dos muitos que me auxiliam no meu ponto de forças. Meu guardião o procurará quando precisar de auxílio.

— Como poderei reconhecê-lo como seu enviado?

— Ele, antes de lhe dar qualquer missão, irá convidá-lo a conhecer meu reino. Só depois de conhecê-lo poderá auxiliar-me.

— Eu fico honrado com a sua deferência. Procurarei honrá-la com o que sei e posso fazer.

— Eu sei do que você é capaz e o que sabe e pode fazer. Quando já me tiver auxiliado pelo tempo que se fizer necessário, eu lhe darei uma lembrança minha.

— Certa vez ganhei um presente de uma sereia encantada. Foi o presente dela que me devolveu a vida num tempo em que eu já não tinha motivos para lutar por ela.

— Quando eu lhe der o meu presente, terá motivo suficiente para sorrir sempre e jamais se esquecerá de minha generosidade e do meu amor pelos que amam os que sofrem nas trevas da ignorância.

— Nada lhe peço, senhora, apenas quero servi-la. Isso já é um motivo de alegria para mim.

— Jamais deixo de presentear aos que me servem. Geralmente, dou-lhes a maior riqueza que há no tesouro divino. Até a vista, Pescador!

— Até a vista, senhora das águas!

Ela desapareceu no mar e eu voltei para junto dos amigos que, era do meu conhecimento, haviam sido amparados por aquela entidade que se mostrara a pouco. Eu ainda não sabia, mas no futuro ela me influenciaria de forma marcante e nem percebi que seu emissário já estava ali na pessoa do Cavaleiro do Mar, que acabara de chegar. Mas o tempo me iria esclarecer tudo.

— Como vai, Cavaleiro do Mar?

— Muito feliz em ver o que você fez, Cavaleiro da Estrela Guia. Você não nega sua origem, filho meu!

— O senhor é muito generoso comigo, grande Mestre da Luz Cristalina.

— Sabe que não sou de elogiar quem não faz jus a um elogio, mas não deixo de fazê-lo quando vejo uma ação igual a esta que está fazendo.

— Mestre da Luz, acabo de libertar a filha do mestre Han.

— Você conseguiu finalmente! Bendito seja, mestre da Estrela. Ele ficará muito feliz com sua ação.

— O senhor poderia acompanhar-me?

– Será um prazer imenso poder ver o sorriso de mestre Han quando vir sua filha amada.

Envolvemos e conduzimos todos eles até o Sagrado Coração. Lá, fomos recebidos por Salete, que sorriu ao me ver.

– Simas, seu fujão! Por onde tem se ocultado todos estes dias?

– Primeiro, fui visitar Raios de Lua, depois Jasmim e, finalmente, o senhor das Sete Cobras.

– Você fez isto? Conte-me como conseguiu. Deve ter sido emocionante.

– Antes gostaria de alojar estes irmãos em seu templo.

– Por que sempre diz "meu templo"? É tão seu quanto meu. Não quero ouvi-lo falar mais assim. Prometa-me que não o fará mais!

– Prometo-lhe. Será o templo do anjo da Luz, então.

– Assim é melhor. Vamos levá-los ao interior do prédio.

– Salete, não separe aquelas sete jovens muito parecidas.

– Quem são elas?

– São filhas do amigo Sete Cobras, ele as confiou a mim. Ainda preciso ver como cuidar delas.

– Como ele as manteve ocultas por tanto tempo?

– Você quer dizer 21 mil anos?

– Tanto tempo assim? É impossível, Simas! – Salete ficou espantada.

– Eu também me espantei quando as vi. Procurem entendê-las, pois falam e compreendem uma língua muito, mas muito antiga. O mental delas é muito sutil e trazem marcas muito fortes do passado e do sofrimento pelo qual passaram.

– Simas, só você para ganhar a confiança de um ser das trevas como ele e ainda ter recebido as filhas em confiança. Onde existe outro igual a você?

– Em você mesma, Salete. E agora o Cavaleiro do Mar irá comigo até mestre Han.

– O que vão fazer lá?

– Levar sua filha de volta à Luz. Aquela ali é a filha dele.

– Você é maravilhoso! Tantos falharam no intento de libertá-la. Posso acompanhá-los? Quero partilhar um pouco deste momento.

– Então venha conosco.

– Por favor, aguardem até que eu encaminhe estes irmãos queridos aos seus aposentos, volto num instante.

Quando todos foram levados para o interior do edifício, a filha de mestre Han começou a chorar. Aproximei-me dela e a envolvi nos braços, procurando acalmá-la.

– Não chore, irmã querida, logo sua aflição passará!

– Eu temo reencontrá-lo após tanto tempo, senhor!

– Pois devia ficar muito feliz com o reencontro. Não sabe o quanto é amada. Até eu já a amo! Espere aqui que vou apanhar um manto para cobri-la. Coberta, se sentirá mais protegida.

– Obrigado, senhor, não sei como agradecer.

Logo depois, voltei com um manto azul e a cobri com ele. Ela encostou-se em mim e continuou com seu pranto silencioso. Quando Salete voltou, disse sorrindo:

– Perdi o meu lugar, Simas?

– Seu lugar é eterno, ninguém poderá tirá-lo ainda que muitos façam sua morada em meu coração. Ele é como o edifício do Sagrado Coração, quantos mais entram nele, mais lugares vazios existem para serem ocupados.

O Cavaleiro do Mar entrou em nossa conversação.

– Venha comigo, cara Salete. Nós iremos na frente para anunciar a mestre Han a chegada da filha amada. Assim terá tempo para preparar-se.

– Simas, qualquer dia eu o deixo para fora do meu coração e alojo nele o Mestre da Luz Cristalina.

– Duvido que faça isso!

– Por que duvida?

– Eu sei que ele mora no seu coração há tanto tempo quanto eu. E você nunca me dispensou por causa dele e nem a ele por minha causa. Lembre-se de quem é o Sagrado Coração, Salete!

Eles partiram sorrindo com minhas palavras. Procurei transmitir um pouco de alegria à filha de mestre Han. A muito custo, ela deu um leve sorriso. Achei que era suficiente e, abraçando-a com carinho, voltei no espaço rumo ao Templo Dourado. Fui direto aos aposentos de mestre Han.

Fiquei enternecido quando o vi sorrir e chorar de alegria e emoção. Foi comovente o reencontro do velho pai com a filha amada. Nós, que a tudo assistimos, também nos entregamos às lágrimas que a emoção do momento nos causava.

Durante muito tempo, eles ficaram abraçados e envoltos por tão pungente emoção. Mestre Han me falou:

– Filho, você me deu o mais belo dos presentes: deu-me a alegria do amor. Existirá algo mais valioso que a alegria do amor?

– Não, mestre de mestres.

– Como poderei retribuir um presente tão valioso?

– Era eu quem lhe devia um presente assim, lembra-se? Acolheu-me quando me senti tão só e vazio. E aqui, nesta sala, o senhor me fez reencontrar meus pais. O senhor me devolveu a alegria do amor de meus pais porque possuía muito amor para dar a quem se sentia solitário. Foi o senhor que fez renascer em mim o amor. De que maneira eu poderia agradecer-lhe tão valioso presente? Só dando-lhe a mais valiosa das coisas do amor, a alegria do amor.

Ele veio até mim e abraçando-me disse:

— Só um filho amado sabe o que torna um pai amoroso feliz.

Eu nada respondi. Não tive nenhuma resposta para dar além de um longo e forte abraço. Quando consegui, disse-lhe:

— Sua alegria é minha alegria, velho pai amado!

— E sua vitória é minha alegria, filho amado. Onde eu encontraria outro igual a você?

— Olhe o seu interior, velho pai. Poderá ver-me aí dentro, pois é no senhor que eu me espelho.

Separamo-nos e ele disse para Salete e o Cavaleiro do Mar:

— Divido com vocês minha alegria, amigos de todos os momentos.

— Nós também compartilhamos de sua alegria, irmão amado – disseram em uníssono os dois.

A filha de mestre Han aproximou-se de mim e disse:

— Ampare-me senhor, pois vou cair, tal a emoção que sinto.

— Mal tive tempo de abraçá-la e ela perdeu os sentidos. Eu a coloquei sobre a cama que mestre Han me indicou. Quando tive a certeza de que estava bem, comuniquei a eles que me afastaria um pouco, pois estava precisando ficar sozinho.

Despedi-me deles e mergulhei no espaço infinito. Fui parar ao lado da palmeira onde eu me havia recostado no dia em que vi meu ancestral místico e ele me ordenou que derramasse meu amor entre os que tinham carência dele.

Era ali que eu ficava, naquela palmeira, sempre que precisava refazer-me depois de uma árdua vitória. Buscava o meu anjo da Luz. Eu sabia que ele não estava ali, mas podia senti-lo vibrar em mim. Mesmo ausente e distante, sentia que ele me enviava sua mensagem de amor.

Eu era, sou e sempre serei um iniciado. E um iniciado só vive se sente a proximidade do seu ancestral místico, a origem de sua natureza! E eu não negava minha origem. Ela é a luz do saber, o ancestral místico que contém, entre outras coisas, as coisas do amor. Lembrando de mestre Han, eu olhei para o infinito e disse:

— Um dia você me ordenou que derramasse o amor. Hoje, eu o fiz por alguém a quem só faltava a alegria do amor para ter todas as suas coisas. Só peço uma pequena ajuda. Envie-me um pouco do seu amor, pois, apesar de conhecer todos os seus mistérios, eu não possuo sua alegria.

Eu sei que meu pedido foi ouvido, pois um facho de luz, vindo do infinito, iluminou-me em profusão e logo eu adormeci. Foi um sono tão bom que, quando despertei, senti-me o mais feliz dos filhos de Deus.

Se eu não negava minha origem, ele também não me negava seu amor.

Ao me levantar, vi que Salete estava sentada ao meu lado. Recostei-me nela e lhe perguntei:

– Como me achou aqui?

– Um anjo me revelou o seu esconderijo, querido Simas!

– Eu conheço este anjo?

– Sim! É um anjo muito bondoso e belo.

– Ah! Já sei. É o nosso cupido, não?

– Não queria ter seu paraíso dividido?

– Não me importo de dividi-lo com quem amo! Mas só com quem amo, ninguém mais! – exclamei sério.

– Não precisa alterar-se assim, pois não vou revelá-lo para mais ninguém. Por que não me trouxe com você? Acha que não me sinto solitária no meio de tantos? Ou pensa que eu não gostaria de me dividir um pouco?

– Perdoe-me, Salete, mas eu estava esgotado. Tudo o que vi no abismo nos últimos tempos me deixou um pouco enfraquecido.

– Como se sente agora?

– Alguém lá em cima me derramou um pouco do seu amor. Por isso me sinto ótimo. Meu coração está radiante.

– Não gostaria de doar um pouco dele para mim?

Salete acariciava meu rosto e tinha os olhos lacrimejantes.

–Vamos, ajeite-se ao meu lado que vou falar-lhe das coisas do amor, Salete querida. Vou dizer como elas nos dão força para continuarmos cultivando o amor a tudo e a todos e também sobre como elas nos permitem doarmos um pouco, principalmente se é para quem amamos muito.

Salete ajeitou-se bem junto a mim e ficamos falando das coisas do amor por um longo tempo. Nós tínhamos muito pouco tempo livre, e aquele era um desses momentos, por isso nós o aproveitamos bem.

Um Problema Delicado

Quando voltamos ao Sagrado Coração, ficamos preocupados com uma informação que nos chegou: as sete jovens, filhas do amigo Sete Cobras, tinham sofrido uma queda vibratória muito grande. Os amigos seguidores responsáveis por elas não sabiam o que fazer para reanimá-las. Fomos vê-las. Preocupado comentei:
— Salete, é impossível que sintam saudades do lugar de onde vieram. Não posso imaginar que alguém tenha uma queda violenta na vibração estando alojado aqui.
— Algo muito grave deve estar incomodando-as. Não será o pai chamando-as de volta?
— Duvido que seja isso. Ele me pareceu feliz em ficar livre da responsabilidade de guardá-las e protegê-las. Eu senti seu mental libertar-se de um tormento. Não! Certamente ele não é a causa da queda vibratória delas.
— Temos de ser cautelosos e sutis no tratamento delas, Simas. Eu também penetrei em seus mentais e vi o quanto são sensíveis.
— Estou assustado com uma possibilidade, Salete. Se for isso, temos um problema muito grande e de difícil solução.
— O que é?
— Não! Não pode ser isso! É bobagem minha imaginar tal coisa.
— Mas o que é que o assusta tanto?
— Não é nada, Salete querida. Foi só uma ideia boba que me passou pela cabeça.

— Você não costuma ter ideias tolas. Seu instinto deve estar de sobreaviso.

— É possível. Mas pode ser só um temor infundado.

— Ainda não me disse o que pode ser, Simas.

— Já estamos chegando. Você verá o que é. Você compreende a língua que elas falam?

— Um pouco.

— Pois então ouça e observe. Verá como eu coloquei um peso enorme em minhas costas.

Abri a porta do aposento reservado a elas. Tinham voltado ao mesmo estado vibratório de quando estavam nas trevas. Só lhes faltava o pavor, agora substituído pela melancolia profunda.

Saudei-as em sua língua e lhes sorri. Quando me viram, começaram a se lamentar e chorar:

— Por que estão nesse estado de melancolia?

— Você nos abandonou. Foi embora sem nos dizer nada.

— Eu não as abandonei. Só fui levar ao seu pai aquela outra jovem. Como podem imaginar que eu as abandonaria? Não prometi cuidar de vocês? Eu vou fazer isso com muito carinho.

— Você só está dizendo isso para nos alegrar — falou outra delas que só me observava.

— Não, minhas filhas. Com o tempo vocês serão muito felizes aqui.

— Mas nós não queremos ser felizes aqui e, sim, ao seu lado. Não nos abandone mais.

— Todos aqui só querem ser seus amigos e ajudá-las a reviverem as belezas da vida.

Apontando Salete, disse-lhes:

— Ela vai ajudá-las pessoalmente a se adaptarem à nossa vida.

— Você prometeu ficar conosco! Por que nos abandona agora?

— Compreendam que eu não posso ficar com vocês o tempo todo. Eu tenho certas obrigações que me mantêm afastado por longos períodos.

— Leve-nos com você. Podemos ajudá-lo muito.

— Não percebem o estado em que estão? Precisam refazer-se um pouco mais e aprender muitas coisas.

— Você nos ensinará tudo e ao seu lado estaremos muito bem.

— Esperem um pouco. Preciso conversar com a diretora Salete.

— Ela é sua também?

— Não, ela não é minha! — respondi-lhe sorrindo pela forma inocente como falou.

Mas logo tive meu sorriso transformado em motivo de maiores preocupações pela sua nova afirmação.

– É sim, eu sinto que é. Não poderia enganar-me sobre os sentimentos que ela emite em sua direção. Acho até que posso senti-los também, porque já os estou vendo.

– Um momento e já volto. Não comecem a chorar que não irei embora.

Saí do aposento conduzindo Salete pelo braço.

Quando chegamos à sua sala de trabalho, ela estava tão preocupada quanto eu.

– Como podemos entender isso, Simas?

– Diga-me você, que é uma mulher igual a elas. Você tem a vibração feminina e deve entender bem o sentimento delas.

– É o mesmo que sinto por você. Como é possível uma coisa dessas?

– Não sei, Salete, mas estou achando que seria melhor eu não ter ido até aquele abismo horrível.

– Por que diz tal coisa? Não valeram a pena os irmãos resgatados lá?

– Não foi isso que eu quis dizer. Perdoe-me por dizer desta maneira o que eu vejo à minha frente. É o amor mais puro que elas emitem em minha direção. Pude vê-lo nos olhos delas e sentir suas vibrações que eram muito fortes.

– Eu também as senti e vi estampado em seus rostos a tristeza do abandono dos que sofrem por amar alguém e não serem correspondidos.

– O mais difícil, nesta situação, é que não trazem um mínimo que seja de maldade.

– Preferia que elas tivessem isso também?

– Assim você as encaminharia para um reformatório?!

– Simas! Como pode alguém como você imaginar uma coisa dessas?

– Você não está no meu lugar ou não viu a extensão do perigo que se avizinha para mim. É uma situação sem solução. Eu me meti em um labirinto.

– Com o tempo você as ensinará como devem viver na espiritualidade. Eu sei que vai conseguir.

– Como consegui-lo sem regredir tanto como eu pressinto?

– Não precisa regredir. Apenas volte um pouco para conseguir trazê-las até nós.

– Acaso pensa que é fácil? Não sei como equilibrar-me sem magoar a você, ou às outras, e agora um caso desta gravidade é colocado à minha frente.

– Nenhuma de nós o culpa ou cobra sobre nada. Apenas gostamos de tê-lo por perto ou junto de nós.

– Por causa disso, você sempre se atrasa.

— Mas eu sou feliz aqui, não penso em me tornar um anjo. Aqui tenho tudo o que sempre pedi a Deus. Sirvo-O com tanto amor e alegria no coração que me é impossível almejar algo melhor. Você não consegue entender isso, Simas?

— Posso compreendê-lo em você, pois sei o quanto ama ajudar os nossos semelhantes, mas, e quanto a elas, o que pode dizer-me?

— É falso quando lhe pergunto onde encontrar alguém igual a você e me responde para olhar dentro de mim que o encontrarei?

— Não, e você bem o sabe!

— Então, faça-as encontrarem você dentro delas e tudo se resolverá.

— Como fazê-lo? Por acaso sabe o que isso envolve?

— Sim! Ame-as como ama a todas, doutrine-as e ensine-lhes o saber das coisas divinas. Não é tão difícil fazer isso.

— Fazer tal coisa pode levar anos, décadas ou até séculos.

— Para onde pretende ir?

— Como assim?

— Sim, acaso pensa em abandonar este planeta?

— Você sabe que isso é impossível e nem pretendo, pois tudo o que eu amo está aqui neste mundo abençoado pelo Criador.

— Então não tema assumir tal tarefa. Se não fosse para serem amparadas, não lhe teriam sido confiadas. Alguém lá em cima vigia suas ações e você sabe muito bem disso.

— Sim, eu sei. É justamente por isso que eu temo tanto uma queda.

— Volte para junto delas e veja o que é possível fazer para reanimá-las. Eu verei como ajudá-lo nesta tarefa tão difícil.

Eu voltei e pude ver a alegria em seus rostos ao me verem de volta, devolvi-lhes um sorriso triste.

— Por que está triste, mago da Estrela? – perguntou uma delas.

— Problemas, minha amiga. Só problemas, nada mais.

— Podemos ajudá-lo?

Todas elas ficaram preocupadas comigo. Estranho como são os seres humanos! Muito estranho mesmo.

Causam-nos o maior dos problemas e ainda oferecem ajuda. Resolvi deixar a solução para outra hora.

— Sim, vocês podem e muito. Vamos sair deste aposento e passear um pouco pelos jardins. Precisamos nos conhecer um pouco melhor.

Um clima de felicidade tomou conta do ambiente.

Eu ia prestando atenção a todas as reações delas. Descobriria uma forma de penetrar em suas naturezas para tentar modificá-las.

Quando saímos, Salete passou por nós e me endereçou um sorriso e uma piscadela de cumplicidade.

Já no jardim, começamos a conversar sobre a beleza das flores. Perguntei a cada uma a que lhe parecia a mais bonita.

Quando uma escolhia a sua preferida eu lhe dava seu nome. Ao terminarem as escolhas, eu tinha um jardim humano ao meu lado. Havia a Rosa, a Azaleia, o Lírio, a Margarida, o Girassol, a Flor da Primavera e a Flor de Palmas.

Ensinei-lhes a pronunciar o nome de cada uma e disse-lhes que assim seriam chamadas. Ensinei-as a pronunciar o meu nome e o de Salete. Lentamente iam aprendendo nossa língua.

A princípio, para elas era difícil a nova pronúncia, mas logo conseguiram dominá-la. Eu lhes ensinei muitas palavras naquela tarde.

Quando chegamos junto às fontes, a que se chamava Lírio convidou as outras para se sentarem e cantarem uma canção que falava da beleza das fontes.

Sentei-me um pouco afastado delas e fiquei encantado com a beleza da canção. Como eram harmônicas suas vozes, e como cantavam bonito!

Salete se aproximou no momento em que terminavam a canção.

– Por que pararam, Simas?

– A canção terminou, Salete!

– Eu a ouvi e vim só para ouvi-las cantarem, que pena!

– Quer que eu lhes peça para cantá-la novamente?

– Eu quero!

Elas concordaram com o meu pedido e voltaram a cantá-la. Depois cantaram muitas outras, tão lindas quanto a primeira. Nós até repetimos alguns estribilhos com elas.

Sei apenas que ficamos até tarde cantando. Muitos outros amigos se juntaram a nós e, quando percebemos, elas já tinham uma grande plateia. Salete também cantou algumas de suas lindas canções, depois de lhe pedirmos com insistência.

Quando nos recolhemos ao edifício-sede, Salete sorriu-me e disse:

– Este é o caminho, Simas. Peça a elas as letras das canções e as adapte à língua moderna. Assim nosso coral poderá cantá-las também.

– Vou fazer isso, Salete, mas terei de me afastar um pouco de meu trabalho externo junto às trevas.

– Você merece um pouco de descanso. Quase metade dos que aqui se encontram internados foram trazidos por você. Não acha que já fez demais em tão poucos anos?

– Não posso abandonar os que clamam por auxílio, Salete. São tantos que, se pudesse, eu me multiplicaria em muitos só para socorrê-los.

– Mas você já tem feito isso. Os que têm preparado como guardiões não contam?

– O que eles fazem é por esforço próprio e não conta!

– Então, o que conta para você?

– Nada! Eu só disse que gostaria de poder ajudar um pouco mais.

– Vá descansar, Simas. Depois nós falaremos sobre elas. – disse Salete apontando para as jovens. – Vê como estão lindas, animadas e felizes?

Olhei para elas e, realmente, estavam muito bem. Levei-as ao seu aposento.

Depois de instaladas, indiquei-lhes os jarros com alimentos diluídos em líquido especial que era servido a todos os habitantes do Sagrado Coração. Havia também outros alimentos que não posso descrever, pois a lei não me permite, e mandei que se servissem.

Logo, Lírio do Campo começou a servir às irmãs o néctar especial. Antes de se servir, trouxe uma taça para mim. Não tive coragem de recusar. Sentei-me num pequeno banco e fiquei observando enquanto servia o néctar. Mas logo notei que eu é que estava sendo observado, e com muita curiosidade.

Procurei penetrar em seus mentais inferiores e o que ouvi não me agradou. O desejo pulsava naqueles espíritos. Jamais tinham superado tal impulso.

Quando terminei de beber o líquido da taça, Lírio veio prestimosa servir-me outra. Aceitei-a, pois me daria tempo para pensar em como me safar de tal situação.

Em determinado momento, ela me perguntou:

– Com qual de nós você ficará esta noite?

A pergunta me deixou atônito. Não sabia como resolver o impasse.

– Por que devo escolher uma?

– Não pode levar todas juntas com você. Primeiro tem de escolher uma.

– Mas é preciso?

Eu procurava ganhar tempo e encontrar uma saída.

– Sim, mago da Estrela. Uma tem de ser a primeira e as outras a auxiliarão para sempre junto ao escolhido.

Ótimo, pensei eu. Menos mal. Assim me livrarei de seis. Com uma será mais fácil lidar.

– Compreendo. Uma é eleita a rainha e as outras serão suas damas de companhia.

– O que é isso, mago da Estrela?

— Um costume muito em uso nos tempos atuais, Lírio do Campo.

— Não era assim antes. Mas até agora não escolheu uma. Até parece que não o agradamos!

— Vocês todas são muito bonitas. É muito difícil dizer qual é a mais bela.

— Não precisa escolher a mais bela e sim a que mais o agradar. Todas respeitarão sua escolha.

— Preciso de um pouco de tempo para me decidir. Eu não sabia que este era o seu costume e não reparei muito em vocês. Afinal, tenho muito pouco tempo livre. Penso até que não serão felizes ao meu lado, pois sou um guardião do templo e tenho de sair para o campo. Não se lembram mais como eu as encontrei?

— Não tem importância. Nós ficaremos felizes de saber que nos quer ainda que não possa ficar muito tempo conosco. Nós o ajudaremos no que for possível, assim poderemos ficar junto de você.

— Está bem, mas deem-me tempo para me decidir.

— Não pode escolher uma agora? Só assim terminará nossa angústia.

— Por que se sentem angustiadas, se estão bem protegidas e acomodadas aqui?

— É que nós precisamos saber quem será a escolhida.

— Então vou escolher uma de vocês, se isso as livrar da angústia.

Mais tarde eu me arrependeria por ter feito tal escolha, mas com o tempo vi que nem tudo é tão ruim se conseguirmos tirar algo de bom dos piores problemas.

A expressão de contentamento em seus rostos me descontraiu um pouco e sorri para elas. Todas se mantinham à minha frente na expectativa. Posso afirmar que eram todas muito bonitas, diria mesmo que a beleza delas era diferente dos espíritos femininos da atualidade.

Eu as olhava com atenção. Já que ia escolher uma líder, que fosse a que me parecesse mais bela e equilibrada. Não que alguma fosse equilibrada naquele momento!

— Antes devo avisá-las de que não são as únicas que gostam de mim. Há outras que eu amo e quero muito bem.

— Nós sabemos – falou Flor da Primavera.

— Já sabemos quem são elas e achamos todas muito bondosas.

— Como podem saber disso?

— É só olhar para você.

— Apenas olhando, vocês conseguem ver tal coisa?

— Sim, e sabemos que a primeira está muito distante do senhor, mago da Estrela.

— Poderiam ensinar-me como se descobre tal coisa?

— É muito difícil e demorado, mas com o tempo consegue.

Eu fiquei observando por um longo tempo. Quantos mistérios não estariam ocultos no passado e elas tinham a chave deles. Fui tirado de meu estado de meditação por uma ação chocante. De repente soltaram do corpo as vestes que as cobriam e ficaram nuas à minha frente.

Quando saí do estupor, perguntei-lhes:

— Por que fizeram isso?

— Você está com muitas dúvidas. Talvez assim seja mais fácil decidir-se.

— Eu as recolhi nuas quando seu pai as confiou a mim. Tratei-as ainda nuas de seus ferimentos. Não acham que já ficaram assim por muito tempo na minha frente? Vamos, vistam-se imediatamente!

Depois que se compuseram, ainda tentaram justificar tal atitude.

— Não queríamos irritá-lo, mago da Estrela — falou Flor da Primavera.

— Eu não sou mago da Estrela. Chamem-me de Simas. Este é o meu nome e se eu vir alguma de vocês sem roupa, mando-as de volta para aquele lugar onde nunca devia ter ido.

— Mas o senhor é um mago da Estrela, pois só eles possuem uma espada igual à sua. Era assim que nós os chamávamos. Prometemos nunca mais tirar nossas vestes, mas, por favor, não nos mande de volta para aquele lugar. Não conseguimos paz só por causa das lembranças.

A aflição se instalou nos seus olhos quando fiz menção de enviá-las novamente para junto das serpentes. Logo, choravam copiosamente.

— Está bem, não as mandarei de volta, apenas não gostei da forma como agiram!

Eu dei uma rápida olhada e me decidi a escolher uma para terminar com tudo aquilo. A que me pareceu ser a melhor escolha foi a Flor da Primavera. Quando lhes disse o nome dela, todas se abraçaram de contentamento. Eu só as olhava sem entender o porquê das outras estarem tão felizes se não haviam sido as escolhidas.

A comemoração foi esfuziante, até que alguém bateu à porta. Ao abri-la me deparei com minha mãe e Salete.

— Que barulho todo é este, Simas? — Era minha mãe que me inquiria.

— Tudo isso só porque elegi a líder do grupo.

— E elas precisam ficar tão felizes assim?

— Ainda não entendi o motivo, mas esperem que saberemos logo.

Virando-me para elas, pedi-lhes silêncio na língua delas.

— Por que tanta alegria e comemoração?

— Sua escolha foi correta. Flor da Primavera era a primeira e nós já sabíamos, mas não podíamos dizer nada!

— Como sabiam?

— Era só olhar a que o envolvia por completo e qual dos envolvimentos ficava mais junto de vocês.

— Sei! É a tal visão, não?

— Sim e é uma pena que não possa ver, senão veria que sua ligação com ela também está completa, sem uma falha ao menos.

— Viram a causa de tanta alegria? – falei olhando para minha mãe e Salete.

— Interessante o poder que elas possuem, Simas. Creio que você tem um campo muito vasto de pesquisas. E está começando pelo melhor de todos: o campo do amor.

— Se eu não a conhecesse diria que está com ciúmes ao invés de dizer que está sendo irônica com meu embaraço diante destas moças.

— Se dissesse que são as duas coisas, eu diria que acertou, Simas.

— Colocarei estas crianças na cama e então conversaremos um pouco mais.

Quando lhes pedi que fossem dormir um pouco, que precisavam descansar, Flor da Primavera deu-me um forte abraço. Retribuí seu gesto e a mandei deitar-se. Ainda beijou-me as duas faces do rosto antes de me largar.

Quando saímos, contei-lhes tudo o que se passara junto delas. Falei também de minhas descobertas.

— Tem muito a descobrir ainda, Simas! – afirmou Salete.

— Quer dizer que agora consegue conquistar mulheres em grupo e não me havia avisado, filho?

— Não é bem assim, mamãe. Eu estou tentando livrar-me delas sem magoá-las.

— Duvido que você consiga. Já vi aquele olhar apaixonado em outro rosto! – disse, olhando para Salete.

— Ainda pensa em mandá-las de volta, Simas?

— Só de ameaçá-las com tal possibilidade, elas entraram em pânico. Ao menos sei como assustá-las quando se excederem.

— E como é o tal envolvimento de que elas falaram?

— Ainda não sei, Salete. E olhe que já estudei muito sobre a natureza e as emoções. Isso é totalmente novo para mim. Vocês conhecem algo parecido?

Ambas afirmaram desconhecer tal coisa. Sabiam, assim como eu, que há uma harmonia de vibrações entre os que se amam. Mas o tal envolvimento do perispírito era novo. Principalmente por não podermos vê-lo e elas sim. Deduzimos que o conseguiam por terem uma visão das coisas mais sutis. Mamãe ficou de pesquisar junto à biblioteca do Grande Oriente tudo sobre o assunto; Salete indagaria aos sábios sobre o assunto, e eu, junto a elas. Depois compararíamos nossas descobertas.

Pedi licença a elas e fui cuidar de uns assuntos que exigiam a minha presença.

Flor da Primavera

Parti ao encontro de um guardião das trevas para recolher espíritos prontos para o regresso à Luz. Depois de ganhar a confiança deles, tudo era mais fácil. A partir daí, eu já não precisava implorar ou ameaçar para libertar os que assim determinava a lei. Eles os entregavam com prazer, pois me consideravam um igual, só que agindo na Luz.

Só voltei ao Sagrado Coração no entardecer do dia seguinte. Trazia comigo duas centenas de almas caídas que clamavam pelo perdão divino. Quando eu conquistava um guardião das trevas, já não precisava ficar à cata das almas. Eles sabiam quais estavam prontas e as separavam para mim. Esta era a chave do meu sucesso como guardião da Luz. Eu já havia ganhado a confiança de mais de três centenas de guardiões das trevas. Muitos eu colocava a serviço da lei e gozava de total lealdade da parte deles. Sempre conseguia novos amigos nas trevas e sempre recebia o auxílio deles em minhas investidas para novas conquistas. Depois de aplicar-lhes os primeiros socorros, levava-os para o Sagrado Coração do Amor Divino. Como eu não podia passar em todos os pontos conquistados, ia colocando novos guardiões na função de resgatadores de almas caídas à beira do caminho.

Pode parecer vaidade dizer tal coisa, mas a maioria dos guardiões das trevas ficava feliz ao me ver e triste com minha partida. Sentiam-se honrados com minha amizade e se orgulhavam de serem meus amigos. Eu sempre lhes levava alguma coisa como presente. Para eles, que viviam nas trevas e só tinham o que elas podiam oferecer, receber algo de um guardião da Luz era sinal de distinção e alegria.

Não podia levá-los para a Luz, pois estavam jungidos à lei do carma, mas procurava presenteá-los com coisas do agrado deles. Por tudo isso, o Cavaleiro da Estrela Guia era bem recebido onde outros tinham a maior dificuldade em recolher uma alma ao menos. Primeiro eu conquistava a amizade, depois a confiança e, por fim, sua lealdade. E sempre que possível, colocava-os a serviço do Grande Oriente Luminoso como guardiões da lei nas trevas. Quando via que um estava no ponto de ser incorporado ao serviço ativo da lei, conduzia-o até os mestres e iniciados do Grande Oriente, onde eles, assim como eu, ficavam ligados à execução da lei. Eu preparava o terreno com muito tato, pois estava tratando com entes sujeitos aos choques das trevas. Tudo tinha de ser feito com muita cautela e diplomacia.

Deixei os resgatados no Sagrado Coração, e já me preparava para partir, quando Flor da Primavera aproximou-se de mim e falou:

– Vai partir novamente, mago da Estrela?
– Sim. Tenho que recuperar o tempo perdido nos últimos dias.
– Leve-me, então. Gostaria de fazer algo pelo senhor.
– Você não me deve nada, Flor da Primavera.
– Gostaria de ficar junto do senhor um pouco. Não pode fazer isso por mim?

Seus olhos tinham lágrimas contidas e em seu coração vibrava a solidão.

– Está bem, mas não vamos a nenhum jardim. Vou mergulhar nas trevas. Talvez você não goste do tipo de trabalho que faço.
– Lembra-se de onde eu saí e quem me tirou de lá?
– Sim, eu me lembro muito bem!
– Não vou causar-lhe problemas. Espere só até eu avisar minhas irmãs.

Logo ela voltava acompanhada das irmãs que me abraçaram com ternura quando se aproximaram. Beijaram as duas faces do meu rosto.

Pensando ser um cumprimento, devolvi-lhes os beijos. Ficaram felizes com meu gesto.

Pouco depois, eu parti do Sagrado Coração e levava comigo a bela Flor da Primavera. Sempre quando saía, o amigo Cascavel respondia ao meu chamado mental e me encontrava e acompanhava ainda no ar durante a volição e posterior mergulho.

Quando ele se incorporou a nós, ela se assustou. Interrompi o mergulho e procurei acalmá-la.

– Não precisa temê-lo. Ele é meu amigo e não lhe fará nenhum mal.
– Não consigo evitar o medo! – exclamou ela, apavorada.
– Feche os olhos e só o sinta, sem se alterar.

Eu ordenei a ele que a envolvesse e depois se afastasse. Quando ele se enrolou, ela ficou como pedra, tal sua rigidez.

– Abra os olhos agora. O que sentiu?
– Pavor. Um imenso pavor!
– Então converse com ele um pouco.

– Não sei o que dizer.
– Diga qualquer coisa. Ele ouve os nossos pensamentos e também nos fala.
– Olá, eu sou Flor da Primavera!
– Bonito nome o seu, patroa.
– Eu, sua patroa?
– Sim, se está ao lado do chefe é minha chefe também, se precisar de minha ajuda é só chamar.
– Obrigado, mas tenho medo. Você é uma serpente!
– Sim, eu sou uma cascavel, mas um dia já fui como vocês, e espero um dia voltar a sê-lo de novo.
– Boa sorte para você.
– Obrigado e desejo o mesmo para você, agora que está livre daquela prisão infernal.
– Devo tudo ao mago. Se não fosse por ele, eu ainda estaria lá.
– Eu também devo muito a ele. Foi o único que me ajudou. Vamos, pode tocar em mim que não vou picá-la.
– Eu tenho medo.
– Se quer andar com o chefe não deve ter medo de nada, pois só o atrapalhará, e a mim também. Vamos, toque em mim e perderá seu medo para sempre.

Lentamente, ela estendeu o braço e tocou-lhe a pele escamosa.
– Vamos, pode tocar sem medo.

Ela o alisou um pouco mais e ele pediu para enrolar-se em seu braço. Ela consentiu e ele se enrodilhou vagarosamente nela. Pouco a pouco ela perdia o medo. E logo o Cascavel estava enrodilhado em seu corpo e com a cabeça sobre a cabeça dela.
– Ei chefe, com o devido respeito, mas é melhor ficar junto dela que do senhor. Ela tem umas saliências onde posso apoiar-me melhor.
– Vamos, amigo Cascavel. Já está na hora de voltar ao seu lugar!
– Já sei, não gostou de minha brincadeira!
– Não é bem assim, amigo. Não quero que Flor da Primavera goste muito de você, senão eu o perco como auxiliar.

Olhando para ela, disse sorrindo:
– Então, viu como não foi difícil vencer o medo?
– Mas eu senti um arrepio quando ele se enrolou em mim.
– Com o tempo vai acostumar. Vamos continuar, pois temos muito a fazer.

Naquele momento não me dei conta de que o Cascavel conversava mentalmente com ela, quando só Salete e eu conseguíamos, e isso por termos estudado sua língua arcaica. Mas quando me lembrei do diálogo dos dois, tive mais um motivo para me interessar por aquelas jovens. Falavam línguas diferentes e se entendiam. Aliás, uma cobra não ouve nada e não vê muito bem, mas pressente a aproximação de outros seres. Ela possuia algum tipo de sentido original que já não existe mais no ser humano. Daqui para a frente, minhas pesquisas seriam muito interessantes.

Em pouco tempo, chegávamos ao nosso destino. A princípio, Flor da Primavera ficou assustada com o que via, mas logo se adaptou ao ambiente e me ajudou a recolher os que haviam caído à beira do caminho. Eu procurava despertar nela não o amor no trabalho, mas, sim, no material a ser trabalhado. Ia lentamente mostrando-lhe o porquê da existência de tais regiões onde tantos seres humanos eram mantidos como prisioneiros. Em certos momentos, ela não continha as lágrimas ao ver o estado em que se encontravam os caídos ante a Lei Maior.

Quando todos já haviam sido recolhidos, despedi-me do guardião do local com um abraço. Ela também o abraçou e lhe sorriu. Creio que, onde eu tinha que usar de todo o meu saber e poder para conseguir uma amizade, ela conseguia isso só com um sorriso. Aquele ser das trevas não era de sorrir nem das piadas bem-humoradas do amigo Cascavel, mas não pôde conter-se com a atitude inocente dela. Ainda sorriu para mim quando notou que eu o observava.

Mas foi o amigo Cascavel quem definiu bem o que eu vira no rosto dele.

– Você viu só, chefe? Aquele guardião seria capaz de destruir tudo novamente se ela mandasse.

– Você observa tudo, não, meu amigo?

– Aprendi isso com o senhor, chefe. Além do mais, para um ser como eu, sem pés ou mãos, até que é bom ser observador!

– Mas você é respeitado pelo medo que infunde nos outros.

– Sim, isso é verdade, assim como ela será respeitada pela beleza e inocência nas palavras. Estou certo, chefe?

– E como! Ela já está me cativando.

– Vai viver com ela de agora e diante, chefe?

– Como assim?

– O senhor me entendeu! Meus sentidos não se enganam. Ela é igual às outras e já o conquistou.

– Preciso amortecer um pouco o seu mental e apagar um pouco os seus sentidos, amigo.

– Por que, chefe?

– Você está falando demais.

– Mas foi o senhor que me ensinou a não temer quando estiver falando a verdade.

— Chega de conversa sem futuro. Vamos embora. Temos muito trabalho a realizar.

Ele só deu uma de suas gargalhadas irônicas. Ele foi reduzido a uma cobra, mas já recuperava o gosto pela ironia e sarcasmo. Ainda por cima, pediu-lhe que permitisse a ele ir com ela, pois eu levaria as almas caídas. Ela consentiu com certo receio. Quando ficamos a sós, perguntei-lhe:

— Por que fez isso?

— Eu só quero ajudá-lo, chefe. Já pensou como vou ser tratado quando o senhor levá-la até o pai? Se ele me vir enrolado na filha, vai fazer-me seu braço direito num instante.

— Você pensa em tudo, não, amigo? Já consegue até descobrir minhas intenções.

— Há quanto tempo estamos juntos, chefe?

— Mais ou menos um século, por quê?

— Em cem anos, até um ser como eu tem que aprender a forma de agir e pensar de seu chefe, ou então merece ir para o inferno sem retorno.

Paramos de conversar e me dediquei ao trabalho curador junto aos irmãos doentes no mental, no perispírito e no emocional. Flor da Primavera me pediu para ensiná-la e, pouco depois, já estava trabalhando também.

Após terminarmos, eu lhes fiz minha habitual palestra antes de levá-los ao Sagrado Coração. Ela prestava a maior atenção ao que eu falava. Tentava entender as palavras que seu mental já havia absorvido.

Eu procurava ensinar a língua que usava em minhas palestras. No entanto, como nunca voltava ao mesmo local, a língua mudava conforme a região a que pertenciam os socorridos. Quando terminei, ela pediu:

— Assim que for possível, pode repetir tudo para mim?

— Você não entendeu?

— Não. Somente algumas palavras fazem sentido para mim, mas eu vi como eles se emocionavam com elas. Alguns até conseguiram se iluminar um pouco.

— Farei isso e algo mais. Vou ensinar-lhe minhas línguas mais usadas, assim poderá participar delas. Agora vamos levá-los até o Sagrado Coração.

Quando já tinha entregue todos e me preparava para partir, novo pedido de Flor da Primavera, e nova concessão ante sua insistência. Novo encontro no espaço com o amigo Cascavel, só que desta vez ela não se assustou. Até sorriu para ele. A quantidade era bem maior agora e ficamos vários dias na crosta terrestre cuidando deles antes de levá-los ao Sagrado Coração. O resgate havia sido enorme. Sabendo que já estavam bem para o transporte até o Sagrado Coração, resolvi refazer um pouco nossas energias no ponto de forças da natureza junto às cachoeiras. Eu ia sempre a um dos pontos de força da natureza para cuidar dos irmãos enfermos. Neles, eu tinha à minha disposição a energia que purifica e cura um espírito.

Como eu a vi abatida também, convidei-a para se fortalecer um pouco. Quando já estava refeito, olhei para Flor da Primavera. Como estava bonita! Os raios luminosos que partiam de seu coração chegavam até mim e me envolviam. Dei uma olhada ao redor e localizei um arvoredo todo florido. Fui até ele e tirei de um de seus ramos o seu duplo astralino. Voltando para ela, fiz-lhe uma meia coroa florida e a prendi em seus cabelos. Quando terminei, disse:

— Esta é a mais linda coroa para uma princesa. Espero que goste. Saiba que esta tiara só realça sua beleza.

— Por quanto tempo ela permanecerá assim, com vida?

— Pelo tempo que você desejar. Basta mantê-la onde eu a coloquei.

— Então você sempre a verá embelezando-me, pois nunca mais eu a tirarei.

— Por que usá-la para sempre, Flor da Primavera?

— Tudo o que lhe agradar eu conservarei e o que não o agradar, eu lançarei fora e jamais tocarei.

— Como você diz coisas agradáveis de se ouvir. Creio que o gênio do amor a inspira.

— Duvido que isso esteja acontecendo.

— Por quê?

— Eu não preciso de inspiração para lhe dizer do amor que sinto; o máximo que ele pode fazer é não deixar que eu desfaleça, tal sua intensidade.

— É tão forte assim o amor que sente, Flor da Primavera?

— Sim. E aumenta a cada momento que passa. Quanto mais eu o conheço mais ele aumenta de intensidade. Por que se recusa a receber um pouco do meu amor, Simas?

— Eu não me recuso, apenas não sei se devo.

— Como poderia sabê-lo?

— Ainda não sei como descobrir tal coisa, por isso me mantenho afastado de você, Flor da Primavera.

— Não seria melhor juntar-se a mim enquanto não descobre a resposta?

— Por que acha que seria melhor?

— Pelo menos eu poderia receber um pouco do seu amor e dar-lhe todo o meu. Caso venha a descobrir que estava certo, só prosseguiria com tudo, e se tivesse agido errado, só teria feito algo para alegrar um pouco o coração de quem o ama muito.

— Se não é o gênio do amor que a inspira, então você é um gênio de amor.

– Saiba que foi ele que me manteve viva por tantos milênios. Eu e minhas irmãs vivemos todo o tempo sonhando com o amor. Sabíamos que um dia Deus nos libertaria por causa do nosso amor. Nós devíamos ter cometido algo muito grave e não importava a extensão da pena, mas a nossa certeza era de que um dia, só por amor a nós, Ele nos libertaria.

– Então é muito grande o seu amor, Flor da Primavera!

– Nem imagina o quanto! São milênios acumulando o amor só para dividi-lo com aquele que Ele me enviaria só por amor a mim!

– Só há uma outra que diz estas coisas como você.

– Eu sei quem é ela. Por que não me deixa ocupar o seu lugar enquanto ela está ausente?

– Um dia espero tê-la ao meu lado novamente.

– Até lá, viva comigo e ela nada sentirá, já que, em mim, você viverá o amor dela.

– E como ficará quando ela voltar?

– Eu terei aumentado tanto o seu amor que terá o bastante para as duas e ainda restará o suficiente para todas as que já o têm e as que ainda o terão.

– Será você o presente que a encantada do mar me prometeu?

– Não sei, mas se o agrado como um presente, então me tome em seus braços, senão desfalecerei.

E eu tomei em meus braços o meu belo e perfumado ramo de Flor da Primavera.

Devo dizer que ela desfaleceu, mas não soltou seus braços, que me envolviam com todo aquele amor acumulado por milênios. Eu a recebi por completo. Já não me importava mais se estava agindo certo ou errado. Se era certo, eu já o recebera e, se fosse errado, não me importava em pagar o preço que poderia ser muito, pois o amor de minha Flor da Primavera era impagável! Mas, afinal, que importância teria tal preço se o amor só é amor quando vivido a dois, e o seu resultado é só mais amor?

Após algum tempo abraçados, despertamos para o trabalho que nos esperava.

– Vamos, minha bela Flor. Há alguns que estão precisando conhecer os mistérios da Luz para então poderem conhecer um pouco as coisas do amor.

– Você já é o dono da minha fonte do amor, mago da Estrela!

– Pois vou procurar fazer com que esta fonte jorre cada vez mais e muitos possam beber um pouco do amor puro que existe em seu ser imortal.

– Então eu o nomeio guardião da minha fonte do amor, iniciado da Estrela Guia!

–Pois eu lhe digo que, como guardião da sua fonte do amor, eu a farei brilhar tanto quanto minha estrela quando brilha nas coisas do amor.

— Mago da Estrela, onde eu poderei encontrar outro igual a você?

— Cultive o meu amor em seu coração e me encontrará em você mesma, Flor da Primavera.

— Você me ensinará como cultivá-lo?

— Um dia destes eu o farei. Agora vamos que os que nada têm nos aguardam. Reserve sempre um pouco do seu amor para eles e verá como alguém lá em cima aumentará, e muito, a vazão da sua fonte do amor.

Voltamos para junto dos irmãos que nos aguardavam. Não havia ansiedade nem desespero em seus rostos. Creio que nossa indiscrição com as coisas do amor diante deles acabou ensinando mais que muitas palestras doutrinárias.

— Ei chefe – era o amigo Cascavel quem me interpelava – Ainda é pecado sentir inveja?

— A inveja nunca deixará de ser um pecado, meu amigo. Por quê?

— Então eu regredi mais um pouco, pois senti inveja de vocês dois agora há pouco.

— O que você sentiu não foi inveja, meu amigo, só vontade de amar e ser amado. Acredite-me, você evoluiu mais um pouco! Agora vamos levar estes amigos, pois ainda temos muito o que fazer.

Partimos. Antes dei uma olhada para o alto da bela cachoeira e avistei apenas de relance a figura do gênio do amor, o qual, ao perceber que eu o havia visto, ocultou-se. Estranho, mas sempre que o amor se manifesta, seu gênio sorri de felicidade.

Desvendando alguns Mistérios do Amor

Após chegarmos ao Sagrado Coração e encaminharmos os socorridos, fui encontrar-me com Salete. Precisava de algo para levar de presente ao guardião que me esperava.

Quando nos encontramos, ela me olhou com tristeza. Assustei-me, pois Salete não era de se entregar a ela. Abracei-a e lhe perguntei:

– O que houve, Salete querida? Por que este semblante triste?

– É a filha do mestre Han. Está regredindo novamente e não consegue perdoar-se pelo que fez há milênios.

– Ele deve estar sofrendo muito, não?

– Não é só ele. Ela já está começando a voltar ao estado do qual você a retirou nas trevas.

– Eles não conseguem fazer nada para retirá-la desta regressão?

– Só se a adormecerem, mas mestre Han não quer fazer isso. Esta não é a forma de solucionar o problema.

– Irei até lá para vê-la assim que resgatar as almas que estão à minha espera. Você me separou o que havia pedido?

– Sim, vou mandar buscar.

– Enquanto isso, vou procurar por alguém e já volto.

Fui ao encontro de Flor da Primavera, que se juntara a suas irmãs. Minha mãe estava com elas.

– Como vai, mamãe? – saudei-a beijando o seu rosto.

– Observando o progresso delas.

— Como acha que estão?
— Muito bem, Simas. Só você para transformar tão rapidamente as pessoas. Qual delas vai levar, agora?
— Nenhuma, pois o lugar para onde vou é muito perigoso. Console-as na minha ausência. Não sei quanto tempo vai-se passar até que eu volte.

Virando-me para Flor da Primavera, pedi-lhe que fizesse diversas coisas até minha volta. Salete lhes explicaria o motivo da minha ausência. Dei-lhes um beijo em cada face, como era seu costume, e sorri.

— Mamãe, lembra-se do que me disse uma vez, há muito tempo?
— Já disse tantas coisas que não lembro a que se refere.
— Algo como transformar uma pedra de gelo em uma brasa ardente?
—— Quem é ela?
— A filha do mestre Han. Não vou descansar enquanto não a trouxer para a Luz por inteiro.
— Salete me contou. Pode demorar muito em tal tarefa!
— Então ore para que sejam verdadeiras as suas palavras ditas naquele dia. Se não forem, ela cairá e mestre Han sofrerá muito.
— Desejo-lhe boa sorte! Sua vontade de ajudar será sua força, e seu amor, sua arma.
— Ajude-as mamãe, pois têm muito a nos oferecer e sozinho eu não conseguirei.
— Muito pouca coisa conseguimos fazer sozinhos. Vá cuidar dos seus afazeres e não se preocupe com mais nada.
— Até a vista, mamãe. Dei uma última olhada para as jovens e vi que não me devia preocupar.

Fui ao encontro de um amigo leal. Era o guardião das Sete Espadas. Quando me viu, deu-me um forte abraço.

— Como vai, guardião da Espada?
— Feliz em revê-lo, guardião da Estrela. O que há de novo?
— Preciso de sua ajuda, meu amigo.
— Qual é o problema?
— Não poderei concluir essa missão sozinho. Por acaso está livre?
— Ainda que não estivesse, largaria tudo para auxiliá-lo.
— Você é um grande amigo, guardião da Espada.
— Só dedico a você a mesma estima que tem por mim. Onde eu devo ir?
— Nós iremos juntos e depois de conseguir o que ele tem para nós, você cuidará do resto para mim.
— Quem é o ser que vamos encontrar nas trevas?
— Você não vai gostar de ouvir o nome dele.

– Vamos, não faça mistérios, diga logo!
– É o guardião da Caveira.
– Eu ainda corto aquele canalha com a minha espada, Simas!
Ele, instintivamente, levou a mão até o cabo de sua espada.
– Não acha que já é tempo de pacificar o passado?
– Depois de ele ter sumido com o meu auxiliar nas trevas? Um dia eu ainda o pego fora do seu ponto de forças e parto todos os seus ossos a golpes de espada.
– Eu acho que posso contornar tudo e evitar a luta que não lhe trará nenhum prazer.
– Como pensa em agir, guardião da Estrela?
– Confia em mim, não?
– Totalmente, meu amigo.
– Então vou contando no caminho até o ponto de forças dele. Antes tenho de apanhar algo com Salete, volto já!

Pouco depois, partíamos rumo a uma das maiores prisões de almas que existem no baixo astral. Não vou dizer aqui tudo o que foi dito até que voltasse a paz entre os dois, mas houve queixas de ambas as partes, ameaças recíprocas e até um desembainhar de espadas que quase iniciou uma luta terrível entre nós dois e todo um ponto de forças das trevas. O ar estava eivado de odor de sangue. Se o guardião da Caveira possuía seus auxiliares sanguinários, nós tínhamos nossas espadas encantadas que destruiriam tudo o que tocassem. A muito custo consegui pacificar o ambiente. Quando tudo se acalmou e conseguimos esclarecer os pontos obscuros, o guardião da Caveira me perguntou:

– É sempre assim que você age, guardião da Estrela?
– Nem sempre, meu amigo. Cada caso é um caso. Não sei se me considera um amigo, mas eu ainda o tenho como um dos muitos que possuo nas trevas. Mas, como o guardião das Sete Espadas é meu amigo também, achei que devia pacificar uma amizade rompida por causa do ato impensado e pouco inteligente de um auxiliar dele. Veem agora como grandes lutas advêm de pequenos erros? Fico feliz que agora tudo esteja em paz entre vocês. Com o tempo, eu acredito que a confiança mútua retornará e verão que certas lutas não valem a pena.

Posso dizer que o auxiliar do guardião das Sete Espadas voltou para as trevas e dois dos principais auxiliares do guardião da Caveira caíram em desgraça no ponto de forças dele. Por isso eu digo até hoje: nunca mande subalternos fazerem o trabalho de um chefe, pois logo se julgam importantes e cometem erros monumentais. Este foi um deles e posso afirmar com plena certeza que a confiança, ainda que tenha demorado um pouco, voltou a reinar entre eles e perdura até hoje. Melhor assim! Quando dei o presente ao guardião da Caveira, que também não direi o que era, ele abriu as portas do seu reino para nós.

A partir deste dia, jamais fechou para nenhum de nós dois, e voltamos ali muitas vezes. Houve um tempo em que parei de ir, mas o guardião das Sete Espadas continua indo lá até hoje e resgatando milhares e milhares de frutos para serem servidos à mesa do Criador, quando se tornarem doces e suculentos.

Saímos do ponto de forças do guardião da Caveira com quase duas mil almas. Levaríamos dias para prepará-las para a nova realidade. Salete nos enviou ajuda quando chegamos no ponto de forças do mar. Deixei tudo a cargo do amigo guardião das Sete Espadas e parti rumo ao templo Dourado de mestre Han.

Uma missão não menos difícil me aguardava.

Ao me ver chegar, mestre Han deu um sorriso triste.

– Salve, mestre de mestres! Não se entristeça, meu pai amado, pois no final tudo ficará bem.

– Salve, filho amado. Desculpe-me por não recebê-lo com um sorriso alegre, mas imagino que veio por causa de minha tristeza.

– Mestre Han, eu pedi licença a Salete no Sagrado Coração para tentar ajudar sua filha amada. O senhor me permite auxiliá-lo?

– Eu fico honrado com seu oferecimento, filho meu, mas os mestres do Templo Dourado já esgotaram todo o saber que possuem e não conseguiram reverter o processo de regressão. Só nos restam duas alternativas: adormecê-la ou devolvê-la ao seu antigo abrigo nas trevas e deixar o processo de transformação consumar-se de vez. Então não sobreviverei à tristeza de ver minha filha rastejar nas trevas por tanto tempo.

– Todos nós temos a nossa Sarah, não?

– Tem razão, todos nós a temos, de uma forma ou de outra.

– Por que isso, mestre da Luz?

– É a forma que o Criador tem de dizer que ainda nos quer ligados à Terra. Do contrário, iríamos nos fundir à Luz e não mais olharíamos para os que sofrem e padecem. Só Ele sabe como construir a mais sólida das prisões: a prisão do amor.

– Mestre Han, lembra-se do que me disse certa vez?

– Tantas coisas eu lhe disse que já não sei à qual se refere.

– Minha mãe disse isso antes de eu partir. Estranho, mas sempre me lembro de tudo o que me disseram os que amo.

– O que foi que eu lhe disse, filho meu?

– Disse que, quando um mago da Luz falha, um sábio toma-lhe o lugar; e, quando um sábio falha, um iniciado vence, pois só eles têm coragem de fazer o que o mago não se lembra mais e o sábio não ousa devido ao seu saber.

– Só um iniciado se lembra como fazer, ousa fazê-lo e não se importa!

Mestre Han finalmente sorriu de alegria. De seus olhos lágrimas jorraram em grande quantidade.

– Filho meu, só quem é um mago, um sábio e um iniciado pode conseguir tal coisa, não tanto por mim, mas por ela mesma.

– Eu vou até o fim, mestre Han! Só voltarei aqui quando puder fazê-la sorrir de alegria ao vê-lo. Antes não me espere nem se preocupe.

– Como disse um dia o Cavaleiro do Mar, não duvido que consiga.

– Se eu me demorar, tranquilize Salete e traga para cá as jovens que libertei junto ao amigo Sete Cobras. Distraia-as com os encantos do Templo Dourado. Eu já sei qual é o problema de sua filha e não quero que elas voltem a decair novamente.

– Vai deixar sete por uma, filho meu? Não acho justo o preço a ser pago, não vou concordar com seu auxílio!

– A principal das sete já não cairá mais e se a amparar com as palavras certas, manterá as outras seis junto a ela e em boa vibração.

– Se é assim, fico mais tranquilo. Quer que eu mande alguns guardiões para substituí-lo?

– Só se meu pai precisar. O amigo guardião das Sete Espadas tomará meu lugar.

– Venha comigo até onde ela está. Só estamos conseguindo mantê-la à custa de muitos esforços.

Quando chegamos ao quarto onde ela estava, eu me comovi até as lágrimas. Já se havia deformado até o ponto em que eu a havia recolhido. Não a trouxera direto para o Templo Dourado, pois não queria chocar mestre Han. Mas agora eu via que sofria muito mais. Ele estava assistindo a sua filha amada regredir drasticamente. A regressão continuaria até ela se transformar em uma serpente, pois não conseguiria perdoar-se. A consciência a acusava de forma brutal.

Quem não se alteraria ao ver um espírito perfeito regredir tanto a ponto de ocultar-se na forma de uma serpente? Isso acontece. Devido ao remorso, ela se sentia uma serpente traiçoeira que, às escondidas, picara com o veneno mortal o próprio pai. E, devido à continuidade dos erros, não se perdoava. Era a lei imutável e implacável do Criador agindo de maneira brutal sobre Sua criação. Quando Deus dá, ele é generoso, mas quando tira, é implacável. A nós restam a fé em Sua bondade e o amor à justiça divina que a tudo corrige no seu devido tempo.

E foi pensando na fé, no amor e na justiça que fiz uma pungente oração ao Criador e implorei por Sua misericórdia com o espírito de Flor do Campo. Este era e ainda é o seu último nome, quando vestida na "pele de cordeiro".

Implorei à luz do saber, meu ancestral místico, e ao anjo da Luz que me guiassem, coisa que eu sempre fazia antes de me lançar em uma nova tarefa. Quando terminei minha oração ao lado dela, senti que minhas energias se multiplicaram. Toquei em seu mental e ela voltou a ser a bela Flor do Campo. Senti-a na beira de seu leito e lhe falei ternamente.

— O que houve, minha querida Flor do Campo? Por que chora de maneira tão sentida?

— Não consigo perdoar-me, meu salvador. Estou caindo novamente.

Ela falava entre soluços doloridos.

— Sinto-me tão só. Nada mais existe para mim, só vejo à minha frente as trevas me chamando de volta ao esquecimento dos horrores que cometi.

— Acaso pode ver-me?

— Sim, eu o vejo.

— Então está tudo bem, pois pode ver-me e ouvir.

— Mas é só a você que vejo e ouço. O resto não existe.

— Não gostaria de me abraçar um pouco?

— Não se enoja por me abraçar?

— Como poderia sentir nojo de alguém que amo tanto?

— Está sendo sincero em suas palavras?

— Olhe nos meus olhos e veja se estou mentindo quando digo que a amo!

— Seus olhos estão inundados de lágrimas tanto quanto os meus.

— Pode alguém mentir com as lágrimas brotando não dos olhos, mas do coração, minha querida Flor do Campo?

— Não sei ao certo. Minha fonte de amor secou há tanto tempo que não sei mais nada sobre ele.

— Então, deixe-me irrigar novamente sua fonte com o meu amor e lhe garanto que jamais voltará a secar.

Ela nada mais falou. Atirou-se em meus braços estendidos em sua direção. Eu a envolvi com força e novamente ela chorou. E como chorou a minha querida Flor do Campo. Ocultava seu rosto em meu peito e o banhava com suas lágrimas. Rapidamente transmiti uma mensagem aos mestres ali reunidos e parti. Fiz isso porque o pai dela, o meu querido mestre Han, também chorava copiosamente.

Mergulhei rumo à crosta terrestre levando comigo um ser carente das coisas do amor. Quando terminei meu mergulho, estava em um lugar muito bonito à beira-mar. O mar sempre me atrai. O que mais me encanta é ficar observando o vaivém das ondas. No seu movimento incessante, conseguem nos embalar na maior das calmarias.

– Onde estamos? – perguntou-me ela.
– À beira-mar, junto à crosta terrestre, minha querida!
– Você me chama de minha querida e nem sei seu nome.
– Chamam-me de Simas.
– Posso chamá-lo de querido Simas?
– Se o fizer, só aumentará o amor que sinto por você, bela Flor do Campo.
– Você é tão bondoso. Posso beijá-lo?
– Será um prazer imenso ser beijado por alguém tão bela como você.

E Flor do Campo me beijou com ternura. Muitos outros beijos trocamos, e muitas carícias também. Lentamente eu fazia brotar nela o sentimento que faz um espírito vibrar com mais intensidade. E eu sentia que ela vibrava cada vez mais. Até onde chegou, não vou dizer aqui, mas devo confessar que eu vibrei com a mesma intensidade.

Uma coisa devo dizer. Se alguém se propuser a auxiliar seus semelhantes, que comece a fazê-lo em primeiro lugar por onde eles caíram, ou falharam ou não souberam compreender o que os puxava para baixo. E Flor do Campo havia caído por não ter visto que era por amor que se afundava. Tanto afundou que só um outro amor a reergueria. Era isso que eu estava fazendo. Fazia renascer nela o desejo de ser novamente amada e justamente da maneira que a desiludira. Primeiro havia morrido o amor pelo amante e só depois é que veio o remorso pelo envenenamento do pai, preparado a partir do veneno de uma cobra. Por isso, sua fixação em se sentir como tal. Eu nada mais tentava fazer para lhe dar algo para se agarrar, ou seja, dava a mim mesmo. E ela se agarrou quando eu despertei nela um dos mistérios do amor.

Era o prazer do amor, o mistério a que me refiro. Eu conhecia todos os mistérios do amor, mas somente praticava alguns. Para ajudá-la, tive de reviver este mistério novamente. Não posso dizer que o fazia contra a minha vontade, pois estaria mentindo. Só uma coisa me preocupava: qual seria o preço a ser pago? Apesar de ter pedido o auxílio divino para ajudá-la, não sabia se me seria permitido descer tanto. Mas, como eu dissera ao relembrar mestre Han, um iniciado se lembra, ousa e não se importa de fazê-lo. Se tiver de pagar algum preço, ainda que a contragosto, irá pagá-lo e, algum tempo depois, se levantará novamente. É sua natureza, e a causa disso é sua origem. Um mago ou um mestre não são iniciados na sua origem, mas um iniciado tanto é um mago como um mestre, já em sua origem.

Ficamos vários dias naquele lugar. Colhíamos alimentos nas árvores frutíferas e água junto a uma fonte. Quando vi que Flor do Campo já se sentia uma mulher de verdade, convidei-a para vermos como andava a evolução da humanidade no plano material. Ela não gostou do meu convite. Queria continuar ali para sempre, mas isso não se adaptava aos meus planos feitos antes de sair do Templo Dourado.

Com muito tato e escolhendo bem os lugares para não lhe causar nenhuma lembrança desagradável, fui levando-a a vários locais do planeta. Foi com alegria que ouvi quando ela me pediu para ouvir melhor uma música que saía de um teatro. Volitamos até seu interior e ficamos ouvindo até o término da apresentação dos músicos.

Visitamos muitas cidades em todo o mundo. Eu sempre comentava sobre tudo o que lhe despertava a atenção. Incutia nela a confiança na humanidade em geral e no ser humano em particular. Enquanto preenchia seu mental com novas realidades, ia lentamente adormecendo as antigas. Pouco a pouco eu via a minha linda Flor do Campo crescer. Eu só estava esperando ela crescer o suficiente para poder, na hora certa, transplantá-la para a realidade dos espíritos em evolução.

Senti com alegria que se ia acalmando seu desejo do prazer do amor, ao mesmo tempo que lhe brotava a satisfação da companhia do amor. Chegamos a passar noites inteiras só contemplando as ondas prateadas do mar ou as longínquas estrelas no firmamento. Eu lhe recitava versos ou cantava algumas canções que ainda podia lembrar. Ela, lentamente, adquiria o gosto pela música e a poesia. Ainda não era a hora de tirar a minha Flor do Campo do viveiro bem cuidado e plantá-la no campo, sujeita às intempéries do tempo. Mas sabia que logo chegaria este tempo.

Quando vi que ela já havia aprendido muitas poesias lindas e também muitas músicas, só de ouvir os poetas declamarem os seus versos ou os músicos tocarem suas lindas canções, convidei-a a conhecer o local onde eu vivera por algum tempo em minha última encarnação.

Eu ia começar a transplantar minha Flor do Campo. Mostrei-lhe as terras que um dia me haviam pertencido e os vestígios do tempo em que eu estivera por lá. Mostrei onde era a aldeia dos índios e falei-lhe de Raios de Lua, minha primeira esposa.

– Onde está ela agora?

– Raios de Lua está servindo à guardiã do ponto de forças da natureza das águas nas cachoeiras.

Ao ver seu interesse, indaguei-lhe:

– Gostaria de ouvir-me falar dela e do gênio que guarda este ponto de forças?

– Sim, Simas. Parece ser muito bonito. Fale-me dela primeiro.

Contei-lhe como era Raios de Lua e sua tribo, de nossa pouca convivência, dos nossos filhos e de sua morte. Então falei do ponto de forças. Quando terminei, ela me pediu para que falasse mais.

Então, contei-lhe sobre Sarah e todo o seu sofrimento até me reencontrar. Falei a ela tudo sobre Sarah e nosso imenso amor. Com muito tato, falei-lhe de minha busca no esclarecimento do mistério das Três Cruzes e no encontro do templo dos magos. Parei de falar no ponto em que era tentado pelo guardião do templo.

– Por que parou sua narrativa tão linda, Simas?

– Recordando-me daqueles tempos, deu-me vontade de fazer uma prece. Você me acompanha, Flor do Campo?

– Não sei rezar.

– Minhas preces são livres, não obedecem a um ritual. Só falo a Deus o que sinto em meu coração.

– Então, faça-a que eu o acompanho mentalmente.

Eu fiz minha prece. Nela eu agradeci a Deus pelo dom que nos deu da eternidade do espírito, por sua generosidade em nos ceder a sua pele de cordeiro para que nós voltássemos à carne a fim de evoluirmos. Agradeci-lhe por muitas coisas, todas iguais em importância à evolução dos espíritos, suas criações.

Falei, falei e falei. Tanto falei que me comovi com minhas próprias palavras de agradecimento a Deus e sua infinita bondade para conosco. Quando terminei, Flor do Campo soluçava ao meu lado. Acariciei seus longos cabelos e a abracei, perguntando-lhe:

– Por que chora, minha querida?

– Sua prece me tocou fundo. Há quanto tempo eu não endereço uma prece a Ele? Meu Deus, há quanto tempo!

– Porque não o faz agora? Eu sinto que é um bom momento.

– Não saberia como fazer uma prece, Simas querido.

– Faça como eu, faça uma prece livre. Diga só o que lhe passa no coração. Tenho certeza de que Ele a ouvirá.

– Como posso saber se me ouvirá?

– Só criando coragem e transmitindo ao Sagrado Coração Divino o que sente no seu.

– Mas eu sinto muita dor em meu coração, apesar de você vê-lo inundado com seu imenso amor.

– Pois, então, transmita toda a sua dor e verá que Ele a absorve por inteiro e ainda lhe derrama um pouco do seu misericordioso amor. Vamos, Flor do Campo, só é difícil no começo, depois ela brota como a água da fonte. Você quer estancá-la, mas não consegue enquanto não a derramar toda. Faça. Você terá dois ouvintes atentos, eu ao seu lado e Deus lá nas alturas, e estamos os dois ansiosos para ouvir o que se passa em seu coração tão magoado.

– Então me dê suas mãos, Simas. Você é a minha única ligação com ele.

E, segurando minhas mãos, ela começou sua prece ao Criador Divino.

No princípio, pensava no que diria, mas, como eu lhe havia dito, chegou um momento em que ela não conteve mais as palavras que jorraram de seu coração magoado. Flor do Campo orava uma prece de perdão. Pedia perdão por todos os erros e pecados cometidos. Orava chorando ou chorava orando, isso não importa. O que importava eram suas palavras. Abençoado é o dom que Deus nos deu de falar, pois é através dele que nos comunicamos com Ele. O que e o quanto ela falou em seu pedido de perdão não vêm ao caso, pois cada um deve dizer o que lhe passa no coração.

Estávamos ajoelhados durante as preces. E foi assim que vi uma luz jorrar do infinito e envolvê-la por inteiro à medida que aumentava o seu pranto e a dor contida em suas palavras. Quando notei que cessou sua prece e só chorava convulsivamente, pedi-lhe que olhasse para o alto. Assim fez e só disse mais algumas palavras.

– Simas, finalmente Ele me ouve! Ele me ouve, Simas! Finalmente eu consegui reconciliar-me com Deus. Obrigada, Senhor, por me reviver. Obrigada por me aceitar de volta ao Seu seio e me dar uma nova oportunidade. Obrigada também por ter-me enviado um anjo Seu em meu auxílio, lindo e cheio do amor que me reconduziu até o Senhor.

– Onde está este anjo, Flor do Campo? Também gostaria de poder vê-lo.

– Olhe-se, Simas, e o verá. Você é o meu anjo amado. Não vê que é só luz neste momento?

As últimas palavras ela mal conseguiu dizer, pois desfaleceu a seguir. Passei meus braços por baixo de seu tóxax e pernas e a elevei do solo. Ainda fiz mais uma prece do Criador por ter permitido que eu O fizesse renascer onde havia morrido há muito tempo.

A intensidade da luz aumentou e, se antes era cristalina, agora se tornava dourada. Pouco depois, ela despertava e também viu a luz dourada nos envolvendo. Passou seu braço por cima do meu ombro e se aconchegou bem junto a mim. Ficamos assim abraçados até que a luz cessasse. Só então abaixamos nossos olhos, que se haviam fixado no infinito, ansiosos por ver o Criador.

Eu a olhei com ternura. Devo dizer ainda que lhe dei um longo beijo de amor. Pode parecer uma falha minha, mas eu não me fazia de difícil diante de uma mulher apaixonada. E Flor do Campo era uma mulher assim naquele momento. Se o preço do amor é mais amor, então eu estava decidido a pagar logo minha dívida. Então eu amei a minha linda Flor do Campo num campo florido e muito lindo. E como a amei! Eu possuía esta qualidade. Sarah era a dona do meu coração, mas, na sua ausência, eu o dava por inteiro a quem estivesse ao meu lado. E se agora era Flor do Campo que estava junto a mim, então ela o recebia por inteiro.

E era da mesma maneira que ela me retribuía o seu amor. Uma das coisas que não deixava morrer o meu amor é que, quanto mais eu dava, mais eu recebia. E, nesta vida, quem divide ou dá seu amor a muitos, de muitos recebe amor. Só assim para não ver secar nossa fonte de amor.

O importante é saber dar amor. Não adianta dar a quem tem outro amor. Assim nada recebemos em troca. Mas quando damos a quem não o conhece, ou não o tem, fazemos com que ele jorre novamente de sua fonte e com a vantagem de ser um fruto de nosso amor. Então ele será igual ao nosso. Assim, quando o recebermos de volta, ele só aumentará porque são iguais e se fundem instantaneamente. Este é um dos mistérios do amor. Eu os conheço muito bem. E, quando digo isso, não estou falando apenas de uma mulher amada, mas também de um irmão, pai, filho, amigo ou de um dos nossos semelhantes, assim como do Criador e de toda a Sua criação. Se amamos a natureza, ela também nos ama, e se amamos um animal irracional, à sua maneira, ele retribui o nosso amor com seu amor. Deus criou o Universo e tudo o que o compõe só por amor à vida.

Mas, voltando à minha história, quando o Sol despontou no horizonte e com seus raios iluminou a campina florida, eu mostrei a Flor do Campo a beleza da visão que nos era mostrada. Como estava deitada, levantou-se um pouco para vê-la.

– Flor do Campo, veja como é bela a natureza que o seu nome quer mostrar.

– É muito lindo o campo florido, Simas. Você sabe como despertar alguém para a vida.

– É que eu amo a vida, Flor do meu jardim.

– O seu jardim tem muitas flores, Simas?

– Tem sim. E como são lindas as flores do meu jardim! Não saberia dizer qual delas é a mais bonita.

– Quer que eu lhe diga o porquê, Simas?

– Sim, quero saber por que acho todas tão lindas e amo a todas elas.

– É que você fertiliza os seus solos com amor, planta suas sementes com amor, rega-as quando têm sede com a água que jorra da sua fonte do amor e, como um jardineiro caprichoso, não deixa que suas flores sejam envoltas por ervas daninhas. Como um sol, você as faz crescer sob a sua luz.

— É a mais inspirada das poetisas das coisas do amor, Flor do Campo.
— Você gosta de meus versos?
— Sim, principalmente quando falam do nosso amor.
— Então lhe farei muitos versos de amor e só os declamarei para seus ouvidos.
— Vou cobrar-lhe isso, Flor do Campo.
— Pois saiba que ficarei triste se não o fizer.

Ainda ficamos muito tempo deitados naquele campo florido falando das coisas do amor. Então, ela me pediu para continuar falando do tempo dos magos e eu lhe propus acompanhar minha história mais de perto e a levei até a Espanha; em Cádiz, para ser mais exato. Mostrei-lhe a casa onde nasci e vivi até que a tragédia destruísse nossas vidas. Mostrava os lugares e contava minha história. Quando terminei de contá-la, estávamos na praia onde desencarnei.

— Sua história também é muito triste, Simas. Não foi tão grave a sua falha, pois ainda na carne você resgatou seus erros. Mas não deixa de ser uma história triste.
— Ainda não lhe falei como foi após o desencarne.
— Fale-me disso também, Simas. Estou aprendendo muito com você.
— Eu tive uma dificuldade, minha querida Flor do Campo. Todos os que me amavam queriam auxiliar-me: queriam ver-me feliz para serem felizes. Mas eu me recusava a perdoar-me, quando meus pais nunca me haviam condenado. Eles entenderam o que havia acontecido. Morreram por eu não ter tido confiança n'Ele e confiado em um servo das trevas travestido de sacerdote.
— E o meu morreu por eu ter amado a um homem que se dizia sacerdote. Só que era das trevas.
— Sabe o que somos nós dois?
— Não!
— Semelhantes no amor e também na dor. Por isso nos damos tão bem.
— Simas, não sabe como eu o amo! Você é a vida da minha vida.
— Sabe o que você é para mim? A razão da minha vida. E, se depender de mim, nunca lhe faltará força para viver.
— Pois se depender de mim, você sempre terá uma razão para viver.
— Gostaria de tirar de sua mente o que mais a incomoda?
— Sim, mas você sabe o que é?
— Não teme ir até onde ele se oculta? Pode ser perigoso e não lhe quero mal algum.
— Se fazendo isso poderei seguir adiante.

– Vou mudar minha forma plasmada, depois iremos até ele. Você está preparada para esse encontro?

– Mais forte que nunca!

Mudei minha forma. Eu voltava a ser o Cavaleiro da Estrela Guia, e ia mergulhar nas trevas de novo. Tudo por amor!

– Abrace-me, Flor do Campo, logo estaremos lá.

Pouco depois, adentrávamos um abismo sombrio. Logo estávamos diante de uns seres mal-encarados e sombrios. Pedi para ver o chefe deles. Falei com tal autoridade que logo ele veio até nós. Ela estava agarrada a mim e tremia muito. Assustou-se com a chegada do guardião das trevas que cuidava do local.

– O que deseja do meu reino, Cavaleiro da Estrela Guia?

– Quero ver o "fulano de tal", meu amigo. Sei que é seu escravo. (Não vou dar o nome dele, pois não estou autorizado.)

A uma ordem dele, logo nos foi trazido o escravo das trevas. Flor do Campo assustou-se quando o viu. A aparência era horripilante.

– Converse com ele, Flor do Campo. Procure saber de tudo que o levou a fazer tais coisas e tudo o mais. Nós nos afastaremos um pouco até que terminem de conversar.

Convidei o guardião do lugar para conversarmos um pouco também. Procurei saber quem tinha vindo recolher os que estavam no ponto durante a minha ausência.

– Foi outro Cavaleiro da Estrela Guia acompanhado do guardião das Sete Espadas. Ele é tão amistoso quanto você, meu amigo.

– Fico feliz em saber que se deram muito bem.

– Diga-me cavaleiro, como vai meu filho?

– Da última vez que o vi já estava integrado a uma falange de irmãos curadores que atuam junto aos encarnados. Não se preocupe com ele. Está muito bem assistido em seu trabalho pelos outros irmãos mais antigos. Um dia ele voltará para visitá-lo. Deixe primeiro ele conquistar o seu grau.

– Não vou atrapalhar a evolução dele, cavaleiro. Já lhe fiz muito mal, agora chega. Quero que avance cada vez mais e me esqueça.

– Ele não o esquecerá nunca, meu amigo. Quanto mais avançar, mais se lembrará de você. Acredite-me, essa é a mais pura verdade.

– Eu acredito em você, meu amigo. É por tudo isso que o estimo e respeito.

– Nós somos iguais, meu amigo, apenas estamos em lados opostos. Quem sabe um dia você possa voltar a caminhar na Luz novamente.

– Quem sabe, não, cavaleiro?

– Sim, meu amigo. Quem o saberá? – falei olhando para o alto.

Nisso, Flor do Campo veio para junto de mim.
– Já se livrou dos tormentos do passado?
– Sim. Já não o temo mais, apenas sinto pena dele. Estou pronta para ver meu pai agora.

Fui até o guardião do lugar e me despedi dele com um aperto de mãos. O seu sorriso de alegria me fez sorrir também.

– Até a vista, meu amigo!
– Até a vista, Cavaleiro da Estrela Guia. Volte a me visitar quando quiser.
– Obrigado.

Envolvi Flor do Campo e volitamos rumo à crosta. Parei no plano terrestre e ela quis saber o motivo de não irmos direto ao encontro de seu pai.

– Antes gostaria de lhe mostrar mais um pouco deste plano. Você viu tão poucas coisas que ainda não tem uma noção completa do modo de vida atual.

Então eu lhe mostrei tudo o que havia de crueldade, ódio, inveja e crimes; as guerras desnecessárias e o extermínio puro e simples de nações indígenas e negras; e as guerras insanas que ceifavam centenas de milhares de vidas de espíritos humanos que só queriam uma oportunidade para evoluir rumo ao Criador. Mostrei-lhe também as loucuras que tomavam conta dos seres humanos que não se haviam perdoado devido a erros do passado e tinham de voltar à carne para reconstruírem, primeiro, o perispírito e, posteriormente, o mental inferior e só então chegar ao superior.

– Quanto tempo demora a reconstituição e posterior despertar de um espírito nestas condições, Simas?

– Às vezes, leva milênios; outras, apenas alguns séculos. Mas são sempre muito difíceis e dolorosas para as famílias que os acolhem.

– Onde se encontra a justiça em um caso desses?

– Na maioria deles, foram participantes da queda, por culpa direta ou por omissão. Só em poucos casos eles são aceitos por altruísmo, quando são pessoas que voltam à carne para desempenharem alguma função ligada à sua corrente evolutiva e aceitam de bom grado acolher tais irmãos caídos à beira do caminho.

– Estes são os Simas da vida, não?
– Por que diz isso?
– Eu sou uma que caiu à beira do caminho e não tinha coragem de me reerguer e voltar a caminhar. Foi preciso você largar tudo para me socorrer.
– Fiz o que pedia meu coração. E agora vejo que estava mais certo que nunca, porque você é um ser maravilhoso.
– Mas, ainda assim, sou um peso que só tem impedido sua evolução natural.

— Sabe quanto tempo estamos juntos aqui na crosta?
— Nem imagino!
— Estamos aqui há exatos 20 dias. Não são nada se comparados à eternidade de nossas existências.
— Mas ainda assim peso a você e a meu pai. Onde não poderia estar ele neste momento se eu não o tivesse mantido prisioneiro de meus erros?
— Estaria onde está, pois é assim que deseja o Criador. Mas diga-me, onde estaria eu se não fosse o auxílio de seu pai?
— Você teria conseguido sair de sua depressão.
— Está enganada, Flor do Campo. Todos tentaram auxiliar-me e eu não aceitei a ajuda. Mas, por um desígnio divino, fui conduzido até seu pai que já me aguardava, porém, não me disse nada. Primeiro, deixou-me evoluir em todos os outros sentidos, menos no do amor. Quando viu que eu já o desejava, fez-me ver que o possuía, só precisava desobstruir minha fonte. Daí para a frente, tudo foi muito mais fácil. Ainda tenho meus momentos de angústia e nunca apaguei as marcas da minha mágoa. Mas são estas mesmas marcas que me fazem sofrer quando vejo alguém que sofre como eu sofri. Lembre-se sempre disso, Flor do Campo: só quem já sofreu e ainda tem marcas deste tempo pode auxiliar de verdade um semelhante. Sabe quantos dias seu pai dedicou a mim?
— Não, mas creio que foram muitos.
— Engana-se. Tomei uma centena de dias.
— Ainda assim isto foi menos que já gastou comigo.
— Você se esquece de uma coisa. Com mestre Han eu só conversava sobre coisas do Tempo Dourado, meu trabalho e estudos, enquanto nós dois passamos muito mais de 20 dias envoltos no prazer do amor.
— Mas...
— Não tem "mas" nenhum! Ainda me deve alguns dias e não desejo deixar para recebê-los mais tarde. Pensa que vai escapar tão facilmente de mim?
Neste momento, ela voltou a me abraçar e com ternura me falou:
— Simas, acaso acha que quero afastar-me de você?
— Não sei. Você quer?
— Não, e pretendo saldar os dias que estou devendo de uma forma que você jamais esquecerá, Simas!
— Pelo brilho de seus olhos, acredito que não mesmo! Flor do Campo, gostaria de conhecer Ângela? Ela está trabalhando junto à crosta há muitos anos.
— Sim, mas não pode ser mais tarde?
— Por quê?
— Estou com vontade de saldar uma parte de minha dívida com você. Não gostaria de recebê-la?

– Sim, mas e quando terminar sua dívida comigo?
– Não será fácil pagá-lo, Simas.
Muito tempo depois, quando percebi que Flor do Campo já pensava em saldar mais um pouco de seu débito do amor, levei-a para conhecer Ângela.

As Sementes Germinadas

Quando chegamos à casa onde ela assumira o compromisso de auxiliar, sua alegria foi incontida.

— Simas, meu querido Simas. Quanta felicidade em revê-lo.

— Também fico feliz sempre que a revejo, Ângela querida. Como se tem saído no seu trabalho?

— Ia muito bem até pouco tempo atrás, mas agora estou tendo alguns problemas. Você ouviu meus pedidos de auxílio?

— Sim. Estou aqui para saber a causa, mas, antes, dê-me um abraço como só você sabe dar.

— Estou aflita que nem sei mais como receber um amigo querido, desculpe-me.

Após um longo abraço, apresentei-lhe Flor do Campo. Disse-lhe que estava em visita à crosta e nada mais. Logo eram boas amigas. Só então procurei inteirar-me dos seus problemas.

A casa estava sofrendo a ação de uma magia negra lançada sobre um dos membros da família que a habitava. Enquanto ela me contava sobre suas dificuldades em manter o equilíbrio familiar, eu já localizava o tipo de magia negra e quem estava movimentando forças tão poderosas. Localizei também a causa de tudo.

Este era um dos muitos serviços que eu prestava junto ao Templo Dourado. Eu gostava muito de fazer isso, apesar de estar afastado há muito desse tipo de atividade.

— Como pode ajudar-me, Simas?

– Vou procurar resolvê-lo em pouco tempo, não se preocupe. Flor do Campo, ainda tem medo de cobras?

– Sim, por quê?

– Bom, vou trazer uma aqui. Mas não se assuste, pois é meu auxiliar há cem anos.

– Vou tentar conter-me.

Eu me concentrei e num instante lá estava o amigo Cascavel saudando-me com sua maneira alegre.

– E então, chefe? De volta à ativa?

– Só um pouco, amigo.

Nisso, eu plasmei uma de minhas formas, ele se alegrou mais e perguntou-me:

– Vamos destruir algum buraco negro, chefe?

– Não! Por que pergunta?

– Gosto quando o senhor assume esta forma. Ela significa que vamos ter encrencas e encrenca é sinal de lutas. Vou trazer auxílio.

– Não vá chamar nenhum guardião das trevas. Não é preciso.

– Vou chamar meu pessoal, chefe.

– Seu pessoal?

– Sim. Na sua ausência, não tinha nada para fazer e resolvi praticar o que me ensinou por tantos anos. Acabei conquistando um bocado de auxiliares.

– Que argumento usou?

– Os mesmos que o senhor usa, só que modificado e adaptado às trevas.

– Fale-me mais disso.

– Bom, o senhor sabe que a cobra é sempre escravo dos outros e tem de tomar cuidado, pois se dormir com os dois olhos ao mesmo tempo, pode acabar amarrada com um laço quando acordar. Então resolvi dar uma oportunidade a alguns amigos cobras que não têm um Cavaleiro da Estrela Guia protegendo-os e doutrinando-os a serviço da lei.

– E o que você lhes prometeu?

– Nada, chefe. Só a oportunidade de me ajudarem e terem minha proteção, caso sejam leais. Eu nada tenho a oferecer, além disso.

– Muito bem. Nunca se comprometa com o que não tem certeza de poder honrar.

– Eu só faço o que aprendi com o senhor, chefe. Assim como o senhor me disse, que, se um dia subir, não se esquecerá de mim, eu lhes disse a mesma coisa.

– É, mas eu posso cair um dia, tudo é muito instável no meu campo.

– Tudo bem, chefe. Se depender de mim, o senhor subirá. No entanto, caso isso não venha a acontecer e cair, eu descerei junto, pois não vou abandoná-lo.

– Agradeço sua lealdade, mas cuidado para não cometer o mesmo erro do auxiliar do guardião das Sete Espadas. Você assistiu a toda a confusão e o trabalho que deu para repararmos o erro dele.

– Eu o consultarei sempre naquilo que tiver de fazer. E o que fizer sem consultá-lo, não o envolverei.

– Ainda assim, cuidado, pois pode atrasar sua libertação desta forma que lhe impôs a lei.

– Vou cuidar-me e ser mais escorregadio que uma cobra.

Ele deu uma gargalhada da própria ironia a seu respeito. Não pude conter um sorriso também.

Muito do sucesso de um guardião da Luz depende de seus auxiliares nas trevas. A recíproca também é verdadeira. Só um bom guardião consegue elevar seus auxiliares nas trevas.

Nesse momento, eu olhei para Flor do Campo, e vi como estava assustada.

– Não se preocupe, minha querida Flor do Campo, ele é leal comigo e com meus amigos.

– Não consigo libertar-me do medo do passado, Simas. Está gravado em meu mental.

– Com o tempo, tudo passará e eu a ajudarei a superar o seu medo.

Nisso, Ângela perguntou-me:

– Ela é mais que uma visitante da crosta, não é, Simas?

– Sim, Ângela. Digamos que é uma visitante especial, alguém a quem dedico amor e afeição.

– Então estou um pouco mais distante de você a partir de agora?

– Não encare as coisas desta maneira, mas como mais uma companheira de jornada rumo ao Criador. Você nada perde, pois quem cultiva o amor só faz nascer mais amor.

– Eu deveria tentar esquecê-lo, tirá-lo mesmo de meu coração, mas não ouso fazer isso.

– Por que não tenta?

– Diga-me, onde eu encontraria outro igual a você?

– Não sei, mas se descobrir alguém igual a mim, eu avisarei. Até lá, cultive-me no seu coração e, sempre que me procurar, irá me encontrar em si mesma, pois é assim que eu sempre a encontro.

– Não há outro igual a você, Simas.

– Mais tarde falaremos, entre outras coisas, disso também. Agora vou partir em busca da solução das suas dificuldades.

Abracei Ângela e depois Flor do Campo. Também lhes disse:

– Sejam boas amigas agora e o serão por toda a eternidade.

A um sinal meu, o amigo Cascavel assumiu sua posição de vigia e partimos ao encontro de seres ainda inamistosos. Pouco depois, materializávamo-nos em um covil que cheirava a encrencas. Logo fomos cercados por homens negros armados com longos tridentes em atitudes ameaçadoras.

– Não vim em busca de problemas, amigos, e sim de soluções.

– Aqui não os solucionamos, só os criamos. Vá embora ou o aprisionaremos, como já fizemos com outros que ousaram entrar aqui.

– Quer dizer que vocês têm servidores da lei presos por aqui?

– E acho que teremos mais um a partir de hoje, pois já sabe demais, estranho.

– Amigo, não estou gostando do seu modo de falar. É insolente, convencido e prepotente. Ainda não ouviu o que tenho a dizer e nem me fez seu prisioneiro.

– Depois que alguém entra aqui não sai mais, estranho.

– Eu não saio daqui enquanto não falar com seu chefe e não serei seu prisioneiro.

– Isso é o que veremos daqui a pouco.

Ele levantou a mão esquerda, eu previ o que iria acontecer e puxei minha espada encantada com os símbolos sagrados. Ela brilhou na escuridão como um raio.

– Peguem-no!

Quando ele gritou, eu já havia sido atacado e, na primeira investida, por ter baixado minha vibração, fui atingido pelos longos tridentes em várias partes do corpo. Mas, ao mesmo tempo, abri vários clarões com minha espada no meio daquela turba violenta e cruel. Como eu nunca abandonei o hábito de carregar o sabre do Templo Dourado, puxei-o também e devastava à direita e à esquerda.

O amigo Cascavel me defendia ao seu modo, mas também já tinha sofrido vários ferimentos.

As armas deles eram impotentes contra as minhas, e como eu quando em luta era impiedoso e destemido, ia ceifando muitos deles. Todos que minha espada tocava, caíam. Eu era um só e sabia disso, por isso não esperava ser atacado, mas avançava sobre todos os que estavam ao meu alcance. Quantos desapareceram? Não saberia dizer. Vi muitos serem cortados ao meio ou degolados pelos meus golpes. Muitos outros chegaram e aquele buraco tornou-se um inferno na acepção do termo.

Os urros de dor misturavam-se aos de ódio e às imprecações. Meus sentidos de guardião estavam todos ativos e meu instinto de crueldade e ódio, já adormecido havia muito tempo, brotou com força total. Quantos mais eu via cair ou desaparecer para sempre, mais eu queria derrubar.

A certa altura, o horror tomou conta do lugar. Os novos auxiliares do amigo Cascavel chegaram e começaram a atacá-los também. Os gritos de horror e pânico superaram a todos os outros e eu continuei a derrubá-los com minhas espadas. Não sei como o meu auxiliar nas trevas havia conseguido tantos auxiliares, mas devo dizer que mais tarde eu lhe agradeci com sinceridade, já que, a partir da sua chegada, passamos a dominar a situação.

Em determinado momento, entrou no local um ser das trevas protegido por um grupo bem poderoso. Eu já avançava em sua direção. Sabia que ele era o chefe do local e iria destruí-lo. Só assim cessaria o combate. De repente, lancei-me sobre ele e levantei minha espada para decepar sua cabeça. Ao me ver à sua frente e tão próximo, deu um grito:

– Chega de luta, guardião! Não há motivos para lutarmos!

Não sei o que me conteve ou por que me contive, mas detive minha espada a centímetros do seu pescoço. Até hoje me chamo de idiota por não tê-lo degolado.

– Quem é você, ser das trevas?
– Eu sou o chefe deste lugar.
– Pois, a partir de agora, deve-me sua existência.
– Afastem-se e abaixem as armas, escravos – disse ele.

Imediatamente todos recuaram e largaram seus punhais, espadas e tridentes.

– Está melhor assim, guardião?
– Ainda não, ser das trevas. Solte suas armas e venha para cá. Mas bem devagar, porque posso encostar minha espada em sua garganta e então você cairá para sempre.
– Eu desejo continuar com meu reino, guardião. Pode ficar tranquilo que ninguém o tocará.

A um gesto seu, todos recuaram para o interior da caverna. Só então eu afastei minha espada de seu pescoço.

– Vai ouvir-me em paz, ser das trevas?
– Sim, guardião. O que quer do meu reino?
– Várias coisas.
– Diga quais são e serão atendidas.
– Primeiro, eu quero que mande libertar todos os servos da Luz que mantém prisioneiros em seu reino.
– São muitos, guardião. Como os levará até a crosta?

– Disso eu me preocupo. Mande que me tragam todos e cuidado com o modo de falar, pois se algum ficar para trás eu saberei. Enquanto conversava com seus auxiliares, localizei a câmara onde estão acorrentados.

Ele deu ordem com determinação e pouco depois centenas de espíritos sofridos começaram a sair do fundo da caverna.

Nós havíamos nos colocado frente a frente e nos encarávamos com firmeza. Quando vi que estavam todos ali, falei:

– Agora quero que me chame o responsável pela magia negra instalada no local que me pediu ajuda.

– Qual o local, guardião?

Eu falei sem comentar nada sobre Ângela, que era minha protegida no seu trabalho como protetora da casa.

Logo chegava um outro ser das trevas à minha frente. Eu lhe falei com firmeza:

– Você, ser maligno, vai desfazer a magia negra que há sobre aquelas pessoas, e para sempre.

– Mas e se voltarem a nos pedir auxílio, guardião?

– Você se serve daquela criatura idiota, então trate de tirar-lhe a possibilidade de tornar a fazer o mal a qualquer encarnado.

– Está pedindo que eu tire sua vida, guardião?

– Não, eu não tenho esse direito, mas quero que a faça pagar em vida um pouco dos males que já provocou a muitos com sua magia negra.

– Isso poderá matá-la, pois já destruiu muitos.

– Pois, então, cuide para que ela sofra só o suficiente para continuar vivendo. Assim como vocês, eu posso vê-la na hora que quiser e já sei a data do seu desencarne. Mantenha-na viva até aquela data, ser das trevas.

– Assim será feito, guardião. O que mais deseja de mim?

– Algum outro guardião o procurará e estabelecerá ligação para posterior resgate de espíritos que a lei ordena que sejam resgatados. Fará isso mesmo a contragosto, senão eu voltarei e terminarei o que hoje comecei e só descansarei quando degolá-lo.

– Devo considerá-lo como um inimigo, guardião?

– Faça o que quiser, mas só o respeitarei se me respeitar também.

– Você mudou a aparência, guardião, mas não o estilo de agir.

– Nem você, ser das trevas. Mudam os tempos, mas nós não.

– Você me deve uma vida na carne, guardião!

– E você também! Então estamos quites quanto ao passado. Mas, no presente momento, você me deve muito mais que apenas uma vida na carne. Deve-me sua existência como ser pensante. Nunca se esqueça disso, quando se lembrar de mim.

— Não me esquecerei disso, guardião dos Sete Portais de Luz. Mudam os tempos, mas nós nunca mudaremos. Sempre vamos estar em campos opostos, não?

— Sim. Agora vou partir rumo à crosta. Diga aos seus que não me sigam, senão eu voltarei.

— Daqui até a crosta eu poderei ver sua ascensão, guardião. Não preciso dos olhos alheios para acompanhá-lo. Mas duvido que alcance a crosta. Você está muito ferido. Provavelmente algum outro ser das trevas o faça prisioneiro ao tentar subir.

— Ainda tenho forças suficientes para abater quem cruzar o meu caminho. E minhas espadas, quanto mais golpes eu desfiro, mais cortantes se tornam. Quem quiser prová-la é só tentar!

— Do meu reino não sairá ninguém para prová-las.

— Assim espero, ser das trevas!

Ordenei ao meu auxiliar que afastasse seus amigos cascavéis e fui até a multidão que tinha às minhas costas. Quando vi um com o símbolo apagado no peito, toquei-o com o símbolo de minha espada e ele se iluminou por completo. Imediatamente lhe ordenei que procurasse outros com os símbolos de minha espada. Logo estavam à minha frente. A cada toque, um novo ser iluminado.

Em determinado momento, ordenei aos que já estavam bem que conduzissem os outros. A imensa massa começou a mover-se rumo à crosta. Seria uma longa jornada com todos aqueles espíritos feridos. Eu não conseguia me volitar devido aos ferimentos.

Quando todos já se haviam retirado, virei-me para o ser das trevas e falei:

— Espero que se algum dia nos encontrarmos novamente, seja em outras condições, ser das trevas!

— Eu também, guardião. Interessante esta sua espada!

— Você viu apenas um dos seus poderes. Ainda existem 7.776 outros.

— Espero não precisar conhecer mais nenhum. Como a conseguiu?

— Servindo à Luz, ser das trevas. Eu vivo na Luz da justiça e sirvo à justiça da Luz.

— Um dia talvez eu consiga compreendê-lo, guardião.

— Assim espero, ser das trevas. Até a vista!

E parti também. Eu sentia dores horríveis nos ferimentos, mas procurava não demonstrar a ninguém. E muito menos ao ser das trevas.

À medida que subíamos, o ar se tornava menos impregnado e me tornava mais leve. Isso facilitou minha subida. De tempo em tempo parávamos um pouco.

Quando já estávamos próximos à crosta, encontramos um guardião igual a mim e eu lhe pedi ajuda.

– De onde vêm guardião da Estrela?
– Do reino de Lúcifer.
– Você é um louco. Ninguém ousa ir até lá e você foi sozinho.
– Não pensei que iria ser recebido assim.
– Estou vendo o seu estado. Quase é destruído de uma vez por todas. Como libertou todos estes amigos?
– Com minha espada na garganta dele.
– Você é mais louco que pensei. Foi uma ação temerária. Nunca devia ter ido até lá.
– Estou aqui, não? Então me ajude a levar estes infelizes até a crosta e já fico agradecido.

Pouco depois, ele voltava com vários outros guardiões. Juntos, transportaram-nos até a crosta. Quando vi o céu estrelado, ajoelhei e, agradecido, orei ao Criador.

Muitos outros amigos acorreram ao chamado do amigo guardião dos Sete Escudos. Muitos deles reencontraram velhos amigos entre os libertados do reino de Lúcifer.

Assim como eles, eu fui socorrido também. Quando comecei a sentir que já absorvia energia, fui até onde estava o amigo Cascavel e, com o toque de minha mão, fui refazendo seu corpo de réptil. Ele também sofreu alguns arranhões na luta, mas, como eu, suportou tudo em silêncio, pois tinha de passar a impressão de chefe.

Ser chefe não é fácil. Quando todos gritam de dor e não se envergonham de fazê-lo, temos de sufocar a nossa dor e ainda consolar a dos comandados.

Quando ele se viu bem, olhou para os seus e falou:
– Como faço com eles, chefe?
– Vou refazê-los também, não se preocupe.

E, pouco a pouco, tratei de todos. Quando terminei, pude sentir o quanto queriam evoluir, todos aqueles espíritos que haviam sofrido regressão na forma. Transmiti-lhes os agradecimentos pelo auxílio e voltei para junto dos outros guardiões que também terminavam o trabalho socorrista junto aos libertos.

– E então, amigos, valeu a pena a colheita de hoje?
– Apesar de sua loucura, valeu, guardião da Estrela Guia. Encontramos muitos auxiliares que haviam desaparecido há muito tempo. Na outra vez que ousar tal empreitada, chamem-nos!

– Não me esquecerei da oferta. Poderiam encaminhá-los por mim?

– Deixe conosco, pois você ainda não está muito bem. Precisa de alguém para acompanhá-lo?

– Não, meus amigos, pouco a pouco me refarei por completo. É só uma questão de tempo.

– Até a vista, guardião da Estrela!

– Até a vista, amigos.

Eles partiram num piscar de olhos levando os libertos, os quais logo estariam encaminhados e amparados nos postos de socorro.

Fiquei com o amigo Cascavel e seu pessoal.

– Bem, amigo, vamos voltar à casa de Ângela?

– Posso levar meu pessoal?

– Traga-os, assim verão por que lutaram e começarão a doutrinar-se neste tipo de trabalho.

Volitamos até a casa de Ângela. O amigo Cascavel ficou fora à minha espera.

Quando cheguei ao interior da casa, ela se assustou com meu estado.

– Simas, o que houve? Você saiu tão bem daqui e volta todo ferido.

– Já estou melhor, Ângela. Pouco tempo atrás estava muito pior.

– Meu Deus, até parece que você mergulhou no inferno!

– Mais ou menos. Mas já está resolvido o seu problema, Ângela querida.

Flor do Campo também ficou aflita com meu estado. Realmente, eu não estava com boa aparência.

– Sente-se, Simas, enquanto vejo o que consigo para você se alimentar.

Pouco depois, ela voltava com o duplo etérico de algumas frutas deliciosas.

– Tome, Simas, isso lhe fará muito bem.

– Obrigado, Ângela, você é muito bondosa.

Absorvi com prazer a essência das frutas e me senti melhor.

– Flor do Campo, Ângela, venham ver quem me salvou de uma queda brutal hoje.

Quando saímos para fora da casa, elas se assustaram com a grande quantidade de cascavéis que me olhavam.

Ângela ficou pálida e quase desmaiou. Flor do Campo começou a gritar de pavor.

Procurei acalmá-las rapidamente.

– Não se preocupem, pois são amigos e não vão atacar ninguém aqui.

– Chefe, como são fracas estas duas mulheres. A outra até que é legal, mas essas aí são moles demais.

– Tudo se resolve no tempo certo. Ângela, venha cá!

Ela, timidamente, aproximou-se de mim, que estava junto das cascavéis.

– Veja, este é o meu auxiliar e estes outros são os auxiliares dele. Toque-o e superará o seu medo.

Ainda com medo, ela o tocou e eu a incentivei a se deixar envolver por ele. Quando ela concordou, ele se enrolou nela e logo estava na sua posição preferida.

– Ei chefe, aqui também é melhor que com o senhor. Esta saliência ajuda muito.

– Que saliência é esta que ele falou, Simas? – perguntou Ângela.

– Esta aí – disse, mostrando os seus seios.

O velho Cascavel deu a sua gargalhada característica, mas Ângela ordenou que descesse.

– Vamos, seu devasso. Saia de cima de mim imediatamente!

– Desculpe patroa, não falei por maldade. É que é mais fácil apoiar-me quando há certas saliências.

– Certo, mas não quero vê-lo mais enrolado em mim.

– Patroa, a senhora quer que eu designe alguns auxiliares para darem proteção externa a esta casa?

– Não sei se é preciso.

– Quem é perseguido uma vez por magias negras, com certeza será novamente, e seria muito bom ter um pouco de ajuda.

– Ele tem razão, Ângela. Procure elevar a vibração dos seus protegidos para que possuam melhor defesa contra as investidas das trevas. E as cascavéis que ficarão aqui não entrarão na casa, a menos que você lhes ordene. Com elas protegendo a casa no lado de fora, você ficará livre das influências externas e poderá intuir melhor os moradores. Além disso, quando sair para proteger alguém daqui, poderá levá-las como escolta.

– Não há perigo nisso, Simas?

– Não, Ângela. Se acaso elas se excederem, você as doutrina. Vou ver três que estejam prontas para o trabalho de guarda.

– Se você diz, eu aceito. Escolha as que mais estejam evoluídas e as instrua bem.

Escolhi apenas três e as instruí no que poderiam fazer para auxiliar Ângela. O amigo Cascavel também as instruiu que, em caso de necessidade, bastaria pedir ajuda e receberiam. Depois ele partiu com sua nova falange de cascavéis.

O tempo mostraria que ele agira certo, pois se tornou um dos melhores guardiões das trevas a serviço da lei. Ele incorporou milhares de espíritos caídos e lhes deu uma pequena esperança de um dia, não importa quando, poderem recuperar sua antiga forma humana, após purgarem todo o carma adquirido com crimes e erros imensos cometidos no passado longínquo.

Isso tudo pode ser de difícil entendimento aos não iniciados nas coisas da lei e do amor. Não conseguem entender que a lei divina é perfeita e o Seu amor, o Criador de tudo e de todos, é imensurável. E não conseguem entender também que a lei, na verdade, não pune, apenas dá a cada um o que se faz por merecer, mas, por amor, Deus não os desampara nunca, apenas espera um gesto de amor para com Ele, e então lhes dá uma nova oportunidade de evolução.

E o amigo Cascavel um dia aceitara meu amparo, e agora, cem anos depois, no seu plano vibratório, repetia o meu gesto para com ele no passado e começava a reparti-lo com outros espíritos menos favorecidos.

Com o tempo, as cascavéis colocadas a serviço da lei por ele chegariam a vários milhares e foram todas integradas ao ritual do culto à natureza, quando renasceu no Brasil com o nome de Umbanda. Posso dizer com muito orgulho que eu fui o seu apresentador e fiador, assim como de muitos e muitos outros guardiões das trevas, perante os guardiões do culto à natureza: os orixás.

A cadeia evolucionista jamais cessa seu serviço meritório de reintegração dos que um dia caíram à beira do caminho ou escorregaram da beira do abismo em que se encontravam. Mas, para que tal coisa aconteça, é preciso alguém que conheça as coisas da lei e o amor do Criador a toda Sua criação. A partir daí, ele será o responsável pela evolução dos que retirou do abismo. E muitas vezes tem de agir às escondidas para permitir que os resgatados cresçam novamente perante o Criador.

Era isso que eu fazia no meu trabalho de guardião da Lei, guardião da Estrela Guia, guardião dos Sete Símbolos Sagrados, sábio da Luz Cristalina, mestre da Pedra Dourada, servidor das Três Cruzes, mago dos Mistérios Sagrados, semeador da Lei do amor e do amor à Lei. E, finalmente, Cavaleiro da Estrela Guia, um iniciado em sua origem.

São muitos títulos pomposos? Não. Eu passei milênios praticando. Era um ou vários ao mesmo tempo. A cada encarnação e no intervalo vivido na espiritualidade, entre uma e outra encarnação, jamais estacionei mais que o tempo necessário para um despertar do meu mental. Ainda possuía muitos outros títulos, todos conquistados nos campos eternos do Criador.

Não era uma conquista minha, mas de todo um grande grupo de espíritos em evolução rumo ao Criador. Todos possuíam seus títulos, os quais não vou descrever aqui, pois só recebi ordens para falar sobre o Cavaleiro da Estrela Guia. Talvez alguém, um dia, fale sobre os outros Cavaleiros, mas agora estou escrevendo sobre um único espírito.

O que importa é que o amigo Cascavel foi colocando seus auxiliares recolhidos nas trevas à serviço da Luz.

Quanto a mim, ao vê-lo partir, derramei algumas lágrimas de alegria.

– Por que chora, Simas? Acaso está sentindo as dores dos ferimentos?

– Não, minha querida Ângela. Choro por ver mais uma semente germinar. Um dia Ele falou comigo. Por meio do vazio absoluto, eu ouvi Sua voz no silêncio.

– O que Ele lhe disse?

– "Onde Eu tiver morrido, faça-Me renascer." E é o que tenho feito com amor e dedicação. Começo no lugar onde os espíritos pararam. E este aí parou quando deixou morrer o senso de justiça em seus sentimentos. Quando ele tiver absorvido todo o senso de justiça, todos os outros sentidos explodirão como um vulcão adormecido que, durante seu sono, acumulou muita energia. Quando isso acontecer, espalhará sua lava luminosa por grande extensão de terra, ar e águas à sua volta. Meu choro é de alegria. É a alegria de um pai que vê seu filho dar os primeiros passos sozinhos, ou repetir as suas palavras.

– Diga-me, Simas! Como estou me saindo como mais uma de suas sementes?

– Não sou um juiz isento para julgá-la, pois estou muito ligado a você pelos laços do amor, mas posso afirmar com muita segurança que está crescendo muito.

– Pena que eu seja semente de uma planta que sempre lhe fere quando cuida dela. Devo ser um espinheiro.

Eu a abracei carinhosamente e falei:

– Você não é um espinheiro, mas uma roseira que está crescendo muito rapidamente e bastante viçosa e a qual espero que logo faça desabrochar as mais lindas rosas perfumadas. Todos os ferimentos que esta roseira me causar, enquanto não der seus primeiros botões, serão compensados com a beleza da primeira de suas rosas.

– Ninguém mais sabe como dar alento a alguém da forma como você faz. Ensina amando e ama ensinando. Se cometi erros, foi por não encontrá-lo em outro.

– Pelas suas palavras, logo me verá em seu coração e então não me procurará em mais ninguém, pois me possuirá por inteiro.

– Como eu sonho em tê-lo por inteiro, Simas. Quando eu o terei?

– Cultive a perseverança e um dia me terá, Ângela.

Ela me abraçou com força, muita força. Eu indaguei o motivo de tal gesto.

— Só quero absorver um pouco de sua luz para que, quando estiver distante, eu possa ter um pouco de você em mim. Assim não precisarei sonhar com a sua companhia e o terei sonhando que uma parte está em mim.

Eu vi a pouca luz de Ângela crescer com seu amor e isso me deu muita alegria. E foi assim que eu a envolvi com a luz do amor que eu sentia por ela.

Ao olhar para Flor do Campo, eu a vi sorrir de alegria pela felicidade de Ângela. Convidei-a a se irmanar conosco, ela aceitou. Logo, nós éramos três em um e um em três.

Às vezes, as pessoas têm dificuldades em interpretar as frases colocadas assim, mas eu vou decifrar esta para que possam interpretar corretamente as outras colocações.

Três em um queria dizer: os três se integrando no amor; um em três queria dizer: o amor se integrando nos três. Ou, se preferirem de outra forma, os três crescendo no amor à medida que o amor crescia nos três.

As coisas do amor servem a todas as interpretações possíveis, pois o amor é uma das coisas divinas e, como tal, por mais que falem sobre ela, nunca a esgotarão.

Algum tempo depois nos separamos, e então eu sorri. Tanto Ângela quanto Flor do Campo estavam muito, mas muito iluminadas. Foi Ângela quem primeiro falou:

— Vocês não sabem como me sinto bem. Cada vez que eu o reencontro mais crescem em mim as coisas do amor, Simas.

— O amor é o mistério divino que mais facilmente nos transforma, minha querida Ângela. As outras formas são sempre difíceis, quando não traumáticas. Mas o amor torna o ser humano doce, meigo e carinhoso, compreensível e acessível, tolerante e justo e, finalmente, um amante de tudo e de todos.

— Devem ser verdadeiras as suas palavras, Simas. Eu antes sentia ciúmes de quem conquistasse um lugar no seu coração, mas agora sinto amor por quem conseguiu e amarei quem vier a consegui-lo.

Virando-se para Flor do Campo, ela disse:

— Eu a amo muito, minha querida irmã.

— Também a amo, Ângela. Não estarei deixando de ser sincera se disser que a amo tanto quanto a ele.

Eu sorria ao vê-las se abraçando. Como era bom ver o amor crescer onde um dia ele havia perecido. Ainda estava imerso nos meus sentimentos, quando Flor do Campo me trouxe de volta com sua voz doce e suave.

— Simas, lembra-se quando passamos por um lugar encantador à beira-mar?

— Sim, como poderia esquecê-lo?

— Por que não leva Ângela para conhecê-lo também? Eu não sei ainda como proteger uma casa, mas acho que posso tentar durante sua ausência. Além do mais, olhem quem acaba de chegar.

Era o amigo Cascavel que voltava.

— Salve, chefe! Já levei de volta meu pessoal.

— Para onde?

— Eu descobri um lugar muito bom para cobras. Lá estarão em segurança.

Flor do Campo tornou a falar:

— Agora já não estarei desprotegida. Acredito que ele me protegerá também.

— Não tenha dúvida disso, patroa. Ainda vou ensiná-la a não ter medo de uma cascavel. É só confiar em mim como o chefe confia. Quanto ao resto, deixe por minha conta. Estou aprendendo com ele como conquistar as belas jovens desprotegidas.

— Meu amigo, não está se excedendo um pouco? – indaguei sério.

— Desculpe-me, chefe, excedi-me realmente, mas só procuro imitá-lo. Se o seu jeito dá certo, eu o aplico a mim.

— Vá logo, Simas! Deixe que eu me entendo com ele. Afinal, por pouco hoje eu não sou uma igual a ele. Por que temer o que nos ameaçou e já superamos?

— Vejo que não haverá nenhum problema em deixá-los juntos um pouco.

— Não tenham pressa de voltar. Eu não estou com pressa de sair desta casa.

Segurei Ângela pelas mãos e a levei até o lugar encantador à beira-mar. Ficamos conversando por longo tempo e admirando tudo à nossa volta.

Reencontros e Despedidas

Só voltamos no dia seguinte à casa que Ângela guardava.
Quando chegamos, Flor do Campo nos disse:
– Mas já? Podiam ter ficado um pouco mais.
– Não é minha culpa, foi ela quem quis voltar – exclamei.
– É lógico! Se eu ficasse um pouco mais não iria querer continuar aqui na crosta. Flor do Campo, vou revelar-lhe um segredo. É bom que saiba.
– Qual é Ângela?
– Você pode passar cem anos sofrendo por ele, mas quando o tiver ao lado por algum tempo guardará na lembrança tudo o que disse, ouviu ou fez junto a ele por outros cem anos.
– Então, este é o segredo de Simas?
– Sim. Poucas o sabem, mas muitas gostariam de conhecê-lo.
– Não acham que estão exagerando a meu respeito? Olhem que começo a revelar os seus segredos também. E são tantos!
– Você não teria coragem! – exclamaram as duas em uníssono.
– Não, eu não teria! – disse sorrindo. – Flor do Campo, já perdeu o seu horror a cobras?
– Um pouco. Pelo menos já não temo o seu auxiliar.
– Onde ele está?
– Foi dar uma volta por aí. Acho que volta logo.
– Quem me chamou, chefe? Foi o senhor ou as patroas?
Era ele de volta.

– Só quis saber de seu paradeiro, meu amigo. Vejo que já cativou mais uma jovem desprotegida.

– Ela agora é só uma jovem, chefe, mas não desprotegida porque eu estou aqui para protegê-la.

– Mas, depois de mim, não, meu amigo? – disse, sorrindo com suas palavras.

– Certo, chefe. Mas sabia que ela...!

– Já sei! Tem uma saliência para você se apoiar, não?

– Desse jeito já não preciso mais falar o que me vem à mente, chefe. O senhor já está adivinhando o que eu vou dizer!

– Certo, meu amigo. Pode voltar para o seu pessoal que eu assumo a defesa dela, está bem?

– Até a vista, patroas. E se precisarem é só me chamar que auxiliarei como puder.

Ele deu sua gargalhada típica e sumiu no espaço.

Nós também nos despedimos de Ângela, que ficou com os olhos cheios de lágrimas ao abraçar-nos. Como é difícil a separação dos que se amam!

Flor do Campo perguntou se eu a deixava conduzir o mergulho no espaço desta vez. Ela queria testar seu sentido direcional. Concordei e lhe estendi as mãos fechando os olhos.

Volitamos no espaço e fomos parar em outro lugar. Ela pediu que eu abrisse os olhos. Vendo o lugar, perguntei:

– Por que me trouxe até aqui, Flor do Campo?

– Estou com vontade de voltar para meu pai e me harmonizar com ele para todo o sempre.

– Então por que não foi para lá?

– Primeiro, porque eu não saberia como e segundo...

– E segundo?...

– Você me trouxe até aqui para que eu tivesse uma visão da beleza e da harmonia que há na natureza para melhor poder auxiliar-me. Esse lugar jamais sairá da minha mente, mas quando cheguei aqui não tinha condições de notar tanta beleza. Agora que me sinto harmonizada com o Criador e toda a Sua criação, quero dividir minha alegria com alguém que amo.

– Obrigado por suas palavras. Elas me deixam muito feliz.

– Mas tem mais. Você me deu um grande tesouro chamado amor. Eu nunca poderei pagá-lo, mas posso dividi-lo com você.

– Por que dividir comigo o seu tesouro?

– Só o dividindo com quem amo poderei aumentá-lo um pouco mais.

– Flor do Campo, como você é generosa! Só os seres generosos dividem os tesouros divinos.

— Eu já estou começando a encontrá-lo dentro de mim.

— Está me deixando mais feliz a cada palavra.

— E como logo voltarei para junto de meu pai, antes quero conhecer todo o seu segredo de como dar algo que durante cem anos não me esquecerei.

— E o que me dará em troca? — perguntei, curioso.

— Algo que jamais esquecerá. Pode viver por toda a eternidade e ainda terá este algo com você.

— O que é que terei por toda a eternidade?

— Uma Flor do Campo perfumando os seus sentidos e embelezando os seus mais belos sonhos. Tem agora não uma flor do campo murcha, frágil e dependente, mas uma flor vibrante e radiante e com muita vontade de viver.

Ao dizer estas palavras, ela sentou-se meio de lado na relva florida.

— Como posso ter tudo isso?

— Basta colher neste campo florido sua perfumada Flor do Campo e então terá tudo o que ela tem e gostaria de lhe oferecer em um gesto de amor.

Eu, como um bom jardineiro, havia semeado um campo com amor, e colhia agora todo amor no corpo de uma Flor. Nada mais eu vou dizer, pois, quem tiver a imaginação do amor, um dia também poderá colher a sua flor do amor neste campo.

Alguns dias depois voltamos ao templo dourado de mestre Han. Não sem antes termos feito uma prece cheia de amor à generosidade do Criador e ao Seu imenso amor.

Quando chegamos, fomos direto ao encontro de mestre Han. Ele estava no jardim do Templo Dourado ouvindo umas jovens cantarem numa língua que eu logo reconheci. Rumamos para lá rapidamente. Ao nos ver, ele se levantou e ficou nos olhando com lágrimas nos olhos e um sorriso nos lábios.

Quanto a mim, ao ver Flor do Campo sorrir para ele e chorar ao mesmo tempo, dei-lhe um leve empurrão. Ela se atirou em seus braços e cobriu o seu velho rosto de beijos e o apertou com força contra si mesma.

Não pude apreciar por muito tempo a cena porque fui envolvido por tantos braços que quase não me podia mexer. Eram as sete flores do jardim do meu amor. Só depois de muitos abraços e beijos nas duas faces do rosto pude voltar a me mover um pouco. Eu propus que nos juntássemos a mestre Han e Flor do Campo. E nós os envolvemos com todo o nosso amor e carinho. Quando tudo se acalmou, Flor do Campo disse:

— Papai, perdoe-me por tê-lo feito sofrer por tantos milênios. Multiplique-os por toda a eternidade e ainda não terá todo o tempo que me dedicarei em fazê-lo o mais feliz que puder.

— Eu já a perdoei há milênios, minha filha amada, mas e você, já se perdoou?

– Sim. Alguém me ensinou a substituir a dor, a mágoa, o remorso e a vergonha por umas coisas que suplantam a tudo.

– Que coisas são estas, minha filha?

– São as coisas do amor, meu pai amado. Prometo-lhe transformar cada lágrima que derramou por mim numa fonte de amor que alimentará a sede de amor dos que tiveram sua fonte esgotada, como eu já tive a minha!

– Mestre Saied, já sei como irrigou, com seu inesgotável amor, a fonte de Flor do Campo!

– Sua fonte não estava seca, mestre de mestres. Era só uma obstrução que não deixava jorrar todo o seu amor. Creia-me, mestre Han, sua fonte de amor inundará o seu coração. Penso até que milhares virão aqui somente para beber um pouco na fonte de amor de sua Flor do Campo.

Flor do Campo me falou:

– Simas, não se esqueça de que lhe devo 7 mil anos de vida e, se não vier aqui recebê-los, irei até você para que os receba, ainda que seja uma pequena parcela.

– Não se preocupe que nunca me esqueço de uma dívida de amor.

Mestre Han falou:

– Iniciado da Estrela Guia, só mesmo quem se lembra, sabe como e não teme fazê-lo consegue as mais belas vitórias. Saiba que alguns foram criados para ensinar, e outros para fazer depois que aprendem. Você é um destes.

– Só procuro honrar o meu mestre.

– Tem razão quando diz que todos temos a nossa "Sarah". Flor do Campo é a minha! Um dia, ao procurar o Templo Dourado, você me devolveu um filho amado que eu já esperava há muito tempo. Num gesto de amor, tudo fiz para devolvê-lo a seus pais. Agora, você me devolve minha Sarah. Quem sabe um dia eu possa devolver-lhe sua querida Sarah também.

Ao me ver sombrio, ele se arrependeu do que acabara de dizer.

– Sinto muito, filho meu, não queria tocar em sua mágoa. Acho que na minha alegria, tornei-o infeliz.

Procurando demonstrar que não estava infeliz, disse-lhe:

– O senhor não pode tornar infeliz aquele que já é. Isso é algo meu e só eu poderei quebrar o encanto. Mas por causa disso eu consigo fazer outros felizes.

– Você não a viu mais desde aquele dia especial?

– Não. Às vezes penso que seria melhor esquecê-la. Quem sabe assim o encanto se quebrasse e ela talvez pudesse ser libertada?

– Isso resolveria o seu problema?

– Não, mas certamente a libertaria de algo que a está atormentando muito.

– Se eu tivesse abandonado minha filha não a teria libertado do seu sofrimento, muito pelo contrário! Hoje ela estaria rastejando pelas trevas sem ter ninguém para lembrar-se dela. E você bem sabe o que acontece a quem está nas trevas e não tem ninguém para chorar por ele: fica lá paralizado em sua queda. Mas você poderá alimentar a esperança de um dia, não importa o tempo que demore, retornar a ela.

– Desculpe-me por desonrá-lo, mestre de minha luz. Não deveria ter dito tal coisa.

– Eu não o culpo. Isso também passou por minha mente muitas vezes. Mas sempre tive alguém que me lembrasse disso, e então persisti na minha fé e me desdobrei ainda mais no serviço socorrista. Tenha a certeza, filho meu, de que foi isso que a resgatou das trevas, ainda que não tenha sido eu, mas você a fazê-lo.

Nada respondi. Eu o encontrava em mim. O mesmo desejo de aprender para depois colocá-lo em prática, o mesmo desejo de elevar o máximo possível de irmãos menos esclarecidos e também a mesma dor. Se eu tinha facilidade em amar uma mulher, também amava os homens. Amava-os por tudo que possuíam de bom.

Eu despertava neles o mesmo amor de irmãos que vivem em perfeita harmonia, pois era assim que entendíamos o amor.

Algo me tirou dos meus pensamentos mais íntimos. Um pouco afastadas de nós, Flor do Campo e as outras sete, com nomes de flores, conversavam.

– Mestre de minha luz, acaso sua filha fala a língua delas?

– Não, mas elas falam a língua de minha filha.

– Mas quando as deixei, não falavam!

– Quando você desapareceu, elas sentiram sua ausência. Salete me pediu auxílio e eu as trouxe para junto de mim e comecei a lhes falar como você era e o que estava fazendo. Conquistei o coração delas, filho meu. Já não choram sua ausência, mas torcem para que você volte sempre. Ensinei-lhes nossa língua também.

– Só um mestre de mestres para conseguir tal proeza. Onde eu encontrarei outro igual ao senhor após sua ascensão a uma esfera superior?

– Em você mesmo, filho meu. Procure-me em seu coração e lá estarei eu vivendo eternamente em seu interior.

Eu o abracei com força e demorei muito para soltá-lo.

– Meu pai, como eu o amo!

– Também o amo muito, meu filho! Agora venha comigo, elas estão com ciúmes de nós. Olhe só como nos olham e cochicham entre si!

Sorrimos e juntos fomos ao encontro delas. Mais tarde, Flor da Primavera entregou-me um bloco de manuscritos que havia preparado. Tinha centenas de páginas.

Estava sentado no jardim do Templo Dourado folheando-as quando meu pai chegou. Atirei-me em seus braços com forte aperto.

– Como vai, filho?

– Muito bem papai, e todos no Sagrado Coração?

– Melhores, depois que souberam de seu retorno.

– Pretendo voltar logo, papai. Quero dar uma olhada neste material antes. Pode ser que tenha muito a fazer quando voltar.

– Do que se trata?

– Uma descrição de como era o nosso mundo e modo de vida há 21 mil anos.

– O que pretende com isso?

– Dar minha contribuição à biblioteca do Grande Oriente. Se eu conseguir tempo, farei um bom trabalho.

– Você pode dispor do tempo que precisar.

– Mas tenho meus compromissos, não posso esquecê-los!

– Esqueça um pouco o trabalho. Eu estou gostando do seu tipo de serviço. Já estabeleci contato com a maioria dos guardiões das trevas que você conquistou.

– Com isso deixa seu próprio trabalho junto ao Sagrado Coração e o Grande Oriente!

– Também preciso de um pouco de atividade externa, senão acabarei esquecendo-me como é o mundo fora dos templos. Ou já se esqueceu que também sou um guardião da Estrela Guia? Como vão os seus ferimentos?

– Que ferimentos?

– Não é bom um filho ocultar algo tão grave de seu próprio pai. Por que não me conta tudo?

– O senhor já sabe quem é o ser das trevas?

– Sim. Nós nos cruzamos há muito tempo. Fale-me do começo do seu envolvimento com ele.

Contei ao meu pai o que houve. Não omiti nada porque ele já devia saber de tudo. Quando terminei, ele comentou:

– De agora em diante acautele-se, pois a besta já sabe que você está no campo de luta e qualquer descuido poderá ser fatal. Não ande mais sem uma escolta para protegê-lo.

– Não creio que seja tão perigoso assim, papai!

– Creia-me, filho, eu o conheço muito bem e sei que ele não o esqueceu ainda.

— Vou-me proteger, não se preocupe.

— Fique mais algum tempo fora de atividade. Quem sabe, ele pense que você se recolheu, não?

— Se o senhor preferir assim, eu o obedecerei. Não quero que fique preocupado por minha causa novamente.

— Por que não visita sua mãe e todos os outros e depois volta aqui para continuar com seu trabalho junto às jovens que resgatou?

Pouco depois, nós partíamos para o Sagrado Coração. Eu revi todos os meus amigos, mamãe e Salete. Reencontrá-las era sempre sinônimo de momentos de felicidade. Conversamos sobre muitas coisas, mas o que mais lhes interessava era Flor do Campo. Contei-lhes por alto sobre o método usado e como ela estava bem agora. Ao ver que eu evitava falar mais claro, minha mãe comentou:

— Eu estava certa naquele dia, não?

— Não vou responder a isso, mamãe. Prefiro que sua intuição a esclareça ou então a deixe na dúvida, mas, assim mesmo, obrigado pelas preces.

— Continua reticente, não?

— Tenho meu modo de alcançar meus objetivos, mas também pago um preço alto. Um dia alguém cobrará de uma só vez. Até lá, agirei da forma que melhor se adaptar a cada caso.

— Por que está tão agourento consigo mesmo?

— Cada vitória tem seu preço. E eu os pago da pior forma que há. Reergo alguém das trevas e, depois, o equilibro para logo descobrir que tudo não passou de uma ilusão passageira.

— Por que diz isso, Simas? – inquiriu-me Salete com o semblante sério. – Acaso não é sincero no que faz?

— Sou sincero até demais e por causa disso só estou acumulando desilusões.

— Explique-se, filho, não estamos estendendo direito.

— Sentem-se que vou falar algo que as deixará tristes e felizes ao mesmo tempo. Felizes porque mestre Han ascenderá a outra esfera, agora que tem sua filha de volta à Luz. E tristes por não o terem mais por perto e tão acessível.

As duas ficaram mudas com minha revelação. Não conseguiram pronunciar nenhuma interjeição de espanto. Minha mãe foi a primeira a romper o estupor.

— Como sabe, Simas? Ele lhe falou sobre isso?

— Não. Ele ainda não sabe, mas tenho certeza de que logo nos comunicará sua partida.

— Então, como você pode afirmar, Simas? – Era Salete quem me perguntava.

— Eu sei porque vi, no reencontro dos dois, alguém da quinta esfera se aproximar. Mestre Han não a viu porque estava muito emocionado e Flor do Campo ainda não está apta a vê-la. Creio que em pouco tempo conseguirá desobstruir sua visão e, então, será o momento da partida.

— Mestre Han merece muito algo assim. Eu não conheço ninguém igual a ele na quarta esfera – falou Salete.

Minha mãe, com um aceno da cabeça, também confirmou suas palavras. Eu nada disse, pois, dos três, era o que mais convivera com ele e sabia de seu merecimento.

— Você gostou de Flor do Campo, filho?

— Sim, mamãe. Ela tem na alma o dom da poesia, da música e do canto, além do amor. Durante o tempo em que ficamos juntos, penetrei em seu mental adormecido muitas vezes e descobri muitas coisas.

— Diga-nos algumas, Simas, por favor!

— Está bem, Salete. Eu descobri que ela pertencia à quinta esfera e retornara à carne só para ajudar mestre Han a cumprir sua última reencarnação para então voltarem a ela. Mas aquele que reina absoluto nas trevas a envolveu através de um dos seus servidores na carne e conseguiu desviá-la da senda da Luz. Com isso, evitou que mestre Han ascendesse à quinta esfera e a impediu de retornar para ela após o desencarne. Mestre Han não sucumbiu à sua prova e libertou-se da influência dele. Lutou por sete mil anos para evitar que ela caísse sob seu domínio.

— Como ela não deve ter sofrido estes milênios todos, não? Creio que ela também venceu sua prova, filho.

— Sim, mamãe. Agora que já sabem, peço-lhes que não comentem com eles. Quero que eles mesmos recebam a alegria do chamado do alto.

— Nós manteremos segredo sobre o que nos contou, Simas. Seu pai já sabe disso?

— Não tive tempo de contar-lhe, Salete. Agora peço licença para ficar um pouco a sós. Preciso meditar um pouco sobre tudo o que vi, ouvi e fiz ou deixei de fazer.

Saí rapidamente e sentei-me perto das fontes. Por um longo tempo fiquei observando a fonte fazendo fluir a água com uma constância perfeita. Às vezes eu me sentia como ela. Precisava dar vazão aos meus sentidos, mas logo via que não era como ela, pois tinha de interromper minha vazão. Mas logo voltava a me achar igual a uma fonte, já que, se era bloqueado em um lugar, ficava acumulando pressão para poder desaguar em outro.

O que seria eu na origem? Isso eu precisava saber. Os guardiões diziam que eu não negava minha origem, os grandes mestres ou mestres de mestres, como eu os chamava carinhosamente, diziam a mesma coisa. O meu anjo da Luz já o dissera também. Afinal, para não negar minha origem, quem seria eu?

— Sim, quem é você, Simas? — Era Salete quem falava.

— Sempre chega silenciosa, Salete. Creio até que já estava me ouvindo faz tempo.

— Quem o ama tanto não pode dividir suas dúvidas, querido Simas?

— Estas são muito íntimas, Salete. Só eu poderei esclarecê-las um dia.

— Então, diga-me Simas, quem é você?

— Sou um ser que nas alturas procuro os anjos; no inferno, os demônios; e na terra, os homens.

— Ainda não me disse quem é você!

— No céu procuro imitar os anjos; no inferno, dominar os demônios; na terra, ser um homem.

— É assim que você é. Um ser da Luz que combate as trevas com a mesma paixão de um encantado.

— Eis o que sou, Salete. Por que perde o seu tempo comigo?

— Porque ainda não encontrei outro igual a você ainda.

— Então, no dia em que encontrá-lo, pergunte-lhe qual é a sua origem depois conte para mim; só assim, num igual, saberei qual é a minha origem.

— Se eu encontrar outro igual a você, nada falarei.

— Por quê?

— Ficarei dividida entre os dois. Não estarei agindo bem?

— Você está errada, pois é assim que sou, e não sou feliz.

— Mas sabe como deixar alguém feliz. Que o digam mestre Han e Flor do Campo.

Eu não respondi. Não podia dar vazão aos meus sentimentos mais íntimos. Ainda ficamos muito tempo conversando. Só bem mais tarde decidi voltar ao Templo Dourado.

— Até a vista, Salete.

— Quando volta?

— Não sei. O tempo não conta no tipo de trabalho que vou realizar.

— Pode dizer-me o que é que vai fazer?

— O que você e mamãe descobriram sobre as jovens que agora estão com mestre Han?

— Muito pouco. Quer ver o que encontramos? Está tudo separado.

— Posso levar comigo?

— Sim, mas devolva-nos porque temos de devolvê-los aos lugares de origem.

— Então vou ver aqui mesmo. Posso demorar muito até voltar.

— Aceita uma companhia em sua pesquisa?

– Sim. Mostre-me onde estão guardados. E já fomos caminhando para o interior do edifício.

Ficamos até tarde olhando todo o material reunido por elas. Quando me dei por satisfeito, dei-lhe um beijo e parti. Não era muito, mas, com o que elas haviam escrito, eu já tinha por onde começar.

Devo confessar que passei vários meses em minha pesquisa. Fiz tudo ao meu modo. Fazia-as imitarem os anjos no modo de ser, combatendo seus demônios íntimos e vivendo como mulheres. Foi um longo tempo dedicado a elas.

Assim que a última das flores do meu jardim já não corria o risco de, ao ser transplantada, murchar, eu me dei por satisfeito. Então as fiz regredir até onde era possível. E as descobertas foram fascinantes. A tudo eu registrava com minúcias, sendo primoroso nos detalhes.

Quando me dei por satisfeito, comecei a compilar meu livro para posterior envio ao Grande Oriente Luminoso. Demorei várias semanas neste trabalho.

Devo dizer também que as levei até seu pai para que pudessem dominar todo o medo e ódio que sentiam por ele. Tudo eu fiz, ainda que com muito esforço. No final, elas sentiam tristeza por ver alguém, que as havia criado, prisioneiro de seus próprios erros.

Ao superarem a última barreira, tiveram uma súbita iluminação interior. O desejo que nutriam deu lugar à afinidade mais elevada possível, tal como eu possuía com Salete e Raios de Lua.

Quando entreguei o livro com as anotações de minhas descobertas a mestre Han, ele perguntou:

– Por que não o leva pessoalmente aos grandes mestres da Luz, mestre Saied?

– Antes gostaria que o senhor lesse. Se o aprovar, leve-o e diga que foi feito com o auxílio do Sagrado Coração e do Templo Dourado. Só isso.

– Não lhe vou tirar o mérito por um trabalho tão importante. O máximo que posso dizer é que foi feito sob os auspícios dos dois templos.

– Como quiser, mestre de mestres, mas não vou estar presente, pois me acho indigno de estar diante dos grandes mestres da Luz. Não depois de tudo que eu fiz.

– O que você fez, mestre Saied?

– Na terra, agi como os homens.

– Você as despertou para a vida, não?

– Sim, mas não pude evitar de agir como um homem.

– Tinha outra alternativa?

– Não. Se tivesse, não tenha dúvida, eu a teria usado. O que sou eu, mestre de mestres?

– Você, guardião Saied, é um ser que se lembra, ousa e faz. Lembre-se sempre disso e não terá quedas por causa de suas dúvidas.

– Mas por que tem de ser assim?

– Enquanto está realizando algo, você não é feliz?

– Eu me deixo envolver no que faço. Se me dedico a fazer alguma coisa, não quero saber o preço por antecipação.

– Isso é o que o torna tão especial. Se ficasse pensando em tudo, você não faria nada. Quero que saiba de uma coisa, mestre Saied. Nós já o estamos usando há milênios. Sempre que há um trabalho difícil e ao qual muitos recusam, você vai e faz. Muitas coisas você já descobriu por si mesmo, outras com nossa ajuda, mas muitas ninguém ousa dizer, para não deixá-lo mais triste ainda. Poucos são como você, assim como poucos são os cavaleiros da Estrela Guia. Muitos cavaleiros têm os outros símbolos, mas não o da Estrela. E você já o tem por inteiro. Nenhuma das suas partes lhe falta mais. Enquanto continuar conseguindo fazer alguém feliz sem tornar mais ninguém infeliz, vá em frente, pois estará em seu campo de ação. Você conhece os seus limites. Respeite-os e nada terá a temer de sua consciência. Você ouviu a voz do vazio absoluto. Qual foi a principal entre todas?

– Foi esta: "Faça-Me renascer onde morri, pois se você morrer Eu o despertarei do sono da morte, ainda que nada mais lhe possa oferecer além do dom da vida".

– Então você O fez reviver onde já havia morrido e também Lhe devolveu o dom da vida. Tudo com o auxílio das coisas do amor que tão bem conhece. Qual o motivo de dúvidas? Fique feliz com a vitória delas, pois, estas sim, são suas vitórias e, ainda que se passe milênios e todos sejam esquecidos, no coração delas, você nunca o será, porque você foi a fonte da vida para elas.

– O senhor fala de uma forma que não dá para contra-argumentar.

– É que eu falo a verdade e contra ela não há argumentações. Ela é o que é e ponto final!

– O senhor tem razão. Eu jamais o esquecerei, ainda que tudo o mais passe em minha vida. O senhor é a minha fonte de vida. Pena que...

Eu parei de imediato de pensar. Bloqueei meu mental na mesma hora.

– Do que sente pena, mestre Saied?

Eu fiquei olhando-o com lágrimas nos olhos e por fim lhe disse outra coisa que também me deixava triste.

– Pena que minha Sarah, a fonte do meu amor, não possa estar comigo.

Consegui consertar uma quase indelicadeza e inconfidência para com o ser que me avisara de sua partida. Mestre Han era muito perspicaz e difícil de se enganar.

– Não se preocupe com isso; um dia você a terá. É só uma questão de tempo. A minha, que voltou pelas suas mãos, demorou sete mil anos. Um dia desses alguém lhe devolve a sua. Até lá, faça como eu, cresça, cresça e cresça. Só assim a conseguirá de volta. Lembre-se, quanto mais elevados ficamos, mais valiosos são os presentes que ganhamos do Criador. E há presente mais valioso que o presente do amor?

Quando mestre Han esgotava uma conversa, nada mais falava. Deixava que quem o ouvisse tirasse suas conclusões e as colocasse em prática. Por isso, e por tantas outras coisas, eu o amava tanto.

– Pode cuidar das outras sete flores por mim, mestre dos mestres? Já esgotei meu tempo de ausência no Sagrado Coração e sinto que tenho de voltar.

– Filho meu, quem ganha uma flor do amor poderá ganhar muitas outras ainda, mas quem ganha muitas flores do amor, como você está me dando, já tem um lindo, imenso e perfumado jardim. Pode ir em paz, que eu regarei com a luz do saber o jardim que você semeou com a luz do amor.

– Mestre de mestres, luz do meu saber e fonte da minha vida, onde eu encontrarei outro como o senhor?

– Olhe-se em um espelho, filho do meu amor, e me verá por inteiro, pois eu vivo em você e enquanto você viver eu não morrerei.

– Espero que o Doador divino do dom da vida nunca me deixe morrer só para que eu possa mantê-lo vivo em mim por toda a eternidade, luz da minha vida.

– Lembre-se de outra coisa, filho. Quando Ele, o supremo e divino Doador, lhe der a flor que inebriará os seus sentidos, ela não virá sozinha. Junto com ela receberá todo um jardim, para que nele cultive todo o seu amor.

– Como sabe disso, mestre Han?

– Que importa isso agora, filho meu?

Não respondi à sua pergunta, que não comportava outra. Despedi-me de todos no Templo e parti de volta ao Sagrado Coração. Parti com tristeza. A cada partida, deixava mais um pouco de mim para trás. Estranhos os doadores do amor: sofrem quando veem alguém sem amor, e choram ao deixar para trás quem se inundou na sua fonte do amor.

De volta à prática do trabalho socorrista do Sagrado Coração junto às trevas mais profundas, adormecia em meu mental mais algumas criaturas adoráveis, amorosas e insubstituíveis. Tudo voltava à rotina.

Meu pai achou que não havia mais perigo de eu ser colhido pela força da besta das trevas e me deixou voltar ao campo de ação. Só me pediu para ser mais cauteloso. Já me preparava para partir quando alguém muito querido chegou. Era minha querida Jasmim, a luz dos meus olhos. Abracei-a com ternura. Como era bom revê-la após tanto tempo. Já fazia alguns anos que eu não a via.

— Mago da Luz, estou muito contente, por isso vim até o senhor!
— Eu sinto sua alegria. Diga-me o que a deixa tão feliz.
— Fui convidada por uma servidora da quinta esfera a ir para lá.
— Isso quer dizer...?
— Sim, meu amado mestre. Estou livre do carma reencarnatório.

Tornei a abraçá-la e girei aquele ser frágil e delicado corpo no ar. Como eu fiquei feliz com a notícia!

— Jasmim, luz dos meus olhos, você é uma criatura abençoada por toda a eternidade! Louvado seja o Criador por Sua generosidade, e amada seja você por merecê-la.
— Devo isso ao senhor, mago branco. Se não fosse sua aparição em minha vida quando na carne, talvez eu tivesse de retornar a ela.
— Não, minha querida criança. Deve a você mesma. Você venceu sua prova. Não pode imaginar o quanto estou feliz, luz dos meus olhos!
— Posso sim, luz do meu amor ao Criador. O senhor foi a minha fonte da vida quando ela secou, a fonte do meu amor quando ele se magoou e a fonte do meu saber quando só as trevas me restavam. Mago da luz, você é a luz do meu amor. Subo um pouco agora, mas jamais o esquecerei. Em meu coração haverá sempre uma pepita muito valiosa brilhando. Será o senhor que estará vivendo em meu coração por toda a eternidade.
— Você também não morrerá em meu coração, Jasmim. Quando me sentir ferido, magoado e nas trevas, eu a farei reviver em toda a sua luz e só assim terei um Jasmim a me conduzir.
— Luz do meu amor, meu mago da Luz, quero agradecer-lhe por ter sido tudo em minhas vidas junto ao senhor. Já fui sua filha e também sua mãe, já fui sua irmã, mas também sua esposa. Na última encarnação, fui tudo ao mesmo tempo. Substituí sua mãe quando chorava por ela, fui sua esposa quando chorava por Sarah. Fui seus filhos quando chorava por eles. Mas, também, o senhor foi meu pai e minha mãe quando eu chorava por eles; foi meus irmãos ceifados pela morte precoce, quando eu chorava suas ausências e foi meu filho pequeno quando chorava muito e adormecia recostado em mim. Tudo fomos um para o outro sem nunca macularmos o nosso amor por desejos, prazeres, invejas, discórdia, vaidade ou ódios. E quando dois seres que se amam há milênios incontáveis vivem sem nada ter além do

dom da vida, da pureza do amor só pelo amor, um deles ascende aos céus. Fico triste por ter sido eu a escolhida, mas feliz por poder, de lá, enviar-lhe só o melhor do amor. Finalmente, eu o encontro por inteiro em mim, luz do meu saber das coisas divinas e fonte do amor divino.

– No jardim celestial da quinta esfera eu terei, só meu, um lindo e perfumado jasmim, luz dos meus olhos! – exclamei, soluçando de alegria.

– Que lhe dará sementes de amor que nunca terão fim.

– Oh! meu Jasmim! Fruto de todo o meu amor, você é a mais bela das flores no jardim do nosso Senhor.

– Não poderiam ser outra coisa, os frutos do seu amor, meu mestre inspirador.

Eu chorava e ao mesmo tempo sorria, tão grande era minha alegria por saber para onde meu jasmim partia.

Como não podia ser de outra forma, fui o último a ser abraçado por ela antes de sua partida para a quinta esfera: a esfera dos que já não reencarnam mais. Ela não desapareceria da minha vida, apenas conquistava mais um degrau na escada que nos conduz ao Criador Divino, o nosso eterno e bondoso Senhor.

Ainda hoje eu me pergunto onde estará meu Jasmim que eu sei que vive muito longe, mas também vive em mim. Tantas são suas sementes de amor que nunca, mas nunca mesmo, terão fim. E faço tudo para ver se envio, ao jardim celestial, mais uma muda de jasmim. Se depender do seu amor por mim, estas mudas jamais se acabarão, tão grande é o amor do meu Jasmim.

Mais Despedidas e Nova Missão

Eu voltava a viver com imensa alegria depois da ascensão de Jasmim. Desenvolvia meu trabalho junto às trevas com a eficiência costumeira. Não havia obstáculos que eu não superasse. Pouco tempo depois de Jasmim ascender, outro ente querido me procurou para dar-me mais alegria. Era Raios de Lua, minha primeira esposa na última reencarnação. Eu sempre a visitava no ponto de forças da natureza nos rios: as cachoeiras. Era lá que ficávamos relembrando o passado e sonhando para o futuro. Mas Raios de Lua só viera uma vez ao Sagrado Coração do Amor Divino. Sempre era eu quem a procurava. No seu ponto de forças, ela havia desenvolvido o mais belo trabalho junto ao gênio das águas doces. Muitas vezes eu levava para ela centenas de almas, as quais, com amor e carinho, eram cuidadas por minha querida Raios de Lua. Como era dedicada! Ainda hoje, mergulhado na carne, sempre que vejo a lua cheia, sinto seus raios. Sua beleza, assim como sua luz, que é imensa. Eu me via sempre envolvido quando me aproximava dela em seu ponto de forças. Assim como um dia, ela ainda jovem, envolveu-me com seus encantos de mulher e me fez conhecer o prazer do amor, agora me envolvia sempre e me fazia conhecer a luz do amor. Assim era e ainda é minha amada Raios de Lua. Foi com surpresa que a recebi no Sagrado Coração.

— Raios de Lua, fico feliz em vê-la aqui. Quanta alegria me traz!
— Alegria e tristeza, Pajé Branco.
— Por que as duas coisas ao mesmo tempo, se você só me tem dado a primeira desde nosso reencontro na carne?

– Antes de lhe falar, abrace-me forte. Quero senti-lo como da primeira vez que tocou em mim.

– Ainda não se esqueceu de algo ocorrido há tanto tempo, minha querida Raios de Lua?

– Você se esqueceu?

– Não! Como poderia, se eu tremia todo? É uma lembrança inesquecível.

– Pois abrace-me e sinta como agora sou eu quem está trêmula.

Eu a abracei e senti todo o seu corpo vibrar. Como estava tremendo minha Raios de Lua.

– O que houve?

– Não fale nada, só me acalme um pouco para que eu volte ao meu normal, meu querido Pajé Branco.

Acariciei seus longos cabelos com delicadeza. De seus olhos corriam dois filetes de lágrimas. Nada lhe disse, só a abracei pelo tempo que achou necessário. Eu não sabia, mas este seria o nosso último abraço por muito tempo. Até o momento da queda, só o repeti por mais uma vez.

Quando ela se sentiu mais calma, falou:

– Meu querido, vou partir para outra esfera, mas, se me pedir para ficar, eu não o deixarei.

Desta vez foram meus olhos que verteram, não dois filetes, mas grossos fios de lágrimas. Estavam me tomando a fonte de luz do amor. Alguém lá em cima levava para perto de si minha lua radiante de amor.

E eu chorei. Como chorei!

Não era choro de alegria como com Jasmim, mas o choro da solidão, e eu me sentei para chorar. Não conseguia contê-lo. Meu choro partia do coração. Ela também chorou comigo. Quando esgotamos nossas lágrimas, entre soluços, eu lhe perguntei:

– Quem a convidou a ascender?

– Foi o próprio gênio do símbolo do Amor. Foram tantos os que acolhi no seu ponto de forças na cachoeira que ele me quer um pouco mais em cima. Uma vez tive de partir contra minha vontade e o deixei chorando. Sei que, se eu partir de novo, você vai sentir muito. Se não quiser, eu não parto desta vez.

– Não tenho o direito de impedi-la de receber o que conquistou com o amor que há em seu coração. É dolorido, mas não vou impedir sua ascensão. Prefiro chorar por sua ascensão agora e sorrir no futuro a sorrir agora e chorar no futuro.

– Por que não me pede para ficar? Eu estou dividida entre você e o gênio guardião do símbolo do amor e não sei o que fazer. Ajude-me meu amado Pajé Branco, pois meu coração está partido entre os dois.

— Raios de Lua, meu raio do amor, como posso segurá-la comigo? Por acaso já viu alguém conseguir segurar um raio de lua? Não, eu acredito que não! Um raio de lua ninguém segura, apenas recebe sua luz e encanto, nada mais.

— Mas, se quiser, desta vez poderá segurar o seu raio de lua. Será o primeiro a conseguir tal proeza.

— Se eu segurar meu raio de lua agora, o gênio do símbolo do amor lhe tirará o seu encanto. Então logo ele se apagará para sempre. Diga-me, como pode um amante da Luz ver seus raios se apagarem e ficar insensível? Como poderei ser feliz em ter uma lua sem seu brilho encantador? Prefiro chorar sua partida para as alturas a ver sua prisão ao meu lado. Nós só somos felizes assim como somos: minha lua me iluminando com seus raios enquanto eu caminho na terra. Só assim minhas noites não são escuras. Elas são sempre iluminadas pelos raios de lua do meu amor luminoso.

— Meu amado Pajé Branco! Quantos eu já não iluminei com meus raios! Mas nenhum é como você. Os outros eu ilumino com os raios do meu amor e eles só absorvem. Mas você não! Você os absorve e os devolve a mim como raios de sol. Saiba que a sua lua emite raios de amor que nada mais são que reflexos dos raios do amor do sol que a ilumina. Você é o meu sol radiante! Como sua lua, choro quando me distancio um pouco de minha fonte de luz. Sou toda escura porque não tenho luz própria, mas, do lado que você me ilumina, eu sou brilhante. Feliz será a sua lua no dia em que você, com sua força gravitacional, a puxar para si e a absorver por inteiro na sua luz, que aquece e ilumina os meus raios. Muitos não sabem, mas quando o sol se esconde para ele é porque está se mostrando para a lua. E é nesses momentos que o amor ganha intensidade, chegando mesmo à paixão. Eles não sabem, mas estão apenas recebendo o reflexo do amor do sol e da lua. Como eu o amo, sol dos meus dias!

— E como a amo, luar de minhas noites! Se eu fosse um poeta, faria-lhe o mais belo poema de amor e, se fosse músico, a mais bela canção. Mas como sou somente o seu sol, enviarei a você meus raios luminosos de amor para que os reflita quando eu caminhar nas longas noites solitárias. Só assim não me importarei de não ter nenhuma companhia, pois saberei que minha lua querida me envia, lá do alto, seus raios de amor. Suba um pouco mais, minha lua querida, assim receberá com mais intensidade os raios da luz do amor do Divino Criador e mais intensamente os refletirá para mim, aqui em baixo.

— Eu sou sua lua amada que vive entre sua força e a do Criador. Cada um querendo-me para si! Não sabe como é difícil viver com meu coração dividido entre dois amores. O primeiro é o amor ao Criador e o segundo, a um homem que é o próprio amor.

– Quando será sua partida?
– Daqui a sete dias. Vim até aqui para, caso não quisesse que eu ficasse para sempre ao seu lado, pedir-lhe que os passe ao meu lado no meu sagrado ponto de forças na natureza. Aceita ir até lá comigo?
– Sim, e espero que durem uma eternidade estes sete dias.

Foram sete dias que duraram apenas sete segundos, tão rápido passaram. Quando nos abraçamos antes de sua partida, nossas lágrimas douradas se misturaram com as águas que caíam da cachoeira. O pranto era tanto que a corrente abaixo da cachoeira se tornou luminosa. Devo acrescentar que só a soltei de meus braços quando o próprio gênio das cachoeiras a tirou de mim.

Mais uma vez o gênio do amor nos separava. Mas ele próprio chorou a nossa separação. De seus olhos, pingos dourados caíram e iluminaram todo o ponto de forças. O gênio se retirou com Raios de Lua e eu fiquei ali, aos pés da cachoeira, chorando a perda dos raios do meu amor. A partir daquela noite eu, sempre que olhava para a lua, deixava uma lágrima denunciar a ausência do meu amor.

Até hoje eu choro a sua ausência. Meu coração possui um vazio que ninguém pode preencher, porque ele pertence a Raios de Lua, uma servidora do Símbolo do Amor.

Voltei muitos dias depois ao Sagrado Coração e ainda havia momentos em que eu não continha o meu pranto. Tanto mamãe quanto Salete procuraram consolar-me. Durante algum tempo, só havia o vazio. Meu coração esgotara suas lágrimas de amor por Raios de Lua. Meu coração ficou um pouco mais escuro porque já não tinha a minha lua para iluminá-lo.

Logo chegou até nós a notícia da partida de mestre Han e de sua filha para a quinta esfera. Como não podia deixar de ser, ele realmente colhera um jardim: ele havia recebido a ordem de levar consigo todas as sete belas flores que um dia eu resgatara das trevas.

Sua partida coincidiu com a data de comemoração do primeiro centenário do Sagrado Coração do Amor Divino. Como já havia uma programação a ser cumprida, mestre Han designou seu sucessor no Templo Dourado com antecedência e aceitou o convite de Salete em irmanar os seguidores dos dois templos e fazer-lhes uma bela festa em comemoração à sua ascensão. Os dois templos uniram seus corais e as mais belas canções se fizeram ouvir. Eu chorava minha tristeza com mais essa partida. Não era um gesto de egoísmo, mas de orfandade. Tiravam-me o mestre amado. Em determinado momento, não pude conter minha dor e volitei no ar. Estavam todos tão encantados com a melodia entoada pelo coral que nem notaram minha ausência. Fui a um lugar ermo e chorei minha dor sem medo ou vergonha de ser ouvido. Eu estava só. Como eu chorei! Chorei a partida de

Jasmim, de Raios de Lua, de Flor do Campo e das suas sete novas irmãs, as flores do meu jardim. Mas chorei muito mais a partida de mestre Han. Ainda chorava, quando sua voz carinhosa interrompeu meu choro.

– Por que o filho de meu amor chora minha elevação de forma tão sentida? Acaso não quer despedir-se de mim?

– Sua elevação só me honra, Mestre, e poderei dizer a todos que tive como mestre um sábio que ascendeu a uma esfera muito superior à minha. Só a menção de seu honrado nome já fará com que muitos queiram ser meus discípulos.

– E isso não o deixa feliz?

– Não, mestre de mestres. Com sua partida apaga-se a luz do meu saber. Onde irei buscar a luz que me falta adquirir? Onde irei quando a dúvida tomar conta da minha razão?

– Você me cultivou muito bem durante todo o tempo que passamos juntos. Eu cresci dentro de você como uma árvore forte que teima em espalhar, para fora de seu ser, toda a sua sombra onde muitos poderão descansar. Quando tiver uma dúvida e não puder encontrar ninguém para esclarecê-la, procure-me no seu interior que lá estarei para lhe responder. Cultive na lembrança tudo o que fizemos juntos: eu não estarei longe, filho meu. Você é um reflexo meu e eu me reflito em você.

– Ensine-me pela última vez, luz do meu saber. Por que tem de ser assim?

– Um espírito, quando volta à carne, não precisa ter alguém preparado para o seu nascimento?

– Sim, meu pai amado.

– E quando alguém vai deixar a carne e retornar ao mundo maior, também não precisa ter alguém que o ama esperando-o, senão ele se perde na ascensão?

– Sim, isso também.

– Então, filho. Encare minha partida como alguém que vai na frente para recepcioná-lo quando for chegada sua hora.

– Como poderei elevar-me se já não terei mais a luz do meu saber a me iluminar?

– Absorva-me por inteiro e terá toda a luz de que precisa para tomar o rumo certo na hora certa, filho meu. Se escolher o caminho certo e o trilhar corretamente, logo me alcançará novamente e aí a nossa união será por todo o sempre a causa comum, que é a elevação da humanidade. Saiba que eu parto incompleto deixando para trás o meu Cavaleiro da Estrela Guia, o cavaleiro que espalha o saber da luz da Estrela. Ainda que demore outros sete mil anos, eu a elevarei para perto de mim, pois só esta estrela consegue refletir meu saber tão bem e para tantos que estão na escuridão da ausência do saber das coisas divinas.

– Desculpe-me por ser tão egoísta, mestre de mestres, mas eu vou chorar sua ausência enquanto ela durar.

– Que Deus abençoe o seu choro, filho do meu amor. Será por intermédio dele que voltará a viver próximo de mim.

– Eu orarei por este dia, meu pai amado. Peço o seu perdão por ter vindo tão longe chorar minha dor.

– Não tenho nada a perdoar-lhe, meu filho. Como disse um dia: uns não se lembram mais, outros sabem mas não ousam e ainda há outros que se lembram, sabem como e ousam chorar. Tudo o que você chorou só honra a sua origem. Se você reagisse de outra forma, eu não o reconheceria. Você é o que é e age de acordo com sua natureza. Isso ninguém poderá modificar ou tirar de você; é a essência do Criador depositada em seu espírito imortal no momento da sua criação. Se a deformarem, algum tempo depois você a remodela com perfeição; se a despedaçarem, lentamente você irá juntando os pedaços, até que tenha recolhido todos eles. Aí então se reconstituirá por inteiro novamente. Esta é sua natureza e veio de sua origem. E o que sei é que até hoje você só honrou sua origem. Vamos voltar agora, pois os irmãos do quinto plano o estão esperando.

– Esperando por mim, meu pai amado?

– Sim. Aquela que se mostrou a você muito antes de mostrar-se a mim quer que você faça algo por ela.

– Ela falou que já se havia mostrado a mim?

– Sim. Por que não disse antes que sabia de minha elevação?

– Eu não quis tirar-lhe o prazer de receber dos lábios dela tal notícia.

– Então preferiu afastar-se para não se trair, não é?

– É isso mesmo, meu pai amado. Ultimamente, estou vendo aqueles que mais amo partirem para o quinto plano.

– E não é bom que muitos do mesmo grupo comecem a elevar-se? Você não acha que alguém deve ter os seus motivos para elevá-los?

– Sim, alguém os tem com certeza.

– Mas ainda há muitos por aqui que ama e que o amam. Portanto, não os deixe sofrer com sua dor. Você é a estrela que os guia. Se a sua estrela se apagar, eles não saberão qual o caminho que leva ao plano superior.

– E como eu saberei qual é este caminho?

– Olhe sempre para sua estrela. Ela é a sua guia e você é o seu cavaleiro amado.

– Não esquecerei suas palavras, mestre de mestres!

– Então vamos voltar, pois a hora da partida está chegando.

Logo estávamos novamente no Sagrado Coração do Amor Divino. Todos aplaudiram a volta de mestre Han. Ele então nos ensinou mais uma vez com o seu saber:

— Não estranhem a fuga do meu filho amado. Todos os filhos choram quando têm o cordão umbilical cortado e são separados de sua mãe. Este filho eu venho gestando no meu coração há muito tempo e agora ele chora porque é filho do meu amor, assim como muitos de vocês também, são. Não sintam medo ou vergonha de chorar por amor, pois só os covardes não choram.

E não houve quem não chorasse a partida do velho e amado mestre Han. Mesmo os que não haviam convivido com ele choraram. Sabiam que, quando um grande mestre ascende a uma esfera superior, muitos mestres discípulos se tornarão grandes um dia. Ele nos abençoou com um gesto que todos nós imitávamos quando abençoávamos alguém ou alguma coisa e partiu com as oito filhas. De cada uma delas eu recebi um abraço e um beijo em cada face, além de uma frase que não vou repetir aqui. Eram confidências de amor e somente os tolos fazem isso, não quem conhece as coisas do amor. E eu as conhecia muito bem. Só aquela venerável senhora ficou após a partida. Ela, e uma escolta que a acompanhava. Depois que todos se retiraram voltando aos seus afazeres, ela me chamou para me dizer algo.

— Filho da Luz, gostaria de lhe pedir algo que para mim é muito importante.

— Então ordene que o farei, senhora da Luz.

— Eu não ordeno, filho, só lhe peço. Se aceitar, ficarei feliz e se não, eu entenderei.

— Eu a ouço, senhora da Luz. Pode dizer o que deseja. Se eu puder realizar o seu desejo, ficarei honrado. Se não, procurarei crescer o suficiente para logo mais realizá-lo.

— Prefiro assim, filho da Luz. Há algum tempo um ser muito amado ousou penetrar no meio e se perdeu. Nunca mais tive notícias dele.

— Quem era ele, senhora da Luz?

— Um Cavaleiro da Justiça. Ousou ir até o meio à procura de nosso filho e não voltou mais. Choro não mais a ausência do meu filho, mas também a do seu pai.

— Acredita que eu possa encontrá-los e resgatá-los do meio, senhora da Luz?

— Sim, pois onde um Cavaleiro da Justiça falha, um Cavaleiro do Amor não falhará. Sua estrela o guiará até eles.

— Eu nunca me arrisquei a ir até o meio, mas se a senhora diz que os encontrarei, então tenha a certeza de que só retornarei quando encontrá-los e achar um meio de tirá-los de lá.

– Bem que o Cavaleiro do Mar me disse! Eu rezarei por sua vitória, filho da Luz.

– Desculpe-me a curiosidade, mas, o que lhe falou o Cavaleiro do Mar?

–Disse-me para pedir-lhe isso pois ele tinha a certeza de que você aceitaria tal risco. E, se aceitasse, com toda a certeza os traria de volta.

– Preciso agradecer ao Cavaleiro do Mar a confiança que ele deposita em mim. Senhora da Luz, logo terá o seu companheiro, o Cavaleiro da Justiça, e o seu filho amado de volta, além de ter também um Cavaleiro da Estrela Guia a seu serviço. Se o seu filho amado foi lançado no meio por um ato desumano de magia maligna quando socorria os caídos à beira do caminho, a justiça já está a seu lado amparando-o e logo o amor chegará para libertá-lo com a justiça do amor.

– Então eu o nomeio meu Cavaleiro da Justiça do Amor, Cavaleiro da Estrela Guia.

– Procurarei honrar o título que me concede, senhora.

– Eu sei que o honrará, filho da luz da justiça divina.

– Agora, dê-me licença, vou partir para o meio. Deixarei para chorar a partida de mestre Han quando retornar.

– Se você conseguir retornar do meio, não terá motivos para chorar a ausência dele, filho da Luz.

– E seu eu não conseguir sair do meio, serão muitos os que chorarão minha ausência.

– Eu serei mais uma que chorarei sua ausência, caso não saia de lá!

– Saiba que farei tudo para sair. Já são muitas as mulheres que chorarão minha ausência e não vou querer que uma senhora da Luz chore por mim também.

– Você não nega sua origem, filho da Luz! – ela sorriu ao dizer isso.

– Ainda não sei qual é a minha origem, mas confio nela para sair de lá. Só peço que conserve este sorriso nos lábios, pois ele será a última coisa de que me esquecerei enquanto estiver no meio.

– Que Deus misericordioso o abençoe, filho da Luz e da Justiça Divina.

Eu me ajoelhei e fui abençoado por ela.

O Mergulho no Meio

Volitei no ar e parti para o meio. O temido meio! Lugar onde poucos ousavam penetrar, pois é neutro. Ali reina a lei do horror. É para lá que são lançados os devedores da lei para posterior redirecionamento às suas escalas evolucionistas. Muitos jamais saem do meio. Se não são acolhidos pela Luz nem pelas trevas, perdem-se nele por todo o sempre.

Mas há uma exceção. É quando o Criador, num ato de misericórdia, varre aquela faixa vibratória com o seu vento arejador e colhe as milhares de almas que já purgaram todo o fel do ódio. Então, são lançados num movimento coordenado pelo próprio Criador e reencarnam.

É nele que têm origem os aspectos horrendos dos seres infernais. Só os poderosos demônios infernais ousam penetrá-lo ou os poderosos anjos da sétima esfera. O maior problema não é entrar e sim sair. Ali é o portal de acesso ao horror. Quem o penetra, pode, com grande probabilidade, nunca mais sair.

Eu pairei no ar antes de entrar. Divisei a densa neblina que separa o resto da criação. Um pavor imenso se apossou do meu ser. Eu arriscava tudo o que havia conquistado em milênios num gesto de coragem. Se, por acaso, eu tivesse algum ajuste de contas com a Lei, e ele fosse muito grave, provavelmente eu jamais sairia.

Mentalmente chamei o velho amigo Cascavel. Num segundo, lá estava ele enrolado em meu corpo: os dois pairando no ar que circundava o meio.

– O senhor está louco, chefe?

Esta foi a única coisa que ele me disse quando divisou o meio.

– Ainda não sei, mas quer arriscar-se a participar de minha loucura, meu amigo?

– O senhor está mesmo decidido a aventurar-se no meio, chefe?

— Sim, por quê?
— Pensei que estivesse brincando comigo. Foi aí que fui lançado após o meu desencarne. Eu conheci o horror da minha transformação no que sou.
— Por isso eu o chamei. Você conhece os seus perigos e eu não. Mas não é obrigado a me acompanhar. Só me fale algumas coisas sobre ele.
— Quem lhe pediu para fazer tamanha loucura, chefe?
— Uma senhora, meu amigo.
— Eu já imaginava. Quando o vejo em encrencas, já sei quem o colocou nelas. Sempre é uma mulher!
— Mas é uma linda senhora da Luz, meu amigo. Eu não podia fugir ao seu pedido.
— Não importa que ela seja uma senhora da Luz. Fosse quem fosse, o senhor não fugiria, chefe. Eu já estou começando a conhecê-lo um pouco.
— Então é sinal de que eu já estou começando a viver em seu interior.
— Isso é verdade, chefe. Recebi um pedido de ajuda da mais linda mulher que existe!
— Já está derretendo o coração de suas conquistas, meu amigo?
— Como assim, chefe, não entendi direito o que quis dizer.
— Eu explico, meu amigo. Se uma dama tiver a coragem de lhe pedir um favor especial, é porque você já conquistou sua confiança. E quem conquista a confiança de uma dama tem a porta do seu coração aberta ao merecedor dela. A ele só resta adquirir confiança em si mesmo e atravessar esta porta para estabelecer morada definitiva naquele coração.
— Depois das suas conquistas, não ouso duvidar de suas palavras, chefe. E olhe que até eu, um ser vil e asqueroso, apaixonei-me por elas!
— Não se diminua, meu amigo, mas alimente a esperança de um dia voltar a ser grande novamente.
— Só o senhor para me dizer estas palavras animadoras, chefe. Onde posso encontrar outro como o senhor?
— Cultive-me em seu interior e quando menos esperar, irá me encontrar por inteiro em você mesmo!
— Certo, chefe. Eu vou com o senhor porque, se não voltar mais, prefiro vagar no meio a seu lado que rastejar sozinho nas trevas.
— Obrigado pela confiança. Quem é a dama que precisa de sua ajuda?
— Lembra-se daquela serpente que o senhor mandou retirar do reino do Sete Cobras só para calar a boca daquele canalha, lá na beira da praia?
— Sim, como poderia esquecer-me dela! Tem bom gosto, meu amigo, ela é muito bela!
— É isso, chefe. Eu fiquei apaixonado quando a vi como mulher, não como serpente. Nas vezes em que o senhor vai até lá, eu converso sempre

com ela. Já consegui fazer com que desejasse servir à lei. Só preciso de uma ajuda do único guardião da Lei que confia em mim para dar-lhe a oportunidade de voltar a ter esperanças.

— Se nós conseguirmos sair do meio, farei muito mais, meu amigo. Nós vamos resgatar um Cavaleiro da Justiça. Se o salvarmos, pedirei a ele para marcá-los com o seu símbolo e assim poderão ter duas formas. Tanto a da cascavel como a de homem, ainda que com certas limitações.

— Quais são as limitações, chefe?

— Estará ligado ao símbolo com que for marcado e, se o desonrar, estará destruído. Vê este símbolo em meu peito?

— Sim, é a Estrela.

— E a trago desde minha origem. Às vezes o torno mais luminoso, outras vezes ele quase se apaga, mas procuro não desonrá-lo, pois conheço as consequências de negar a minha origem. Aceita minha oferta, meu amigo?

— Sim, chefe, mas antes posso buscar minha futura companheira?

— Não teme a possibilidade de não voltarmos?

— Sim, mas acredito em nossa volta. E, se não voltarmos, ao menos eu a terei ao meu lado.

— Então vá buscá-la; eu os espero.

— Olhe-a ali, chefe. Estava ouvindo a nossa conversa.

— Mande-a enrolar-se em mim também meu amigo, só assim não nos separaremos no mergulho ao meio. Depois de estarmos no seu interior, já não correremos esse risco.

— Não teme que ela lhe dê uma picada? O veneno dela é muito mais forte.

— Eu sou imune ao veneno da maioria das cobras. Só vou sentir a dor de suas presas, mas diga-lhe que, se fizer isso, eu lhe arrancarei as presas do resto do corpo, com a cabeça junto.

— Já lhe falei do senhor, chefe. Se voltarmos do meio, vou ter de me preocupar com mais uma coisa.

— O que é?

— Preciso tomar cuidado para ela não me abandonar pelo senhor.

— O que você andou dizendo a ela sobre mim?

— Só o que sei.

— E isso com toda a sua peculiar modéstia e discrição, não?

— O senhor já me conhece chefe, sou modesto e discreto em todos os momentos.

— Esta particularidade de sua natureza eu já havia notado faz tempo, quando me mostrou a sua "pequenina" falange de cascavéis. Muito modesto mesmo! Imagino então o quanto deve ser discreto.

– É isso, chefe! Só está faltando minha terceira e quarta qualidade.
– Quais são?
– Corajoso e eficiente!
– Já tenho um auxiliar nas trevas quase perfeito: modesto, discreto, corajoso e eficiente. Falta-lhe muito pouco para tornar-se um anjo da Luz, meu amigo.
– Qualquer dia destes, eu adquiro o que ainda me falta. Primeiro vou esperar o senhor virar um anjo, depois eu faço tudo o que fez para ser um.
– Você não está com pressa disso, não? Pode demorar um pouco.
– Ah! Eu ia me esquecendo de mais uma qualidade, chefe!
– Também é paciente!
– Isso mesmo, chefe. Muito paciente.
– Pois precisará de muita paciência, se não saírmos de lá. Vamos, mande-a enroscar-se em mim, pois vamos penetrar no meio do meio.

Eu estava atento a ela e ouvi bem quando seu mental inferior vibrou no contato com meu corpo. O pensamento que ela emitiu? "Ah! como é bom voltar a tocar no corpo de um homem."

Bom! Eu já tinha ouvido tais pensamentos do amigo Cascavel, quando ele tocava em uma mulher. Ambos haviam desrespeitado a sagrada pele do cordeiro, o corpo humano. Ele, ao torturar os escravos negros e matá-los. Ela, ao usar seu belo corpo feminino como instrumento do ódio que nutria pelos homens.

Por isso a lei lhes negou um corpo fluídico na forma humana. Ao tirar-lhes o perispírito, só lhes restou o que possuíam em demasia no mental. Eram como serpentes: em quem se fixassem, causavam a morte.

Como é perfeita a Lei! Ela só confirmava a eles sua perfeição ao permitir-lhes poderem novamente sentir o contato com um corpo humano. Não mais desejavam deformá-lo ou destruí-lo, mas sim ao menos enroscarem-se nele. Ela, que um dia odiou os homens e tirou a vida de muitos que ousaram tocá-lo, agora sentia prazer em rastejar sobre o corpo de um homem. E ele, que mutilou e matou tantos, agora só almejava ter de volta um corpo humano e o que mais o deixava feliz era ter alguém com uma certa saliência onde viesse a se enroscar, tal como um bebê no colo materno.

Como é perfeita a lei divina e o ancestral místico da luz das formas e da transformação que a executa. Ele os castigara sem lhes tirar nada além do que possuíam em excesso. Se eram serpentes, não podiam ter um perispírito humano. Só lhes tirou o que não lhes pertencia. E ao verem realmente como eram, começaram a procurar a transformação, não externa, mas interna.

E como é difícil transformar o interior! Leva-se muito, mas muito tempo mesmo, para consegui-lo. Mas, como eu sabia das coisas da lei, permitia-lhes que tocassem novamente em um corpo humano. Eles sentiam um imenso prazer ao fazer isso e ansiavam pelo dia em que a lei lhes permitiria ter novamente seus corpos humanos.

Acariciei lentamente a nova companheira do meu auxiliar nas trevas e novamente ouvi sua voz íntima dizendo: "Como é bom ser acariciada por um homem!"

– Vamos, amigos. O meio nos aguarda.

– Certo, chefe! – disseram os dois ao mesmo tempo.

Volitei-me no ar e, levando-os comigo, mergulhei. Como era terrível o meio. Raios cortavam a escuridão, verdadeiras tormentas o castigavam incessantemente. O clarão provocado pelos raios iluminava figuras grotescas. Urros imensos ecoavam por longo tempo e a longas distâncias.

Eu não sabia como era o inferno, mas aquele lugar era pior que os abismos onde eu descia para resgatar almas. Lá havia uma queda de vibração constante, mas ali não. Tudo se modificava em fração de segundos.

Talvez o caos a que se referiam os sábios que escreveram a Gênese no Livro Sagrado fosse este. Que sensação horrível é sentir-se no meio do meio. O horror nos percorre todo o corpo causando uma sensação de perda dos sentidos. Eu tinha de me manter alerta ao máximo, pois ali minha luz de nada valia como defesa; muito pelo contrário, era algo que me denunciava e atraía o olhar dos colhidos pela lei e lançados no meio para posterior direcionamento.

Eu vaguei pelo meio por longo tempo. Os lamentos, os gritos de horror e pavor era o que me incomodava. Como direcionar minha mente com tanta interferência? Talvez tenha sido por isso que um Cavaleiro da Justiça se tenha perdido em seu interior, pensei eu. Que pretensão a minha pensar que poderia entrar nele, resgatar alguém e sair facilmente.

Só para terem ideia, eu já havia perdido o sentido de direção. Sem ele seria difícil guiar-me no retorno. O meio era como o edifício do Sagrado Coração. De fora, era abrangido pela visão, mas quando entrávamos em seu interior, crescia por todos os lados.

Subi em um promontório e do alto procurei direcionar-me. O vento cortava a imensidão. Minha longa capa, azul por dentro e vermelha por fora, esvoaçava, tal o furor da ventania. As duas cobras cobriam, com suas visões, minha retaguarda e as laterais. Da frente cuidava eu. Quando os coriscos cortavam a penumbra, eu fixava minha visão em algo, até um novo clarão. Nuvens negras ameaçavam temporais que nunca caíam. O solo era seco e todo rachado. Ali nunca havia caído uma gota d'água! Quando finalmente eu consegui estabelecer um rumo, alegrei-me. Ao me ver sorrir, o Cascavel me perguntou:

— Chefe, já sabe onde estamos?
— No meio do meio, meu amigo. Ou seja, no inferno!
— Muito animadoras suas palavras, chefe. Não sabe como me tranquilizam! Se até os demônios, que são seus moradores milenares, não conseguem sair dele sem ajuda externa, como nós vamos sair?
— Nós não somos demônios, meu amigo!
— Fale só pelo senhor, chefe. Eu, com este corpo e neste lugar, sinto-me muito próximo de ser um. Se não fosse sua presença para me fortalecer, eu já teria saído por aí em fuga, sem rumo, picando a todos que cruzassem o meu caminho.
— Acalmem-se, meu amigo e também a sua companheira. Já sei onde estamos, agora só preciso apurar minha direção para partirmos rumo ao nosso objetivo. Antes, vou direcionar nossa saída do meio, mas, para consegui-lo, devo concentrar-me ao máximo.
— Como? Com este inferno miserável à nossa volta, chefe?
— Protejam-se e vigiem. Se alguém se aproximar muito, avisem-me. Preciso desligar-me totalmente. Só assim encontrarei a saída.
— Vá em frente, chefe, que nós cuidamos do resto.

Eu me isolei do horror do meio e mentalmente fui fazendo o trajeto de volta. Lentamente eu ia conseguindo. Quando divisei a neblina que delimitava o meio da primeira esfera, eu, mentalmente, dei uma gargalhada.

Já sabia onde estava e como voltar. Estabeleci o meu norte direcional e já ia começar a vasculhar o meio, quando, primeiro o chocalhar insistente do guizo e depois um chamado aflito, tiraram-me da concentração.

— O que é, meu amigo? — perguntei, ainda meio concentrado.
— Acorde logo, chefe, ou não vai acordar nunca mais. A morte ronda o promontório que estamos.

Saí imediatamente de meu estado e puxei minha longa espada encantada. As palavras dele foram pronunciadas com um tom de pavor.

— Fiquem atrás de mim. Eu resolvo esta situação, meus amigos.
— Agora não posso chamar por socorro, chefe, estamos perdidos. Eu conheço estes camaradas. Já senti na pele o poder das armas que carregam. Dissolvem tudo o que tocam.
— Acalme-se e deixe-me cuidar de tudo.

Centenas de homens encapuzados, todos vestidos com longas roupas negras e montando terríveis cavalos negros, com um chifre na testa, aproximavam-se subindo o promontório. Tanto os olhos deles como os dos cavalos eram rubros como ferro incandescente. Outro talvez tivesse procurado fugir, mas não eu! Tirei a outra espada e com as duas em posição de combate, esperei que se aproximassem.

– Não dá para acalmar este guizo, meu amigo? Já estou tenso demais para suportar o som dele.

– É porque estou tenso também, chefe. Assim como o senhor está pronto para degolar o primeiro que ultrapassar a sua linha de defesa, eu também estou pronto para voar na garganta dele.

– Então salte no segundo, pois o primeiro é de minha espada encantada. O segundo será seu e o terceiro será da outra espada.

– Certo, chefe. Como o senhor sempre diz: "No céu como os anjos, na terra como os homens e no inferno como os demônios". Que venham os demônios do inferno provar o fio de sua espada e nossas presas afiadas. Do jeito que estou, uma picada minha mata pela segunda vez um ser destes aí.

Este era o velho Cascavel falando.

– Modesto e discreto, não amigo?

– É isso, chefe. Quando o medo é maior que a coragem, temos de ser "modestos e discretos"!

– Cale-se, amigo. O chefe deles se aproxima.

Lentamente um cavaleiro se destacou dos outros. Eu sabia que era o chefe deles, porque a cada dois passos do seu cavalo negro os outros davam um para trás. Sua longa veste negra também esvoaçava ante a fúria da ventania. Ali os elementos eram incontroláveis.

Um corisco cortou o ar próximo de nós e o seu clarão iluminou a cavidade escura do capuz do cavaleiro das trevas. Foi assim que eu o saudei.

– Salve, Cavaleiro das Trevas. O que o traz até nós?

– Eu estou no meu meio, cavaleiro da Luz. Eu é que pergunto o que o traz ao meio?

– Venho em busca de outro Cavaleiro da Luz e de seu filho que foi enviado ao meio por intermédio de magia negra.

– O que está no meio não tem dono, Cavaleiro da Luz. É de quem pegar primeiro. Se o filho dele foi enviado para cá, então já deve ter um novo amo, e se você está à procura dos dois é porque o pai também se perdeu.

– Não se perderam não, Cavaleiro das Trevas. Eu estou aqui para resgatá-los.

– Com o que, Cavaleiro da Luz?

Sua voz tinha o tom de desafio.

– Com minhas espadas, se for necessário.

– Você é valente, Cavaleiro da Luz! Não teme a morte?

– Já morri uma vez, meu amigo, não será difícil suportar duas mortes.

– Você me chama de amigo, cavaleiro da Luz? Acaso não sabe que sou o seu carrasco?

— Muitos já disseram isso antes e ainda estão à procura de seus pedaços no inferno.

— Como um Cavaleiro da Luz fala uma linguagem dessas? Nunca vi usarem estes termos. E olhe que já vi muitos!

— Eu sempre falo de acordo com o lugar onde estou. No céu, como os anjos; na terra, como os homens e no inferno, como os demônios. Por isso só você os ouviu e ninguém mais. Quanto a mim, ainda pretendo ser visto por muitos, e por longo tempo assim ser ouvido.

— Daqui saem apenas aqueles que não têm forma, Cavaleiro da Luz. E você ainda conserva uma forma. Como pretende sair daqui?

— Eu conservo minha forma para que meus símbolos possam ser vistos e para que quem os conhecer lhes dedique o respeito que merecem. Caso contrário, conhecerá a força que está contida neles e na espada que carrego.

— Você não tem travas na língua, não é mesmo, Cavaleiro da Luz?

— Como eu já disse, no inferno, como os demônios.

— Não teme o poder do meu alfanje?

— Tanto quanto você teme o poder de minha espada!

— Ele tirará todas as energias daquilo em que tocar.

— E no que minha espada tocar, será tão energizado que explodirá.

— Meu alfanje já derrubou muitos guerreiros valentes.

— E minha espada já levantou muitos guerreiros caídos no campo de batalha.

— Meu alfanje, ao tocar em alguém, faz com que odeie continuar vivendo.

— Minha espada, ao tocar em alguém, revive-o imediatamente.

— Meu alfanje abre-lhe as portas do inferno.

— Minha espada abre-lhe as portas do céu.

— Meu alfanje marca com um dos sete símbolos das trevas.

— E minha espada, com um dos sete símbolos da Luz.

— Eu, ao tocar em um ser luminoso, tiro-lhe toda a luz.

— Eu não. Se tocar em um ser sem luz, ilumino-o de imediato.

— Eu só espalho o pavor, o medo e o horror.

— E eu só espalho a fé, a confiança e o amor.

— Eu sei quem você é, cavaleiro da Luz!

— Sim, isso eu também sei! Eu sou você na Luz e você é como eu nas trevas.

— Isso mesmo! Os dois lados de um mesmo ser. Pensamos do mesmo modo, mas em lados opostos. Você serve ao Senhor da Luz e eu ao Senhor das Trevas.

– Isso mesmo, Cavaleiro das Trevas! Eu não posso destruí-lo, senão mato a mim mesmo, pois não terei o meu lado negativo.

– Você é sábio, Cavaleiro da Luz. Conhece os mistérios da criação.

– Você também é, pois conhece os da destruição.

– Em um tempo longínquo, que só quem a viveu não esquece, conheci alguém igual a você e cavalguei ao seu lado.

– Eu já tive o meu mental um pouco adormecido pelas sucessivas reencarnações, mas guardo ainda uma vaga lembrança de um tempo em que alguém igual a você cavalgou ao meu lado.

– Eu ainda me recordo de alguém que, sozinho, como está hoje, dominou o maior exército que já houve na face da Terra naquele tempo.

– E eu, na lembrança, ainda que adormecida pelo tempo, recordo do comandante deste poderoso exército que servia às Trevas e depois à Luz.

– Eu ainda guardo em minha mente um guardião da Luz que trazia em si todos os sete símbolos sagrados.

– E eu de um comandante que, ao ver que havia terminado seu trabalho a serviço das Trevas, morreu servindo a Luz.

– Eu ainda me lembro de Hash-Meir.

– E eu do comandante chefe do exército de Ptal, o Grande.

– Eu chorei a morte deste guardião dos sete símbolos dos portais da Luz.

– Eu choro até hoje a perda de um auxiliar igual a você.

– Até que enfim o reencontro, Guardião dos Sete Portais da Luz!

– E eu reencontro o meu comandante dos Cavaleiros Negros, os Cavaleiros das Trevas da Morte.

– Posso finalmente tocar em alguém que não destruirei, porque é meu igual, só que na Luz.

– E eu posso tocar em alguém das Trevas sem alterá-lo, porque é o meu lado negro e meu irmão na origem.

Ele desceu do seu cavalo negro e deixou seu alfanje preso no arreio da montaria. Eu embainhei minhas espadas. Demos vários passos e nos abraçamos longamente. Depois disso, ele me falou:

– A Ptal eu servi, a você ajudei, e à bela Shir, ainda que em silêncio, amei.

– Quanto a mim, de Ptal me servi, de você recebi ajuda e à bela Shir amei e ainda a procuro em todas as mulheres que vejo.

– Eu só não a tomei de você porque sabia que ela não me queria.

– Quando ela partiu, confiei-lhe sua guarda até seu destino. Sabia que a respeitaria.

– Por causa dela, muitas vezes pensei em matá-lo, guardião.

— Se tivesse tocado nela, quem morreria seria você, comandante.
— Onde está ela agora?
— No ponto de forças do mar. Não a vejo há muito tempo.
— A aparência é a mesma?
— Só no corpo, o rosto mudou um pouco.
— Então, quebrou-se o meu encanto. Eu procuro um rosto igual ao dela há 7 mil anos.
— Quanto a mim, procuro uma mulher que conserve seu encanto há muitos, mas muitos milênios.
— Quem sabe um dia você consiga, irmão da Luz!
— Talvez, sim, talvez, não. Até lá vou continuar minha jornada.
— Você já não fala mais como um mago e, sim, como um guerreiro.
— E você já não fala como um guerreiro, mas como um sábio.
— É porque eu tive um como chefe em minha última encarnação a serviço da lei.
— Quanto a mim, tive um guerreiro a me servir em uma das muitas encarnações a serviço da luz do saber.
— Todos sofremos transformações profundas quando a servimos, irmão da Luz!
— Sim, a lei nos transforma de tal modo que, quando percebemos, já não somos os mesmos.
— Saiba que eu ansiava por revê-lo, Guardião dos Sete Símbolos!
— Eu devo dizer que nunca consegui apagá-lo do meu mental.
— Cuidado com o seu mental, pois aquele que vive nas trevas, das trevas e pelas trevas, um dia poderá destruí-lo. Tentou isso comigo e não o conseguiu.
— Como você resistiu?
— Agarrei-me ao meu único senhor: o Senhor das Trevas. A este ele teme, quanto ao Teu Senhor, ele O odeia. Tome cuidado, pois o seu tempo se aproxima, guardião da Luz.
— Procurarei resistir a ele.
— Você não deve só resistir, deve também subjugá-lo, se quiser ficar livre de sua perseguição!
— Como posso subjugar um ser tão poderoso, irmão nas Trevas?
— Se você resistir a ele, una as duas pontas da linha divisória e faça um círculo. Mas procure fechar o círculo com ele no meio. Só assim o subjugará à sua vontade.
— Você fala por enigmas, irmão das trevas. Qual é a linha, o que ela divide ou ao que conduz e onde estão suas pontas?

– Isso você terá de decifrar, senão eu estarei quebrando o primeiro mistério e você o conhece tão bem quanto eu.

– Não vou querer vê-lo contra a lei, irmão. Um dia eu uno as duas portas da linha divisória e faço o círculo que o envolverá.

– Mas antes tem de resistir a ele, pois só assim conhecerá sua natureza e seu modo de agir.

– Sou seu devedor mais uma vez, irmão das Trevas.

– Eu preciso de você, irmão na Luz. Já não bebo água há sete milênios e me sinto seco. Só quando você unir as duas pontas da linha, voltarei a beber a água da vida.

– Se eu conseguir unir as duas pontas da linha, tenha certeza de que sua sede será saciada.

– Tenha a certeza de que vencerá porque eu estarei ao seu lado neste tempo.

– Quem tem um irmão de origem nas Trevas não perecerá nunca.

– E quem tem um irmão na Luz viverá para sempre, pois os dois extremos sempre se tocam, ainda que a cada 7 mil anos.

– Tem algo que me pertence, irmão nas trevas!

– Se meu irmão na Luz chegou até o meio, então o meio também é seu domínio. Eu abrirei as portas do meio e lhe revelarei todos os seus mistérios. Só assim retribuirei o que me revelou dos portais de luz há 7 mil anos. Com o que aprendi com você, resisti ao que reina nas trevas. E com o que lhe ensinarei agora sobre as trevas do meio e o meio das trevas, você também resistirá a ele no seu tempo. Está com pressa, irmão na Luz?

– Agora que atingi o meio, o tempo não conta mais.

– Acompanhe-me, então!

– Com prazer, irmão nas trevas.

– Poderá ficar chocado com o que vai ver no meio!

– Só assim saberei como é o meio.

– E quanto aos seus auxiliares cobras?

– São tão leais quanto um comandante que um dia me auxiliou.

– Eu não gosto de cobras. Foi uma cobra negra que me tirou a vida.

– Mas elas não são negras. Estão mescladas pelo dourado.

– Só por isso não corte a cabeça delas assim que as vi. Um dia vou falar-lhe sobre as cobras negras.

– Quero que me fale também como era a bela Shir. Sinto necessidade de conhecer um pouco mais sobre aquela que foi picada junto comigo pela serpente dourada.

— Não há antídoto contra seu veneno. Quando você pensa que já foi todo eliminado, ele o contamina por inteiro e o lança de encontro a ela. Você está condenado a procurá-la por todo o sempre.

— Como sabe disso?

— Eu conheço os mistérios da criação na origem. Meu mental não tem limitações nem barreiras que me impeçam de saber o que eu desejo.

— Você é um privilegiado!

— Como você mesmo disse, no inferno faça como os demônios. Vamos, monte em um cavalo e iremos conhecer o meio, do começo ao fim. Depois veremos o que eu tenho para você, irmão da Luz.

Um dos cavaleiros desceu do seu cavalo e entregou-o para mim. Não me fiz de rogado, montei-o com desenvoltura após acariciá-lo um pouco para que se habituasse comigo.

Meus dois auxiliares estavam enrolados em mim e, do alto, vigiavam tudo. Então nós conhecemos o meio em toda a sua miséria e horror.

Não posso revelar nestas páginas tudo o que vi no meio, mas posso afirmar que, quem acha o inferno horrível, precisa conhecer também o meio. Ali, o ancestral místico da luz das formas e da transformação atua com todo o vigor de uma de suas sete principais leis: a lei do carma. É no meio que os devedores da lei são marcados por ela, para posterior reajuste ou transformação. O meio é o purgatório dos cristãos. É onde um espírito hiberna por alguns dias, meses, anos ou até mesmo séculos, até que a lei decida o que fazer com ele. Se ela ordena que desça, então é levado às esferas correspondentes. Se não, deixa que fiquem por ali mesmo até que encontre outro rumo para eles.

Eu via tudo com o semblante neutro. Mas o coração estava partido, tal a dor e a miséria que imperavam no meio. Em dado momento, chegamos a um local mais aprazível e o comandante me chamou.

— Venha para este lado, Cavaleiro. Atrás daquela colina é onde estaciono o meu exército de cavaleiros das trevas.

Quando subimos até o topo da colina, a visão me deixou pasmo.

— Espanta-se com o número de soldados que comando, Cavaleiro da Luz?

— Meu Deus! É espantoso! Você tem o maior exército que já vi em minha existência como ser humano.

— Ainda não estão todos à sua vista. Milhares estão espalhados no meio em missão de execução da lei, e outro tanto espalhados nos sete círculos descendentes. De vez em quando, até os mais temíveis entes das trevas tremem de medo dos meus cavaleiros.

— Por quê?

– São mandados para executar ordens. Então são lançados no novo círculo descendente.

– E o que lhes acontece?

– O que aconteceria se você conseguisse superar o sétimo círculo ascendente?

– Sobre isso nada sei. Mas imagino que, ou seria absorvido pelo Senhor da Luz, ou enviado para regiões do Universo que nem imagino como sejam.

– Daí se deduz o quê?

– Que estes que vocês capturam e enviam ao novo círculo estão superando o próprio regente das trevas em malvadezas, não?

– Você usa um termo brando demais, cavaleiro da Luz. Agora abra a sua armadura, irmão.

– Para quê?

– Faça o que eu lhe peço, depois eu explico. Olhe no meu peito e entenderá tudo.

E o comandante abriu seu manto negro. No seu peito havia uma estrela de cinco pontas invertida. Era rubra. Parecia ser de ferro incandescente. Ele se ergueu sobre a montaria e levantou o alfanje. Dele saiu uma vibração horrível e raios que vinham dos céus se descarregavam ao seu contato. Todos embaixo o saudaram de forma infernal: brandiam suas armas em sinal de aclamação ao líder inconteste.

Eu abri minha armadura prateada e também me levantei sobre a montaria negra que usava. A estrela em meu peito brilhava intensamente. Desebainhei minha espada encantada e elevei-a acima de minha cabeça. Seus símbolos adquiriram vida e de cada um saiu um tipo de energia fantástica. Os elementos se agitaram no contato com ela. Lentamente, minha estrela projetava sua luz à distância. Olhei para o alto e vi que um raio de lua vinha do infinito e cobria minha cabeça.

No vale a nossos pés, o silêncio era total. Quando vi que já tinha mostrado o poder de minha espada, guardei-a novamente e, sentando-me na montaria, fechei minha armadura. Nós formávamos uma dupla indescritível. Ele com sua longa capa negra e eu com a minha, bem mais curta e vermelha, agitando-se ao vento.

– Levante sua mão direita, irmão da Luz – ordenou-me ele.

Eu levantei e acenei para eles lá embaixo. Um clamor maior que o anterior se fez ouvir.

– Por que isso, irmão nas trevas?

– Eu sempre disse a eles que possuía um irmão na Luz, e também que um dia lhes provaria isso. Se um dia estiver no meio ou embaixo e vir algum cavaleiro das trevas, não lute com ele. Use-o à vontade porque ele sabe, a partir de hoje, que você é como eu na Luz, e eu sou você nas trevas.

— Por que isso?

— Não vou permitir que você caia nas trevas da ignorância por ignorância. Você pertence à luz do saber e eu às trevas da ignorância. Somos iguais na origem, mas diferentes no modo de servir ao nosso ancestral místico. Temos de ser assim, meu irmão, um na Luz e o outro nas Trevas.

— Por que tem de ser assim?

— Dois iguais não podem habitar no mesmo lado ao mesmo tempo. E como eu não vou deixar de servir ao nosso ancestral místico nas trevas da ignorância, procure servi-lo na luz do saber, senão um de nós dois sucumbirá ante o outro porque somos iguais na origem.

— Procurarei lembrar disso, meu irmão!

— Caso eu perceba que você está se esquecendo, darei um jeito para que se lembre.

— Como?

— De que forma você atua?

— No amor.

— Eu só atuo na dor. Quando você se esquecer de tudo o que lhe disse hoje, a dor o lembrará a que lado você pertence e ela o reconduzirá ao seu caminho original.

— Um dia eu conheci um guerreiro frio, hoje reencontro um sábio amadurecido pelo tempo.

— Quando você se libertar da lei da reencarnação também terá tempo para amadurecer, irmão na Luz. Venha comigo que vou mostrar-lhe as portas naturais de acesso ao meio. Por elas você entrará ou sairá sem o mínimo esforço. Venham também, cobras miseráveis, pois se um dia meu irmão correr perigo quero que venham avisar-me, ou então eu as localizo e separo suas cabeças de seus corpos. Foi por isso que tudo falei e tudo mostrei ao meu irmão na Luz e deixei que vissem e ouvissem também.

— Nós estamos atentos, comandante da Morte! — exclamaram as cobras.

— Caso precise retirar alguém do meio, pode enviá-los que eu os ouvirei, irmão na Luz.

— Por que o oferecimento?

— A lei não abre uma porta por acaso. Eu vi o raio de luz que cobriu sua cabeça lá na colina. Era nossa origem nos unindo nos serviços de seus desígnios.

— Você sabe muito mais do que eu, sábio das Trevas!

— Um dia você soube muito mais, mestre da Luz! Isso é assim mesmo. Um tempo sabemos mais e outro menos e assim tudo caminha como quer tanto o Senhor da Luz como o das Trevas, que se encontram nos extremos.

— Você não nega a sua origem, comandante dos Cavaleiros das Trevas da morte.

— E você honra a sua origem, Cavaleiro da Estrela Guia da Luz do Saber.

— Agora vou mostrar-lhe a última porta deste lugar. Depois você poderá partir e voltar quando quiser, pois seus guardiões o reconhecerão ainda que passem mil milênios e sua aparência mude outras mil vezes.

Quando chegamos à última porta, uma surpresa me aguardava: milhares de espíritos de olhares aflitos. Eu busquei no meio deles o Cavaleiro da Justiça. Foi o próprio comandante quem me mostrou onde ele estava. Um dos seus o trouxe e ao seu filho até nós. Ao me ver, ele falou:

— Graças a Deus que você veio, Cavaleiro da Estrela Guia! Eu sabia que um dia sairia daqui, por isso sou grato ao Criador. Eu morro pela segunda vez, mas não recuso o Seu santo nome nem nego minha origem.

— Certo, meu amigo! Eu sei que você só honra sua origem e isso para a glória Criador. Deixe-me tocá-lo com seu símbolo que há em minha espada. Tudo ficará bem.

— Assim que eu o toquei com minha espada, ele se iluminou todo e o símbolo em seu peito voltou a brilhar. Ele me abraçou chorando de alegria.

— Se tivesse desonrado a sua origem eu saberia, Cavaleiro da Justiça! Desta vez, foi o comandante quem falou.

— Se ele tivesse desonrado sua origem eu o teria agregado ao meu exército da morte e serviria às trevas do castigo e não à luz da justiça. Espero que não guarde rancor de mim, Cavaleiro da Justiça, mas esta foi sua prova e do seu filho.

— Eu não guardo rancor de nada ou ninguém, meu amigo. Se Ele permitiu que eu caísse é porque assim quis. E se Ele achou que era a hora de me libertar também é porque assim quis. Eu não discuto os desígnios do meu Criador. Se Ele quis que eu conhecesse a dor, eu agora a conheço e sei que tudo o que Ele faz é só por amor.

— Podem partir agora e levem todos estes com vocês. É um presente do meio do alto. Se um suporta sua provação e consegue levantar-se, outros sete mil subirão de grau. Quanto a vocês, cobras, lembrem-se do primeiro mistério.

— Qual é o primeiro mistério, chefe? Perguntou-me o Carcavel.

— É aquele que diz mais ou menos isso: "O primeiro mistério proíbe a divulgação dos mistérios".

— E o segundo, chefe?

– Diz assim: "Não falarás do primeiro mistério".
– Assim está ficando difícil. E o terceiro?
– Este diz assim: "Não revelarás nenhum dos mistérios anteriores".
– Está certo, já entendi. Um mistério é para ser vivido, não revelado.
– Já está aprendendo, meu amigo.
– Saberei ser discreto, chefe, e sem ironias desta vez! Vou instruir minha companheira também sobre os mistérios. Acho que depois de tudo que ela viu hoje, vai mudar muito.
– Está bem, meu amigo. Vamos sair do meio. Conduza estes irmãos para o reencontro com a Luz. Quando o meio dá um presente, nem o alto, nem o embaixo o recusa.

Quando todos saíram, eu abracei o comandante e falei:
– Cuide-se, irmão das Trevas, não vá querer subir senão eu caio e se eu cair vou sentir muita dor.
– O mesmo digo eu, irmão na Luz. Não caia senão vou ter de subir e para isso terei de ter muito amor e só o conseguirei se conseguir livrar-me de toda a minha dor. Quanto ao senhor, Cavaleiro da Justiça, esta porta do meio estará aberta quando quiser vir ao meio. Agora que sabe como é, não precisa temê-lo mais.
– Eu nunca o temi, mas sempre o respeitei. Eu sempre soube que o meio é a lei em ação.

Nós partimos pelo portal de acesso. No meio da neblina que o envolvia, divisamos ao longe meu irmão nas trevas e sua estrela rubra invertida no peito. Estranho este mundo. Muito, mas muito estranho mesmo.

Quando nos afastamos o bastante do meio, oramos ao Criador por Sua imensa generosidade. Oramos também por auxílio e logo milhares de irmãos de luz acudiram às nossas preces. Cada um levou um resgatado consigo e ficamos somente o Cavaleiro da Justiça, seu filho, meus dois auxiliares e eu.

– Como posso agradecer-lhe, Cavaleiro da Estrela Guia?
– O senhor sabe que a mim não tem o que agradecer. Tal como o senhor sempre fez e sempre fará, tudo é por honra e glória do nosso Senhor. Mas, gostaria que olhasse os meus dois auxiliares que se arriscaram a entrar no meio comigo e, se achar que eles merecem, dê-lhes o direito à dupla forma. Eu sou testemunha deles diante da Lei.

O Cavaleiro da Justiça os olhou longamente e disse:
– O que viram e ouviram será um aviso do que é a Lei. Estão preparados para servi-la?
– Sim, senhor! – responderam os dois.

— Eu vou marcá-los com o símbolo da Lei. Se o honrarem, a Lei os amparará, mas se o desonrarem, o próprio símbolo os castigará. Estão preparados para recebê-lo?

— Sim, senhor! — tornaram a responder.

E o Cavaleiro da Justiça os fez voltar à antiga forma humana. Estavam nus à nossa frente e, num gesto instintivo, cobriram certas partes do corpo.

O Cavaleiro da Justiça os tocou com o símbolo de sua espada e a pele deles ardeu. Deram um grito de dor. Quando ele afastou sua espada, eu os vesti tocando-os como mestre Han havia me ensinado. Ele ficou com um vistoso terno cinza e ela, com um belo vestido encarnado. O Cavaleiro da Justiça plasmou uma bela rosa e pôs nos cabelos dela.

— Enquanto você não conquistar a Luz, que a tornará a mais bela das mulheres, esta rosa realçará sua beleza natural. Lembre-se de que quem lhe deu esta rosa foi um cavaleiro da justiça, num gesto de amor pela sua coragem e lealdade. Então cultive o amor, a coragem e a lealdade que estará cultivando a Lei.

— Obrigada, Cavaleiro da Justiça. Posso abraçá-lo em agradecimento?

— Claro, minha filha. Abrace a lei e a lei a amparará para sempre.

Depois o amigo Cascavel o abraçou também e recebeu as boas e nobres palavras do Cavaleiro da Justiça. Então vieram até mim e ele foi o primeiro a me abraçar. Não conseguia dizer uma palavra ao menos. Seus olhos diziam tudo o que sentia.

Quando ela me abraçou, disse:

— Obrigada por me devolver à vida, Cavaleiro da Estrela da Guia. Jamais me esquecerei de que foi um homem quem fez isso.

— Olhem-se os dois. Um foi feito para o outro. Ele odiava a todos porque não conseguia saciar seu prazer com uma mulher, por isso as detestava. Quanto a você, não conseguia sentir prazer na paixão que eles lhe dedicavam. Meu amigo, por que não ensina para ela que certas saliências e reentrâncias servem para coisas melhores que simples ornamentos? E quanto a você moça, por que não ensina a ele como encontrar o verdadeiro valor destas coisas que não são simples ornamentos, mas verdadeiras preciosidades da recompensa divina?

— Chefe, o senhor continua falando adiantado o que eu ainda ia pensar...

— Só procuro facilitar as coisas para você, meu amigo. Vão agora e se conheçam bem, pois no futuro a Luz os aguarda.

— Não importa quanto tempo demore, não é mesmo, chefe?

— Isso mesmo, meu amigo. Já sinto que estou começando a viver em você.

— Até a vista, chefes. Se precisarem é só chamar.

Eles partiram felizes como um par de recém-casados. Olhei para o Cavaleiro da Justiça e disse:

– No céu, como os anjos.

– No inferno, como os demônios! – respondeu-me ele.

– E na terra, como os homens. Dissemos os dois ao mesmo tempo e sorrindo.

O filho dele, que assistira a tudo em silêncio, só então criou coragem e falou:

– Papai, precisa ensinar-me o que significam estas palavras que os dois parecem saber de cor.

– Quer dizer mais ou menos isso, filho: Um Cavaleiro deve saber portar-se diante de um superior, de um adversário das trevas e de seus semelhantes no mundo todo.

– Preciso conhecer um pouco mais o seu modo de atuar no astral.

– Vamos para casa que alguém ora por nós.

– Prefiro seguir para o Sagrado Coração, Cavaleiro da Justiça.

– Por que, meu amigo?

– Pode ser que eu goste da quinta esfera e vá querer ficar por lá para sempre.

– Tenho certeza de que vai gostar. Quanto a ficar, isso eu duvido.

– Como pode afirmar tal coisa com tanta certeza?

– Assim como eu, você tem uma origem e sua natureza não a nega. E você, além do mais, é um Cavaleiro da Estrela e vai onde a luz dela o guia.

– Se é um Cavaleiro que conhece as coisas da lei quem diz isso, eu os acompanho.

E lá fui eu conhecer uma morada celestial na quinta esfera. Devo dizer que é quase um paraíso. Só não chega a tanto porque seus habitantes também se preocupam com toda a criação e atuam sobre toda ela de uma forma mais sutil que os da quarta esfera.

A Rainha do Ponto de Forças do Mar

Não tive tempo de ver ou ouvir muita coisa. O Cavaleiro da Justiça recebeu a visita do Cavaleiro do Mar, que veio rápido ao saber de seu retorno ao lar.

Para mim, foi um motivo de alegria reencontrá-lo. Sua forma discreta de nos cumprimentar ocultava muitas coisas a seu respeito. Uma delas é que ele não pertencia nem à quarta nem à quinta esfera, mas, sim, à sexta.

Ao me despedir, pouco depois de sua chegada, ele me falou:

– Já vai partir, Cavaleiro da Estrela?

– Sim, grande mestre. Meu pai deve estar preocupado com minha ausência.

– Eu estava com ele até antes de vir para cá. Ele já soube de sua última façanha e pediu-me para dizer-lhe que tem uns dias de descanso.

– Mas o que vou fazer com uns dias de descanso, grande Mestre da Luz Cristalina? A única coisa que me distrai é a atividade.

– O que achou do meio?

– Nunca tinha visto nada igual. O senhor já o conhece?

– Sim. Eu já estive lá algumas vezes. Por que não falamos sobre ele enquanto visitamos o ponto de forças do mar? Garanto-lhe que ficará encantado com sua beleza.

Fiquei pensativo por um instante, depois falei:

–"Um enviado meu o convidará para conhecer o meu reino." Sim, foi isso que ela me disse! E o senhor é o enviado!

– Sim, sou eu. Aceita o convite?

– Já aceitei há muito tempo. Só estava à espera do meu guia! – e eu sorria de alegria.

– Acho que vamos nos dar muito bem, meu filho.

– Eu também acredito que sim, guia da minha estrela.

– Não lhe falei, filho da Luz? Não terá de chorar a separação com mestre Han. Tem agora o próprio mestre do mestre Han para iluminá-lo.

Quem falou isso foi a senhora da Luz. Eu sorri ao ouvir suas palavras. Então fixei meus olhos nos do mestre à minha frente e falei:

– Obrigado, Mestre da Luz Cristalina. Procurarei honrar sua luz. Obrigado à senhora também, pois foi por acreditar no Cavaleiro do Mar que eu pude honrar sua confiança em mim.

– Não lhe disse que não teria motivos para chorar a partida de mestre Han?

– Tem razão. Para que chorar uma ascensão? Devemos chorar uma queda, enquanto ela durar, mas não quando um mestre se eleva um pouco mais.

A conversa continuou por mais algum tempo, até o Cavaleiro do Mar partir. Eu ia penetrar no ponto de forças do gênio da natureza marinha.

Devo dizer que eu já o conhecia pelo lado de fora há muito tempo, mas desconhecia sua estrutura interior. Lentamente fui conhecendo um dos mais poderosos pontos de força da natureza. E, segundo dizem os mais sábios e antigos, o mais belo de todos. Como eu não conhecia o interior de nenhum outro, aquele era o paraíso para mim.

Com o tempo, fiquei sabendo que os pontos de força da natureza estão ligados à sétima esfera. Há uma hierarquia em cada esfera que está ligada à sua superior imediata.

Eu aceitei o tipo de trabalho que me foi oferecido. Já possuía experiência neste campo desde o Templo Dourado. Também trabalhara com um mestre encarnado por uns poucos anos. Nada que aprendemos é inútil, pois com certeza será usado uma hora qualquer.

Depois de conhecer toda a estrutura de funcionamento na Luz, o grande mestre levou-me a conhecer o outro lado, o lado das trevas.

Novamente fiquei admirado com seu funcionamento. Finalmente ele me levou a um lugar no qual quase ninguém penetrava. Depois de algum tempo, vendo tudo o que me era mostrado, comentei:

– Isso é fantástico, grande mestre. Por que tudo esteve fechado para mim até hoje?

– Isso só é aberto a uns poucos, filho da Luz. Só os que provaram possuir algo especial conseguem penetrar neste lugar. Aqui reside toda a defesa do ponto de forças contra as investidas do astral inferior. Vou retornar agora, pois estão me chamando. Você pode continuar a conhecê-lo sozinho.

– Não saberei como me conduzir neste lugar tão complexo, grande mestre.

– Então vá até o final deste caminho e dobre à direita. Lá haverá alguém que lhe mostrará como tudo funciona.

– Quem é o amigo? Eu o conheço?

– Você o conhece, só não sei se irá lembrar-se de onde. Na dúvida, apresente-se que será reconhecido.

– Obrigado, grande mestre. Procurarei não me demorar muito.

– Sacie toda a curiosidade primeiro, depois vá procurar-me! Não tenha pressa, apenas não se esqueça de que tem de retornar à superfície, pois muitos o aguardam.

– Não vou querer ficar aqui, grande mestre!

– Depois de conhecer os mistérios desta parte do ponto de forças do mar, creio que pensará muito antes de voltar à superfície.

– É tão misterioso assim? Quais são os mistérios deste local, grande mestre?

– Vá até onde eu disse e descobrirá o primeiro. Até a vista, filho da Luz, encontro-o na superfície.

E o grande Mestre da Luz Cristalina desapareceu no ar. Eu continuei o caminho bem devagar, aguardando cada detalhe que via.

Quando dobrei à direita, vi-me diante de um enorme salão. Havia uma atividade intensa em seu interior. Espíritos iam e vinham, cada um com tarefas que lhes tomavam toda a atenção. Não eram espíritos de luz e sim oriundos das trevas. Passavam por mim com a cabeça baixa em sinal de respeito. Eu possuía um grau muito elevado, se comparado com eles. Como passavam muito rápido por mim, não havia como abordá-los.

Decidi caminhar mais para seu interior à procura de alguém superior. Como não vi ninguém da Luz, já me decidia a retornar à superfície quando uma voz conhecida me chamou.

– O que procura neste local, cavaleiro?– Ela falava às minhas costas.

– Já encontrei o que procurava, encanto do meu amor! – e então me virei.

Era minha querida Sarah quem me abordava. Não me havia reconhecido nas vestes de cavaleiro. Ao me ver de frente, exclamou bem alto:

– Simas! Meu Simas! – e ficou me olhando.

– Em outros tempos já se teria atirado em meus braços, Sarah querida. Já que não vem até mim, vou ate você.

– Não fica constrangido de encontrar sua amada em um lugar como este?

– A única coisa que me constrange é eu ter demorado tanto tempo para reencontrá-la.

Eu a tomei nos braços com força. Como era bom voltar a abraçar o encanto do meu amor. Cobri Sarah de carinho.

– Como está bela, minha Sarah! Diga-me quem é o superior deste local que vou dizer-lhe para libertá-la dos seus afazeres imediatamente.

– E se ele não permitir minha partida com você?

– Eu o faço mudar de opinião ao ver o fio da minha espada.

– É tão grande assim seu desejo de me levar embora?

– Não imagina o quanto tenho sonhado com este momento. Só não desisti de tudo por sua causa. Sabia que um dia eu a encontraria em algum lugar.

– E agora que me achou, o que vai fazer?

– Já falei o que pretendo fazer.

Sarah olhava-me desafiadora. Isso só realçava a sua beleza. Tornei a abraçá-la, desta vez, com carinho.

– Venha, Simas, pois estão todos nos observando. Você é um cavaleiro da Luz e não fica bem abraçar e acariciar uma servidora deste lado do ponto de forças.

– Deixe que olhem à vontade. Não me importo nem um pouco. Você se importa?

– Eu me orgulho de ter um cavaleiro que me ama muito e não se incomoda nem um pouco em demonstrar o seu amor, ainda que eu esteja no lado negativo.

– Meu amor por você é grande tanto na Luz quanto nas trevas.

– Então me acompanhe que vou levá-lo até o responsável por este lugar.

Caminhamos por um longo corredor que terminava em um aposento amplo e confortável.

– Onde está ele, Sarah? Só estamos nós neste local.

– Você está diante do responsável por este local, Simas. E então? Não vai colocar sua espada em meu pescoço e ameaçar-me a acompanhá-lo, senão me ferirá com ela?

– Eu, feri-la? Nunca! Vou é raptá-la já, já! Ninguém nos encontrará nunca mais.

– Alguém deve saber que você está aqui. E vai querer saber para onde me levou.

– Direi que você não estava mais aqui quando cheguei.

– Mas muitos nos viram abraçados no salão.

– Eu os aprisiono só para que sirvam à minha rainha.

– Muito romântico!

– Muito mesmo, pena que é apenas um sonho. Mas um dia hei de tornar este sonho uma realidade. Depois disso, ninguém nos separará.

– Enquanto não chega este tempo, por que não vivemos o nosso sonho por alguns momentos?

– Se você quer viver um sonho, então sonhará por muito tempo com as recordações que lhe deixarei.
– Ainda não me esqueci das últimas. Você ainda se lembra delas?
– Sim, como me esqueceria? Quer que lhe reavive a memória?
– Não só a memória!

E eu reavivei não só a memória de minha adorada Sarah. Ficamos vários dias juntos. Só nos separamos quando o grande mago veio chamar-me de volta.

– Não lhe disse que, quando conhecesse os encantos deste lugar, não iria voltar à superfície? É hora de partir, filho da Luz.
– Desculpe-me, grande Mestre. Poderei voltar a este lado do ponto de forças?
– De vez em quando sim, mas me avise antes de vir.

Despedi-me de Sarah com um forte abraço.

– Até a volta, minha rainha encantada. Um dia eu a tirarei daqui.
– Eu o esperarei, meu Cavaleiro da Luz.

Nós partimos pouco depois e minha Sarah passou a ser chamada de rainha no seu ponto de forças no mar. Ela possuía a altivez de uma rainha e o encanto do meu amor.

Eu me multipliquei por muitos cavaleiros. Servia ao ponto de forças do mar, resgatava irmãos caídos, buscava outros nas trevas, conquistava novos servidores da lei e ainda me restava algum tempo para visitar Sarah.

Não abandonei Salete, Soraya e Ângela, mas era com Sarah, a menos acessível, que eu gostava de estar.

A Queda na Assembleia Sinistra

No início do século XX, muitos guardiões receberam nova incumbência. Todo o Grande Oriente os convocou. As reuniões iriam acontecer por todo o astral do Brasil em auxílio dos guardiões dos panteões africano e indígena no novo ritual do culto à natureza que iria desabrochar por todo o país.

Os indígenas estavam desaparecendo com a supremacia dos brancos, e os negros, oriundos da África, escasseavam, dando lugar aos europeus que aqui aportavam.

Todo o potencial místico acumulado tinha de ser direcionado para um ritual de ligações com a natureza, tanto indígena como africana.

Nós nos envolvemos a fundo no novo ritual do culto à natureza. A espiritualidade era tabu entre as grandes populações que se aglomeravam nas cidades.

Cada guardião entrou com todos os seus auxiliares. Cada um formou uma estrutura de trabalho adaptada não a mestres iniciados, mas a pessoas comuns que já haviam reencarnado aos milhares. Eram espíritos de negros e índios já educados na imortalidade da alma, no mistério das reencarnações e na lei do carma.

Os europeus ainda estavam na pré-história do mundo espiritual. Só alguns tinham contato com o mundo espiritual e ainda da forma científica, não mística. Era um empecilho aos mestres da Luz no derrame de espiritualismo que tinham iniciado com o reencarne maciço de negros e índios em corpo branco.

Milhares de iniciados na origem, espalhados por todo o planeta, uniram-se no novo ritual de culto à natureza, que nada mais era que a união do ritual africano e do indígena adaptados a uma sociedade católica apostólica romana tradicional.

Por que o lançamento do novo ritual de massa? Muito simples! Os europeus que aqui aportaram já há alguns séculos trouxeram consigo legiões de demônios que os tinham como joguetes bem controlados. A ambição, o ódio, a inveja e a crueldade eram as portas das trevas que eles abriam com muita competência, graças ao mental eivado de ligações malignas.

Aqui aportaram muitos magos reencarnados que se infiltraram em certas irmandades e, após terem certos mistérios das trevas à mão, não impediam que as portas do inferno fossem abertas para usá-lo em seus objetivos obscuros.

Tudo isso, mais o preconceito espírita, impedia que se combatesse o mal no plano terrestre. Muitos negros tentavam como podia, mas tinham o agravante de serem negros e pouco valorizados.

Então veio a ordem do sétimo plano ou sétima esfera. A ordem foi direta e incisiva: Que o dom do oráculo desperte de forma maciça. Não importa como, mas façam-no despertar!

E cada iniciado na origem formou sua falange de auxiliares à direita e à esquerda. O maior combate teria início. Eu entrei com milhares de amigos que havia um dia tirado das trevas e enviado à Luz. Formávamos a falange de luz da Estrela Guia. Onde houvesse alguém com o nome Estrela incluído no seu, lá estava eu. Havia Estrela do Mar, Sete Estrelas, Estrela Matutina ou da Manhã, Estrela da Noite, Estrela Azul, Estrela Dourada etc. Esta tinha sido a contribuição dos meus amigos ao nascente ritual do culto à natureza: a Umbanda. Era a reunião dos sete pontos de força da natureza sob o comando dos magos, mestres, sábios, iniciados e sacerdotes que ainda se lembravam, sabiam como e ousavam iniciar uma nova religião, tão antiga quanto a própria humanidade.

O ritual do culto à natureza é uma tentativa de reunião dos sete símbolos sagrados em um só movimento religioso. O Grande Oriente Luminoso entrou com o apoio logístico e seus servidores mais aptos ao novo ritual. O panteão africano, com as suas divindades ancestrais já incorporadas ao mental de milhões de espíritos, e os indígenas, com o seu culto puro à natureza e toda a sua mística.

Nós, os iniciados na origem, não a negávamos e combatíamos os magos negros, feiticeiros e todos os outros com nossa tenacidade habitual. Eu não era o ente incorporante. Minha função era dar apoio a todos os meus comandados que atuavam mediante o dom da incorporação oracular.

Neste movimento, eu incorporei todos os meus auxiliares nas trevas agregando-os às falanges de luz, que era uma forma rápida de resgatarem o pesado carma adquirido no passado, tanto longínquo como recente. Tudo caminhava assim, como caminha hoje e caminhará no futuro. O ritual do culto à natureza é eterno, nunca o eliminarão, ainda que o combatam fortemente.

Os negros criaram a sua linha das almas; os iniciados, a linha do oriente; e os indígenas, a linha de caboclos. Tudo era harmônico, como hoje ainda o é.

Eu reencontrava, no novo ritual, velhos amigos do passado. Nós nos uníamos em grandes agrupamentos na crosta terrestre junto aos pequenos e humildes templos de Umbanda.

Não tínhamos como auxiliares, no plano material, grandes mestres iniciados no ritual, mas, sim, seres humanos com uma vontade imensa de trabalhar em benefício da humanidade como um todo e dos seus semelhantes no particular.

Graças a Deus que continuam assim!

Enfim, tudo caminhava como fora planejado na sétima esfera e colocado em andamento pelas outras seis. Em poucas décadas já superava o Espiritismo, o ritual africano puro e outros de origem europeia, tais como Maçonaria e Rosa-Cruz. A Umbanda abria frentes de ação em todos os cantos do país. Só havia pequenas diferenças de origem funcional ou de linha de força que preponderavam nos trabalhos rituais.

Em certo momento, começaram a acontecer algumas desaparições de entidades que atuavam através das linhas de força. Entidades espirituais que lutavam com amor e perseverança nos pequenos templos, ou mesmo isoladas em lares de médiuns dedicados, sumiam e os guardiões das linhas de força não mais as localizavam nos sete planos inferiores.

Que alguém caísse em trabalho, era natural e aceitável. Nós mesmos, às vezes, corríamos riscos medonhos no combate à magia negra e aos seres infernais. Muitos caíam, mas logo alguém os libertava e a luta continuava. Só que, o que acontecia agora era diferente. Entidades, tanto de alto grau como os que ainda estavam dando os primeiros passos, simplesmente sumiam. Nem os grandes magos da Luz da sexta esfera os localizavam com todos os recursos à mão.

O Grande Oriente Luminoso começou a tomar providências quando cinco iniciados na origem e grandes mestres da Luz desapareceram. Não se tratava só de irmãos em evolução, mas de dirigentes de falanges imensas. E nem vestígio deles.

Uma grande reunião foi convocada. Em um dos templos do Grande Oriente nos reunimos com os grandes magos da Luz. Tínhamos de localizar o ponto obscuro e combatê-lo. Alguém teria de arriscar-se conscientemente para desvendar o mistério. Muitos se ofereceram, mas só alguns foram incumbidos da missão. Ninguém sabia quais seriam os escolhidos. Alguns dias depois, foram chamados. Eu fazia parte do pequeno grupo. Assim se passou a reunião:

— Vocês foram escolhidos por terem mais contato e experiência com os seres das trevas. Sabem dos riscos e das dificuldades que encontrarão. Poderão desaparecer também e se perder para sempre. Quem quiser recusar tal missão, poderá fazê-lo, pois não são obrigados a isso.

Todos nós aceitamos, como ponto de honra, desvendar o mistério que já alcançava a cifra de milhares de seres da Luz e também das trevas. Todos a serviço da lei.

Eu saí da reunião com o grande Mago da Luz Cristalina, guardião do ponto de forças do mar e meu superior.

— Filho da Luz, sabe qual é o risco. Muito cuidado com o caminho a seguir.

— Ainda não sei que rumo tomar, grande mago. Como procurar algo que some no tempo e no espaço?

— Descendo o máximo possível, com muita precaução. Encontre-se com o mago das Três Cruzes e tenha nele um apoio para os passos que dará. Só assim nós não o perderemos de vista.

Mais tarde nos separamos e fui ao encontro do mago das Três Cruzes. Ele era meu amigo pessoal de longa data. Era nada menos que o velho João de Mina, chefe de uma falange de mestres africanos ligados à sétima linha de força, a linha africana pura dedicada aos velhos sacerdotes negros. Nós estabelecemos uma linha de ação que previa uma perfeita sincronização. Cada passo meu seria seguido por outro dele.

Pouco depois, consegui, de um amigo nas trevas, a promessa de ser levado a conhecer a assembleia. Era assim que era chamada a congregação dos grandes entes das trevas. Eu imaginava poder penetrar no mental de algum deles e descobrir o sumiço dos irmãos que tanto haviam feito pelos semelhantes.

No dia da grande assembleia, pela primeira vez, separei-me de minhas duas espadas e de minha vestimenta de cavaleiro. Voltei à forma original de Simas de Almoeda, um ser marcado por muitas cicatrizes e com o rosto deformado pelo punhal incandescente de meu próprio irmão, que o usara para cegar-me em minha última encarnação. Voltei ao ponto de partida para o mundo espiritual. O velho João de Mina me acompanhou até a reunião infernal. Quem nos conduzia era o Guardião da Meia-Noite, um leal amigo nas trevas. Dele nada precisávamos temer e tampouco sabia de nossa missão. Só lhe dissemos que gostaríamos de conhecer a assembleia.

Eu não sabia, mas o meu maior erro foi ter-me separado de minha espada encantada e que me fora dada na origem. Se eu tivesse com ela, talvez a história fosse outra. Por outro lado, poderia não ter obtido nenhum êxito, pois o ser que eu procurava também cometeu um erro: deixou livre o velho João de Mina e o Guardião da Meia-Noite.

Quando ingressamos na assembleia, o ar era irrespirável. Nós só procurávamos nos manter em pé, tal a intensidade da vibração negativa. Como eu dizia: no céu, como os anjos; na terra, como os homens e no inferno, como os demônios. Mas estava difícil manter a aparência. Não conseguia projetar meu mental sobre nenhum dos que tinha em mente.

Em determinado momento, o horror tomou conta da assembleia. O próprio ser infernal a invadiu com o objetivo específico de me levar com ele. Eu era o seu alvo. O prazer que sentia em me capturar, após milênios de luta, extrapolava a tudo que se possa imaginar. Tal era seu prazer que nem quis o meu amigo João de Mina, assim como não molestou o Guardião da Meia-Noite.

Se eu cometera um erro ao me separar de minha espada encantada ele cometeu o seu ao deixá-los livres.

Quando voltaram à Luz, todo o Grande Oriente ficou sabendo quem era o responsável pelo desaparecimento dos servidores e tomaram as providências cabíveis em situações iguais a esta. Sempre que um novo culto forte e luminoso, ligado à origem, é iniciado, ele o persegue para bloqueá-lo no nascedouro, quebrando suas forças na origem.

Bem, quanto a mim, pouco posso dizer sobre o que me aconteceu. Como eu já disse em uma das páginas anteriores, era imune à maioria das picadas de serpente, mas havia uma que eu temia, era a serpente negra! E foram elas que cravaram suas presas em mim quando o que rasteja nas trevas me subjugou antes de levar-me consigo.

Poderia existir um inferno no meio e outro no astral inferior, mas o meu começava ali ao ser levado por ele. Era o início de uma grande queda. A queda do Cavaleiro da Estrela Guia!

O que me aconteceu? O horror, o pavor, o medo, a angústia, a aflição, o desespero, a loucura, o remorso, a tentação, a luxúria, o desejo e muitos outros mistérios das trevas da ignorância se fizeram vivos no meu mental: tanto superior quanto inferior. Todo o meu ser imortal foi violado e violentado. O horror de me ver sendo levado pelo próprio senhor dos horrores. O medo do que me aconteceria. A angústia por não saber se voltaria à Luz. A aflição pelo meu estado energético que se enfraquecia a cada instante. O desespero pelas dores horríveis que sentia ao ser torturado cruelmente. A loucura pelas visões horrendas que tive. O remorso ao ter, diante dos meus olhos, todos os meus fracassos diante da lei na execução de determinadas tarefas. A tentação, ao ter o meu mental inferior ativado ao máximo por aquele que tem a chave de acesso a ele. A luxúria ao dar vazão à tentação, ampliada em muito na sua intensidade. O desejo ao ver, ainda que ilusório, o ser dos meus encantos e desejos.

A tudo eu ouvia, via ou reagia com uma observação apenas: eu sou você e você é parte de mim.

E eu lutava contra meus instintos adormecidos! Só uma coisa me importava: manter intacto o meu mental superior. Ele usou de muitos artifícios e ilusões, mas a todos eu conseguia reagir, quando já estava quase cedendo. E ele se enfurecia com minha resistência.

Senti sua fúria destruir meu perispírito como se fosse o corpo de carne. Sim, como se fosse de carne, pois eu estava em uma região de baixíssima vibração. E onde havia um símbolo impresso, eu recebia descargas de energia negativas que ele ou os seus auxiliares lançavam na tentativa de apagá-los do meu ser. Tal dor só pode ser imaginada por alguém que já sentiu um maçarico queimar-lhe a pele. E isso durava muito tempo, até que conseguissem tornar o meu corpo totalmente negro a ponto de o símbolo sumir.

Como foi horrível! Meu Deus, como foi horrível!

Devo dizer que foi tão intensa a dor, que até hoje tenho medo de sentir dor, por menor que seja.

Apenas um símbolo eles não conseguiram eliminar. Foi a estrela em meu peito. Muito tentaram, mas não conseguiram. Ainda que sem luz e enegrecido seu contorno, lá estava ela, negra sobre o fundo negro. Uma estrela pode, sim, ser apagada, mas não eliminada.

O tempo que durou esta tortura? Todo o tempo que fiquei em seu reino nas trevas. Lá não havia dia ou noite, pois, tal como a Luz, as trevas também são permanentes e não sofrem nenhuma alteração.

Tudo o que ele tentou foi somente para conseguir de mim uma única coisa: que eu renegasse o Nome Sagrado!

Mas isso ele não conseguiu de mim! Conseguiu fazer com que eu me inundasse no desejo ou no prazer, na dor ou na revolta, mas nunca contra o Santo Nome. Isso ele não conseguiu. E a tortura aumentou de intensidade a tal ponto que me senti todo perfurado, queimado e quebrado. Eivou o meu ser com toda a sua pestilência, mas não vergou a minha fé no único e indivisível Deus que existe. E tanto sofri que caí no vazio da dor. E no vazio da dor eu ouvi a voz da morte, que me dizia: "Morra que a sua dor cessará!"

Então, em um último esforço, criei em meu mental o vazio absoluto. No vazio absoluto, nada tem ressonância. Ali só se ouve a voz do silêncio. Ele conseguiu penetrar em meu vazio absoluto e tentou criar em meu mental a confusão, misturando sua voz à voz do silêncio. Lançou-me todos os meus fracassos, todos os meus erros, todas as minhas dores, anseios, angústias e desejos. E o meu vazio absoluto ficou inundado com as suas coisas. Já não conseguia ouvir a voz do silêncio.

Lá também ele tentou fazer-me negar o meu Criador ao me dizer: "Negue-o e viverá para sempre!". E eu me recusei a ouvir sua voz imunda no vazio absoluto.

Quando até ali ele falhou, uma voz se sobrepôs à dele. Era a voz do silêncio que finalmente me falava. Eu a conhecia, pois ela é inconfundível para quem já a ouviu pelo menos uma vez.

A voz do silêncio é a voz dos nossos ideais e sonhos mais elevados possíveis. Só a ela eu daria ouvidos, mas até isso ele tentava evitar. Ele não podia permitir que eu ouvisse a voz do silêncio, mas não conseguiu.

E eu tornei a ouvi-la, no meu vazio absoluto, dizendo: "Se você morrer por mim, eu, o seu Criador, irei revivê-lo em mim, pois só eu sou a Vida, o resto é apenas um meio de vida da Vida. Eu sou a Vida, e quem vive em mim, por mim e para mim, jamais morrerá. Mas, quem perece por mim, em mim renascerá e outra vez não perecerá. Eu sou a Luz e quem honrar minha luz, sem ela jamais ficará. Eu sou a Glória, e quem por ela morrer, nela viverá. Eu sou a Honra, e quem por ela lutar, honrado será. Eu sou o Único, e quem não me dividir, jamais será dividido. E se você morrer por mim, ainda que mais nada eu possa lhe dar, o dom da vida terá, pois eu sou você por inteiro e você é parte de mim!"

Tudo parecia um sonho. Eu voltava a ouvir a voz do silêncio do meu vazio absoluto. Então comecei a sentir meu ser flutuar e ouvi um grito arrepiante penetrar o meu mental. Era o grito do horror que me dizia: "Eu ainda o dobrarei à minha vontade, pois você é a fonte do meu ódio. E só apagarei o meu ódio no dia em que você O odiar".

Mas ele sabia que eu jamais negaria a minha origem.

Eu não podia saber quem era, pois até a minha visão havia sido apagada, mas senti meu anjo da Luz me colher em seus braços e flutuei no espaço.

Não podia mover-me. Tudo em mim havia sido destruído. Só uma coisa permanecia intacta: o amor ao meu Criador. Não me lembrava de mais nada. Tudo havia sido destruído. Tudo, mas tudo mesmo, ele destruiu, menos o amor ao meu Criador.

Eu só existia no vazio absoluto e ali, na minha última defesa, eu havia resistido a ele, pois só ouvia a voz do meu silêncio. Alguém pode querer saber, ou quem sabe, desconhecer o que é a voz do silêncio que ouvimos no vazio absoluto. Eu explico aos que a desconhecem ou nunca ouviram falar.

Diante do Criador, nada existe que possa ser comparado. E, para ouvi-Lo, nada podemos pensar ou imaginar. Se conseguirmos criar o vazio absoluto, lá ouviremos Sua voz, pois, quando nada mais existir, Ele ainda existirá e, quando nada mais pensarmos, Ele nos falará.

Minha prova havia terminado. Um dia meu ancestral místico me havia dito: "Um dia eu testarei o seu amor por mim". Este havia sido o dia. Meu corpo já não tinha nenhuma coordenação. Meu mental já não tinha mais o poder de outrora. Os símbolos sagrados já não mais existiam em mim. Tudo eu havia perdido. Só me restava o amor ao meu Criador.

E foi este amor que me resgatou da queda nas trevas do mental inferior. Senti-me depositado em uma cama macia e depois uma mão tocou em meus olhos vazados. Voltei a ver, mas não reconhecia nada. Via rostos tristes chorando, mas nem o choro eu reconhecia e o porquê daquilo eu não sabia. Alguns falavam, mas eu não entendia. Outros acariciavam o meu rosto, mas eu não sentia. Eu via toda a movimentação ao meu redor, mas tampouco a compreendia.

Então eu soube de tudo! Eu havia morrido, não na carne, mas no espírito. Restava apenas um lugar e era ali que eu me refugiava. Eu havia caído no vazio absoluto. E o horror tomou conta do meu ser superior. O pavor me ameaçava a todo instante.

Só me restava a última esperança dos que morrem: Deus! E a Ele, mentalmente, eu clamei! "Meu Deus, me ajude!" E tantas vezes clamei, que Ele me ouviu. Um sono profundo tomou conta de mim no meu último refúgio. Então, e só então, eu adormeci no vazio absoluto.

O Vazio Absoluto

Por quanto tempo eu dormi, não sei, pois foi um sono profundo que tomou conta do meu vazio absoluto. Quando despertei, já entendia o que diziam, mas ainda tinha dificuldades em coordenar meus pensamentos e o raciocínio. Agora eu via pessoas e sabia o que eram, só não me lembrava delas. Minha memória havia enfraquecido ou, quem sabe, tinha sido apagada.

Uns vinham, olhavam-me e falavam-me alguma coisa, mas eu não sabia como responder, pois sentia minha mente vazia. Sabia apenas de uma coisa: eu havia revivido. Por isso, eu chorava.

Muitos me perguntavam:

– Onde ainda lhe dói?

Mas eu ainda não sabia o que era dor. Quando me explicaram o que era dor, eu lhes disse:

– Nada me dói!

– Então por que chora?

Foi então que consegui responder por que chorava.

– Eu choro porque vivo no meu Criador. É por isso que choro!

E vi lágrimas caírem do rosto daquela senhora. Eu lhe perguntei:

– Por que chora? Sente alguma dor?

A muito custo para conter o pranto, ela me falou:

– Sim, meu filho, eu choro a dor do amor. É só por isso que choro, meu amor.

Estranho, mas eu já começava a entender um pouco das coisas da dor e do amor. Alguém chorava de dor e de amor.

– Quem é a senhora?

– Não me reconhece?

– Não. De nada me lembro.

– Eu sou sua mãe.
– O que é mãe?

Ela não me respondeu, pois seu choro aumentou e alguém a retirou de perto de mim. Chorei por ver aquela senhora chorar. Como eu queria entender o seu choro! Mas nem isso eu conseguia. Eu não tinha memória! Aquela cena me marcou profundamente e, até hoje, não posso ver uma mãe chorar por seu filho que sinto a sua dor. Como é estranha a dor do amor.

Outra mulher se aproximou de mim e perguntou:
– Você não se lembra de mim?

Contive meu choro e tentei lembrar-me, mas não consegui.
– Não, não me lembro. Quem é você?
– Você sempre dizia que eu era a sua fonte do amor. Não se lembra mesmo? Procure puxar pela sua memória.
– O que é memória?
– Lembranças adormecidas em nosso íntimo. Procure reavivá-las que logo se lembrará de tudo.
– Eu tenho feito isso, mas não consigo sair do vazio absoluto onde me refugiei.
– Mas agora pode sair do seu refúgio, pois nada mais o ameaça. Tudo já passou.
– Eu não quero sair do meu refúgio!
– Por quê?
– Eu tenho medo do que há fora dele. Foi por causa disso que me refugiei no vazio.
– Olhe à sua volta. Só há amigos que o amam e ninguém lhe vai fazer mal.
– Não posso mover-me, estou preso no vazio.
– Eu o ajudo a mover-se, assim poderá ver todos à sua volta.

Ela me colocou em uma posição na qual eu podia ter uma visão maior e divisei vários rostos sorrindo para mim.
– Por que eles sorriem, em vez de chorar?
– Eles sorriem porque o amam.
– Então não têm só a dor do amor! Existe também a alegria do amor.
– Sim, amor de minha fonte de amor.
– E também o amor da fonte do amor?
– Sim. E muitas outras coisas do amor. Quer que eu lhe fale delas?
– Não.
– Por que não?
– Porque me sinto preso no vazio e nele nada mais cabe além da voz do silêncio.
– O que é a voz do silêncio?

– A voz do meu Criador.
– Por que não deixa as coisas divinas do seu Criador entrarem no seu refúgio? São coisas d'Ele!
– No meu vazio só cabe a Sua voz. Nada mais deixo entrar. Se assim eu fizer, terei de sair e não quero sair.
– É tão pequeno assim o seu vazio?
– Nele só cabe a voz do silêncio, nada mais. Nem a voz do outro conseguiu permanecer no meu refúgio.
E então gritei e chorei de pavor.
– Não! Ele está tentando entrar no meu vazio absoluto. Não!
E eu gritava de medo e pavor. Não permitiria que ele se apossasse do meu último refúgio e mergulhei no vazio absoluto clamando pelo meu Criador. Só parei quando o expulsei do meu vazio. Aí me senti seguro e me acalmei. Ela chorava ao meu lado. Não era um choro alto, mas contido.
– Por que você está chorando? – perguntei.
– Você já o expulsou do vazio?
– Sim, eu não vou deixá-lo tomar a morada da voz do silêncio.
– Você pode sair do seu vazio que ninguém mais vai incomodá-lo. Dê-lhes uma oportunidade e verá como é bom viver fora do vazio. Existem muitas coisas boas fora do vazio absoluto. Todas foram criadas pelo seu Criador.
– Mas também há outras ruins. Não quero revivê-las!
– Mas se conhecer as coisas boas poderá evitar as ruins.
– Para conseguir isso tenho antes de sentir novamente as ruins e eu não as quero nunca mais.
– Olhe para o seu corpo. Foi o seu Criador quem lhe deu.
– Eu não preciso dele. No vazio absoluto eu não me movo, apenas ouço a voz do silêncio.
– Por que não tenta mover sua mão? – e ela me mostrou a mão. – Vamos tente, você pode, pois não é um paralítico.
– Se eu movê-la, ela doerá como antes.
– Você está sentindo ela fora do seu vazio?
– Não. Nada existe para mim, só meu vazio – e eu disse a ela que poderia arrancá-la fora que eu não sentiria nenhuma dor, pois no meu refúgio não havia dor, só o silêncio e sua voz.
Eu via lágrimas caírem em silêncio do seu rosto.
– Posso segurar a sua mão?
– Sim, pois não a sinto mais. Nada sinto. Nada mais existe para mim.
Ela levou minha mão ao seu rosto e chorou mais forte.
– Por que você chora?

– Eu choro a morte do amor da sua fonte do amor.

Não sei como, mas senti o calor de suas lágrimas em minha mão e, instintivamente, acariciei seu rosto procurando enxugar-lhe as lágrimas. Também não sabia o porquê de ela ter aumentado a intensidade do seu pranto, mas levantei a outra mão e segurei seu rosto entre elas.

– Não chore! – disse. – Também sinto vontade de chorar a morte do amor de sua fonte do amor.

Um senhor já idoso que estava ao nosso lado disse:

– Por que você não chora também? Todos devemos chorar, quando chora a nossa fonte do amor.

Quando olhei para seu rosto, já caíam as lágrimas dos meus olhos e desde aquele dia sofro quando vejo morrer o amor de uma fonte do amor. Eu ainda não tinha noção de nada, mas já movia as minhas mãos sem sentir nenhuma dor.

Novamente aquele senhor com um rosto meigo e muito carinhoso falou:

– Por que você não abraça a sua fonte do amor? Toda mulher gosta de ser abraçada quando chora o amor de sua fonte do amor.

Eu a abracei e acariciei seu rosto cheio de lágrimas e seus longos cabelos. Eu gostava do que fazia, e seu choro foi cessando. Quando ela não mais soluçava, enxuguei as últimas lágrimas de seu rosto. Ela ainda deu um sorriso e continuei a acariciar-lhe os cabelos e o rosto. Ela tomou minhas mãos entre as suas e ternamente as beijou.

– Eu não sinto dor em minhas mãos.

– Eu sei que você não sente dor, por isso eu as beijei. Você não sente dor nenhuma mais. Nem nos pés ou em qualquer outra parte do seu corpo. Gostaria de andar um pouco?

– Andar?

– Sim! Olhe para eles. Andam e sentem alegria por poderem andar. Venha, eu o ajudo a sair da cama.

O senhor de rosto bondoso também me ajudou. Tinha dificuldades em coordenar meus movimentos, por isso ia caminhando lentamente apoiando-me nos dois. Andamos bastante e logo eu já coordenava melhor os meus passos. Conduziram-me a um bonito lugar que chamavam de jardim. Fiquei observando suas flores coloridas por um longo tempo.

Vi uma outra mulher e lhe perguntei:

– Quem é ela?

– Uma boa amiga sua.

– Parece triste. Por quê?

– Ela ainda não o viu, senão não choraria.

– Posso vê-la mais de perto? Ela não me é estranha!

— Deixe que eu a trago até aqui, filho.

Foi até ela e ficaram conversando um pouco. Eu vi como ela sorria e também chorava.

— Por que ela faz assim? – perguntei à mulher que me amparava.

— Ela chora de alegria.

— Sim! Alegria tem o seu choro também, assim como o choro tem sua alegria. Eu já a vi antes.

— Você a conhece?

— Conheço, mas não me lembro de onde. Não consigo lembrar-me por mais que tente. Como é difícil não ter memória. Até isso ele me tirou. Ele me tirou tudo. Eu tento lembrar de você e não consigo. Por que ele fez isso comigo? Eu não lhe devia nada, só ao meu Criador!

Eu já começava a me desequilibrar quando ela me disse:

— Elas estão demorando, vamos até lá, quem sabe mais de perto você se lembre dela.

— Por que ele fez isso comigo?

— Porque ele não sabe como é bom o amor. Agora esqueça-se dele e vamos até ela.

— Não consigo esquecer-me.

— Para esquecer basta não se lembrar. Deixe-o para trás e vamos andar um pouco. Isso lhe fará bem.

Nós caminhamos lentamente até ela. Eu já a conhecia, isso eu sabia. Só não me lembrava de onde.

Ao vê-la bem de perto perguntei-lhe:

— Como você se chama?

— Não lembra do meu nome?

— Estou tentando, mas não consigo.

— Isso o incomoda?

— Muito, pois eu gostaria de me lembrar de onde, quando e como a conheci. Talvez um dia eu consiga.

— Posso dar-lhe um abraço por estar caminhando tão bem?

— Alguém merece ser abraçado só por isso?

— Quem eu amo merece... Quer você queira ou não vou abraçá-lo e beijá-lo.

Ela me beijou o rosto e apertou-me contra si. Eu correspondi ao seu gesto. Não sabia por que, mas fazia. Eu ouvia seu choro calado e sentia seu rosto molhado, colado no meu ombro. Lágrimas brotaram em meus olhos lentamente.

— Por que você chora em silêncio? – perguntou-me o senhor bondoso.

— Eu não me lembro nem do nome do amor do meu amor. Meu Deus! Ele me tirou tudo! – exclamei, olhando para o alto.

— Ele não lhe tirou nada. Apenas o fez esquecer-se de tudo, mas logo voltará a lembrar. Agora só precisa recuperar-se, meu filho.

— Um dia! Mas quando será, se temo lembrar-me das coisas boas por causa das ruins? Como eu gostaria de sair do vazio absoluto.

Eu falava agitado e dava sinais fortes de desequilíbrio.

— Venha conosco. Vamos mostrar-lhe o resto do jardim.

Eu os acompanhei, mas mal podia caminhar. Um formigamento começou a tomar conta de minhas pernas. Eu lutava contra ele, mas ia subindo pouco a pouco. Dei mais alguns passos e caí. Eles ainda tentaram amparar-me, mas não puderam.

O senhor bondoso me tomou em seus braços e imediatamente me vi deitado na cama. Logo a seguir, alguém me deu um copo com algo adocicado para beber. Pouco a pouco, o torpor de minhas pernas foi sumindo. Quis saber o que havia acontecido e me explicaram que eu estava fraco ainda. Mandaram eu descansar e, se possível, adormecer.

As duas mulheres ainda ficaram conversando um pouco comigo e depois saíram também. Só o senhor de rosto bondoso ficou ao meu lado.

— O senhor não vai sair também?

— Prefiro ficar ao seu lado, meu filho. Estou muito feliz por estar ao seu lado.

— Também gosto de sua companhia. Sinto-me seguro ao seu lado. Penso que aqui ele não me irá tocar ou tentar destruir-me se souber que estou ao seu lado.

— Ele não voltará mais, isso eu lhe prometo, meu filho.

— O senhor me chama de meu filho. Aquela senhora que saiu chorando também me chamou de filho. Quem são vocês e quem sou eu?

— Nós somos os seus pais. Um dia, quando ainda pequeno, nós o educamos à nossa semelhança, amparado por nosso amor paterno.

— Eu ainda lhe estou dando muito trabalho, não?

— Por acaso ajudar a quem amamos é trabalho?

— Não, não é. Mas já não posso ajudar a mais ninguém. Hoje eu é que dependo da mão alheia para me mover.

Eu não tinha noção de que era vigiado nos mínimos gestos e palavras. Ele me incentivou a continuar falando.

— Lembra-se de como era bom ajudar, filho?

— Sim, como me sentia feliz em ajudar a quem quer que fosse. Cada um, não importava quem fosse que eu ajudasse, deixava-me muito feliz. Foram tantos que não saberia dizer quantos foram. Onde estarão eles agora?

— Todos estão por este mundo de Deus ajudando a outros que necessitam de uma mão para se levantarem.

— Ele disse que me odiava por isso também. Como eu sentia o seu ódio penetrar em meu corpo!

— Sabe de uma coisa?

— O quê, pai? Posso chamá-lo assim, não?

— Sim, pode. Mas como eu dizia, sabe que ele é um ser infeliz e sem paz alguma? Ele não sabe que há muitas coisas mais fortes e belas que o que ele sente. Se soubesse, não duvido que voltaria correndo para o lado da Luz.

— Como alguém como ele iria saber de uma coisa dessas se não quis ouvir-me? Tentei argumentar com ele, mas foi tudo inútil. Como eu tentei!

— Acredito em você porque um dia eu o encontrei também. Ele tentou levar-me para o lado dele de todas as maneiras, mas eu não quis. Ele tentou convencer-me a mudar de lado. Prometeu-me tantas coisas ilusórias que até sinto pena dele.

— O que ele lhe prometeu?

— Riquezas, poder, tantas coisas tolas que até já esqueci.

— Eu ainda não! Estão vivas e penso que nunca vão morrer.

— Com você acontecerá o mesmo. Logo verá que tudo o que ele o fez passar foi ilusão criada em nossas mentes.

— Mas não parecia ser ilusão, pai. Eram reais!

— Tanto foram ilusórias as coisas dele que você conseguiu suportar a todas e está aqui conosco agora. Se não tivesse resistido, ele o teria ao seu lado neste momento. E você estaria vivendo na ilusão do seu reino ilusório.

— Acho que comigo foi diferente. Tudo era real! Agora me lembro de onde conheço aquela mulher que vi lá no jardim. Foi lá que eu a vi. Primeiro tinha essa imagem, mas oferecia-se de maneira lasciva e ia-se transformando em um ser horrendo enquanto se enlaçava em mim. É isso mesmo. Ele ainda me vigia.

— Você está se deixando iludir por algo que não era real. Esta que você viu no jardim foi sua esposa e lhe deu lindos filhos. Ele só usou o que você possuía de bom no seu mental e, através da ilusão, transformou-a em um monstro para você, em vez de se fortalecer no amor, fraquejar no horror. Tenho certeza de que ele também lhe fez isso com relação a outras mulheres, não?

— Sim, todas elas. Ele as transformou em monstros que me apavoravam.

— É isso, filho! Ele penetrou em seu mental e o submeteu ao dele. Tudo o que havia no seu mental, ele substituiu pelo que há no dele. Só que ele não sabia que você contava com o vazio absoluto, onde se uniu ao Criador e o derrotou. Ele deve estar dando os seus urros por ver que mais uma vez falhou diante de um Cavaleiro da Estrela Guia. Quando falha, ele odeia a si mesmo. É um infeliz!

— Mas ele sabia de tudo a meu respeito. Nada lhe era desconhecido.

— É que ele se apossou do seu mental e tirava dele o que queria, modificando-o ao seu prazer aquilo que lhe interessava. Até posso imaginá-lo dizendo que eu o odiava por você ter-me enviado à fogueira, não?

— Sim, isso também. Mas peço o seu perdão, porque não fiz por querer, creia-me, por favor.

— Eu acredito em você, meu filho. Na verdade, foi ele quem criou todo aquele drama. Tudo foi culpa dele, que nos odeia porque amamos e vivemos no amor ao único Deus. O que ele quer é ser um deus também. Só que ele nunca será nada enquanto houver seres humanos iguais a nós, que não aceitam outro Deus que não o Único e Indivisível e que não nos obriga a nada mais além de amá-Lo e respeitá-Lo, assim como a toda Sua criação.

— Estranho, mas agora que estou ao seu lado, não o temo tanto.

— É que, em todas as suas tentativas, nós sempre o derrotamos e ele pode continuar tentando o quanto quiser que nunca nos subjugará. E cada vez nos torna mais imunes às suas ilusões.

— Onde está o meu mestre de mestres, pai?

— No seu dia a dia. Como sempre, nunca para. Amanhã ele virá vê-lo. Já esteve aqui há alguns dias. O Cavaleiro do Mar também veio vê-lo. Muitos amigos seus vieram até aqui para ver se precisávamos de ajuda. Eu agradeci a todos por você. Eu sei que faria isso.

— Quando os vir novamente, torne a agradecer, pai.

— Farei isso. Agora saberão que você não negou sua origem.

— Enquanto eu tiver o Criador como Deus, não a negarei.

— Eu sei disso, meu filho. Como estão suas pernas?

— Bem, muito bem. Já não formigam mais.

— Vou dar-lhe mais um pouco do medicamento. Vai se sentir melhor a cada dia que passar.

— Onde está Sarah?

— Esteve aqui ainda hoje, mas eu pedi que voltasse outra hora. Você poderia martirizar-se por não se lembrar dela.

— Poderia chamá-la para mim?

— Não se incomoda de ficar sozinho?

— Não. Se eu não o venci, ele não me derrotou.

Neste momento, as duas mulheres de antes entraram no aposento. Meu pai lhes disse:

— Vou buscar Sarah. Conversem com Simas. Ele já as reconhece, minhas filhas.

Ele sumiu de minha vista num piscar de olhos.

— Como ele fez isso, Salete?
— Logo você também fará, Simas. É só uma questão de tempo.
— Obrigado mais uma vez, doutora. Acho que já está cansada de me ver caído, não?
— Por quê? E o prazer que sinto em vê-lo levantar-se, não conta?
— Triste sina a minha. Cresço, depois caio. É sempre assim.
— Um dia tudo cessará e então você não cairá mais. Além do que você não caiu, pois eu o vejo muito bem!
— Isso é o que você vê. O meu exterior aparenta isso, mas na verdade sinto-me vazio, sem motivação. Sei que tanto você como Raios de Lua já significaram muito para mim.
— E ainda significamos, Simas. É que ainda não se recorda de tudo. Em poucos dias estará se lembrando de tudo e de todos.
— Sim, é isso mesmo, Pajé Branco! Logo você relembrará do amor do seu amor ou da sua fonte de amor.
— Eu as acho encantadoras, sei que foram muito importantes, mas como foi esta coisa tão importante, eu não me recordo. Assim como sei que meu pai tinha uma forte ligação comigo, mas não sinto nada disso dentro de mim. Eu estou vazio. A única coisa que me restou foi o vazio. Tudo mais desapareceu em mim. Será que dá para entenderem isso?
— Sim. E não nos preocupamos nem um pouco porque sabemos que, assim como saiu do vazio absoluto, relembrará de tudo.
— Não creio nisso. O vazio é de sentimentos e emoções. Eu já consigo lembrar muitas coisas, mas sem a menor emoção.
— É porque a sua recuperação ainda é muito recente.
— Não, Raios de Lua. É o vazio que se processou no meu mental. Deixe-me olhá-las bem. Quero guardar bem os seus rostos e não quero esquecê-los nunca mais.
— Você não nos esquecerá jamais. Podem passar mil anos e nós estaremos vivas em suas recordações.
Neste momento entrou, ou melhor, apareceu no aposento, meu pai com Sarah.
Ela veio ao meu encontro e me abraçou carinhosamente.
— Como vai o meu cavaleiro?
— Você já não tem mais um cavaleiro. Acho que já não tem mais ninguém que possa chamar por este nome.
— Você está nos meus braços, então eu o tenho, Simas. Não vou largá-lo nunca mais.
— Você continua bonita e encantadora.

— Você também não mudou nada, pois continua encantando o encanto do seu amor encantado.

Eu a olhava e admirava sua beleza. Mas ainda assim não sentia a menor emoção. Não quis falar nada para não vê-la chorar também. Definitivamente eu estava acabado como espírito humano.

— Posso dar-lhe um último abraço?

— Por que, Simas?– perguntou-me Salete.

— É que sou neste momento um ser amorfo, inodoro e incolor. Quero voltar ao meu vazio absoluto. É lá que eu me sinto e tenho algo em que me agarrar.

— Não volte para ele, Simas. Nós estamos aqui. Fique conosco.

— Não consigo ficar aqui. O vazio em meu interior é imenso. Eu morri em mim mesmo. Só Deus poderá reviver-me.

— Nós faremos isso por você, Simas. Não nos abandone agora.

— Não. Talvez ele tivesse razão quando me acusava de hipócrita por tê-las não as tendo, de amá-las não as amando e muitas outras coisas.

— Ele não entende das coisas do amor, Simas. Ele não sabe que os momentos que passamos juntos produzem mais amor do que ele consegue com seu ódio. Cada momento de amor que viveu com cada uma de nós deu imensos frutos que até hoje alimentam os que não conheciam o nosso amor.

— Que importam os frutos se no final sempre caio e as deixo tristes? Já não sinto vontade de viver. Se não querem abraçar-me, isso também não importa. Foi tudo ilusão de minha parte e eu as envolvi nesta imensa ilusão. Perdoem-me se as fiz sofrer tanto por nada. Vou guardar seus rostos no meu vazio absoluto. Serão as únicas coisas que eu permitirei habitarem junto a mim.

A partir desse momento, Simas não pôde mais relatar o que se sucedeu. Ele se apagou por completo e não saiu mais de seu vazio absoluto.

Eu, como mestre da Estrela e pai do Cavaleiro da Estrela Guia, retomo os fatos daqui por diante:

— O que faremos agora?

— O casulo se fechou em torno do meu filho. Acabou-se o Cavaleiro da Estrela Guia.

— Não fique triste, mestre Tanyara. Ele voltará logo.

— Eu sei que não voltará. Ele nos vê, mas não nos ouve. O horror deve ter sido pior do que eu imaginava. O tempo foi muito longo e a destruição total. Ele tanto tentou que, finalmente, eliminou o meu amado filho do seu caminho. Neste momento, deve estar dando gargalhadas horrendas de prazer bestial. Vou sair um pouco para chorar minha dor em silêncio. Voltem vocês também aos seus trabalhos. Vocês fizeram o que foi possível. Eu vou chorar a perda do segundo filho para ele. Já tenho um fechado no remorso e agora outro. Até quando, meu Deus? Até quando o Senhor vai deixar que os que O amam e lutam por Sua honra e glória caiam um a um.

– Não caia também, mestre. É isso que ele quer.

– Sim, eu sei disso, minha filha. Agora só quero chorar um pouco minha dor, nada mais.

Enquanto eu me afastava, Salete saiu à procura de ajuda, Raios de Lua também. Vários mestres se aproximaram do leito e tentaram tirar meu filho do vazio absoluto. Sarah também foi chorar a sua dor. Estava acabada a carreira do Cavaleiro da Estrela Guia. Mais tarde, os grandes magos da Luz e os grandes mestres chegaram. Nem eles conseguiram penetrar no seu vazio. Lá, ele habitava apenas com as imagens que levara consigo. A ilusão do sonho havia terminado para ele. Chamaram-me e à minha companheira para nos comunicar as decisões que haviam tomado.

– Cavaleiro da Estrela, nós vamos devolver seu filho à carne em poucos dias.

– Para quê? Será mais um deficiente mental fazendo alguém chorar também. Vamos terminar de fechar o casulo e guardá-lo como uma lembrança de um tempo em que um iniciado na origem brilhava tanto quanto sua estrela.

– Nós o guiaremos pessoalmente na carne. Muitas vezes nós o usamos e ele nunca recusou um pedido nosso. Realizou tudo sem perguntar o preço. O mínimo que podemos fazer é ampará-lo na carne.

– Não veem que será um vegetal?

– Nós o reviveremos na carne! Nosso débito perante ele é impagável. Eu mesmo o acompanharei até quando houver necessidade, mestre Tanyara.

– Sabem que o que reina nas trevas terá acesso ao seu mental com muita facilidade?

– Cuidaremos disso também. Você já dá amparo à sua irmã na carne. Ela o acolherá e nós o guiaremos.

– Já não é o bastante sua cruz?

– Quer que o enviemos a outra?

– Não, senão eu o perco de vista. Mas por que querem lançá-lo tão rápido na carne?

Foi mestre Han quem interveio:

– Um dia ele me contou que a voz do silêncio lhe havia dito que, se morresse pelo Criador, o mínimo que Ele faria seria dar-lhe o dom da vida se mais nada pudesse oferecer.

– Isso um vegetal também tem.

– Não consegue perceber que isso é um oráculo?

– Como assim?

— O oráculo, mestre da Estrela! Não se recorda mais? Ele era um guardião do dom do oráculo na origem. E aqui continuou sendo por muitos milênios. É o gênio do oráculo que o anima há 7 mil anos, e isso é um oráculo.

— Interpretem o oráculo para mim, por favor.

— O oráculo quer dizer que o Criador lhe dará o direito ao dom da vida. Quem receber d'Ele o dom da vida não será um ser imperfeito na carne; quem tem o dom da vida, vive! O que o Criador não lhe pode dar porque ele, o das trevas, tirou-lhe, nós, os da Luz, sedimentaremos em seu interior até que se fortaleça o bastante para ser despertado novamente.

— E a imundície que lhe foi infiltrada pelo das trevas?

— Com o tempo poderá purgá-la totalmente.

— Se os senhores chegaram a esta conclusão, eu só peço o direito de acompanhá-lo na carne pelo tempo que se fizer necessário.

— Eu o acompanharei, mestre da Estrela – falou o Mago da Luz Cristalina.

— Eu também – falou mestre Han.

— E eu os defenderei com meu escudo – falou o iniciado das Sete Espadas.

— E eu os guiarei no meu campo – falou o iniciado das Sete Pedras.

Um a um os mestres, magos e iniciados se propuseram a acompanhá-lo na carne. Cumpririam o que haviam prometido durante o encontro em que mestre Han o levou à presença dos 21 guardiões dos mistérios: "Nós o seguimos em cada instante de sua existência, tanto como ente encarnado quanto desencarnado. Conhecemos seu passado, presente e futuro. Nós o honraremos com nossa proteção eterna".

E assim ficou decidido. Três dias depois, ele seria enviado à carne. Tomaria o lugar de outro espírito que iria reencarnar através de sua mãe nesta encarnação: a filha do Mago das Três Cruzes – nossa boa e querida amiga Ruth.

Bem, o que aconteceu é que ele ganhou o dom da vida como lhe havia prometido um dia o nosso Criador.

Hoje, três magos trazem a história do Cavaleiro da Estrela Guia. Estes que a inspiraram foram: Pai Benedito de Aruanda, Meon, o Espírito da Fonte do Saber da Luz Divina e o grande Mago da Luz Cristalina, Ogum Beira-Mar. Todos sob a proteção da Sereia Encantada, que um dia prometeu-lhe um presente.

E quem sabe o Cavaleiro da Estrela Guia, um dia, possa voltar aos campos eternos...

— É. Quem sabe, não?

Pai Benedito de Aruanda

Um dos Sacerdotes que foram amparados pelo Cavaleiro da Estrela Guia, ou, simplesmente, o Pescador da Sereia.